曹特金 著

曹特金文集

社会科学文献出版社
SOCIAL SCIENCES ACADEMIC PRESS (CHINA)

曹特金研究员（1936~2015）

青年时代

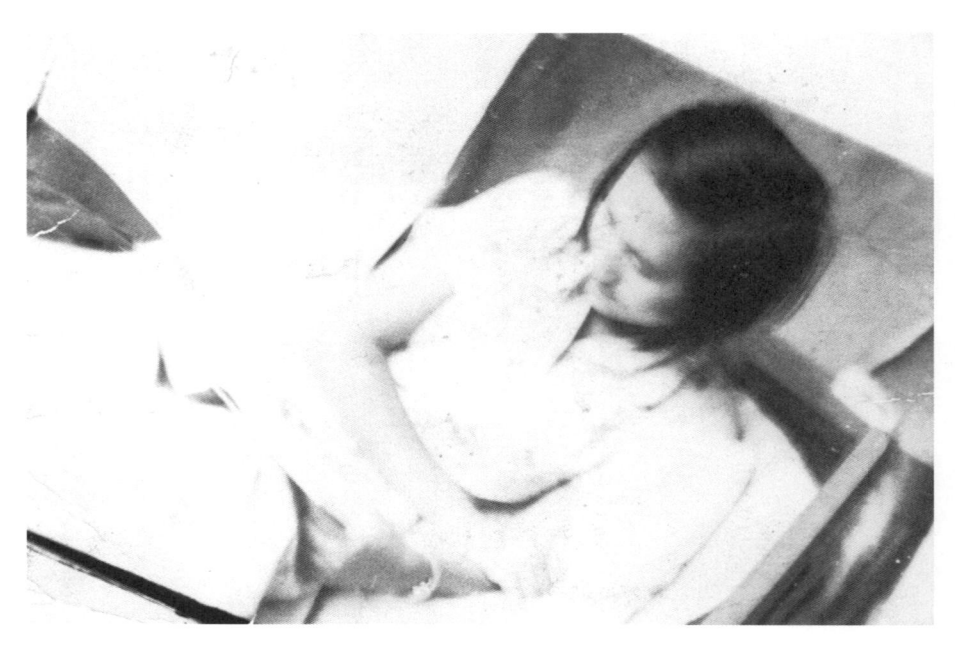

少年时期

三位好友（中为曹特金，左为于培筠，右为高慧英，1957年）

1950年代与留苏同学在列宁格勒五一劳动节游行时合影（左一为曹特金）

1958年在苏联哈萨克荒地劳动时留影，背景叠印中是曹特金

1950年代在苏联列宁格勒翩翩起舞

1950年代与陈启能在苏联列宁格勒合影

1950年代在拉兹利夫列宁住屋纪念室前与同学合影（前排右三为曹特金）

曹特金、陈启能结婚照（1959年12月26日）

与父亲杜埃合影

2009 年为母亲准备祝寿蛋糕

与母亲余明合影

1990年代全家在家中合影

2014 年 8 月 16 日全家福

在中国社会科学院院部大楼前　　　　在巴黎祭谒布朗基墓

1990年代引吭高歌

1999年10月参加中国社会科学院老教授合唱团演出

向陈翰笙老前辈致敬（右三为曹特金）

与加拿大阿尔伯特大学教授埃文斯合影

为俄罗斯科学院丘巴里扬院士报告当翻译

与加拿大卡尔加利（Calgary）大学学者伊沃妮合影

与陈启能、美国罗文大学教授王晴佳在台湾圆山大饭店前合影

与加拿大卡尔加利大学斯玛特夫妇合影（左为曹特金）

与加拿大学者查尔斯·伯顿同游尼亚加拉瀑布

与俄罗斯学者多明海、伊拉·奥列金娜谈话

参加"东亚国家和地区现代化进程"国际学术研讨会（第二排右五为曹特金）

与俄罗斯科学院齐赫文斯基院士合影

与加拿大多伦多大学教授克莱格·布朗畅谈

在多伦多会见加拿大学者拉姆齐·库克和盖尔·布朗

与留苏老同学、学者尼娜·伊沃契金娜合影

在加拿大蒙特利尔与加拿大学者毕福合影

与俄罗斯圣彼得堡大学施罗格拉特教授（左二）合影（右一为曹特金）

与香港浸会大学教授鲍绍霖合影

为俄罗斯科学院丘巴里扬院士报告做翻译

在巴黎祭谒莫里斯·多列士墓

在1999年北京菲律宾归侨联谊会上（主席台右一为曹特金）

2004 年春与加拿大学者埃莉诺·库克交谈

2004 年在加拿大卡尔加利大学演说后，该校教授表示欢迎

与美国学者海登·怀特合影

2004年6月在加拿大卡尔加利市与华侨华人联谊（右二为曹特金）

2004年6月6日在加拿大卡尔加利参加华人华侨联欢会

与中国人民对外友好协会副会长林林合影

与香港培侨中学前校长吴康民（右一）合影

2007年1月与著名香港作家司徒丙鹤夫妇合影

2002年12月参加在广州举行的法国史学会举办的学术研讨会

在香港培侨中学与校友们合影（前排右三为曹特金）

2014 年 4 月与俄罗斯科学院列宾娜通讯院士在广州合影

2013 年秋在北京雅安国际公寓院内

2005年10月参加"国际视野下的中国史学"国际学术研讨会(二排右四为曹特金)

2006年11月参加"第十三届全国史学理论研讨会"（二排左五为曹特金）

2006年4月参加"全球化时代人类历史与史学理论"学术会议
（前排右一为曹特金）

香山文化學术研討會　2006.10.18.澳門

2006年10月18日在澳门参加"香山文化学术研讨会"（前排左四为曹特金）

目 录

纪念碑
　　——代前言 …………………………………………… 陈启能 / 001

第一部分

塔尔列史学研究刍议 …………………………………… 曹特金 / 003
从《莫斯科日记》看罗曼·罗兰 ……………………… 曹特金 / 017
我的童年生活
　　——列宁格勒被围困时期和解围后
　　……………………〔俄〕伊·尼·奥列金娜 著　曹特金 译 / 028
战后世界国际关系中的雅尔塔-波茨坦
　　体系 ………………〔俄〕亚·奥·丘巴里扬 著　曹特金 译 / 037
历史意识的危机和文明概念的逻辑-语言学的
　　曲折变化 ……………〔俄〕И. Н. 约诺夫 著　曹特金 译 / 042
苏联解体后俄国史学家如何看待巴黎公社 …………… 曹特金 / 057
近年来中国的俄国史研究的进展 ……………………… 曹特金 / 060
近年来俄国学者对俄罗斯文明的探讨 ………………… 曹特金 / 065
世纪之交的历史记忆和历史文化
　　……………………〔俄〕洛琳娜·列宾娜 著　曹特金 译 / 075
俄罗斯近年兴起的"文明热" ………………………… 曹特金 / 088
俄罗斯文明史的本性与特征问题
　　（自由派的观点）………〔俄〕И. В. 约诺夫 著　曹特金 译 / 091
苏联解体的若干先兆：我的耳闻目见
　　——访曹特金研究员 ……………………… 曹特金　东　月 / 108
俄罗斯学者如何看待苏联解体 ………………………… 曹特金 / 122

马克思论 1848 年革命中的布朗基 …………………………… 曹特金 / 128
马克思与第一国际总委员会
　　——纪念第一国际成立 120 周年 ………………………… 曹特金 / 140
马克思的《法兰西内战》……………………………………… 曹特金 / 157
巴黎公社的民主选举制 ………………………………………… 曹特金 / 162
关于巴黎公社多数派和少数派的评价问题 …………………… 曹特金 / 176
1871 年巴黎公社期间沙俄驻法大使呈俄国外交大臣的报告
　　（1871 年 5 月 1 ~ 25 日）………〔俄〕奥库涅夫 著　曹特金 译 / 187
布朗基的历史地位 ……………………………………………… 曹特金 / 196
《失败的胜利者——布朗基传》结尾 ………………………… 曹特金 / 212
布朗基 …………………………………………………………… 曹特金 / 214
瓦尔兰 …………………………………………………………… 曹特金 / 220
《关键的十年》
　　——序言：火的记忆
　　　………………〔哈〕努尔苏丹·纳扎尔巴耶夫 著　曹特金 译 / 226

第二部分

俄国学者对共产国际的新研究 ………………………………… 曹特金 / 237
共产国际的成立 ………………………………………………… 曹特金 / 244
共产国际与世界革命观念 ……………………………………… 曹特金 / 274
"列宁近卫军"与共产国际（1919 ~ 1929）
　　………………………〔俄〕季·巴·雅希莫维奇 著　曹特金 译 / 288
革命低潮与共产国际的策略转变 ……………………………… 曹特金 / 316
布哈林与共产国际（1919 ~ 1929）共产国际最初十年
　　活动的总结 …………〔俄〕季·巴·雅希莫维奇 著　曹特金 译 / 325
季诺维也夫与共产国际（1923 年底至 1926 年）"季诺维也夫
　　时代"的终结 ………〔俄〕季·巴·雅希莫维奇 著　曹特金 译 / 359
共产国际与反法西斯运动 ……………………………………… 曹特金 / 393
共产国际的秘密·密码通信
　　………………………〔俄〕弗·叶·费尔索夫 著　曹特金 摘译 / 414
共产国际解散前后 ……………………………………………… 曹特金 / 434

第三部分

这个日子永远铭记在心间
　　——我参加了60年前的开国大典 ………………… 曹特金 / 445
业绩永存　先烈不朽！
　　——缅怀菲律宾华支的英勇抗日英雄 …………… 曹特金 / 447
白首报人话当年
　　——在京原香港老报人聚会迎回归 ……………… 曹特金 / 450
回归钟引起的遐想 ………………………………………… 曹特金 / 453
翰老教我学英文 …………………………………………… 曹特金 / 455
深切怀念亲爱的爸爸杜埃 ………………………………… 曹特金 / 458
汪士汉带着傻儿子下干校 ………………………………… 曹特金 / 460
记金重远留苏时期二三事：法语学习与垦荒劳动 ……… 曹特金 / 463
春意盎然　诗情常在
　　——访但丁故居 …………………………………… 曹特金 / 467
一座珍贵的资料库
　　——记荷兰国际社会史研究所 …………………… 曹特金 / 470
库恩·贝拉是怎么死的？ ………………………………… 曹特金 / 474
当代俄国的劳工史研究 …………………………………… 曹特金 / 476
关于美国工业革命的开始阶段 …………………………… 曹特金 / 481
知识的积累性和老年知识分子的作用 …………………… 曹特金 / 483
俄罗斯学者谈新欧亚主义 ………………………………… 曹特金 / 489
齐赫文斯基谈当前苏联史学界的工作 …………………… 曹特金 / 493
……也有我洒的一滴血
　　——布哈林及其绝命书
　　　………〔苏联〕列夫·沃斯克列先斯基 著　曹特金 译 / 497
鲁祖塔克案件 ………〔苏联〕伊戈尔·东科夫　亚历山大·尼科诺夫 著
　　　　　　　　　　　　　　　　　　　　　曹特金 摘译 / 504

附 录

永远的爱，无限的思念
　　——写给爱妻曹特金 …………………………………… 陈启能 / 513
忆特金 ……………………………………………………… 张椿年 / 524
怀念特金 …………………………………………………… 郑异凡 / 527
纪念曹特金　回忆二三事 ………………………………… 汤重南 / 531
送别好友特金 ………………………… 贺多芬　高慧英　于培筠 / 534

纪念碑

——代前言

陈启能

> 我用你自己的文章
> 为你竖立了一座纪念碑；
> 它虽然并不富丽堂皇，
> 也不高冲云霄。
> 但它的朴实与坚固
> 却反映了你丰富的人生，
> 纯洁的心灵和永远欢欣的微笑。

受俄罗斯著名诗人普希金的名诗《纪念碑》的启示，我想为特金编一本文集，希望用她自己写作和翻译的文章为她竖立一座纪念碑。后来发现，这实际上也是完成了她本人的遗愿。因为她曾在 2015 年 3 月 1 日的日记中写道："今年想出一本自己著作的文集。专业工作干了一辈子，也算是有著作；论文、文章加起来 50 篇不止吧？当然得挑一挑。"可惜这个想法，特金当时没有跟我说，她虽做了些准备，但是做得不多。结果我这次花了很多工夫找她的文章和有关资料，也还是没有找全。

一

关于特金的出生和童年生活，为保证准确起见，都摘自她的自传，可能文字上因此不够生动。她在自传中写道，她于 1935 年在广州出生，"1935～1941 年，当时父母已参加革命。（他们）1935～1937 年在广州搞地下工作。爸爸这段时期里在广州中山大学中文系读书，一边读书一边搞地下工作。妈妈在广州大学读书，生活苦。""七七事变已爆发——环境又艰苦，爸爸妈妈被调到香港去搞地下工作。""1937年全家迁往香港"，"1940年爸爸被调到菲律宾去"，"1941年底妈妈被调往菲律宾，我和她一起去"。

"1941～1947年，在菲律宾，正值太平洋战争爆发时期，我随父母参加由党领导的华侨游击队"。

"1947～1949年，我（先）随妈妈回到香港"。在香港，特金先后在香岛中学和培侨中学读初中。

二

1949年7月底，特金随母亲到北京。此时，父母早几年已离婚，父亲留在广州工作。

在北京，特金先后在华北中学和师大女附中（1951年夏两校合并）就读。这时期认识的贺多芬、高慧英、于培筠三人成为她一生的好友。特金离世后，她们三人曾联名写了挽词，对特金表达了发自内心的哀悼。挽词反映了她们心目中的特金形象，也非常恰当地说明了特金一生的为人，可作为这段的总结。

她们写道：

记得曾是一群天真的嘻嘻哈哈的傻姑娘，而里面最快乐、最活泼、最不可或缺的就是你……

少年时无邪的伙伴，后来一生一世的至交好友，你永远是快乐的。忧愁、悲哀、痛苦，这些词和你联系不到一起。有你在，即使不在身边，只要想起你，就觉得这个世界是快乐的……所以，怎么也不能相信你会第一个离开我们大家。你的离去，使我们觉得我们的天空骤然坍塌了一角。

美丽、单纯，是你灵魂的写照。邪恶和你无缘。你竟能带着这些品质穿越过这个动乱和污浊的世纪的时空，依然天真如往昔，单纯如孩童。你的灵魂是一颗真正的钻石，不易受到污染和损坏，你本应就是上天的仙女吧？你是属于天堂的。

现在你正在走向天堂。你从来是快乐的，所以我们不应用眼泪为你送别。今天，外面很反常地阴雨绵绵，也许，路途有点困难吧？不要紧的,我们的爱会一路陪伴你。

暂别了,特金,走好!"

三

1954~1959 年,特金在苏联列宁格勒大学(今圣彼得堡大学)历史系学习,毕业时获优秀文凭,并被教育部定为我们年级 14 个中国留学生中可以留校继续读研究生的两人之一。只是文科与理工科不同,理工科学生可立即留下继续读研究生,文科学生则要先回国在某工作单位实习(即工作)两年后才可再出国去苏联继续研究生学业。因此,特金就被先分到南开大学工作,后因中苏关系破裂,继续读研的事告吹。她也被调到中国科学院哲学社会科学部历史研究所世界历史研究组(今中国社会科学院世界历史研究所前身)工作。

四

在苏联学习时特金是十分用功的。其实我们在圣彼得堡大学 1954 级历史系的中国留学生都是这样的。每天除上课外,就是在阅览室看书,时间都在 10 小时以上。特金五年所有的考试成绩,只有两门是 4 分(应是心理学和哲学史),其余的都是 5 分。她的毕业论文的题目是"二战前日本向菲律宾的渗透",这显然与她在菲律宾待过的经历有关。指导老师很赞同,然而,列宁格勒大学历史系和东方学系没有一位老师是研究菲律宾史的,最后只好请莫斯科的一位专家来指导,结果,毕业论文得到很高的评价。

五

特金高中是在北京读的,学的是俄语,和我在上海读高中学英语的比,她的俄语水平要高很多。1952 年底进北京俄语专修学校留苏预备部读一年俄语前,学员们先要进行一次俄语考试,然后按俄语测试水平分班。特金分在 34 班,是高级班。当然,即使这样,在到苏联后跟苏联一年级同学一起听课时,依然很困难,因为一年级上的课是原始社会史、考古学等,都是很新的内容,不容易懂。特金大约用了半年时间过了听课关,比我好多了,我花了足足一年的时间才过了听课关。

外语的学习是没有止境的。特金很注重与俄罗斯人交流,不断巩固和提高自己的俄语水平。她交了几位很好的苏联同学,像伊拉·奥列金娜成了她一生的好友,一直保持联系。她时常想念她的苏联好友,如2014年7月21日,她在日记中写道:"看到廖尼亚(伊拉的丈夫)6月份发来的电邮,伊拉身体很不好,心中很沉重。"6月4日的日记里又说:"此生因有六年的时光(指五年留学和一年访问——笔者注)在俄罗斯度过,所以很牵挂那里的同学和朋友。今天想起加利娅·格里高里耶娃,她一直独居,现在不知怎样了,身体可好?"

六

1958年7月初至9月初,特金与列宁格勒大学历史系1959届、1960届两届的其他中国留学生一起参加了列宁格勒大学各系苏联学生组成的劳动大军,远赴哈萨克(今哈萨克斯坦)垦荒地收割小麦。应该强调的是,特金是1959届历史系中国留学生中参加垦荒地劳动的唯一女同学。她在一篇记述当年垦荒劳动的文章中写道:"我们的工作是站在康拜因机(联合收割机)上,协助康拜因机手处理割下来的已脱粒的麦垛。"看起来,工作并不太累,但是,第一,干活的时间长;第二,生活条件太差。荒地的居民很少,女同学都住在火车厢里,大家喝的是去年下雪时储存下来的雪水,很不卫生,所以不少人常拉肚子。2个月后,中国留学生回校前,农场给大家按劳动日发了工资,大家决定把这笔钱通过使馆寄回祖国支援国防建设。

七

留苏五年里,尤其在头两年,特金利用假期去过苏联许多地方,如伏尔加河、乌克兰、黑海、高加索等地。这不仅增加了她的知识和见闻,而且有助于她俄语水平的提高。

八

1962 年 2 月，特金从南开大学正式调入现在的中国社会科学院世界历史研究所工作。此后很长一段时间内都在农村劳动或搞"四清"。后来又赶上"文革"，真正搞业务的时间很少，这一时期也没有评过职称。直到 1978 年党的第十一届三中全会以后才被评为助理研究员。之后，特金只要有时间就坚持做研究工作，成果不断。1985 年被评为副研究员，1991 年被评为研究员。1993 年获政府特殊津贴。

九

1990 年，特金获北京市归国侨联联合会颁发的"回国参加社会主义建设三十年"荣誉证书。

十

关于专业，特金一直是研究欧美史的，主攻西欧近现代史。"文革"中有一段时间，全国搞"工人阶级领导一切"。在 20 世纪 70 年代时，就有工人入驻社科院，后来社科院研究人员分组去工厂与工人师傅一起写作。当时工人师傅与特金这组一起写作的题目是"国际工人运动史"。特金是代表研究所一方的负责人。"文革"结束后，研究所的新领导来后，还是要特金继续负责这个专题。这样，特金就只能把西欧史与国际工人运动史结合起来研究，她的编制就到了苏联东欧史研究室。

十一

特金在职时和退休后，经常为来访的俄罗斯外宾当翻译，还常常陪他们外出去别的城市。有时为参加会议的外宾做翻译，有时上、下午都要为不同的学者做翻译，是相当辛苦的。

值得一提的是，2013 年俄罗斯科学院世界历史所所长丘巴里扬院士的访问。特金先在我们研究所为他的报告做翻译，后来又陪他去四川多地演讲当翻译。在这期间，丘巴里扬院士向特金讲述了二战时苏军残杀波兰军人的卡廷事件。2013年5月23日，丘巴里扬院士对特金说，他们研究所的一位女学者在查档案时偶然发现了卡廷事件的档案，立即向他报告，他也立即亲自向莫斯科的有关领导报告。据他说，莫斯科决定不隐瞒此事，很快通报了波兰方面。

十二

退休后，特金除了研究工作外，也做了许多书面翻译，其中不少已经发表。她多次在日记中谈到这事，如在2014年5月8日写道："翻译进展顺利。我觉得自己的译文既准确，又流畅。确实，这是我一直以来进行翻译的感受。"她在翻译难度较大的史学理论的论文时也有感受。2014年7月23日，特金写道："这几天翻译约诺夫写的史学理论文章，挺长，比翻一般的历史类文章难得多，但还能胜任，所以心里有点高兴。"

十三

1990年9月至1991年6月，特金以我国教育部高访学者的身份出访苏联，接受单位是列宁格勒大学，但她也常去莫斯科大学，因为要查档案资料和访问苏联学者。

在列宁格勒和莫斯科两地，她共访问了18位学者，其中在莫斯科与共产国际史专家菲尔索夫谈了4次，在列宁格勒与切尔尼佐夫斯基谈了3次。在列宁格勒，她还去列宁格勒大学教师进修学院听课7次。在莫斯科则参加了一次纪念巴黎公社120周年国际学术研讨会，并以"中国对巴黎公社史的研究"为题用俄文发了言。至于在两地到各个图书馆去查看有关资料就更不计其数了。

特金对这次高访期间一心扑在学术专业活动上原也觉得应该，但对一件事感到遗憾。那是她在列宁格勒遇到20世纪50年代留学时的一位老同学，那位同学当时在沃罗尼兹某大学执教，他热情地邀请特金去沃罗尼兹访问。特金犹豫了许久最后没有去，感到很不应该。

十四

退休后，特金的身体不是太好，主要是心脏病，早在退休前已经有症状。说起病的起因还有一件怪事。大约在 80 年代末，特金有时会感到心脏不舒服，如心律不齐，但是每次去医院问大夫是不是心脏病，都说不是，不能确诊。直到有一天，她在家接到一个恐吓电话，电话中那人说要杀害我们，她受到了惊吓。我立即去派出所报了警，此事自然没有下文。但是特金此后心脏不舒服去医院，大夫开始诊断是心脏病。当然，从学理上讲，心脏病不可能是惊吓引起的，它是病理原因决定的。这只能是巧合。

退休后，特金继续工作，心脏病时有发作，安了两个支架，做了多次冠状动脉血管造影，第三个支架已无法再安。心脏病自然影响特金的工作，但她始终坚持着。在 2014 年 2 月 19 日的日记中，她依然写道："虽然年纪大了，身体又不大好，但做些业务工作还是应该的。"同年 11 月 7 日又在日记中说："我自己快年届八十，但仍然心系专业工作，也还可以称得上'耳聪目明'吧。"

十五

退休后特金参加了中国社会科学院老干部局组织的老教授合唱团，她还受命组织了外文歌小组。2015 年之前，她身体比较好，几乎每周都会去参加合唱团的活动，有时还随团参加演出，这使她业余生活丰富了不少。

十六

2015 年 5 月 10 日，特金在日记中写道："昨天看了三遍电视转播，莫斯科红场的二战胜利 70 周年军演，仪仗队、游行队伍真整齐、雄壮……红场的布置也十分壮观，特别是用了祖国进行曲伴奏，正是我们离退休合唱团外文歌小组学过的歌曲，感到十分亲切。"

十七

退休后不久,特金从中国社会科学院老干部局申请了一个研究课题"共产国际新论"。她列了一个提纲,除序言、后记外,共有十二章。当时,共产国际的档案还没有公开,她在1990~1991年那次访苏时收集了不少资料,此外丘巴里扬所长还送给他们研究所编辑出版的有关共产国际的几本资料集。总之,资料收集了不少。

据我现在找到的论文看,特金共完成了九篇有关共产国际的论文,基本没有发表过。其中有一篇是她在2015年翻译的,有两篇是她在20世纪90年代请莫斯科一位苏联专家雅希莫维奇写的。她自己写了六篇完全达到发表水平的论文,至于部分草稿、资料汇编、提纲或摘录就不计在内了。

到后来,特金没有全力放在这个课题的完成上,一方面是由于有别的任务(如苏联解体研究或翻译任务,包括译哈萨克斯坦总统纳扎尔巴耶夫的著作《关键的十年》等);另一方面也与她身体欠佳有关。由于当时的课题资助只限于成果完成后供出版用的,因此特金实际上并没有动用申请到的课题费。

特金曾经表示,共产国际这个课题必须抽时间写完尚未完成的几章,才能结项出书。这也表明了她对待研究工作的严谨态度,正如她在1998年3月20日的日记中写的,"学了历史这门学科,写文章,发言字字句句都要求自己有出处,这已成了一种职业病"。

十八

特金一生待人接物十分真诚,可谓光明磊落,肝胆相照。同样,她对待家人也是这样。

特金十分热爱她的父亲。父亲一直住在广州,不和她住在一起,更使她倍加思念,同时她也以父亲为榜样,吸取力量。如她在2015年1月5日的日记中写道:"爸爸这一生不简单啊。17岁就从边远的农村千辛万苦地到了广州,边上学边卖文为生,很早就参加了革命,地下党,是提着脑袋过日子的啊!比起他们来,我们这一代人幸福得多了,做的事太少了。"

十九

　　特金的母亲住在北京，在中央联络部院内。特金也十分热爱她的母亲。她母亲很长寿，活到90多岁，不幸的是80多岁时患上了老年痴呆症。特金一直陪她去医院看病，后来发展到意识丧失，只能整天躺在床上，幸亏特金最后找到一位很好的、很可靠的保姆，将她母亲照料得很好。特金自己也总是每星期去看望一次母亲，不论是在职时，还是退休后；不论是自己有多忙，还是自己身体有点不舒服，都是如此。我也常常陪她去。

　　由于长期相处，特金与她母亲可谓心息相通。在她母亲后来意识完全丧失后，任谁和她母亲说话，她都没有丝毫反应。但我亲眼看见，有一两次特金伏在她母亲身上，用广东话亲切地呼唤："妈妈，听得见吗？我是阿B。"阿B是特金的乳名，取自baby。这两次她母亲居然都有所反应。

　　下面摘几段特金1998年的日记。这一年她母亲已卧床，但还未完全丧失意识。1月7日，特金写道："昨天倪静云保姆休息，我回中联部待了一天。" 2月15日写道：今天启能去香港，"送走他后，我回家稍加整理就去了中联部"。2月22日写道："今天保姆休息，我一早起来……便急忙起来漱洗完毕吃早饭，烧开水，打的到中联部门口已是9时10分。" 3月18日又写道："今天抽了半天时间回了趟中联部，付给倪阿姨菜金，发2月份的工资，同时也是带治眼疾的'障眼明'回去给母亲。半天之内办完这几件事，看到母亲精神比前一阵子要好些。" 6月8日补记上周活动，其中说："周四白天返中联部看妈妈。" 7月19日又写道："去复兴医院医务处为妈妈办理就近医疗手续。"

二十

　　特金不仅对自己的父母十分热爱，而且对同事朋友也都是真诚相待。不论是在国内还是在苏俄，她都有多位一生保持深厚友谊的挚友。从这个意义上说，她的生活是丰富幸福的。

　　此外，特金对家人，特别是对年幼的孙辈更是充满关切与爱护。大孙女是兔年（2011）出生的，特金叫她兔宝宝，十分喜欢这个小宝贝，看着她从小慢慢长大。特金在2013年2月5日的日记里写道：兔宝宝"和一个月前相比，真是突飞猛进，跑动自如，大人对她讲的话，她都能明白，还能做出回应。虽是不到一岁半的小小年纪，还算得上是很懂道理，不无理取闹。是个好孩子"。在 2014 年 3 月 7 日的日记里写道，兔宝宝随她母亲去四川参加她母亲同学的婚礼，兔宝宝"当小花童。我们看了微信，她很称职"。

对马年（2014）出生的小孙女，特金叫她"小老二"，也是十分喜欢。特金在 2014 年 12 月 27 日的日记中写道："'小老二'才六七个月，已经会定睛注视着你，目光随你而转动。你和她打招呼，她会开心地笑出声来。"在 2015 年 3 月 7 日的日记中写道："今天最大的亮点是和'小老二'玩得很开心。这小家伙见了我们（也许她见了谁都这样）就憨憨地笑着，一双眼睛定定地含笑看着你；你跟她逗着说话时她也看着你，好像听懂了似的。在跳玩具圈时边跳边笑，模样煞是可爱。这孩子长大后准是个绝色美女，性格又好。"

二十一

如果本文开始时是受到普希金名诗《纪念碑》的启发，那么结束时就想借用苏联诗人西蒙诺夫在二战时流行的长诗《等着我吧！》来收尾。

我要对特金发自内心地说：

等着我吧，
我会来的！

2016 年 9 月 30 日

第一部分

塔尔列史学研究刍议*

一位苏联学者曾经引用古罗马杰出的演说家、政治活动家西塞罗的名言和俄国著名作家萨尔蒂科夫－谢德林对这一名言的补充来形容塔尔列。西塞罗的名言是："演说家是造就的，诗人是天生的。"萨尔蒂科夫－谢德林补充说，演说家有造就的，也有天生的。这位学者则引申说，大部分历史学家是造就的，只有一些最卓越的历史学家是天生的，而塔尔列正是这样的一个。① 这当然不是说，塔尔列的成功不靠他本人的努力，而是说，他具有一些非凡的天赋：清晰的头脑、罕见的机智、惊人的记忆力、写作家的才华和个人的魅力。② 这些天赋加上塔尔列异乎寻常的勤奋，使他在近60年的学术生涯中不仅著作等身，而且成为具有国际影响的著名历史学家。几十年来，国外关于塔尔列的生平和著作已发表了不少研究成果。本文试就塔尔列史学研究的若干特点谈一些初步的看法。

一

叶夫根尼·维克托罗维奇·塔尔列于1878年11月8日生于基辅③一个职员的家庭。1892年，17岁的塔尔列在赫尔松的中学毕业后进入基辅大学文史系学习。他有幸得到当时著名的学者伊·瓦·卢奇茨基（1845～1918）教授的指导，精心研读中世纪史。1896年毕业时，他因论文《彭波

---

* 曹特金本人所写论文均不署名。
① 参见安丘兴娜－莫斯科夫琴科《学者—爱国者塔尔列》（А. И. Антюхина - Московченко, Учёный - патриот Е. В. Тарле），载《近现代史》（苏联）1966年第4期，第26页。
② 参见安丘兴娜－莫斯科夫琴科《学者—爱国者塔尔列》（А. И. Антюхина - Московченко, Учёный - патриот Е. В. Тарле），载《近现代史》1966年第4期，第26页。
③ 也有一种说法说他生在尼古拉耶夫，参见《社会运动和国际关系史文集（纪念叶·维·塔尔列院士）》（Из истории общественных движений и международных отношений, сборник статей в память академика Е. В. Тарле），苏联科学院出版社，1957，第5页。

那齐和16世纪初意大利的怀疑主义运动》而获得金质奖章。嗣后，他以"教授奖学金领取者"的身份留校攻读学位。1901年，塔尔列顺利通过硕士学位论文《托马斯·莫尔的社会观点与当时英国的经济状况》答辩。

卢奇茨基对塔尔列的成长很有影响。与著名历史学家尼·伊·卡列耶夫（1850~1931）和马·马·科瓦列夫斯基（1851~1916）一样，卢奇茨基也是"俄罗斯历史学派"的杰出代表人物。这一学派主要研究18世纪末法国大革命前夕和革命期间的土地关系史和农民史。卢奇茨基本人利用法国外省档案馆里的大量新的文献资料，对这个问题进行了深入的研究。卢奇茨基使塔尔列在从事研究工作之初就培养起良好的习惯，尤其是在注重使用档案资料、严密考订史料和写作时将科学性和可读性相结合等方面。塔尔列在一生的研究工作中一直保持着这些好的传统。

1896年，塔尔列开始发表文章，从此开始他的学术生涯，直至1955年1月6日逝世。在近60年中他几乎每年都有新作问世[1]，这样多产的历史学家是少有的。据统计，他发表的史学著作有600多个印张，加上政论文章、书评、札记、讲稿等300个印张，总共有900~1000个印张之多。[2]

早在1917年十月革命前，塔尔列就已经是一个知名的历史学家了。不过，在政治观点上，那时他属于自由资产阶级史学流派。直到十月革命后，他才逐渐接受马克思主义。简单地考察一下他的转变过程是很有意义的。

塔尔列早期的文章在选材上（农民问题）和一些观点上（对大革命前法国状况的分析）都受到他的老师卢奇茨基的影响。19世纪末20世纪初，塔尔列发表了数十篇文章，涉及的面非常广泛，但主要都是政治斗争问题。他为许多政治家作传，反映出他对西欧各国议会斗争及其代表人物的浓厚兴趣。在资产阶级自由派的教授中，塔尔列以激进和拥护共和而著称。他显然受到当时俄国解放运动思潮的影响。他虽没有参加任何政党，但同情社会民主党人，尤其是普列汉诺夫。[3] 有材料说明，塔尔列曾参加由社会民主党人组织的秘密会议，引起了沙皇警察的怀疑，于1900年被捕

---

[1] 据统计，1896~1955年，塔尔列只有1932年和1935年两年没有发表作品（参见《社会运动和国际关系史文集〈纪念叶·维·塔尔列院士〉》，第29页）。

[2] 《社会运动和国际关系史文集〈纪念叶·维·塔尔列院士〉》，第3页。

[3] 1905年俄国革命后，塔尔列曾和普列汉诺夫在国外会晤（参见恰普凯维奇《叶夫根尼·维克托罗维奇·塔尔列》〈Е. И. Чапкевич, Евгений Викторович Тарле〉，莫斯科，1977，第38页）。塔尔列和捷伊奇的友好来往直到十月革命后仍保持着。

过，为此被剥夺了讲课的权利（至 1903 年初为止）。①

十月革命前，塔尔列对马克思主义理论已有所了解。他注意到近几十年来史学出现了一个新领域——经济史。在《当代为什么会产生对经济史的兴趣?》一文中，他强调"出现了整整一个流派，它无论是在批判现存制度方面还是在阐述未来方面，都力图提供科学的历史的论据和哲学的论据"②，他这里指的就是马克思主义学派。他还认为马克思主义学派在当时已很有影响，恩格斯、考茨基等人的著作已在德国千百万人中流传。③ 他认识到，当时对经济史的广泛兴趣"与当代生活提出的新的社会要求直接有关"。④ 不过也应看到，塔尔列当时对马克思主义还不能正确理解，他更多的是接受俄国"合法马克思主义"的思想。他虽然承认历史唯物主义"作为方法提供了并在继续提供着十分富有成果的结论"，但又认为："历史唯物主义作为哲学体系（在现时历史知识所能达到的水平下）远不是在一切情况下合乎逻辑和令人信服的。"⑤ 在另一篇文章《关于历史预见的界限问题》里，塔尔列也错误地认为，马克思的历史观不仅在个别原理上，而且在根本基础方面，都在经历着一系列深刻变化。而用革命改造社会的主张应该让位于和平进化的思想。⑥

1905～1907 年俄国革命对塔尔列有很大影响。他因参加革命活动而被捕。1905 年 10 月 18 日，他在参加学生示威游行时头部被刀砍伤。尽管塔尔列的许多朋友和同事是立宪民主党的党员，但他对这个党的政治主张持批评态度。他在课堂上和在报刊上撰文抨击沙皇专制制度。他在 1905 年发表的《西欧专制制度的崩溃》一文中写道，在俄国像在其他地方一样，"专制制度不会心甘情愿地自动消亡，因而就引起革命。但是，专制制度在任何地方都不像在我们这儿，对革命进行了如此绝望的、狂暴的反抗"。⑦ 1905 年革命对塔尔列的影响还表现在研究工作上，他开始研究工人

---

① 参见恰普凯维奇《叶夫根尼·维克托罗维奇·塔尔列》，第 23～25 页；《社会运动和国际关系史文集（纪念叶·维·塔尔列院士）》，第 8～9 页。
② 《塔尔列文集》（Е. В. Тарле, Сочинения）第 1 卷，莫斯科，1957，第 299 页。
③ 《塔尔列文集》第 1 卷，第 302 页。
④ 《塔尔列文集》第 1 卷，第 301 页。
⑤ 《塔尔列文集》第 1 卷，第 300 页。
⑥ 原载《俄国财富》（Русское Богатство）1905 年第 5 期，转引自《塔尔列文集》第 1 卷，第 X－XI 页。
⑦ 《塔尔列文集》第 4 卷，莫斯科，1958，第 402 页。

阶级史。1907 年，他发表了第一部有关法国大革命时期工人的著作《革命时期国家手工工场的工人（1789～1799 年）》。1909 年、1911 年又分别出版了《法国革命时期的工人阶级》上下卷，并于 1911 年因这部著作而获得历史学博士学位。塔尔列的这些著作的问世不仅表明他本人在研究工作方面的突破，而且说明他在逐渐摆脱"俄国历史学派"的影响。如果说卢奇茨基、卡列耶夫主要是研究农民的话，那么塔尔列的视线已经转向工人。这在俄国当时的大学教授中是罕见的。自然，塔尔列的这些著作并不是没有缺点的，在一些具体问题的阐述上还可以看到"俄国历史学派"的影响，譬如夸大小生产在国家经济生活中的作用，等等。

塔尔列的下一部重要著作是研究拿破仑时期法国和欧洲经济史的《大陆封锁》，上卷《拿破仑时期法国工业和外贸史研究》于 1913 年出版，下卷《拿破仑一世统治时期意大利王国经济生活》于 1916 年问世。这部著作在国际史坛上产生了重要影响，给作者带来很高的声誉，并为塔尔列后来的拿破仑研究奠定了牢固的基础。第一次世界大战爆发后，塔尔列还发表了不少文章阐述欧洲列强的对外政策和国际关系史的问题。这是他研究国际关系史的开端。综观塔尔列此后的科研工作，社会运动史（尤其是工人运动史）和国际关系史是他最主要的两大研究领域。

除科研之外，塔尔列还从事教学工作。他极富讲演才能，他的讲课很受学生欢迎。1903 年，塔尔列当上了圣彼得堡大学的编外副教授，1913 年被聘为尤里耶夫（今塔尔图）大学教授，1918 年 10 月又被选为彼得格勒大学教授。①

但是，此时的塔尔列还不能摆脱资产阶级自由派教授们的情绪的影响，不理解战争的帝国主义性质，站在护国主义的立场上。二月革命后他又没有认识到临时政府的阶级实质，以为"俄国革新的春天"已经到来，撰文号召民众支持临时政府把战争进行到底，更谈不上理解布尔什维克党所提出的政治主张。

总之，十月革命以前，塔尔列虽然已受到马克思主义和俄国革命运动的一些影响，也参加过反对沙皇专制制度的一些革命活动，但并未能突破资产阶级自由派的思想局限。十月革命以后，塔尔列经历了相当一段时间

---

① 参见恰普凯维奇《塔尔列院士生平片断》（Е. И. Чапкевич, Страницы биографии академика Е. В. Тарле），载《近现代史》1990 年第 4 期，第 40 页。据该文作者说，1918 年 10 月这个日期是根据档案材料确定的。

的矛盾和思想斗争的过程，在革命胜利后的最初几年里，他没有发表新的有分量的著作。但是，他拒绝接受巴黎大学的邀请，继续留在自己的祖国工作。从1922年起，他发表的著作也明显增多，其中关于凡尔赛和约等国际关系史的著作表明他对这一领域的兴趣有增无减。除此以外，塔尔列于1918年6月被任命担任中央档案馆彼得格勒分馆历史经济部主任。塔尔列在档案管理方面做了许多工作，后来还受马克思恩格斯研究所所长梁赞诺夫的委托，到欧洲去搜集马克思恩格斯生平活动的文献资料和国际工人运动史的资料。[1]

然而，思想立场的转变不是一件容易的事。在苏维埃政权初年艰苦复杂的情况下，塔尔列内心的矛盾和困惑在行动上也有所表现。他在1918~1919年编辑出版的两卷本的文献集《法国大革命时期的革命法庭》，便反映了他对内战时期"红色恐怖"的看法。随着内战的结束和苏维埃国家经济状况与科研条件的逐步改善，塔尔列思想转变的过程也在相应地加速。1921年，塔尔列被选为科学院通信院士，1923年他获准出国在档案馆和图书馆搜集资料，1927年又被选为苏联科学院院士。此后他的研究工作更富成果，收入12卷本《塔尔列文集》的著作，2/3以上是在十月革命后发表的。

关于塔尔列何时完成思想转变，成为马克思主义史学家的问题，苏联史学界有不同的看法。20世纪50~60年代的看法是，从20年代末起，塔尔列对马列主义理论的掌握日益深刻，到第二次世界大战前彻底完成转变。[2] 作为这一转变过程的标志主要是这样几部著作：1927年出版的《帝国主义时代的欧洲》、1928年出版的《机器生产初期的法国工人阶级（从帝国末年到里昂工人起义）》和1937年出版的《芽月与牧月》。《帝国主义时代的欧洲》是以塔尔列在列宁格勒大学的讲稿为基础写成的。他叙述了列宁关于帝国主义的特征，不同意考茨基的超帝国主义论。这部著作被视为塔尔列已力图站在马列主义的立场上来判断复杂的国际现象的标志[3]，或者说塔尔列已在很大程度上从马列主义的角度来理解帝国主义时代的国

---

[1] 参见《塔尔列院士遗著选》（Из литературного наследия академика Е. В. Тарле），莫斯科，1981，第211、220~221页。
[2] 参见《近现代史》1966年第4期，第32页；《塔尔列文集》第1卷，第XXV页；《社会运动和国际关系史文集（纪念Е. В. 塔尔列院士）》，第14页。
[3] 参见《近现代史》1966年第4期，第34页。

际关系。① 这部著作在当时就引起了激烈的争论。反对塔尔列的主要是米·尼·波克罗夫斯基。他认为发动第一次世界大战的责任在于协约国（塔尔列把战争的责任更多地归罪于德国）。波克罗夫斯基指责塔尔列没有考察帝国主义时代的国际工人运动及其对列强政策的影响。这场争论既有国际背景（20年代西方史学界有过一场有关一战的发动者的争论），更有国内政治斗争的影响。波克罗夫斯基对塔尔列的思想转变表示怀疑，说塔尔列"巧妙地用马克思主义作为伪装"。②

塔尔列后两部著作的命运要好得多。在《机器生产初期的法国工人阶级》一书中，塔尔列给予1831年里昂纺织工人起义以极高的评价，认为它是世界历史上第一次纯粹的工人革命起义。③《芽月与牧月》更被认为是塔尔列完成思想转变的主要标志。这部著作阐述法国大革命时期巴黎郊区"平民"的群众性革命行动。塔尔列高度评价牧月起义，指出尽管它"完全不是纯粹的无产阶级起义"，④但"工人阶级在胜利的日子里不应该忘记自己的英勇的失败的历史"。⑤ 在这部著作里，塔尔列还改变了过去对雅各宾专政时期实行最高限价的否定态度。

近年来，苏联学者把塔尔列完成思想转变的时间提前了。恰普凯维奇认为，塔尔列在20年代的全部活动证明他成功地和完全自觉地完成了思想转变，并逐步地掌握马克思主义方法论。⑥ 恰普凯维奇虽然没有明确说明何时完成这一转变，但读者在读完他撰写的文章后可以得出结论：作者认为塔尔列在20年代末完成了这一转变。比如，作者强调《芽月与牧月》一书基本上是在20年代末完成的，至于它直到1937年才得以问世则与塔尔列本人无关。⑦

笔者认为，像塔尔列这样的学者何时完成向马克思主义立场的转变过程，的确是很难确定具体年份的。同时，一个人向马克思主义的转变，既

---

① 参见《近现代史》1990年第4期，第41页。
② 波克罗夫斯基：《俄国历史著作中的"新"潮流》（М. Н. Покровкий，"Новое" течение в русской исторической литературе），载《马克思主义历史学家》1928年第7期，第11页。
③ 参见《塔尔列文集》第6卷，莫斯科，1959，第11页。
④ 参见《塔尔列文集》第6卷，第321页。
⑤ 参见《塔尔列文集》第6卷，第322页。
⑥ 《近现代史》1990年第4期，第42~43页。
⑦ 参见《近现代史》1990年第4期，第42页。

同他对某个政治事件或某些学术问题的态度和观点有关,又不能完全等同,因为一个马克思主义者完全可能在某个具体问题上(尤其是学术问题)看法不正确。譬如,当时被誉为苏联马克思主义历史学家的波克罗夫斯基就有许多错误观点。再有,怎样才算转变成马克思主义者呢?看来,作为一个马克思主义者,起码应该具有这样两个条件:一是对马克思主义的坚定信仰;二是要努力学会掌握和运用马克思主义的理论和方法,也就是要努力运用马克思主义的立场、观点和方法去观察和解决具体问题。还应该看到,马克思主义本身在不断发展,生活中的具体问题又总是层出不穷的,这就要求一个马克思主义者不断学习,永不止步。具体到塔尔列,他从一个非马克思主义者到基本上转变为一位马克思主义史学家是一个过程,很难用某个时间将之截然分开。大体上把20~30年代看成塔尔列自觉进行这个转变过程的时间还是比较合适的。当然,不能因此简单地认为,塔尔列此后发表的著作就没有错误和缺点了。这些著作主要有《拿破仑》(1930)、《拿破仑对俄国的入侵》(1938),《塔列朗》(1939)、《纳希莫夫》(1940)、《克里米亚战争》第1卷(1941)和第2卷(1943)等。

二

塔尔列的史学研究和史学著作有两个明显的特点。这两个特点一般历史学家是很难同时具有的。其一是高度的学术性与优美的文字表述相结合,也就是科学性和艺术性的结合;其二是历史研究与现实需求相结合,也就是学术性与现实性的结合。

这两个特点的共同基础是历史研究高度的科学水平。离开了这一点,即使有优美的文字或对现实问题的深刻理解,也不能算作历史著作。作为历史学家,塔尔列有深厚扎实的基本功,他继承并发扬了"俄国历史学派"在这方面的优良传统,尤其是在档案材料的发掘和考订上。利用大量的第一手原始材料,尤其是发掘新的材料,这一点很重要。

尽管国际史学目前已有了很大发展,各种新方法、新手段不断更新,这对史学研究并没有什么不好,但不管怎么说,只要是历史著作就离不开史料,特别是档案材料。离开这个前提,恐怕就很难说是历史研究著作了。

塔尔列十分重视掌握史料,特别是新的档案材料的发掘。他的每一部重要历史著作都是在大量档案材料的基础上写成的，这就保证了他的著作的高度的学术性。1898年，塔尔列还在基辅大学攻读硕士学位时，就第一次去国外的档案馆收集资料。从此以后，直到1914年一战爆发，他每年都到西欧各国去作学术交流，主要到巴黎、波尔多、亚眠、汉堡、柏林等城市的档案馆。国外的许多档案馆、图书馆，尤其是法国的，都留有他辛勤劳动的记录。他的硕士论文《托马斯·莫尔的社会观点与当时英国的经济状况》就是在伦敦的大英博物馆和基辅与华沙的大学图书馆工作的结果。[①]塔尔列有关法国大革命时期工人阶级状况的著作是他在法国许多档案馆中发掘新材料的成果。例如，为了写作《革命时期国家手工工场的工人（1789－1799年）》这部著作，他不仅在巴黎国家档案馆，而且在地方档案馆和手工工场收集材料。[②] 由于他运用了大量过去无人用过的新的档案材料，他的这部著作成为第一本完整研究这一问题的历史著作，起了填补空白的作用。在这方面，他的另一部专著《法国革命对期的工人阶级》（上下卷）不仅具有同样的性质，而且影响更大。

为了研究拿破仑时代的欧洲经济史，塔尔列又一头扎进欧洲许多国家的档案馆：巴黎的国家档案馆、法国的罗讷河口、下塞纳和罗讷省档案馆、里昂商业厅档案馆、伦敦档案馆（Record office）、海牙国立档案馆、汉堡国立档案馆、海牙皇家图书馆手稿部、巴黎国家图书馆、汉堡商业图书馆、大英博物馆和柏林皇家图书馆。其成果是1913年发表的《大陆封锁》上卷。如此丰富的新获得的档案资料保证了这部著作在国际史坛上的开拓性地位。为了撰写专门研究意大利在拿破仑统治下的经济生活的《大陆封锁》下卷，塔尔列又在巴黎和米兰的档案馆辛勤工作。

十月革命后，塔尔列依然坚持这种搜集发掘原始资料的好传统。他到位于巴黎附近的收藏有大量一战史和战后时期史料的万塞讷堡，到苏联的档案馆和图书馆，尤其是收藏丰富的马克思恩格斯研究所收集资料，在此基础上完成了《帝国主义时代的欧洲》一书。

关于《机器生产初期的法国工人阶级（从帝国末年到里昂工人起义）》一书的写作，塔尔列自己在前言中说，搜集资料的工作在战前就已开始，战后重又恢复，每年都有几个月到法国的档案馆工作。[③] 塔尔列主要在法

---

① 参见《塔尔列文集》第1卷，第123页。
② 参见《塔尔列文集》第1卷，第614页。
③ 《塔尔列文集》第6卷，第9页。

国国家档案馆工作，发现了许多新材料，这就使这部著作不仅在苏联史学而且在法国史学中起了填补空白的作用。可惜的是，当时塔尔列未能利用法国地方档案馆（尤其是里昂档案馆）的资料。《芽月和牧月》的写作同样也运用了许多法国档案馆中未出版过的手稿。塔尔列甚至认为有必要在注释中把史料原文的有关部分尽可能完整地引证出来。[①] 在《克里米亚战争》中，塔尔列除了运用大量苏联国内外已公布的史料和文选外，同样使用了许多档案库中未公布的新资料。即使像收入由青年近卫军出版社出版的《名人生平丛书》的带普及性的著作《拿破仑》，塔尔列也在序言中声明，这不是一本普及性的著作，而是自己独立研究的结果，是自己在研究了无数档案资料和已出版的资料后对得出的结论的概述。[②]

由此可见，塔尔列的历史著作都是在大量史料的基础上写成的，是严肃的高质量的学术著作，特别是作者善于发掘新史料，从而使他的著作常有新意。然而，仅仅这点还不足以构成塔尔列史学研究工作的特点，因为这是任何一位严肃的历史学家都应具备的基本素质。塔尔列的特色在于，他善于赋予这种高水平的历史著作以完美的文字表述。一般来说，运用大量史料的严肃学术著作很难写得生动易读，更不要说引人入胜了。别林斯基早就说过："做一个天才的历史学家之所以困难，在于他必须集这样一些条件于一身，即既要对历史事实和材料作严格的研究，批判的分析，持不偏不倚的冷静的态度，又要具备诗人的激情和配置事件的创造性才能，从而根据这些事件绘制出一幅配景得体，明暗适度的栩栩如生的图画。"[③] 塔尔列可以说是在这方面做得比较出色的一位历史学家。

塔尔列无论是在写作还是在演讲方面都极有天赋，都具有吸引人的才能。他对此十分重视，他认为，历史本身是极其丰富的，是五光十色的，因而研究者向读者提供的也应该是多姿多彩的、鲜明生动的历史图景。他强调，任何一种历史研究的结果都应该是历史叙述。他最反对空话套话、刻板公式，常常会为此感到气愤。他认为，在历史学家的工作中，不应该有"枯燥无味的课题"。研究者对自己的课题不应该漠不关心，而应该以充分的激情全身心地投入研究课题中去。塔尔列本人正是这样做的。

---

① 《塔尔列文集》第 6 卷，第 711 页。
② 参见《塔尔列文集》第 7 卷，莫斯科，1959，第 23 页。
③ 《别林斯基全集》第 7 卷，莫斯科，1955，第 52~53 页。

塔尔列常说，"历史学家首先应该是作家"，应该致力于提高自己的写作能力和文字修养。塔尔列终生都是这样努力的。他十分喜爱俄国诗人莱蒙托夫和文学家赫尔岑。他常对人讲，在文字方面，赫尔岑是他的老师。好多年来，他每天都要反复阅读赫尔岑的著作，每次几页。塔尔列的天赋加上他的勤奋，使他的历史著作成为学术深度和文学形式完美结合的结晶，他善于通过艺术地描绘的细节勾画出完整的历史画面，特别善于刻画历史人物。他笔下的众多历史人物，无论是拿破仑、塔列朗，还是库图佐夫、纳希莫夫，抑或是牧月起义的参加者、塞瓦斯托波尔英雄城的保卫者，都栩栩如生地出现在读者眼前，给读者留下深刻的印象。正因为如此，塔尔列的著作不只是在专家的小圈子里流传，而是拥有极其广泛的读者群[①]，从而收到极大的社会效益。当然，在俄国史学史上，塔尔列也并不是没有先驱，譬如克抑切夫斯基。笔者不由回忆起，50年代在苏联留学时曾听授课教授称赞克抑切夫斯基的语言可与屠格涅夫媲美。塔尔列可以说又是这样的一位语言大师。

塔尔列史学研究的另一显著特点是，他注意把历史研究与现实需求相结合。这首先表现为他不是一个书斋里的学者。他既是学者，又是演说家、社会活动家和政论作家。在上述每一个领域，他都做出了出色的成绩。塔尔列对社会生活从来不是一个冷漠的旁观者。他热爱生活，积极投身到火热的生活中去，而且总是努力去理解、追求生活中先进的、美好的东西，注意聆听时代的呼声，并做出积极的反应。十月革命后，塔尔列通过深入探讨具有现实意义的近现代史问题，加速了自己的思想转变过程。在弥漫的战争烽烟中，在希特勒军队大举入侵的危急时刻，塔尔列怀着苏维埃祖国必胜的信念，笔耕不辍。1942年，他成为调查德国法西斯侵略者在苏联领土上所犯罪行的国家特别委员会的常任委员，战后又担任苏联保卫和平委员会成员。

更为可贵的是，塔尔列善于把自己的研究工作同时代的需求相结合。还在早年时，他就强调："社会科学以其本身的性质来说是在实践上和理

---

① 切尔尼措夫斯基认为，在1936年《拿破仑》一书出版之前，知道塔尔列的主要还只是职业历史学家，这本书使他成为广大读者宠爱的偶像。[参见切尔尼措夫斯基《叶夫根尼·维克托罗维奇的一天》（Ю. М. Черницовский, Один день Евгения Викторовича），原载《接班人》1989年8月15日，引自《报刊历史文章文摘》（1989年7—12月）（Страницы истории, Дайджест Прессы），列宁格勒，1990，第247页。]

论上同社会生活紧密相连的。"① 他主张历史学家同时也应该是政论作家，认为一个有远见的政论家终究会求助于社会科学，而在某些情况下，政论文也可以给社会科学以帮助。他反对那种认为政论文对科学有害的说法，举出一些集政论作家与学者于一身的例子，最后得出结论说："在科学和政论文之间存在着不是偶然的联系，而是深刻的、有机的联系，尽管在观察事物和工作方法上看起来有许多差异"②，并号召政论作家和社会科学工作者紧密合作。

　　塔尔列本人就是一个一身两任（既是政论作家，又是历史学家）的榜样。他一生中在不同时期写了无数的政论文章。同单纯是政论作家所写的政论文不同，他的政论文大多以历史为题材，有的本身既是政论文又是历史文章。例如，一战后塔尔列对凡尔赛和约和凡尔赛体系感到不满和气愤，写了《三次灾祸：威斯特伐利亚和约、蒂尔西特和约、凡尔赛和约》（1922）、《维也纳会议到凡尔赛和约期间的欧洲（1814—1919年）》（1924）等文章。通过分析，他敏锐地感觉到凡尔赛体系中蕴含着爆发新的世界大战的危险。在《帝国主义时代的欧洲》一书中，他明确指出，金融资本和受其控制的一切力量在其认为适当的时候会不顾一切代价发动新的战争。③

　　塔尔列还善于根据现实的需求选择重大的具有迫切意义的课题，并努力使研究成果为现实服务。正是由于1905年俄国革命的影响，他成为俄国资产阶级教授中最早认真研究工人阶级历史的代表人物之一，而且经过以后的长期研究，终于在这个领域写出了不少填补空白的专著。第一次世界大战的爆发以及战后复杂的国际关系促使塔尔列关注国际关系史和欧洲列强对外政策的研究。十月革命以后，他更多地倾注于这个领域，使国际关系史成为他除了工人运动史以外的又一重要研究领域。而有关这个课题的许多研究著作的问世，使他成为一位著名的国际关系史专家。

　　二战前，当战争乌云笼罩在欧洲上空的时候，塔尔列密切注视着事态的迅捷变化，较早地意识到必须加强研究俄国人民反抗外敌的英勇斗争

---

① 塔尔列：《俄国社会学史》（Е. В. Тарле, Из истории обществоведения в России），载《文学事业》论文集，圣彼得堡，1902，第34页，转引自《塔尔列文集》第1卷，第XII页。
② 塔尔列：《俄国社会学史》（Е. В. Тарле, Из истории обществоведения в России），载《文学事业》论文集，第34页，转引自《塔尔列文集》第1卷，第XIII页。
③ 参见《塔尔列文集》第5卷，第37~38页。

史。战争爆发后，他更是满怀爱国热情，努力笔耕。这时期写成的主要著作有《拿破仑对俄国的入侵》①、《克里米亚战争》（上卷，1941；下卷，1943）、《纳希莫夫》（1940）。这些著作叙述了俄国人民抗击拿破仑军队的历史以及塞瓦斯托波尔保卫战，不仅具有学术价值，而且以其优美的文字赢得了广大读者。尤其是《拿破仑对俄国的入侵》一书，在战时为千百万人所阅读，起了鼓舞士气的作用。在当时艰难的条件下，纸张缺乏，工人不够，印刷机器短缺，但这本书或全书或部分以各种书名在莫斯科、斯维尔特洛夫斯克、巴库、埃里温、阿拉木图、喀山、第比利斯、斯大林纳巴德、乌发、塔什干、库德姆卡尔大量出版，并被译成阿塞拜疆语、亚美尼亚语、哈萨克语、鞑靼语、格鲁吉亚语、塔吉克语、巴什基尔语、乌兹别克语、科米-彼尔米亚克语。在二战正酣的1942年，这本书还被译成英语，在英国和美国出版。这样受欢迎的历史著作恐怕是极为罕见的。

晚年，塔尔列计划写一部三部曲《18—20世纪俄国人民反对侵略者的斗争》。他只完成了其中关于1708~1709年瑞典入侵俄国的第一部，关于拿破仑入侵的第二部，他在原有著作的基础上进行了补充修改，收集了大量新史料，第三部原来设想是关于1941年德国法西斯入侵苏联的，但还未来得及动手他就于1955年1月6日与世长辞。

毋庸讳言，塔尔列的著作，无论是政论文还是历史著作，在今天看来，都有不少缺点、败笔乃至错误。这里有对现实问题看不清或理解不深的原因，也有对历史与现实的关系处理不当而造成的，还有客观的其他复杂因素。但无论如何，这些都不能抹杀塔尔列勇于和善于把自己的研究工作和现实需要相结合，努力为现实服务的方向以及在这方面做出的杰出贡献。

三

塔尔列的一生并不平坦，历经不少坎坷。他在1930年1月29日曾经因"院士案件"而蒙冤被捕。1931年2月2日他被开除出苏联科学院，取消院士资格，1931年8月8日被判5年流放（在阿拉木图）。但

---

① 这部著作最早发表于《青年近卫军》1937年第10、11、12期，1938年第1、2、3期。单行本于1938年首次出版。

实际上，塔尔列一年后就被解除流放，于 1932 年 10 月回到莫斯科，不久就参加了工作，并被恢复列宁格勒大学教授的职务。这显然同当时苏联整顿史学战线，批判波克罗夫斯基学派有关。不过塔尔列的院士称号到 1938 年秋天才被恢复，而对他的判罪直到 1967 年 7 月 20 日才被正式撤销。① 但这些不公正的待遇并没有使塔尔列消沉，他始终不渝地投身他所热爱的事业中去，努力工作直到生命终止，从而表现出他的爱国热忱和对科学的忠诚。

塔尔列作为真正的学者，能够正确对待自己著作中的缺点和错误，对言之有据的、公正的批评，他总是认真听取，努力加以改进。他的一些著作在重版时，都做了认真的修订和补充。不过，在苏联当时复杂的形势下，对塔尔列也有过不公正的批判。如 1937 年 6 月 10 日，《真理报》和《消息报》分别发表批判塔尔列《拿破仑》一书的书评，1951 年《布尔什维克》杂志第 15 期上发表科勒霍夫关于 1812 年战争中库图佐夫作用问题对塔尔列进行批判的文章。

客观地说，塔尔列后期的著作中确实存在一些错误，如在《拿破仑》中对拿破仑有所美化，更为严重的是，在《克里米亚战争》等著作和发言中为沙皇政府的殖民扩张政策辩护，片面强调俄国水兵和士兵的英勇业绩，却未揭露沙俄政府外交政策和所进行的战争的侵略实质。对这些错误，当时苏联史学界也曾进行过批判②，但由于这些错误有些并不只是塔尔列个人的错误，所以不容易得到纠正。这说明塔尔列的错误有当时复杂的客观因素的一面，而不适当的批判无助于克服这些缺点。另外，从塔尔列本人来说，学习马克思主义、改造旧的思想影响是一个需要不断努力、不断学习的过程。

笔者 1990 年在苏联访问时，曾同切尔尼措夫斯基教授多次晤谈。据这位苏联教授说，他不同意目前苏联有些人有意夸大塔尔列的错误，贬低他的作用。

"闲云潭影日悠悠，物换星移几度秋。"世界上一切事物都在变化。

---

① 切尔尼措夫斯基等人说：判罪是在 1937 年撤销的。但据恰普凯维奇说，他代表苏联最高法院军事法庭宣布给塔尔列正式平反是在 1967 年 7 月 20 日。(参见《近现代史》1990 年第 4 期，第 46 页。)
② 如潘克拉托娃早就提出过批评。《安·米·潘克拉托娃的信件》(Письма Анны Михайловны Панкратовой)，《历史问题》1988 年第 11 期；参见《近现代史》1990 年第 4 期，第 50~51 页。

塔尔列绝不会想到，他去世 30 多年后苏联已不复存在。然而，可以肯定，不管风云如何变幻，一切像塔尔列这样真正为人民做了贡献的人，不管他有过怎样的缺点和错误，人民是不会忘记他的，历史也不会把他抛弃。

（原载《史学理论研究》1992 年第 1 期）

从《莫斯科日记》看罗曼·罗兰

《莫斯科日记》是罗曼·罗兰在1935年6~7月间应高尔基之邀到莫斯科访问时逐日记下的所见所闻，包括同斯大林等苏联党政领导人以及当时已被逐出政治局的布哈林的谈话。回国后，罗曼·罗兰把这些见闻编辑成书，却不急于出版，反而写下此日记"50年内不得发表"的字样。直到不久前全文才公之于世。这部日记发表后就引起了重视，近年在我国也有中译本出版，同样引人关注。

这部日记的确是值得我们注意的。首先，它可以帮助我们了解罗曼·罗兰当时的真实思想，他对苏联的看法和内心的困惑，他思想上的变化，他对一些问题的思考。因而是一部难得的了解罗兰的史料。

其次，这部日记也可以帮助我们从一个侧面了解苏联20世纪30年代的情况。30年代是苏联一个重要的转折时期，斯大林体制已基本形成。罗兰去的时候，苏联的"大清洗"已经展开。苏联在取得很多重大成就的同时，它的许多阴暗面已经暴露出来。罗兰作为苏联的一个朋友，一个向往光明、进步的人道主义者，在短短不足一个月的时间内，在苏联当局的精心安排下，自然不可能看到很多问题，但他以一个作家和人道主义者的敏锐目光还是发现和看到了不少问题。他看到了哪些问题？对他有哪些影响？他又是如何处理的？这些问题既可以帮助我们了解罗兰，又可以通过他的特有的观察视角来了解苏联。

最后，罗兰的这部日记发表后引起了一些疑问，如罗兰为什么在生前不发表这部日记而规定要在50年之后发表；也引起了一些不同的看法，如有人认为罗兰的日记没有揭露出多少深刻的问题，他被苏联当局蒙蔽了；有人认为从罗兰的日记还是看出了一些问题，也回答了一些过去不清楚的事，如他为什么不在30年代时对苏联的"大清洗"提出抗议或采取决然的反对行动，等等。这说明，对罗兰这部日记还是需要结合当时的情况和罗兰本人的思想来进行分析的，需要历史主义地评价。

一

1935年6月23日至7月21日，法国著名作家罗曼·罗兰偕新婚妻子玛丽亚·巴甫洛芙娜出访苏联，从瑞士住所出发，途经维也纳、华沙，抵达莫斯科。这次访问局限于莫斯科一地，未能到外省去。虽然高尔基曾几次恳切邀请罗兰夫妇沿伏尔加河各城市一游，但终因罗兰年事已高（这年他已69岁），身体欠佳，未能成行。在莫斯科的27天，罗兰都有记录。他有记日记的习惯，逐日记下会见过的人和到过的地方。7月下旬返瑞士住所后他对日记加以补充订正，兼作文字润色，以达到出版水平。8月25日，罗兰在誊清的打印稿的扉页上写下了一段话：

这本东西不得发表——不论是全文，抑或其片断——没有我的特别的准许，在50年内不得发表。这50年从1935年10月1日算起。我本人克制着自己不去公开它，也不准别人发表它的某些片断。①

1960年，也就是罗兰写下这段话的25年之后，这个规定被他的夫人破坏了。玛丽亚·巴甫洛芙娜在《欧罗巴》杂志上首次发表了《莫斯科日记》的片断，引起了一些西方学者的注意，曾在他们的著作中被引用，《莫斯科日记》在更大的范围内引起重视是在罗曼·罗兰访问的半个世纪之后。1989年上半年，苏联《文学问题》杂志用三期的篇幅连载《莫斯科日记》全文（约15万字）。《文学问题》发表时所用的文本是罗兰夫人根据法文原稿的俄文译稿，在罗兰生前曾经他亲自审订②，因此是很具权威性的。这部俄文译稿是罗兰夫人在1960年之后再次访苏期间赠送给俄罗斯科学院世界文学研究所高尔基档案部的。同时赠送的还有罗兰的小说《欣悦的心灵》手稿，1935年斯大林同罗兰的谈话记录，以及高尔基写给罗兰的几十封信等。③ 罗兰夫人是俄法混血儿，在俄罗斯生活到30多岁，是同罗兰保持通信联系的一个读者。1929年经高尔基帮助从苏联到达瑞士担任罗兰的助手，1934年和罗兰结婚。1985年，罗兰夫人去世。90年代

---

① 〔法〕罗曼·罗兰：《莫斯科日记》，周启超译，漓江出版社，1995，第10页。
② 参见〔苏〕《文学问题》1989年第5期，第192页。
③ 参见〔苏〕《文学问题》1989年第5期，第192页。

中期，我国有两位译者从俄文翻译出版了《莫斯科日记》全文。① 两个中译本出版后，引起了我国学术界的重视。

这部题为《我和妻子的莫斯科之行，1935年6月至7月》的日记为什么会引起国内外许多人的关注？罗曼·罗兰到底在日记里写了些什么，为什么要经过50年才能发表？

这要从罗曼·罗兰这次出访的来由说起。

罗兰的这次访问是应高尔基的邀请成行的。高尔基此时已结束了他在国外治病疗养的生活（1921～1928），回到苏联已有一段时间，正担任全苏作家协会主席。罗兰自1916年起就同高尔基通信。他们通过信件广泛进行交流，也曾多次深入地就俄国革命问题交换看法。两位文豪虽然维持了20年的通信友谊，但始终未曾谋面。罗兰早就想亲眼看看新生的苏维埃国家，同时也想看望神交已久的高尔基。这次的邀请虽然只是高尔基出面，实际上受到苏联党和国家最高领导人的高度重视，因此显然不单纯是高尔基的个人行为。30年代中期，国际风云变幻：德意法西斯势力在欧洲兴风作浪；日本军国主义军队已入侵我国北方；在英法等国的领导人中，推行绥靖政策者占了主导地位，他们的错误政策助长了希特勒的侵略扩张野心。在这种形势下，有一个像罗曼·罗兰这样的文豪、知名的人道主义者、卓绝的反法西斯战士来访，自然会受到苏联举国上下的热烈欢迎。罗曼·罗兰自20年代起就在苏俄拥有大批读者。他的《约翰·克利斯朵夫》很早就有俄译本。有位俄国读者写信给罗兰说："国内战争时，我带着您的《约翰·克利斯朵夫》进战壕，战斗间隙时抢着读几页。"② 由此可见罗兰的小说受欢迎的程度。他的另一部小说《哥拉·布勒尼翁》的俄译本于1932年出版。罗兰访苏期间，电台正在播送根据这部小说改编的广播剧。苏联的报刊经常登载罗兰的文章，报道有关他的消息。在公众的心目中，他是一个不畏强暴、敢于主持正义、坚持真理的人，具有高尚的道德品质和进步的政治倾向，并且有卓越的文学成就。苏联人很为有这样一位朋友而自豪。

另一方面，苏联作为第一个社会主义国家，革命胜利后在极其艰难困

---

① 〔法〕罗曼·罗兰：《莫斯科日记》，夏伯铭译，上海人民出版社，1995；〔法〕罗曼·罗兰：《莫斯科日记》，周启超译，漓江出版社，1995。
② 〔苏〕B. 巴拉绍娃：《巴黎罗曼·罗兰档案馆内的苏联来信》，《罗曼·罗兰，1866—1966年》，莫斯科，1968。

苦的条件下，主要依靠本国各族人民的艰苦努力和流血牺牲，取得了粉碎外国武装干涉和国内社会主义建设的巨大胜利等令世人瞩目的伟大成就。但毋庸讳言，苏联在发展过程中，由于缺乏经验等各种原因也出现过不少错误，包括严重的错误。20 世纪 20 年代末 30 年代初，苏联政治生活中个人迷信、个人专权等不正常的现象已逐渐显露出来，到 30 年代中期时，这种现象已很明显。破坏法制、滥用暴力的"大清洗"运动已经开始。这种情况在世界上引起很大反响，自然也引起各国进步人士以及对苏联友好人士的关注。罗曼·罗兰也不例外。

这就是罗兰出访苏联前的复杂形势。

罗兰访问的 27 天日程是排得很满的。如果不是罗兰的身体欠佳，访问的时间还会延长，日程的安排还会更满。在这 27 天中，罗兰见到的人基本上可以分为三部分。第一部分是苏联党和国家的领导人以及共产国际的领导人，包括斯大林、莫洛托夫、伏罗希洛夫、卡冈诺维奇、布哈林、季米特洛夫等。第二部分是苏联各行各业的杰出人物和各类代表团，如与作家代表团会晤两次，第一次参加会晤的有 90 人，第二次人少些，有列宁格勒的作家费定等；另外会晤的有音乐家代表团（30 人）、女跳伞员代表团、地铁建设者代表团、共青团员代表团等，还有亚美尼亚路过莫斯科的少先队员们。秘密警察头子雅哥达甚至还把 150 名劳改公社的青年罪犯带到高尔基的别墅去，表演歌舞给罗曼·罗兰看。罗兰还接待了利用劳改犯建造运河工程的军事指挥员。第三部分是罗兰的妻子玛丽亚·巴甫洛芙娜的俄国亲友，如她的前夫的母亲（一位公爵夫人），她与前夫生的儿子，即罗兰的继子谢尔盖（当时是莫斯科大学的学生），她的好友等。此外，还有与罗兰长期通信联系的读者。如在 7 月 5 日，读者利平一家 11 口人专程去看望罗兰。罗兰觉得同这些人接触特别无拘无束，因为没有官方人员在场，他可以听到一些心里话。

罗兰通过接触这三部分人，以及通过为他安排的活动（如体育大检阅、在莫斯科剧院看演出、到文化公园参观等），既看到了苏联取得的巨大成就，也看到了存在着的一些不健康的因素、一些阴暗面。

二

罗兰在访苏时觉察到存在哪些问题呢？归纳起来，有以下三类。

第一类问题，用罗兰自己的话表述，是关于制度的人道化问题，实际上是建立一个法制社会的问题。罗兰作为一个革命人道主义者，对这个问题历来十分关注。30年代中期，苏联的党内斗争已发展到"大清洗"运动，自然更引起罗兰的注意。1934年12月1日，苏共中央政治局委员、列宁格勒市委第一书记基洛夫突然遇刺身亡。1935年1月，季诺维也夫、加米涅夫等19位苏共重要领导人被押上审判席，被诬与基洛夫案有牵连。1935年1月18日，苏共党内下达了一份中央委员会的秘密文件，布置全党动员起来，揭发"人民敌人"。酿成严重后果的大规模"清洗运动"就此拉开序幕。基洛夫被刺的案发地列宁格勒首当其冲，成为"重灾区"。许多党政干部被投入监狱。这些情况西方报刊早有披露，罗兰在访苏之前就很关注。访苏期间，他利用与苏联领导人交谈的机会，提出了这方面的问题。

在莫斯科，罗兰与斯大林见过三次面，谈过两次话。最重要的一次是6月28日在斯大林克里姆林宫办公室进行的，历时1小时40分钟。对这次谈话，罗兰事先是有准备的，提出的问题相当尖锐。他以维护苏联的国际声誉为理由，对基洛夫被刺后展开大搜捕、大清洗提出疑问，要求在欧洲舆论和世界舆论面前，苏联应公开提出"证明被判决者有罪的公诉"。罗兰还提到前两年被苏联当局流放到外省的法国作家维克托·基尔什，要求在法国面前说明这位作家有罪的证据。此外，他还对苏联不久前颁布的惩罚未成年人（年满12岁者）的法律提出异议。罗兰问道："如果我理解得不错，儿童面临着死刑的威胁。"斯大林对此回答说，这是因为"包围着我们的资本主义世界里的我们的敌人们是不知疲倦的。他们对我们到处渗透，让他们的间谍打进我们的家庭和教堂，在老百姓中间藏身，在女人和孩子们中间播种仇恨"。斯大林说，这条法律是为了打击成年教唆犯，是为了制造一种让人害怕的氛围，"但事实上，我们现在并未使这个法生效。我希望，这个法在将来也不生效。自然，我们不能公开地言明这一点"。这次谈话时安排了记录，还送给了罗兰一份记录稿，但斯大林没有兑现答应罗兰在报上刊登这次谈话记录的诺言。谈话结束时，斯大林主动提出再同罗兰见面，地点安排在罗兰下榻的莫斯科郊外高尔基的别墅。第二次会面时间虽然更长，历时4小时，但由于斯大林是同莫洛托夫、伏罗希洛夫、卡冈诺维奇一起来参加欢宴，还有高尔基和他的其他客人在场，席间笑声不断，话题无法集中，罗兰没有像上次那样提出尖锐的问题。

7月4日，罗兰同布哈林单独进行了一次谈话。在访苏期间，罗兰和布哈林见过几次面，大多是布哈林到他的好友高尔基的别墅看望罗兰夫妇。他们互相很有好感，一见如故，很谈得来。罗兰觉得布哈林很真诚，"有一颗炽热的心"①，具有很高的智慧和灵活的头脑。罗兰这次利用单独谈话的机会向布哈林提出苏共党内斗争的问题，问他苏联到底有多少内部的敌人，在冲突中，有没有"个人偏见和争论激烈时的丧失理智"。这时的布哈林早已被作为党内右倾集团的头子，撤掉了政治局委员、共产国际执委会主席等要职，只担任《消息报》主编。早在1929年1月，斯大林就在联共（布）召开的中央政治局和中央监察委员会主席团联席会议上做了《布哈林集团和我们党内的右倾》的发言，指斥"布哈林集团是一个右倾投降主义集团"。但布哈林给罗兰的印象还是乐呵呵的，心胸坦荡的。对罗兰的问题，布哈林回答说，内部的敌人其实不多，只不过是一些零散的团体，但他们的仇恨和所使用的手段仍然使他们成为危险的敌人。至于内部斗争中有没有个人偏见和丧失理智，布哈林回答说，罗兰应该明白，以法国大革命为例，性格的对立其实始终是由意识形态的对立预先决定的，如丹东、吉伦特派、"疯人派"（即"忿激派"）等都是如此。罗兰还向布哈林提到1935年早些时候签订的法苏军事协定在西方人心中引起的慌乱。布哈林回答说，列宁认为，革命的无产阶级有权力用自己的一个敌人去反对另一个敌人。但是签订这种协议不等于共产国际放弃自己的斗争目标。

两年以后，即1937年春天，布哈林继季诺维也夫、加米涅夫等人之后也被捕受审，面临被枪决的危险。罗曼·罗兰决定致信斯大林，为布哈林求情。罗兰说，他无论如何都不能赞同在审讯布哈林时提出的指控。罗兰认为，布哈林式的智慧是国家的财富，因此他诉之于斯大林的人道精神和对苏联最高利益的理解，请斯大林发一下慈悲心，对布哈林"另眼相看"，即保住他的生命。罗兰在信中还讲到法国大革命中天才化学家拉瓦锡被斩首的惨痛教训。但是，这封由罗兰亲手交给苏联驻法大使波将金并请他速转斯大林的信却始终没有回音，而布哈林还是在1938年被枪决了。这件事看来影响到罗兰对斯大林的看法。有学者注意到，从1937年以后，罗兰在自己的书信里和文章中已永远不再提到斯大林的名字。②

---

① 〔法〕罗曼·罗兰：《莫斯科日记》，夏伯铭译，第46页。
② 〔苏〕T.莫特廖娃：《……我需要希望……（读罗曼·罗兰和茨威格的通信）》，载〔苏〕《文学问题》1988年第11期，第73页。

罗兰觉察到的苏联存在的第二类问题是有关正在形成中的特权阶层。虽然罗兰的大部分时间都排满了官方安排的活动，但他善于观察和思考。他可以从出行时与路人的交谈，甚至路人的眼神中看出普通老百姓对住在豪华别墅里的人的不满。罗兰在日记中写道：

> 宫廷中的上层达官显贵过着特权阶级的生活，但人民却仍然不得不为了谋取面包和住房而进行艰苦的斗争。而且，这一切的发生是为了证明革命的胜利，可革命的首要目的却是确立劳动者的平等，形成统一的阶级。

罗兰还表示，他深信以上这些话是苏联"那些没有特权的人们"心里的真实想法。

在谈到这个问题时，罗兰联想到了在高尔基家里的那些宴席。他说，像高尔基这样善良和宽厚的人，也在吃饭时浪费掉够许多家庭吃的食物，"不知不觉地过着封建领主的生活方式"。他明白高尔基并不喜欢这种生活，并不觉得这样的生活是一种享受。他看得出高尔基有自己的苦衷。罗兰非常爱高尔基，尊重高尔基。从这次莫斯科之行中他发现他的这位老朋友郁郁寡欢，内心深埋着痛苦。至少，高尔基不喜欢他现在的生活方式，他又不愿意脱离人民，但他无能为力。罗兰认为，对高尔基来说，最大的快乐是在伏尔加河上当搬运工。罗兰这次在高尔基家里住了20多天，也聊过天，但并没有进行敞开心扉的深谈。他们原准备再次见面，约定在1937年罗兰再到高尔基家做客。罗兰准备那时要与高尔基深谈，为此还加紧学习俄语。不幸的是，高尔基在1936年就去世了。

罗兰觉察到的第三类问题就是个人迷信。通过近一个月的观察，罗兰觉察到苏联在1935年时已形成对斯大林的偶像式的迷信和崇拜。作为一个正直的有思想的作家，他对此很是反感。他在和奥地利作家、他的朋友茨威格的通信中明确地表述了这样的思想：革命不是一个人能完成的事业，为什么在革命成功之后把功劳都归到一个人的头上？这样做对事业并没有好处。在6月30日的体育节日大检阅时，罗兰看到斯大林连续6个小时站在检阅台上，弯着一只胳膊欣赏着群众对自己的"封神仪式"，就像罗马皇帝一样。

三

罗兰是一个真诚的作家，是苏联真诚的朋友。他对苏联是抱着爱护的态度的。他曾经把苏联称作"劳动共和国"。罗兰也是一个追求真理和向往光明与进步的人道主义者。他把苏联看成代表人类希望的新制度。他到苏联去之前对苏联基本上是充满希望的，尤其是在1933年1月希特勒法西斯在德国上台以后，罗兰更把苏联当作反法西斯的堡垒。罗兰从1926年起就敏锐地意识到法西斯主义对欧洲乃至世界的巨大威胁。他始终高举反法西斯主义的大旗，并对苏联寄予极大的希望。罗兰在同斯大林的谈话中说："您知道，苏联在西方很多人的眼里是什么。他们朦胧地想象你们的国家，但你们的国家体现着他们的希望和理想。"① 不过在去苏联之前，罗兰也听到对苏联的种种非议。他不盲从，不轻信，他希望了解真实的情况。

在短短的不足一个月的时间内，在苏联当局的精心安排下，罗兰不可能接触很多，不可能了解很多内情，但他以敏锐的目光和缜密的头脑还是觉察到一些重要的带根本性的问题。这说明了罗兰的求实的态度、对人的关怀，以及对苏联的关心和忧虑。罗兰对苏联存在的问题的看法，可能不够深刻和全面，但它们是确实存在的。这不能不引起罗兰思想上的震动，引起他的思考和困惑。接下来面临的问题是如何对待和处理这些问题。

值得注意的是，罗兰面临的这些问题，从某种意义上说，带有一定的普遍性。这是20世纪许多进步人士常常会遇到的问题，即他们对进步社会的向往和理想有时会与现实中存在的实际情况发生矛盾，甚至是尖锐的矛盾。也就是说，现实中存在不少与他们的理想不符的问题。这往往与社会主义制度在发展过程中出现的曲折、错误、偏差有关。在这种情况下，应该怎么办。拿30年代来说，有不少人遇到过这个问题。我们举几个例子。

1936年与罗曼·罗兰差不多同时访问苏联的法国作家纪德，也是积极的反法西斯主义战士，对苏联也怀着热爱。与罗兰一样，他在访苏时既看到了苏联的成就，也以自己敏锐的洞察力看到了出乎自己意料的另一面。

---

① 〔法〕罗曼·罗兰：《莫斯科日记》，夏伯铭译，第18页。

他看到个人迷信盛行达到可笑的程度,想到对反对派采取消灭做法可能引起的不良后果,看到严密闭关造成的盲目自满和文化的贫乏,等等。与罗兰不同,纪德回国后于1937年出版了《从苏联归来》一书,其中有一部分专门谈了他所看到的苏联存在的不理想的一面,① 结果引起了轩然大波,尤其在苏联引起不满。在今天看来,纪德的记叙至少是客观的。他只是把他看到的问题和自己的疑虑如实地写出来,并无恶意,但在当时却引起了强烈的反应。

高尔基本人也是一个例子。高尔基先后在德国和意大利治病疗养,虽然身居异国他乡,但始终怀念家乡,并和祖国保持着千丝万缕的联系。他拥护苏维埃政权和社会主义祖国。1928年,高尔基回国既是为了了却他的思乡情,也是为了写一本真实地反映新俄罗斯的书。高尔基回国后,的确看到了他的祖国的迅速发展、人民的建设热情,但他也看到了和遇到了不少他所不愿看到的不合理的事情。在苏联当时已经不正常的政治气氛下,作家是如何做的呢?有意思的是,80年代末以来,在苏联兴起重新审视历史的风浪中,高尔基遭到了一些人的攻击和诋毁,把他说成是斯大林恐怖政策的吹鼓手,歌颂劳改营等。有人甚至说,高尔基这只曾经宣告革命暴风即将来临的勇敢的海燕,在晚年已变成了一只黑乌鸦。也有人说,高尔基回国是为了获取更多的荣誉。我们看到,如今莫斯科的高尔基大街已恢复了特维尔斯卡娅大街的旧称。他的家乡高尔基市也恢复了下诺夫戈罗特的旧名。《文学报》报头上原先并列的普希金头像和高尔基头像,如今只剩下普希金孤零零地注视着读者。那么高尔基在回国后看到苏联存在的问题后是否缄默不言,甚至美化掩饰呢?事实并非如此。1929年,高尔基曾给斯大林写过一封信。在信中他婉转地但明确地说明,他对目前国内政治生活中的不正常现象感到不安。他认为,党在青年中的威信在下降,表示对青年们丧失革命信仰的情况感到忧虑,指出这同"党内摩擦"有关。②自然,高尔基不可能像布哈林那样,同斯大林在诸如农业集体化等问题上进行针锋相对的斗争。他不是政治家,但也并没有无动于衷,更没有低声下气地谄媚讨好。他很忧郁,但他没有停止叫喊。他做了力所能及的抵

---

① 纪德的《从苏联归来》的中译本,《读书之旅》,广东教育出版社,1988;另见《书摘》1999年第3期。
② 高尔基给斯大林的信的译文,见陈寿朋、孟苏荣《步入高尔基的情感深处》,新华出版社,1998,第373~379页。

制，尽了最大的努力，如他顶住压力公开为作家皮里尼亚克、扎米亚京、布尔加乔夫等人说话，指出"他们并不想妨碍历史完成其事业"①，反对对他们"残酷斗争"。对于个人迷信，虽然没有看到高尔基发表有关反对个人迷信的文章，但他显然是对此不满的。最明显的例子是，高尔基不顾斯大林本人的愿望和有关人士的催促始终没有给斯大林写传。而在列宁逝世后，高尔基是写过热情的怀念列宁的回忆录的。至于对待荣誉和豪华的生活，正像罗兰所看到的，高尔基是十分淡泊的。

现在来谈罗兰本人。罗兰遇到了与纪德、高尔基同样的问题。他的处境与高尔基不同，与纪德类似，但他采取了不同的做法。如前所述，他在访苏时也看到了苏联存在的问题。这些问题并不是鸡毛蒜皮的小事，显然引起了他的重视和思考。他如实地记录下他的见闻，但采取了慎重的态度，不急于发表。1935年8~9月，他在整理日记时写的附记中说：

> 我努力做到最大限度的真诚和认真。当我重读这些笔记时，我感到担心，他们可能显得过于持批判态度，并使把我当作兄弟的人们感到不愉快。……我不希望，批评性意见以及对某些事情的某种克制态度会歪曲我的主要思想。……我丝毫不怀疑，世界更美好的未来是与苏联的胜利连在一起的。

看来，罗兰的内心是有矛盾的。一方面，他并未动摇他的信仰，并没有改变对苏联的态度，同时他认为他还需要进一步了解苏联，为此他甚至准备学习俄语；另一方面，他又相信自己观察到的问题确实存在。他不会轻易放弃他对已发现的问题的看法。在这种情况下，他采取了慎重的从大局出发处理问题的办法。他决定搁置这些记录，要在50年后才能发表。

可以看出，他在当时做这样的处理至少有两方面的考虑。首先，当时在欧洲上空，法西斯的战争乌云已经密布，隆隆的雷声已清晰可闻；在亚洲，日本军国主义已悍然入侵中国。作为坚定的反法西斯主义战士，罗兰清楚地知道，当前人类最大的危险是德意日法西斯，而苏联是反法西斯的堡垒。因此，如果此时过多地揭露苏联的阴暗面，只会对法西斯有利。这是他不能不考虑的。其次，苏联自革命胜利后一直遭到资本主义列强的包

---

① 参见陈寿朋、孟苏荣《步入高尔基的情感深处》，第55页。

围和攻击。它是世界上第一个社会主义国家,代表了人类的美好愿望。当时全世界的进步人士都向往苏联。在世界局势日趋紧张,反社会主义的叫嚣不绝于耳之时,如何对待苏联,是罗兰不得不考虑的严肃问题。罗兰曾在 1937 年的日记中写道,他不认为自己有权利公开说出苏联的缺点,因为他不愿意让苏联在法国和其他国家的敌人有机会利用他的话"作武器来为他们自私的目的服务"。① 他决定至少目前不急于公开他在苏联的见闻。这自然是"为贤者讳"的表现。

一般说来,"为贤者讳"的原则对正直的作家、学者来说,或许并不可取。但同样应该看到一点,贤者毕竟是贤者。因此,在不讳言贤者的缺点和问题时,理应慎重一些,应该考虑时机、做法和分寸,以便收到更好的效果。罗兰显然是考虑到这些的。今天,在我们阅读他的《莫斯科日记》时,他的敏锐的目光、周到的思维、考虑历史条件的顾全大局的做法是否应对我们有所启示呢?

(原载《社会科学论坛》1999 年第 1 期)

---

① 转引自《文学问题》(苏联)1998 年第 11 期,第 73 页。

我的童年生活

——列宁格勒被围困时期和解围后

〔俄〕伊·尼·奥列金娜 著 曹特金 译

译者按：译者和本文作者是20世纪50年代在苏联列宁格勒大学历史系同年级的同学，自那时起我们就结下了深厚的友谊，延续至今。她对自己童年时期在列宁格勒被德军围困时期所亲身经历的艰难岁月的回忆，对我们了解二战时期著名的列宁格勒保卫战和苏联人民艰苦卓绝的牺牲精神和爱国热情有直观的帮助。

众所周知，1941年6月22日晨，希特勒德国对苏联发起了蓄谋已久的突然袭击。德军兵分三路，对苏联实施强势的"闪电战"。战争初期，苏军遭受重大损失。1941年7月初，德国北方集团军已逼近列宁格勒州，至9月初德军从陆上全部封锁了列宁格勒，只有通过拉多加湖可以与外界联系。9月12日，朱可夫大将被苏联最高统帅部派来指挥列宁格勒保卫战。德军遭到顽强抵抗，久攻不下，希特勒就下令对列宁格勒实行封锁，进行空袭。自1941年7月10日至1944年8月9日，列宁格勒被围整整900个日日夜夜，创造了苏联卫国战争史上光辉的一页。

1941年冬季，在万分困难的情况下，列宁格勒居民在拉多加湖的冰面上开辟了一道与外界联系的"生命之路"，既可运进粮食，又可运出伤员，后来许多平民也由此撤出。当然，这条"生命之路"也是非常危险的，不仅冰雪状况复杂，常有翻车险情，而且德军飞机常来轰炸，因而死亡惨剧时有发生。

这里对拉多加湖的情况做点补充。拉多加湖是欧洲最大的淡水湖，位于苏联欧洲部分的西北部，离列宁格勒以东约40公里，是涅瓦河的源头，最后流入芬兰湾。拉多加湖连同约660个岛屿在内，面积1.81万平方公里，平均水深51米，最深处225米。

有意思的是，当列宁格勒被德军围困时，苏方意图利用拉多加湖，因此需要了解它的情况。结果，有关人员从档案中查到，1905 年的《俄罗斯地理学会通报》上有一份名叫苏霍·扎哈罗夫的灯塔看守员写的报告，其中指出，根据他几十年的观察，拉多加湖整个湖面是不会结冰的，但是沿岸地带每年都结冰，厚度可以支持人和车辆通行。苏方进行了验证，情况果真如此。这条"生命之路"帮助列宁格勒英雄的军民取得了保卫战的最终胜利。

有关伟大卫国战争的事件离我们愈来愈远了，参加过莫斯科和列宁格勒保卫战的人、参加过库尔斯克—奥尔洛夫斯克战役的人、参加过英勇的游击战的人……愈来愈少，所剩不多了。在伟大卫国战争的历史上占有特殊地位的是列宁格勒保卫战，这场保卫战夺走了超过 100 万和平居民的性命。

我想讲述我的家庭、我的亲戚和友人在列宁格勒被围困时期和刚得以解围时的遭遇。我的父亲尼古拉·亚历山大洛维奇·奥列金是位政工军官，于 20 世纪 30 年代中期毕业于以恩格斯命名的列宁格勒军事政治学院，后被派往利耶帕亚城（Лиепая）工作。这是一个很大的海军军事基地，正好就在苏德边境附近。战争即将爆发时，我的父亲被调往另地服役，我和妈妈则留在了利耶帕亚城。

利耶帕亚城从战争伊始就遭到了德国法西斯军队的袭击。德国人在企图从利耶帕亚的南部要冲攻城遭到失败后，便改为从东面迂回包抄该城。傍晚时分，敌人切断了利耶帕亚通往里加的铁路线。然而，敌人从东面进攻的企图也被城里工人武装和海军基地水手们大力支援的第六十七射击师挫败了。6 月 24 日，敌军从北面迂回包抄了利耶帕亚城。"该城的驻防部队和主力第八军的联系被切断了，尽管这样，处在包围圈内的部队仍然继续进行激烈的战斗。在敌我力量悬殊的战斗中，利耶帕亚的部队迅速瓦解了。弹药不足的问题开始显现。6 月 26 日，岸边的每门炮只有十发炮弹。但是，守城部队和工人武装继续顽强地抵抗入侵的敌人。为了阻挡敌人的进犯，英雄们明知寡不敌众，却拼死守护着每一座建筑。于是法西斯匪徒拉来了大炮摧毁了那些往外射击和投掷手榴弹的房屋。"上述引用的资料证实，自战争伊始，法西斯匪徒就受到了强烈的抵抗。

在如此复杂的情势下，开始组织军人家属的撤退。我的妈妈叶莲娜·巴甫洛夫娜后来常常满怀感激地回忆起利耶帕亚城的工人，他们在那样艰苦的条件下拯救了我们乘坐的火车。我们的列车从利耶帕亚向东飞驰，德军的飞机一刻不停地追着轰炸列车。这些爆炸声给我留下了特别深刻的记忆。

每当响起空袭警报时，列车就停下。这时所有的人都得下车，尽量跑得离列车远一点，避免成为法西斯分子轰炸的目标。妈妈抓住我的手，我们跳出车厢并尽力向远处跑去。那里是沼泽地带，妈妈却催促我说："趴下！"而我争辩说："地很湿！"我当时不明白为什么对小孩提出这样奇怪的要求，直到抬头看见高处从我们的头顶飞驰而过的德国飞机时才明白。

听到战斗结束的信号后，大家都回到各自的车厢，列车继续前行。这样，我们用了一周的时间才抵达莫斯科。

我不记得我们到达列宁格勒的准确时间。我只知道我们听到斯大林7月3日的无线电广播讲话时，已经在列宁格勒亲戚的家里了，他们住在第九街46号楼第12单元。在以后的几个月里，这个单元就成了我们在列宁格勒被围困时的住址。我的父亲依旧在前线，他不知道我们是否活着，也不知道他的家庭安顿在哪儿。

写到这里，该讲讲我母亲一系的亲戚了，我们正是在她们的单元房里度过了被围困的几个月。我母亲家的根在雅罗斯拉夫州，但在她出生时她的父母早就移居到彼得堡的桑松尼耶夫大街了，而全家只在夏天才去雅罗斯拉夫州的舍斯基禾诺村。战争伊始，妈妈的双亲就已不在人世。

在我和妈妈来到的第九街的房子里，住着妈妈的姐姐叶卡捷琳娜·巴甫洛夫娜（我的姨妈卡佳）和她的三个孩子：1924年出生的弗谢瓦洛德、1926年出生的莉利雅和1929年出生的阿尔卡季。叶卡捷琳娜·巴甫洛夫娜的丈夫谢尔盖·米哈伊洛维奇·雅科夫列夫在此之前已上了前线——艰苦的列宁格勒前线，那里的战士忍受着和所有留在被围困的列宁格勒城里的老百姓一样的饥饿。

我，一个生于1937年的孩子，对这段时间里发生的事情留下了哪些记忆呢？起初的日子还不算太难过。我的11岁的表哥阿尔卡季搜遍了家里所有的柜橱和货架，寻找一切可以食用的东西，凡是找到的都分给大家，包括我，甚至连药品也是这样。分食药品并没有给我们带来什么效果，但是这个寻找东西的来源很快就枯竭了。莉利雅姐姐和阿尔卡季每周两三次去涅瓦河打水。他们带上雪橇，将水桶绑在雪橇上滑着回来。莉利雅揣着食品券去商店排队买面包，然而她在回家的路上有时会遇到想抢面包的人的袭击。

  我妈妈和所有的列宁格勒人一样，投入到力所能及的保卫城市的工作中——扑灭落到阁楼上的燃烧着的炸弹，还和莉利雅一起乘车去挖战壕。

在列宁格勒被围困期间，有约 100 万居民（包括妇女与儿童）参加挖掘战壕。图为居民正在涅瓦河边构筑工事

  当面包的供应量减少到每人每昼夜只发给 125 克的时候，莉利雅带的食品卡被人偷了。出了这件事后，卡佳姨妈就把她安排到海港去上班，和卡佳姨妈在一起。去那里上班要从瓦西里耶夫岛的第九街步行到港口。有一次莉利雅爬上炉子，躲在炉子和墙之间取暖，估计是睡着了。当莉利雅的衣服已开始无焰燃烧而大家闻到烧煳味时，她才被从炉子里拖了出来，但人已失去意识。经过这件事，卡佳姨妈严令莉利雅以后哪里都不许去。

  还应该讲讲这栋市政公共住宅楼里其他居民的情况。围城时期裁缝瓦西里·伊万诺维奇不在列宁格勒，他在这之前就带着全家（妻子和三个女儿）去了农村的亲戚家。另一家是厨娘塔季雅娜·费奥多洛夫娜和三个女儿（艾丽奇卡、季娜和娜佳），这一家和我们一起经历了围城的艰难岁月。厨娘的丈夫在征兵动员令公布后不久就在前线牺牲了。还有一个邻居——伊丽莎白·伊万诺夫娜——在瓦西里耶夫岛的皮革厂上班。他们的工资是以皮革支付的。她分给我们一部分皮革（我至今还记得那些皮革的模样），同时请求我们帮助她把它制成可以食用之物。这可是一个非常艰巨的任务，首先需要剪去皮上厚厚的毛——这项工作由莉利雅、妈妈、卡佳姨妈和其他人来承担，然后将这些洗干净的皮煮上 3～4 个小时，最后变成肉冻。伊丽莎白·伊万诺夫娜从三碟煮成的肉冻里拿出一碟来送给我们。

我们有木柴，这可真是我们的救命之物。我从拉脱维亚刚来到列宁格勒时，看到每一家的院子里都有一垛垛的木柴（甚至其中的一垛散落时碰痛了我）。过了些日子，当政府组织市民途经拉多加湖撤离被围困的列宁格勒的意图愈来愈明显时，卡佳姨妈写了个出售木柴的告示，但当有人来买时，木柴已经没有了。

房间里的光线自然都被挡得暗暗的，是用被子挡住每一扇窗户，还要从上面设法把被子固定住。

饥饿的围城十分折磨人，有时人们会出现一些过去从来没有过的想法。有一次，我们在第九街的住所奔来了一只不正常地号叫着的猫。表姐突然说："我们把猫捉了吧……"卡佳姨妈是这样回答的："别，我们不要弄脏了碗碟……"

另外有件小事可以和上述情节相对比。过了一段时间后，当我和妈妈来到保罗维奇（Боровичи）和我父亲团聚时，我所说的话让他十分震惊。我当时问："爸爸，猫在你们的大街上怎么可以随便走来走去？"

1941 年的年底对列宁格勒的居民来说是十分难熬的。我们只收到过一次甜点，数量很少，这是国家送给儿童的礼物。

围城时期我们这个家庭的宠儿、我的表哥弗谢瓦洛德的命运是悲惨的。他当时在医学专科学校学习并渴望着加入红军的队伍，或者进入军事医学科学院学习。他的这个理想终究没能实现：他太孱弱了。他在专科学校里的表现很好，但是持续的饥饿和寒冷逐渐损坏了他的体力。他在写给他妈妈（我的卡佳姨妈）的最后一封信里说，学校有可能会对他实施除名，因为他已无力抓住羹匙。

谢瓦（对弗谢瓦洛德的爱称）是个很好的人。还在九年级时他就曾因热心于军事爱国主义工作而得到学校的表扬。至今家里还挂着他的相片，上面写着"为从事国防工作授予九年级学生弗谢瓦洛德·雅可夫列夫"的字样。

谢瓦奇卡（对弗谢瓦洛德的更为亲切的爱称）之死是对我们最沉重的打击。

谢瓦奇卡去世后，全家决定必须按照正式的规格来安葬他，要用木质棺材，再难也要做到这点。当时许多市民由于饥饿无力，在亲人死后都没有预订棺材，只用毯子包裹尸体后就安葬了。谢瓦奇卡的妈妈、我的姨妈卡佳，向她工作的单位提出了需用棺材的请求并得到批准。但订制棺材并不容易，我妈妈和莉利雅几次出门准备去预订，但每一次都不得不返回，因为轰炸开始了。最后我们终于得到了棺材。

在我们准备停当，要安葬谢瓦的那个晚上，我们在第九条街的住所来了一位军人。他是我父亲的战友，是应我父亲的请求按他提供的地址找到我们的。我的父亲出自对家庭命运的牵挂，有时会请求被派到列宁格勒执行任务的战友转交给我们哪怕是一点点食物。这次来的战友找到我家后一看见棺材里谢瓦的遗体，便鞠躬下跪并痛哭起来。和我们待上几分钟并转交了食物以后，他就走了，走时很激动。

与此同时，陷入包围圈的城市的处境一天比一天险恶。到过列宁格勒的军人事后都向自己所在的部队报告他们的所见所闻。中央明白，必须拯救这座城市了，于是在1942年冬开始运作冰上"生命之路"。沿着这条路，部分地将实现把市民撤退到后方的计划。我家也在1942年4月接到了撤出被包围的城市的通知。

就这样，我们在1942年4月中旬坐上了挤满了列宁格勒人的汽车；在拉多加湖的冰面上行驶时，人们都期待着拉多加湖彼岸的救援。我记得那昏暗的夜色（每年这个时段的列宁格勒之夜都是比较亮的）和拉多加湖上白中泛蓝的路径。路面上已经有很多水，因为到5月就是通航期了。绑在车厢后面的我们用来装行李的袋子总往冰上撞击，就像是快要裂开似的。但我们却无计可施，只能盯紧它运行的轨道。

最后，我们渡过了拉多加湖，来到日哈列夫卡（Жихаревка）。当有人递给我一玻璃杯煮熟的米饭的时候，我惊讶地问道："这都是给我一个人的吗？"但是，吃得太多对饿到虚弱不堪的人来说是不可以的，因为这将有可能带来致命的后果。

接着，我们就来到了保罗维奇城。那里逃离列宁格勒的民众有专人接待，并被安排住处和膳食。我们被指定来到某个餐厅，这是我们每天去用餐的地方，这件事由我的阿尔卡季表哥负责。有一次，在全家都坐齐并去取餐具的时候，我给自己挑选了一个最大的盘子。卡佳姨妈看到后说："你怎么给自己挑了一个这么大的盘子？看来，你的胃和这个盘子差不多大，而我的胃则和这个碟子也差不多大。"大家都大笑起来。

然而，人们是不能在保罗维奇长时间居住的，因为它就像个转运站。现在离战争结束还早，因此到达这里的列宁格勒人最终都是要离开的，通常是去投奔亲戚。这样我和妈妈，还有莉利雅、卡佳姨妈和阿尔卡季就去了雅罗斯拉夫州的舍斯基希诺村（Шевтихино），那里有我们的亲戚。

舍斯基希诺村我已经记得很清楚了，因为我长大一点了——夏天到了，阳光普照，绿草如茵。还有什么比这儿会更好呢？每天我都采集几束鲜花放在门廊，快活地唱着歌。然而，塔妮亚姑妈（我们住在她家）很伤心：她的儿子列奥尼德在前线阵亡了。

在封锁列宁格勒的包围圈被撕开后，卡佳姨妈带着莉利雅和阿尔卡季返回列宁格勒，而我和妈妈则前往父亲的家乡阿尔汉格尔斯克州奥涅斯克区的库舍列卡村（Кушрека）。

当卡佳姨妈、莉利雅和阿尔卡季回到列宁格勒时，他们的住房已经被人占了。卡佳姨妈为此给日丹诺夫写信，结果房子总算还回来了。

我们这个家庭的成员，在战争结束后得以返回家中的有我的父亲和他的表兄伊万·罗曼诺维奇·米霍夫，他参加过斯大林格勒战役。在战争中阵亡的有我父亲的弟弟康斯坦丁·亚历山德洛维奇和我父亲的妹妹安娜·亚历山德洛夫娜的儿子维尼亚明。

我在库舍列卡村总共只上了几天学。上学的第一天，妈妈专门为了解我的表现来到学校，向老师询问我的情况。老师回答说："没什么，就是人老是动来动去。"实际上是因为我们很想吃上真正的面包，整整一冬天，妇女们都在把麦子磨成面粉，往里掺加麦秸和别的杂物，这样量会多些。但是，上学的第一天发给我们每人一个由真麦子（新收割的）做的面包。而这个面包是这样的美味，我不忍心一口把它吃掉，所以就边吃边晃动脑袋。

我忘不了，每到节日，库舍列卡村的妇女们就聚在一起，在我们邻居家回忆思念自己的亲人——丈夫和儿子，痛哭失声。

我的父亲到莫斯科来培训进修。最艰巨的库尔斯克战役我们打胜了。我和妈妈自然也来到了莫斯科：在经受如此艰难的考验后，不可以放弃如此罕有的见面机会啊。在莫斯科的学校我上了整整一个学年。我们住在万尼亚叔叔的家里，他是我父亲的亲兄弟，在渔业人民委员部工作。他的妻子在地下铁道建设工程局工作。他们有四个子女：其中两个（丽达和塔尼亚）已上学，而另外两个（沃瓦和舒力克）年龄还小。我的妈妈去了医院上班。父亲给我们讲述了许多有关库尔斯克战役的事。

1945年春,从前线回来的士兵队伍经常走过莫斯科的街道,孩子们总是向他们欢呼。在莫斯科的阳光下,这个胜利年代的歌声在人们的记忆中被保留了下来。

1945年秋,我的父亲结束了进修培训后被派往匈牙利,我和妈妈去了列宁格勒。我们的地址还是同一个:第九街第46号楼第12单元。我也进入第33学校上二年级。不久我和妈妈被准许去匈牙利和父亲团聚。可是上学怎么办?我和几个好朋友商量好了,我和他们都住在同一个单元里,又都上二年级(不过,不在同一个学校),就由他们寄给我俄罗斯语言和算术课的家庭作业,这是他们老师给的。要知道,二年级是必须读完的。

匈牙利让我们惊呆了。多么美好、多么阳光灿烂的国家,这是一个鲜花盛开的地方。那里的许多花朵和树木我们这里都没有。譬如,我从来都没见过开花的杏树。

但是,我们初到匈牙利的头几个月,那里的通货膨胀真吓人。早上还能够通用的钱币,到了傍晚就什么都买不到了,它们已经一钱不值了。怎么办呢?人们建议我们趁它还有所值的时候,一早就去花光所有的钱。我们就照样做了:一早就去市场,出卖猪油脂和香烟这些配给父亲的物品。这些货物通常都是价格很高的。卖出货物所得的钱也只能买到不多的东西,比如电车票之类。我和妈妈第一天在布达佩斯买了扫帚、梳子和别的一些小东西,而这竟花费了50万班格(1946年夏初时,匈牙利的通货膨胀率为一昼夜400%,即每日价格提高五倍。到5月底,1万亿班格的面值只等于2.4美分)。乘车上学是免费的,因为持有证件,上面写明了我们是什么人。

顺便说说,我国的侨民对待我们很好,他们曾送给我一个大娃娃。

1945年5月,我读完了二年级。我们去了专为俄罗斯儿童开设的学校,见了校长。我父亲介绍说,我女儿会解算术题,会做练习,会朗读课文。校长说,他不能单凭这些介绍就确定学生的入学资格,但是,假如我能写出一篇相应的用于测验的作文来,就可以让我上三年级。一切都进行得很顺利,我各科都得了"优秀",还获得了一个证书,里面写着我在苏联驻布达佩斯使馆的学校读完了二年级。

不过,我们在匈牙利的逗留并未到此结束。我的父亲受命调到一个不大的匈牙利城市去了。许多人回国了,话别的时候所有的苏联现役军人都唱起了歌颂 1943 年的列宁格勒的歌曲。在那些歌曲里，有着这样的词句：

干杯吧！
为那些在冰冷的掩体里
坚守了几个星期的战士，
为那些在拉多加湖上，
在沃尔霍夫城里顽强战斗
却一步也不退让的士兵！

干杯吧！
为指挥连队的军官，
为牺牲在雪地里的烈士，
为通过沼泽冲出列宁格勒，
扭断敌人脖颈的英雄们！

（原载《历史学家茶座》2014 年第 3 辑）

（伊·尼·奥列金娜，俄罗斯圣彼得堡大学历史系副教授）

战后世界国际关系中的
雅尔塔－波茨坦体系[*]

〔俄〕亚·奥·丘巴里扬 著　曹特金 译

尊敬的同行们！我们听取了许多与雅尔塔会议的历史、进程和实际结果有关的有意思的报告。我想请你们注意作为体系的雅尔塔。在雅尔塔是在解决两大任务：对战争（正在走向结束）做出总结和决定未来世界的命运。在这里的会上已经谈到，在世界史中，各种体系总是相互更替的。这是由以下因素决定的：一是体系自身的内部构造；二是外部环境。这里的会上已经提到，维也纳体系在19世纪中叶进入危机与意大利和德国的统一以及克里米亚战争有关，而其实际上停止存在则与19世纪末两大集团的建立有关。早在20世纪30年代，凡尔赛体系就暴露出自己的无能为力。若从这个角度来看雅尔塔体系，也是很有意思的。一般来说，今天谈论雅尔塔遗产的说法很多，有怀疑的声音，如有人说，今天不可能有任何雅尔塔。另外，对大国领袖在雅尔塔的所作所为进行了严厉的批评。你们知道，这种批评是几年前开始的，主要是在东欧国家。很遗憾，这些国家把罪过都归于在莫斯科、在苏联所做的事，同时却忘了，在雅尔塔，并不是斯大林个人的决定，而是协同一致的。

从这个角度看，我觉得看一下雅尔塔以后发生了什么，雅尔塔体系是如何运作的，是很有意思的。一般来说，在每一种体系里，既有直接的、原有的因素，也有伴随的因素，即同时发生的因素。从根本上说，雅尔塔决议并不要求出现两极世界，雅尔塔体系并不要求出现激烈的对立。相反，它的基础是保持合作。这些因素只是后来才出现的，虽然应该说，在雅尔塔当时已经感觉到紧张的气氛，它出现在参加同盟国的国家之间的关

---

[*] 本文系作者在"雅尔塔会议70周年国际学术研讨会"（2015年2月25~26日，莫斯科）上的发言。

系中。历史学家知道这点。不管怎样，当时虽是同盟国，但它们有着不同价值体系和目标的同盟国。在这里的会上，A. B. 托尔库诺夫谈到斯大林关于丘吉尔的回应和丘吉尔关于斯大林的回应，但是他们终究是从完全不同的世界来的人。罗斯福体现了美国民主，美国认为自己是世界上主要的民主国家。对丘吉尔来说，帝国是他全部生活的意义所在。斯大林是独裁者。从世界史的观点看，只要出现另外的任务，这三个人之间的合作就会受到侵蚀。我永远记得，意大利自由主义者乔瓦尼·乔里蒂（Giovanni Giolitti）在19世纪说的，对革命最可怕的是它的胜利的曙光。这是对的，在此之前，大家还在一起。这次的情况是十分相像的。

我认为，应该考察一下雅尔塔体系的优点和缺点。优点是很清楚的：粉碎了纳粹主义，达到了20世纪的主要目的。优点还有殖民主义覆灭的长远前景和完全新的国家走上舞台。优点有第二次世界大战结束不久后作为大国的新中国的出现。优点还有欧洲的一体化，这是欧洲人古老的理想。尽管这种一体化不是当初先辈们所希望的那样。但是也有缺点，而且有时还超过优点，即建立了两极世界。战争的遗产还表现在，大国领导人认为，在解决国际问题时，实力是主要的论据和手段。当然，尤其是美国。它在经济上从战争中得益最多，它拥有原子弹，由此认为，这是决定世界秩序的新因素。斯大林得到了他战前想要而不能得到的东西。他得到了，就像当时说的，社会主义的极大的扩张——东欧国家的新制度，红军进入欧洲的部分地区。英国当时似乎还保存着不列颠联邦、不列颠帝国，但是侵蚀性的因素已经出现，从这个意义上说，新的体系已经不能解决它面临的任务。

在这个体系里，主要的一点是，它不会导致新的战争。我想，我们在今天的危机中忘记了一个因素，它在冷战年代曾是决定性的。我想，和我同辈的人们都记得，曾经有一个被认为是主要的因素，它被称为"恫吓战略""威慑战略"——这是由于核武器的存在。我们今天不把这个因素看作均势的因素，但是我要说，它在整个雅尔塔体系时期起了决定性作用，克制了各方面的意图。与体系有关的第二个因素是，随着亚非新国家的出现，产生了一个问题——民族自决权与领土完整原则之间的矛盾。它今天在乌克兰十分尖锐，它是从20世纪初开始的。这不是新问题。我觉得，威尔逊总统在他的14条中，俄国布尔什维克领袖列宁在他的作品中都讲得很清楚。这个观念至今仍在日程上。还应加上联合国的建立及其领导权，因为它被载入联合国章程，并且所有国家都签了字。然而，最终弄明白的是，连联合国也不能确定新的秩序，它在战后世界的发展过程中已经出现了。也就是说，正像世界历史中常有的那样，出现了相互矛盾的因素。这些因素对世界既推动又阻滞，而这是体系本身的体现和消耗，而体系的安排是有别的目的。这意味着，20 世纪 80 年代末 90 年代初的世界正面临着建立新体系的任务。原有的体系消失了，因为没有了苏联，没有了主要因素。

我认为，在冷战时期意识形态所起的作用被低估了。作为冷战的主要因素之一的演说术也在 80 年代末退出了舞台。出现了一种诱惑，即把自由主义看成新的世界秩序的基础，福山教授在他的著作中最鲜明地讲述了这点。但结果看来，这并不是灵丹妙药。第一，由于历史传统，由于地理政治状况，俄罗斯没有接受自由主义作为世界体系。而且伊斯兰世界也没有接受它。伊斯兰世界今天已成为十分重要的因素。看来，自由主义不可能成为一种可以团结一切的有凝聚力的思想。看来，已经做了许多的欧洲一体化今天也还需要重大的改进。我对此做过许多研究，我可以说，欧洲一体化之父——奠基者们看到的欧洲，自然完全不是他们过去所设想的那种带有理智性、精神性类型的概念。欧洲在经济方面做了许多，在流动性方面的一体化做了许多，但是没有取消文化自治，没有取消民族利益。我还认为，从 19 世纪以来，有名的欧洲均势、欧洲大国间的平衡依然存在。它留下了。在今天，它可能不再决定那些基本伙伴间的尖锐关系，但它留下了。欧盟在它的成员增加后，并没有变得更强大。一般地说，如果一个协议性组织，其成员不是 5 个，像联合国安理会那样，而是几乎有 13 个，那么这个组织的能力会是有限的。这点我们是看得到的。可以说，一经建立，雅尔塔体系就逐渐进入了与现存的实际的矛盾。

有一种因素，被某些人看作对雅尔塔来说是关键性的。雅尔塔把世界分成了势力范围，为此今天还在骂罗斯福，尤其是在东欧。但是我要说，雅尔塔确定的与其说是势力范围，不如说是利益范围。它确定的不仅是已经存在的东西，而且是整个冷战时期。我记得西方对许多事件的回应。1968 年捷克事件时期，一位对美国战略有很大决策权的人说，这"不是我们的问题，是苏联的利益范围"。当然，在某种程度上说，任何思想都会落后于时代，利益范围的思想也已消失。它既不可能根据 19 世纪的经验恢复，更不可能在雅尔塔之后。但是，我要说，这个因素，即均势因素却继续存在。实际上，什么是划分利益范围？这就是均势问题，即地理政治上的均势。它存在过，也存在着。因此，我想，这是理解雅尔塔的一个重要因素。

我认为，对理解雅尔塔有两点很重要。第一是工具，而雅尔塔的政治工具至今仍有生命力。它今天作为经验，作为至今仍完全适用的实践还存在着。第二，这是重要的，即历史妥协。我觉得，今天最重要的是，有人用过的术语——妥协通道。可惜的是，它是十分脆弱的，有时根本就没有。雅尔塔表明了在矛盾增长的条件下达成妥协的可能性。这一点对世界史来说，将是雅尔塔的意义所在。自然，雅尔塔将具有作为一个决定战争结束的因素的意义。从这意义上说，雅尔塔毕竟不是终场，终场的一幕发生在波茨坦。因此，也将在今年举行的波茨坦周年纪念也会引起注意。在此意义上说，所谓的雅尔塔综合征今天还在起作用的正是在这些方面。有这样一种东西，叫雅尔塔心理。这是很有意思的题目：雅尔塔对不同国家内部发展的心理影响。此处指战后在欧洲、美洲和亚洲各族人民中的心理。总体上，我要说，战前占上风的是十分仇恨的氛围，由于波茨坦的结果，更大程度上由于雅尔塔的结果，许多规范消失了。但是它们在雅尔塔之后很快恢复了，是在冷战时期。我想，这是十分有意思的和严肃的研究题目。第一次世界大战之后，诞生了所谓的"失掉的一代"。在文学和艺术中对他们都有描述。我认为，考察第二次世界大战后那代人的意识发生了什么是很重要的。感受愉悦，感受胜利，同时由于损失而冲动，而随着冷战的进展，就对所发生的事产生了绝望。所有这些使研究历史记忆成为可能，其语境是日常生活史，一般是在相互接受的情况下。雅尔塔表明，界限是十分脆弱的，从仇恨到联盟的距离是很容易克服的，看来，在人的本性中，养成彼此互动的愿望，也有在正面的世界生活的愿望，但是生活表明，这很容易改变，即很容易走到另一面，也就是正面的形象被换成负面的。

我想，当时的经验还说明一个问题，就此我想结束我的讲话——这是指意识形态的作用。是什么决定事件的发展——意识形态还是政治？如果当时意识形态，演说术起了很大的作用，那么这个因素几乎成了决定性的。你们知道，今天利用电视和互联网可以破坏国家之间的关系。我不久前遇到一位著名的精神神经病学家。他说，在全世界，在大众信息手段（СМИ）的基础上，也由于最为不同的各种东西以难以想象的方式自由进入人的意识,偏差的数量大为增加了。我想,这也是要求某种新的秩序。这是无法禁止的,只能去适应新的现实。从这个意义上说,我重复指出,雅尔塔的经验,作为工具,作为世界史如果没有妥协就会走入死胡同的例证,是重要的。最后,我想说,我们现在生活在一个困难的时期,国际形势十分紧张。世界专家的团队的任务在于,应该开始考虑以后会怎样。这个危机不可能永远继续下去。我已经看到同行在美国的、欧洲的杂志上发表的文章,讲到应该考虑新的秩序。应该想想,为了结束现在的危机和发展之后的世界,应该做些什么和怎么做。

(原载《国际史学研究论丛》第二辑,2016)

(亚·奥·丘巴里扬,俄罗斯科学院院士,俄罗斯科学院世界历史研究所所长)

历史意识的危机和文明概念的
逻辑-语言学的曲折变化

〔俄〕И. Н. 约诺夫 著　曹特金 译

　　文明概念在当代的情况下是十分矛盾的。一方面，有关俄罗斯的文明概念得到了半正式的地位，并在国际的对话方面起到了很大的作用，特别是和印度①。另一方面，在这些观点受到由 Ю. 舍惹尔，Г. И. 兹玮列娃和 В. А. 惹尔曼所表述的高度意识形态化的、经常是民族主义的甚至是种族主义的尖锐批判之后，它们往往会被视为某种固定的政治体系的本质属性，在它的帮助下就找到了"有助于对世界封闭的理由"（"特殊道路""独特的文明"），有利于"封锁国家的现代化"的论据。②

　　分析当代俄罗斯所走过的有关文明概念的漫长道路，展现出五花八门倾向的存在，这些倾向是得出各种截然相反的评价和主张的基础。要弄明白它们，就必须分清这些或其他历史的、历史-社会学的和哲学-历史学的研究内容和那些它们在不同的阶段所使用的逻辑学-语言学的形式。同样重要的是，要明白这些方式往往不仅仅取决于研究者个人的倾向性，而且取决于对当时颇为迫切的历史认识和占有统治地位的话语的特点。因此对这些方式，当代学者的评价有可能会很不客观。这种情况往往保留至今。

从社会形态到文明：历史形象的问题化和非体系化

　　从一开始，这个在 20 世纪 80 年代关注文明意识的运动，按其性质来说

---

① Russian Civilization. Dedicated to the Official Visit of Russian President V. V. Putin to India in January, 2007. Editors A. Patnaik, A. Mohanty, N. S. Kirabaev, M. M. Mchedlova. New Delhi: FK Publications, 2007. 240 c.

② Гудков Л. "Природа 'путинизма'", Вестник общественного мнения 2009. No. 3（101）июль - сентябрь. С. 14.

是相对主义的，是与当时先进思想相呼应的。这点尤其清楚地体现在 M. A. 巴尔格（M. A. Барг）的例子上。他是国内文明研究的创建者之一。他是《文明》文集的创办人，这本文集建立了"社会－经济地域"模式（未来的文明）。这一模式明显地表现出历史主义的间距化（спациализация）倾向、进步主义的某种相对化倾向，以及进步主义角度理解的庸俗进化论。在这样的基础上，历史现象被马克思列宁主义排列成统一的、包罗万象的等级体系。不仅如此，正是在对历史分析的间距化和地域化模式的过程中，M. A. 巴尔格看到了显现历史知识的优良品质并用以分析具体问题的可能性。相应地，在他的著作中他更多地不是关注进步（的成果），而是发展（的过程）。他排列出的不是决定论的因果关系的系列，而是带有概率论性质的，经常是独一的处于不同社会形态之间的和在一种社会形态内部相互作用的模式；是某一社会形态内部不同区域的"杂乱和不平衡"，它们之间的生产技术及社会－文化的"差距"，以及历史潜能的"落差"，以上这些内容都不可能在马克思主义社会学的理论体系得到描述。

有时这种模式很难和社会形态的演进公式合拍。比方说，这样的例子："体现同一种社会形态的不同变种的同样的发展阶段不同地区间的相互作用。"① 怎样才能描述这样的相互作用呢？要知道，在苏联式教条主义的马克思主义的框架内找到"客观"的理由来突出其中的一方，是颇为困难的，而从历史学家的观点来看，往往是不可能的。因此我准备大胆假设，即巴尔格在解决类似的任务时，可能接近于使用一种对历史现实进行对称的、多方面描述的模式。这种模式照顾到对此感兴趣的方面的不同的立场和利益的多样性。对于这个模式，K. 吉尔兹在1973年提出的概念中曾经十分明确地说明过。他的概念充满了照顾各种各样的由相互作用的观点构成的语境。吉尔兹关于法国殖民者、柏柏人部落和犹太商人在北非相互作用的经典性的描述，在某种程度上让人想起 M. A. 巴尔格关于社会形态间相互作用的观点。②

---

① Барг М. А. "Категория 'развитие' в историческом исследовании（Опыт системного анализа）". История СССР. 1998. No. 1. C. 89.

② Гирц К. " 'Насщенное описание': в поисках интеретативной истории культуры." Пер. с англ. Е. М. Лазарвой. Антология исследований интеретации культуры. Глав. ред. С. Я. Левит. 2－е издание. М. － СПб. Издательство Санкт－Петербургского университета. 2006. C. 175－178.

结果是，历史决定论（以其目的论形式出现）原则成为问题。M. A. 巴尔格写道，"不同社会形态属性的'社会组织'的相互作用本身迫使我们考虑这样的问题：'历史的必然性'概念是什么意思"，并在相互排斥的两种历史发展中寻找答案。这些历史发展要具有现实意义只是在"那些社会形态的相互作用在它们的过渡过程中成为有影响的因素的历史时期"[①]。对历史学家来说，这一观念，即把资本主义欧洲看作俄罗斯"外部的历史环境"的看法，成为重新考虑西方派和斯拉夫派对我国历史立场的根据。

从文明思想的进一步发展的角度来看，具有特殊意义的是 M. A. 巴尔格关于系统中这些或那些成分相互关系的转化，即所谓的"翻转"的见解。特别是，他写到这样一些形式，例如"某个过程的前提和结果"的"翻转"关系；或者，同样地，某个既定现象发生诸因素的并列从属的程序的"翻转"，这些因素需按历史次序加以考察，也需和同样的只不过是处于成熟状态下的因素相比（即已经在自己的基础上运行的）。[②]（这里指的是商业，金钱资本和地租。）这里，历史事实和逻辑推理之间的关系是存在问题的。结果是历史事实在某种程度上从逻辑推理的束缚下解脱出来，并找到自己的特点和本质。所以 M. A. 巴尔格在同一页上并非偶然地强调说，类似的现象只可能在"研究现实问题的史学层面上出现，而完全不可能在研究它的社会学层面上，也就是说，它们不可能在作为整体的社会经济形态的合乎规律的运动层面上出现"。[③]

当然，下面的推断有可能会显得极富有争论性，尽管如此，我还是引用它：在当前的情况下，巴尔格的翻转会不会起到那种不可靠的方法的作用，最后达到非结构性的结果，正如 Ж. 德里达还在 20 世纪六七十年代之交就提出的"双重科学"方案那样？当然，M. A. 巴尔格并没有批判黑格尔的取消逻辑。不过，难道"翻转时期"本身不就是朝着这个方向走的暗示吗？无怪乎德里达要写下以下的话："我坚持多次和不妥协地强调这个翻转时期的必要性，但这种意见却有可能会很快威信扫地。"[④] 要知道，翻

---

① Барг М. А. Указ. произг. С. 89.
② Там же. С. 91 – 92.
③ Там же. С. 92.
④ Деррида Ж. Позиции. *Беседы с Анри Ронсон, Юлией Кристевой, Жаном – Луи Удбином, Ги Скарпетта*. Пер. с Франн. В. В. Бибихина. М.: Академический проект 2007. С. 49 – 50.

转的举动是和双重反对派"强力等级"相对抗的。它揭露并打破了管束它的行规，因此它可以哪怕是暂时地表示知晓和解构翻转行动。"无视这个翻转阶段"，德里达继续说道，"意味着忽略了反对派内部的相互冲突和等级服从制度"。① 在这种情况下，巴尔格站在历史事实的一方反对马克思主义中的"僵硬等级制度式"的理解，反对教条主义拼凑的所谓马克思主义。他很好地感觉到二元反对派的等级制度性质，他们（指二元反对派），利用了黑格尔的历史哲学传统（包括卡尔·马克思所保有的）并企图找到阻碍这种倾向的途径。"社会-经济区域"概念与文明正是为此目的而创立的。

不言而喻，M. A. 巴尔格关于历史的概念是和 R. 德里达的历史多样性的理想相差甚远的，和 Л. O. 明克的分析历史哲学和 M. 韦伯的表意文字的方法，甚至和他的结构主义概念的理想类型都差别很大。M. 韦伯的历史观点是受客观主义统治的，而巴尔格认为，韦伯类型的社会学家达到了克服走进"表意主义的死胡同"的效果，用抛弃历史主义的基本要求为代价，因为在寻找"现象的'理想'特点时，'设计者'既可不顾及历史时代的边界，又可不顾及事物的系统的本质，他们对此毫不在意"。② 但是，在他（指 M. A. 巴尔格——译者注）组织的文明问题的争论中，这种争论是在对社会发展形态内部比较的马克思主义语境中形成的，而热情探讨的是各种社会形态的内部差别，此时巴尔格完全不想以黑格尔的逻辑的精神把差别说成是对立。他的版本的本体论具有批判的性质，并企图避免与投机主义和主观主义的方法相混淆。③ 德里达也未否认马克思主义中的这个批判传统的意义（虽然他指出了翻转程序在此情况下的作用的有限性）。

所有这些早已消失的有关创造性地改进马克思主义的想法已没有多大意义，如果不是因为文明概念史的急剧转变到另一方向，并不坚决和长久地变更争论中的话语，这种话语就是面向差异的。许多和 M. A. 巴尔格一起工作的比较年轻的学者，对认知态的理解是不同的。他们不是在已有的社会形态的范式的运动路线上去寻找历史的具体体现，而是在寻找新的（尽管经常还是马克思主义的）理论依据来对历史进行总的判断。例如，

---

① Там же. С. 50.
② Барг М. А. "'Идеальные типы' Макса Вебера и категория 'классическое' в марксистском историзме." *Вопросе философии*. 1986. № 7. С. 108.
③ Там же. С. 110.

本文笔者在 1987 年关注到非此即彼的历史选择，即"枯骨长肉"方法，肉指历史方案。① 因此，把固定的与变化的教条主义地对立起来的公式放到了第一位，并把重点放在后者。尽管 Э. С. 马尔卡梁当时已经把传统与创新的对立表述为一种相当对称的差别，即差别两面的相互关系和相互作用的场所。② 在 20 世纪 80 年代末，开始了建立文明范式的科学方案的努力。③

俄罗斯文明的形象及其特点

政治和认知方面的形势在 1991 年发生了剧烈的变化，这一年的 5 月 M. A. 巴尔格去世了。共产主义思想体系的崩溃以及与其紧密相连的社会发展形态概念的破产导致社会和历史意识的深刻危机。企图在苏联式的马克思主义概念的框架内描述苏联的崩溃是不可能的。出现了 J. 吕森所描述的历史意识的创伤那样一种形势——"危机破坏了产生思维的结构"。这个危机带有"转折性"危机的特点，亦即"在解释过去时重要的新模式就确立了；历史思维创造了新的范式并遵循它们"。④ 但是同时又出现了"灾难性危机"的特点，这一危机"破坏了历史意识所具有的把事件的连续性变为可理解的和有意义的叙事的能力"。吕森建议，为克服这种创伤可使用重新创伤化的战略，即把无意义的事物变成自己建立意义的元素。

叙事应该把重点置于对"例外就是标准"的记忆上，以代替历史的"标准化"，在标准化时所有的破坏性的因素都会消失。叙事应该保留对恐怖的记忆。这种恐怖是隐藏在日常生活薄薄的表层下面的……

---

① Ионов И. Н. "Исторический процесс: варианты и альтернативы." *Вариантность прошлого: методологические асроелеы (материалы конференции 27 – 29 апреля 1987 г. в Болшеве)* Ред. коллегия: А. Бицадзе, И. Шамшин. М.: МГУ, 1989. С. 55.
② Маркарян Э. С. *О генезисе человеческой деятельности и культуры*. Ереван: Издательство АН Армянской ССР, 1973.
③ "Формации или цивилизации? (материалы 'круглого стола')". *Вопросы философии*. 1989. No. 10.
④ Рюзен Й. "Кризис, травма и идентичность." *Цепь времени. Проблемы исторического сознания*. Сборник статей памяти проф. М. А. Барга. Отв. Ред. Л. П. Репина. М.: ИВИ РАН, 2005. С. 41 – 42.

叙事应当指出道德的界限，而最好还能指出它内在的脆弱性。①

"转折性"危机首先涉及的是世界历史、社会形态理论，而"灾难性危机"涉及的是俄罗斯史，而且作为创伤出现的既是苏联的经验，也是苏联解体的经验。在面对现成的"文明范式"时，历史学家和哲学家的使命分裂为二。一方面，必须在文明史的基础上创建出使人类历史重新"正常化"的图景；另一方面，必须这样来批判性地重新认识俄罗斯的历史，使其能指出苏联瓦解的原因和规律性，指出共产主义的过去是经不起推敲的，而主要是——关于吕森写到的——俄罗斯文化的道德观念内在的脆弱性。克服"灾难性的"危机是重要的，但不是生命攸关的。正如当时认为的那样，祖国的未来取决于能否克服"灾难性的"危机，并和能否发现新的摆脱了苏联经验控制的自我识别能力相关。因此，在 M. A. 巴尔格提出的创建文明理论的任务里，就有创立俄罗斯文明批判史的任务，为的是达到"再次创伤化"的目的。

哲学家阿希耶泽尔（А. С. Ахиезер）通过对元史学的反省②和"重新创伤化"完成了结合非创伤化战略的任务。他的那本《俄罗斯：历史经验的批判》早在20世纪70年代就已写成，1991年成了知识界的畅销书。该书创立了标准的文明形象的两种不同表现形式：自由派的和传统派的。这种文明形象是和受精神创伤的"无先例的俄罗斯道路"③概念相结合的。和吕森一样，阿希耶泽尔的世界历史图景的基础是道德的规范（精神上的理想），而这些道德规范则体现在社会文明的法律上，破坏这些法律就不可能进行再生产活动并导致灾难，正如苏联所遭受的。④ 并非偶然（也不仅仅是和姓氏有关）的是，阿希耶泽尔的形象和著作的内容令人回忆起和《圣经》里的预言家对自己的人民的侮辱性的言辞的联想。⑤ 这种现象属于一种传统，对我则产生了与其说是被简略描述但印象深刻的阿合伊希洛姆不如说是伊赛亚和伊叶泽基伊利的形象。

---

① Там же. С. 42，62.
② Там же. С. 58 - 59.
③ Ахиезер А. С. *Россия：критика исторического опыта*. В 3 т. Т. 1. М.：Издательство ФО СССР，1991. С. 21.
④ Там же. С. 32 - 33.
⑤ Пригожин А. И."Феномен Ахиезера."*Общественные науки и современность*. 2009. №5. С. 99.

我不准备陷入细节去分析 A. C. 阿希耶泽尔的著作，我只想指出他的一些逻辑－语言学方面的特点。这些特点不仅把巴尔格和阿希耶泽尔的话语及逻辑分离开，有时甚至是直接对立的。这首先涉及二元的对立关系——自由主义与传统主义的对立，这是该书的中心。尽管这种反对立场宣告其对称性质，但它从来就很少和经典的右翼自由主义的经典的对称理想解释有相似之处。这些解释曾不止一次在俄罗斯文化中产生，包括 B. N. 契切林的"保守的"自由主义和 P. B. 司徒卢威的自由的保守主义。① 首先是和自由主义相对立的不是保守主义，后者在 20 世纪 80 年代以新保守主义的形式成了自由主义的典范，而是传统主义，这是造成很难在反对派之间建立相互协同配合条件的因素。况且，此时的传统主义的平等伙伴并不是自由主义，而是现代化、革新派（如 Э. C. 马尔卡梁所言）。但是，这个方案不知为何也行不通。结果是，在存在明显导向来进行对话的情况下，这个对话受到阻挠。自由主义以居高临下的一方出现，不仅仅是不同的一方，而是以真正的理想来对抗虚假的理想的对立方。传统派文明和传统派道德典范的形象建立在硬性的比喻话语上，这些话语把其渊源引向市民大会制度甚至图腾信仰。② 这里所谓的理想与反理想，无论是哪一方，都对思想界的对话没有任何明显的好处（关于权力思想界领域，以及自由主义和独裁主义的对话除外）。③

因此，阿希耶泽尔不可能把"清醒的保守主义"和"坚强的自由主义"综合起来，正如"坚强的自由主义者" П. Б. 司徒卢威所号召的那样。④ 不可能像 K. 吉尔兹那样从不同的价值前景来看待历史进程。乡土气派的自由党人的理想"只能被看成一种自由主义积极性的表现和把现代自由主义文明的价值输入到土壤深处去的一种策略手段"。⑤ 对对话的绝对无

---

① "Матвеева С. Философский анализ социокультурной динамики России." Ахиезер А. С. *Россия: критика исторического опыта*. В 3 т. Т. 3（Социокультурный словарь）. М.: Издательство ФО СССР, 1991. С. 16.

② Ахиезер А. С. *Россия: критика исторического опыта*. В 3 т. Т. 3. М.: Издательство ФО СССР, 1991. С. 33 – 35; 395.

③ См. Ионов И. Н. "Цивилизационные образы России и пути их оптимизации." *Общественные науки и современность*. 2009. №3. С. 148 – 149.

④ Гайденко П. П. "Под знаком меры（либеральный консерватизм П. Б. Струве）." *Вопросы философии*. 1991. № 12.

⑤ Ахиезер А. С. *Россия: критика исторического опыта*. Т. 3（Социокультурный словарь）., 1991. С. XXI, 162 – 163.

能把自己列入传统主义。有意思的是,"翻转"、思维的混乱、逆转到对它们的否定评价都被 M. A. 巴尔格认为是反对教条主义斗争的工具,被说成是十分负面的、破坏性现象,会导致已积累的文化经验和国家性的丢失("逆转的镰刀")。①

不是偶然的,A. C. 阿希耶泽尔在详细地分析那些把俄罗斯文明说成是奇异的、"过渡的"文明的虚假的现象时,同义地把它们与自由主义而不是传统主义的表现的变形联系在一起。② 这里没有虚假的集体主义,没有虚假的平均主义,没有虚假的圣礼,其他学者指出的许多苏联文化的特征都没有。这表明,阿希耶泽尔的理论是教条主义的公式,其基础与其说是自由主义与传统主义的对立,不如说是自由主义与人类文化的所有其他内容的对立。在这种具有两分法性质的对立的框架内,传统主义非历史化了,失去了历史维度,亦正因为此,借助这个概念可以看成图腾仪式,就如同苏联社会的文化一样。在这里,反历史的类比话语变成了统治性的和压制性的。Г. И. 兹韦列娃指出了这点。她指出,具体的历史现象的称谓被系统地利用为跨历史的隐喻(17 世纪中叶俄国宗教的分裂运动、摩尼教、金帐汗国、俄国 16 世纪末 17 世纪初的混乱时期)③,产生了不对称的二元的对立。它成为根据必然知识的榜样建立的语言中心主义公式的基础。

实际上,我们在这里拥有的是与社会形态相似的线性-阶段性的公式。其中实证主义的内涵被提到意识形态化的未来(自由主义),而否定的一面被提到分辨不清的坏的过去(传统主义)。然而,这种"两分法"比起社会形态的"五分法"还要更加简单化。而且,在这"两分法"中同时的和过渡的现象还会起变形的坏作用。俄罗斯文明的"过渡性"曾引起对巴尔格合理的学术兴趣(社会形态间的相互作用!),在这里却成了批评的对象。对这一提法被换成相似于吕森关于世界受到了创伤的看法,因为"例外成了常规",也被说成是对在苏联时所遭受的惊恐的记忆(阿希耶泽尔年轻时在集体农场做过经济师)。

阿希耶泽尔在逻辑上的偏重很好地说明,他把自己追求"中间道路"的理想与中世纪新柏拉图主义者、形而上学奠基者之一迈蒙尼德(Mai-

---

① Там же, С. 152 – 153.
② Там же, С. 266 – 284.
③ Зверева Г. И. "Цивилизационная специфика России: дискурсный анализ новой 'историографии'". *Общественные науки и современность*. 2003. No. 4. С. 103.

monides）的名字联系起来，也与黑格尔的名字联系在一起。黑格尔把差异首先解释为对立，并通过取消和综合来寻找它的两极的相互作用。① 这点可说明他的逻辑中心主义原则，即他把逻辑原则的作用独立于争论对象之外的概念。在这方面，把"超高中心"与"超低中心"做思辨的区分具有特殊的作用，这里"超高中心"被看成对立面的正确方面，而"超低中心"直接被说成是"不良的状态"。正是这两方面决定了文化的"结构上的紧张"和对立两面的相互关系。② 虽然阿希耶泽尔同时提出了对话范例和中间文化范例，作为这些不均等的思维的调解和相互作用的形式③，关于对话的概念和关于对巴赫金与皮勃列罗夫思想（指在思维中产生思维的思想）的概念本身却是特殊的逻辑中心主义的。作为具有"不良的"思维的无知者，应该是受教育的对象，应该"重新补充"自己。对话的结果是通过取消"超低中心"思维来发展"超高中心"思维。④

对阿希耶泽尔来说，不存在作为对话哲学创始人之一的 Э. 列维纳斯视为首要的那样一些问题：对"他人"的责任问题，有关解放的可能性和意义的问题，为"他人"（的利益）而放弃自己的认同的可能性和重要性问题，在"他人"面前提出疑问的问题。也就是说，作为哲学对话的大部分对话学内容都被他故意忽略了。尽管这对话学的基础是 20 世纪那些最令人伤痛的经验，包括苏联的经验，但这是阿希耶泽尔和列维纳斯同时都思考的问题，首先是大屠杀和古拉格。⑤

---

① Ахиезер А. С. *Россия：критика исторического опыта*. В 3 т. Т. 1. М. ：Издательство ФО СССР, 1991. С. 53.

② Там же. С. 40 – 41.

③ Ахиезер А. С. "Об особенностях современного философствования. Взгляд из России." *Ахиезер А. С. Труды*. В 2 т, Т. 1. М. ：Новый хронограф, 2006. С. 431 – 446.

④ Ахиезер 感到这一方法是如此的合乎情理，甚至他归于 А. Я. 古列奇奇。对后者来说，承认个人有资格成为中世纪的无知者是历史意识的重要因素。Там же. С. 50 – 51. Гуревич А. Я. *Культура безмолвствующего большинства*. М. ：Искссто, 1990.

⑤ 列维纳斯讨论了古拉格，例如曾联系 В. С. 格罗斯曼的书《生活和命运》的内容。Левинас Э. "Забота о добре."Пер. с Франц. Л. Ю. Соколовой. *Эммануэль Левинас：путь к другому*. Сборнтк статей И переводов, посвящённый 100 – летию со дня рождения Э. Левинаса. СПб：Издательство Санкт – Петербургского государственного университета, 2006. С. 177 – 178；Левинас Э. По другому чем быть, или по другую сторону сущности. пер. с франц. И. Полищук. *Эммануэль Левинас：путь к другому*. Сборник статей и переводов, посвященный 100 – летию со дня рождения Э. Левинаса. СПб：Издательство Санкт – Петербургского Университета, 2006. С. 191.

А. С. 阿希耶泽尔真正承认的唯一的对话形式，是苏格拉底的对话。它可把门外汉引向真理，而绝不是亚里士多德有关修辞和论题的著作谈到的平等者之间的对话。实际上，这种对话形式在与持别的见解的人们冲突时就会退化为同一化的或者负面的对话形式。它会使一方的见解完全否定掉另一方的。变化（无论是在理论上，还是在实践上）都不可能向着综合的、合成的和现象学的对话方向发展，亦即两方面不可能取得一致。①

　　这与下面一点有关，即历史被从逻辑的普遍的方法（逆转的或调解的）中"排除"了，而又"需要"逻辑方法，因而获得了逻辑的透明性。事实知识、逻辑构造的物质内容的作用在逻辑作用面前退却了。在这里可以看到新柏拉图主义的遗产。它认为，现象的实质是эйдосы，即超验的共相的理想形式。与此倾向相反，亚里士多德认为平等者之间的对话不是获得精确知识的方法，而是通向在省略推理的特殊逻辑范围内的类似正确的知识的运动方法。在这里，未曾预测到的历史的论据（топосы）、事件的突然的转向和"具有地域的与唯一的意义"的事件和知识（它们破坏了逻辑形式的严密性）起了极重要的作用。在这样的情况下，逻辑形式的作用与争论对象的作用，与见解的具体的、历史的内容相平衡。由此，这也包括亚里士多德关于历史的概念。他认为，比起诗歌来，历史的综合能力要差些。②

　　从这个看法可以看出，不考虑见解的具体的、历史的内容和话语的性质以及侵入其中的新课题（топосы）（它们把历史现实的逻辑与纯粹理性的逻辑分开）的影响，就无法对文明史做出类似正确的贯通的结论。А. Ф. 洛谢夫把这个"辩证的""修辞性的""省略逻辑的""拓扑学的"逻辑的特征定义为"对真理的追求，这种追求对这样的人来说是力所能及的，指的是没有能力去实现只是纯粹理性的要求的人"。③ 实际上，这是历史烦琐哲学的教条主义公式的问题化工具。洛谢夫在当代哲学概念范围内

---

① Кошмило О. К. Бахтин и Левинас: Высказывание. Диалог. Коммуникация. *Эммануэль Левинас: путь к другому*. Сборник статей и переводов, посвященный 100 – летию со дня рождения Э. Левинаса. СПб: Издательство Санкт – Петербургского государственного Университета, 2006. С. 160; Западники и националисты: *вожможен ли диалог?* Ред. и сост. А. Трапкова. М.: ОГИ, 2003.

② Лосев А. Ф. *История античной эстетики. Аристотель и поздняя классика*. М.: Искусство, 1975. С. 699, 716 – 717.

③ Там же. С. 719.

给予它很大的意义。

17世纪，亚里士多德的《论辩篇》（Топика）和省略逻辑的全部传统被笛卡尔的理性主义传统彻底推翻了。后者依靠从直觉感到可靠的公式中获得的演绎的结论，提高到不需证明而自明的思想形式。然而，这样的证明保证人只能是上帝的存在和万能。上帝可以给出所有的清晰的、从内到外透明的思想。只是由于他的存在，这些思想才是客观真实的。① 笛卡尔主义把寻找逼真性的专利权给了艺术。在20世纪，这一神学的证明形式不可避免地丧失了作用，但是在阿希耶泽尔支持者的圈子里，心智的直觉和不言自明性却得到很高评价。无怪乎，И. Г. 雅科文科在回忆阅读阿希耶泽尔的书的第一印象时，强调所有读到的东西对确认真理性的直觉具有极其深刻的作用。他写道："读者发现了……真理，与真理的相遇是存在主义地被证实的，是个人全身心的。阿希耶泽尔的书是震撼性的。"② 然而，大家还记得，A. G. 杜金的著作在支持者中也引起了类似的激情，他提出了与"过渡的文明"思想相似的"古现代化"观念，并把它作为俄罗斯文明的属性之一，但他不从消极方面评估这一"病态"，而是将其看成为未来的完善而净化的征兆。③

我要强调，这些类似教条主义的、有时就是烦琐哲学的历史理论，对世界科学来说已是陈旧的东西，却在俄罗斯历史意识危机尖锐化的时期具有一定的积极作用。在它们的帮助下，历史知识的新的轮廓和视野建立了起来。根据胡塞尔关于前提的知识是先验的直觉、前结构知识和它的潜在可能的概念，J. D. 卡普托写道，虽然它们只能得到对象的正面，并不是实质，但它们存在于实际存在的和潜在的两者之间的边界上；它们的作用是积极的，因为它们虽然不是很确定的，不是被证实的，甚至不是伪造的，但在原则上它们在推进由可能取得的经验所导致的某种见解的确定。④ 它们帮助我们去领悟新的东西。"领悟了的对象不是直接被领悟的，而只有

---

① Декарт Р. *Рассуждение о медоте с приложениями: Диоптрика, Метеоры, Геометрия*. М.: Издательсто АНСССР, 1953.
② Яковенко И. Г. "Александр Ахиезер: человек имыслитель." *Общественные науки и современность*. 2009. No. 5. С. 106.
③ Дугин А. Г. Археомодерн. В поисках точки, где и модерн, и архаика ясны как парадигмы. http://texts.pp.ru/archeomodern.html Дата размещения 10.04.2008.
④ Caputo J. D. "Husserl, Heidegger and the Question of 'hermeneutic' phenomenology". *Husserl Studies*. 1984. No. 1. PP. 164–165.

同时领悟与它放在一起的内外视野的边界"。① 它们成为新的民族规范的基础。这些规范正转变为群众性的历史意识的基础。②

但是，形成教条主义的和语言中心主义的前提知识的任务的迫切性，只存在于历史意识危机尖锐化的短暂时期。随着历史重又获得思维，而新的问题圈已被习惯，它的作用就明显地降低了，而论述的主观主义和非历史性就走到了前台。这个界限在 2002~2003 年，那时出现了许多评论性的有关俄罗斯文明理论的作品。③ 但这不是正常的转变。正是在这以后，教条主义的、标准的知识开始加大反对增加历史知识的力度，而这些作者们通过纯逻辑方法"清除"历史规律的信心表现为他们论断的任意性，并不预先指向对话。特别是，像地方主义和个人主义如此不同的现象也被完全混淆在一起；俄罗斯文化被毫不怀疑地赋予了反民主主义，而知识分子被赋予了古老的和摩尼教的观点的传布者；斯大林对农民的镇压的形象被肯定地正常化了，等等。④ 在这个背景下，这些批评越来越不容易区分为自由派和保守派，因为他们体系的方法论基础十分相像。如果把这些著作放到关于世界文明史专家的比较研究中，它们就会令人感到特别可笑。⑤ 在我看来，这些著作现在只能看作一种用僵死的、古老的和自相矛盾的认知视野来企图构建世界历史形象的奇异的尝试。但是，他们在自己的心态上是有依据的。历史意识的创伤、承认例外是常规，在它们那儿被普遍化和逻辑化了，并被扩大为全世界的历史形象。

---

① Ibid. P. 160.
② Вжосек В. "Классическая историография как носитель национальной（нацоалистической）идеи." *Диолог со временем*. 2010. Вып. 30. С. 5–13.
③ Scherrer J. *Kulturologie: Russland auf der Suche nach einer zivilisatorischen Identität*. Göttingtn: Wallsrein Verlag, 2003; Зверева Г. И. "Цивилизационня специфика России: дискурсный анализ новой 'исторпограскц'". *Общественные науки и современность*. 2003. No. 4.; *Национализм в мировой истории*. Под ред. В. А. Тишкова, В. А. Шнирельмана. М.: Наука, 2007.
④ Ахиезер А. С., Давыдов А. П., Шуровский М. А., Яковенко И. Г., Яркова Е. Н. *Социо-культурные основания и смысл большевизма*. Новсбирск: Сибирский хронограф, 2002. С. 251–252; Яковенко И. Г. "Манихео - гностический комлекс руской культуры." *Россия как цивилизация: Устойчиное и изменчивое*. М.: Наука, 2007. С. 179–180; Пелипенко А. А. "Печальная диалектика российской цивилизации." *Россия как цивилизация: Устойчиное и изменчивое*. Отв. Ред. И. Г. Яковленко. М.: Наука, 2007, С. 69–70.
⑤ *Цивилизации в глобализирующемся мире. Предварительные итоги междисциплинарного проекта. По материалам научной конференции*. Отв. ред. В. Г. Хорос. М.: ИМЭМО РАН, 2009. С. 24–34.

文明研究领域的再度问题化

然而，与以上这些同时，出现了俄罗斯形象的积极的正常化以及原先的教条主义概念的问题化，其中起了极大作用的，正如在 М. А. 巴尔格时那样，是倒转。"跨文明性"现象（既在地域意义上，又在阶段意义上）正如"跨社会形态性"在 25 年前那样，成为俄罗斯文明概念建立者们感兴趣的对象。陈旧的等级排列崩溃了，而范式的形而上学因素被冲垮了。走到前列的不是逻辑形式，而是对话的具体历史对象。主客体关系不再一开始就被定为必需的，而是与研究任务相适应地去建构。

关于这种程序，Я. Г. 舍米亚金在纪念 А. С. 阿希耶泽尔的文章中，在分析跨文明界线概念和它的过渡过程时谈到过。其中的墨守成规被重新思考了，一串文明的"超低中心"形象变成了历史叙事的范畴（топосы）之一。与 Ш. Н. 艾森施塔特的观点一致，墨守成规的形象经历了正常化的程序，并作为轴心期时代加以肯定地重新思考，并与建立当代科学知识的时代——第二个轴心期——相对比。在俄罗斯文化中存在的摩尼教的倾向与其他现代化过程中的文化中的摩尼教的组成部分有关。它们被说成是多元的现代性。①

相似地，俄罗斯农民的负面形象——地方主义的支柱，建立大型的公民国家的反对者；村社的和反国家的理想的自古的体现者，最终是非历史化的"新石器时期的农民"②，这引起了农民学家们强烈的反应。他们针对这些说法，提出农民是建立自己的类型的经济的有用的社会力量的看法。这一倒转极大地推动了专业化战略，③推动了对俄罗斯农民的宏观史和计量史（клиометрические）的研究。

对 А. С. 阿希耶泽尔的"再度创伤化"的直接回答是正常化战略，这体现在 Б. Н. 米罗诺夫的"计量化"（клиомерания）和 А. С. 米洛夫对俄

---

① Шемякин Я. Г. "Граница. （процесс перехода и тип системности）." *Общественные науки и современность* 2009. No 5. С. 112 – 124.

② Пелипенко А. А. "Печальная диалектика российской цивилизации." *Россия как цивилизация. Устойчивое и изменчивое*. М.: Наука, 2007, С. 67.

③ Рюзен Й. "Кризис, травмы и идентичность." *Цель времен Проблемы исторического сознания. Сборник статей памяти М. А. Барга*. Отв. ред. Л. П. Репина. М.: ИВИРАН, 2005. С. 59.

罗斯农民的辩护中。他们着力于弄明白历史创伤的地域化及其出现的具体原因，实现现代化的具体形式的正面和负面作用，农民的道德对国家生活的作用。① 这些立场也是有争议的，也引起一些专家的反对。在这基础上发生了有关历史家职业性的争论，被卷入的既有社会-人口理论问题（包括新马尔萨斯理论），也有史料学问题。村社农村的形象，过去被哲学家看成与俄罗斯农民的"新石器时期的"本质是同义的。现在越来越多地被看成与俄罗斯现代化的特点同义，包括亚历山大二世实行的农奴制改革方式，这次改革把土地给了村社，并把粮食运出境外（"饥饿出口"）。②

在这场卷入不同专业的学者参加的争论展开的同时，从世界体系的立场对俄罗斯历史的文明问题的理论基础也在进行重新思考，其结果是提出了许多根本性的问题，而俄罗斯的"批判史学"的逻辑-语义学空间遭到了彻底的"刨根问底"。③

文化学的公式及其指定的逻辑遭到了当代文化社会学的批驳。文化社会学把视野从文明的结构转到俄罗斯文化的文明方式的相互作用上。例如，Б. В. 杜宾把俄罗斯文化分成不同的有意思的领域（文明方式），如传布-收集的、群众性的，可导向电视；品尝的、分层的小团体，可导向装帧光泽的群众性的杂志；分散的或无实体的共同体，可导向俱乐部、沙龙、小组、小刊物或年鉴。它们逐渐彼此疏远起来，导致综合性难以形成。教条主义的文明公式培育出来的框框（中心-边缘、底层-高层、此岸-彼岸），被杜宾看成老古董，是俄罗斯人的特殊道路和特殊性格的神话学的表现。④

---

① Миронов Б. Н. *Социальная история России периода империи (XVIII - начало XX вв.) Генезис личности, демократической семьи, гражданского общества и правового государства общества*. Т. 2. СПб. Дмитрий Буланин. 2003. С. 291 - 359; Милов Л. В. *Великорусксский пахарь и особенности российского исторического процесса*. М. : РОССПЭН, 1998.

② Нефедов С. А. *Демографически - структурный анализ социально - экономической истории России. Конец XV - начало XX веков*. Екатеринбург: Издательство УРГУ, 2005. С. 242 - 284; Кульпин - Губайдуллин Э. С. "Василий Докучаев как предтеча биосферно - космического историзма: судьба ученого и судьба России." *Общественные науки и современность*. 2010. No. 2. С. 106 - 109.

③ *О причинах Русской революции*. Отв. ред. Л. Е. Гринин, А. В. Коротаев, С. Ю. Малков. М. : Издательство ЛКИ, 2010.

④ Дубин Б. В. "Формы социальности и типы культур в современной России." *Вестник общественного мнения*. 2008. No. 5（97）сентябрь - октябрь. С. 80.

*　*　*

这样，近 25 年内，在俄罗斯，对历史的理论思考经常改变着逻辑和语言，建立了在纯粹逻辑基础上的必然知识的教条主义公式，并又摧毁它们。在这点上，М. А. 巴尔格称之为"改变"、倒转的战略起了重要的作用。它帮助揭露了历史理论结构中的具体的历史内容的作用，暴露了它们的问题。目前，到了尝试建立持久的范式的时候了。20 世纪 80 年代的"创造性马克思主义"的经验在这里可能会派上用场。

［原文载《与时代对话（心智史丛刊）》第 33 辑，莫斯科，2010〈Диолог со временем. Альманах инеуллектуальной истории, 33. М.〉］

（И. Н. 约诺夫，俄罗斯科学院世界历史研究所历史学博士）

苏联解体后俄国史学家
如何看待巴黎公社

　　这个题目出得不很确切,我主要是想讲一讲苏联解体后俄国史学家是如何看待和研究巴黎公社的,与以前有什么不同。因为时间比较紧,来不及收集很多资料,因此不能笼统地讲俄国史学界或史学家整体,只能就目前见到的资料简单地说说。

　　大家知道,巴黎公社在苏联史学界一直是很受重视的。有关的专著、论文、资料等研究成果是很多的。每逢巴黎公社的周年纪念,学术界往往要举行学术会议。记得1991年巴黎公社成立120周年时,苏联学术界在莫斯科举行了一个纪念性的国际研讨会。我当时正在莫斯科,就应邀参加了这次会议。会议参加者对巴黎公社的评价是很高的。可是这年年底苏联就解体了。解体以后俄国史学家又是怎样看待巴黎公社的呢?

　　我们需要先简单地了解一下苏联解体后的俄国史学发展。这是个很大的专门题目,我自然无法在这里详述。但是需要简单地概括一下,这有助于我们了解他们对巴黎公社这样的具体问题的研究和教学情况。简单说来,在苏联解体之前,即自1987年戈尔巴乔夫实行"公开性""填补历史空白点"以来,在苏联迅即掀起了猛烈的"历史热"。各种报刊连篇累牍地发表"历史文章",几乎对苏联历史上的所有问题都进行了"翻案""解谜"。这股"历史热"旨在告诉人们:过去的历史书籍掩盖了真相,讲的都是谎言,因此全部历史都要重写。这股"历史热"温度很高,影响不小。有两位俄国历史学家事后指出:"这是多么令人奇怪的时代。所有的人都成了历史学家。我们是多么努力地在填补历史的'空白点',以致都没有察觉到,如何在一个美妙的瞬间,不仅历史没有了'空白点',连历史本身也不存在了。"这场闹剧大致在20世纪80年代末90年代初逐渐平息。值得注意的是,成为"历史热"主角的并不是职业历史学家,而是政论家、记者、作家等。1991年苏联解体以后,虽然汹涌的"历史热"退潮，但是史学界的情况还相当混乱和消沉。大致到 1995 年，即 20 世纪 90 年代中期，情况开始好转。越来越多的职业历史学家打破沉默，不仅继续从事各自的专业研究，而且开始反思苏联历史学的遗产和教训以及今后的前景。从这以后，俄国的历史学发展就越来越快了。自然，比起苏联史学来，俄国的历史学有许多新的特点，但是这些都是需要专门研究的。这里就不多说了。

今年是巴黎公社 140 周年纪念，我们就着重讲讲苏联解体后俄国史学家对巴黎公社的看法。

要了解苏联解体后俄国史学家对巴黎公社的看法，我们可以举出一个有说服力的例子，那就是看看目前在俄国大学里用的《世界历史教科书》是如何叙述巴黎公社的。我们选取的一本是由 Г. Б. 波利亚克和 А. Н. 马尔科娃主编的于 2009 年出版的第三版（修订版）。它的第一版和第二版分别是在 1997 年和 2000 年出版的。从上面的叙述中已可看出，90 年代中期以后，俄国历史学的发展已逐渐进入正常的轨道。而这本《世界历史教科书》的第一版是在 1997 年，也就是在俄国史学正常发展的时候出版的，后两版就更不用说了。因此，选取这本教科书应是合适的。需要说明的是，俄国各大学的历史教科书并不是统一的，但是这本前后出了三版，可见其使用是相当普遍的。

这本《世界历史教科书》与苏联解体以前的教科书和其他世界近代史著作相比较，其中有关巴黎公社的叙述是有很大差异的。

第一，历史地位大大降低。在《世界历史教科书》里，巴黎公社根本没有列为专门的一章，甚至没有列为一节，也没有列为专门的一小节。而是在题为"第二帝国和第三共和国"一节的总共三个小节中列入题为"第三共和国·巴黎公社"的小小节中，可见其重要性的降低。因为 1991 年之前，在苏联大学的"世界近代史"或"世界历史"教科书中，"巴黎公社"都是单独列为一章的，而且是作为世界近代史第二（或第三）阶段开始的标志的，这一章往往是"世界近代史"课本第二部分（或第三部分）的开篇之章。

巴黎公社在《世界历史教科书》里地位的降低，还可以从这一小节的三幅插图中看出，因为这三幅插图中只有一幅是有关 1871 年 3 月 18 日的巴黎街垒战的，没有一张公社活动家的照片，而第三共和国第一任总统麦克－马洪却有一张照片。而麦克－马洪元帅正是梯也尔政府从凡尔赛派往巴黎的 13 万政府军的指挥官。这在以前是不可能发生的。

第二，从篇幅和内容来看，《世界历史教科书》对巴黎公社的叙述是十分简单的，总共只用了不到一页的篇幅，实际上只有一段话。这段话指出，在3月26日，为了管理巴黎，成立了一个公社性质的委员会，即由工人、知识分子、小资产阶级和中等资产阶级组成的巴黎公社。公社下设十个实施立法和行政权力的委员会。接着教科书概括地叙述了巴黎公社实行的政策，承认这些政策的实行是为了人民的利益：粉碎了官僚主义的资产阶级的国家机器，实行了国家工作人员的选举制和轮换制、国家工作人员向人民报告的制度，把职员的工资与熟练工人的工资拉平，宣告教会脱离国家。接着就讲巴黎公社被镇压的情况：5月21日政府军进入巴黎，公社社员血战7天后被镇压，计有25000名社员牺牲，约40000名社员被投入监狱或服劳役。

以上可以说是这本教科书有关巴黎公社的全部内容，至少是主要内容。其中既没有谈到巴黎公社的任何活动家，也没有分析巴黎公社及其措施的历史意义。它的内容甚至还比不上接着有关第三共和国成立和麦克－马洪当总统的叙述。可见，在《世界历史教科书》编者的眼里，巴黎公社只是法国近代历史上的一个普通事件，没有任何特殊的意义。这与苏联解体前苏联学者对巴黎公社的评价可谓天壤之别。我们只要举出在苏联时期出版的有关巴黎公社的专著就足以说明问题了。斯鲁茨基著的《1871年巴黎公社》于1964年在莫斯科出版，苏联科学院编的《1871年巴黎公社史》在1971年即纪念巴黎公社一百周年时在莫斯科出版。这些专著尤其是后一部著作，对巴黎公社的历史及其意义做了详细的分析和论述。

第三，《世界历史教科书》中有关巴黎公社的叙述没有一处提到马克思、恩格斯和马克思主义者的有关评价。这自然是可以想见的。苏联解体后，马克思主义迅即失去了过去的主导地位。目前在好的情况下，一些严谨的学者还是保持对马克思主义的尊重，并在具体的问题上征引马克思主义的观点和论证。

一叶知秋，通过对《世界历史教科书》中有关巴黎公社的叙述，可以看到苏联解体后俄国史学家对这个问题的一般看法。当然，实际情况比这要复杂得多。因为目前俄国的史学界相当复杂，研究也有许多新的进展，俄国的史学家的情况也是如此。我们绝不可以以偏概全，我的发言只是从一个角度提供一些线索供大家参考罢了。

（2001年的一次发言）

近年来中国的俄国史研究的进展

我们要着重说说进入21世纪以后我国的俄国史研究。首先应该指出，俄国史作为国别史，它的发展是离不开整个世界史研究的发展的。而进入21世纪以后，随着我国经济建设的蓬勃发展和国际局势的急剧变化，我国的世界史研究有了较大的发展。这表现为研究成果的增多、新的研究领域的开辟、人才培养的加快和对外学术交流的发展等。据不完全统计，2001~2005年，在我国发表的各类世界史著作约有500多部，平均每年约100部，发表的论文约计3500篇，平均每年约计700篇。这个数字是相当可观的。自然，学术成果是不能只从数量上衡量的，然而，如果从质量上看，应该说，这些著作和论文的质量也有了明显的提高。这表现为主要引用国外的第一手资料，包括考古资料、档案资料和其他文献资料的论著增多了。在新领域的开拓方面也有了进展，如研究人与自然环境关系的生态环境史、全球史的发展就是显例。一些过去研究较少的领域，如冷战史、古代东方史等有了新的发展。人才培养得到重视，许多大学扩大了世界史学科的本科生和研究生的招生规模。学术交流方面，在这些年中，世界史学科的各类机构和大专院校举办了50多次学术研讨会，其中包括不少国际学术研讨会。如2001年5月16~19日由中国社会科学院世界历史研究所在南京主办的"二十世纪的历史学国际学术研讨会"就是其中较有影响的一次。

俄国史是21世纪以降我国世界史研究的一个重点。这与20世纪八九十年代以来东欧剧变和苏联解体以及随之而来的国际格局的深刻变化有关。因而围绕着这些问题，中国的学者进行了许多研究。除了发表了许多论文外，也有不少著作问世，如仅仅有关苏联兴亡的历史就有多部专著出版，如周尚文、叶书宗、王斯德合著的《苏联兴亡史》，陆南泉等主编的《苏联兴亡史论》，陈之骅、吴恩远、马龙闪主编的《苏联兴亡史纲》等。①

关于整个苏联时期历史的著作，21 世纪以前已有若干部出版，其中有些是分阶段的，如苏联建国初期、新经济政策时期、勃列日涅夫时期等。苏联解体之后，随着新资料和对许多问题的重新思考，从新的角度研究和运用更多新资料的著作多了起来。其中由多位学者合作的九卷本苏联史正在写作中，也有些已经出版。②

另有不少探讨苏联时期各种历史问题的研究成果问世，如有关中苏关系史方面的著作出了不少，如沈志华著的好几本有关著作——《战后中苏若干问题研究》《苏联专家在中国（1948－1960）》《毛泽东、斯大林与朝鲜战争》，沈志华主编的《中苏关系史纲（1917－1991）》，薛衔天著的《中苏关系史（1945－1949）》，何明、罗锋编著的《中苏关系重大事件述实》等。沈志华还关注苏联与东欧的关系，主编有《冷战时期苏联与东欧的关系》一书，还写了《斯大林与铁托》；张盛发则写了《斯大林与冷战》一书。关于苏联本身的研究自然是一个重点，这方面的著作也出了不少，如黄立茀的《苏联社会阶层与苏联剧变研究》，侯艾君的《车臣始末》，卢之超、王正泉主编的《斯大林与社会主义——世界第一个社会主义模式剖析》，等等。③ 涉及的面和数量都相当可观。有关上述这些问题发表的论文就更多了，如沈志华的《共产国际情报局的建立及其目标》、杨奎松的《中苏国家利益与民族情感的最初碰撞》④ 等。

除了苏联时期以外，俄国的历史同样是一个研究的热点。譬如，关于

---

① 周尚文、叶书宗、王斯德：《苏联兴亡史》，上海人民出版社，2002；陆南泉等主编《苏联兴亡史论》，人民出版社，2002；陈之骅、吴恩远、马龙闪主编《苏联兴亡史纲》，中国社会科学出版社，2004。

② 如吴恩远的《苏联史论》，人民出版社，2007，等。

③ 如沈志华的《战后中苏若干问题研究》，人民出版社，2006；沈志华主编《冷战时期苏联与东欧的关系》，北京大学出版社，2006；沈志华主编《中苏关系史纲（1917－1991）》，新华出版社，2007；沈志华《斯大林与铁托》，广西师范大学出版社，2002；沈志华《苏联专家在中国（1948－1960）》，中国国际广播出版社，2003；沈志华《毛泽东、斯大林与朝鲜战争》，广东人民出版社，2003；张盛发《斯大林与冷战》，中国社会科学出版社，2000；薛衔天《中苏关系史（1945－1949）》，四川人民出版社，2003；何明、罗锋编著《中苏关系重大事件述实》，人民出版社，2007；黄立茀《苏联社会阶层与苏联剧变研究》，社会科学文献出版社，2006；侯艾君《车臣始末》，世界知识出版社，2005；卢之超、王正泉主编《斯大林与社会主义——世界第一个社会主义模式剖析》，社会科学文献出版社，2002，等。

④ 分别载《中国社会科学》2002 年第 4 期和《历史研究》2001 年第 6 期。

俄国现代化的研究就是一个热点。2001 年 8 月，中国苏联东欧史研究会在长春举行了"俄国现代化国际讨论会"。在研究成果方面也有不少著作问世。如刘祖熙的著作《改革与革命——俄国现代化研究（1861－1917）》①，从经济、政治、文化三个方面，分析了俄国现代化的过程，特别揭示了俄国赶超型工业化的特点，即政治现代化的滞后，传统东正教、官方正统思想与西方现代文化的冲撞和融合，以及世纪之交多元文化的出现。曹世安的著作《俄国史新论——影响俄国历史发展的基本问题》② 强调农奴制度、专制制度、村社制度和东正教是影响俄国历史发展，显然也是影响俄国现代化的四个基本因素。赵士国的《历史的选择，选择的历史：近代晚期俄国革命与改革研究》③ 不是孤立地就现代化本身研究现代化，而是通过着重考察近代晚期俄国的历次改革与革命来研究俄国的历史发展和现代化进程的。作者对亚历山大一世的改革、亚历山大二世的改革、维特的改革、斯托雷平的土地改革等都做了系统的阐述，指出这些改革一步步推进了俄国的现代化。如亚历山大二世的改革正式启动了俄国的现代化，农奴制改革涉及俄国压倒多数的人口，意义很大。维特的改革主要涉及经济领域，促进了技术进步和生产结构的变化，而斯托雷平的土地改革在一定程度上破坏了村社份地制度，建立了独立农庄和独家农场，提高了农业生产等。然而所有这些改革都是由沙皇政府主持、自上而下进行的，因而带有很大的局限性，不能解决现代化的根本问题。这样，革命就成了另一种重要的选择。作者系统考察 19 世纪以来俄国的历次革命运动和先进思想家的活动，指出十二月党人起义是俄国历史上第一次有组织有纲领的武装起义。赫尔岑提出通过俄国特殊的农民村社走非资本主义道路，别林斯基、车尔尼雪夫斯基也都主张通过村社走向社会主义，但更多地强调推翻沙皇政府。作者还分析了民粹派、普列汉诺夫，一直到十月革命。由于改革和革命是当前普遍关心的问题，而这部著作结合俄国的历史发展做了详细的论述，所以多说一些。

此外，张广翔的论文《亚历山大二世改革与俄国现代化》④、刘祖熙的

---

① 刘祖熙：《改革与革命——俄国现代化研究（1861—1917）》，北京大学出版社，2001。
② 曹世安：《俄国史新论——影响俄国历史发展的基本问题》，中国社会科学出版社，2002。
③ 赵士国：《历史的选择，选择的历史：近代晚期俄国革命与改革研究》，人民出版社，2006。
④ 张广翔：《亚历山大二世改革与俄国现代化》，《吉林大学学报》2000 年第 1 期。

论文《试论俄国现代化进程中的障碍机制》①、张宗华的论文《东正教伦理在 18—20 世纪俄国现代化进程中的双重效应》②（所谓东正教伦理，是指救世主观念、王权至上、在逆境中的忍耐精神和群体意识、博爱和人道主义）等，从不同方面论述了俄国现代化进程的特点和存在的问题。

俄罗斯的文化是又一个热点问题，这方面的成果也有许多。如姚海的《俄罗斯文化》③一书从古代的东斯拉夫人与瓦里亚基人一直写到 1917 年。作者认为，9 世纪基辅罗斯建立后，最初受的是拜占庭文化的影响，主要是基督教的影响。但是拜占庭文化的影响主要体现在精神方面，并未涉及罗斯的政治结构和财产关系。13 世纪初开始的蒙古的征服开始了罗斯社会和文化的东方化。1480 年，罗斯摆脱了金帐汗国的统治，但是东方化的进程并未停止。专制制度和农奴制度不断发展。但 16 世纪已出现学习西方科技的因素。17 世纪开始学习西方，尤其在下半叶阿列克谢沙皇统治时期。之后，直到 1917 年，西方化始终是俄罗斯文化曲折发展的主轴。作者强调并指出俄罗斯文化发展中的若干特征：第一，俄罗斯的地理和历史条件造成了俄罗斯文化来源成分的多样性，而这种多元构成的文化的形成过程，也是传统的民族文化与外来的异质文化相互矛盾和渗透的过程。第二，俄罗斯的西方化表明了一个相对落后国家追赶世界潮流的愿望和努力，其过程是外来文化与本土文化、现代文化与传统文化相融合的过程。沙皇政府在这一过程中的政策有其两重性：它既倡导西化，又限制这一过程。第三，近代以来的俄罗斯文化的新特点是：西方文化主要对社会上层发生影响，而传统的宗法制文化影响着占人口绝大多数的居民，首先是农民；西化的过程扩大了上、下层在文化上的分离，扩大了差距，等等。

在俄国思想文化史方面，还有一些更为专门的作品问世。如姚勤华的论文《19 世纪俄国斯拉夫主义思想和运动研究》④、李兴的论文《文化民族主义：论俄罗斯与欧洲的关系》⑤、赵士国的论文《俄国历史上的神秘主义》⑥等。

---

① 刘祖熙：《试论俄国现代化进程中的障碍机制》，《广西师范大学学报》2003 年第 1 期。
② 张宗华：《东正教伦理在 18—20 世纪俄国现代化进程中的双重效应》，《武汉大学学报》2003 年第 3 期。
③ 姚海：《俄罗斯文化》，上海社会科学院出版社，2005。
④ 姚勤华：《19 世纪俄国斯拉夫主义思想和运动研究》，《东欧中亚研究》2002 年第 6 期。
⑤ 李兴：《文化民族主义：论俄罗斯与欧洲的关系》，《北京大学学报》2000 年第 2 期。
⑥ 赵士国：《俄国历史上的神秘主义》，《世界历史》2002 年第 3 期。

在俄国史研究中，其中有些问题在中国学者中引起了不同意见的争论，如关于俄国现代化的起始时间，有学者认为是起自彼得大帝的改革；更多学者认为是起自农奴制改革。关于俄国现代化进程的障碍机制问题，有学者认为是农奴制、专制制度和东正教；有学者认为是俄国社会内在的二元结构，其本质是东西方文明的交汇与碰撞，表现为东方式的政治体制和文化与源自西方的现代经济因素的矛盾，俄国的现代化不是在经济因素先行成熟的条件下由市民社会驱动的，而是在统治集团为强国、称霸而学习西方先进技术的政治目标下起步的；也有学者认为，俄国的现代化受到俄罗斯传统经济思想的制约，这种思想主张经济自给自足，经济活动以精神准则优先，具有朴素的群体合作精神，商品市场薄弱，等等。又如，关于20世纪30年代苏联"大清洗"时期遇害的人数问题，也有不同的统计，有学者认为，30年代苏联"大清洗"时期遇害的人数应为68万；另有学者认为，这个数字大大缩小了遇害人数，这里涉及对"清洗""镇压"等概念的理解，以及"清洗"是否只限于30年代的问题，等等。

在苏联史研究中，还应特别指出一点，即中国学者花了很大的精力，收集、翻译、编辑、出版了许多历史档案，其中沈志华的贡献最大。他主编了多达34卷的《苏联历史档案选编》等档案资料。[1]

除了苏联时期以外，俄国史研究的成果也很多，这里就不再细说了。[2]

以上的概括是很不全面的，还有许多作品和方面没有谈到，但已经可以大致看到，我国学者近年来关于俄国史的研究做了不少工作，成果也是很多的。这种努力还会继续下去。我们深信，今后一定会取得更大的成就。

（此文是供2007年俄罗斯科学院世界历史研究所举办的"世界文明学术研讨会"发言用的）

---

[1] 沈志华等主编《苏联历史档案选编》（34卷），社会科学文献出版社，2002；沈志华、李丹慧收集整理《中苏关系：俄国档案原文复印件汇编》（19卷），华东师范大学冷战史研究中心，2004；等等。

[2] 例如，刘祖熙《改革与革命——俄国现代化研究（1861—1917）》，北京大学出版社，2001；曹维安《俄国史新论——影响俄国发展的基本问题》，中国社会科学出版社，2002；白晓红《俄国斯拉夫主义》，商务印书馆，2006；张广翔《18—19世纪俄国城市化研究》，吉林人民出版社，2006；赵士国、杨可《俄国沙皇传略》，湖南师范大学出版社，2000；等等。

近年来俄国学者对俄罗斯文明的探讨

一

20世纪80~90年代以来，俄国学者中对俄罗斯文明问题感兴趣的人多了起来，报刊上登载了不少讨论俄罗斯文明的文章，出版社推出了一批专著，俄罗斯文明问题也列入了中学第11年级的教科书。参加这场讨论的学者来自多个不同的学科：有社会学家、政治学家、哲学家、文化学学者、东方学学者等，自然还有历史学家，其中不乏知名度甚高的学者。

对文明问题的关注和讨论，并不是一般的学术兴趣问题。这里面有更深的背景。我们知道，近代（或现代）意义上的"文明"概念出现在18世纪下半叶的西方，以后逐渐地流传于世界各地，并在国际上被广泛使用。近代"文明"概念的出现，既是自古典时期以来"文明意识"发展的结果，也是近代西方社会经济、政治、文化、思想发展的产物。在古代，"文明意识"不仅在古希腊、古罗马有发展，而且在古代中国、古印度有很大发展，稍后在阿拉伯世界也是如此。如果说，世界各地的古文明和"文明意识"各有千秋、相互辉映的话，那么在西方出现近代"文明"概念后，情况就有所不同了。当时在西方，"文明"概念往往与"西方中心论"联系在一起。17世纪时，欧洲被看成统一的地理整体，由基督教国家组成，具有相似的社会机制和国家机制。这是欧洲中心论的开始，到18世纪下半叶已发展成为把欧洲看成全世界社会发展的理想模式的观念。这种观念认为，所有国家、民族文化发展的道路都是相同的，而西欧是率先垂范，而非西欧的人民和文化是"不文明的""野蛮的"，因此要推行"教化"政策，也就是要对不同于西欧的社会和文化加以根本的改造，使之"文明化"。俄国的主要部分虽然也在欧洲，但地处偏远的东欧，也属于需要"教化"的国家。不过，俄国人有一定的"民族性"，比亚洲国家要

"文明"些。俄国没有达到西欧的文明水平,但已走在半道上。①

一般认为,俄国的"启蒙时代"是在18世纪下半叶。此时,西方的"启蒙思想"被系统地引进。但从"文明理论"的角度看,探讨"俄罗斯道路"的特点的任务还没有提出来,俄国自己的文明理论的构建还处于初步的准备阶段。19世纪时,情况有了很大的变化。民族意识的高涨、探讨俄国发展特点的热情,以及对俄国文明的认同需求,都触动了俄国各类各派的知识精英,包括十二月党人、斯拉夫派、"官方人民性理论"的支持者,甚至西方派都去探讨俄罗斯文明问题。俄国在文明理论上的探讨有两个明显的特点:一是特别注重两种文明理论(即线性-阶段文明理论和地域文明理论)中的地域文明理论;二是喜欢拿俄罗斯与欧洲做比较分析。19世纪20年代时已有学者明确提出一个影响至今的问题:"俄国的历史与其他欧洲国家以及亚洲国家的历史的不同在哪里?"自那时起,俄国的社会思想界一直在探讨、回答这个问题。到19世纪30年代,独特的"俄罗斯道路"的思想已经相当深入社会的意识。19世纪中期以后,有更多的俄国学者从文明的理论上,从哲学上探讨这个问题。其间出了不少有名的学者,如达尼列夫斯基(Н. Я. Данилевский)、列奥契耶夫(К. Н. Леонтьев)、米留柯夫(П. Н. Милюков)等,特别是达尼列夫斯基在其名著《俄国与欧洲》(1869)中提出的"文化-历史类型"的理论对20世纪的文明理论大家斯宾格勒(O. Spengler)和汤因比(A. Toynbee)的文明形态理论很有影响。

从以上的回顾中可以清楚地看出,文明概念和文明理论问题的探讨不是凭空出现的,不是"杯中的风波",而是有着深刻的背景的。从俄国的历史看,就是与对俄罗斯的文明认同、与俄罗斯发展道路的特性、与俄国与周围世界的关系、与俄国的命运息息相关的。明白了这点,近来俄国学者关注文明问题的原因就不难理解了。

苏联时期,苏联的强国之路不是通过"文明",主要是通过社会形态和意识形态来论证的。因而在苏联的学术界,包括史学界,"文明"问题长期没有得到重视,没有提上日程。大致在20世纪60年代以后,史学界才有人提出用"文明方法"研究历史的创意。到80年代以后,关于文明方法和文明问题的讨论逐渐多了起来,苏联解体以后,更是进入高潮。对

---

① 参见海伊(D. Hay)《欧洲:观念的产生》,芝加哥,1968,英文版;尼基弗罗夫(В. Н. Никифоров)《东方与世界历史》,莫斯科,1975,俄文版。

此，俄国学者有很好的说明。如俄罗斯科学院世界历史研究所于1997年出版的《文明》丛书第4辑的"出版说明"指出：

> 近十年来，"文明"的概念和文明理论在我国的历史科学、历史社会学和文化学都得到了广泛的承认。在历史知识还缺乏一个主导的范式的情况下，文明理论遂得以成为最流行的、被学术界承认的概念。①

从学术、文化方面说，近年来文明问题在俄国的兴起有多方面的原因。有国际人文学术界在20世纪晚期兴起的"文化热"的影响；有对冷战后美国学者亨廷顿提出"文明冲突论"的反响；有苏联解体前"文明方法论"讨论的延续；有纯粹学术上的兴趣；等等。但是，从根本上说，这次对文明问题的讨论和探讨也是与俄国在新形势下对本身文明的认同，与俄罗斯的重新崛起所面临的挑战和需要回答相关的各种问题有关。一位俄国学者沙帕瓦洛夫（В. Ф. Шапавалов）在专论俄罗斯文明的一篇文章中写道：

> 研究俄罗斯文明的需求呈上升的趋势是和社会意识到自我认知以及自我辨识能力的重要性相关联的，也是和社会对在此道路上将要遇到的困难与问题之规模有所了解相关联的……看来，俄罗斯文明也能找到应对当今时代挑战的适当答案。②

这里，这位学者提出了社会的自我认知能力和文明的关系问题。这对探讨文明问题很重要。具体到俄罗斯社会来说，这点就更为明显。经过了20世纪80年代的剧变和随后的苏联解体，俄罗斯各界民众"对文明的自我认知能力有所提高"，"对祖国文化传统的世界意义提高了认识"③，因而对俄罗斯文明的兴趣得以增强就是顺理成章的了。

---

① 俄国科学院世界历史研究所编《文明》第4辑，莫斯科，1997，俄文版，第6页。
② В. Ф. 沙帕瓦洛夫：《作为文明的俄罗斯》，载《俄国史：理论问题》第1辑《俄罗斯文明：历史研究和跨学科研究的经验》，莫斯科，2002，第113页。
③ 约诺夫（И. Н. Ионов）：《俄罗斯文明史的本性与特征问题》，载《近现代史》2005年第3期。

二

现在让我们来看看俄罗斯学者的一些具体的看法，它们可谓众说纷纭，五花八门。不同的观点主要围绕着这样一些问题：俄罗斯文明是一种什么样的文明？对俄罗斯文明应做何评价？比较普遍的一种看法是从文化学的角度来解读文明。叶拉索夫（Б. С. Ерасов）可称是这种方法的代表人物。他强调文明的普遍性原则，指出文明的普遍性不只是由商品－货币－生产关系或法制调节体系产生的，以社会生产的普遍的精神因素为中介的个人间的关系也可能具有普遍的形式。文明的普遍性表现为精神形式、社会组织的结构原则和机构以及精英的活动。叶拉索夫强调，文明的普遍价值也就是跨地域的价值，而普遍的价值表现在世界宗教、道德、法和艺术体系上。① 由此可见叶拉索夫对文化因素的重视。

持这种文化学方法的学者还有不少，尽管他们在具体观点上会有差异。如约诺夫（И. Н. Ионов）、哈恰图梁（В. М. Хачатурян）认为，文明是人们的社会－文化共同体。它们既是由共同的精神传统联合起来的，也是由物质文化的共同基础、对空间和时间的相似的接受方式、周围环境及对它的利用方式联合起来的。② 谢缅尼科娃（Л. И. Семеникова）则认为，文明的内容不只是文化；文明还是社会的存在方式，这种方式由下列的共同因素所决定，即地理（或自然）环境、经济运行体系、社会组织、精神价值（宗教、意识形态）和文化、政治体系、心态、时代特点，等等。③

除了这种文化学的观点外，影响比较大的另一类看法可以归纳为自由派的观点。所谓自由派的观点，是指一些俄罗斯学者，他们尽管在这个问题上的表述不尽相同，但大多把俄罗斯文明同理想的文明对立起来，认为俄罗斯不存在完整的文明，不存在成熟的文明，认为俄罗斯是一个"不文明""不够文明""处于多种文明之间"的空间，是"不同文明的堆积物"。

---

① 参见叶拉索夫《文明：词义和术语的定义》，载《文明》第 4 辑，莫斯科，1997，俄文版，第 185 ~ 187 页；叶拉索夫《处于欧亚大陆空间的俄罗斯》，载《社会科学与当代》1994 年第 2 辑，第 22、26、28 页。
② 参见约诺夫、哈恰图梁《从古典时代到 19 世纪末的文明理论》，圣彼得堡，2002，俄文版，第 6 页。
③ 谢缅尼科娃：《当代俄国史学环境中的文明概念》，载《俄国史：理论问题》第 1 辑《俄罗斯文明：历史研究和跨学科研究的经验》，第 33 页。

例如，社会学家皮沃瓦洛夫（Ю. С. Пивоваров）和政治学家富尔索夫（А. И. Фурсов）创建了一个名为"俄罗斯体系"的学说①，用来解释俄国的政治和历史。他们对俄罗斯现有的所有定论都提出疑问，认为西方的科学、现代的社会科学术语只能解释西方的现实，而不能解释发生在俄国和亚洲的事情。表面上，他们似乎没有使用"文明"的概念，实际上，他们的观点体系是否定俄罗斯文明的本性的。他们强调，和西方不同，政权在俄罗斯体系里不是一种历史性的机构，而是严厉的神祇，类似一种虚无缥缈的现象。由于对政权的崇拜，俄国社会经历了无数次的失败。在俄罗斯历史发展的进程中，政权控制着社会。新的政权在经常出现的纷乱中建成，接着就来控制民众。他们还认为，俄国的改革基本上都是无所作为、毫无成果的，往往是在国家积累了一定程度的财富后，为满足政府的利益而实施的。而20世纪90年代自由派所进行的改革所得到的结果则在很大程度上逆转了俄国的现代化进程。总之，有权势的氏族的形成、这种现象的周而复始，将导致俄国回到前文明时期。②

还有一种观点形容俄罗斯是一个介于"自发势力"和文明之间的存在。譬如，哲学家坎托尔（В. К. Кантор）在1997年写了一篇文章，标题是《就是欧洲强国·俄罗斯——走向文明的艰巨之路·历史概要》，和令人振奋的书名不大合拍的是作者的见解，其中写道，俄罗斯之所以会成为一个介于"自发势力"和文明之间的存在，是因为基督教会于12世纪的分裂和俄罗斯脱离了正在形成中的西欧文明中心，而随之而来的蒙古-鞑靼人的入侵使俄罗斯在经历了一个短时期的文明发展之后，再次遭到野蛮化，致使"文明的生活中断了"。总之，俄罗斯虽然在朝着"文明"前进，但总是达不到真正的"文明交替"。③

流传得很广的一种看法是，俄罗斯并没有一个完整的文明体系，它是同时存在的几个不同的文明的堆积物，或者说是周期性地一个接着另一个地轮换的几个文明传统的堆积物。俄国知名东方学家科比山诺夫

---

① 参见皮沃瓦洛夫、富尔索夫《俄罗斯体系》，载《政治科学：理论与方法论·研究课题文集》第2集，莫斯科，1997，俄文版。
② 参见皮沃瓦洛夫、富尔索夫《俄罗斯的政权、所有制和革命：联系方法论的进展来分析现代科学的若干问题》，载《历史学家与时代：第三届季明讲座》，莫斯科，2000，俄文版。
③ 参见坎托尔《就是欧洲强国。俄罗斯——走向文明的艰巨道路·历史学概要》，载《史学概要外》，莫斯科，1997，俄文版。

（Ю. М. Кобищанов）就持这种看法。他 1996 年在《社会科学与当代》杂志的一篇论文里写道："我基于这样的看法：俄罗斯是作为一个活跃多变的文化和文明的体系而出现和发展起来的。俄罗斯从来不是任何单独一种文明的领域。"他在引用大量的民族学资料的基础上指出，在俄国，和"纯粹"的东正教、伊斯兰教以及佛教区域同时存在的还有一些过渡性质的、中间性质的、"无主的"介于多种文化之间的领域。在分析俄罗斯内部的多种文明的相互关系时，他展示了在俄国的不同地区，多神教、东正教、伊斯兰教和佛教这些文化成分是怎样组成一些混杂的不同情况凑合而成的堆积体的。按照科比山诺夫的看法，俄国人行事的糟糕的"不可预见性"正是同俄国文化的这种五花八门的杂烩性质分不开的。① 历史学家谢缅尼科娃也持相同的观点。她在 1996 年发表的一篇文章里写下了这样一段话：

　　……俄罗斯是一个特殊的、历史地由凡是存在的各种不同类型的文明形成，并由一个强大的集中制的国家联合起来的各民族的堆积物。许多有着不同的文明取向的民族同为一个国家的一个成分，这就把俄罗斯变成了一个成分驳杂的、多节体的社会。②

综观自由派学者的观点，可以看到存在这样一些片面性。一是把一种文明视同一块"单成岩"，或者说看成用同一种材料做的砖块盖成的大厦。如果遇到一种文明里同时存在着几种民族的、宗教信仰等方面的不同成分，就名之曰"不完整的文明""不同文明的堆积物"，这样组成的国家就只能是"多节体的社会"。殊不知"文明是多样性的统一"。俄国学者沙波瓦洛夫指出，在多种情况下，多样性在某些文明中是如此广泛地存在，以至于很难从理论上去充分地概括其本性。除此之外，文明的框架内也可能存在一些系统外的成分，即由于地域原因而产生的某些和该文明具有共性的成分，它们并未完全融入该文明的机制和系统中。这些成分就好似特殊的"附加物"，对文明发展的总进程施加着不同的影响，有时在很大程度

---

① 参见科比山诺夫《伊斯兰文明在北部欧亚大陆——俄国民族宗教结构中的地位》，《社会科学与当代》1996 年第 2 辑。
② 谢缅尼科娃：《俄国历史上的文明范式：第一篇论文》，《社会科学与当代》1996 年第 5 辑，第 108 页。

上和该文明一体化,有时则远离而去。① 二是在关于俄罗斯文明问题的讨论中,自由派流露出明显的欧洲中心论观点,对人类历史长河中所形成的几大文明不能客观地、实事求是地予以评价。对欧美以外的文明,无论其历史如何悠久,无论其为人类带来了多少成果,统统都是"不文明"、"不够文明"和"野蛮化"的。以俄罗斯的历史发展为例,有学者认为,俄罗斯之所以相对落后于西欧,沦为"一个介于自发势力和文明之间的所在",是因为在基督教会分裂时脱离了正在形成中的西欧文明中心。也就是说,这些学者总是把西方的文明看作理想的文明,看作标准,以此来衡量俄罗斯的或别的文明。

三

另一类比较有影响的看法可以归入"地域文明"理论,对此,需要做些说明。一般来说,"文明理论"可以分为两种,即"线性-阶段文明理论"和"地域文明"。它们的发展状况大致如下。近代(现代)意义上的"文明"概念出现在18世纪中叶的西方时,"文明"一词用的是单数。在这之前,即在上古和中古时期,存在的是超民族的"文明意识"。那时也曾出现过一些早期的"文明理论",如古罗马的卢克莱修(Titus Lucretius Carus)和阿拉伯的伊本·赫勒敦(Ibn Khaldum)创建的理论,但存在的时间都不长,没有形成传统。近代以后出现的"文明理论"已是一种稳定的"文明意识"。这与社会的现代化过程密切相关。18世纪下半叶至19世纪上半叶,存在的主要的是"线性-阶段文明理论",并有不同的表现形式,反映在诸如伏尔泰(Voltaire)、弗格森(A. Fergusson)、杜尔阁(A. Turgot)、孔多塞(Jean Condorcet)、孔德(A. Comte)、基佐(F. Guizot)、黑格尔(Hegel)等人的著作中。19世纪上半叶,由于历史乐观主义的危机、法国大革命的影响等原因,"线性-阶段文明理论"逐渐衰弱。浪漫主义思潮虽然带有宗教色彩,却最早提出了"地域文明"概念。到1819年,"文明"一词有了多数形式(civilizations)。这表明各民族的文明结构的多样性得到了承认。到19世纪下半叶,"地域文明"概念已获得

---

① 参见沙波瓦洛夫《俄罗斯文明:历史研究和跨学科研究的经验》,《俄国史:理论问题》第1辑,第115页。

正式身份。这表明,过去只认为欧洲文明具有普遍意义和世界性影响,现在已扩及其他文明,特别是建立了世界性宗教的那些文明。法国社会学家戈比诺(Joseph Gobineau)在 19 世纪中叶指出,各个地域文明是平等的,而德国学者吕克尔特(H. Rückert)最早认为,"地域文明"理论中所说的"地域文明"指的是独立的文化世界,这些文化世界有一定的对抗外来文化影响的能力和扩散自己的精神经验的能力。一位俄国学者指出,在 19 世纪,"地域文明"概念和理论的应用经历了三个阶段:(1)1813~1827 年,这是这个概念出现的阶段,当时的应用是自发的,其背景是欧洲的文明自我意识还不发达;(2)1827~1857 年,当时是试图把其他的文明及其精神基础——宗教"纳入"欧洲历史观的解释模式;(3)1857~1869 年,在这一阶段,对非欧洲文明的生命力的积极表现越来越关注。只是到第三阶段才奠定了地域文明理论发展的坚实基础。[①] 但应指出,"线性-阶段的文明理论"和欧洲中心论公式并未消亡,其影响一直存在。

再来简单看看俄国的情况。一般说来,18 世纪时,线性-阶段的文明方法已进入俄国的历史思维,但是对发展俄国的文明思维来说,还是很初步的。到 18 世纪下半叶,即俄国的"启蒙时代"时,文明的自我意识和文明理论才有了明显的发展。当时,俄国在引进西方的文明理论时已完全是为了自身的"实用"需要,即为了反对农奴制,为了反思国家与社会的关系。也就是说,文明思想和文明理论的引入不是为了构建新的历史哲学,而是为了构建新的社会意识。19 世纪时,在文明理论方面,俄国逐步走出模仿西方的阶段,但直到 40 年代才出现独立的文明思想。在这一世纪,除了线性-阶段的文明理论,也开始探讨地域文明。两者在整个世纪同时存在,但只有在世纪初和 60 年代,地域文明理论才占据上风,其余时间占上风的都是线性-阶段的文明理论。然而,在俄国却出现了达尼列夫斯基等地域文明理论大家。

俄国的地域文明理论是与俄国民族-历史意识的形成和发展过程密切相关的,是为了寻找文明的自我认同的理论基础。俄国的思想家们努力寻找确立自己文化特点的途径,同时又不把"地域文明"与"世界文明"对立起来。在 19 世纪至 20 世纪初,这个问题在俄国学术界中一直争论不断。

---

① 参见约诺夫《地域文明概念和理论:史学史探索问题》,载《文明》第 4 辑,莫斯科,1997,俄文版,第 151~152 页。

但对这个问题的再次热烈讨论已是在苏联解体以后。

在最近的这次热烈的讨论过程中，我们可以看到一条线索，那就是学者们首先强调的是要用文明的方法来研究俄国历史，特别是强调俄国是一个独特的文明。如沙帕瓦洛夫提出，俄罗斯是不是一个独特的文明呢？意识到这一点的时机是否已成熟了呢？他指出，这不是由"上面"下指示可以解决的。这一观念"要求俄国的人民和所有以为自己是俄国人的人对（共同的）未来自愿地、有意识地做好准备"。① 沙帕瓦洛夫虽然没有明确指出俄罗斯文明就是地域文明，但是已经包含这一思想。他说，地域文明概念要求一些稳固的结构在长时间内存在，这些结构不能相对地依赖于诸如政治、经济、文化产品等因素。运用文明方法，就是要在历史变化的海洋中找出那些在很长的历史时期内，在文明存在的全程内不变的、恒久的东西。他认为，俄罗斯文明正拥有这样一些不变的、恒久的结构，因而1917年的革命、1985年的改革和之后的苏联解体都不能根本地改变它。②

如果俄罗斯是一个独特的文明，那么是什么样的文明呢？这里有众多不同的探讨，譬如，谢苗诺夫（С. И. Семёнов）提出了一个有趣的概念"边际文明"，认为俄罗斯文明就属于这种"边际文明"。什么是"边际文明"呢？这种文明不同于东西方的古典文明，而是在几种古典文明的夹缝中诞生的。它往往形成于边境，以不同形式吸纳了起源不同的多种文明的多种成分。他认为，俄罗斯-东欧和欧洲的巴尔干、伊比利亚半岛属于这种文明。③ 舍米亚金（Я. Г. Шемякин）把俄罗斯文明和拉丁美洲文明进行比较，认为也可把它们视作"边际文明"。④

约诺夫等学者明确地把俄罗斯文明定义为"地域文明"。普罗斯库里亚科娃（Н. А. Проскурякова）指出，最近10年来，俄罗斯学者的文明意识明显增长，可谓出现了"文明复兴"，其表现是形成了不同的对俄国历史的解释模式。这些模式大体上可以归纳为两大类：一是把俄罗斯的形象

---

① 沙帕瓦洛夫：《作为文明的俄罗斯》，载《俄国史：理论问题》第1辑《俄罗斯文明：历史研究和跨学科研究的经验》，第123页。
② 参见沙帕瓦洛夫《作为文明的俄罗斯》，载《俄国史：理论问题》第1辑《俄罗斯文明：历史研究和跨学科研究的经验》，第135～136页。
③ 参见谢苗诺夫《伊比利亚美洲的和东欧的同一性即边际文明》，载《社会科学与当代》1994年第2期。
④ 参见舍米亚金《欧洲和拉丁美洲——多种文明在世界历史语境中的相互作用》，莫斯科，2001，俄文版，第353～357页。

与理想的文明相对立,否认俄罗斯存在完整的、成熟的文明;二是约诺夫等人主张的,俄罗斯文明是"地域文明",并以这种主张反对上述第一类看法。①"地域文明"是指某种文明,它处于地球上的一定区域,这个区域可以是一个国家,也可以是数个国家。不同的地域文明之间是有差异的,但是也有共同的特点,那就是区别于野蛮状态和蒙昧时期的特点,如都有一定的规范和准则、理想和价值观、有序的社会结构的存在等。然而,这些共同的特点在不同的"地域文明"里的性质和表现是各不相同的。

这里需要指出,一定的较稳定的结构的存在是"地域文明"的重要特点。持这一主张的俄国学者都强调俄罗斯文明的独立性和完整性。这种文明的完整性不仅包括俄罗斯人,而且包括属于这一文明的各民族、各文化。约诺夫指出:"要确定俄罗斯的文明的完整性,就必须明白,进入这一整体的各种文化的亲缘关系和内部开放性的原因,以及跨文化的共同体和发展前是如何形成的。"他还强调"首先应该相信俄罗斯,相信它的文明的完整性和文化的丰富性"。②

诚然,我们还可以举出俄国学者关于俄罗斯文明的其他种种看法,但上述几种主要的看法已经可以勾勒出概貌,就不需再多说了。

(原载《史学史研究》2008 年第 3 期)

---

① 参见普罗斯库里亚科娃《我国史学中的文明概念和现代化概念》,载《历史问题》2005 年第 7 期,第 158 页。
② 约诺夫:《俄罗斯文明及关于她的奇谈怪论》,载《俄国史:理论问题》第 1 辑《俄罗斯文明:历史研究和跨学科研究的经验》,第 150、155 页。

世纪之交的历史记忆和历史文化

〔俄〕洛琳娜·列宾娜 著　曹特金 译

在不同的社团和文化中，关于过去的概念的形成和内容问题，今天已引起了极大的关注，而研究人员获得的结果有力地证明了下述这点，即在历史记忆中对个别历史事件和对过去的整体形象的领悟是与当前现实的社会—文化语境密切相关的。最近几十年来，"历史记忆"一方面被看作传送有关过去的经验和知识的主要手段之一；另一方面被看作个人形成的最重要的自我意识和在许多方面保障社会感的因素，以及联结政治的、种族的、民族的、信仰的、团体的因素。以不同的文化范式、符号、神话形式出现的事件的形象，成为多种解释模式，可以为个人和社会团体在世界上和在具体环境中指明方向。历史记忆，第一，是有社会性的差异的；第二，它会遭到变化的。不同文化－历史社团的历史有许多实例，即为了重新理解，多次反思过去的经验。对过去的兴趣是社会意识的一部分，而重大事件、社会环境的变化和新经验的积累和思考，会引起对这一意识的变化和对过去的重新评价。而且，社会里发生的变化越是剧烈，在社会意识中形成的对过去的形象改变得也越巨大。况且，过去的形象可以为现在提供正面的理想，并使现存制度合法化，或者相反，它为现在提供一个对立的已消失的"黄金时代"的理想，并造成对目前发生的一切的负面印象。历史记忆与对社会－历史经验（真实的和／或虚构的）的思考相连，同时可以成为带有政治目的的群众意识的幻想的产物。一个越来越具有迫切现实意义的重要问题是有关对过去发生的涉及深刻社会变形和冲突的概念的研究，因为这些概念在思想争论和政治实践中起着关键的作用。众所周知，"谁控制了过去，谁就控制了将来"。这里说的是历史合法化是权力的源泉，也说明利用历史神话以解决政治问题。争夺领导权的斗争经常表现为不同历史记忆版本之间的竞争，以及它的伟大与耻辱之间的竞争，也表现为有关一个民族值得骄傲或感到耻辱的那些历史时期的争论。

　　世纪之交和新千年时的形势，加剧了当代社会对这个问题的注意，并促进了对转折时期历史记忆的研究。在这样的时期，危机性的趋势、社会冲突、激烈的变化是典型的现象。它们导致已形成的社会生活结构以及社会准则、传统和价值的破坏。而且，在谈到研究过渡时代语境中的危机、战争、重大社会冲突和革命时，研究人员更多地注意的，与其说是它们在历史改革过程中的直接作用，不如说是当代人及其后代对危机现象和事件的领悟。研究人员虽在许多问题上有争论，但在历史记忆的基础特点的定义上是一致的。他们普遍承认，记忆是有选择性的。它保存的只是最鲜明的和最重要的事件、伟大的行为、胜利和灾难。此外，关于过去的集体的概念体系，其彼此之间的不同不仅是各自对某些历史事件的解释不同，而且是它们各把哪些事件看成有历史意义的。此外，历史记忆所保存的历史上的中心事件，事件中的杰出英雄和反派人物具有象征性意义。而且，历史记忆不是取决于进入其体系的个别因素，而是取决于把这些因素建构成过去的完整形象的方式。这里说的是两个不能分的过程——牢记和忘却，同时也是另两个紧密联系的过程——直接感受现在的形势和"策划"未来。

　　于是，当代的历史记忆理论就是一种经常的生动得牢记和忘却的过程，其中某些稳固的集体记忆的因素对社会具有重要的价值，并作为重要的组成部分进入社会成员的自我意识中。例如，很难想象，对当代俄罗斯人的民族自我意识来说，可以没有1945年的伟大胜利。

　　还在19世纪末20世纪初时，历史学家已经很好地知道了历史记忆在民族团结中的作用和意义。革命开始时可以宣布过去已经被废除，对它的记忆也是不需要的，但是企图拒绝过去的尝试注定遭到失败。1918年夏天公布的、历史教员的科学-教育协会的宣言的作者们，在评估1917年后对民族历史原有概念改写的规模时，十分准确地指出：

> 　　民族意识是各代人的传统的联结，首先是关于共同过去的记忆，由此也是对共同未来的决心，是对亡者的责任感和对那些准备接受我们的遗产的人的责任。过去会给予现在以形式，给予未来以生活。历史记忆的充实和对自己历史的意识，与决心一起共同成长，并丰富这种价值，使民族性成为民族。学校巩固了这种记忆，并形成了这种决

心。学校保存了各代人之间活生生的继承性,并建成一座从过去优良传统到未来的桥梁。在学校中,创造了民族,但在学校中,也发生了它的瓦解。①

20世纪30年代,在意识形态和政治-教育工作中,占第一位的是历史学。30~50年代的政治形势所具有的无所不包的影响,政权对历史学家和对建立俄罗斯史新概念过程的高压,可令人信服地反映在杜勃罗夫斯基(А. М. Дубровский)的有重大价值的专著《历史学家与政权》中。② 作者强调,这本书名的概念"包含了革命—阶级的和民族—国家的,而甚至正是大国主义的方方面面",而且"在说明历史生活和不同时期的不同方面时,最主要的是突出上述各方面中的某一方面,以决定对各类事件、现象和过程的认识"。③

不言而喻,历史意识中的某些变化不仅仅发生在灾难形势下。例如,不少专家对19世纪下半期西欧国家和俄罗斯历史的研究表明,日常历史概念的变化普遍是在普及教育的影响下实现的,而在这过程中职业历史学起了不小的作用。它的成果(以最简单的形式)在人民群众中传播。19~20世纪,在不同欧洲国家出现的供中学和小学应用的无数教科书和参考书提供了许多鲜明的且很通俗的历史形象。它们在半文盲的群众中唤醒了民族的自我意识。俄罗斯的中小学历史课程建立在有目的地选择和调整事件和事实的基础上,形成了近代的民族神话化的坚固基础,作为有影响的传播历史经验的社会渠道,继续在当代解决同样的任务。

记忆为了能保存下来必须具有另一种形式。负面的、外部受损的事件会被从集体记忆中挤出来,因为它们未被列入群众关于自己的概念体系之中。在集体评价之前,至少需有两个行为作为前提:这一评价已被制定;已有拥有足够威信和权力的机构把这一评价提供给社会,以便它被接受。这样就形成了某种意识形态的器械,可以按掌权的精英的利益来解释事

---

① *Петроградский учитель*. 20 июля 1918 г. No 17 – 18. С. 8 – 10.
② Дубровский А. М. *История и власть: историческая наука в СССР и концепция истории феодальной России в контексте политики и идеологии* (1930 – 1950 -е гг.). Брянск, 2005.
③ Дубровский А. М. *История и власть: историческая наука в СССР и концепция истории феодальной России в контексте политики и идеологии* (1930 – 1950 -е гг.). Брянск, 2005, С. 787.

件。逐渐地,关于关键事件(如战争)的记忆就具有了标准的形式。这样就建立了官方的正式的关于危机(战争)的图景,即必须遵守的样板,也就是应该怎样进行回忆(这种图景会经常在事件参与者的叙述和回忆中复制出来)。然而,这种记忆不是唯一的,它同时与其他有关同一些事件的记忆样本一起存在,而这些样本存在于非官方的、民间的、团体的记忆之中。而且,除此之外,还有科学的历史学。历史研究具有弄清真相的辨析功能。而且历史科学绝不会排斥历史记忆在之前设计和确定的形式:在历史记忆的形成中继续起作用的有宗教、文学和艺术。群众意识的营养基本上来自老的和新的神话,保留了对老传统、对过去的思乡性的理想化或对光明未来的乌托邦信仰。

与此相关,我想就在俄罗斯和世界上有关群众概念与作为科学的历史学之间的相互关系的争论谈点想法。许多人都承认,历史学是社会意识的重要部分。世界上职业历史学家和他们出版的书的数目在不断增长,更不必说数百万计的历史爱好者。实际上,在许多有发达的教育体系的国家里,历史是中小学校和人文大学的必修课目。但是,在发生史学危机的时刻,围绕过去和期待未来的辩论和社会性争论加剧了。著名的俄罗斯历史学家波利亚科夫(Ю. А. Поляков)在其著作《历史学:人们与问题》中持相反的态度,十分悲观地评估历史进程的前景,其出发点是 20 世纪凄楚的经验,而他本人正是它的直接见证人和记录者。"我们不能预测,我们在新的战争中会不会死去,那时人的发明创造的智力已足以消灭所有生物。会不会死于生态灾难,人类不顾所有警告仍然顽固地向它靠近。会不会死于民族间和宗教间的争斗……然而,全部实质在于,应该明白,目前这样的形势过去从未有过,'或这-或那'的问题是现实的。"① 关于 20 世纪的基本事件,另一位著名的俄罗斯历史学家丘巴里扬(А. О. Чубарьян)也有论述。他不讲极端性,而称 20 世纪是世界史中"正常的"时期,并建议道,21 世纪将成为"重新综合的世纪",这种综合会渗透进社会生活的不同领域。"这种综合会联合一体化趋势和分离与分立趋势、市场经济与国家调节、政治合理性与道德,消除政权与个人自由之间长期存在的矛盾。不管历史进程如何复杂,趋向综合的全球性趋势将会增长。历史学家

---

① Поляков Ю. А. Историческая наука: люди и проблемы. Книга 3. М., 2009. С. 202 - 203.

的责任在于，在研究 20 世纪时，要理解今天的发展逻辑，帮助当代的政治家预先确定未来的前景。"①

不得不指出，对 20 世纪如此不同的评价，实际上不是指向过去的，几乎所有这些意见都被现在的问题现实化了。而这与下述情况有关，即现在的形象总是在历史的急剧的转折中形成的。没有人历史是不存在的，正是人创造了历史的形象，而且使其不同程度地与所谓"社会现实"相符。但是也可以说，所有建构的过去的形象是现实，因为它们存在于人们的头脑中，并成为人的行为或不行为的动力。某些形象由政治引发，某些——由情感引发，某些由具体所感受的经验引发，而某些则基于掌握"客观知识"。但是所有这些形象自身都有局限，既在构建过去方面，又在预测未来方面。有意思的是，最有远见的分析家经常是在这样的人中间，他们放弃历史预测，尤其在今天，当我们已经不相信历史是按包罗万象的规律发展的。我们对过去的知识的性质改变了。现在对许多历史学家来说，历史已不是"什么实际存在过的"，而是"形象"、"再现"或者"构建"。关于"什么是对过去的现在的领悟、重构和运用"，正进行着激烈的争论。

今天，处在第一位的是那些问题，它们引起不安的既有不同辈分和流派的职业历史学家，也有更为广泛的居民类别——普通百姓。这些问题有：研究过去的社会现实的科学的实质是什么？世界史与它今天的历史书写如何挤压在政治与权利之间？在历史教学中可能有标准吗？还有许多意义和迫切性稍差些的问题。许多政论家、新闻工作者、作家认为，历史的科学不存在。例如，历史的解说经常是由电视观众投票决定的。可以理解，这也可算是个商业活动，是在历史普及读物中获取声誉，而电视转播加上观众投票是对与过去对话的社会需求的满足，并试图解释现在，如果可能，则是在某种程度上与现在妥协。而且观众的意见被认为是历史学家对历史现实理解水平的反映。那么，如果在现在人们的头脑中主导的是混乱，那么如何才能更好地从现在理解过去呢？今天的职业历史学家的作用是什么呢？或者说，他们不能胜任自己的职业任务吗？最后，除了研究过去的职业人员，还有从中小学开始的公共历史教学。所有这些证明了当代历史文化中的严重问题。

当代世界史学中确认的"历史文化"概念的实质是什么？在最近十年

---

① Чубарьян А. О. *XX век. Взгляд историка*. М., 2009. С. 21 - 22.

的俄罗斯史学中,在我的领导下,完成了有关这个题目的一系列集体研究作品。这些作品揭示了这一现象的内容,同时有根据世界史和俄罗斯史资料的这一学术流派的内容。在其中一本书中,我指出,历史文化是与研究过去的概念史有关的研究对象。这一流派打算分析智力领域里的现象,其语境是社会经验、历史心态和社会精神生活的一般过程。在对历史文化的研究中,最重要的是历史神话,日常历史意识,作为"领悟、概念、判断和有关事件、杰出人物与历史过去的现象的总和,同样还有在'学术文化'中对过去的解释、合理化和思考的方法的总和"。[1] "巨大的和不同种类的历史著作(口头传统文献,年鉴,编年史,史册,'教会史','民间史','自然史')的资料,政论的和艺术的文献,以及个人的和公共的文件。这些资料以某种方式反映了精英文化和大众文化中流传的关于过去的概念,以及这些概念在个人和团体的社会生活和政治方向中的作用。这是研究历史文化最重要的史料基础,包括:一方面是固定在不同民族的和社会的团体中的有关过去概念的互动;另一方面是某一时代的历史思想的互动。而且,学术知识对有关过去的集体概念的形成有影响,反过来,也受到群众的准则的影响。"[2]

历史文化养育和供养了时代的官方历史书写,但它本身反过来也受到后者的影响。如果想要给历史文化概念下个详细的定义,那么,首先就必须注意它的复杂的结构:历史文化的组成有习惯的思维方式、语言与交流手段、社会协同的模式(包括精英的和大众的)、话语的叙述的和非叙事的类型。历史文化既表现在文本中,也表现在普遍接受的行为形式中,例如,通过引用公认的历史样板来解决冲突的方法。历史文化的特点取决于物质的与社会的条件,也取决于某些偶然因素,如已在传统中研究过的,可决定关于过去的思考、阅读、书写和说话方式的智力影响。除以上所说的以外,在任何历史文化中,关于过去的概念并不简单地是为后代福利而固定在其中的抽象观念中,更重要的是成为这个社会的心态的和口传的资源的一部分,而社会则通过口头话语、书信和其他交流方法把这些观念输入当代人

---

[1] *История и память: историческая культура Европы до начала нового времени*. Под ред. Л. П. Репиной. М., 2006, С. 9. См. Также: *Образы времени и историчесие представления: Россия- Восток- Запад*. Под ред. Л. П. Репиной. М., 2010.

[2] *История и память: историческая культура Европы до начала нового времени*. Под ред. Л. П. Репиной. М., 2006, С. 13.

的交流中。

最近几年，在新资料的基础上，不少著作再次证明，历史在为新的发现和重新审视方面提供资料的能力不仅是多样的，而且是无穷的。每一代人好像都会创建在很大程度上可以符合为当代人提出的那些问题和课题的要求的历史解释。因此，今天要说的是历史意识的不断变化的性质和历史学家的职业，以及历史学本身的社会状态的变化。

今天常常会有一种肯定的说法，即历史在许多方面可指导现在。是的，我现在对过去比以前知道得多得多，但是这并不意味着，过去对现在的权力增长多了。正好相反，过去为了当代的目的以自己的可能性为诱饵对掌控现在变得更有吸引力了。正是这种过去的工具化可以称为新历史文化的一大特点。今天的历史书写——民族建设的关键的组成部分（例如苏联解体后的新国家和南斯拉夫）或对老的民族认同的重新思考的手段（例如大不列颠）。这是对所有民族主义方案（民族的或公民的－国家的）的基本的营养资料。而且，历史政治化的可能性的根源，不仅在政权机构的预谋的操纵上，即"历史经验的巨大储存"，而且为了赋予"所有变动的政治方案"以可靠性。此外，历史学今天也还保存有自己原有的人文启蒙和教育的功能。

那么，我们为什么要谈新历史文化，它是最近 20 年在俄罗斯和其他一系列国家形成的？某些作者认为，在当代的史学中，发现了许多新的课题和流派，而这使得对历史遗产的理解复杂化了。由此出现了在当代文化中的"传统的碎裂"，而作为结果，是有关过去的不同的概念，对以前占统治地位的有关历史的民族解释和全球说明都被粉碎了。的确，应该承认，当代史学以其职业艺术揭示了过去生活的多样性，并以不可靠的通俗性好像破坏了集体记忆的完整性。这里，在互联网－书店中的历史著作和历史政论作品，历史书目录的风格和题材，再版和翻译的多样性简直就取胜了。在当代史学中，发生了学术流派色彩的极大的广泛化，题材和情节的数量的史无前例的增长。还应补上在介绍历史资料的方法上的变化和新的"娱乐史学"工业的出现。这些情况，包括这一学科进化的内部逻辑，社会环境的变化和工艺资源的改变，成为历史文化内容急剧变化的因素。

在传统的史学中，好像存在着三种观察过去和组织历史资料的层次：全球层次（普遍史），民族层次（祖国史），地域的－特区的层次（民族团体史、地区史和地方史）。存在着体裁和目的不相同的史学：从个别家庭、氏族或乡村史到世界史。让我们从史学的对象或主题的角度看看不同的史学类别。如果我们看看古代的历史文本,从"历史之父"希罗多德开始,我们就会相信,记述的对象是无所不包的题材:战争史、王朝史、军事远征史和描述各族人民的游历史、杰出人物的传记等。作为记述的基本单位的国家的历史是在19世纪出现的,这一时期是当代民族国家形成的时期,与此同时,也是职业历史学形成的时期。历史教学本身和历史学家,以及出版活动还只局限于一个国家的范围内,国际的出版和贸易网还不存在。很自然的是,历史学家首先是记述本国及其居民的历史。国家被认为是人们最重要的和最合法的社会集体形式。顺便说说,它至今还是这样。由此,很长时期内国家史一直是历史书写的主要体裁。这是国家形成过程本身中重要的组成因素,它由以下方面——居民群众,由空间的边界划出的领土和由关于共同的和血缘起源而构建成的方案构成。对世界史的兴趣,对世界史进行分期和写作世界通史的尝试(通常都是多卷本),在世界史学中已经出现,尤其是在第二次世界大战后。然而,仔细观察过去这些先前的世界史,可以发现它们有足够强烈的对国别史的依恋。从实质上说,它们是各个国别史的总和,只有世界战争和国际关系是例外。它们也只是社会 - 政治史,仅有部分是文化史。最近几十年,在全球化进程影响下的世界面貌的变化,在人们的安全保障和应有的生活条件方面的民族国家危机,以跨国家共同体和机构形式出现的新的"历史作者"的诞生,成为历史学家对国家叙事的局限性的不满转变为有意思的意见和方案的争论的决定性因素。在最近几十年内,出现了与国家叙事不同的严肃的作品。新全球史的创立已越出国别史的焦距。而同时国别史自身也越来越多地进入全世界的语境,其中越来越明显地反映出外部的因素和影响。

这里还需要补充史学本身的全球化,亦即国别史的作者并不总是以本国历史学家的身份,而是经常以国际指挥的身份出现。当然,国家叙事这首先是本国历史学家的领地,但是甚至在像俄罗斯这样有强大的历史学的国家,在最近20年内外国作家的译作对后苏联时期的国家史的形成也产生了明显的影响。某些新的国家或一些小的组织,由于历史学家的史学素养很低,它们的本国叙事只能由外国人来写。史学孤立主义在"冷战"后已不时髦,这引起许多历史学家对境外的议论的好奇。但是所有这些都不妨碍在苏联解体后成立的几乎所有新国家和南斯拉夫里创建自己的民族主义的关于过去的叙事,把"自己的人民"(完全是民族意义上的)的历史和实现"自己的国家体制"的历史作为重点。在这个问题的范围内,某些"世代相传的"国家叙事的弱点已显露出来,关于它们已写了很多,但是还是没有克服。首先,由某一国家的历史学家所创建的国家史叙事被抛弃是被意识形态和政策所论证了的。例如,在美国的国家叙事中,美国的不少段历史时期被忽视了,特别是20世纪40年代末至50年代,即与越南战争有关。① 企图对一种官方的说法提出怀疑的历史学家,会被贴上"修正主义者"和旁注者的标签。关于在俄罗斯历史叙述中,尤其是苏联时期,采取了有选择的手法,就没必要说了。在评论如此古代的题材,如《伊戈尔远征记》时,因为离开了占统治地位的说法,所写的研究著作竟多年被禁,而试图写作斯大林搞驱逐出境问题的作者自己最后却被驱逐出境。

在目前的历史书写的发展中,显示出一种新的倾向,它可以颠覆该历史学体裁的中心地位。它是亚民族的共同体、个别的民族团体、公社、地区、城市和其他居民点的诞生。出现了所谓"从民族的向地域的第二次转向"。的确,地方史和地域史今天在地方文化和认同中做出了巨大的贡献。同时,地方史从总体上丰富了历史理解,并以地方史的资料赋予民族叙事更为复杂的性质,并使得一些居民团体或地域共同体感觉不到自己被驱逐出了民族史。

当代历史书写和与此有关的历史意识,从未有过地处于政治与法权之间的状态。最近几年所发生的最重要的事是,现行的法制规则进入了对过去的解释,就好像过去的人们共同体是按现在的规则生活的,好像具有同样的关于善良和公正、道德与价值的标准,关于事件、关于自己和别人的判断好像和现在的人一样。政治家和社会积极分子,特别是过去受侮辱的,甚至被奴役的少数人,或者是那些受到暴力、歧视、同化和其他现在已承认是"过去的罪行"的人,他们已在国家的和国际机构层面组织了有关这些罪行应负的"历史责任"的争论。参加的有知识分子-学者,包括历史学家、人类学家和哲学家。出现了社会运动和社会组织。它们提出了保护"没有法定地位的"少数民族和"不被承认的"国家。他们的要求是确立"历史真相",接着是建立国际性的调查和确定事实委员会。通过了国家的法律和国际宣言,用以"审判历史",同时确立了在通过的裁决遭到拒绝或企图怀疑这些法律和司法决议时应负的法律上的和刑事上的

---

① См. Согрин И. И. Исторический опыт США. М., 2010.

责任。

在历史文化中这样的现象和概念以前是没有的。"记忆法则"是不久前出现的现象。它表明，当今的一代人是如何使自己认识过去，又是如何对待它的。后一点甚至更重要，即比确定历史真相更重要。这正是"为了某一东西的历史"，也就是历史作为政治，或者可以说，是历史政治。最后这个术语在当代社会 - 政治话语中也是相当新的。现在我们可以说，历史政治是社会意识的重要的和公认的形式，是新历史文化的特点之一。历史记忆和历史书写具有决定和确定行为的价值和规范以及动机的权力。记忆与学术彼此之间划分了共同空间，这里就需要有已形成的新历史文化条件下的标准和对话。基本上，后者除了上述的特点外，具有程度大得多的道德考虑，从而产生对历史事件和人物的矛盾估价。或相反，使他们激进化。然而，不仅应该记住，而且应该寻找调和的道路，不仅要尊崇记忆的责任，而且要尊崇忘却的责任。

今天，与半个世纪前不同，当代民族及其自我意识已经不是历史记忆的人质。这就引起了完整的民族史的碎片化，由此引起占统治地位的文化传统的部分代表的不满，政治阶级高层的不满更甚于其他对公民团结感到不安的人，还有国家教学体系的代表，他们对教师和教科书负有责任。历史遗产经常被看成和接受为神话的过去的家常的一种说法，它的认同感十分重要。正是这种说法对教育本国公民十分重要，并因此学校的历史教学在很大程度上成了历史遗产的表达的说法。因此，对民族性说法的碎片化的反应就是发生了关于学习历史需要统一标准的争论，甚至在国家范围内和欧洲共同体内建立统一历史教科书的争论。新纲领的目的在于，通过有关国家史和文化的统一知识体系，加强民族认同和各民族和宗教团体的更完全的一体化。

的确，今天的历史教学在人文教师中和社会上是最尖锐的和经常讨论的问题之一。在最近几十年内，关于学校的历史教学和关于过去的国家解读，都紧密地与全球在"冷战"结束后的重新评估，与民族主义新奇的变化和对民族认同的探索交错在一起。应该承认，社会上对历史的态度有好几种。其中之一是科学的历史学，即对过去的学术性的解释，由职业历史学家在文献资料和历史书写的学科标准的基础上完成。但是还有所谓的民间史，即体现在纪念地、博物馆陈列品、日历和地形标识中的历史。还有一种民族的和民族信仰的自我意识的历史——也算是人民的或地域民族的共同体在一个国家里的认同性的形成、建构、进化的历史。最后，今天已可以说的历史表现，它体现在无数的历史连续剧中，电影中，电视节目中等。然而，历史题材的电影制作者可以不顾历史准确性，甚至允许自己完全虚构。电视剧的戏剧性的一面是对同一题材和问题的学术解释的唱反调。实际上，在普及的史学和办公室产生的史学之间，不仅有不协调，而且是社会极不愿意看到的彼此疏远。在某种意义上说，学校的历史教学是历史知识的存在和运用的特殊形式之一。它的特点是在极大程度上存在政治干预和政府控制，首先通过这样的机制，如教学计划、纲领和国家考试制度。本国史的内容和深度直接取决于对相关的题目的教授有多详细或是选择性的。有一种最直接的政权干预学校历史内容的手段——通过教学资料，这些资料可以从各级国家教学机构获得也可算是证书的文件。在某些国家，中小学历史教科书是要由中央部门"准许发行的"，在另一些国家，这是地区（州、省等）的特权。此外，学校里教的历史也算是官方史的一种版本。在许多国家里，教学大纲的内容由政府决定，而根据法律教师必须教的题目是永远要包括国家史，但可有某些不同的解释。尽管如此，历史教科书虽然遭到各种批评，但它们依然是历史学习的基本工具。对学校的压力、对历史教学的控制，不仅来自政府，而且来自社会的各个方面（政党、社会组织、家长联合会、教会等）。这些做法的原因是对下述问题的担心：为了使历史可以在学习某一时期在社会占统治地位的社会规范和道德价值时做出贡献，或者某些有权势的机构，有时甚至是个人，希望通过历史在社会中生根。

学校教的历史和国家史是相互联系的概念，因为在许多国家里，本国史教程进入学校的教学大纲还是在国家教学体系刚建立时，正是作为必需的学习课程。这些课程的引入是由于拥有选举权的人的范围扩大了。在所有新独立的国家里，包括第二次世界大战后非殖民化的国家，也包括苏联解体后的新的国家，历史都成了必需的学校内课目。在后苏联国家，引入必需的历史课程不是新事，新的任务是要为每个国家机构创立一种国家史的解释。在学校教学中占统治地位的国家的历史叙事，也决定了学校的历史大纲。例如，企图在欧洲学校里引入更多的世界史的资料的努力，引起了反响。许多国家重新审视了各自的历史教学大纲，出发的角度是加强国家叙事并给予其更多的价值和一贯性，以取代跨学科性和其他的新方法。在后苏联国家里，国家叙事一般被控制在后殖民主义的范式内，避开了帝国统治和恢复古代的带爵位的历史国家体制。所有这些现在已引起国内的和国际的许多人和居民团体的不满。

最近半个世纪，特别是 21 世纪初，学校历史教学的内容改变了。中心仍然是自己国家的历史，但是这已不只是政治史，而是社会史，包括所有基本群体（民族的、种族的、宗教的）和居民范畴（妇女、年轻人、老年一代、残疾人等）。历史教授方法也改变了，从而使历史课程不那么"专横"了。在不少国家里，引进了史料方法。学生可以更多地思考历史证据，并从不同的观点去考虑它们。当代史通常具有更多的世界史性质，但是这种世界性往往被限于突出少数大国。学校的国家史叙事的重要创新是出现了不同的地区性解释。然而，对中小学生来说，民族叙事内容的进步在于，民族本身现在已不被看成一种文化整体，而是一种复杂的共同体，包含着不同的民族信念传统。为什么在学校历史教学中历史的民族叙事要占据首位？看来这很明白，需要让一代一代的人都知道和传承自己的历史。祖国史是民族认同的重要成分。一般认为，如果一个社会对自己的过去不感兴趣，对它的内容不关心，就有丢失自己认同的危险。但是对这道理立即会有人提出反对的论证。例如，著名历史学家霍布斯鲍姆（Hobsbawm E. J.）就警告说，把历史与民族认同联系起来是危险的，或者把民族认同建立在历史资料的基础上是危险的。他写道："所有个人、人的集体和机构都需要过去，但是历史研究只能揭示个别的现象。文化认同要是通过神话创作与过去相联系而形成的标准模式，那就只能是民族主义。"[1] 现在，民族认同概念已经不再被看成建立在自己国家和人民过去的礼仪和有纪念意义的地点、节日、艺术文化和大众信息手段上。

的确，历史学从自己固有的目的来看是重要的——培育品行端正的、有责任心的公民。在此情况下，各个国家共同体所遭遇的变化与危机迫使它们去寻找下述问题的答案，即过去什么是正确的，而在我们如何创建现今社会中是做得不对的。寻找当今形势的答案是历史学家的任务，因为他不仅对活着的人，而且对生活在过去的人都有责任。

他对逝者应该是正直的。历史学家就像是在代表逝者说话，这是他的特别的责任所在。

每个人都参与历史之中，每个人都有权知道过去。争论永远都有，但

---

[1] Hobsbawm E. J. *On History*. London, 1997. p.357.

是有一点是不变的：讲授历史必须建立在事实和公认的对过去的解释的基础上。原则上，学术和教学的方向是一致的。历史学家在社会上的传统身份就是教师和启蒙者。但是历史学家可以做得多得多，可以指出事实上的错误、不正确的解释、故意的伪造。虽然跨学科的互动不是单向的，但是历史的立场依然是共同的科学方法，而且历史现实本身明显地出现在所有的社会科学和人文科学中——正是历史学成为创建有关过去的科学知识的主要学科。而如果情况正是这样，那么这个关于过去的科学就会有未来。

（洛·彼·列宾娜，俄罗斯科学院通信院士，俄罗斯科学院世界历史研究所副所长）

俄罗斯近年兴起的"文明热"

在苏联时期,学界虽然也有人讨论"文明"问题,但是不占重要地位。在历史学、哲学和社会科学领域,占主导地位的是"社会形态"方法。20世纪60年代,苏联史学界展开了一次关于史学方法论的大讨论。"文明方法"开始受到重视。70~80年代,有关文明问题的研究更是多了起来。80年代后期至90年代初,受到戈尔巴乔夫改革的影响,"形态方法"受到很多批评,但是"文明方法"依旧未能占据优势。苏联解体以后的形势是:"形态方法"一统天下的局面被打破。"文明方法"也并未形成垄断。没有出现一种新的主导的理论学派或流派,在不同的、多样的理论和概念中,"文明方法"是影响很大的一种。

"文明热"的兴起在苏联解体以后逐渐出现高潮。这股热潮的特点不仅是卷入的学者、报纸、杂志、书籍越来越多,不同的观点五彩纷呈,也不仅是教育机构已把"文明"问题列入中学的教科书和教学大纲,而且更重要的是,这次"文明热"的核心是探讨俄罗斯的文明问题。俄罗斯并不缺乏研究世界上各大文明的有水平的专家,他们也并非完全置身事外。然而,不容置疑的是,这次"文明热"就是围绕着俄罗斯文明展开的。对其他文明的讨论,除了纯粹的学术目的外,也是为了从别的角度探讨、对比俄罗斯的文明问题。这就使这次"文明热"具有了特殊的、现实的意义,从而更加值得我们关注。

我们先要看一看俄罗斯近年来为什么会兴起这场"文明热"?这自然与从20世纪末起国际上出现的"文化热"的影响有关。如不久前去世的美国著名政治学家塞缪尔·亨廷顿提出的"文明冲突和世界秩序"的问题引发了世人的思考。然而,从根本上说,这次"文明热"主要是与俄罗斯本身的处境及其对自身前途的考虑密切相关的。"俄罗斯文明热"与俄罗斯的重新崛起所面临的挑战和问题,以及应对这些挑战和问题、应对世界格局的变化所应采取的对策有关。一位俄罗斯学者指出,研究俄罗斯文明的兴趣高涨是和俄罗斯社会这些年来的自我认知能力有所提升密不可分的。这是很说明问题的。

由上可知，我们很有必要进一步了解在这次"文明热"中俄罗斯学者提出和讨论了哪些主要问题，都有哪些重要的观点，从中可以从侧面了解他们对俄罗斯国家的当前形势和发展前景的理论思考。

这次"俄罗斯文明热"讨论的问题很多，但是其中有两个问题值得特别关注：一个是俄罗斯文明是什么样的文明？另一个是应怎样评价俄罗斯文明？

围绕这两个问题，学者们发表了许许多多的不同观点。归纳起来，其中有两类对立的观点最引人注目。持第一类观点的人尽管表述上有所不同，但是大多把俄罗斯文明与理想的文明对立起来，认为俄罗斯不存在完整的文明，不存在成熟的文明；俄罗斯就是"小文明"，或"不够文明"，只是"不同文明的堆积物"，是一个"处于多种文明之间的空间"。譬如，一位东方学家认为，俄罗斯从来不是一个完整的文明体系，除"纯粹的"东正教、伊斯兰教以及佛教区域外，同时存在的还有一些过渡性的、中间性的、"无主的"介于多种文化之间的区域。在俄罗斯的不同区域，不同的文化成分组成了一些混杂的、凑合的堆积物。也有人说，俄罗斯是同时存在的几个不同的文明的堆积物，或者说是周期性地一个接着一个地轮换的若干文明的堆积物。也可称为"成分复杂的、多节体的社会"。一位哲学家认为，俄罗斯之所以会成为一个介于"自发势力"和文明之间的存在，是因为基督教会于12世纪的分裂和俄罗斯脱离了正在形成中的西欧中心。而随之而来的蒙古－鞑靼人的入侵使俄罗斯在经过一个短时期的文明发展之后，再次招致野蛮化，致使"文明的生活中断"。

持这些论断的人大多看不到俄罗斯本身有什么"文明"因子。它只要脱离开其他的"文明"特别是地方文明就不能成为文明，至多只是个"堆积物"。有意思的是，有两位俄罗斯学者联合提出一个概念——"俄罗斯体系"。他们的目的就是用此来解释俄国的政治和历史。因为在他们看来，现在对俄罗斯所用的所有术语都来自西方，只能解释西方，无法用于俄罗斯。但是他们新创的体系主要解释俄国的政治，并没有对俄罗斯文明做出解释。

第二类观点称之为"地域文明"。"地域文明"本是一个历史概念，19世纪时已有学者提出，简单地说，是指"文明"不是单数，而是多数；意思是说，不是只有欧洲文明是文明，其他地区也有文明存在，彼此是平等的。

在这次"俄罗斯文明热"中，"地域文明"理论被再次提了出来。我们这里主要介绍力主这一理论的俄罗斯学者伊戈尔·约诺夫的观点。他说得比较清楚。在约诺夫看来，"地域文明"是指一种文化-社会的体系，它的历史发展与世界上其他国家和地区相比具有重要的特点。这样的体系是超民族的、超种族的。它处于地球上一定的地域，包括一个国家或多个国家。它往往具有世界公认的稳定的文化传统和生活结构形式。不同的地域文明之间是有差异的，但是也有共同的特点，那就是区别于野蛮状态和蒙昧时期的特点，如都有一定的规范和准则、理想和价值，都存在有序的社会结构等。显然，这些共同的特点在不同的地域文明里的性质和表现是各不相同的。

约诺夫等学者认为，俄罗斯文明就是"地域文明"，它是具有独立性和完整性的。俄罗斯文明的完整性不仅包括俄罗斯人，而且包括属于这一文明的各民族、各种文化。约诺夫指出，世界上的"地域文明"有古埃及文明、古典文明、西方文明（包括欧洲文明和北美文明）、阿拉伯－穆斯林文明、印度文明和中国文明等。他强调，俄罗斯文明可以有条件地列入这样的"地域文明"。之所以要有条件地进入，显然是因为俄罗斯文明同时受到西方文明和东方文明的影响，但是作者认为，尽管如此，这并不影响俄罗斯文明的独立性和完整性，因此可以有条件地列入与上述各大文明一样的"地域文明"。

约诺夫等学者把俄罗斯文明列为单独的"地域文明"是种新的提法。这种提法把俄罗斯文明提高到与世界古代文明和其他公认的文明列为同等的文明。这正反映了当前俄罗斯人的强烈愿望，即大大地提高俄罗斯在世界上的地位，重振俄罗斯文化的光辉，提升俄罗斯的民族自豪感和再走强国之路的期盼。这种观点在俄罗斯学者中得到不少人的支持，在中学教科书中也有反映。不过，有关俄罗斯文明的许多理论和历史问题还有待学术上的更多的探讨和研究。我们还需要继续跟踪观察。

（原载《台湾大学人文社会高等研究院院讯》第 4 卷第 1 期，2009 年春）

俄罗斯文明史的本性与特征问题
（自由派的观点）

〔俄〕И. В. 约诺夫 著　曹特金 译

近几年来，俄国人显得对文明的自我认知能力有所提高。这既和帝国（强国）意识因素的再现，以及对祖国文化传统的世界意义提高了认识分不开，也同生搬硬套地把西方改造经济的方法应用到俄国的尝试遭到失败有关。结果是在抱有自由主义情绪的多数知识分子当中，产生了对一批19世纪末20世纪初哲学家和侨居国外的思想家的分析俄罗斯文明特征的著作的广泛兴趣，诸如恰达耶夫（П. Я. Чаадаев）、基里耶夫斯基（И. В. Киреевский）、契切林（Б. Н. Чичерин）、达尼列夫斯基（Н. Я. Данилевский）、别尔嘉耶夫（Н. А. Бердяев）、斯特卢威（П. Б. Струве）、费多托夫（Г. П. Федотов）、卡尔萨文（Л. П. Карсавин）。然而，毫无疑问的是，有关我国（指俄罗斯，下同——译者注）文明本性的问题从来没有受到如此多的攻击。可以觉察出一种反常的现象：一方面是地域文明理论的地位在俄国得以巩固，而与此同时，同这一理论建立过程相联系的"俄国的（东方基督教的、东正教的、斯拉夫的）文明"却愈来愈频繁地成为批判的对象。今天，我们经常听到自由派的历史学家、社会学家和哲学家们说俄罗斯是一个"不文明""不够文明""处于多种文明之间的空间"。

需要毫无疑问地加以强调的是，提出类似断言的都是一些大专家，他们的活动常常和我们科学事业的"文明的文艺复兴"相联系。他们的断言往往显得很有分寸和四平八稳，但却能表达强烈得多的情感。从这个意义上说，90年代初由著名东方学学者Л. С. 瓦西里耶夫（Васильев）应用于俄罗斯的"亚文明"的定义很典型，该定义拉近了我们在文明的自我评价方面和"第三世界"国家这一概念之间的距离。这种做法的效果是无可置疑的。瓦西里耶夫对俄罗斯文明所做出的某些特征的评述，譬如将俄罗斯的政治文化定性为奴性（холуйско - хамской）文化，在我看来简直就是经典性的。①

对祖国的政治传统提出最尖锐批评的是像皮沃瓦洛夫（Ю. С. Пивоваров）和富尔索夫（А. И. Фурсов）这样赞成使用世界体系方法的社会学家和政治学家，他们创建了有关"俄罗斯体系"的学说。他们从对俄罗斯现存的所有定论提出疑问开始做文章。他们怀疑，在何种程度上"现代的社会学科（包括传统的、一直以来就有的社会学科——社会学、政治学理论等在内）的术语可以应用于总体的俄国史，或者换个缓和点的说法，用现代的术语能解释清楚或者叙述清楚俄国史的哪怕是大部分和主要部分的内容吗？"因为在这些作者看来，西方的科学只能解释西方的现实，而不能解释存在于俄国和亚洲的现实，因而对有关俄国文明的概念就更怀疑了。在皮沃瓦洛夫和富尔索夫看来，如果要谈论俄国和西方的相互作用的话，那么，用"俄罗斯体系"或者"反体系"概念来给俄国下定义是最正确的。②

《俄罗斯体系》的特点在于，政权在这个体系里不同于在西方社会，是一种历史性的机构，而是组成这个体系的一个因素，就像一种虚无缥缈的现象。它是严厉的神祇，源于对它的崇拜，社会付出了无数次失败的代价。分封时期，亦即国家分散割据时期，是混乱的时期；建县时期，即集权时期，是表面上有序的时期。但实际上有序比混乱更糟，因为它的主要特点是人被政权消灭，这是一个灭绝所有敢于反抗政权或者只不过是回避政权的天才人物的时期。俄国的改革基本上都是无所作为的、毫无成果的，只会导致"和预期的完全相反的"结果。这些改革是为满足政府（即"担任公职的盗贼团体"）的利益而实施的，往往是在国家积累了一定的资源的时候（这些时期是：16世纪30～40年代；1670～1690年；1890～1913年；1950～1970年）进行的。改革意味着财富的再次分配，而这些财富是在17世纪初混乱时期的政权重新分配时得以增长的，是在18世纪的枢密院大臣们的统治时期、20世纪初的国内战争时期和20世纪末当代

---

① 瓦西里耶夫（Л. С. Васильев）：《俄罗斯：文明还是亚文明〈在"文明类型学"研讨会上的报告提纲〉》，莫斯科，1991，第1～2页；《东方》1994年第3期、第5期，1995年第1～3期，1996年第1期。

② 皮沃瓦洛夫、富尔索夫：《俄罗斯体系》，载《政治学·理论与方法论·研究课题文集》第2集，莫斯科，1997，第92～95、98页；富尔索夫：《历史的排钟》，莫斯科，1996，第391页。

的混乱时期得以增长的。由此，财富的增长把国家引进了灾难。①

在俄罗斯历史发展的进程里，政权控制着社会（1649～1658年），然后，随着逐步的"民主化"，吞没了群体（这些作者不愿意称俄罗斯的民众为社会，对他们来说这只是一些"历来存在的、失去主体特征的居民"）。结果是只剩下了一个愈来愈小的所谓"未被政权训练好的""多余的人"的圈子。他们是国家唯一的创造力。俄罗斯的发展是按周期进行的，是按照"在保留自己的体系的状态下更换构建体系的主体"的方式进行的，新的政权机构在时常出现的纷乱中建成，然后接着就轮到控制老百姓了，并且不只是控制低层的老百姓，还有社会高层以及随着政权瓦解而出现的人群。得出的结论是：

> 在当今世纪，俄罗斯从自己着手抓的事务中什么也得不到。最近进行的试验（指20世纪90年代的自由派改革——И. 约诺夫注）所得出的结果是在很大程度上逆转了国家的现代化进程……我们的祖国仿佛正在坠入历史之井……就外力的影响程度而言，俄罗斯仿佛是在蒙古汗国时代。只不过企图让我们听命于它的不是汗国，而是西方。②

尽管 Ю. С. 皮沃瓦洛夫和 А. И. 富尔索夫没有使用文明的概念，但是，实际上他们的观点体系是向俄罗斯文明的本性发起攻击的，因为按照他们的说法，周期性的重复有权势的氏族的形成与解体将导致在我国再现野蛮后期、阶级之前（即文明时期之前）的社会。他们的意见是，俄罗斯方案的多样性不过是对源于西方扩张的启蒙时代的多样性的反映罢了。他们认为，"俄罗斯体系"将随着"欧洲文明的世界多样性阶段"可预料的终结而消失。③

---

① 皮沃瓦洛夫、富尔索夫：《俄罗斯的政权、所有制和革命·联系方法论的进展来分析现代科学的若干问题》，载《历史学家与时代：第三届季明讲座》，莫斯科，2000，第70～71、76～77、85页。
② 皮沃瓦洛夫、富尔索夫：《俄罗斯的政权、所有制和革命·联系方法论的进展来分析现代科学的若干问题》，载《历史学家与时代：第三届季明讲座》，莫斯科，2000，第69、75、78页。
③ 皮沃瓦洛夫、富尔索夫：《俄罗斯的政权、所有制和革命·联系方法论的进展来分析现代科学的若干问题》，载《历史学家与时代：第三届季明讲座》，第4页；皮沃瓦洛夫、富尔索夫：《俄罗斯体系》，第106页；富尔索夫：《历史的排钟》，第448～449、460页。

哲学家 И. Г. 雅科文科曾经试图将俄罗斯文明描绘成处于文明世界边沿的半野蛮时期的"不情愿的文明"。他把野蛮描绘成一种文化性质，这种文化性质植根于以中间调停战略的间接方式来处理古代世界和文明世界之间的关系。在俄罗斯文化的范围内，有着一系列分散的、群合性质的和外围的亚文化群（不久前从乡村迁徙到城市的人、哥萨克、犯罪团伙），他们有目的地浪费文明的资源，这些资源往往不是国内生产的，而是来自西方的。① 国家的典型居民不是现代人，而是仿古守旧之人，是多神教文化的继承者或 Паллиат，对他来说出生地和国家就是同一回事。Паллиат 是早期轴心时期文化的继承者，他素来具有机械式地对抗价值观的特点，缺乏耐心，遵从个人。所有这些都从组织上妨碍着俄罗斯的现代化进程，妨碍着把它变为一个其居民享有高度生活水平的现代化国家。②

作为野蛮外围的一部分，俄罗斯热切地建立同西方文明的联系，渴望同那里产生的"昙花一现的帝国"（拿破仑帝国或者希特勒帝国）达成协议，以达到在现代化的几个中心抢先抓住政治机遇的目的，但最终还是面临不得不和昔日的同盟者拼杀的结果。俄罗斯在帝国崩溃之后试图运用所积聚的政治资本来主宰欧洲。然而，以俄罗斯为首的体系（神圣同盟、社会主义阵营）并不牢固。体系的崩溃导致国家转向东方，但与此同时也激发了某些改革的尝试，这些改革曾一度扼制了当时日益增长的离开西方的要求，并曾经增强了国家的经济潜力。③

哲学家 В. К. 坎托尔也描绘了类似的图景，他形容俄罗斯是一个介于"自发势力"和"文明"之间的所在。它是基督教会在 12 世纪分裂以及俄罗斯脱离正在形成中的西欧文明中心的结果。蒙古－鞑靼人的压迫使局势更糟，其结果是俄罗斯在经历了文明发展的一个短时期以后再次遭遇野蛮化，"文明的生活中断了"。国家由于受到破坏成了"半荒漠式的空间"，在那里进行暴乱轻而易举。哥萨克阶层这个"国内的草原"，只有用国有化的资源才有可能使其服从。继 17 世纪的混乱之后而来的是 18 世纪的专

---

① 雅科文科（Яковенко И. Г.）：《俄罗斯历史上的文明与野蛮时期》第 1~4 篇论文。载《社会科学与当代》1995 年，No4, 6；1996 年，No3, 4。
② 雅科文科、彼利边科（Пелипенко А. А.）：《作为体系的文化》，莫斯科，1998，第 309~331 页。
③ 雅科文科：《从提尔兹特和约到莫洛托夫－里宾特洛甫条约（祖国史的大现代化周期）》，载《社会科学与当代》1998 年第 3 期、第 4 期。

制主义。不过，在西方手段的帮助下，俄罗斯混乱的结构性调整导致形成了两种文明——大众的文明和贵族的文明。第一种文明在很大程度上是异教的文明，第二种文明就成了"国家文明"。专制政体同人民大众相互对立。1917年的俄国革命标志着混乱的巨大胜利。俄罗斯的救世主说即期盼克服文明素有的矛盾的意愿占了上风。为此不得不在连续40年里（直到1956年为止）付出任凭"古老的野蛮自发势力"肆虐的代价，而俄罗斯居民的一些阶层整体被消灭。80~90年代的事件只不过是发生在20世纪初的由布尔什维克造成的帝国崩溃的后果而已。①

在这种情况下，朝着真正文明（指多方面的文明）前进的运动不断地与拒绝大部分现存的传统，即拒绝"文明的更替"相联系着。我们要指出的是，类似的把俄罗斯的形象同文明的典范相对立来评定俄罗斯历史的前景的观点，在西方的学者和我国的学者中都有支持者。②

有些观点传播得很广，按这些观点的说法，俄罗斯并不是一个完整的文明体系，它是同时存在的几个不同文明的堆积物，或者说是周期性地一个接着另一个轮换的几个文明传统的堆积物。

科比山诺夫（Ю. М. Кобищанов）是最知名的理论家、东方学者之一。他写道："我基于这样的看法：俄罗斯是作为一个活跃的多变的文化和文明的体系而出现和发展起来的。俄罗斯从来不是任何单独一种文明的领域。"他在引用大量的民族学资料的基础上指出，在我国，和"纯粹的"东正教、伊斯兰教和佛教区域同时存在的还有一些过渡性质的、中间性质的、"无主的"介于多种文化之间的领域。在分析俄罗斯内部的多种文明的相互关系时，他展示了在国内不同的地区，多神教、东正教、伊斯兰教和佛教这些文化成分是怎样组成一些混杂的不同情况凑合的堆积体的。按照他的意见，俄国人行事的声名狼藉的"不可预见性"（每次行事都恰似以往共存着许多一致性）正是同俄国的这种五花八门的杂烩性质分不开的。布尔什维克同俄国的多文化性进行了斗争，他们企图把在这里共存的

---

① 坎托尔（Кантор В. К.）：《就是欧洲强国。俄罗斯——走向文明的艰巨道路。历史学概论》，载《史学概要》，莫斯科，1997。
② 参见《东方》1996年第1期上契什科夫（М. А. Чешков）的发言；西蒙（Г. Симон）：《死者捉住活人不放。俄罗斯政治文化的基础》，载《社会科学与当代》1996年第6期；克拉西尔什科夫、齐博罗夫、里亚博夫（Красильщиков В. А.，Зиборов Г. М.，Рябов А. В.）：《俄罗斯复兴的机遇》，载《俄罗斯与世界》1993年第1期。

多个文明替换成一个建立在西方和俄国综合的基础之上的共产主义文明。①

历史学家谢缅尼科娃（Л. И. Семенникова）重复了他（指科比山诺夫——译者注）的观点，她认为俄罗斯国家是"产生在基督教世界、伊斯兰文明、经典的（佛教的）东方以及分布着游牧和半游牧移民（可以有条件地称之为'原住民'）社区的庞大地区的交接处的。俄罗斯是一个特殊的、历史的由凡是存在的各种不同类型的文明形成，并由一个强大的集中制的国家联合起来的各民族的堆积物。许多有着不同文明取向的民族同为一个国家的一个成分，这就把俄罗斯变成了一个成分驳杂的、多节体的社会"。②

谢缅尼科娃把俄罗斯社会的文化成分驳杂性同俄罗斯在 20 世纪沿着极权主义、技术专家治国主义道路发展，建立官衔任命名录制等联系起来。布尔什维克的目的是建立一个同一的可管理的以国际主义为基础的社会实体。为此需要克服不同民族在价值取向和生活方式上的巨大落差。而要消灭这些落差是一项复杂的任务，没有政权的最高度集中是不可能胜任的。因此苏联社会显现出鲜明的东方特色，政权掌握在一人手中。政权拥有无限的权力，因为要由它来决定所有人在分配体系中所处的地位。政权所依靠的支柱是各地的党组织和讲俄语的飞地。在进行"社会主义改造"时不顾及不同文化的差异，破坏了在该地区形成的多层次的制度上联系的合成，消灭了罕见的文化（例如，哈萨克人的游牧文明就因农业集体化而被毁灭了）。社会有着社团的性质，社会的流动性受到了限制。打着惩罚改造制度的旗号，实际上国内实行的是国家奴役制度。然而，克服不同文明的不同一性的做法未能如愿，这点在苏联解体时显现了。解体的惯性也威胁到了俄罗斯的完整性。照 Л. И. 谢缅尼科娃看来，今后俄罗斯能否作为国家存在，将取决于政权能否同国内各民族进行对话，以开辟建立联合、友好合作或者建立多个单一文明式的国家组织的邦联。③

这类观点主要想强调的是，强烈反对改变拥有各色人群多民族多种宗教信仰的俄国形象为"俄罗斯的俄国"、东正教－斯拉夫的俄国形象，正如"俄罗斯文明"观念的支持者和许多"俄国文明"思想的追随者所做的

---

① 科比山诺夫：《伊斯兰文明在北部欧亚大陆—俄国民族宗教结构中的地位》，载《社会科学与当代》1996 年第 2 期。
② 谢缅尼科娃：《俄国历史上的文明范式：第一篇论文》，载《社会科学与当代》1996 年第 5 期，第 108 页。
③ 谢缅尼科娃：《俄罗斯在世界文明的共同体中》，莫斯科，1994，第 109、535～562 页。

那样。① Ю. М. 科比山诺娃和 Л. И. 谢缅尼科娃在著作中指出，俄国内非俄罗斯的和非东正教地区在许多方面都是独立自主发展的，他们认为 Н. Я. 达尼列夫斯基在 19 世纪下半叶坚持的"斯拉夫文明"方案，只是在基督教会于 1054 年分裂为东、西两部以前才是有现实意义的，当西斯拉夫人接受了天主教而东斯拉夫人和南斯拉夫人接受了东正教时，他们就分道扬镳了。俄罗斯帝国西部（芬兰、波兰、沿波罗的海）和东部（中亚）地区的发展由于缺乏统一的民族自我认知意识以及帝国区域文化的无体系性质会朝着几个方向进行，这反映在 1917 年和 1991 年整个国家解体时这些地区的不同（西方的和东方的）文明取向上。②

然而，甚至连"俄罗斯的俄国"在一些作者看来，从文明角度来说也不是完整无缺的。谈论此问题时指的不是地方性文明的本性，而是世界文明两个阶段性模式（它们使世界文明的质量遭受变形）在俄罗斯的相互关系。

著名哲学家、在改革年代研究俄国社会文化特色的创始人、大部头著作《俄罗斯：历史经验批判》的作者 А. С. 阿希耶泽尔认为，国家仿佛是被传统文明和自由主义两种文明分成了两半。国家在超越传统文明的范围时，不能够克服自由主义文明的界限。处在这两种文明（或者称为"超级文明"）中间地位的俄罗斯，便把自己文明本性中的非本质性和不稳定性发挥成一种特殊的系统的文明品质，即"中间状态文明"的品质。其特点是文化的混杂性，在这种文化里原始的、前国家的因素起着很大的作用，其后果是双方面的极度紧张化，双方的基本价值和反价值是相互对立（善与恶，真理与非真理，人民与政权，善良与残酷，信仰与知识）的。组成双方相反立场的完全对立的观念的转变，事实上是瞬间完成的，即用"超越极地"的方法来完成的。这就从根本上改变了人们行为的动机，使它成为不可预知的。还在不久前毫无抗辩地服从于政权的民众，现在起来反对它。布道了多少个世纪的东正教在十年里就被无神论替代了。此时，在过渡期间国家所积累的社会文化资源以及文明的总体都将遭到损失。

在俄国，民众依靠政权，因为把自己等同于它，把政权神化了。但民众同时保存着对村社的、对前国家的理想境界的向往。政治文明显得混淆不清和分裂。在这种情况下国家的政策不可能是有效率的，因为总是在追

---

① 普拉东诺夫 (Платонов О. А.)：《俄罗斯文明》，莫斯科，1992；卡津 (Казин А. Л.)：《最后的王国（俄罗斯东正教文明)》，圣彼得堡，1998。
② 参见柳克斯 (Люкс Л.)《处在西方和东方之间的俄罗斯》，莫斯科，1993。

求个人威望和共同的理想两者之间动摇不定。所以，政权在随声附和社会舆论时把自己说成是强有力的，但同时又推行"跛脚决定"的政策，连续不断地采取互相排斥的措施。所有这些都造成经济和社会发展的滞后，导向改革的虚假，使社会滑向停滞和解决不了的矛盾之中，并且促进了毁坏社会文明再生产的趋势，特别是促进了社会和文化的深刻的内部分裂，促进了政权和民众、城市和农村、普通居民和精英之间的二律背反。组成任何一种文化基础的中心文化因此而受害。双重的反对派从一个方向反转地跳到另一个方向导致不周全的调停的出现，这调停是在"中间道路"战略、容忍、支持国家和社会之间、民众和精英之间对话的基础上作为克服困难的战略来进行的。其结果就是文化的古代风格和中断现代化的力量周期性地活跃，就像俄罗斯在 1917 年所经历的那样。① 在阿希耶泽尔的概念中，俄罗斯的文明不发达性和"多民族混杂性"思想就是这样结合的。

支持关于俄国文明的不纯一性的概念的作者中有属于自由主义世界观范围的持不同取向的研究工作者，譬如欧亚主义者、赞成俄罗斯走亚洲道路的支持者。对于坚定的权利主义者和"爱国者"的欧亚主义者来说，这一倾向总的来说不是固有的。但是，著名政治学家 A. C. 帕纳林捍卫了它。不过，与 Ю. М. 科比山诺夫、Л. И. 谢缅尼科娃以及 A. C. 阿希耶泽尔不同，他不是把这种不纯一性看成空间现象、国内不同地区的多相性，也不是看成与其内在实质相对立的系统结构现象，而看成时间范畴的现象，是俄罗斯对不同的外力（所采用）的合理取向。

帕纳林证明俄罗斯的历史命运是"文明的继承性"，是动摇于东西方之间，而东西方则在对领先地位的世界角逐中周期性地相互交出指挥棒。之所以会是这样，是因为东西方之间的界线本身就经过欧亚—俄罗斯，这条界线是"地球的中心所在，这不仅仅是指在地缘政治上的意义，也是指在历史学的意义而言的。此处不只是东方和西方两大空间的黏合层，也是发展阶段时间的黏合层"（即东西方统治时期更替的机械装置）。中世纪的罗斯合乎情理地面向东方，正如近代的俄罗斯面向西方一样。

A. C. 帕纳林用文明取向的更替来解释俄罗斯历史和文化的特点。他写道：

---

① 阿希耶泽尔（Ахиезер A. C.）：《俄罗斯：历史经验批判》第 1～3 卷，莫斯科，1991；阿希耶泽尔：《俄罗斯的社会－文化问题：哲学角度》，莫斯科，1992，第 11～16 页；伊利因（Ильин B. B.）、阿希耶泽尔：《俄罗斯文明》，莫斯科，2000。

在俄罗斯这个多相的东—西方国家里,发展阶段的过渡时期把居民分裂成两个实际上实力相当的部分。这就可以解释发生在那里的宗教改革和革命斗争过程的激烈残酷的原因。俄罗斯按其结构来说是个东方国家,在那里占优势的不是个人主义唯名论原则,而是集体原则。但在动机方面她(指俄罗斯——译者注)对西方的普罗米修斯主义更熟悉些,浮士德文化的宇宙方案吸引着她。在东方,她被视为西方的"全权代表",而在西方,则被看作东方原则的体现者。俄罗斯的这种无法归属于任何一种文明并成为其正宗成员的状况,使得她的生存处于冒险之中,而她的历史命运是悲剧性的。①

帕纳林和大多数自由主义者不同,他并未把社会主义视为传统观念和东方影响的体现,而是视作西方启蒙时代浪漫主义的影响所致。正是这种浪漫主义激发了变俄罗斯为"彻底征服自然和彻底根除传统连同其巢穴——宗教的一个演习场。这样一来,共产主义的俄罗斯以自己的经验指出的不是东方陷入绝境,如同当今某些短视的和不怀好意的批评者所断言的那样,而是指出产生了过于自信的边缘状态历史类型(这种状态既脱离了与自然的和谐,也脱离了与文化的和谐)的西方走进了死胡同。共产主义的死亡,是用东方社会与自然和谐相处的经验来反对西方普罗米修斯主义的一个无益的理由。因此,俄罗斯当前的改革不是脱离危机的出路,而是继续陷入其中。如果布尔什维主义是由于西方的极端激进主义中的一个方案——社会主义而引起的话,那么,当前的改革就是西方极端激进主义的另一个方案即自由主义的,更准确些说是自由党的形式。依照 A. C. 帕纳林的意见,真正摆脱危机的出路只有在俄罗斯为东方的价值观恢复名誉并且改变方针时才有可能"。②

还有一种近来得到具体的历史的强有力证明的观点,这是一批历史学家所持的观点,他们认为俄罗斯的发展道路和西方的差别不属原则性的差别。著名历史学家、研究俄国村社的专家和计量史专家 Б. Н. 米罗诺夫是这一观点体系的拥护者,他在 1999 年出版了当今在俄罗斯最著名的俄国史

---

① 帕纳林(Панарин А. С.):《俄罗斯在世界历史的链条中》,莫斯科,1999,第 41 页。
② 帕纳林:《俄罗斯在世界历史的链条中》,第 5 页。

著作——《俄国社会史·帝国阶段（1701~1917）》。

在这本著作中他证明，甚至在俄国历史上最复杂的时期，在尼古拉一世和亚历山大三世统治的年代，进行着不为人知的为将来的改革做准备的过程，因而在一定的意义上说，上述时期比起那些因企图闯入新的社会质量而后果灾难深重的时期（如1861年、1917年和1991年）来，对改革进程更重要。他认定，在俄国有过造福于俄罗斯人的帝国政策，有过缺乏组织的现代化，但任何形式的法治国家都没有过，在他看来，（帝国）官吏专权统治未必有过，从评价俄国的文明本性的观点来看是没有前途的。这不是文明的差异，不是文明的社会文化特点的根本，因为大多数欧洲国家也经历过类似问题，在那里现代化开展得并不平衡。俄罗斯不是按照英国的模式而是德国的（国家）模式发展起来的。的确，就现代化发展的不平衡性和不匀称来说，我们国家是"打破纪录"的。

米罗诺夫企图缩小欧洲和俄罗斯之间的差别，他为此展示这样的观点：在近代史上农奴制不仅存在于俄罗斯，也存在于中欧。究其原因，农奴制不是以沙皇的专制制度为基础，而是以农民的心灵需求为基础的。它（指农奴制——译者注）是在其经济潜能尚未发挥尽的情况下被自上而下消灭的。依照 Б. Н. 米罗诺夫的观点，形成法治国家的过程不仅要包括司法的独立性和形成法律乃社会妥协的概念，还要包括政权机关努力达到执行法律的愿望，做到国家即使不能达到完全法制化，也要有形式上的法制化，在作为"国家元首之眼睛"的检察官们行动的帮助下做到"合理合法"。每一个国家都力图去完成那些它所面临的具体任务，因此只能比较它们的发展趋势，而不是去比较历史上每一个特定时刻的具体结果。

他指出，和欧洲相比较，俄罗斯有"在社会发展方面年轻"的特点。

俄罗斯人和年轻人一样，素有激情、过度的活动、自控能力不足和深思熟虑不够、倾心于各类实验、生性天真、提要求绝对化……的特点。但是，与此同时，积极好学、有掌握新事物的能力、发展起来快等势头也很强劲。总不能说，青少年比起成年人来要落后吧。俄罗斯人在20世纪初以前没有建立西方所习以为常的某些设置，不是因为根本没有能力去建立，而是因为暂时不需要它们，或者是还没有成长到需要它们的时候……所有在西方被视为有价值的东西，迟早都会出现在俄罗斯。①

依照米罗诺夫的看法,俄国的社会主义现代化是在自相矛盾中进行的,是在否定个人主义、尝试使家庭"集体化"、在工厂和集体农庄中复活村社关系、在国家管理上恢复家长作风和神圣化的条件下贯彻的。但是,现代化的结果却是实现了摆脱宗教束缚的世俗化和行为动机的合理性,世俗的价值观体系得以灌输,人口学革命和缩减出生率得以实现,社会流动性增强了,西方的价值观和行为规范的影响扩大了,城市化的速度加快了,农村里的村社关系逐渐被消除,社会阶层得以发展,提高了教育和科学的水平,建立了联邦制国家。尽管苏联的现代化不过是依赖传统的机构达到的技术上和物质方面的进步,但其后果却缩短了俄罗斯和西方之间的距离。生活改善了,人们的生物状态的提升说明了这一点,也证明了生活质量的提高。②

* * *

该如何应对所有这些严肃的且言之有据的见解呢?是否要相信不只是一批确立了俄罗斯(东基督教)文明地位的伟大的地域文明理论的创建者(Г. 留克尔、Н. Я. 达尼列夫斯基、О. 施本格勒、А. 托因比)的观点陈旧过时了,而且他们当代西方的追随者们(Ш. Н. 艾森施塔特、国际文明比较研究协会的主要的活动家 М. 梅尔科、Д. 维尔金松、Д. Б. 理查德松、著名政治学家 С. 亨廷顿等人)的观点也过时了呢?③ 是否需要拒绝尝试着去研究俄罗斯文明,把它当成拥有正确历史经验的统一的社会文化整体去研究?也许,就像俄罗斯历史上常有的那样,所发表的意见对求得真正的深度来说,太缺乏妥协性了,需要在考虑到俄罗斯社会文化的分裂性的同时,注意到它的社会文化统一性的表现?

---

① 米罗诺夫(Миронов Б. Н.):《帝国时代的俄国社会史(18 世纪—20 世纪初):个人、民主家庭、公民社会与法治国家的起源》,第 1~2 卷,圣彼得堡,1999,第 332 页。
② 米罗诺夫(Миронов Б. Н.):《帝国时代的俄国社会史(18 世纪—20 世纪初):个人、民主家庭、公民社会与法治国家的起源》,第 1~2 卷,圣彼得堡,1999,第 332~335 页。
③ 艾森施塔特(Айзенштадт Ш. Н.):《伟大革命运动的建设性因素:文化、社会结构、历史、人类的活动》,载《论文》(Thesis)第 1 卷,第 2 版,1993;《不同文明的时空界限》,Langham – New York – London,1987,第 23、27、30 页。

关于这一点的暗示在上面提到的许多作者的著作中都是有的。譬如，Ю. С. 皮沃瓦洛夫和 А. И. 富尔索夫反对把俄罗斯和欧洲、亚洲直接进行对比。他们指出，俄罗斯具有她本质上的特色，这些特色令人很难确定她的本性。"按照一系列最重要的社会特征来看，西方和东方相互之间明显地比起和俄罗斯来更加接近，俄罗斯"按照其所属的类型"掉进了另一个崖孔，不是东方和西方正在嬉戏的那一个。特别有害的是把俄罗斯同作为标准的西方对立起来，即认为俄罗斯偏离了西方"。那样的话，"不实现（西方的）标准就是俄罗斯历史发展的主要规律"。政治学家们在 А. С. 阿希耶译尔那里找到了类似这种战略的现象和体现该战略的例子。然而，同一种战略在 И. Г. 雅科文科、В. К. 坎托尔的著述里也很引人注目，而且无须隐瞒，他们自己的著述里也有。Ю. С. 皮沃瓦洛夫和 А. И. 富尔索夫从大众文化里，从对称的谚语"好沙皇—坏大臣""德国人偷换了沙皇""有过错的是犹太人""国际在暗地里使坏"中看到了对俄罗斯历史的这种评价。"换一种说法就是：有那么一条正常的、好的道路，但就是怎么也走不通（实现不了）"。西方的（或者东方的）文明在所有情况下被视为样板，而俄罗斯文明却被看成它的对照物（或者是不完善样本的产物）。①由此而来，俄罗斯文明的理论本身就暴露出混合主义和转向的特点，而这些特点正是被俄罗斯文化的理论家们添加上去的。

这样一来，"不够文明"的性质可能就不是俄罗斯的属性，而是探讨俄罗斯的研究工作者的属性了，或者起码是他们理论的属性了。这样提出问题的是哲学家 В. Ф. 沙波瓦洛夫。他指出，有关俄罗斯文明的理论产生于 20 世纪结构主义（对立的－结构性的方法）萌芽出现之际，产生于在民族主义情绪高涨和在革命面前抱有灾难性的处世态度的条件下，并且是在侨居地诞生的。由此而来的是有关俄罗斯文化的二律背反概念、关于俄罗斯内部的分裂性和俄罗斯历史的灾难性。而实际上结构主义并不是如同我们的历史学家所强加于它的那样热衷于解释（任何）现象的因果关系。双重反对立场的强度可以证明这种文化广泛的可能性。在复杂的认知环境里，美国、法国、德国、西班牙等国的历史学家和社会学家也像俄罗斯的历史学家一样，揭露出可疑的东西。在 В. Ф. 沙波瓦洛夫看来，他们要揭露的目的是，证明我们"没有做好把自己的国家当成完全'正常'的国

---

① 皮沃瓦洛夫、富尔索夫：《俄罗斯体系》，第 94 页。

家,即在世界共同体里占有应有位置的国家"。① 这样的目的不能作为剥夺俄罗斯文明本性的理由。

最深刻地表达上述观点的是研究俄罗斯文明和"第三世界"国家文明问题的学者 Е. Б. 拉什科夫斯基。他在承认俄罗斯具有"文明的不定型性"和"跨文明的大陆性海洋"的性质的同时,并不拒绝把它作为一个社会文化的文明整体去加以研究。他认为,在这种情况下要禁止的不是"俄罗斯文明"的概念,而是对这个概念的教条式的解释。Е. Б. 拉什科夫斯基在接受《社会科学与当代》杂志采访时强调:

> 俄罗斯很明显并没有进入当今流行的文明分级分类的"已夯实的机器"中。一旦要开始研究俄罗斯文明,必须平心静气地注意到一个情况,即俄罗斯的历史是建立在与众不同的见解上的,因而在许多方面是与教条不相容的……文明的不定型性并不表明俄罗斯文明的发展有什么令人遗憾的反常,而是指它的与众不同的组成文明的特征。应当在这些与众不同的见解里寻找俄罗斯内容丰富的结构性的特色的根源。②

为论证上述立场,一方面,必须承认文明理论不过是用启发式的、有条件地按惯例的方式来象征性地描述文化在制度上的、具有普遍意义的表现;另一方面,重要的是在全世界的"调整多样文化"、发展在不同文化间的对话进程中提出意识到"俄罗斯命运的内在统一性"的任务。从这样的角度来研究俄罗斯文明就是分析和综合不同文明之间对话的国内外历史前提。③

这种角度使有关俄罗斯是否存在特别的文明地位的问题得到了缓解。文明在这里就是一个符号,标志着有人以自我意识到社会法规的至上形式的万能性自居。正是由于文明方案建立在研究人员现实存在的文明自我意

---

① 沙波瓦洛夫(Шаповалов В. Ф.):《怎样来读懂俄罗斯?(关于"俄罗斯的异域风情"的专论)》,载《社会科学与当代》1998 年第 1 期,第 92~99、101 页。
② 拉什科夫斯基(Рашковский Е.):《俄罗斯文明的完整性和统一性》,载《社会科学与当代》1995 年第 5 期,第 64、67 页。
③ 拉什科夫斯基:《俄罗斯文明的完整性和统一性》,载《社会科学与当代》1995 年第 5 期,第 70 页。

识之上，进而对某个国家的历史事实形成了那样的成见（个性化的认识），因而这种文明的自我认识就使研究人员有可能把那些历史事实当成地域文明的历史事实来讲述。要知道，历史学家只不过是一个联系自己对当前的评价和对未来的希望，并运用一定的透视法则来看待过去的人罢了。历史学家从过去仅仅是挑拣出那些可以有助于他能更准确地证明自己和现时一致的东西。正像英国历史学家 Р. Дж. 科林伍德所写的：历史学的目的是"让历史学家对自身的精神拥有自我认识，让这种自我认识活跃起来，让自身的精神在现时重新感受过去的经验"。①

规范的"文明登记表"（俄罗斯文明也不可改变地列入其中）是在 19 世纪至 20 世纪头 30 年形成的，当时的环境是帝国思想体系的危机刚刚开始出现，还没有引起对俄罗斯整体的存在前景产生怀疑。相反，在其他帝国（不列颠帝国、日耳曼帝国、奥匈帝国）出现危机的背景下，在俄罗斯，即使算上发生的几次革命在内，其也显现了国家稳定性的堡垒风范，成为帝国再生能力的榜样。要知道有关地方文明和地域性文明之自我意识的理论是在德国和在俄罗斯形成的，这些理论的形成与帝国的自负或与其损失密切相关（Н. Я. 达尼列夫斯基和 О. 施本格勒的著述里对此表达得最为鲜明）。

苏联的解体以及把俄罗斯的一部分分离出去的多次企图为发展文明理论建立了全新的条件：俄罗斯人关于俄罗斯文明的自我意识增强和在几个民族共和国内（北极圈内地区的"环北极圈的"文明和高加索的"山地的"文明）增进文明自我意识时期的重合。情况清楚了，俄罗斯现时正运行到文明自决阶段，在这里既可以"打造"出一体化的、联合的历史财富、历史神话和历史画面，也可以"打造"出孤立的、相互分离的历史财富、历史神话和历史画面。到了对不同的关于俄罗斯和在那里居住的各民族的地位的方案进行选择的时候了。它们之中那一个方案会取胜？要言中，不可能。因为，正如 Ю. М. 洛特曼所指出的，在遇到"两歧点"二者必择其一做出选择之时，因果关系和概率机制就完全被排除了："选择未来是靠偶然性实现的。"② 然而，参与这个竞赛是可以的和必需的。

然而，有可能胜出的只有具备现实意义的、植根于社会意识中并以某

---

① 科林伍德（Коллингвуд Р. Дж.）：《历史的思想：自传》，莫斯科，1980。
② 洛特曼（Лотман Ю. М.）：《文化与爆发》，莫斯科，1992，第 28 页。

种历史传统为支持的文明方案。因此,寻找俄罗斯文明方案的非强制性的、有机的进一步发展的前提就十分重要了。

意识到这些,文化学专家、东方学学者 Б. С. 叶拉索夫在分析俄罗斯社会文化进程的复杂性时希望能做到在不失去共同前景的同时,标明本国所固有的文明特征。依照他的意见,俄罗斯文明的不成熟性很明显。它同西方和东方的伟大文明之间的主要区别在于:一体化程度和不同文化及次文化的等级价值的发育程度不够。这决定了国家(或帝国)在保障俄罗斯的统一和发挥职能的可靠性方面的主导作用。这方面,我们国家与其说是输给了西方,不如说是输给了东方的传统文明,这些传统文明的完整性基于高水平的社会文化根基的结构形成。在俄罗斯,国家似乎是以某种文明的"替代物"出现的,以弥补质量不够合格的社会文化机构的缺陷。然而俄罗斯不够发达的重大传统并没有妨碍这位文化学专家寻找和在不同的领域找到体现一体化价值的生动活泼的萌芽,其中包括经济领域和社会生活领域的萌芽。①

沿着这条路走(指研究探索之路——译者注)的还有另一些研究工作者,诸如 А. П. 达维多夫、И. В. 孔达科夫、И. В. 约诺夫,他们希望在从俄罗斯文明史里在找到分裂性和非系统性的同时,也能找到体现俄罗斯文明史的文明规划性和文化综合性的例证。他们是透过国内诸多民族的古代民族文化因素之间的相互关系,还有由不同的宗教世界观和思想体系形成的不同类型的政权之间的相互关系看到上述文明规划性和综合性的,也从19世纪伟大的俄罗斯文学中,从20世纪初的白银时代的宗教的、哲学的、文学的和艺术的探索中看到俄罗斯文明史的规划性和综合性质。②

拉丁美洲人(这里指的是研究拉丁美洲的学者——译者注)开始运用

---

① 叶拉索夫(Ерасов Б.):《处于欧亚地区的俄罗斯》,载《社会科学与当代》1994年第2期。

② 达维多夫(Давыдов А. П.):《俄罗斯文明中的"中间文化"问题》,载《俄罗斯文明宇宙(庆贺 А. 阿希耶泽尔70岁诞辰)》,莫斯科,1999;达维多夫:《欧洲文化中的调停问题:西方与俄罗斯》,载《社会科学与当代》2000年第6期、2001年第2期;孔达科夫(Кондаков И. В.):《俄罗斯文明的文化历史发展逻辑》,载《俄罗斯文明宇宙(庆贺 А. 阿希耶泽尔70岁诞辰)》,莫斯科,1999;约诺夫(Ионов И. Н.):《有关俄罗斯文明的奇谈怪论(沿着一次科学争论的足迹)》,载《社会科学与当代》1999年第5期;上述思想灌输至教育系统,见约诺夫《俄罗斯文明9—10世纪初》,普通教育学校10~11年级课本,第4版,莫斯科,2001;约诺夫,克洛科娃(Клокова Г. В.)《俄罗斯文明课程·课堂讨论研究:9—20世纪初》,莫斯科,2001。

历史比较法来较深入地研究俄罗斯文明的特点。他们觉得俄罗斯文化的价值体系很像拉丁美洲文化的特点,后者也是富于矛盾且在相当的程度上同现代化相对立的。С. И. 谢苗诺夫提出了"边际文明"("пограничные культуры")的概念作为特别等级的现象,不同于经典的文明,既不同于西方的也不同于东方的各种经典文明。它们在边境形成,在几种经典文明的夹缝中形成,以不同的组合形式包容了各种成分(其中有相互间距很大的)和就起源而言互不相同的各种文明。这些成分通过共生和综合联结成新的组合体。按照他的看法,和东欧一起列入边际文明的有像巴尔干和伊比利亚半岛这样的欧洲地区,还有拉丁美洲。这是年轻的文明发展的地带,而组成这些文明的不同文化的价值尚未发展到其完整一致的状态。①

所有这些为把俄罗斯文明的特色不是作为它的个性特征,而是作为属于某种等级的现象形式来研究,提供了可能。Я. Г. 舍米亚金在这方面广泛地展开了研究。他把俄罗斯文明同拉丁美洲文明作为全球规模的边际文明进行了比较:比较它们对周围环境的态度,比较它们对空间和时间的看法,比较它们对意识和存在二律背反作用的认识,比较它们对待在经典文明看来是关键的范畴"限度"的看法,比较它们在原住民的文化和外来文化的价值取向相互作用的方法,比较它们对待保守思想和现代化价值的认识,比较它们拥有的在创造性个人方面的不同类型。

Я. Г. 舍米亚金得以证明一个观点,即尽管在不同的文明成分相互作用的方式上共生胜过综合,但是可以把拉丁美洲文明视同一个整体,对俄罗斯文明来说,也是如此;这两个文明,的确,在固有的结构性的混合主义程度上比较,是不同的。20世纪西方对这两个文明加大了压力,也没有导致它们失去自己文明的特色。这些文明的共同特点是获取新的巨大的空间,仿佛它们能起到压倒历史时间的作用。这些文明的任务是在极其异常的环境下生存,在混乱的边缘保持平衡,并在那种平衡的环境中保存本文化的基础。经典的文明虽然也有类似的经验,但仅局限于危机时期。与此相适应的是一种生活在存在主义尽头的边缘,且经受周期性的死亡和随后的复活的传统。

边际文明的现实就是文明的多样性的不同类型在几个世纪矛盾地共同

---

① 谢苗诺夫(Семёнов С. И.):《伊比利亚美洲的和东部欧洲的同一性即边际文化》,载《社会科学与当代》1994年第2期。

生存。统一不是它们生存的起始条件，而是代表不同传统的文化精英投入了强大的精神力量的结果。因此它们的共同特性是"对话注定不可避免"。与此同时，它们有着经典文明所缺乏的特性，经典文明早已一次性地提出了自己万能的方案，而边际文明则可能表现出新型的博学多才。虽然这只不过是一种可能性，但是，在文明的边际多次重复的这类尝试说明，这种可能性有可能实现。①

（原载《山东社会科学》2008 年第 1 期）

（И. B. 约诺夫，俄罗斯科学院世界历史研究所历史学博士）

---

① 舍米亚金（Шемякин Я. Г.）：《欧洲和拉丁美洲。多种文明在世界历史的上下文中的相互作用》，莫斯科，2001，第 353~357 页。

苏联解体的若干先兆：我的耳闻目见

——访曹特金研究员

●曹特金　■本刊特约记者　东　月

曹特金，1935年6月生于广州，40年代在香港香岛中学和培侨中学上学，1949年随家庭进入北京，先后在华北中学、北师大女附中就读。1953年参加高考后被选拔为留苏预备生，进入北京俄语专科学校留苏预备部学习俄语一年。1954～1959年，在苏联列宁格勒大学（今圣彼得堡大学）历史学系学习、毕业，获得优秀毕业证书。1959～1962年，在南开大学历史学系任教。1962年后，在中国社会科学院（前身为中国科学院哲学社会科学学部）世界历史研究所从事研究工作，现为该所研究员。1993年获国务院特殊津贴。改革开放以来，曾多次出访苏联/俄罗斯。主要研究领域为欧洲近现代史、国际工人运动史和苏联史。著有《失败的胜利者——布朗基传》、《巴黎公社史》（合著）、《苏联剧变研究》（合著）、《外国历史名人传（补遗本）》（分册主编）、《外国历史大事集（现代部分第一分册）》（分册主编），译作有〔哈〕努·纳扎尔巴耶夫著《关键的十年》（合译），另有《近年来俄国学者有关俄罗斯文明的探讨》（载《史学史研究》2008年第3期）、《俄罗斯学者如何看待苏联解体》（载《历史学家茶座》2007年第4期）等论文数十篇。

■：曹老师，你好！20世纪50年代你在苏联列宁格勒大学历史系留学五年，毕业时获得了优秀文凭。毕业回国后，与一些苏联同学依然保持着联系。我国改革开放以后，你有机会多次出访苏联/俄罗斯，其中1990～1991年的一次，在苏联逗留了近10个月。可见你对苏联/俄罗斯的社会状况是相当了解的，有许多亲闻亲见的第一手观感和资料。所以今天特地想约你谈谈你在不同时期在苏联/俄罗斯见到的实际情况，还可以做个比较，看看苏联/俄罗斯在这段时间内社会生活的变迁。特别是1991年底的苏联解体，可以说是20世纪世界历史上出乎人们意料的最大事件，对苏联/俄罗斯人民生活的影响是可想而知的，也请你结合自己的见闻谈谈这方面的情况。苏联解体问题是今天访谈的主题。

●：好的。不过，个人的见闻毕竟有限。而且除了50年代留学的五年外，后来几次的出访都是断断续续的，时间都不算长。例如，1991年那次，我是在苏联解体前就回国了。因此，我的回忆只能供大家参考。

■：对一个国家的了解，有许多途径，特别在今天的信息时代。除了报纸杂志、电影电视等媒体外，还有互联网的先进手段。但是应该承认，不论什么手段，只有个人的亲身经历和亲历其境才是最深入、最可靠的途径。这是其他手段无法替代的。因为这可以接触到许许多多的普通百姓。只有更多地了解人民大众的日常真实生活，他们的喜怒哀乐，才能更深入实际地了解一个国家。你认为是不是这样？

●：你说得有一定的道理，但是个人的见闻还只能是观察问题的一个方面，也可能有些价值，但不能夸大了。更何况我在苏联解体前夕就回国了，因此严格说来，我所看到的只能说是苏联解体的若干先兆。当然了解这些先兆对问题的深入剖析也是很有益处的，所以我也愿意尽我所能谈一些看法。不过，重复一遍，这些只能供大家参考。我觉得，苏联解体这个问题很复杂，很难说现在有人就能解释得十分清楚，更不能说有谁在解体前夕就能预见到这个结果。苏联/俄罗斯著名的历史学家罗伊·麦德维杰夫亲历了苏联解体。1992年春，也就是苏联刚解体后不久，就有一家美国出版社约他写一本关于解体的书，他答应了，但他刚开始工作不久就又搁下了。他承认，"因为很多事实当时还不很清楚"，[①] 直到十年（2012）后他才完成了这本书。可见，即使亲历的事件也不是很快就能弄清楚和看明白的。因此，我现在能做的只是尽量回忆当时的情况，从现在的角度看，可能发现的正是一些与苏联解体有关的先兆或线索。

■：你说得很对，我们就这样做。不过，我觉得要感受和了解亲历的事件和对这个事件发生的环境的了解是分不开的。换句话说，要了解苏联解体，首先要对苏联这个国家有比较充分和感性的了解。我觉得曹老师在

---

① 参见罗伊·麦德维杰夫《苏联的最后一年》，王晓玉、姚强译，社会科学文献出版社，2013，第1页。

这方面的条件很好，因为你在 20 世纪 50 年代在苏联留学五年，应该对苏联有相当的了解。可否请你先简单谈谈留苏学习的情况。

●：好的。

■：你当年学的是什么专业？是否是苏联史？与苏联社会的接触多不多？是否注意对社会的了解？

●：我学的专业不是苏联史，而是欧洲近现代史，但是一、二年级时我们都上过俄国史和苏联史的课程，而且苏联老师在讲欧美史时很注意讲述这些国家与俄罗斯的关系。当时我们系的很多大课是各专业的学生都要共同上的，如政治经济学、哲学、心理学、亚洲史等。总之，在苏联大学的历史系学习，对俄国史和苏联史是必须学好的。更重要的是，通过在课外与苏联同学和老师的交往，自然会对苏联社会有一些实际的了解。我的一个有利条件是，因为我是在北京读的高中，外语学的是俄语，加上出国前留苏预备部的俄语一年培训，因此俄语基础还可以，大约到苏联半年后俄语的进步很快，上课已能听懂了。这样就为扩大接触面、加强了解打下了良好基础。我在大学里和好几位苏联同学建立了深厚的友谊，其中较好的两位恰好都是学苏联史的，直到今天我们还保持着联系。我也与几位苏联老师有较多的接触，去过他们的家里。四年级暑期里还与其他中国同学一起参加了苏联同学到哈萨克斯坦的长达两个多月的垦荒劳动。总之，在留学的五年里，虽然与社会的接触不是太多，但是通过与苏联师生的交往，不仅对这个国家有了一定的了解，而且对某些问题还有了更为深入的感触和认识，如普通百姓对一些社会现象的反应。

■：谢谢你介绍了许多当年的情况，那么 1990~1991 年你的主要任务是什么呢？

●：这次我是由教育部派出的高级访问学者。苏方很重视，派我到当年的母校列宁格勒大学历史系进修，还指定一位资深教授康·康·胡达列依（К. К. Худалей）作为我的联系教师，带有导师的性质。我拟订的学术活动计划由他过目，并经过历史系近现代史教研室批准。主要是在列宁格勒图书馆查资料，如谢德林公共图书馆，也到高校和研究机构与学者约谈；有约一半时间到莫斯科，去苏共中央党务档案馆等处查阅共产国际的档案，到莫斯科大学和苏联科学院世界历史研究所、国际工人运动史研究所、国际社会科学信息情报研究所等学术单位与学者交流。在近十个月的时间里，我共访问过 22 位学者，另有 12 个学术机构和大学。

■：现在回到今天访谈的本题。我想先提一个问题，苏联解体虽然看起来好像是一件突然发生的事变，但实际上应该是有演变的过程的。我们现在回忆起来，可以看到一点，即在解体前夕苏联社会好像比较乱：各种派系纷呈，彼此争辩不断。至少在勃列日涅夫时期就已经出现了"持不同政见者"，而到20世纪80年代中期，特别是戈尔巴乔夫改革以后，即提倡"公开性""填补空白点"以后，情况就逐渐复杂化，苏共的威信也大大降低。由此可见，政治上和思想上的混乱应是苏联最后解体的原因之一。在当时或许还看不清楚，但是现在回忆起来，你是否在当时也看到一些这方面的现象呢？

●：的确是这样。1990年8月，我和教育部派出的这批高访学者，到莫斯科后先住在苏方安排的教育部招待所，以等待再分到其他城市的高校去。到达莫斯科的第二天，我就曾坐地铁去莫斯科市中心，想先看看红场。我突然看到在通往红场的一条主要大街上，挂着一条红色的大标语，标语上写着"一切权力归苏维埃"（Вся власть Советам）。我当时觉得有点奇怪。

■：是呀，我记得在十月革命前的彼得格勒曾出现过"两个政权并存"局面（1917年3~7月），即临时政府与苏维埃对峙时期，当时苏维埃曾提出过这个口号，以求获取全部政权。那么，现在重提这个口号又是何意呢？

●：不是的，当时是另外的背景。这次"一切权力归苏维埃"的口号最早是1988年6~7月苏共第十九次全国代表会议上重新提出来的，是戈尔巴乔夫提出来的。这是一次对苏联解体起了十分重要作用的代表会议，值得特别重视。

■：那你详细说说吧！

●：好的。戈尔巴乔夫是1985年3月11日在苏共中央非常全会上当选总书记的。他上台以后，就打出"改革"（перестройка）的旗号。开始的阶段是以"加速战略"为核心的经济管理体制改革。虽然他在改革之初就提出"公开性"和"民主化"的口号，并付诸实施，但他最初的目的是为了发动群众，为经济改革创造条件。然而，在之后约三年的时间里，"加速战略"的经济管理体制改革和"公开性、民主化"运动不仅没有收到预期的效果，反而造成了苏联社会和苏共的混乱，并且情况越来越严重。

■：这是怎么回事呢？

●：我们就不详细讲了。简单说来，戈尔巴乔夫等领导人对经济管理体制改革缺乏深思熟虑，过于冒进和不切实际。如一开始大抓"禁酒"运动就是一例。戈尔巴乔夫刚上台时，苏联老百姓曾抱有希望。但是结果恰好相反，老百姓的生活不仅没有得到实际改善反而造成市场供应更加紧张、消费品短缺的严重局面。至于"公开性、民主化"，很快就转变为揭露苏联历史上"阴暗面"的运动，从而掀起了一股从否定斯大林到否定苏联一切成果的运动，造成极大的思想混乱。

■：那么"一切权力归苏维埃"的口号又是怎么回事呢？

●：1988年6月28日至7月1日，苏共第十九次全国代表会议在莫斯科举行。在这次会议上，戈尔巴乔夫正式提出"政治体制改革"，其中一个重要内容就是"一切权力归苏维埃"。它的主要内容是，设立人民代表大会，作为最高国家权力机关，苏联最高苏维埃是人民代表大会的常设机关。这就把国家权力重心从党的系统转移到了苏维埃。

■：你对这个问题既然很了解，那么当时在莫斯科看到这条标语为什么会感到奇怪呢？

●：你想，这个口号是1988年6月提出的，如果在当时出现很多这样的标语，那是一点也不奇怪的。可是我到莫斯科见到这条标语是在1990年8月，也就是在提出这条标语的两年多之后，而且我在莫斯科也就看到这一条，到列宁格勒后，我注意了一下，再也没有看到这样的标语。这就有些奇怪了，因为当时苏联的政治形势发展很快，不能不让人怀疑这条标语可能另有所指。

■：那到底是怎么回事呢？

●：我是带着这个问题到列宁格勒大学我的进修学校的。心里总是想进一步了解苏联当前的局势究竟如何，是否有些不平静。前面已经说过，到列宁格勒大学后，在导师胡达列依的帮助下，我顺利地开展了学术研究活动、资料搜集工作和进行学术交流，但心中始终没有放弃在莫斯科产生的那个问题。同时也在开展学术活动时注意了解苏联的现状。

■：那你进行了哪些学术活动，请举些例子，而莫斯科标语问题又说明了什么？

●：譬如，在列宁格勒的时候，我去列宁格勒高等学校教师进修学院听过几次课。其中有一堂课是讲列宁的《四月提纲》的。课后我上前去和讲课的切尔尼措夫斯基（Черницовский）教授攀谈。他得知我在收集拉狄克与共产国际这方面的资料时很感兴趣，愿意送我一本书，并给了我他家的电话和地址，约我去他家。我如约去了后，他首先问了我不少有关我国新民主主义革命方面的历史问题，在谈到苏联当前的局势和莫斯科那条标语时，他说我们国家现在很乱。就拿讲课和发表文章来说，这本是很严肃的事，但目前有些人却不是这样，想说什么就说什么。例如，有些自称为学者的人毫无根据地指责列宁这样的历史人物这也不对、那也不对，却拿不出有分量的论据。这些人不是严肃的历史学家，不少人是所谓的政论家（публицист）。① 关于我在莫斯科看到的那条标语，这位教授也做了解释。他的意思是这样：戈尔巴乔夫在苏共第十九次代表会议上提出"一切权力归苏维埃"的口号时，确实是要削弱苏共的权力，但他还没有要完全消除苏共，他的目的是要借鉴西方民主的分权模式。1989年5月25日，苏联人民代表大会第一次会议召开，戈尔巴乔夫被选为最高苏维埃主席。人民代表大会成为苏联最高国家权力机构，其常设机构为最高苏维埃。1990年3月，戈尔巴乔夫在苏联第三次非常人民代表大会上以压倒性多数票当选为苏联第一任总统。1990年7月，在苏共第二十八届代表大会上，戈尔巴乔夫被选为苏共中央总书记。对他来说，或许削弱苏共权力的目的是达到了，但他没有想到，这也更加造成了政治局面的混乱。一个突出表现就是派别林立，反对派的势力增长很快。1989年7月底，约240名"激进的民主派"人民代表聚会，组成了以叶利钦、萨哈罗夫等五人为首的"跨地区集团"，社会上各种思潮、形形色色的"非正式组织"不断涌现，各加盟共和国的民族主义思潮此起彼伏。面对这样的局面，不仅苏共，就是大权在握的戈尔巴乔夫本人也越来越力不从心了。

■：但是这些与那个口号又有什么直接的关系呢？

●：这与当时苏联政治形势的变化有关，表现最突出的是俄罗斯联邦的分裂动向以及反对派力量的壮大。1990年5月30日，在加盟共和国和地方的苏维埃选举中，叶利钦当选为俄罗斯加盟共和国最高苏维埃主席。6月8日，俄罗斯联邦宣布主权独立。而他的盟友加弗里尔·波波夫（Г. Попов）和阿纳托利·索布恰克（А. Собучак）也在这次选举中分别当

---

① Публицист，政论家、时评家。一般并无贬义，但在当时"公开性"造成报纸杂志文章乱发的情况下，严肃的学者和历史学家常用来讽刺那些不掌握实际史料、信口雌黄的自称为学者的人。

选为莫斯科市和列宁格勒市的苏维埃主席。他们现在提"一切政权归苏维埃"这个口号，与 1989 年时苏联著名物理学家、反对派领导人之一的安德烈·萨哈罗夫（А. Сахаров）在苏联人民代表大会的会议厅门口高举"一切权力归苏维埃"的标语相比，目的已经不同了。当年是为了夺取苏共的权力，现在则是叶利钦等"民主派"要逼迫戈尔巴乔夫总统交出政权。在两个不同的历史时刻，套用同一个口号，内涵是不同的。当然，他们之间的斗争绝不止于口号问题，我就不详细谈了。

■：谢谢你说了这么多。不过我还想问问，当时苏联政治上的这种派别斗争在日常生活中有没有表现呢？你有没有感觉到呢？

●：仔细想想还是应该有的。譬如，我前面提到的对我帮助很大的胡达列依教授就有些来头。我注意到，我所在的世界近现代史教研室主任年龄比胡达列依大不少，但是对他的态度却十分客气，一点不像是对自己的属下。这与苏联"官场"的惯例是很不同的。在苏联，个人的地位待遇与职务很有关系。譬如，中国教育部派去的高访学者，在莫斯科大学登记时，如果在职务栏内填上"教研室主任"，就可分到单间单元宿舍居住，如果不是主任或没有填写，就只能分到两人各一小间的小单元合住。那么胡达列依为什么受到这位教研室主任的如此青睐呢？有一天，我和同教研室的两位女教师在历史系一楼相遇，同时看到一张布告，上书："历史系苏共党员（××派）今天下午×时在历史系×层×教室开会，请准时出席。"那两位女教师相视一笑，说："又有什么事了！"我好奇地问道："我们教研室有人参加吗？"她们笑答："你还不知道吧！就是你的导师呀！"我还不明就里，后来问我 50 年代时的同窗好友，当时也在列宁格勒大学历史系，但在俄国史教研室教书的伊拉·奥列金娜（Ира Олегина）。她给我解开了谜团。原来现任教研室主任是因为参加了阿富汗战争回国后才当上了主任，在业务上一般，而我的导师一直是叶利钦派，而且是列宁格勒市苏维埃主席索布恰克的好友。[①] 索布恰克也是列宁格勒大学教授，胡达列依和他的关系很好。可见政治立场在当时是很有影响的。

■：除列宁格勒外，你还去过别的城市吧？

●：是的，常去莫斯科，常去苏共中央党务档案馆查看共产国际的档

---

① 索布恰克和波波夫在 1991 年 6 月 12 日俄罗斯举行的全民投票中，分别当选为列宁格勒市（这次投票还决定恢复列宁格勒的旧名圣彼得堡）和莫斯科市的市长。叶利钦在这次投票中当选为俄罗斯联邦总统。

案。在那里我曾多次遇到长期研究共产国际史的苏联专家弗·菲尔索夫（Ф. Фирсов）和希里尼亚（Шириня）。菲尔索夫在1994年携带不少共产国际的档案去了美国，在那里出版了《斯大林和季米特洛夫通信集（1933－1945）》。在当时我与他们的交谈中，他们很少就苏联当前局势发表看法。这或许可以看作与当时严肃的学者的一种态度有关吧。

1991年5月，我应邀参加了在莫斯科苏共中央社会科学院举行的纪念巴黎公社120周年学术研讨会。除苏联学者外，还有法国和中国的学者参加。会议的发言和讨论很热烈。法国著名学者克劳德·维拉尔发了言，我介绍了我国改革开放后史学界关于巴黎公社的研究情况和成果，并将我所前所长朱庭光主编的《巴黎公社史》赠送给会议。午餐时，社会科学院与会的教职人员不顾五位外国学者在场公开地议论苏联当前形势。他们一致地反对叶利钦，认为他借苏维埃名义夺权，会把苏联搞得四分五裂。例如，其中有一位举例说，几个月前叶利钦在苏联电视台的讲话中向戈尔巴乔夫发起突然袭击，严厉指责他实行专制，背叛人民，应该立即下台。这位教授还说，戈尔巴乔夫不知道为什么这么软弱。他虽然怒气冲天，却选择了沉默。社会科学院是苏共中央的高级党校，成立于1978年，是负责对各加盟共和国和各州的高级党校干部培训和教学的指导中心。该院的教员常到各地去讲课。我的一位过去上大学时的同年级同学，是该校某教研室主任。她告诉我，她到过东欧的所有社会主义国家和蒙古讲课。可惜没有去过中国。

■：曹老师，谢谢你介绍了你了解的不少关于当时苏联政局的情况。现在可不可以再讲些关于当时苏联老百姓的日常生活情况。普通老百姓对经济和生活状况的恶化是最有切身感受的，是最敏感的。老百姓的不满应该也是苏联解体的一种先兆，是不是？

●：是的。我可以根据我当时的了解谈一点。1990～1991年，我在苏联的十个月，在列宁格勒时住的是进修教师的宿舍。在莫斯科时住的是莫斯科大学宿舍，吃饭在教师自助餐厅；在列宁格勒则需要自己买食品做饭，因为餐厅质量太差，卫生条件也不好。这样我就需要常去超市和自由市场。1990年8月我刚到列宁格勒时，超市的状况还算可以，一些生活必需品和食品还有供应，只是排队时间较长。排队长的原因，除了食品不够充足外，还由于不少外地人来采购，以及超市工作人员休息时间较长。进入1991年后，情况就明显不同了，可以说，一个月比一个月差。超市里的食品种类越来越少,队伍越排越长。老百姓的不满情绪表现得更为突出,这引起了我的注意,就有意识地找一些苏联同学聊这个问题,特别是与我的老同学奥列金娜和她的丈夫列·希罗科拉德（Л. Широкорад）谈。他是一位经济学教授。结果我了解到当时的经济状况和老百姓的生活状况是个很严重的问题。现在看来,这应与苏联的解体有很大的关系。

■：那就请你说说是怎么回事？

●：前面提到的历史学家罗伊·麦德维杰夫曾经说过:"改革失败的最明显的例证就是越来越糟的经济形势,这已经不是什么低速增长或停滞的问题,而是国家经济特别混乱和人民生活水平严重下降。"①他说得很对。他指的改革,既包括戈尔巴乔夫的经济改革,也包括政治改革。到1991年的时候,老百姓的生活状况已经每况愈下。1985年在苏共中央的四月全会上,戈尔巴乔夫就提出了经济改革。但他制定的"加速战略"思想的重点还是重工业,还是拼速度,完全忽略了农业,忽视了经济结构调整、缓解紧张的市场和满足人民的需要。应该说,戈尔巴乔夫并不是完全没有意识到这个问题。如他在1986年4月24日的政治局会议上就曾说过,"国家在所有方面都落后","经济状况极其糟糕",应该把重点放在"消费品生产上"。但他并没有真正做到,说明他还是没有认识到这个问题的严重性。

■：那你在实际生活中有没有这方面的体验？

●：有的。我是1990年8月到的苏联,1991年6月回国。从我的体验看,1990年时生活供应已经不好,而1991年的情况更糟。从我当时的接触和以后的了解来看,这方面的情况大致是这样的：在戈尔巴乔夫经济改革的初年,即1985～1987年,经济还是有发展的,如按国民收入计,从1985年的5785亿卢布到1987年的6000亿卢布,有所增长。又如,农业的年平均增长速度在1981～1985年是1.0%,1986～1987年已到4.40%,也有不少增长。② 然而,这只是昙花一现的表面现象,因为改革本身存在许多问题,也带来不少问题,在商品供应方面尤其如此。如1985年食品短缺总额为175亿卢布,到1987年已增至210亿卢布。

1989年是苏联经济形势急剧恶化的一年。时任苏联政府首脑的尼古

---

① 罗伊·麦德维杰夫：《苏联的最后一年》,第2页。
② 苏联国家统计局：《苏联统计数字：1987年》,莫斯科,1988,第5、18页。转引自陈之骅等主编《苏联兴亡史纲》,中国社会科学出版社,2004,第645～646页。

拉·雷日科夫在他的回忆录里痛苦地写道:"令我终生难忘的是 1989 年","正是从这一年起,我不论是作为一名普通公民,还是作为国家总理的一切希望都开始破灭。"① 这里指的正是严重的经济形势。当时的美国驻苏大使小杰克·F. 马特洛克也认为:"1989 年是苏联犯了致命错误的一年。""经济改革已经止步不前——或者根本就没有认真地做过尝试。摇摇欲坠的经济加剧了不满情绪。共产党的控制机制已经受到破坏"。② 这一年的经济负增长已演变成危机。到 1990 年,苏联国有商店、合作商店和农村集市可提供的商品总额为 4800 亿卢布,无法满足的需求达 1000 亿卢布。

进入 20 世纪 90 年代以后,苏联的经济形势和商品供应情况愈益恶化,尤其是在 1991 年。1990 年 12 月 25 日,雷日科夫总理因心脏病离职。1991 年 1 月 14 日,瓦连金·帕夫洛夫(В. Павлов)被任命为总理。苏联最高苏维埃通过了帕夫洛夫政府提出的《反危机纲领》。这实际上主要是引起广大群众不满的货币改革,被戏称为"帕夫洛夫改革"。这项决定据说是针对高收入群体的,是为了打击影子经济,可是它规定每人一个月最多从账户上支出 500 卢布的现金,而 50 卢布和 100 卢布票面的纸币禁止流通。居民必须把手中的这两种纸币存入银行,存款期限一律三年。这项决定不仅对苏联居民,而且对外国学生、高级访问学者同样适用。我清楚地记得,那几天同在列宁格勒大学的来自上海的进修教师紧张地找我要换小额卢布的情景。当然这种措施并不能解决问题,反而使苏联老百姓更加不信任储蓄银行。通货膨胀越发严重。

1991 年 4 月,苏联政府未经讨论就决定将所有生活必需品涨价一两倍。这样,就在居民中实行购物票证办法。我记得,在 3 月底到来的前两天,列宁格勒按本城市法定人口(包括我这样的高访学者)发放食品票证。购食物需要按此票证。这是一张很大的表格,上面印了面包、面粉、砂糖、茶叶、牛肉、香肠、黄油等食品名称。每种食品都有限量,如黄油是 500 克。每种食品都被画了框框,市民买了某种食品,就被售货员剪去相应的框框。一个月的定量表必须在本月内用完,过月作废。后来按票供应的范围逐渐超出了食品。街上出现排长队的现象越来越多。很多人只要看见有队就排进去,也不知道是卖什么东西。记得有一次我上街看到一商

---

① 尼·雷日科夫:《大动荡的十年》,中央编译出版社,1998,第 237 页。
② 小杰克.F. 马特洛克:《苏联解体亲历记》(上),世界知识出版社,1996,第 340 页。

场门前排起了很长的队，我也就排了进去，排了半天才弄明白，这是在出售男士的刮须刀。

■：除了食品，生活上的不便还有别的方面的表现吗？

●：有的。譬如，除了吃的问题，公共交通情况也有恶化。在列宁格勒，我住的教师宿舍在城边，每天要坐公交车去市中心的图书馆或档案馆。我觉得当年在苏联，尤其是在列宁格勒，坐车的问题越来越严重，因为列宁格勒当时的地铁线路很少，主要靠公共汽车。由于车辆减少，在车站上等候的时间越来越长。好不容易来了辆车，也很难挤上去，因为车上的人太多。有一次，和我同在列宁格勒大学访问的一位山东大学的老师好不容易挤上了公共汽车，但因太拥挤只能靠在门边，没想到在第二站就被下车的人流冲下了车，还摔伤骨折了，立刻被送进了医院。打出租车更难，不仅因为数量少，而且很多出租车服务不规范，车内的计价器被拆掉了，司机就可以看人要价，常宰外国人。

还可以谈一个问题。我在苏联拜访了好几位以前的同学，也与一些苏联学者交谈。我都曾问过他们一个问题：他们认为在苏联战后哪个时期生活最好过？他们几乎不约而同地回答是勃列日涅夫时期。我开始有些疑惑：勃列涅夫时期不是"停滞期"吗？怎么会是最好？有一次我去访问过去的一位老同学索博列夫（Г. Соболев）教授。他在苏联史研究上已颇有成就，被从苏联科学院历史研究所列宁格勒分所调到列宁格勒大学历史系担任教研室主任。我特地买了11枝石竹花去他家。他说："老同学，你太破费了，买花买5枝至7枝就足够了。"在谈到勃列日涅夫时期时，他回答说：那个时期日子是好过些，面包、肉类制品市场供应比较好。不过，这可能是向外国大量出售石油、天然气的缘故。由此付出的代价是很大的，外汇外流过多会影响国力。

■：苏联的解体是从波罗的海加盟共和国要求独立开始的。可见解体与苏联的民族矛盾和民族问题是密切相关的。今天回忆起来，在这方面你有没有看到什么先兆呢？

●：1990年访问苏联之前，我对苏联的民族矛盾没有什么感性认识，虽然我在50年代留学时也利用假期去过乌克兰、格鲁吉亚、亚美尼亚、阿塞拜疆、哈萨克斯坦等加盟共和国，但那时重于游览，没有注意更多问题。这次是带着课题出国，虽然它与苏联民族问题并无直接关系，但由于当时苏联整个局势的变化引人注目，自然也涉及民族问题。1990年时，传媒已不断传出波罗的海三国要求脱离苏联的消息，我曾就此问题向我的好友奥列金娜求教。她告诉我，这种情况不是现在才开始的。远的不说，只说1989年12月20日，立陶宛共产党第二十次代表大会就宣布该党脱离苏共独立。这意味着立陶宛脱离苏联成为独立国家的日子已经不远了。果然，三个月后，即1990年3月11日，立陶宛议会通过了《关于恢复立陶宛独立地位的宣言》。紧接着，另两个波罗的海的苏联加盟共和国爱沙尼亚和拉脱维亚也先后宣告独立。目前事态还在发展。有了这次谈话后，我就更注意波罗的海三国的局势了。1991年1月12日夜，苏联的坦克开进了立陶宛首都维尔纽斯。立陶宛电台播出消息：主权国家遭到侵犯，要求市民支援，当时来自乌克兰、白俄罗斯、拉脱维亚、爱沙尼亚等国的不少民众在当晚就赶到维尔纽斯。戈尔巴乔夫于次日晨召开联邦委员会，决定"在苏联宪法和法律的基础上，通过政治方式解决立陶宛问题"。实际上，问题得以和平解决。在这些消息传到莫斯科的时候，我曾在地铁车厢内看到"不许干涉立陶宛！""住手！滚出立陶宛！""戈尔巴乔夫是刽子手！"的标语此外，还有带着血迹按下的手印，令人印象深刻。当时，除了波罗的海三国外，格鲁吉亚等高加索国家也有离心倾向。到1990年，苏联15个加盟共和国都已宣布独立，包括俄罗斯在内。1990年6月12日，俄罗斯人民代表大会通过了《俄罗斯联邦国家主权宣言》。这样苏联实际上已被架空。

对这种苏联内部民族矛盾的情况，我个人在生活中也有体会。1991年5月初，我有机会到爱沙尼亚首都塔林去。这是得益于我另一位过去的同学尼娜·伊沃契金娜（Н. Ивочкина）的帮助，她的儿媳莲娜的娘家在塔林，父母却都是俄罗斯人。她每周都要去爱沙尼亚的塔尔图大学讲课，可以顺便带我去塔林。1991年5月中旬，我就这样到了塔林。在那里待了两天，第一天由莲娜的家人陪同我去参观港口和老城。第二天我就自己出去走走，顺便买些东西。出门前同学的亲家母特地提醒我，说购物时不要说俄语，否则会引起对方的不友好态度。她还满怀委屈地说，她的丈夫是工程师，他们两人从年轻时就来到了爱沙尼亚，在这里工作了几十年，贡献了青春，到现在却因为是俄罗斯人，连上街买东西都无故遭到冷遇。我感谢她的提醒，但是在逛自由市场时看到想买的东西就不禁脱口而出，用俄语打听价格。摊主抬头看了我一眼，态度平和地回答："25卢布。"我觉得对方态度还可以，大概也认不准我是否是俄罗斯人，而我想买的手织毛线手套也美观实用,就成交了。结果回到主人家,才知自己上当了,价格比正常的高出了两倍。由这个小例子也可以看出,俄罗斯与爱沙尼亚这些国家的矛盾已经很深了,俄语在这些国家已不受欢迎了。

■:曹老师,你还有什么要补充的吗?

●:还有一点要简单补充一下,那就是戈尔巴乔夫对东欧社会主义国家剧变的影响。戈尔巴乔夫在外交政策中也提出了"新思维"。他在1987年11月发表的《改革与新思维》一书中宣称,外交政策中的"新思维"就是"把社会的道德伦理标准作为国际政治的基础,使国际关系人性化、人道主义化"。① 在苏共二十八大上,还出现了"人权优先于主权"的思想。在这种思想的指导下,苏联不断调整外交政策,导致对西方不断让步,并使苏联国际地位衰落。同时,戈尔巴乔夫不断对东欧各国施加压力,促使它们按照苏联的方式进行改革。简言之,结果在短短的两年时间内(1989~1991)② 促使东欧八个国家发生剧变。可见戈尔巴乔夫的外交政策为苏联解体创造了外部的条件。但我今天不准备谈这方面的问题,而要说另一方面的问题。

■:什么问题呢?

●:由于苏联长期推行大国沙文主义政策,虽然苏联对东欧国家也有不少帮助,但是欺压、剥夺的情况也是很明显的,加上1956年的波匈事件和1968年的"布拉格之春"这样的武力镇压事件,东欧国家的老百姓对苏联有很多的不满。这点我有亲身的经历。1990年11月,我与另外三位国内来的高访学者一起通过国际旅行社结伴到东欧四国(波兰、东德、捷克、匈牙利)观光。结果在东德之后前往捷克布拉格的火车上,我的皮包不慎被冒充边境检查人员的小偷偷走了,内有我的护照。这样,我到了布拉格之后就不能继续前进了,只能滞留在布拉格等候我国使馆补办护照。我就在布拉格待了八天,这几天在布拉格的逗留给我留下了两个深刻的印象。这两个印象都明显地说明同一个问题:捷克人民对苏联的态度。第一是在布拉格俄语不受欢迎。虽然许多捷克人会说俄语,但是他们不愿意说,因此我不得不用我不流利的英语进行必要的交流。第二是"布拉格之春"虽然已经过去了20多年,但是捷克人民没有忘记当年苏联坦克开进

---

① 戈尔巴乔夫:《改革与新思维》,新华出版社,1987,第173、177页。
② 东欧剧变的标志性事件和起止时间一般被认为是:从1989年6月团结工会在波兰大选中获胜到1991年6月阿尔巴尼亚劳动党更名为社会党。

布拉格血腥镇压的场景。在布拉格著名的瓦茨拉夫广场，"布拉格之春"中牺牲的烈士们的照片安放在那儿，旁边摆着红蜡烛和鲜花。常有人们在那儿瞻仰和致哀。这种环境、这种氛围，看了很令人感动。人民心中的痛是很难磨灭的。

■：曹老师，谢谢你今天讲了许多，就讲到这儿吧！

●：好的，再见。

（原载《历史教学研究》2014 年第 4 期）

俄罗斯学者如何看待苏联解体

苏联解体至今已有 15 年多了。围绕导致发生这一 20 世纪重大事件的原因，仍然众说纷纭。在这里，笔者主要想评介所读到的和接触过的俄罗斯学者有关这个问题的文章和言论所提出的一些观点，并做些分析，以供读者参考。

有的俄罗斯学者说，苏联解体是民族主义膨胀的结果。这里说的民族主义，指的是各加盟共和国的主要民族的反俄罗斯统治的主张；部分地也指俄罗斯联邦共和国内少数民族的反俄的、要求独立的情绪。笔者注意到，某些俄罗斯学者在谈到苏联解体的民族因素时，很少谈到民族矛盾问题，即大俄罗斯主义所造成的俄罗斯民族和其他民族的矛盾问题。说苏联解体是民族主义膨胀的结果，这里的"民族主义"是贬义词。持这种观点的学者中有的人认为，煽动民族主义情绪的是加盟共和国中本民族的知识分子；更多的学者则认为是加盟共和国的统治集团，是该加盟共和国的既得利益特权阶层。与此相关，频频出现一个名词——Этнономенклатура，意思是民族官衔等级制度或民族官僚阶层。与此相联系，有的学者甚至对列宁坚持的民族自决权提出了异议。① 这种观点明显是把苏联解体的原因部分地归咎为苏联境内俄罗斯联邦以外的其他加盟共和国。出现这种缺乏说服力的观点是有其原因的。原因之一是苏联政府和苏共中央长期抹杀客观存在的俄罗斯民族和少数民族之间的矛盾，鼓吹民族问题在苏联早就得到了完满和彻底的解决。几十年来未对大俄罗斯主义的危害性进行过批判。苏共中央的机构设置也取消了有关民族问题的部门，只在科学院系统保留了民族学研究所。

还有的俄罗斯学者认为，冷战和来自西方国家的压力是苏联解体的主

---

① В. К. Волков, "Этнономенклатура и её роль в распаде СССР"（В. К. 沃尔科夫：《民族官吏阶层及其在苏联解体中的作用》，此为沃尔科夫参加 2000 年 5 月的学术研讨会所提供的论文）。

要原因。他们指出，冷战造成长期的军备竞赛耗尽了国家的财力，加深了苏联的经济危机和政治危机。他们特别强调了美国中央情报局和其他各类思想政治中心所起到的破坏作用。刊载在《明日报》(*Завтра*) 2001年第17期的一篇评论文章这样写道："在西方的压力下，我们这边出现了心理防线被摧毁的现象。西方的强大的'第五纵队'在苏联得以组建。西方成功地在我国营造出这样一种氛围，使许多居民走上叛变祖国的道路。"① 这种观点在苏联的军队干部中似乎比较普遍。例如，早在1998年，一位克格勃将军西洛金就说过，所有发生在（戈尔巴乔夫）改革时期以来的重大的造成社会震荡的事件，无论是1991年的8·19事件，还是1993年10月的炮打白宫事件，都是执行美国中央情报局制订的计划的步骤，而这一计划的目的就在于肢解苏联。② 和这种观点相联系的还有另一种观点，即认为东欧剧变、社会主义阵营瓦解给苏联带来了巨大损失，并成为苏联解体的主要原因。持这种观点的学者尤其强调波兰瓦文萨上台和东德消亡的影响。不同意这类观点的学者指出，早在东欧剧变前的20世纪80年代初期，《华沙条约》和经互会对苏联来说已无利益可言，只能是一种负担。关于这一点，美国前国务卿基辛格早在1982年分析勃列日涅夫逝世后苏联的局势时就讲过。至于来自西方的压力，从十月革命爆发建立苏维埃政权以后它就没有消失过；要说有什么变化，那就是戈尔巴乔夫上台后所执行的外交政策体现了他的"新思维"主张，对缓和国际形势起了作用。况且，众所周知，来自外部的压力只有通过内部的演变才能发挥作用，这是事物发展变化的规律。

  笔者认为，如果说，20世纪90年代上半叶由于苏联解体所带来的政治、经济和社会的震撼尚未过去，学术界呈现出某些混乱、浮躁和不够深思熟虑的现象的话，那么，近些年来，这些现象已经少得多了。已有更多的学者静下心来进行认真的研究，对问题的思考也深刻了许多。围绕探讨苏联解体的主要原因，也出版了一些有分量的文章。例如，其中的一篇就很值得注意。文章的题目是"苏联因何而解体？"，发表在《祖国历史》(*Отечественная История*) 2003年第4期和第5期上，篇幅很长。③ 作者

---

① *Завтра* 2001 №17（《明日报》2001年第17期）。
② *Диалог* 1998 №6 [《对话》（周刊）1998年第6期]。
③ Р. А. Медведев："Почему распался Советский Союз?"，*Отечественная История*，2003 №4 – №5.（Р. А. 梅德维杰夫：《苏联因何而解体？》，载《祖国历史》2003年第4期和第5期）

是罗伊·梅德维杰夫（Рой Александрович Медведев）。可能大家会记得，他曾经是六七十年代苏联知名的持不同政见者，出版过《让历史来审判》等批评苏联阴暗面的著作。我国80年代初就出版了中译本。戈尔巴乔夫接任苏共中央总书记后，梅德维杰夫于80年代末当选为苏共中央委员，并积极地投入国家的政治生活当中。关于俄罗斯学者对苏联解体的看法，笔者想结合梅德维杰夫和其他几位笔者曾接触过的俄罗斯学者的文章和谈话做些分析，主要谈以下几个问题。

首先是关于苏联解体的原因。讨论苏联解体的原因，不能不谈论苏共的崩溃。因为苏共不仅是苏联的执政党，更是苏联的缔造者。一个国家的巩固，不仅要靠共同的民族命运和传统，还要依靠共同的意识形态来维系。苏联共产党执政70多年，尽管党员人数众多，党的意识形态工作却越来越薄弱，党的干部和党员群众的信仰无所依托。梅德维杰夫认为，尽管存在有导致苏联解体的多种因素，但是最主要的原因是苏共作为国家的执政党，没有发挥马克思主义的生命力，把马克思主义变成了和人民大众的切身利益毫无关系的干巴巴的教条，致使苏联的广大党员和群众对社会主义祖国的前途失去信心。梅德维杰夫还特别指出，戈尔巴乔夫本人不是思想家，并不真正懂得社会主义理论。他提出的"新思维"也没有什么新意。戈尔巴乔夫的前任们，比如勃列日涅夫虽然也不是思想家，但他有一个以苏斯洛夫为首的理论参谋部主持意识形态工作，戈尔巴乔夫却没有这样的参谋部。1987年年中以前，按苏共中央的分工，意识形态方面的工作由利加乔夫领导，到了这年的下半年，给利加乔夫增加了领导农业的担子，而雅科夫列夫则被分配和利加乔夫共同负责意识形态工作。不想两人观点不同，经常争吵，影响到工作的开展。1988年秋，雅科夫列夫被派去处理国际事务。意识形态方面的主要负责人改为瓦季姆·梅德维杰夫，据罗伊·梅德维杰夫说，这个人刚当上政治局委员不久，是一个比较软弱的学者型的人。而当时苏联国内民众的不满情绪已很严重，各种思想纷纷出笼。但无论是瓦季姆·梅德维杰夫，还是戈尔巴乔夫，都没有解决这些问题的能力，更谈不上控制局面。

讲到苏共在苏联解体中所起的作用，就不能不提到戈尔巴乔夫的改革。由于苏联解体发生在戈尔巴乔夫时期，不少人把解体的主要原因或直接原因说成是戈尔巴乔夫的"改革"。如俄罗斯科学院俄国史研究所的谢尼亚夫斯基，这位学者2006年9月访华时曾当着笔者的面和另一位学者激烈争论，他认为是戈尔巴乔夫的所谓改革削弱了苏共，导致了苏联的解体。他指出，戈尔巴乔夫在1988年6月召开的苏共第十九次全国代表会议上以政治改革为名行剥夺苏共权力之实，视苏共的各级组织为改革的绊脚石。重提"一切政权归苏维埃！"的口号更是从组织上使苏共瘫痪，这是对十月革命时期提出的口号的亵渎。言谈之间，对戈尔巴乔夫的不满溢于言表。俄罗斯曾有一个名为"持社会主义见解的俄国学者"的组织，它甚至把戈尔巴乔夫的改革视为有意识地进行"一场缓慢的反苏和反革命政变"。与此同时，也有不少人不同意这种观点，这些人甚至在一定程度上肯定戈尔巴乔夫的改革对推进俄国的民主进程起了作用，如莫斯科亚非学院的贝斯特罗娃教授等人就持这种观点。她认为把苏联解体的责任归咎于戈氏的改革是不公平的，早在戈尔巴乔夫上任之前苏联就已经危机四伏，是个"重病人"了。戈氏是想救苏联而不是想推翻它。罗伊·梅德维杰夫对戈尔巴乔夫作用的评价，既不同于某些人认为他是苏联解体的罪魁祸首，也不同于另一部分人认为苏联解体是历史原因造成的，是要斯大林来负这个责任。他的基本看法是，苏联的危机由来已久，但一直未得到根本克服。苏联大厦的基础和结构是不牢固和不稳定的。在改善经济生活方面，人民大众长年的期待没有结果。他接着指出，多次危机削弱了苏联。自十月革命夺取政权以来，苏俄和随后成立的苏联先后经历过四次危机。第一次出现在1921年，是列宁的新经济政策挽救了这次危机。第二次危机始于1928年底，随着农业集体化的推进而蔓延。这次危机不是靠经济成就和政治改革来克服的，而是用大规模的镇压渡过的。第三次危机出现在斯大林逝世后，是靠对工人、集体农庄庄员、职员和知识分子做出的大量让步才勉强克服的。第四次危机出现在70年代末80年代初，这是一次经济的、意识形态的和道德的危机。它的出现同苏联官衔制度（Номенклатура）①精英的蜕变与老化密切相关。戈尔巴乔夫的"改革"部分地也是为了克服这次危机，但他没有成功。就好比一座大厦基础不稳，如果只顾加高层次，结果只能是不堪重负，难逃轰然倒塌的命运。苏共的各级机构因"改革"瘫痪了，又缺乏新的权威性的政治力量来领导，匆忙设立的总统制权力机关又未能真正运作起来，加上戈尔巴乔夫并没有明确的经济改革和政

---

① Номенклатура，俄文名词。原意为苏联时期由上级任命的官员名录。由于官员一旦进入这个名录，就享有种种特权，同时一般情况下不会再脱离官场，因此，此名词的含义常被引申为特权阶层、既得利益集团等。

治改革的纲领,这样,他所推行的改革遭到失败便在意料之中了。在此期间,包括"民主派"在内的各种政治力量日益发展壮大,对国内政治生活的影响和干扰日见明显。因而,罗伊·梅德维杰夫指出,实际上,早在解体以前一年,苏联就处于权力真空状态了。

　　罗伊·梅德维杰夫还分析了戈尔巴乔夫主政后的政策。他认为戈尔巴乔夫担任总书记后的工作侧重点没有摆正。他说,戈尔巴乔夫上台伊始就抓错了改革的重点,他没有花大力气去抓群众急切关心的经济生活、物质条件需求问题,而是大张旗鼓地抓反酗酒运动、上班迟到早退等问题。在第二年召开的苏共第二十七次代表大会上,他又肯定了"加速战略",优先发展机械工业。罗伊·梅德维杰夫写道,放着人家的成功经验不去学,如匈牙利卡达尔在60~70年代改革的经验,还有中国邓小平的改革经验,都说明只有让人民大众真切地感受到物质生活的改善,改革才会得到群众的拥护。在生活必需品十分匮乏的情况下,一味地强调优先发展重工业,使经济结构的比例更加失调,是不得人心的。作者举了1989年苏联进行的一次民意调查为证。调查表明:超过60%的被调查人在回答什么是第一位急需解决的问题时,指出是必须改善居民的物质生活条件,而只有15%的被调查者回答要求扩大政治权利;在回答什么是社会主义的目的时,40%的被调查者回答是物质的富裕,30%的人回答说要振兴农村和农业,有25%的人说要公正,不要有特权,18%的人说要有民主。

　　罗伊·梅德维杰夫也指出了戈尔巴乔夫工作作风上的严重问题,特别提到了如何对待干部的问题。梅氏认为,苏联长期在培养治国人才和政治干部方面明显滞后。几十年来,在科学技术领域苏联曾培养出了许多的出色人才和领导干部,在文化艺术以及社会生活的其他领域也是人才济济。但是,在造就治理国家的栋梁之材方面却是少有建树。从列宁到斯大林时代,再到赫鲁晓夫和勃列日涅夫时期,这方面的人才是一代不如一代。到戈尔巴乔夫上任时,他身边已经没有像科西金、葛罗米柯和乌斯金诺夫这样的干部可以共事。更糟糕的是,戈尔巴乔夫在主持会议讨论工作时民主作风不够,不善于倾听不同意见,不善于集思广益。笔者还注意到,戈尔巴乔夫时期的干部政策是以频繁撤换干部尤其是高级干部为其特点。在戈氏当政的6年零9个月里,干部换班如同走马灯一样,其中既有为推动改革而实行的必要更替,也有权力之争的党同伐异,还有面对反共势力进攻时的主动溃退。戈尔巴乔夫上任后多次强调"对改革的态度,……是评价干部的决定性标准"。然而，戈氏的改革毫无章法，使干部往往无所适从，不少忠于共产主义事业而对戈氏改革的路线心存疑虑的干部被视为"保守势力"遭到撤职，从而给苏共造成很大的损失。从 1985 年 3 月戈尔巴乔夫担任苏共总书记到 1990 年 7 月召开苏共二十八大，不到 6 年的时间里苏共中央总共被动了 5 次"大手术"。每次中央的人事变动，都伴随着高中级和基层干部的大换班。[①] 应当说，苏联的解体和干部队伍的涣散不无关系。

苏联解体至今已将近 16 年，作为 20 世纪世界历史上的一件大事，它仍然是世人关注的焦点。随着时间的推移，人们（包括俄罗斯学者）会有更多的感悟，并总结出更为深刻的经验教训。我们应该继续关注这个问题，跟踪研究，并注意从中总结出更多对建设中国特色社会主义有益的东西。

（原载《历史学家茶座》2008 年第 3 期）

---

① 参见江流等主编《苏联剧变研究》，中国社会科学出版社，1994，第 151 页。

马克思论1848年革命中的布朗基

马克思主义同各种非马克思主义流派的关系问题，是一个需要具体分析的问题。研究这个问题，将有助于我们加深对马克思主义的理解。本文主要通过马克思对1848年革命中的布朗基的论述，来对这个问题做一些探讨。

一

1861年11月10日，马克思在给布朗基的密友瓦托博士的信中谈到布朗基时说："请您相信，我比任何人都更关心那位我一向认为是法国无产阶级政党的头脑和心脏的人的命运。"①

马克思的这封信概括了他对布朗基真诚关切的态度和高度的评价。的确，正如马克思所说，他一向把布朗基视作法国无产阶级政党的领袖。马克思在他写的文章和书信中数十次提及布朗基，从中我们可以清楚地看到科学社会主义奠基人对这位法国革命家的评价。马克思不仅对布朗基那漫长的革命生涯的各个阶段几乎都有所评述，而且还同恩格斯一道，直接采取行动，支持和帮助布朗基。他和恩格斯为布朗基1851年寄自监狱的"二月革命三周年献词"亲自撰写前言，并把献词译成英文和德文。为了抗议第二帝国政府于1861年无理逮捕布朗基，马克思写信给德国和其他国家的工人活动家，设法筹集款项，出版揭露路易·波拿巴政府迫害布朗基的小册子。马克思还曾设想组织一批关于布朗基案件的文章。在马克思的倡议下，德意志工人教育协会在伦敦举行了一次有法国和德国工人参加的群众大会，会上一致通过了反对逮捕布朗基的抗议书。国际工人协会建立之后，马克思通过拉法格争取布朗基和他的信从者，希望这个当时在法国

---

① 马克思：《马克思致路易·瓦托（1861年11月10日）》，《马克思恩格斯全集》第30卷，人民出版社，1975，第612页。

工人运动中最接近科学社会主义的派别能加入（第一）国际。[①] 1869 年，当第二帝国陷入深重的全面危机之时，马克思也曾同意在有布朗基主义者参加出版的政治周报《文艺复兴》上撰写稿件。[②]

众所周知，布朗基并不是一个马克思主义者。他在理论上比较弱，总的来说没有超越巴贝夫的空想共产主义的界限，他的密谋策略也是错误的。对布朗基的弱点和局限性，马克思看得很清楚。在工人运动的历史上常常有这样的情况：在斗争的实践中涌现出一批活动家，他们当中有些人有这样那样的弱点甚至错误，但他们同无产阶级的命运紧紧相连。他们毕生为无产阶级的解放事业奋斗，甚至献出自己的生命。对这样的活动家，马克思首先看到的是他们当时所起的积极作用。因为他们不是孤立的，马克思对他们的支持，实际上也是对革命运动的支持。

马克思就是以这种态度对待布朗基的。马克思在看到布朗基所存在的弱点的同时，充分肯定了他在法国工人运动史上的地位。历时数十年，马克思的这种态度从未改变。1879 年 6 月，当 74 岁高龄的布朗基终于在最后一次监禁之后终于获释时，收到了拉法格邀请他到伦敦去休息一个时期的信。信中提到：" 始终以极大的关切注视着您的全部政治经历的马克思希望有幸同您结识。"[③] 应该看到，拉法格传递的这个信息不是偶然的。它很好地表达了马克思对这位无产阶级革命家的诚挚之情。

在马克思关于布朗基的论述中，1848 年革命时期占有重要地位。在《1848 年至 1850 年法兰西阶级斗争》和《路易·波拿巴的雾月十八日》这两部总结法国 1848 年革命的巨著中，马克思多次谈到布朗基的革命活动。我们有必要对布朗基这一时期的革命活动作些分析，以加深对马克思有关论述的理解。

二

席卷欧洲的 1848～1849 年革命，对各种社会主义和共产主义流派是一

[①] 《保·拉法格于 1866 年 4 月 22 日致奥·布朗基的信》（复制件藏于苏联马克思列宁主义研究院中央党务档案馆，编号为：ф.10，ед. xp.6/1），参看巴赫等《第一国际》第 1 卷，三联书店，1980，第 260 页。

[②] 后出版计划未能实现。参看《马克思恩格斯全集》第 32 卷，第 317~318 页。

[③] 拉法格 1879 年 6 月 12 日写给布朗基的信，转引自莫里斯·多芒热《奥古斯特·布朗基的政治思想和社会思想》，法国马赛尔·里维尔书店，1957，第 396 页。

场严峻的考验。马克思在总结法国 1848 年革命时,给予布朗基很高的评价,称他为无产阶级的领袖,总是把他和无产阶级革命斗争联系在一起。在《路易·波拿巴的雾月十八日》中,马克思在论述 5 月 15 日事变时写道:"大家知道,五月十五日事变的结果,不过是使布朗基及其同道者,即无产阶级政党的真正领袖们,在我们所考察的整个周期中退出社会舞台罢了。"① 在《1848 年至 1850 年法兰西阶级斗争》中,马克思不止一次地把布朗基和他的同道者称作"革命无产阶级的代表"。② 在马克思和恩格斯合写的《中央委员会告共产主义者同盟书》里,又出现"布朗基所领导的真正无产阶级政党"③ 的提法。

1848 年革命时期无疑是布朗基一生中政治活动的顶峰。革命给了他不可多得的大规模接触群众的机会。布朗基未能参加这次革命的全过程,还在六月工人起义之前的一个月,他就被执行委员会逮捕了。但仅从 2 月 24 日他到达巴黎,到因 5 月 15 日事件被捕,在这段不到三个月的时间里,布朗基便已充分表现出他过人的政治敏锐性、出色的组织才能以及对无产阶级革命的无限忠诚。在这些沸腾的日子里,布朗基天天在俱乐部里主持会议,起草宣言文告,并多次作为俱乐部的代表前往市政厅同临时政府成员交涉。他所创立和领导的"中央共和社"俱乐部,在二月革命后巴黎出现的 300 个④各种政治色彩的俱乐部中影响最大,并始终站在无产阶级运动的"左翼"。这段时间里,布朗基对形势的估计、对二月共和国的性质、对临时政府的斗争策略表明,他已经是一个比较成熟的革命者。他的不少观点在当时法国众多的派别中最接近马克思对法国 1848 年革命的分析。

关于二月革命后法国的形势,马克思在《1848 年至 1850 年法兰西阶级斗争》和《路易·波拿巴的雾月十八日》里做了精辟的分析。他写道:

> 二月共和国在事实上不过是,而且也只能是一个资产阶级共和国,但是临时政府在无产阶级直接压力下,不得不宣布它是一个设有社会机构的共和国;巴黎无产阶级还只能在观念中、在想象中越出资

---

① 《马克思恩格斯选集》第 1 卷,人民出版社,1972,第 610 页。
② 《马克思恩格斯选集》第 1 卷,第 439、412 页。
③ 《马克思恩格斯全集》第 7 卷,人民出版社,1959,第 366 页。
④ 参看苏联科学院历史研究所波将金·莫洛克教授主编《1848 - 1849 年革命》第 1 卷,莫斯科,1952,第 207 页。

产阶级共和国的范围,而当需要行动的时候,他们的活动却处处都有利于资产阶级共和国;许给无产阶级的那些诺言已成了新共和国所不堪忍受的威胁;临时政府在它整个存在的时期都在不断反对无产阶级的要求。①

在二月革命后的法国,"整个社会表面上的协调同社会各个成分的严重的彼此背离相混杂"。"每个政党都按自己的观点去解释共和国。手持武器夺得了共和国的无产阶级,在共和国上面盖上了自己的印记,并把它宣布为社会共和国"。② 然而,这个要求在当时是无法实现的。就在无产阶级还陶醉于二月革命的胜利的时候,"旧的社会力量却在集结,联合,醒悟过来",③ 并且获得了农民和小资产者的支持。他们急于收回在二月革命中被迫做出的让步,所采用的办法就是尽快举行制宪国民议会的选举。选举的结果必然会导致一个比临时政府更加符合他们利益的政权的建立。马克思写道:

> 如果说巴黎由于政治上的中央集权而统治着法国,那么工人在革命的动荡时期却统治着巴黎。临时政府的第一步,就是企图由陶醉于胜利的巴黎向清醒的法国呼吁,从而摆脱这种压倒一切的影响。拉马丁不承认街垒战士有权宣告成立共和国。据他说,只有法兰西国民大多数才有权这样做,必须等待法兰西国民投票表决,巴黎的无产阶级不应该以篡夺权力玷污自己的胜利。④

布朗基对二月共和国的看法很接近马克思的分析。布朗基是在外省获悉七月王朝被推翻的信息后,于 2 月 24 日当天从布卢瓦⑤赶回巴黎的。第二天,临时政府在巴黎工人的压力下宣布成立法兰西第二共和国,却拒绝用红旗作为共和国的旗帜。临时政府虽然释放了七月王朝时期囚禁的政治

---

① 《马克思恩格斯选集》第 1 卷,第 412 页。
② 《马克思恩格斯选集》第 1 卷,第 399 页。
③ 《马克思恩格斯选集》第 1 卷,第 399 页。
④ 《马克思恩格斯选集》第 1 卷,第 399 页。
⑤ 1847 年 6 月以后,布朗基居住在布卢瓦,过着受警方严密监视的生活(参看塞·伯恩施泰因《奥·布朗基和他的暴动艺术》,1971 年英文版,第 114 页)。

犯，解散了元老院和众议院，废除政治犯死刑，废除贵族封号，但仍然保留了七月王朝的警察官僚机构，也没有触动禁止工人罢工的《列沙白里哀法》。对这样的临时政府是否要立即推翻，这是巴黎无产阶级面临的第一个问题。2月25日晚，聚集在普腊杜大厅里的500名群众（其中有许多人是布朗基的信从者）怀着对临时政府强烈不满的心情，商议再次起义。他们焦急地等待着布朗基的到来，指望他会支持推翻临时政府。出乎人们意料的是，布朗基不同意这样做。他令人信服地阐述了自己的观点。他说："……法国不是一个共和国，刚刚完成的革命仅仅是一次可喜的袭击而已。"他分析了巴黎城内国民自卫军的状况，指出"这支军队由胆怯的店主们组成"，他们对二月革命来说"只是不自觉的同谋者"，"这些人明天很可能取消他们昨天在高呼'共和国万岁'时所允许做的一切事情！……"① 至于说到外省，布朗基清楚地看到它们是受反动势力控制的。基于对形势的这种估计，布朗基认为过早地推翻临时政府是不相宜的。他说，"我们要善于再等待一些日子"，应当最大限度地利用人民在二月革命中用鲜血换来的民主权利去"掌握人民和俱乐部，在那里我们要像昔日的雅各宾党人那样用革命的手段把人民组织起来"。② 布朗基在到达巴黎的第二天就能如此有针对性地分析形势，说明他不愧是众望所归的革命领袖。就是在这次集会上，布朗基组织了"中央共和社"俱乐部。该俱乐部的人数迅速从最初的500人增至3000人，布朗基被选为主席。在他的主持下，"中央共和社"每晚8点集会直至深夜，出席集会的人数最多时达到500人。③ 布朗基把革命俱乐部看成教育人民和组织人民的好场所，看成同临时政府斗争的革命组织。"中央共和社"成立以后，向临时政府提出过一系列革命的要求，递交过6份致政府书。④ 在所提出的要求中，最重要的是关于推迟制宪国民议会和国民自卫军总部的选举和关于将军队撤出巴黎、武装巴黎工人两项。

3月初，临时政府发出通知，规定在3月18日和4月9日分别举行国民自卫军总部的选举和制宪国民议会的选举。为此政府在巴黎和外省设置了专门的机构。右翼共和党人和王朝反对派为促使选举早日举行，政治上

---

① 布朗基：《1848年2月25日的演说》，《布朗基文选》，商务印书馆，1979，第39页。
② 布朗基：《1848年2月25日的演说》，《布朗基文选》，第39页。
③ 参看塞·伯恩施泰因《奥·布朗基和他的暴动艺术》，第146页。
④ 参见《布朗基全集》第1卷，巴黎，1977，第382~383页。

十分活跃。布朗基敏锐地觉察到，这是反动势力策划的一个政治骗局，必须组织人民起来阻止其实现。3月6日，布朗基为"中央共和社"起草了第一份要求延期举行选举的请愿书。上面写着："公民们，立即举行国民议会选举对共和国将是一个危险。60年来，在法国唯有反革命势力有发言权。""报纸只能进入社会的表层，（唯一的）群众教育（只）是通过口头进行"，而后者无论是过去还是现在，都掌握在共和国的敌人手里。而"那些忠于民主事业的人，人民几乎都不知道"。布朗基毫不留情地揭露道：

> 选举自由只将是表面的，因为一切敌对阴谋的影响必然会歪曲人民的意愿。……大声疾呼要求立即举行选举的是什么人呢？他们都是公认的共和国的敌人，这些人（一直）疯狂地攻击共和国，他们像忍受（侮辱）那样忍受共和国，他们打算利用共和国的过分幼稚来把它扼杀在摇篮里。……我们的敌人被解除武装之后，改用了阴谋诡计。①

布朗基并没有把这场斗争局限在一个俱乐部的范围之内，他不失时机地发动了一场声势浩大的抵制运动。3月13日，"中央共和社"一致通过了一项决议，建议所有的共和主义俱乐部和团体联合起来。3月14日，由15个俱乐部组成的中央选举委员会成立，几天后又有300个工人团体加入了这个委员会。② 联合起来的各俱乐部和团体共同商讨致政府书的内容，准备派出代表到市政厅去进行谈判。在联合起来的15个俱乐部中，"中央共和社"又是行动最坚决的。在选举日期问题上，空想共产主义者卡贝领导的俱乐部要求分别延期到5月31日（制宪国民议会）和4月5日（国民自卫军总部），而布朗基领导的"中央共和社"坚持无限推迟。由于两种意见相持不下，最后，在15个俱乐部于3月17日递交的"致政府书"中只得同时写上两个方案。布朗基在几份文告中都阐明了无限期推迟选举的必要性。他写道：

> 在巴黎，只有为数极少的工人的名字写在选民单上。投票箱将只

---

① 《布朗基文选》，第42~43页。
② 参见塞·伯恩施泰因《奥·布朗基和他的暴动艺术》，第149页。

会收到资产阶级的选票。……在农村,一切势力都掌握在僧侣和贵族手里。①

布朗基进一步提出:

我们要求无限期地推迟选举,并且派人到各郡去,责成他们把民主的知识带到那里。② 必须使最小的村庄也得到民主的知识,必须使劳动人民把被奴役压低的头重新抬起来,必须使他们从被统治阶级踩在脚下的疲劳和恐惧状态中站起来。③

布朗基所发动的这一场推迟选举的运动,揭露了右翼共和党人和王朝反对派的阴谋,教育了巴黎的工人群众,帮助他们提高了对临时政府的认识。

布朗基还要求临时政府把军队撤出巴黎,同时武装巴黎的工人群众。这也是一项带根本性的要求,是从保卫二月革命果实、把革命继续推向前进的角度出发提出来的。布朗基一向重视革命的武装。第二共和国建立以后,他便清楚地意识到:随着时间的推移,反动势力必然会重新集结,对革命进行反扑。而军队便是统治阶级手中的工具,布朗基几乎是从返回巴黎的第一天就注意到了这个问题。还在"中央共和社"建立初期,在为该俱乐部起草第一份致政府书时,他就毫不含糊地提出:"(立即)把全部未安排工作(并)领取工资的工人武装起来,组成国民自卫军,每人在役一天(毫)无例外地津贴两个法郎。"④ 对待临时政府阴险地建立起来对付工人的别动队,布朗基是不放心的。他把这支主要由流氓无产者组成的、由临时政府供给特别制服和薪饷的军队,也归入雇佣军之列。这是布朗基过人的政治敏锐性的又一表现。当"无产阶级在巴黎街道上向别动队高声欢呼'万岁',他们把别动队看成自己在街垒战中的前卫战士"⑤ 的时候,布朗基在为巴黎15个俱乐部的联合委员会起草的致政府书中,已经提出了

---

① 《布朗基文选》,第 43~44 页。
② 《布朗基文选》,第 43 页。
③ 《布朗基文选》,第 44 页。
④ 《布朗基文选》,第 41 页。
⑤ 参见《马克思恩格斯选集》第 1 卷,第 409 页。

"把雇佣军撤出首都巴黎"的要求,并且重申了武装人民的思想:"巴黎,法国的大脑和心脏,只应该由人民自己来保卫,由全体人民来保卫。"①

4月中旬,临时政府内外的资产阶级加紧制造事端,以攻击布朗基等无产阶级领袖;同时,公开从外地调集军队到首都,并定于每月20日在巴黎以庆祝博爱节为名,举行大规模的阅兵式。布朗基预见到临时政府这一行动将带来严重的后果。4月20日,他在又一份抗议书上历数了临时政府的劣迹后,转向群众大声呼吁:"公民们:制止反动势力吧!保持军队远离首都,消除武装报复对人民胜利的威胁。"在这份抗议书上,他强调了军队正向巴黎调动这一事实,指出:"军队还没有改编。被惶惶不可终日的暴政豢养起来从事杀人勾当的官佐今天和他们在街垒战以前一样,并没有改变。"他愤怒地质问道:"再说为什么在我们城内要有雇佣军呢?如果人们真正要军队的话,八天之内就可以召集30万全副武装的国民自卫军来维持首都的秩序和保卫首都的安全。"②

综上所述,我们可以看出,布朗基在二月革命爆发后不主张立即推翻临时政府,并不是由于对它抱有幻想,而是出自保卫二月革命果实的考虑。布朗基的主张是符合工人阶级和广大被压迫群众的利益的。他无愧于马克思后来在一篇文章中对他的称赞——"捍卫被压迫阶级利益的先进政治战士"。③

三

马克思对布朗基在1848年革命中的政治活动给予充分肯定,还因为他在布朗基身上看到了一种把共产主义理想(尽管还是空想的)同具体的政治斗争结合起来的实践精神。和一切空想社会主义者不同,马克思和恩格斯是把共产主义的实现和无产阶级的阶级斗争紧密结合起来的。在《共产党宣言》里,马克思和恩格斯明确宣布,共产党人的"目的只有用暴力推翻全部现存的社会制度才能达到"。④ 欧洲1848~1849年革命,使资本主义社会中的两大阶级——资产阶级和无产阶级之间的冲突明朗化了。斗争

---

① 《布朗基文选》,第45页。
② 《布朗基文选》,第47~48页。
③ 《马克思恩格斯全集》第14卷,人民出版社,1964,第453页。
④ 《马克思恩格斯选集》第1卷,第285页。

的现实迫使一切空论的社会主义流派的代表人物原先隐藏在动听的词句背后的真实意图无法再加以掩饰。马克思无情地揭露了他们。同《共产党宣言》相比较,马克思在《1848 年至 1850 年法兰西阶级斗争》中加深了对各种非无产阶级的社会主义流派的批判。批判的重点是对工人群众具有欺骗作用的、宣扬阶级合作的空论的小资产阶级社会主义体系。

马克思指出,小资产阶级社会主义"梦想和平实现自己的社会主义","用个别学究的头脑活动来代替全部社会生产,而主要是幻想借助细小的手法和巨大的感伤情怀来消除阶级的革命斗争及其一切必然表现……"① 到了革命风暴时期,这种逃避现实的空论的社会主义者所能做的只是"用自己的头去撞碎资产阶级社会的柱石"。② 马克思结合法国1848年革命的实践深刻批判了路易·勃朗的社会主义理论,指出由路易·勃朗担任主席的卢森堡委员会只能是临时政府手中的玩物,是修建在资产阶级握有全部权力的政府机构旁边的一个"没有任何经费预算,也没有任何行政权"的"社会主义的礼拜堂"。③ 临时政府打着路易·勃朗旗号组织的国家工厂,则和革命的社会主义毫无共同之处,相反,它只会使"社会主义受辱于众人之前"。④

在揭露"空论的社会主义"的同时,马克思热情地歌颂了一种"革命的社会主义"。他写道:

无产阶级就愈益团结在革命的社会主义周围,团结在被资产阶级用布朗基来命名的共产主义周围。这种社会主义就是宣布不断革命,就是无产阶级的阶级专政,这种专政是达到消灭一切阶级差别,达到消灭这些差别所由产生的一切生产关系,达到消灭和这些生产关系相适应的一切社会关系,达到改变由这些社会关系产生出来的一切观念的必然的过渡阶段。⑤

对这一段话,我们都很熟悉。正是在这里,马克思第一次运用了"无

---

① 《马克思恩格斯选集》第 1 卷,第 479 页。
② 《马克思恩格斯选集》第 1 卷,第 401 页。
③ 《马克思恩格斯选集》第 1 卷,第 401 页。
④ 《马克思恩格斯选集》第 1 卷,第 410 页。
⑤ 《马克思恩格斯选集》第 1 卷,第 479~480 页。

产阶级专政"这一科学的表述。

值得注意的是，马克思在叙述这种革命的社会主义的时候提到了布朗基。自然，这并不等于说，布朗基已经达到能够科学地理解无产阶级专政学说的高度。马克思在这里是说，这种革命的社会主义（或共产主义）是被资产阶级用布朗基来命名的。我们可以这样理解，资产阶级所以选中布朗基而不是任何别的人来命名这种革命的社会主义，并非偶然。这是因为布朗基的革命性和实践精神使他和其他一切社会主义空谈家区别了开来。

同路易·勃朗相反，布朗基在1848年革命中的政治活动不是助长无产阶级对资产阶级的幻想，而是时刻提醒无产阶级意识到它同资产阶级的对立。他从来不相信社会主义是可以靠资产阶级国家帮助工人"组织劳动"实现的。他认为只有依靠组织和武器，才能使社会主义实现。他写道：

> 武器和组织，这是进步的决定因素，消灭贫困的重要手段！谁有武器谁就有面包！……法国有了武装的劳动人民，就是社会主义的来临。[1]

布朗基善于把当前的运动同为实现未来的社会主义理想结合起来。二月革命以后，他通过报刊和俱乐部的讲坛公开地宣传社会主义。和加入临时政府的路易·勃朗不同，布朗基清楚地看到临时政府的资产阶级性质，他要求革命继续下去，以建立一个消灭剥削、解放无产阶级的新社会。他在3月22日致巴黎各民主俱乐部的一份宣言中写道："如果共和国只是以一种政府形式代替另一种政府形式，那共和国将是一个谎言。政府的形式改换是不够的，必须改变它的内容。"他认为，"共和国就是解放工人，消灭剥削统治，建立把劳动从资本的暴政下解放出来的新秩序"。他这样揭露资产阶级的"自由！平等！博爱！"的口号：

> 当人们缺少面包的时候，就没有自由。当豪富并列在贫困旁边制造丑事的时候，就没有平等。当女工领着自己的饥饿孩子沿着豪华的宅第乞怜的时候，就没有博爱。[2]

---

[1] 《布朗基文选》，第54页。
[2] 《布朗基文选》，第46页。

3月30日，布朗基在《法兰西邮报》上发表文章，指出：

资本的暴政比军事和宗教的暴政更加残酷。二月革命的目的，就是要摧毁资本暴政。这个目的也就是中央共和社的目的，每个社员誓为实现这个目的而奋斗到底。①

马克思、恩格斯认为，共产主义不仅仅是一种学说，而首先是一种运动。真正的共产主义者必须同时是一个坚定的革命者，必须具有坚韧不拔的革命精神和不尚空谈的实践精神，在形形色色、五花八门的社会主义学说充斥欧洲的19世纪中叶，布朗基的革命性是十分突出的。在这一点上，布朗基的社会主义比起其他流派来，最接近马克思主义。我们不妨引用布朗基的一封信来加以说明。这封信是他因1848年5月15日事件被捕后在贝尔岛监狱里写给巴尔贝斯俱乐部成员梅拉的。布朗基在这封长信中谈到了社会主义和革命之间的关系："社会主义，就是相信从这些理论的实践中产生出来的新秩序。……社会主义是带电的火花，它照耀并激励着人民群众。人民群众也只有在这些学说的鼓舞下才会行动起来……你们不要弄错了，社会主义就是革命。革命也就是社会主义。取消社会主义，人民的火焰就熄灭了，沉寂和黑暗就会笼罩整个欧洲。"② 布朗基在他所撰写的时评中多次批判那些企图不通过革命就着手建设新社会的空想主义者和互助主义者。他在1869～1870年写成的一篇文章中说：

共产主义者从来就是民主主义最勇敢的先锋队，而追求空想者却在所有反动政府面前竞相献媚，用侮辱共和国来乞求政府的恩赐，这一明显的事实就足够说明二者的区别了。③

在空论的社会主义到处泛滥，而以社会主义者自诩的路易·勃朗在革命中叛卖无产阶级利益的时候，布朗基对社会主义的忠诚坚贞就显得尤为难能可贵。正是由于这种精神，布朗基赢得了马克思的尊敬。马克思称他为"革命共产主义的高尚的蒙难者"。

---

① 《布朗基文选》，第47页。
② 《布朗基文选》，第59～60页。
③ 《布朗基文选》，第93页。

马克思对布朗基的支持和肯定是有原则的，也是从法国工人运动发展的具体情况出发的。在马克思主义尚未在法国工人运动中占据统治地位，在法国真正的马克思主义政党尚未建立的时候，布朗基的主张比较起来最能反映工人群众的利益，尤其是在 1848 年革命时期，更是如此。布朗基的弱点和局限性是当时法国工人运动不够成熟的一种反映。马克思正是从这种具体情况出发，对布朗基采取爱护和帮助的态度。国际工人协会成立初期，马克思曾经通过拉法格影响布朗基，争取他和他的信从者加入第一国际；19 世纪 60 年代末，国际工人协会总委员会又通过拉法格促进布朗基主义者同"左翼"蒲鲁东主义者之间的团结。19 世纪 70 年代中叶以后，随着马克思主义在法国的日益传播，法国工人党的建立，布朗基因年迈和长年被囚禁，影响和作用已大不如前。马克思在著述和书信中也很少再提到他了。

马克思对布朗基的肯定，只限于他积极的一面。对他的弱点和错误，马克思是进行严肃批评的，他不容许把科学社会主义和布朗基主义混为一谈。布朗基的历史观未能摆脱唯心主义的羁绊，他认为"正义是社会机体的酵母"[1]，"共产主义是普及教育的必然产物"。[2] 布朗基的经济观点是混乱的。他虽然真诚地为无产阶级的事业奋斗了一生，但却缺乏对无产阶级的科学概念。他不信任群众性的政党，以为依靠为数不多的具有高度纪律的职业革命家的密谋，便可导致革命的成功。对于密谋策略，马克思从来是深恶痛绝的。可见，马克思对布朗基的支持和肯定，是从当时法国工人运动的实际水平出发的。支持运动中积极的因素，并通过这种支持教育工人群众，以提高运动的水平。在这方面，马克思对 1848 年革命时期布朗基的支持，为我们提供了一个很好的范例。他所采取的既从实际出发又不丧失原则的态度，至今仍值得我们认真学习。

（原载《国际共运史研究资料》第 11 辑，人民出版社，1984）

---

[1] 《布朗基文选》，第 126 页。
[2] 《布朗基文选》，第 85 页。

马克思与第一国际总委员会

——纪念第一国际成立120周年

国际工人协会①是在19世纪50年代末60年代初欧洲工人运动重新高涨的基础上建立的。它是历史上第一个群众性的无产阶级国际组织。这个组织在团结欧美各国工人、传播科学社会主义理论,并使其同工人运动相结合方面,起了巨大的作用。国际工人协会存在的12年里,所建立的支部几乎遍布整个欧洲,继而越过大洋,扩展到美国和拉丁美洲的一些国家,影响所及,达到了澳洲的新西兰。会员和同情者人数最多时达200万。在一段时间内,国际工人协会曾是一股不容忽视的政治力量。恩格斯在1874年的一封信中说:

>十年来,国际支配了欧洲历史的一个方面,即蕴藏着未来的一个方面,它能够自豪地回顾自己的工作。②

国际工人协会的历史功绩是在总委员会的领导下取得的。总委员会是国际工人协会宣告成立的当天在伦敦圣马丁堂群众大会上产生的。以后每一次代表大会都重新选举总委员会的成员和确定它的所在地。但直到1872年海牙代表大会以前,总委员会没有进行过大的改组,所在地也每次都确定在伦敦。从第一届起,总委员会便享有加聘权,可以视需要增补新的委员。在这期间,总委员会的权限随着形势的变化而逐渐加大,由原来的"沟通各种互相合作的团体之间的联系的国际机关"③ 逐渐发展成为一个"有着自己集体制订的政策的领导机构"。④ 这个变化离不开马克思的辛劳

---

① 1889年第二国际成立后,国际工人协会又称作"第一国际"。
② 《马克思恩格斯选集》第4卷,人民出版社,1972,第413页。
③ 《马克思恩格斯全集》第16卷,人民出版社,1946,第17页。
④ 《第一国际总委员会会议记录(1871—1872年)》,莫斯科,1965,俄文版,第202页。

和智慧。从成立大会到 1872 年海牙代表大会，马克思都当选为总委员会委员。据总委员会记录统计，1864~1872 年总委员会设在伦敦期间，共召开过 399 次会议，马克思出席了 248 次，是出席会议和发言最多的委员之一。[①] 马克思还是总委员会的执行机关——常务委员会（又称"小委员会"）的成员，正是他使这个原先为起草国际工人协会纲领性文献而产生的临时机构，得以演变发展成总委员会的一个固定的工作班子。[②] 每个星期六晚上，常务委员会都召开会议，开会地点常常设在马克思的家里。该机构为总委员会起草决议，提出讨论方案，并通过通信书记同各国的支部和工人团体保持密切的联系。马克思除了一直担任德国通信书记之外，还在不同的时期兼任过其他国家的通信书记。伦敦总委员会时期国际工人协会的重要文件大多由马克思亲自执笔起草。马克思在总委员会里团结了一批无产阶级的先进战士，组成了核心力量。马克思对总委员会所做出的重大贡献，是任何人都无法比拟的。恩格斯在马克思生前就说过："到海牙代表大会时止，每届总委员会的灵魂都是马克思。"[③]

探讨总委员会的历史这个题目，我国共运史学界过去涉及不多，然而它的重要性是显而易见的。总委员会会议记录所提供的大量原始素材，可以使我们同国际工人协会这个组织之间的时代距离大大缩短，从而更清楚地认识到马克思在国际工人运动史上所建树的丰功伟绩。

一

自总委员会成立时起，马克思就十分注意维护它的无产阶级组织的独立性。

国际工人协会是在英、法工人和其他一些国家在伦敦的流亡者为声援波兰起义而举行的群众集会上成立的，初期带有相当的自发性。在成立大会上选出的总委员会成分很复杂，有英国工联领袖，有老欧文主义者，有

[①] 俄文版：《第一国际总委员会会议记录（1864—1866 年）·1865 年伦敦代表会议》，莫斯科，1961；《第一国际总委员会会议记录（1866—1868 年）》，莫斯科，1963；《第一国际总委员会会议记录（1868—1870 年）》，莫斯科，1964；《第一国际总委员会会议记录（1870—1871 年）》，莫斯科，1965；《第一国际总委员会会议记录（1871—1872 年）》，莫斯科，1965。以上各卷的英文版随后由莫斯科外文出版社出版。

[②] 《第一国际总委员会会议记录（1866—1868 年）》，第 9 页。

[③] 《马克思恩格斯选集》第 8 卷，第 39 页。

法国小资产阶级民主派人士，有意大利的马志尼主义者，还有英国资产阶级激进派的社会活动家，以及资产阶级慈善组织的代表人物等。他们中有些人千方百计利用日益高涨的工人运动来达到自己的目的，急于利用总委员会的加聘权扩大自己的势力。总委员会从一成立起便面临着一个严重的任务：捍卫国际工人协会的无产阶级性质，不容它为小资产阶级社会活动家和资产阶级激进派所左右。针对总委员会内部的这种复杂状况，马克思首先致力于增加总委员会中工人委员的人数，以改变它的成分构成。还在 1864 年 11 月 1 日的总委员会会议上，马克思就提议增补原共产主义者同盟成员列斯纳、普芬德二人为委员①。后来又提名沙佩尔为委员②，这些提议都被采纳。为了使国际工人协会能同英国工联的基层组织直接建立联系，马克思又在 1864 年 11 月 22 日的总委员会会议上提议，邀请工人团体作为集体会员参加国际工人协会。凡是加入国际的工人团体，都可以选出一名代表进入总委员会。总委员会保留接纳或拒绝这名代表的权利，此提案在当天以全票通过。③ 为了简化入会手续，总委员会随后又责成常务委员会拟出告各工人团体书，附上申请加入协会的表格，印成传单。④ 工人团体只需在表格的空白栏中填写团体名称和负责人的姓名，邮寄到总委员会所在地即可入会。工人团体加入国际工人协会的手续十分简便，也加强了国际工人协会中的无产阶级成分。

与此同时，马克思尽量说服总委员会不去吸收资产阶级政治家。在写给法国小资产阶级民主主义者⑤勒·吕贝的一封信里，马克思详细地谈到他不赞成英国资产阶级激进派人士比耳斯进入总委员会的理由："比耳斯的加入在公众的心目中会认为我们协会有了完全不同的性质：我们会变成他允许保护的许多团体中的一个。他挤进哪里，出身于他那个阶级的其他人也会跟着到那里，我们为使英国工人运动摆脱资产阶级和贵族的一切监护而作的有效的努力就会前功尽弃。"又说："我认为让比耳斯先生加入我们的委员会将使整个事业遭到破坏。"⑥ 特别要指出的是，马克思不是求助

---

① 《第一国际总委员会会议记录（1864—1866 年）·1865 年伦敦代表会议》，第 10 页。
② 《第一国际总委员会会议记录（1864—1866 年）·1865 年伦敦代表会议》，第 50 页。
③ 《第一国际总委员会会议记录（1864—1866 年）·1865 年伦敦代表会议》，第 15 页。
④ 《第一国际总委员会会议记录（1864—1866 年）·1865 年伦敦代表会议》，第 224~225 页。
⑤ 后来勒·吕贝也退出了总委员会。
⑥ 《马克思恩格斯全集》第 31 卷，人民出版社，1972，第 451 页。

于简单的表决来阻止"工人和资产阶级之间的中间人"比耳斯进入总委员会，而是通过在会下事先同总委员会的成员信件往来等办法，提出一些有说服力的理由，来同他们商量，使提名比耳斯的委员不再坚持自己的提议①，取得了圆满的结果。为了防止总委员会滥用加聘权，马克思还在1865年1月24日的会议上提出建议："提名总委员会的候选人至少要在选举前一周进行，选举时候选人不得在场。候选人必须是会员证持有者。"②根据马克思的建议通过的这项决议对限制不良分子进入总委员会有着实际的意义。例如，英国工联主义者布莱恩于1865年8月被提名为委员候选人，总委员会在讨论这一人选时便考虑了不同的意见。讨论一开始，英国工人运动活动家、曾一度担任总书记并在许多问题上支持马克思观点的罗伯特·肖便提出了异议，指出布莱恩在工人组织中从来不讲团结，在不久前的罢工运动中又表现动摇，态度暧昧，使人感到他不够诚实。肖发言之后，其他委员即表示，倘若情况属实，应将布莱恩的候选人资格取消。表决结果，与会的委员一致反对布莱恩进入总委员会。③

马克思很早就建议总委员会不设荣誉职务，以防止沽名钓誉的人混入。圣马丁堂的成立大会开过不久，路易·勃朗便投书总委员会，要求作为国际工人协会的名誉会员加入。由于在此之前总委员会已经通过了马克思的上述提案，路易·勃朗的要求遭到拒绝。这个在1848年革命中曾经出卖法国工人阶级利益的假社会主义理论家始终未能插手国际工人协会。事后马克思在给恩格斯的信中写道：

> 路易·勃朗写信给总书记克里默，说他赞同《宣言》，并为他未能参加圣马丁堂的大会等等而表示遗憾。总的说来，他写信的唯一目的是要人们吸收他为名誉会员。幸亏我预见到会有这种企图，早在此以前就促使通过一项决定，即无论谁都不能被邀请（工人团体除外），任何人都不能成为名誉会员。④

由于马克思努力维护国际工人协会的无产阶级性质，一些资产阶级和

---

① 《马克思恩格斯全集》第31卷，第86页。
② 《第一国际总委员会会议记录（1864—1866年）·1865年伦敦代表会议》，第29~30页。
③ 《第一国际总委员会会议记录（1864—1866年）·1865年伦敦代表会议》，第79页。
④ 《马克思恩格斯全集》第31卷，第42页。

小资产阶级活动家在他们改变协会性质的企图失败之后,相继退出了总委员会。资产阶级慈善组织"劳动阶级物质改善同盟"的一些成员在圣马丁堂成立大会上曾被选为总委员会委员,他们从一开始便急于把国际工人协会合并到该同盟中去。在一次马克思未出席的总委员会会议上,一些委员曾建议授权常务委员会讨论两个组织合并的问题。① 但马克思在其中有着更大影响的小委员会否决了这一建议。结果,"劳动阶级物质改善总同盟"的领导人泰勒和费伊西于10月退出了总委员会。经过马克思和一批先进的工人活动家一段时间的努力,到1866年春,国际工人协会总委员会已经成为一个以工人为主体的机构。欧洲国家的许多工人团体都有代表进入总委员会。当然,要维护总委员会无产阶级组织的独立性,仅改变委员成分是不够的。更重要的是,总委员会贯彻的路线必须代表无产阶级的根本利益,必须科学地反映无产阶级的愿望与要求。只有这样,才不致被各种资产阶级和小资产阶级的活动家所利用,成为他们的附庸。要做到这一点,在当时是相当困难的。正是由于马克思的胆略和智慧,这个任务才得以完成。马克思清楚地知道,不能脱离当时整个运动的水平过急过高地提出各国工人尚不能理解和难以接受的口号,而必须从工人运动的实际情况出发,加以引导,特别要善于把各国工人在日常斗争中提出的分散的要求同工人阶级的伟大目标——推翻资本主义制度联系在一起。

马克思认为,不管在什么情况下,总委员会都必须维护无产阶级的根本利益。愈是在严峻的时刻,愈是要保持无产阶级组织的独立性,愈是要捍卫国际的原则。普法战争爆发和巴黎公社失败以后,美国的几十个支部内部斗争激烈,大部分成员是小资产者和资产阶级改良主义者的第十二支部和第九支部,发表了一个所谓专为北美国际各支部制定的新纲领,歪曲国际工人协会的宗旨,用资产阶级的虚伪的政治平等和社会自由的口号来代替国际共同宣言中所提出的"夺取政权已成为工人阶级的伟大使命"的论断。以左尔格为首的马克思的拥护者同这股改良主义思潮进行了坚决的斗争,维护了北美联合会委员会的领导。他们投书总委员会和马克思,请求对北美诸支部之间的争论进行干预。马克思对这场冲突十分重视。他在研究了争论双方的材料之后,向总委员会做出了报告。② 根据马克思的报

---

① 《第一国际总委员会会议记录(1864~1866年)·1865年伦敦代表会议》,第7页。
② 《第一国际总委员会会议记录(1871~1872年)》,第78~79、82页。

告，总委员会经讨论后决定，按照巴塞尔代表大会上通过的关于扩大总委员会权限的决议，把北美第十二支部暂时开除出国际，听候下届代表大会裁决，并且建议北美联合会委员会今后不接受新的支部，除非该支部的会员中有 2/3 以上是雇用工人。1872 年 5 月 21 日，马克思在总委员会的发言中重申暂时开除第十二支部这一决议的正确性，因为第十二支部所散发的纲领直接同国际工人协会的纲领性文献的精神相悖，违背了国际工人协会的原则，制造了思想混乱。马克思激愤地说道：“当前我们正处在相当危急的时期，更加不能容忍任何损害国际工人协会原则的现象。"①

二

为使国际工人协会成为一个有战斗力的组织，马克思在一开始制定协会的纲领性文献的时候，就注意规定了总委员会的领导地位。以后，随着欧美各国工人运动的进一步发展，历届代表大会又多次对章程和组织条例进行了修改。总委员会的权限得到了扩大。1864 年 10 月 5 日，总委员会在第一次会议上就成立了起草纲领性文献的专门委员会，即常务委员会。马克思从一开始就被选入其中，并且起着决定性的作用。恩格斯在谈到这个问题时写道："……得到通过的是马克思所拟定的草案，从此以后马克思就稳固地取得了对国际的领导。"②

马克思在起草《成立宣言》和《临时章程》时就注意规定了总委员会的领导作用。在宣言中，马克思指出了组织对无产阶级的重要意义。他写道，无产阶级"已经具备了作为成功因素之一的人数"，但仅仅有一定的人数是不会成功的，还必须"组织起来并为知识所指导"，只有这时"人数才能起决定胜负的作用"。③ 接着，马克思提到过去的教训，即由于忽视各国工人之间的兄弟团结，致使分散的努力遭到了共同的失败。因此，国际工人协会决心从以往的失败中汲取教训，建立起能够保证各国工人兄弟团结的组织，并且这个组织必须是为"知识"所指导的。这里，已经孕育着无产阶级要完成肩负的使命，必须组织起以革命理论为指导的政党这一思想。马克思起草的《临时章程》已经在某种意义上赋予总委员会以领导

---

① 《第一国际总委员会会议记录（1871—1872 年）》，第 148 页。
② 《马克思恩格斯全集》第 22 卷，人民出版社，1965，第 398 页。
③ 《马克思恩格斯全集》第 16 卷，人民出版社，1964，第 13 页。

机构的职权。如第六条规定,总委员会应"使一个团体中提出的但具有普遍意义的问题能由一切团体加以讨论,并且在需要立刻采取实际措施时,例如在发生国际冲突时,使所有加入协会的团体能一致行动"。此外,还规定总委员会"在一切适当场合……应主动向各个全国性团体或地方性团体提出建议"。① 这些规定对以后总委员会行使领导职权具有决定性的意义。比如,在普法战争期间,总委员会曾发出两篇宣言,号召各国工人一致行动,反对这场王朝战争。宣言对交战双方统治集团的政策做了分析,帮助国际会员认清了当时的形势。

在1866年的日内瓦代表大会上,马克思除在章程中继续保留有关总委员会的条文外,还在新增加的《条例》里以较多的篇幅规定了总委员会的权限。《条例》第一条便是"总委员会受权执行代表大会的决议"。它又具体分为两点,即"收集各中央委员会送交给它的一切材料"和"负责组织代表大会并在各中央委员会的协助下把代表大会的议程通知每个分部"。②《条例》第二条又规定:"总委员会应在经费许可的范围内经常出版通报,报道国际工人协会所关心的一切情况。"③为了使总委员会能够及时地掌握各国支部的活动情况,第五条规定:"各中央委员会的负责人员应向总委员会每月至少呈交一次报告,在必要时则不止一次。"④ 可见,日内瓦代表大会上通过的《条例》所规定的总委员会的权限范围,比《临时章程》显然明确具体得多了。《条例》的最后两条具有特别重要的意义。第十四条规定:"每个分部有权根据当地条件和本国法律的特点拟定自己的条例和章程,但其内容不得与共同章程和条例有任何抵触。"⑤ 第十五条规定,如果要修改章程和条例,须由出席代表的2/3提出要求。⑥ 这些规定保证了国际在组织上和思想上的统一,防止了宗派活动。尤其是在19世纪60年代末期,当国际工人协会的组织有了很大的发展,开辟了一些新的地区的时候,维护统一性、防止宗派活动就显得格外重要。从布鲁塞尔代表大会到巴塞尔代表大会,这一年是国际工人协会最兴旺的时期,大发展也带来

---

① 《马克思恩格斯全集》第16卷,第17页。
② 《马克思恩格斯全集》第16卷,第601页。
③ 《马克思恩格斯全集》第16卷,第601页。
④ 《马克思恩格斯全集》第16卷,第602~603页。
⑤ 《马克思恩格斯全集》第16卷,第602~603页。
⑥ 《马克思恩格斯全集》第16卷,第602~603页。

了新的问题,委员会的担子加重了。为此,1869 年召开的巴塞尔代表大会专门就总委员会的权限问题做出了决议,规定在应届全体代表大会召开之前,总委员会有权接纳或拒绝支部参加国际;总委员会也有权撤销或解散旧支部;在代表大会闭会期间,总委员会有权裁决一国的各个支部之间发生的冲突。

巴黎公社失败以后,总委员会遭到外部和内部的双重打击,经历了一个困难的时期。在这种情况下,马克思更加重视维护国际工人协会章程和条例,驳斥对它们的种种歪曲,尤其反对巴枯宁主义者关于无产阶级反对一切权威的谬论。巴黎公社的经验证明,无产阶级必须建立自己的以科学社会主义理论为指导的政党。同时,公社失败所引起的国际内部的激烈分化表明,必须赋予委员会以更多的权力,只有这样才能维护国际的旗帜。于是,进一步修改章程和条例的任务便提上了日程。

在一片白色恐怖之下,公开召集国际工人协会的代表大会是不可能的。经恩格斯提议,总委员会决定再次在伦敦召开秘密会议。为了保证会议开好,马克思在 1871 年 8 月 15 日的总委员会会议发言中建议:"此次代表会议的讨论范围应局限于纯组织问题和策略问题。因为在当前的情况下,组织问题是最重要的。"① 马克思还在这次会议上提议授权常务委员会在一周之内拟出代表会议的讨论大纲。马克思的这些建议都被采纳了。② 在 1871 年 9 月召开的伦敦代表会议上,马克思和一年前进入总委员会的恩格斯大力支持了公社流亡者、新增补的总委员会委员瓦扬提出的关于工人阶级的政治行动的提案,驳斥了巴枯宁主义者关于放弃政治的错误论调。他们的发言构成伦敦代表会议一项决议的基础。这项著名的决议指出:

> 工人阶级在它反对有产阶级联合权力的斗争中,只有组织成为与有产阶级建立的一切旧政党对立的独立政党,才能作为一个阶级来行动;工人阶级这样组织成为政党是必要的,为的是要保证社会革命获得胜利和实现这一革命的最终目标——消灭阶级……③

这项决议直接向国际会员宣传《共产党宣言》的原理。它以压倒性多

---

① 《第一国际总委员会会议记录(1871—1872 年)》,第 193~194 页。
② 《第一国际总委员会会议记录(1871—1872 年)》,第 193~194 页。
③ 《马克思恩格斯全集》第 17 卷,人民出版社,1963,第 455 页。

数通过了。

为了巩固国际成立七年以来的斗争成果，把它用文字固定下来，为以后将陆续建立的各国工人政党提供范例，马克思和恩格斯在伦敦代表会议之后用了许多精力来重新修订章程和条例，并且亲自关注这些文件的德译本和法译本的翻译工作。在马克思和恩格斯的推动下，总委员会在海牙代表大会之前用了整整一个夏天的时间讨论章程和条例。① 这样做还为了反击无政府主义者对总委员会的攻击。伦敦代表会议以后，比利时支部联合会、意大利支部联合会和瑞士汝拉地区支部联合会相继做出决议，不承认伦敦代表会议的决议，要求改组总委员会，进而要求修改协会的章程。这些支部联合会宣布，国际工人协会应当是各个自治的支部联合会的联合体，总委员会仅仅是负责联络与咨询工作的中央机关，这种论调在总委员会内部也有支持者。巴枯宁主义者在总委员会内部是有代理人的。有关总委员会权限问题的争论，关系到国际的生死存亡。马克思和恩格斯采取了毫不妥协的原则立场。在1872年6月25日的总委员会会议上，马克思重申了巴塞尔大会所做出的关于总委员会有权暂时开除支部这一决议的意义，并且建议扩大总委员会的这一权限，即在必要时也可以暂时开除联合会和联合会委员会。②

经过总委员会充分准备之后召开的海牙代表大会，批准了章程和组织条例的新文本。伦敦代表会议所通过的《关于工人阶级的政治行动》决议被列入章程第七条，条例的第二章（总委员会）第二条经补充后的行文是这样的："总委员会必须执行代表大会的决议，并且监督每一个国家严格遵守国际的共同章程和条例的原则。"③ 第六条改用下列条文："总委员会也有权将国际的分部、支部、联合会委员会以及联合会暂时开除，直到应届代表大会为止。……"④ 这是巴塞尔大会有关决议的进一步发展。马克思在海牙大会上的发言强调了扩大总委员会权限的重要意义。海牙大会严厉谴责了巴枯宁的所谓"社会主义民主同盟"的分裂活动，把他和另一个无政府主义头目詹·吉约姆开除出国际工人协会，并再次重申了1871年伦敦代表会议上通过的取消一切宗派名称，所有的国际组织一律冠以国名地

---

① 《第一国际总委员会会议记录（1871—1872年）》，第14页。
② 《第一国际总委员会会议记录（1871—1872年）》，第175页。
③ 《马克思恩格斯全集》第18卷，人民出版社，1964，第166~167页。
④ 《马克思恩格斯全集》第18卷，第166~167页。

名的规定。这些规定对巩固总委员会的领导地位，打击宗派分裂活动，防止异己分子掠夺协会和支部的领导权，都是十分必要的。海牙大会所通过的关于修改章程和条例的决议，体现了国际工人协会成立八年以来思想上和组织上的发展变化。

国际工人协会的纲领性文献虽然已经确定了总委员会的领导地位，但这毕竟是纸上的东西。总委员会能不能真正发挥作用，还有待于实践的检验。马克思非常重视这一问题。他认为，总委员会应当通过日常工作扩大影响，在实际斗争中建立起自己的威信。

要扩大总委员会的影响，首先必须在各国建立支部。国际成立后几个月，法国、瑞士、比利时便出现了第一批支部。总委员会对这些支部的组成起了促进作用。但更为重要的任务是，如何保证这些新建的支部的无产阶级性质，防止资产阶级激进派和小资产阶级民主派对它们的控制。在这方面，总委员会做了许多工作。1865年春，比利时资产阶级民主派人士封丹企图在布鲁塞尔建立国际支部，却有意回避该国已有的工人组织。不仅如此，事情竟发展到阻挠比利时的工人组织同总委员会发生联系的地步。总委员会得知这一情况后，很快对比利时的工作进行了干预。结果，比利时建立了以反天主教的工人民主协会"人民"为基础的支部，封丹被排除在外。

在一些新建立的支部里，常常出现内部矛盾。在解决这些问题时，总委员会常得到马克思的帮助。1865年春天巴黎支部发生纠纷，起因是法国的资产阶级共和主义者、记者勒弗尔制造不和。勒弗尔曾参与英、法两国工人联系的一些工作，就以国际工人协会奠基人自居，从一开始便觊觎巴黎支部的领导权，对总委员会委任托仑①、弗里布尔等工人为巴黎支部的总委员会通信员甚为不满。勒弗尔等人不服从经总委员会批准的巴黎支部理事会的领导，在国外的报刊上攻击巴黎支部理事会，并缺乏事实根据地说托仑受雇于拿破仑三世。马克思十分重视这一在报刊上败坏国际声誉的事件。② 他委托席利在法国对此事进行调查。总委员会听取了托仑、弗里布尔和勒·吕贝（后者同情勒弗尔）关于巴黎支部一次有32人参加的会议的情况报告，经会议研究，最后通过了由马克思起草的关于巴黎支部内

---

① 几年后托仑背叛国际工人协会，被开除，当别论。
② 《马克思恩格斯全集》第31卷，第44~45页。

部的冲突的决议。① 决议保留了总委员会监督巴黎支部事务的权力，同时加强了巴黎支部理事会的力量。马克思重视在实际斗争中提高总委员会威望的又一个突出的例子，是推迟国际工人协会第一次代表大会的召开。根据总委员会 1864 年 11 月 1 日通过的协会临时章程，协会应在翌年 9 月在比利时首都布鲁塞尔召开第一次代表大会。但是，到了 1865 年夏天，种种迹象表明按期召开这次代表大会条件尚不具备：不少支部尚未建立起来，而新建立的支部在组织上和思想上都不成熟。马克思根据这种情况写信给恩格斯说，匆忙召开代表大会"只能败坏我们的声誉"。② 尽管当时巴黎支部理事会不经总委员会同意就向国际的其他支部发出了公开信，号召按期召开第一次代表大会，并且附有大会的议程草案，瑞士支部也力主按期召开代表大会，总委员会内也有人附和这种意见，马克思还是力排众议，终于说服了总委员会推迟召开代表大会。当 7 月 18 日总委员会收到弗里布尔写的关于巴黎支部理事会再次要求按期召开代表大会的来信时，委员们已经取得了一致的意见。总委员会通过了埃卡留斯等二人提出的"把这个问题留待下次会议研究"的决议。③ 在 7 月 25 日的全体会议上，总委员会讨论通过了常务委员会事先准备好的决议草案，说明了推迟召开代表大会，代之以不公开的代表会议的三点原因。④ 这项决议还对伦敦代表会议的范围、人数、经费、议程都做出了详细的规定。1865 年 9 月召开的伦敦代表会议开得很成功。它有两种开会形式：白天常务委员会同代表一起用秘密会议的方式讨论组织问题，晚上全体总委员会成员和代表出席公开会议。这种做法保证了常务委员会能够发挥核心作用。代表会议期间总委员会会同蒲鲁东主义者就波兰问题是否列入议程、参加代表大会的代表是否必须持有委托书这两个问题发生了争论，结果总委员会都取得了胜利。伦敦代表会议巩固了总委员会在国际工人协会中的领导地位，使更多的有战斗力的无产阶级战士团结在总委员会的周围。

  总委员会正是在实践中通过这样艰苦的斗争，在欧美工人运动中逐渐建立起威信的。

---

① 《马克思恩格斯全集》第 16 卷，第 91~92 页。
② 《马克思恩格斯全集》第 31 卷，第 136 页。
③ 《第一国际总委员会会议记录（1864—1866 年）·1865 年伦敦代表会议》，第 70~71 页。
④ 《第一国际总委员会会议记录（1864—1866 年）·1865 年伦敦代表会议》，第 70~71 页。

三

国际工人协会要成为一个能够坚决捍卫无产阶级利益的战斗组织，就必须具有广泛的群众性，而不应该是宗派密谋式的团体。马克思在给弗·波尔特的信中写道："成立国际是为了用真正的工人阶级的战斗组织来代替那些社会主义的或半社会主义的宗派。"他接着指出："要不是历史的进程已经粉碎了宗派主义，国际就不可能巩固。社会主义的宗派主义的发展和真正工人运动的发展总是成反比。"①

对当时欧美工人运动的复杂状况，马克思有清醒的认识。他看到，1848年革命失败之后，工人运动经过近十年的沉寂，在19世纪50年代末又重新复苏了。复苏的工人运动主要存在着两方面的问题，阻碍着科学社会主义的传播。一方面，由于工人队伍中涌进了大量的破产的小生产者，小资产阶级的社会主义在工人阶级之中还很有影响；另一方面，19世纪50年代就已形成的英国工人贵族在英国工联运动中很有影响。他们散布资本主义制度不可动摇，工人和资本家可以互利互惠的改良主义思想。这种改良主义思潮在总委员会的英国委员身上也有反映。针对这种情况，马克思认为必须采取既从实际出发又不丧失原则的策略。他在1864年11月4日给恩格斯的信中写道：

> 要把我们的观点用目前水平的工人运动所能接受的形式表达出来，那是很困难的事情。……重新觉醒的运动要做到使人们能像过去那样勇敢地讲话，还需要一段时间。这就必须实质上坚决，形式上温和。②

马克思成功地做到了这一点。他在为国际工人协会起草《成立宣言》和《临时章程》的时候，考虑到了各国工人阶级处于运动发展的不同阶段，没有使用《共产党宣言》中的某些词句，而是用那些尚未克服宗派主义影响的工人也能接受的表述形式来强调《共产党宣言》的基本思想。他

---

① 《马克思恩格斯全集》第33卷，人民出版社，1973，第332页。
② 《马克思恩格斯全集》第31卷，第17页。

把无产阶级的国际团结和工人运动的阶级独立性作为加入国际工人协会各团体的共同纲领，并用"工人阶级的解放应该由工人阶级自己去争取"的提法来表述，获得了各工人组织的信任。恩格斯后来在回顾国际初创时写道："当马克思创立国际的时候，……就是由于国际所容纳的范围这样广泛，它才成为它当时的那个样子，即成为逐步溶解和吸收除无政府主义者外的各个比较小的宗派的一种工具。"①

马克思认为，要使国际成为这样的能够容纳并且逐步溶解各种宗派的无产阶级战斗组织，首先必须使它的领导机构总委员会同一切宗派主义和密谋策略划清界限。在这方面不能有丝毫的含糊。在对待费·皮阿发言所引起的事端的态度上，我们可以看到这一点。

1868年7月7日，总委员会听取了关于比利时政府对国际会员采取敌对行动的报告。这次敌对行动是由布鲁塞尔一家报纸刊载了皮阿在伦敦的一次有国际法国流亡者支部成员参加的纪念1848年六月起义20周年的公众集会上的发言引起的。皮阿在发言中要求对拿破仑三世采取恐怖主义手段。② 报纸把费·皮阿作为国际工人协会的一位领导人加以报道，从而引起了各界对国际工人协会的强烈反感。比利时的国际委员对此报道将信将疑，他们宣布，如若真相如此，他们将声明反对法国流亡者支部的观点。③马克思在听取了上述报告之后十分重视。皮阿的主张同国际工人协会的一贯方针毫无共同之处，国际历来是反对密谋策略的。马克思指出这类事件将败坏国际工人协会的声誉。他建议总委员会立即发表声明，宣布国际工人协会同这次公众集会无关，费·皮阿并非国际会员。④ 总委员会采纳了马克思的建议，五天后（7月12日）便在报纸上发表了声明。⑤

国际工人协会要成为能吸收和溶解各种宗派的熔炉，还必须通过国际内部各个支部和工人团体的共同行动，在实际斗争中逐渐克服资产阶级和小资产阶级的思想影响。因此，大力加强国际同工人群众的联系，积极支援和参加工人群众的斗争，就成为十分必要的工作。在这一方面，马克思同样起了显著的作用。他在总委员会会议上提出了许多如何联系群众的建

---

① 《马克思恩格斯选集》第4卷，第460页。
② 《第一国际总委员会会议记录（1868—1870年）》，莫斯科，1964，俄文版，第299页。
③ 《第一国际总委员会会议记录（1866—1868年）》，莫斯科，1963，俄文版，第158页。
④ 《第一国际总委员会会议记录（1866—1868年）》，莫斯科，1963，俄文版，第158、301页。
⑤ 《第一国际总委员会会议记录（1866—1868年）》，莫斯科，1963，俄文版，第158、301页。

议。如他主张总委员会派出委员或组成代表团参加工人的会议,以便及时了解来自工人群众的呼声,宣传国际工人协会的宗旨。总委员会记录中专门辟有"代表团报告"一栏,记载总委员会派出人员的报告。我们仅从1866年5月1日这一天的记录中便可看出总委员会同工人组织的密切联系。这天的记录上载有荣克和拉法格受总委员会之托前去会见石匠工会的情景。总委员会的这两位代表受到了热烈的欢迎,工人们答应支持国际工人协会,他们埋怨协会没有早些派人来同他们联系。同一天的会议上,总书记克里默报告了他受总委员会之托参加坤鞋工会会议的事。由于克里默在那次会上没有机会发言宣传国际工人协会的思想,工人们感到歉意,特意邀请他出席下一次会议,并且答应为他的发言安排时间。接着,克里默又报告说,他已经同装订工人工会的书记联系过了,该工会邀请总委员会派出代表团出席即将召开的会议。①

总委员会在联系工人群众时,十分注意团结非熟练工人,吸收他们加入国际工人协会。国际工人协会之所以能比较快地在欧美主要国家产生影响,在很大程度上是由于马克思善于及时地提出能得到工人群众广泛支持的口号。这里一个突出的例子是对待罢工的态度。马克思最早提出应把支援各地罢工作为总委员会的一项重要工作。1865年4月25日总委员会会议记录上写道:"接着,马克思向公民宣读了莱比锡印刷工人的来信,工人在信中报道了罢工的情况,并表示希望得到伦敦排字工人的支援。"② 这封信是4月15日写的,信中反映了同年3月650名莱比锡印刷工人为争取提高工资而举行罢工的呼声。马克思认为支援罢工工人是国际工人协会不可推卸的义务。他接到这封信后,便提交总委员会会议讨论。4月25日的会议决定,总委员会立即同伦敦排字工人联系,商谈支援莱比锡印刷工人罢工事宜。马克思亲自参加了这次商谈活动。这一天的会议记录上记载着如下决议:"公民福克斯、马克思和克里默受委托走访伦敦排字工人协会。"③ 从这时起,支援各国工人的罢工斗争便成为总委员会的一项日常工作。国际工人协会支援过1866年春的英国成衣工人罢工、1867年2月至3月间的巴黎青铜工人罢工、1868年春的日内瓦建筑工人罢工等许多次欧洲国家的工人罢工。总委员会采取了多种形式来支援罢工的阶级兄弟,包括

---

① 《第一国际总委员会会议记录(1864—1866年)·1865年伦敦代表会议》,第129页。
② 《第一国际总委员会会议记录(1864—1866年)·1865年伦敦代表会议》,第51页。
③ 《第一国际总委员会会议记录(1864—1866年)·1865年伦敦代表会议》,第51页。

组织募捐援助工人家庭,在报刊上揭露资本家和政府镇压工人的暴行,向其他国家的工人发出忠告,谨防企业主从国外输入劳动力来破坏罢工,等等。

马克思预见到,通过对各国罢工的支援将提高工人阶级的阶级觉悟,培养他们的国际主义精神,因而也有助于克服各种错误的宗派情绪。他在为日内瓦代表大会起草的《临时中央委员会就若干问题给代表的指示》中写道:

> 我们协会至今成功地执行着的一个特殊职能,就是反对资本家在工人罢工和同盟歇业时随时准备利用外国工人作为工具来对付本国工人的阴谋。协会的伟大目的之一就是要尽力使各国工人在争取自身解放的统一大军中不仅有兄弟和同志那样的感情,而且像兄弟和同志那样地行动。①

各国工人之间的兄弟团结,一直被马克思视作最重要的精神力量。

马克思在支援各地罢工工人的斗争时,十分注意提高无产阶级的国际主义觉悟。为此,马克思经常主动承担具体任务。如为支援爱丁堡成衣工人罢工,马克思及时地在《上莱茵信使报》上撰文,向德国裁缝帮工提出忠告,说明英国资本家为了破坏罢工,到德国去招募裁缝帮工,"这种输入的目的同把印度的 coolies(苦力)输入牙买加一样,就是要使奴隶制度永远保存下去"。他指出:"对于德国工人来说,向国外证明,他们也像自己的法国、比利时和瑞士的兄弟们一样,能够维护本阶级的共同利益,而不会同意在资本反对劳动的斗争中充当资本的顺从的雇佣兵,乃是有关他们荣誉的事情。"②为了挫败资本家的阴谋,总委员会派出了两名工人去爱丁堡,说服被资本家从德国和丹麦雇来的成衣工人,从而"破坏了输入者和被输出者之间的合同"。③总委员会的这一做法,扩大了国际工人协会在工人群众中的影响。

马克思十分清楚,通过支援各国工人的罢工斗争,就有可能在斗争的实践中逐渐克服蒲鲁东主义、拉萨尔主义在罢工问题上的错误观点的有害

---

① 《第一国际总委员会会议记录(1864—1866 年)·1865 年伦敦代表会议》,第 214 页。
② 《第一国际总委员会会议记录(1864—1866 年)·1865 年伦敦代表会议》,第 184~285 页。
③ 《马克思恩格斯全集》第 31 卷,第 217 页。

影响。蒲鲁东主义者和拉萨尔主义者反对工人进行罢工，认为罢工不会给工人带来好处。这种观点在总委员会内部也有强烈的反应。英国委员、前欧文主义者韦斯顿从资产阶级政治经济学出发，于 1865 年 5 月在总委员会的会议上提出，工人要求增加工资不仅不会达到改善生活待遇的目的，反而会给其他部门的工人带来降低生活水平的影响。韦斯顿要求在总委员会内部讨论这个问题。为了消除这种错误理论对工人运动带来的影响，并用正确的理论武装工人阶级，马克思花了近一个月的时间写成了《工资、价格和利润》，在 1865 年 6 月 20 日和 27 日两次总委员会会议上做了详尽的报告。这个报告从理论上驳斥了韦斯顿的观点，为工人因要求增加工资而进行的罢工提出了充分的理论依据，既肯定了经济斗争在工人解放事业中的地位，又向工会提出了要组织工人阶级反对整个雇佣劳动制度的任务。报告批判了英国工联只把罢工看成工会组织工人向资本家争得微小让步的一种手段，批判了工联中盛行的"做一天公平的工作，得一天公平的工资"的口号。马克思批评工联"只限于进行游击式的斗争以反对现存制度所产生的结果，而不同时力求改变这个制度，不运用自己有组织的力量作为杠杆来最终解放工人阶级，也就是最终消灭雇佣劳动制度"。[①] 由于韦斯顿关于工资和罢工问题的观点同蒲鲁东主义的有关观点相近，而拉萨尔主义又轻视经济斗争的作用，因而马克思在总委员会内同韦斯顿的这场论战，不仅有着重要的理论意义，而且对反对当时存在于工人运动中的各种宗派也有着现实意义。

* * *

第一国际成立距今整整 120 年了。它为国际无产阶级留下的宝贵历史经验，是同马克思的名字紧紧连在一起的。马克思是总委员会的灵魂，作为科学社会主义理论的创始人，他直接投身于工人运动。第一国际总委员会的繁重工作，占用了革命导师一生中宝贵的八年时光。为了无产阶级的解放，马克思心甘情愿地做出了巨大的牺牲。他把为国际无产阶级的第一个群众性政治组织贡献力量，看作同各国工人一起反抗资本主义制度的光辉实践。通过实践的检验，科学社会主义的理论又得到了进一步的发展。

[①] 《马克思恩格斯全集》第 16 卷，第 159 页。

恩格斯说过："摩尔的一生，要是没有国际，便成了挖去了钻石的钻石戒指。"① 可见第一国际这段光辉实践对马克思主义的发展有着多么重要的意义。今天，资本主义的统治已在一些国家被推翻，在那里，社会主义制度已经建立。世界上愈来愈多的人为共产主义奋斗着。共产主义是运动。让我们沿着马克思指引的道路创造性地建设我们的社会主义国家。

（原载《世界历史》1984年第4期）

---

① 《马克思恩格斯全集》第36卷，人民出版社，1975，第44页。

马克思的《法兰西内战》

马克思写的《法兰西内战》一书，对法国两大对立阶级的搏斗、巴黎公社的起因及战斗历程做了科学的分析，对公社的历史意义做了很高的评价，是我们研究巴黎公社和学习马克思主义理论的必读著作。

1871年5月30日，也就是在巴黎公社的最后一批战士倒在血泊中之后的第三天，马克思在国际工人协会总委员会宣读了这部著作。它被作为总委员会的宣言一致通过。早在4月18日，总委员会就决定委托马克思起草这一宣言。在写作之前，马克思详尽地搜集了有关资料。仅从各种报刊摘录的消息，就有厚厚的一大本。《法兰西内战》最后定稿之前，曾有过两个稿本。马克思为这部著作付出了巨大的劳动。

要理解马克思的这部著作，掌握它的精神实质，首先要明了马克思写作的背景和目的。马克思着手起草初稿时，正值4月下旬，当时巴黎公社同凡尔赛之间的斗争正在激烈进行。法国工人阶级的壮举震撼了世界。欧洲各国统治阶级的报纸站在梯也尔政府方面，争相攻击公社。马克思在4月6日写给威廉·李卜克内西的信中指出：

> 你千万一个字也不要相信报纸上出现的关于巴黎内部事件的种种胡说八道。这一切都是谎言和欺骗。资产阶级报纸上那一套下流的胡言乱语还从来没有表现得这样出色。①

马克思把驳斥反动势力对公社的种种诽谤，还事实以本来面目，作为自己的一个任务。

在马克思开始起草初稿时，已经预见到巴黎公社战胜凡尔赛的希望愈来愈小了。但是对这次革命的实质和深远的历史意义，又只有他看得最清

---

① 《马克思恩格斯全集》第33卷，人民出版社，1973，第202页。

楚。还在4月17日时,他就在给路·库格曼的信中指出:"工人阶级反对资本家阶级及其国家的斗争,由于巴黎人的斗争而进入了一个新阶段。不管这件事情的直接结果怎样,具有世界历史意义的新起点毕竟是已经取得了。"① 因此,从理论上分析巴黎公社的历史意义和经验教训,纠正工人运动内部各种非马克思主义流派对公社的曲解,提高各国工人对公社的认识,使他们从对公社自发的同情上升到理性认识的高度,便成为摆在马克思面前的更为重要的任务。马克思通过撰写《法兰西内战》出色地完成了上述任务。

文章的标题被定为《法兰西内战》并不是偶然的。一般说来,既然马克思的著作是为了总结公社的历史经验,那么为什么不采用《巴黎公社起义》或者《公社的教训》一类的题目呢?读了原著就可以知道,全文四节中,除第三节外,其余三节主要写反动统治阶级这方面的活动。所谓内战,指的就是法国反动势力强加给法国人民(以巴黎工人为代表)的战争。通过这部著作,马克思首先回答了这场内战是谁发动的?为什么要发动内战?怎样发动的?围绕这些问题,梯也尔等人大肆造谣,竭力歪曲事实真相。因此,必须首先加以澄清,只有这样才能阐明3月18日革命的历史背景和原因。《法兰西内战》的第一第二节就是回答这些问题的。

在第一节里,马克思首先用事实揭露了国防政府的卖国实质,指出尽管国防政府在口头上一再宣称"永远不会投降",但实际上,政府首脑特罗胥在9月4日当晚的第一次会议上就透露了他的投降"计划"。国防政府卖国绝非偶然,有着深刻的阶级根源。马克思指出:"国防政府在民族义务和阶级利益二者发生矛盾的时候,没有片刻的犹豫便把自己变成了卖国政府。"(《法兰西内战》,以下凡引自此书者不再加注)国防政府和尔后由国民议会选举产生的梯也尔政府都很清楚,他们的主要敌人不是普鲁士军队而是巴黎的工人。国防政府的重要成员茹尔·法夫尔在一封信中坦率地承认了这一点。9月4日革命以后,巴黎的工人已经武装起来,在新成立的194个营的国民自卫军战士中,工人是主要的成分。这对国防政府中的奥尔良派和资产阶级共和派中的温和派来说,是最大的威胁。

1871年2月12日,仓促选出的国民议会(马克思称之为"地主议会")在波尔多开会,17日选举奥尔良党人、反动政客梯也尔为政府首脑,

---

① 《马克思恩格斯选集》第4卷,人民出版社,1972,第394页。

26 日，梯也尔、法夫尔同俾斯麦在凡尔赛签订法德和约的先决条款。对梯也尔政府丧权辱国的行为，巴黎人民群情激愤，工人和国民自卫军战士加强了战备。这样，对梯也尔来说，镇压革命的巴黎便成为刻不容缓的事情。梯也尔后来供认："从签订和约以后，我就马上看到，我们将要同这些人作战，经受一场残酷斗争。""当我们在波尔多讨论和约条款的时候，勒弗洛将军就得到了把部队调往首都的命令"。① 问题很清楚，内战是梯也尔政府挑起的，目的是扫除政府实现反革命阴谋的严重障碍——巴黎的人民武装。马克思愤怒地谴责这场由"爱国的地产和资本的代表人物在外国侵略者的监视和卵翼下"挑起的国内战争，斥之为"奴隶主叛乱"。

在第一节里，对梯也尔这个"背信弃义和卖身变节的老手"，马克思更是从他历史上的一贯表现对其做了淋漓尽致的揭露，从而说明 9 月 4 日以后梯也尔从卖国投降到挑起内战的行径正是他阶级本性的大暴露。在分析历史事件时结合对历史人物的描绘，这是马克思著作的特点之一。

在第二节中，马克思揭露了梯也尔所制造的用以挑起内战的借口，指出梯也尔以收回国家财产为名，行夺取国民自卫军大炮之实，导致了巴黎工人群众的武装反抗。而起义一经爆发，就不可能只局限于击退梯也尔政府的挑衅而不继续发展成为一场社会革命。马克思写道：

当时要把法国从完全覆灭的危险中拯救出来并使它获得新生，唯一的途径就是用革命手段推翻那产生了第二帝国并且已在这个帝国庇护下弄到完全腐朽地步的政治条件和社会条件。

第三节是全文的重点。在这一节里，马克思总结了巴黎公社的性质、意义和教训。巴黎公社究竟是什么性质的政权？马克思的结论是明确的。他写道："公社的真正秘密就在于：它实质上是工人阶级的政府，是生产者阶级同占有者阶级斗争的结果，是终于发现的、可以使劳动在经济上获得解放的政治形式。"正如恩格斯在 1891 年写的《法兰西内战·导言》中明确指出的，"这就是无产阶级专政"。近来国内有些文章对此提出异议，理由是马克思在《法兰西内战》中并没有写下无产阶级专政的字样。其实

---

① 《议会对 3 月 18 日起义的调查》第 2 卷，巴黎，1872，第 9 页，转引自苏联科学院世界史研究所《一八七一年巴黎公社史》上册，重庆出版社，1982，第 206 页。

只要着眼于马克思原文的意思,问题是很清楚的。

马克思是把公社同第二帝国直接对立起来的。他明确指出:"公社就是帝国的直接对立物。"从政权性质来说,第二帝国是资本奴役劳动的工具,而公社则是法国工人早在 1848 年革命中憧憬的"应该消灭阶级统治本身的共和国"的"一定的形式"。马克思接着分析了公社的首批法令,着重指出了它所实行的彻底的民主制(公社代表由选举产生,对选民负责,随时可以撤换,从公社委员起,一切公职人员都只应领取相当于工人工资的薪金,废除常备军,由武装的人民代替,宣布教会与国家分离,实行免费的、世俗的教育,按照民主的原则建立司法机关,等等)。这种彻底的民主制所以能实行,就是因为公社是真正体现和捍卫劳动群众利益的工人政府。马克思在分析公社同中等阶级和农民的关系时,指出:"公社是法国社会的一切健全成分的真正代表,也就是真正的国民政府。"接着马克思又强调了公社的国际主义性质:"由于它同时又是工人的政府,是争取劳动解放的英勇战士,它就是十足国际性的。"他还称赞公社"当着把法国两省归并给德国的普鲁士军队的面,把全世界的工人都归并到了法国方面"。马克思也提到了公社的社会措施,特别是那些"表明通过人民自己实现的人民管理制的发展方向"的措施。公社限于当时的战争环境和时间紧迫,不可能实行许多社会主义性质的措施,但绝不能因此就否定它的无产阶级专政的性质。从这里我们看到,马克思对公社的第一批法令、民主制、国际主义以及社会措施的分析,都是同公社是无产阶级专政这个根本估计联系在一起的。对公社的局限性和错误,马克思并不隐讳,他并没有把公社理想化。马克思如实地全面论述了公社,高度赞扬了公社的伟大业绩,着重总结了它的历史经验。

正像列宁在《国家与革命》中所指出的,巴黎公社的主要经验就是证明了"工人阶级不能简单地掌握现成的国家机器,并通过它来达到自己的目的"。1872 年,马克思和恩格斯在为《共产党宣言》德文版撰写序言时,根据公社的这个经验对宣言做了唯一的修改。

公社不仅是打碎资产阶级国家机器的一次伟大尝试,还是新型的无产阶级国家的雏形。马克思认为,公社的伟大意义就在于它是"终于发现的"、可以而且应该用来代替已被打碎的旧国家机器的、新型无产阶级国家的政治形式。

同时应该指出,在无产阶级摧毁资产阶级国家机器的问题上,马克思在

《法兰西内战》中的论述具有深刻的辩证内容。马克思写道:"旧政府权力的纯粹压迫机关应该铲除,而旧政府权力的合理职能应该从妄图凌驾于社会之上的权力那里夺取过来,交给社会的负责的公仆。"马克思批判了资产阶级的议会制,揭示了资产阶级民主的虚伪性,但并不否认可以利用和改造某些民主手段,如普选制就可以被利用来"为组织在公社里的人民服务"。

马克思不仅强调了公社同帝国的对立,也指出了公社同梯也尔政府的对立。他写道,"和巴黎这个新世界面对面相峙的是凡尔赛的旧世界","巴黎全是真理,凡尔赛全是谎言"。这是两个敌对阶级的政权之间的对立,凡尔赛政府不过是第二帝国的继承者而已。

在第四节中,马克思怀着对公社殉难者无限敬仰的心情,愤怒地向全世界控诉了梯也尔血洗巴黎的暴行。他指出,梯也尔只是靠同俾斯麦勾结才得以战胜巴黎的。马克思写道,"战胜的军队和战败的军队联合起来共同残酷杀害无产阶级",这不过"证明资产阶级旧社会已经完全腐朽了"。资本主义制度的"文明和正义"通过这场大屠杀充分"显示出自己真正的凶残面目"。更为令人气愤的是,梯也尔竟还要把"凶残"的罪名硬加到公社战士的头上来掩人耳目。马克思愤怒地批驳了资产阶级对巴黎公社的种种诽谤,尤其是对五月流血周公社保卫战的诽谤。用满腔热血来捍卫公社事业的战士竟被各国统治阶级描绘成"纵火犯"和"杀人凶手",这只能表明"阶级统治的国际性质",因为"法国工人阶级不过是整个现代无产阶级的先锋队罢了"。马克思写道:

> 这个建立在劳动奴役制上的罪恶的文明,每次取得血腥的胜利时,都要发出受到世界各处响应的毁谤的狂吠,来淹没它的受害者即为争取美好的新社会而英勇牺牲的战士们的喊声。

马克思坚定地相信:巴黎公社虽然失败了,但公社的事业是永存的。"工人的巴黎及其公社将永远作为新社会的光辉先驱受人敬仰。它的英烈们已永远铭记在工人阶级的伟大心坎里。"①

(原载《历史教学》1983年第9期)

---

① 《马克思恩格斯全集》第17卷,人民出版社,1963,第335~378、384页。

巴黎公社的民主选举制*

马克思曾经说过,三月十八日革命"是人民为着自己的利益重新掌握自己的社会生活。"① 这是对巴黎公社全部历史的高度概括。震撼旧世界的伟大创举巴黎公社的真正主人是人民群众。一部巴黎公社史,就是巴黎人民在外有普军重兵包围、内有凡尔赛反动势力疯狂反扑的情况下,为主宰自己的命运而英勇斗争的历史。

巴黎公社是无产阶级打碎旧的国家机器的伟大尝试,它用自己的实践经验回答了用什么东西来代替被打碎的国家机器这样一个重要问题。马克思、恩格斯认为,公社在这方面的历史经验具有极重大的意义,并且"根据这个经验来重新审查自己的理论。"② 列宁依据马克思的思想,把巴黎公社的主要历史经验极其概括地归纳为"摧毁官僚军事国家机器",并代之以"更完全的民主"(又译作"更完备的民主制")。③ 这种"更完全的民主"就是巴黎公社型的新型国家,或者用列宁的说法,就是"一种已经不是原来的国家的东西"。④ 在这样的新型国家里,"国家官吏成为不过是执行我们的委托的工作人员","成为负有责任的,可以撤换的而且是领取普通薪金的'监工和会计'";⑤ 在那里,任何特权制、"长官制"的残余都将被铲除干净。⑥

那么,这种"更完全的民主"是什么呢?列宁回答说,这就是"废除常备军,对一切公职人员实行全面的选举制和撤换制"。列宁强调指出,

---

* 本文系与孙耀文合作。
① 马克思:《〈法兰西内战〉初稿》,《马克思恩格斯选集》第2卷,人民出版社,1972,第411页。
② 参见列宁《国家与革命》,《列宁选集》第3卷,人民出版社,1972,第201页。
③ 参见列宁《国家与革命》,《列宁选集》第3卷,第202、206页。
④ 参见列宁《国家与革命》,《列宁选集》第3卷,第206页。
⑤ 参见列宁《国家与革命》,《列宁选集》第3卷,第213页。
⑥ 参见列宁《国家与革命》,《列宁选集》第3卷,第208页。

用这种"更完全的民主"代替被打碎的国家机器,"事实上意味着一次大更替,即用一些根本不同的机构来代替另一些机构","实行得像一般所能想象的那样极其完全极其彻底的民主由资产阶级民主变成了无产阶级民主"。①

英勇的巴黎公社社员们在实行这种"更完全的民主"方面所提供的极为可贵的实践经验,长期以来没有得到足够的重视。特别是近年来,由于林彪、"四人帮"对社会主义民主和社会主义法制的恣意践踏,我们更鲜明地感到这个问题的重要性,更感到有必要去了解和研究巴黎公社的民主选举制度。

对公职人员实行全面的选举制

巴黎公社的选举是在三月十八日革命之后立即就开始筹备的。革命胜利后的第二天,国民自卫军中央委员会就在发布的几个公告中宣称,"巴黎人民终于挣脱了别人一直想强加于他们的桎梏"②,号召人民立即"准备公社选举,进行投票"。③ 3月26日,巴黎人民第一次真正行使当家做主的权利,进行了公社委员会的选举。

从当时的历史条件来说,在巴黎工人刚刚夺取政权,急需巩固和发展胜利的时刻,国民自卫军中央委员会过早地匆忙举行公社选举,是一个致命的错误。马克思批评说,在"本来是应该立刻向凡尔赛进军"的紧要关头,中央委员会"为了避免篡夺政权的嫌疑",用了主要精力去"进行公社的选举","失去了宝贵的时机"。④ 但是对于公社的民主选举制度,马克思、恩格斯和列宁一向给予极高的评价,鲜明地指出了它同资产阶级议会制的本质区别。马克思写道:

普选权在此以前一直被滥用,或者被当作以议会方式批准神圣国家政权的工具,或者被当作统治阶级手中的玩物,只是让人民每隔几

---

① 参见列宁《国家与革命》,《列宁选集》第3卷,第206页。
② 罗新璋编译《巴黎公社公告集》,上海人民出版社,1978,第3页。
③ 罗新璋编译《巴黎公社公告集》,第4页。
④ 《马克思致威·李卜克内西的信(1871年4月6日)》,《马克思恩格斯全集》第33卷,人民出版社,1973,第202页。

年行使一次,来批准议会制的阶级统治(选择这种统治的工具),而现在,普选权已被应用于它的真正目的:由各公社选举它们的行政的和创制法律的公职人员。①

马克思还特意强调,"用等级授职制去代替普选制是根本违背公社的精神的"。② 如前所述,列宁也把公社实行的选举制和撤换制称为"更完全的民主"。可见,我们绝不能因为公社进行选举的时机不当而对这种民主选举制本身的意义有所贬低。

巴黎公社选举制的一个鲜明特点,就是它包括政治生活的各个方面。公社的行政机构——公社委员会,国民自卫军的各级领导人,司法部门的工作人员(法官、公证人等)都由公民选举产生。公社明文规定:"全体公职人员须经选举始得任命。"③ 这样,社会公职已不再成为旧官吏的私有物,过去为他们所把持的职位重又回到了人民的手中。

巴黎公社的权力机构公社委员会,由巴黎各区的选民直接选举产生。按照国民自卫军中央委员会的规定,选举采取分区投票方式。委员名额共90名,每两万居民或余数超过一万者得选出委员一名。选举前,报刊公布了所有20个区的候选人名单,3月26日的公社选举具有广泛的群众性,参加投票的选民共达229167人。这个数字足以表明巴黎人民对公社选举的高度热情。梯也尔政府在镇压公社后于1871年12月举行巴黎市政议会选举,只有14万人参加投票④,同公社的选举形成鲜明的对照。

公社委员的选举,要求来自人民、代表人民。国民自卫军中央委员会在一开始准备选举时,就在公告中号召选民"知人善任","挑选真心实意的人,出身平民,坚定,积极,有正义感,公认为正派的人",并且指出,"与你们同甘共苦的人,才能最好地为你们服务","要提防野心家和向上爬的人","提防言而不行的空谈家","同样,也要避开财运亨通的阔佬,因为有钱人很少会把工人当作自己弟兄看待的"。总之,要"找到永远不

---

① 马克思:《〈法兰西内战〉初稿》,《马克思恩格斯选集》第2卷,第414页。
② 马克思:《法兰西内战》,《马克思恩格斯选集》第2卷,第376页。
③ 《巴黎公社会议记录》第1卷,商务印书馆,1961,第274页。
④ 选民数字引自让·勃吕阿《一八七一年公社》(Jean Bruhat, La Commune de 1871),巴黎,1971,第131页。

以主子自居的代表"。① 公社的普选实现了预期的目标。在 3 月 26 日选举中当选的公社委员共 86 人，其中工人 28 人，各种自由职业者 29 人，职员 8 人。公社领导成员中，工人和公认的工人代表占显著优势。委员中的第一国际会员就达 30 人之多。

公社委员中有不少人多年活跃于工人和小资产者之中，同人民群众有着广泛的联系。尤其是 1870 年 9 月第二帝国被推翻以来，他们曾带领巴黎人民同卖国的"国防政府"做过英勇斗争，在群众中有很高的威望。如国际工人协会巴黎支部的创始人之一、全法著名的工人运动领袖瓦尔兰在三个区同时当选。蒙马特尔区 17500 张选票中，布朗基得票 15000 张，巴黎市内所有 20 个区都推举他为公社委员的候选人。因坚决反对第二帝国而屡遭迫害的著名政论家、学者弗路朗斯同时在 19 区和 20 区当选。尽管公社委员们分属于不同的政治派别，然而由于他们为群众所信任，在群众革命潮流的推动下前进，终于超越本派别的信条，为公社的事业做出了卓越的贡献。

不仅公社委员会，在公社成立以前实际上领导了 3 月 18 日革命，并且作为巴黎临时权力机构的国民自卫军中央委员会，也是经过选举产生的。3 月 15 日，召开了国民自卫军的代表会议，有 215 个营的 1325 名代表参加。在这次代表会议上选出了中央委员会的常任委员。马克思就中央委员会和国民自卫军其他组织的选举写道：

> 从来还没有过在选拔上进行得这样认真仔细的选举，也从来没有过这样充分地代表着选举他们的群众的代表。②

正因为如此，中央委员会刚一成立就在群众中有着很高的威信，而在它最后组成的三天之后，已经领导人民群众掀起了 19 世纪最伟大的革命。

国民自卫军的各级领导机构，都是由选举产生的。国民自卫军章程规定，"各级长官通过选举产生"是国民自卫军"不容剥夺的权利"。③ 3 月 31 日，国民自卫军中央委员会发布的公告重申，"各营营长应由全营战士

---

① 罗新璋编译《巴黎公社公告集》，第 53~54 页。
② 马克思：《〈法兰西内战〉初稿》，《马克思恩格斯选集》第 2 卷，第 408 页。
③ 凯尔任策夫：《巴黎公社史》，三联书店，1961，第 225 页。

选举产生，而不是通过代表进行推选"。① 4 月 28 日公社陆军部通令，以颁发委任状的形式进一步肯定选举军官的结果："凡经正式选举产生的军官，由军团指挥官授予委任状一纸，该证书应载明此项委任状系根据选举结果颁发。"② 国民自卫军还组成了各营的核心小组和军团委员会，由选举产生的士兵代表参加；此外，公社规定，"国民自卫军中出纳副官和出纳官等职，自 4 月 2 日起予以取消。今后发饷事宜，各营由自卫军战士选出的出纳军官领导，连内归军士长经办"。③ 当时，在巴黎这个深受战争之苦的城市中，以工人和破产的小资产者为主要成分的 30 万国民自卫军战士，其唯一的经济来源只能是军饷。公社成立后仅仅两天就宣布由战士民主选举出纳军官，以确保每人每天能够真正领到微薄的 1 法郎 50 生丁军饷，这正表明了公社极其关心战士的切身利益。

公社在彻底改造司法机关的时候，准备实行法官的民主选举制。4 月 16 日，公社委员、司法代表普罗托发布了关于选举法官的通告，通知巴黎选民最近期间选举调解法官和商业法官，要求各区从即日起将调解法官的候选人名单交到司法代表团，市内各业商人应及早磋商，提出候选人。4 月 22 日，公社委员会通过了起诉法庭条例，规定一切法庭都实行法官选举制，并保障人人都有辩护的自由。只是由于巴黎处于与凡尔赛激战的环境，由全体选民选举法官已有困难，条例才规定暂时只在国民自卫军战士中进行法官的选举，然而，正如普罗托所说："国民自卫军的代表都是最有知识的和最忠实于我们的事业的人。"④

巴黎公社规定，只要环境允许，各级各类公职人员都须经过选举产生。工厂的负责人和管理人员也经工人群众民主选举。罗浮军械修配厂的章程就是其中的一个范例。这个章程由 105 人签名呈报公社，经公社委员、炮兵器材局局长阿夫里阿尔批准，作为公社的公告印刷张贴，广泛流传。章程规定工厂所有领导人员，包括对公社负责的领导本厂的代表、车间主任、工长，都由工人大会选举产生，并对委托的工作负责，受工人选举产生的理事会的监督；工厂理事会由每个工段选出的一名代表和上述领导人员组成。

---

① 罗新璋编译《巴黎公社公告集》，第 78 页。
② 罗新璋编译《巴黎公社公告集》，第 298 页。
③ 罗新璋编译《巴黎公社公告集》，第 76 页。
④ 《巴黎公社会议记录》第 1 卷，第 410 页。

对一切公职人员毫无例外地实行全面选举制，使巴黎公社摆脱了享有特权的议员和官吏，人民则由此而能够选拔自己信赖的代表担负各种社会公职，创造了崭新的无产阶级民主。

选民的监督权和罢免权

巴黎公社的民主选举制的另一个根本特点，就是保证选民对他们所选出的权力机构及其公职人员拥有充分的监督权和罢免权。3月22日，国民自卫军中央委员会在号召举行公社选举的公告中指出，公社的"基点在于经常征求大多数人的意见，不断得到大多数人的赞助"，"委员不断受到舆论的检查、督促和批评，是可信赖的，对选民负责的，并且随时可以撤换的"。① 公社在《告法国人民书》中再次宣布"巴黎公社不可剥夺的权利"时，重申"通过选举或竞选任命各类负责的，受经常监督的可以更换的公职人员和公社官吏"。②

要使人民真正能够行使对公社各级机关和公职人员的监督权，首先必须切实保障公民的人身自由、言论自由、集会和出版自由等基本权利。公社在自己的纲领性声明和有关文件、法令中对于这些基本权利做了明确的规定。它将"完全保障人身自由，信仰自由和劳动自由，公民通过自由发表自己的观点和自由保卫自己的利益，来经常参加公社的事业，公社应该保证这些权利，因为公社负有全责监督正确而自由地行使集会权和出版自由，并保证这些权利和自由"。③ 公社的有关法令还严格禁止非法搜查公民住宅和侵犯人身自由等不法行为。所有这些，公社都切实地付诸实施。

为了便于人民群众进行监督，公社通过各种形式让人民了解自己所进行的工作。它将自己做出的决议，有时还包括公社会议上讨论的重要问题，及时登载在它所发行的《公报》上，同时广泛采用公告的形式，使群众可以随时知道公社的决定和措施。在3月28日公社正式成立之后，先后发布了361件公告，向人民宣布了各种法令、声明、通告和其他事项。公社还要求做到，公社委员和各级领导人向人民报告工作，通过举行选民大会，听取群众的意见，解答群众的质询。一个典型的例子是5月20日晚间

---

① 罗新璋编译《巴黎公社公告集》，第23页。
② 《巴黎公社会议记录》第1卷，第311页。
③ 《巴黎公社会议记录》第1卷，第311页。

召开的第四区选民大会。公社委员阿尔努在会上宣读了书面的工作报告，并且说："作为你们在公社中的代表，我们应该向你们说明我们的政治作用。……作为你们的行政人员，我们应该向你们报告我们的管理工作。"①选民们在听完报告后提出了各种问题，公社委员克雷芒斯回答了有关国民自卫军工作方面的质问；勒弗朗赛和阿木鲁分别说明了当时公社内部发生的所谓多数派和少数派之间的争论。经过热烈的讨论，表决通过了工人杜瓦尔的提案。杜瓦尔提议说，"团结就是力量这句民间格言，从来没有像现在这样正确"，"我建议大会以表决方式，向少数派表示，希望他们同多数派团结。无论如何要团结"。团结——这是公社委员"至高无上、必须履行的委托"。② 这几位公社委员表示服从选民的表决，立即回到公社工作。

公社在讨论重大问题时，如遇必要就请有关人员列席会议，还经常接见群众的一些代表团，听取批评和建议。5月3日，公社委员列奥·梅叶接见一个代表团时，有一个工人严厉批评公社说，谈论同凡尔赛和解的就是叛徒。梅叶当即向公社委员会通报了这一情况。在同一次会议上，还宣读了前两天一次有5000人参加的人民会议的几项决议。

马克思对公社的这种做法极为赞赏。他说，"公社并不像一切旧政府那样，自以为永远不会犯错误。公社公布了自己的言论和行动，它把自己的一切缺点都告诉民众"。③

公社时期，人民群众的政治积极性空前高涨，他们经常向公社和公社委员写信，或在报刊上发表信件和文章，对公社进行批评。4月26日，公社执行委员会秘书长的信件中说："我们每天收到大批口头和书面的建议，其中有些是个人提出的，有些是在俱乐部或在国际支部通过的。这往往是一些很好的建议，应该提交公社审查。"④ 公社报纸也大量地反映了工人读者和国民自卫军战士关于当前公众注意的问题的信件。第44号《杜歇老爹报》写道，每次邮班来的时候，报社总要收到一大堆读者来信。该报在自己的文章中广泛地利用了这些来信，同广大读者建立了密切的联系。读者来信向公社提出各种建议，对公社的法令进行评价，有时还对公社不够

---

① 《巴黎公社会议记录》第2卷，商务印书馆，1963，第537页。
② 《巴黎公社会议记录》第2卷，第550页。
③ 马克思：《法兰西内战》，《马克思恩格斯选集》第2卷，第384页。
④ 《巴黎公社会议记录》第1卷，第556页。

积极和不够坚决的态度提出批评，检举梯也尔代理人的反革命活动等。

当时，各群众组织也对公社发挥了很大的监督作用。群众十分关心公社的命运，自行组织了不少俱乐部和群众集会。据统计，"在俱乐部活动频繁的时候，即从 4 月中旬到公社被推翻这段时间内，经常活动的俱乐部达 40 个，其中的半数是设在教堂里"。① 这些俱乐部积极宣传公社的法令，支持公社的正义事业，并对公社的某些决议提出批评和修改意见。俱乐部经常讨论本区的工作，对区公署进行监督。如尼古拉教堂俱乐部给自己规定了如下目的：

> 同那些反对我们的公社权利、反对我们的自由和共和制的敌人作战，保卫人民的权利，使人民受到政治教育，为的是让人民自己能够进行管理国家事务；如果我们的当选人忘记原则的话，提醒他们注意原则；从各方面支持从事拯救共和国的当选代表，特别着重宣传人民的权利，人民任何时候都不应当放弃对自己代表的行动进行监督的权利。②

它在决议中建议规定选民有权要求他们的当选代表做工作报告的制度。

公社积极支持俱乐部的活动。它们的集会场所一般是公社负责提供的。许多公社委员经常出席俱乐部的会议，向群众报告公社的工作，听取群众的要求。公社委员、制帽工人阿木鲁就时常到俱乐部去。有人为此而提出责难，阿木鲁理直气壮地回答："你们知道吗？不论公社属于任何党派，它的力量是从哪里来的呢？只有（公社的委员们）出席各种群众会议，了解居民的真正要求，公社才能获得真正的力量。"③ 的确，公社之所以有力量，一个重要原因正在于它在一定程度上自觉地接受群众的监督，受到群众的巨大推动。

巴黎公社还采取了一些措施，吸收群众参加对政权机关和企业的实际管理。这种措施的直接成果，便是进一步加强对负责人员的监督。公社曾力求逐步地贯彻这类措施。4 月初，公社在劳动与交换委员会之下设立了

---

① 凯尔任策夫：《巴黎公社史》，第 564 页。
② 凯尔任策夫：《巴黎公社史》，第 565 页。
③ 《巴黎公社会议记录》第 2 卷，第 543 页。

"倡议委员会",吸收各工会代表参加,同工人群众保持联系,收集工人的许多意见和建议。借助于倡议委员会,劳动与交换委员会为公社起草了一系列决议和法令,它自己的许多决定也是经过工人群众广泛讨论才发布的。在工厂中也曾设想建立工人对企业的管理和监督。罗浮军械修配厂规定,工厂各级负责人员必须受工人选举产生的理事会的严格监督;工厂理事会每天开会一次,确定全厂工作的安排;工人代表超过半数,即可要求召开理事会,如果工长、车间主任或工厂代表拒绝开会,工人代表仍有权要求全厂工人召开会议;组成监督委员会的工人代表还有权了解工厂的一切内外业务,审查有关账册簿籍;厂内负责与管理人员,一经证明不称职,便可随时撤换;他们不再担任负责工作之后,按规定仍然当普通工人。总之,工厂的一切工作都受工人群众的密切监督。这是工厂管理制度上的根本变革,是工人民主管理工厂、实施彻底民主制的一次意义深远的试验。

公社还实行随时撤换的原则。恩格斯为此指出,"工人阶级为了不致失去刚刚争得的统治","应当以宣布它自己所有的代表和官吏毫无例外地可以随时撤换,来保证自己有可能防范他们"。① 对于失职或不称职的负责人员,公社一旦发觉,或在人民检举之后,坚决按随时撤换的原则处理。公社在审查军事代表克吕泽烈的活动后认为,他所领导的巴黎防务工作非常混乱,致使公社在同凡尔赛的战斗中屡屡失利。同时,国民自卫军战士也通过中央委员会向公社提出了逮捕他的要求。在重要的伊西炮台临时撤守的第2天(4月30日),公社便做出决定,指出"军事代表玩忽职守,几乎使我们失去伊西炮台"②,下令将他撤职逮捕,公社对擅用职权违法乱纪者也严加处置。5月19日,公社颁布了一个极为严厉的法令,规定"在战争结束前,凡被控盗用公款、侵占和盗窃的负责人员","一律交付军事法庭审判"。③

对于混进来的间谍等,公社也做了一些清查。负责这方面工作的公社委员里果、费烈,排除了种种"宽恕"主张,打击了混进公社领导的敌对分子。在公社委员中,揭露和清除了当过帝国政府里昂警察局秘书的布朗舍、同帝国的警方有勾结的艾·克雷芒等人。公社也检举了混入国民自卫

---

① 恩格斯:《〈法兰西内战〉导言》,《马克思恩格斯选集》第2卷,第334页。
② 《巴黎公社会议记录》第1卷,第630页。
③ 《巴黎公社会议记录》第2卷,第473~474页。

军中央委员会的叛徒留尔耶。马克思对将布朗舍撤职和逮捕极为赞许。但是，从公社内部清除敌人的整个工作远不是坚决有力的，这是一个严重的缺陷。

公社在执行罢免权方面，有一个可贵的优点，那就是当它发现处分不当时，便尽快纠正。公社委员贝热瑞因与军事代表克吕泽烈有不同意见，被克吕泽烈以4月初进攻凡尔赛失利为由，免去防区司令的职务，同时被拘禁。公社允许本人申辩，并组成了调查委员会，澄清了情节，于4月22日将他释放，恢复其公社委员职务，安排其担任公社军事委员会委员。克吕泽烈还曾利用职权逮捕对自己不满的下属、文新炮台司令、上校法尔托及其子，逮捕105营营长、上尉加朗蒂。公社发现后，均限令立即释放。公社的上述措施，有助于防止一些人擅权对下级打击报复，保护忠诚于公社事业的普通群众和各级负责人员。贝热瑞获释后，就向公社诚挚地声明："我到这里来没有痛苦的感觉，相反，我要来表示的我的赤胆忠心。"①他后来为保卫公社而忠于职守，积极参加了"五月流血周"的英勇战斗。

公社切实地按照人民的意志和要求执行了撤换权。人民不欢迎的失职、不称职的公职人员不得撤换，甚至劣迹斑斑、为人民所痛恨的官吏照旧当官做老爷的现象，在这里已不允许继续存在。选举、监督和随时撤换三者结合的原则，在公社的全部实践活动中得到了认真贯彻。它作为一项根本保证，使选举产生的各级公职人员成为人民信赖的忠诚代表，而普通人民则能以名副其实的主人翁地位行使自己的民主权利。

是社会的公仆，而不是社会的主人

巴黎公社通过对一切公职人员实行全面的选举制和撤换制，实际上创造了一个完全新型的国家。马克思说得很清楚："公社——这是社会把国家政权重新收回，把它从统治社会、压制社会的力量变成社会本身的生命力，这是人民群众把国家政权重新收回。"② 国家，起初是社会用简单分工的办法为自己建立一些特殊的机关，用来保护自己共同的利益。但到后来，这些机关（其中主要是国家政权）为了追求自己特殊的利益，"从社

---

① 《巴黎公社会议记录》第1卷，第415页。
② 马克思：《〈法兰西内战〉初稿》，《马克思恩格斯选集》第2卷，第413页。

会的公仆变成了社会的主人"。① 而巴黎公社则把国家机关又从社会的主人恢复到社会的公仆的地位。这就是公社所实行的更完备的民主制的最主要的特色。

资产阶级议会制不管表面上如何民主,却依然是"社会的主人"。它的真正本质,就是每隔几年决定一次究竟由统治阶级中的什么人来利用国家机器镇压人民,压迫人民。议会为愚弄百姓而专事空谈。相反,巴黎公社则为人民服务。它"彻底清除了国家等级制,以随时可以罢免的勤务员来代替骑在人民头上作威作福的老爷们,以真正的负责制来代替虚伪的负责制,因为这些勤务员经常是在公众监督之下进行工作的"。② 巴黎"普通工人第一次敢于侵犯自己的'天然尊长'的管理特权"。③ "公社一举而把所有的职务——军事、行政,政治的职务变成真正工人的职务,使他们不再归一个受过训练的特殊阶层所私有"。④

至于公社怎样摆脱仍然是"社会的主人"的议会制,马克思指出:"公社不应当是议会式的,而应当是同时兼管行政和立法的工作机关。"⑤ 列宁依据马克思的论断发挥说:"摆脱议会制的出路,当然不在于废除代议机构和选举制,而在于把代议机构由清谈馆变为'工作'机构。"⑥ 公社委员"必须亲自工作,亲自执行自己通过的法律,亲自检查在实际生活中执行的结果,亲自对选民负责"。⑦ 关于公社与议会的区别,公社委员瓦扬说得很好。他说,公社不应当成为"一个七嘴八舌的小议会;第二天就按自己的幻想任意地消灭它所创造的东西……公社只应该成为各委员会的联合组织,集合起来讨论每个委员会提出的决议和报告,听取自己的执行委员会的政治报告,并对该委员会是否完成自己职责、是否有效地推动了领导工作、是否具有为公社造福利所必需的毅力和能力作出判断"。⑧

公社实行真正民主的选举制和撤换制,就是为了保证所有公职人员都能按照人民的意愿,忠诚地执行人民委托的权力,成为人民的公仆。事实

---

① 恩格斯:《〈法兰西内战〉导言》,《马克思恩格斯选集》第 2 卷,第 334 页。
② 马克思:《〈法兰西内战〉初稿》,《马克思恩格斯选集》第 2 卷,第 414~415 页。
③ 马克思:《法兰西内战》,《马克思恩格斯选集》第 2 卷,第 379 页。
④ 马克思:《〈法兰西内战〉初稿》,第 415 页。
⑤ 马克思:《法兰西内战》,第 375 页。
⑥ 列宁:《国家与革命》,《列宁选集》第 3 卷,第 210 页。
⑦ 列宁:《国家与革命》,《列宁选集》第 3 卷,第 211 页。
⑧ 《巴黎公社会议记录》第 2 卷,第 28 页。

上，经过选举产生的大部分公社委员和其他公职人员，都证明是不负选民信任的人民勤务员。他们忠诚无私，光明正大，廉洁奉公，实干质朴，表现出高尚的品德。公社时期一直在巴黎的俄国进步人士拉甫罗夫这样赞颂说：

> 破天荒第一次登上政治舞台的不是沽名钓誉者，不是空谈家，而是劳动的人，真正来自人民的人。①

公社委员阿尔努对他所在的第四区的市政委员会（即区公署）的工作状况做了生动的叙述：那里共有 12 名工作人员，都是工人和小店主。尽管他们每天只领到五法郎，比做别的工作收入还少，却"毅然决然地把工作担当下去，非常热心，非常诚实"。"这 12 个公民两个月内从没有计较过疲劳或时间，一直坚守自己的岗位，整日都在区公署办公，轮流在那里值夜"，他们每周到前沿阵地去一次，到每人所属营队探访战友，分担劳累和危险，听取申诉和要求。② 巴黎公社的公职人员无愧是人民热忱无比的公仆。

这些由选举产生的人民的公仆之所以能如此鞠躬尽瘁，是同他们具有明确地对人民负责的思想分不开的，公社也这样要求他们。3 月 29 日，公社在选举产生以后，庄严地向自己的选民宣告："你们是自己命运的主人"，"人民选出的代表"，"只要求人民以信任的态度来支持他们"，"至于所有代表，他们一定尽到自己应尽的义务"。③ 公社委员德勒克吕兹曾这样表达公社对人民负责的思想："我们严肃地对待自己的委托书，并且要严肃地履行委托书的任务""我们不容许任何人用自己个人的意志来代替应该奔赴一个共同目标的集体意志"。④ 公社委员弗兰克尔更为鲜明地表示："我只受到一种委托——维护无产阶级"⑤ "三月十八日革命完全是由工人阶级完成的。……如果我们不替这一阶级做一点事情，那么，我就看

---

① 凯尔任策夫：《巴黎公社史》，第 344 页。
② 阿达莫夫编《巴黎公社史料辑要》，商务印书馆，1962，第 102 页。
③ 罗新璋编译《巴黎公社公告集》，第 74、75 页。
④ 《巴黎公社会议记录》第 1 卷，第 442、588 页。
⑤ 《巴黎公社会议记录》第 1 卷，第 442、588 页。

不出公社的存在有任何意义"。① 这种崇高的思想，正是公社能在短短的72天内，为了替工人阶级和劳动群众谋利益而采取一系列实际措施的奥秘所在。这些具有对人民负责、为人民服务的崇高精神的社会公仆，以及他们所创造的种种奇迹，就是对巴黎公社民主选举制的意义和价值的最好鉴定。恩格斯在总结巴黎公社的经验时曾指出："第一，它把行政、司法和国民教育方面的一切职位交给由普选选出的人担任，而且规定选举者可以随时撤换被选举者。第二，它对所有公职人员，不论职位高低，都只付给跟其他工人同样的工资。"恩格斯称这是公社"为了防止国家和国家机关由社会公仆变为社会主人"而采取的"两个正确的办法"，② 极为透辟地指明了巴黎公社民主选举制的深刻意义。

今天，即使是胜利了的无产阶级，仍然面临着如何对待国家的问题。如果无产阶级在夺取政权以后，不切实际地实行国家机关的民主化，无产阶级国家也同样会倒退为资产阶级议会制，甚至倒退为封建专制制度。恩格斯在1891年为《法兰西内战》作序时曾这样阐述这一思想。他写道：

> 国家最多也不过是无产阶级在争取阶级统治的斗争胜利以后所继承下来的一个祸害；胜利了的无产阶级也将同公社一样，不得不立即尽量除去这个祸害的最坏方面，直到在新的自由的社会条件下成长起来的一代能够把这全部国家废物完全抛掉为止。③

如何除去这个祸害的最坏方面，便成为国际无产阶级在斗争中实际需要解决的问题。正是在这一方面，公社的实践提供了宝贵的经验。

虽然巴黎公社作为世界上第一个无产阶级政权，由于没有现成的经验可以参照，犯了不少严重的错误，虽然它所创造的一切，从世界历史发展的角度来看，毕竟带有试验的性质，而且这些尝试，由于历史条件的限制，不可避免地带有种种不足，但是公社的原则是永存的；公社所给予后人的启示具有强大的生命力；公社的民主选举制度，公社为防止社会公仆变为社会主人的种种措施，至今具有重大的现实意义。列宁曾经说过：

---

① 《巴黎公社会议记录》第2卷，第390页。
② 恩格斯：《〈法兰西内战〉导言》，《马克思恩格斯选集》第2卷，第335页。
③ 恩格斯：《〈法兰西内战〉导言》，《马克思恩格斯选集》第2卷，第336页。

我们要学习公社社员的革命勇气,要看到他们的实际办法就是具有实际迫切意义并能立刻实现的那些措施的一个轮廓,如果沿着这样的道路前进,我们就能彻底破坏官僚制。[1]

对胜利了的无产阶级来说,学习公社的历史经验,并不断地在实践中丰富和完善这些经验,是避免无产阶级政权得而复失的切实保障。让我们学习公社社员的革命勇气,沿着公社开辟的道路继续前进!

(原载《世界历史》1979 年第 1 期)

---

[1] 列宁:《国家与革命》,《列宁选集》第 3 卷,第 273 页。

关于巴黎公社多数派和少数派的评价问题

巴黎公社委员分为多数派和少数派，他们之间的分歧自公社成立时起就已存在，到了 1871 年 4 月底 5 月初，斗争日益激烈，终于酿成 5 月中旬的分裂危机。如何评价公社期间的多数派和少数派，是研究巴黎公社历史的一个重要问题。世界上第一次无产阶级专政的尝试，是由这些公社委员带领 30 万国民自卫军战士和一百多万巴黎人民共同进行的。我们研究公社的历史，不能不对两派公社委员的政治主张、思想观点以及他们对公社事业所做出的贡献，给予恰当的评价。一百多年以来，关于巴黎公社的著作出版了不下几百部，在这个问题上一直存在着不同的见解。归纳起来，不外乎两种观点：一种褒少数派贬多数派，另一种贬少数派褒多数派。我们认为，对待巴黎公社的两派委员，也应该同对待其他历史人物一样，要根据当时的历史条件，做出符合客观实际的恰如其分的评价。本文准备结合对多数派和少数派的几种不同评价，谈一点初步看法。

一

先谈谈公社委员会中多数派与少数派的组成情况。

3 月 26 日的公社选举共选出了 86 名委员，除去 21 人分别是梯也尔的拥护者和资产阶级共和派外（他们都在 3 月底 4 月初陆续退出了公社），其余 65 名都是拥护公社的各个政治派别的代表。4 月 16 日，为了补足因退出和作战牺牲而造成的委员的空额，公社又进行了补选。这次选出委员 17 名。两次选出的委员的总和，其中蒲鲁东主义者约占 1/3，他们后来成为公社委员会的少数派；其余 2/3 的委员是多数派，多数派不是由一个单一的政治派别组成的。苏联的学者认为，它由布朗基派和新雅各宾派两个派别组成①，法国历史学家则指出，除了上述两个派别之外，"独立革命派"也是多数派的组成部分。② 这里，两种说法的差异涉及一些公社委员，如苏联出版的多本著作中都标明新闻记者阿尔努属蒲鲁东派，制帽工人阿木鲁是布朗基主义者，③ 法国著名工人运动史专家勃吕阿等人却把他们两人均列入"独立革命派"之中。④ 实际上，"独立革命派"并不都是多数派。他们在公社期间有的加入了多数派的行列，有的则成为少数派的成员。

尽管公社委员分为多数派和少数派的时间是在4月底5月初，但我们可以说，从宣布公社成立的第一天起，就暴露出公社委员们对公社政权的性质有着完全不同的理解。布朗基主义者、新雅各宾派的成员以及"独立革命派"中的一部分人把巴黎公社看作全国性质的政权机构，它同凡尔赛政府不应该并存；蒲鲁东主义者和"独立革命派"中的另一部分人认为公社仅仅是巴黎的市政机构，它的地位同法国其他城市是平等的，巴黎不能超越自己的职权范围去指挥全国，每个团体（或城市）只能采取独立自主、自由联合的原则。他们还认为，既然公社是巴黎人民由选举产生的合法政权，那么，它也就用不着用内战来巩固自己的地位。与此相反，"公社理应小心规避一切会引起嫌疑的行动，免得让人以为公社怀有某种统治全法国和取代政府的意图"。⑤ 公社委员会内部对巴黎局势和公社性质截然不同的两种看法，不能不使两派在许多具体问题上发生分歧，并进而影响公社对这些问题的讨论和实施。

3月28日，在第一次公社委员会会议上，就是否公布公社会议记录的问题展开了争论。新雅各宾派的格鲁赛建议："公社会议将不公开。会议报告不公布，只公布它的决议记录。"⑥ 这样做的目的是有利于同凡尔赛作战。格鲁赛认为，公社应该是一个军事委员会性质的机构，不应该让敌人了解我们的讨论情况。这项决议得到了布朗基主义者的支持，却受到了蒲

---

① 凯尔任策夫：《巴黎公社史》，三联书店，1961，第510页。
② 勃吕阿等：《1871年巴黎公社》，莫斯科，1964，俄文版，第160页。
③ 参见《巴黎公社会议记录》第2卷，商务印书馆，1963，第590页；热卢勃夫斯卡娅等《1871年巴黎公社史》，莫斯科，1971，俄文版，第279页。
④ 勃吕阿等：《1871年巴黎公社》，第160页。
⑤ 阿尔蒂尔·阿尔努：《巴黎公社人民和议会史》第2卷，布鲁塞尔，1878，法文版，第128页。
⑥ 《巴黎公社会议记录》第1卷，商务印书馆，1961，第21页。

鲁东主义者的强烈反对。4月2日，公社讨论通过了关于政教分离的法令，蒲鲁东主义者泰斯提议删去法令中第三条和第四条①，理由是这两条的内容（宣布属于宗教团体的动产和不动产为国家财产；对这种财产立即进行调查，加以统计，并交由国家支配）已经超出了公社的权限范围。他认为公社并不能代表国家。在4月23日和24日两次公社委员会上，讨论了关于单独监禁犯人的问题，不少公社委员对已经实行的单独监禁犯人的制度有异议，其中蒲鲁东主义者阿尔努、泰斯等人的态度尤其激烈，要求立即废除这一制度，主张任何一个公社委员都有权到监狱里去访问犯人，听取他们的申辩。阿尔努同公社治安委员会代表、布朗基主义者里果展开了争论。里果认为，这是战争时期，如果每个公社委员都可以访问犯人，治安委员会就无法开展工作，从而会给敌人造成可乘之机。单独监禁制度必须保留。上述这两次会议实际上是公社自4月5日公布人质法令以来在如何处理人质和逮捕监禁手续等问题上多次争论的继续。争论的结果是里果提出了辞呈（但他后来很快又再次被选为治安代表，并且担任了公社检察长）。

促成两派公社委员最终分野的是关于成立社会拯救委员会的辩论。4月下旬，由于军事状况日趋严重，公社内外要求建立强有力的集权机构的呼声愈来愈高。4月24日，巴黎第十九区警备委员会开会讨论了巴黎的局势，与会者一致认为"危险愈是不可免，就愈需要表现出更大的毅力"，为了保证公社的法令得到贯彻，建议公社立即着手成立享有全权的社会拯救委员会。第十九区警备委员会专门就这个问题做出了决议。② 在公社委员会内，4月28日布朗基主义者米奥提出成立社会拯救委员会的提案，委员会应由五名委员组成，拥有最广泛的权力。米奥的提案受到了重视，公社用三次会议来讨论它。绝大多数布朗基主义者认为，早就应该成立这样一个集权机构了，七嘴八舌地讨论大小问题的局面必须结束，否则就不能适应日趋严重的军事形势。蒲鲁东主义者出于对民主观念的狭隘理解，把成立社会拯救委员会看作"向专制制度倒退"，是"破坏了公社的民主原则"。在5月1日选举第一届社会拯救委员会成员的时候，蒲鲁东主义者集体抵制选举（有个别的布朗基主义者也加入抵制），两派分野日益表面

---

① 《巴黎公社会议记录》第1卷，第110页。
② 参见热卢勃夫斯卡娅等《1871年巴黎公社史》，第357页。

化。5月1日和5月9日选出的两届社会拯救委员会成员都是清一色的多数派。自5月上旬起，多数派经常单独开会决定问题。5月13～15日，社会拯救委员会陆续撤换了公社各委员会内的少数派委员。5月14日，少数派在邮政局集会，通过了同多数派公开分裂的"少数派宣言"，谴责多数派迫使公社把政权交给了社会拯救委员会，声明不承认这个"专政机关"，并宣布不再参加公社会议，退回到原选区去管理区公署和参加作战。第二天，"少数派宣言"在报上公开发表。这样，公社委员会内部的意见分歧便公之于众了。

"少数派宣言"发表后，巴黎各界舆论哗然。凡尔赛方面的报刊幸灾乐祸，反映公社各派观点的报刊也纷纷登载评论，群众俱乐部召开民众集会专门讨论公社两派的分裂。总的说来，舆论对少数派是不利的，人民不愿在巴黎处于凡尔赛军队包围的危急关头看到公社领导机构的分裂。[①] 在群众舆论的影响下，5月17日，少数派中的15名委员回到公社参加会议，但讨论中又有摩擦。这种情况一直延续到5月21日凡尔赛军队攻入巴黎。在流血周中，两派公社委员抛弃前嫌，共同领导了保卫公社的殊死战斗。

二

在评价公社中两派的作用时，有一种观点认为，多数派对3月18日革命的性质和任务很不了解，往往沉迷于对18世纪法国大革命的追忆与模仿，说他们在公社委员会中表现得能言善辩，崇尚空谈，喜欢提出一些可笑的模拟法国大革命历史的提案，而对关系到群众切身利益的社会经济措施漠不关心。多数派的成员大多来自知识分子阶层，同人民群众谈不上有多少密切的联系。总之，这种意见认为，多数派不是具有坚定明确观点的革命者，而是一些捣乱分子。[②]

这是一种不公正的评价，至少是不够全面的。

首先要区别多数派委员中的不同情况。

在新雅各宾派中的确有少数人总是留恋法国大革命时代，他们虽是热忱的共和派，但还用过去的眼光来看待已经变化了的周围的事物。但是，

---

① 这一点，连少数派成员事后写回忆录时也承认了。参见阿尔蒂尔·阿尔努《巴黎公社人民和议会史》第3卷，第41页。
② 参见勃吕阿等《1871年巴黎公社》，第161～162页。

这些人并不是在多数派中占主导地位的力量。在公社的活动中，新雅各宾派往往追随布朗基主义者。布朗基派希望建立一个强大的革命的中央权威，在他们看来，必须以人民的名义实行专政，要集大权于几个人之手，借以摧毁旧的国家机构。

关于3月18日革命的任务和公社政权的性质问题，多数派认为它不是巴黎一个城市的孤立行动，而是发生在法国首都的一场革命，这场革命意味着凡尔赛政权的失败。革命所产生的公社不能同凡尔赛国民议会并存，公社应该做好随时投入同凡尔赛作战的准备。布朗基主义者注重军事问题，当然，除了杜瓦尔等几人以外，其他的多数派成员并没有认识到要主动去进攻凡尔赛。布朗基主义者不同意把起义后的巴黎置于与法国其他地方公社同等的地位。这种观点在国民自卫军中央委员会执政时期表现得尤为明显。例如，3月22日《法兰西共和国公报》登载了一篇文章，里面写道：

> 巴黎负有职责，以使人民的自主受到尊重，并要求人民的权利不受侵犯。巴黎既不会和外省分离，也不允许别人把外省从它身边夺走。巴黎从前是，现在仍然是，今后永远都应该是法国的首都，是统一的不可分割的共和国的头脑和心脏。①

多数派关于起义后的巴黎应在统一的法国居首都地位这一思想，是很强烈的，说明在公社革命性质的问题上，应该说多数派比少数派认识得清楚。马克思在《法兰西内战》里指出："公社就是帝国的直接对立物。"②他说，正如新的历史创举往往被误认为是抄袭过去有过的社会生活形式一样，摧毁了现代国家政权的公社也被误解为反对中央集权的中世纪公社的复活。而在近代，民族的统一已经成为社会生产的强大因素，③ 因而不应该再去破坏民族的统一。公社是摧毁旧国家机器的创举，同时也是建立新型国家的伟大尝试。"公社的真正秘密就在于：它实质上是工人阶级的政

---

① 《法兰西共和国公报》1871年3月22日，引自《1871年公社·公报》，巴黎德尔弗斯出版社，法文版，第32页。
② 《马克思恩格斯选集》第2卷，人民出版社，1972，第374页。
③ 《马克思恩格斯选集》第2卷，第376~377页。

府。"① 受蒲鲁东主义影响较深的少数派，却把3月18日革命看作一切国家、一切中央集权机构在法国的终结，认为今后将开始各个地方公社自由联邦的时期。蒲鲁东主义者贝雷于3月29日在公社委员会发表贺词时，把巴黎公社说成是地方分权和自治的模范。他认为，从今以后，"每一个社会集团可以获得完全的独立和充分的行动自由"。他完全无视距起义的巴黎仅17公里的凡尔赛所表现出来的明显的敌意，沉醉于一时的和平之中。他在贺词中说："和平和劳动！这就是我们的未来！这就是……我们社会复兴的保证。"② 少数派对"联邦制"的迷恋，是蒲鲁东思想中无政府主义的反映。在公社会议上，不少少数派的成员都发表过冗长的演说，把一切集权的措施都看成邪恶，看成向专制制度的倒退。

然而，尽管存在着"联邦制"等倾向的影响，公社还是在实践中为自己开拓着革命的道路。在国民自卫军中央委员会执政时期，公社就已经接管了政府的各部和各种行政机关。公社成立后的第二天，又组织了军事、治安、粮食、劳动与交换等9个委员会，此外还设立了执行委员会，以监督各委员会所颁布的法令的实施。这一系列措施都说明公社是作为一个政府在进行工作的。一个地方自治单位绝不需要去接管中央政府的各个部门，也不需要建立那样多的管理机构。

当然，无论是少数派还是多数派，都未能从历史唯物主义的高度去认识国家问题。但是，多数派把公社看成不同于资产阶级政府的全国政权，并力图加强它，这是应该肯定的。

多数派对反映群众利益的社会经济措施又持什么态度呢？

在公社所实行的社会经济改革方面，确实是少数派成员做出了较大的贡献。但这并不等于说多数派反对通过这些改善巴黎劳动人民生活状况的提案。保存下来的公社会议记录说明，正是多数派成员里果很早就提出了抚养作战牺牲的公社战士的遗属这一提案。公社在处理法兰西银行问题上是失败的，没有没收它，而公社的财政开支又十分拮据。有材料证明，公社在这个问题上是有过意见分歧的。4月中旬，布朗基主义者阿木鲁曾提出过占领法兰西银行的主张，他很有说服力地向公社建议："必须用武力去占领银行，因为银行站在反动的和我们明显敌对的立场上，……正因为

---

① 《马克思恩格斯选集》第2卷，第378页。
② 《巴黎公社会议记录》第1卷，第35页。

它不情愿服从我们的支配,我们更要占领它,管理它。"① 5 月 12 日,在布朗基主义者的倡议下,经公社治安委员会同意,国民自卫军第二十区的工人营队包围了银行,只是由于公社驻银行代表蒲鲁东主义者贝雷的多方阻挠,才未能占领它。

多数派的成员中虽然也有一些是工人,但大多来自知识分子阶层,其中有大学生、新闻记者、政论家等。然而,并不能由此而得出结论,说他们不是坚定的革命者。他们中的许多人,早在 3 月 18 日之前就已经为推翻第二帝国而一再入狱。9 月 4 日革命以后,在为建立公社而进行的斗争中又发挥了卓绝的作用。3 月 24 日,被国民自卫军中央委员会任命为负责指挥军事的公社三将军(爱德、勃吕涅尔、杜瓦尔)全是多数派。4 月 2 日,凡尔赛军队向巴黎城外工事首次进犯,带领公社战士奋起出征迎敌、英勇牺牲的杜瓦尔和弗路朗斯也都是知名的布朗基主义者。公社期间在同暗藏的反革命分子、凡尔赛间谍所进行的斗争中表现最为突出的公社治安代表、公社正副检察长里果和费烈,也都属布朗基派。他们中的一个牺牲于流血周,另一个在凡尔赛的军事法庭上不畏强暴,勇敢地发表了捍卫公社的演说,为公社事业献出了年轻的生命。② 新雅各宾派的优秀代表德勒克吕兹是公社委员中威望最高的几个人之一。他作为文职人员,在 5 月中旬战局危急的时刻被选为军事代表,充分说明公社对他的信任。他担任这个职务直到牺牲在流血周的街垒上。由这样的一批人组成的多数派,用"捣乱分子"来统称是不恰当的。至于多数派中确实有像费·皮阿这样的个别害群之马,那是不能用来概括整个多数派的。

三

对于公社内部的另一个派别——少数派的功过,也应该给予符合实际的评价。在已经出版的有关公社历史的著作中,也有对少数派所起的作用论述得不够全面的问题。前些年,在我国论述公社史的一些文章和书籍中,有一种比较流行的说法,即认为少数派是公社内部错误主张的代表,似乎他们一无是处,当然也就更谈不到对公社做出贡献了。这种评价也是

---

① 热卢勒夫斯卡娅等:《1871 年巴黎公社史》,第 394 页。
② 公社失败以后,1872 年在巴黎成立了以费烈命名的国际支部。参见《年第一国际总委员会会议记录(1871~1872 年)》,莫斯科,1965,俄文版,第 91 页。

不能令人同意的。公社在短短的 72 天中，创造了大量的奇迹，改变了巴黎的面貌，但也犯了不少的错误，这些错误有的应由少数派成员负责，有的则与他们无关。不能一股脑儿都把错误推到少数派的头上。关于这一点，恩格斯早在 1891 年为《法兰西内战》所写的导言中就公正地指出过。①

翻开少数派 22 人的名单，我们可以看到，他们之中不乏著名的工人运动活动家，这些人是在第二帝国末年法国工会运动以及全国性的罢工浪潮中涌现出来的工人阶级先进战士。22 人中有 18 人参加了国际工人协会，多数是国际巴黎各支部中积极活跃的会员。由于蒲鲁东主义在第二帝国时期对法国工人运动有着较大的影响，法国的国际会员多数是蒲鲁东派。蒲鲁东主义曾一度在国际工人协会中也有相当大的影响。为了使法国的工人运动摆脱蒲鲁东主义的束缚，马克思、恩格斯和国际总委员会做了许多工作。在 1868 年国际的布鲁塞尔代表大会上，蒲鲁东主义的观点受到了与会各国大多数工人代表的批评。这次大会之后，从法国蒲鲁东主义者当中分化出来一个新派别——"集体派"（即"左翼"蒲鲁东主义者）。"集体派"赞成生产资料的集体所有制，赞成工人阶级开展罢工斗争，热心于工会运动。这些都是他们与正统的蒲鲁东主义者不同的地方。只是在国家的问题上，"集体派"还站在蒲鲁东主义的立场上，反对一切国家，反对任何形式的中央集权。② 第二帝国末年，随着工人群众对路易·波拿巴统治的不满情绪的日益增长，"集体派"的影响逐渐扩大。1870 年普法战争爆发以前，"集体派"已在巴黎、里昂、马赛几个法国大城市的国际支部中占据优势。巴黎国际联合会的领导人瓦尔兰、弗兰克尔、马隆等人都属于"集体派"。

公社时期，两派蒲鲁东主义者主要参加了经济方面的工作，担任劳动与交换、财政、社会服务等委员会的委员。诚然，公社在经济方面忽略了许多本来可以做到的工作，甚至犯有许多错误，其中有的错误是严重的。这些都是事实。但是，却不能因此说两派蒲鲁东主义者（特别是"集体派"）对公社事业没有做出过贡献。公社所通过的一些"直接有利于工人阶级"的法令，有许多是由少数派委员建议的。如 4 月 16 日公社颁布的具有重要意义的"关于将逃亡业主所遗弃的工厂转交工人协作社"的法令，

---

① 《马克思恩格斯选集》第 2 卷，第 332~333 页。
② 参见柯尔《社会主义思想史》第 2 卷，商务印书馆，1978，第 141 页。

就是由机械工人、"左翼"蒲鲁东主义者阿夫里阿尔在公社会议上提出、由公社委员们一致通过的。列宁把它称为"有名的法令",它不仅打击了资产阶级在经济领域里的破坏活动,而且表明了公社为维护工人阶级的利益决心触动资本主义的生产关系。罗浮军械修配厂提交公社审批的关于工人参加管理生产的章程,也得到了当时兼任炮兵器材局局长的少数派公社委员阿夫里阿尔的支持。还有,公社曾经颁布过一些对小资产阶级有利的法令,为了使他们自围城以来所面临的破产境况有所改善,公社在房租、典当、债务等问题上采取了一系列措施。正是因为这样,巴黎的小资产阶级才自始至终团结在公社的周围。房租、典当、债务等问题多属少数派委员所在的各委员会管理范围,这些方面的许多提案得以在公社委员会内进行讨论,首先是和他们的工作分不开的。可见少数派在社会经济领域的贡献是不容抹杀的。这不仅是指"集体派",即使在正统的蒲鲁东主义者中,也有人(如泰斯)做出了贡献。金属雕刻工人泰斯是公社派驻邮政局的代表,在整顿邮局并使之成为模范方面他是有功劳的。

在苏联的早期著作中还出现过一种不正确的观点,即贬低少数派主持的社会经济改革的意义。例如,在1937年再版的一本题为《1871年巴黎公社与无产阶级革命的策略问题》的书里,作者甚至对由少数派委员弗兰克尔(他和瓦尔兰一起,是国际巴黎联合会最杰出的领导人)所主持的劳动与交换委员会的工作也评价甚低,说这个委员会与其说是一个行动委员会,倒不如说是个学习与研究委员会,因为它把研究商业章程和各种税率等事项都列入自己的工作计划。至于公社所采取的禁止面包坊工人夜班制等社会经济措施,实际上还不及英国资产阶级议会在工人的压力下颁布的工厂法中的某些条文先进。①

公社之所以能在社会经济领域进行一些改革(其中有少量改革是带有社会主义色彩的),很大程度上同劳动与交换委员会的工作有关。因此,对这个委员会做何评价并不是无关紧要的。

劳动与交换委员会是3月29日公社成立的十个委员会中的一个。它分工管理工业、公共工程和商业贸易,同时还负责宣传社会主义学说。后者显然同委员会的负责人弗兰克尔被公认为是公社委员中最熟悉科学社会主

---

① 参见伊·斯捷潘诺夫《1871年巴黎公社与无产阶级革命的策略问题》,莫斯科,1937,俄文版,第177~178页。

义的人有关。保存下来的公社期间弗兰克尔写给马克思的信也说明了这一点。这封信写道：

> 我同许多国际工人协会会员一起被选入劳动委员会，单单这个情况就使我有勇气给您写上几行，……尽管此事使我十分高兴，然而我并没有从个人角度来看待它，而仅仅把它看作国际性质的一个措施……如果我们能对社会关系进行根本的改造，三月十八日革命就会成为历史上空前未有的最有成效的变革，……①

弗兰克尔在信中请求马克思的帮助，请他提供关于社会改革的意见。因为，在公社刚成立的时候，无论是布朗基派还是蒲鲁东派，都没有事先拟订过经济方面的任何纲领。但是，自普法战争以来就备受苦难的城市使公社面临许多亟待解决的问题。对弗兰克尔来说，公社委员的任务首先是"维护无产阶级的利益"。② 他所领导的劳动与交换委员会很注意同工人群众的联系。早在4月初，就专门成立了一个"倡议委员会"附属于劳动与交换委员会。它的成员来自工人协会联合会、二十区中央委员会和国际巴黎联合会等组织。"倡议委员会"收集了许多工人群众的意见，经过讨论分析后向公社提出倡议，还帮助草拟过几项社会经济方面的法令。法令一旦在公社委员会得到通过，"倡议委员会"便要协助予以贯彻。考虑到公社当时所处的困难环境，应该说，劳动与交换委员会的工作是相当出色的。

诚然，少数派中确有人受蒲鲁东主义的影响比较深，执拗地奉行蒲鲁东的"公平交易"的原则，对资产阶级财产表现了"不敢触犯的敬畏心情"，在法兰西银行等问题上犯了严重的错误，给公社造成了很大的损失。公社委员会中有些人（主要是少数派委员，多数派委员也有）拘泥于形式上的民主，执迷于"人道"观念，幻想阶级调和，致使公社在一些重大问题上存在着分歧，不能团结一致地充分发挥镇压阶级敌人反抗的专政职能。

类似这样的错误是毋庸讳言的。问题是，我们在正确评价公社两派的

---

① 转引自巴赫主编《第一国际和巴黎公社》，莫斯科，1972，俄文版，第452~453页。
② 《巴黎公社会议记录》第1卷，第588页。

时候，不仅要看到他们的缺点和错误，也应该看到他们的功劳和贡献。我们不能拿今天的标准去要求他们，也不能单纯以他们的信仰作为评判功过的准绳，而是要把他们的实践、他们的行为放到当时的历史条件来加以考察，从而做出恰当的评价。

四

历史是最好的审判官，一百多年来，历史已经清楚地记下了公社多数派与少数派的功过。大体说来，在政治和军事方面的错误，要由多数派负责，而他们的功绩主要也在这两个方面。少数派的功过，则主要在经济方面。

毫无疑问，这两派都不是马克思主义者。但我们不能因此而否定他们对历史做出的贡献。公社的事业是千百万群众的事业，世界历史是广大人民群众创造的。我们绝不能狭隘地认为，只有马克思主义者才能推动历史前进。在多数派和少数派投身于广大群众之中，同他们一道创造惊天动地的事业的时候，指导他们行动的往往已经不是他们原有的信仰，不是他们信奉过的那些"主义"，而是他们对事业的忠诚、与广大群众同命运共生死的决心和献身工人阶级事业的崇高精神。正因为这样，在公社存在的整个时期，多数派和少数派之间的分歧并不是第一位重要的事情。占主导地位的还是共同的斗争事业。因此，在凡尔赛反动军队攻入巴黎、大敌当前的危急时刻，两派便置分歧于不顾，并肩投入了战斗。少数派委员韦尔莫莱尔在街垒战中负了重伤，布朗基主义者费烈上前去热烈地拥抱了他。军事代表德勒克吕兹英勇殉职了，公社委员们推举瓦尔兰来接替。他们的分歧只是观点的不同，而不是个人的恩怨。分歧是历史的局限性造成的。我们不能苛求公社委员。一切为公社事业做出了贡献的人，无论是多数派还是少数派，都将和不朽的公社事业一起永留在人们的记忆中。

（原载《国际共运史研究资料》第 3 辑，人民出版社，1981）

1871年巴黎公社期间沙俄驻法大使呈俄国外交大臣的报告

(1871年5月1~25日)

〔俄〕奥库涅夫 著　曹特金 译

译者按：奥库涅夫是巴黎公社期间沙俄驻法大使，当时他随法国梯也尔政府同在凡尔赛。他在这一期间写给沙俄外交大臣哥尔察科夫的报告，从沙俄政府的反动立场出发，记述了当时他所了解的有关巴黎公社的情况，尤其是梯也尔政府方面的活动。这方面的材料中国国内所知甚少，现译出一部分以供参考。

奥库涅夫的立场无疑是反动的。他对巴黎公社的正义事业取敌视和攻击的态度，对梯也尔政府则嫌它对起义镇压不力，这点应引起注意。

奥库涅夫呈哥尔察科夫

1871年4月19日 (5月1日)[①] 于凡尔赛

大臣先生：

在我有幸呈递阁下的4月11日 (4月23日) 的第65号报告里，提到了在政府的几次会议上所讨论的进攻巴黎的几种方式。根据政府首脑[②]殷勤地提供给我的秘密情报，可以得出这样的结论：在经过讨论几种进攻方式之后，大家比较倾向于用正规包围的方式。与此同时，决定断绝城市（指巴黎——译者注）的粮食供给。

按照梯也尔先生的说法，攻打伊西炮台的战役只不过是为打通接近城

---

① 4月19日俄历，括弧里为公历，下同。
② 指梯也尔。

墙的要冲做必要的准备。如果让这个炮台继续留在起义者的手里，就会妨碍上述工作的进行，因此攻克这一障碍就至关重要了。为了达到这个目的所进行的几个战役都圆满地成功了。梯也尔先生告诉我，即使目前这个炮台暂时还不在正规部队的手里，但占领它只是一个时间的问题。① 由于围城的正规军在距离炮台前几米之内的斜坡修建了一些阵地，这个缺乏照明设施的炮台随时都有可能被攻占，如果起义者不自愿投降的话。

不管怎么说，梯也尔先生补充说道，伊西炮台在目前的状况下已经不能再成为进攻巴黎的军事行动的障碍。马上就要对它采取行动了。已经选好了厄迈和格列奈尔之间的一段城墙（称为"曙光"的地段）作为军队入城的地点，准备从这里打开缺口。为达到这个目的，已经在蒙特列特和贝尔维的高地上安排了两个大炮阵地。选择这个地方是因为邻近的巴黎街区只有为数不多的建筑物，而这些建筑物到进攻时是不可避免要受到破坏的。选择这样的地区，将来在向建筑物主人偿付赔偿费用时不必出大价钱。

梯也尔先生期望，政府的军队一旦进入巴黎，城里就会立即产生强烈的反响，起义者内部就会出现分裂，这样就可以避免巷战。他甚至觉得，似乎政府军的战绩会给人们以如此强烈的心理影响，以至于不必等到他们攻入首都，巴黎城内就会出现有利于政府的转机。他已经不再怀疑政府军在政治上的可靠性，而完全相信未来的军事行动将获得成功。

梯也尔先生对我说，与此同时，政府决定利用它所掌握的一切手段严禁粮食运入巴黎。政府的目的决不在于用饥饿折磨首都，而只限于阻挠食物和武器装备运入巴黎。对居民离开巴黎，政府不准备设置任何障碍。从前些时候起，德军当局就已经采取没收经由北部和东部边界运往巴黎的粮食这类手段，来促成目前对首都的包围。然而，法德双方至今并未就此达成任何协议，而德军当局是在未经法国政府提出要求的情况下加入对巴黎的包围的。这完全是一种自愿的加入，而且看来纯粹是出自一种尽可能快地制服叛乱的愿望。更何况，德军最高军事当局向来认为，军事包围是占领首都的一种最可靠的方法。

以上就是梯也尔先生秘密通报的简要内容。在结束这份报告的时候，我认为有义务向阁下报告我所听到的有关一项传闻的一些情况。这项传闻目前正在法国和外国的报刊上广泛蔓延。

---

① 伊西炮台是 5 月 9 日陷落的。

人们传说，似乎起义者在巴黎的污水管内不少地方布设了地雷，准备一俟政府军进入首都就炸毁一批街区。这里的一位著名城市建筑师阿尔方先生认为，即便真的布了地雷，也不会构成严重的威胁，因为巴黎的污水管位于地面以下 40 米，四周又建有非常牢固的拱形墙。除此之外，看来起义者的弹药储备行将告罄。由于缺少足够的硫黄，不可能大规模地补充弹药。

由此可见，起义者不会花费一部分火药去做他们自己也没有把握成功的事，这类传闻是不足为信的。不过，从法国政府所得到的报告中获悉，巴黎城里筑起了许多街垒，街垒前面都挖有战壕，战壕里放置了愈来愈多的火药桶。有的街垒筑得很高，很坚固，武器装备也好，可以和真正的五角堡垒相媲美。

奥库涅夫

奥库涅夫呈哥尔察科夫

1871 年 4 月 20 日（5 月 2 日）于凡尔赛

大臣先生：

尽管法国在 4 月 30 日所进行的市政选举的结果尚未揭晓，我们毕竟可以根据迄今为止法国政府所得到的情报来估计这次选举的总的特点了。

在城市（甚至是不大的城市）里，似乎是共和派占了上风。在南方的几个城市，共产主义色彩的党派占优势。波尔多、里尔、南特、布瓦提埃和格勒诺布尔的选举总的来说进行得很糟糕，但毕竟还没有引起不可挽救的后果。在农村，激进党几乎到处都遭到了彻底的失败。在大多数农村，当选的是往日帝国时期的行政官员。

国民议会的右翼和极右翼责怪政府，认为政府应对选举的结果负责。皮卡尔先生在公开发布的通令中规定各省省长完全不要干预选举，但保皇派怀疑这位内务部部长除了这些公开的通令之外，还给各省省长发过秘密指令，要他们协助共和派当选。

不管国民议会的这部分议员对政府的上述指责有多少根据，梯也尔先生倾向于共和制的统治形式的这一态度已经愈来愈明显。他在国民议会的最后一次讲话使人对此不容置疑。此外，行政当局的首脑（指梯也尔——

译者注）在向我叙述刚刚进行过的选举的情况时，也毫不掩饰他自己的看法。他对我说，他很花了些力气来弄清当前社会舆论的实质，其结果是他信服了这样一点：法国倾向于共和制的程度远远超出了一般人的估计，也超出了他本人过去的估计。对巴黎的共和主义情绪不能再有一丝一毫的怀疑了。巴黎派去见梯也尔的那些一批一批的代表们（包括秩序党的代表在内）所讲的话，使他完全相信这一点。有些代表甚至做出这样的估计，即如果国民议会现在下决心宣布法国为共和国，巴黎就有可能会投降。据梯也尔先生说，不仅是首都，法国所有的大工业中心，就连大多数小城市都醉心于共和制。

也可能梯也尔先生在发表这类声明时完全是真诚的，但也有可能他讲这些话仅仅是出于一种愿望——褫夺巴黎起义者至今能用来掩饰自己的唯一武器，① 褫夺他们所谓国民议会政府蓄谋促成王朝复辟这一借口。

我不准备就法国各种政治党派的力量对比发表意见，但我认为有义务指出，共和制不仅在城市里有着大批的拥护者，就连在国民议会里也是这样。如今，就连立法团内的中派议员，也组织起新的团体来了。这些议员并不完全是共和制的信徒，但就连他们也想通过宣布梯也尔先生为共和国任期三年的总统的办法，来杜绝另一种政体出现的可能性。这个团体已经拥有一百多个成员，它打算通过上述方式在一段时间内在法国建立起一种临时的政治制度，并且认为在这段时间内国家有可能着手进行改革。但这么一来，实际上共和国已经不露痕迹地宣告成立了。如果这个团体同立法团内真正意义上的共和派联合起来，那么，它的影响将比现在大得多。光是共和派就有140人之多。除此之外，还要补选120名代表，以取代由于辞职、落选和死亡而空缺的名额。如果设想这些新选出的代表都是共和派，那么共和派将在议会中占多数。

此外，我应该指出，当前只有共和派才表现出积极性和精力，而看来畏缩和绝望的情绪已开始控制其他的政党。在最近的市政选举中，有1/3以上的人缺席。然而，所有的共和派分子都投了票。弃权的情况只发生于其他的政党。由于存在这些逃避投票的现象，昨天不得不重新举行选举，这次选举的结果还不清楚，不过，第二次选举在许多方面都具有重要的意义，无论是在候选人的数量方面，还是在需要进行重新选举的城市的重要

---

① 此处页边有沙皇的御批："这样比较稳妥。"——原注。

性方面，都是如此。例如，在里昂和马赛就不得不进行第二次选举。在里昂，第一次选举由于骚乱而不得不宣告无效。这次骚乱被军队镇压下去了。幸而这次骚动促使政府采取了有力的措施，一一解除了城内骚乱最激烈的几个区的武装。我认为有责任把里昂出版的一份报纸上刊载的有关镇压骚乱的措施的片段附在信后。① 报纸所提供的细节有一点尤其引人注目，它暴露了激进党为达到瓦解军队的目的所采用的一整套手段。这些手段3月18日在巴黎也使用过。多亏里昂警卫司令克鲁兹采取了措施，巴黎公社当时的代理人的计谋才未能得逞。

在结束这篇报告时，我还需就农村选举的意义做一些补充说明。

在大多数农村公社里，原有的帝国时期的政权机构中的人员这次又重新当选，因为只有在那里才能找到可以胜任农村职务的人选（在农村，可供挑选的人才极其有限）。

因此，农村的帝国时期的政权机构人员这次重新当选，与其说是纯粹出于对波拿巴主义的好感，不如说是由于缺乏竞选人。不过，在大部分农村，尤其是在法国南部的农村，似乎还保留着对帝国的极大忠诚。这个帝国20年来遏制了法国的革命，并得以维持住国内的秩序。

奥库涅夫

奥库涅夫呈哥尔察科夫

1871年4月26日（5月8日）于凡尔赛

大臣先生：

伊西炮台（梯也尔先生曾盼望它早日陷落，关于这点我已经荣幸地在4月19日〔5月1日〕的第70号报告中向帝国政府汇报过）还在起义者的手里。

在我写这份报告的时刻，这座炮台已经几乎被它的保卫者放弃，这儿的炮火已完全停止。因此，看来军队要占领它已没有大的困难。但是军事当局下不了决心进入炮台，害怕里面埋有地雷，于是开始就交出炮台的问题进行谈判。谈判期间包围炮台的军队停止射击。起义者利用这个间歇，

---

① 译文从略。

企图重新武装炮台并派出增援部队。

这样一来,起义者又得以继续保卫炮台,并迫使政府军着手挖掘工事,以包围炮台和切断它同巴黎和旺夫炮台的联系。根据政府公布的报告,这一工作已接近结束。与此同时,军队力图防止地雷爆炸(他们认为炮台下面埋有地雷),在周围挖了壕沟,以便如果确实存在爆炸物的话,可以用这个办法切断线路。

预定要参加普安迪儒尔战斗的炮兵连之一,即在蒙特列特高地的炮兵连,据说在一两天之内即可完全准备完毕,并且将从明天起开始炮轰巴黎城墙。这个炮兵连拥有70门海军远射炮。这个应该占据贝尔维高地的炮兵连,只有在攻占并控制那个高地上的伊西炮台之后,才有可能在贝尔维高地站得住脚。

我认为在这里有必要介绍一下政府昨天在巴黎散发的宣言。宣言通知首都居民,炮轰巴黎城墙是不可避免的。与此同时,宣言还是号召巴黎人:为避免攻城所引起的灾难起见,最好给军队打开一座城门。①

在进行上述针对伊西炮台的军事行动的同时,梯也尔先生又采取了一个不为公众所知的冒险步骤。

执行委员会主席②似乎已同起义方面的某些头目建立了联系,后者仿佛已经同意打开迈约城门,放进政府军。据说,花了数字相当大的款项才得以收买克吕泽烈。③ 最近几天的某个晚上,有两营军队携带三天的口粮被派往布伦森林的边缘地区。梯也尔先生和麦克马洪元帅整夜在林中等候事先约定的信号,以便向巴黎进军。但信号没有发出。所以,这次尝试没有成功。而克吕泽烈则在第二天被公社下令逮捕。顺便提一句,在对克吕泽烈的指控中,有一处说他同凡尔赛政府有联系。但公社怕人们怀疑它本身有背叛行为,因而没有把这项指控公之于世。

以上所述表明,梯也尔先生为占领巴黎是不惜采取任何手段的。然而,现在还有一些性急的人,他们看不到强加给梯也尔先生的,他不得不推迟进攻日期的无数客观困难。特别是他被指责为想自己指挥军事行动给麦克马洪乱下指令,以致好几次使事情无法成功。在军队里,对梯也尔先生的不满越

---

① 奥库涅夫在这份报告后附有《法兰西共和国政府致巴黎居民的宣言》全文,这里限于篇幅。没有译出。
② 指梯也尔。
③ 克吕泽烈,公社军事代表,他的行为不止一次地遭到国民自卫军中央委员会的非议。早在4月17日,中央委员会就曾要求公社逮捕克吕泽烈——原注。

传越广。不管这些指责是如何缺乏根据，但杜克洛将军的辞职完全是由于将军和执行委员会首脑在当前军事行动问题上的分歧所造成的，这是事实。

关于巴黎内部的情况，从我发出前几次报告以来没有发生什么重大的变化，我只需提到救国委员会的建立和由某一个叫罗谢尔的人接替克吕泽烈的事。这个罗谢尔是个炮兵军官，在麦茨初露头角，以后在卢瓦尔军中服役，在那儿被甘必大提升为上校。

建立救国委员会以取代从前的公社执行委员会一事不能解释为起义者日益增长的愤怒情绪所导致的结果（至少，到现在为止，还没有任何这方面的材料）。看来，公社重弹恐怖时期的老调的唯一目的是给暴乱者中的极端派别①以一种表面上的满足。由于救国委员会和过去的执行委员会一样，是隶属于公社这一最高权力机构的，而公社的成员又不需对救国委员会负责，看来公社的革命体制没有发生任何变化。

起义者试图再次扩大他们的影响。他们想对法国的其余部分（即除巴黎外——译者注）施加影响。在波尔多出现的一个无名的委员会要在5月10日召集共和国各市议会的代表开会，以制定一个和平纲领。这个纲领仿佛将以各城市的名义同时向政府和巴黎公社提出。看来，召开这个会议的目的无非是想实现大选前登载在起义的首都的报纸上的纲领。很清楚，这次在热爱和平口号的掩饰下，他们所要求召开的是这样的一种代表会议，会议的代表由带有激进倾向的各城市通过选举产生。这个代表会议自然是敌视国民议会的。

看来，政府决定阻挠在波尔多成立第二个国民议会。如果我没有弄错的话，政府已经获悉，这次试图延宕内战时日的主要肇事者是甘必大。他此时正在西班牙逗留。为此，这里似乎已发布了命令，只要甘必大一踏上法国领土就将他逮捕。

最后，我认为有责任在这里提供《祖国报》的片段。这家报纸是除了《世纪报》之外至今未被查封的一份原有的巴黎日报。这个片段详细和准确地描述了在法国首都所建造的街垒。②

奥库涅夫

---

① 奥库涅夫在这里指的是布朗基派。
② 《祖国报》的片段附在奥库涅夫报告之后，这里没有译出。

奥库涅夫呈哥尔察科夫

1871年5月13日（25日）于凡尔赛

大臣先生：

　　在国民议会第三天的会议上，梯也尔先生声称，巴黎起义的肇事者将被交付庄严的法庭，而法庭将按一切法律规定行事；首都的居民将被解除武装；原有的战时选出的市政机构将暂时恢复；最后，他否认政府曾接受属于秩序党的国民自卫军营队的效劳。据传，这些营队仿佛曾表示愿意支持梯也尔，而且似乎在政府军进入首都时一起（对起义者）作过战。

　　这些声明在一定程度上缓和了右翼政党对政府首脑的不满情绪。这样一来，原来准备对梯也尔提出的要求说明理由的指控便作罢了。看来，右翼分子原来准备，如果委员会主席①的解释不能使他们满意，便立即提出这种指控。

　　梯也尔所做的关于起义者将受到法律严惩的保证，不仅使右翼议员而且使绝大多数议员感到真正的满足。这个允诺也将使全法国的保守政党尤其是军队同样感到满意。军队坚决要求迅速对给巴黎带来一切灾难的肇事者以示范性的镇压。

　　右翼议员对梯也尔先生的不信任，是因为梯也尔先生前段时间曾经同各方面的巴黎代表进行过谈判，并允诺可以保留那些放下武器的起义者的性命。这次，梯也尔先生在走出议院时对议员们解释说，他先前做出的那些许诺是出于避免人质遭到厄运的愿望；现在起义既已扑灭，他准备毫不犹豫地大声向公众宣布，他坚决主张把一切问题交付法庭裁决。

　　至于政府首脑答应暂时恢复巴黎旧市政府的权力这一点，则完全不能满足右翼分子的要求。由国防政府任命的巴黎市市长茹尔·费里先生和在围城期间选出的各区区长，并不享有威望，尽管委员会主席慷慨地对费里先生大加赞扬。他们不孚众望是理所当然的。大部分区长属于极端激进的党派。其中有些人对公社持同情态度。基于这些原因，右翼议员期望政府现在应当选择那些深孚众望的法官。然而，他们（指右翼议员——译者注）考虑到梯也尔先生所提到的那些地方上的困难，决定暂时不再提出任

---

① 指梯也尔。

何强烈的要求，以便给政府一段必要的时间去改组首都的行政机构。

看来，委员会主席并不愿意解散全部国民自卫军（包括属于秩序党的国民自卫军在内），他希望保留城市警察中经过精选的骨干力量，以便利用这部分力量来减轻军队维持巴黎秩序的负担。但他不得不放弃这个计划，因为国民议会的大多数议员在这个问题上的立场十分坚决。同时，他指令麦克马洪元帅拒绝国民自卫军的援助（有些国民自卫军曾举着自己的旗帜到达帕西区）①，尽管众所周知，他事先曾同隐藏在凡尔赛的国民自卫军营队达成一项协议，答应武装它们之中的大批连队。

简而言之，梯也尔先生的声明并没有使他同右翼政党的关系有丝毫改变，无论是哪一边，都没有做出接近的表示。

奥库涅夫

（原文原载《红档》杂志 1931 年第 2 卷）
（原载《世界历史》1983 年第 3 期）

---

① 巴黎 20 个市区中的一个。

布朗基的历史地位

> 判断历史的功绩，不是根据历史活动家有没有提供现代所要求的东西，而是根据他们比他们的前辈提供了新的东西。
>
> ——列宁

判断一个历史人物的历史地位，必须把他放到他所处的历史时代，特别是他从事活动的具体历史环境中去考察；必须把他与和他同时代的、在他之前和在他之后的其他人物联系起来，加以比较；必须用历史辩证法的观点对他的主张和活动进行一分为二的分析，尤其要注意他为历史发展提供的新东西。

对于布朗基的历史地位，我们正是试图用这样的方法来进行判断。

一

路易·奥古斯特·布朗基（1805~1881）是法国早期工人运动的重要活动家，空想共产主义的杰出代表，也是一位传奇式的英雄人物。1827年，当布朗基22岁的时候，他就已投身反对国王查理十世的街垒战。从此以后，直至他生命终结，从未停止过战斗。无论是在秘密团体的行列里，还是在浴血奋战的街垒上；无论是在官方法庭的被告席上，还是在身陷囹圄的死囚牢房；无论是用笔，还是用枪，他的座右铭都只有两个字："斗争。"正如他本人所说："一个革命者的天职，就是不断地斗争，不顾一切地斗争，一直斗争到死为止。"布朗基一生历经磨难。他先后经历过三次革命（1830年革命、1848年革命、1871年巴黎公社革命），曾两次被判处死刑（后均改为无期徒刑），一生中有37年（也就是全部生命的将近一半）在监狱中度过。如果以18岁作为成年的标志，那么布朗基在成年以后，直至去世，有远超过一半以上的岁月是在失去自由的囚室中度过的。尽管如此，比起众多同时代的法国革命家和政治活动家来，布朗基由于长期失去自由虽然同革命活动的直接联系比其他人要少得多，然而他却更能代表法国 19 世纪的革命史，把他的一生看成 1830～1871 年法国革命史的写照并不过分。为什么会如此？弄清这个问题，布朗基的历史作用也就十分明白了。

19 世纪的法国处于风云激荡、充满革命激情的时代。在它的历史舞台上，演出了一幕幕威武悲壮、惊天动地的革命史剧。不同阶级的代表人物、一代一代的革命家、政见各异的政治活动家纷纷登台表演，并经过历史女神冷峻目光的审视，最终获得各自应占的历史地位。

19 世纪初，法国还处于 1789 年爆发的那场"开辟了人类历史的新时代"① 的资产阶级大革命的风暴之中。那场大革命影响深远，可以说决定了以后整个世纪的发展趋向。列宁指出，"整个十九世纪，即给予全人类以文明和文化的世纪，都是在法国革命的标志下度过的"。② 毫无疑问，1789 年爆发的法国资产阶级大革命，其根本使命是推翻封建专制制度，建立资产阶级的统治和确立资本主义制度。法国在整个 19 世纪主要也就是做了这么一件事。抽象地说，这是符合当时历史发展的要求的，对这点应该历史地肯定。但是，必须着重指出，对这个问题切忌做形而上学的理解，绝不能简单地以此作为衡量当时一切历史人物功过的唯一标准或主要标准，因为真理总是具体的。只要我们稍微具体地考察一下法国 19 世纪的历史，就会看到这一时期的历史内容十分错综复杂，各种矛盾纵横交错，不同的力量此消彼长。如果不对这种复杂的情况做具体的分析，而只是简单地以是否拥护建立资本主义制度来衡量历史人物，那么就不可能得出正确的结论。

拿法国资本主义制度的确立来说，情形就十分复杂。首先，法国资本主义制度的确立经过了曲折复杂的过程。1789 年爆发的资产阶级革命虽然是相当彻底和深刻的，但并不能使资本主义制度一下子就确立起来。这次革命之后，法国经历了封建制度复辟反复辟的斗争，经过政体形式的多次变换，经过资产阶级各派别、各阶层之间以及资产阶级与劳动群众，特别

---

① 《列宁选集》第 2 卷，人民出版社，1972，第 668 页。
② 《列宁选集》第 3 卷，人民出版社，1972，第 851 页。

是无产阶级之间的反复较量，按照一般的说法，直到 19 世纪 70 年代第三共和国期间，资本主义制度才得以稳固，资产阶级共和制才最终确立。

其次，在资产阶级革命中冲锋陷阵、充当主力的并不是资产阶级，而是广大人民群众。拿布朗基亲身经历的 19 世纪的革命来说，1830 年的七月革命是推翻波旁复辟王朝统治的资产阶级革命。这次革命的胜利是工人阶级和其他劳动人民英勇斗争的结果。资产阶级对政府的反抗仅仅停留在笔头上和口头上，可是他们利用人民群众的缺乏组织和不够成熟，篡夺了革命果实。1830 年革命虽然排除了封建制度复辟的危险，巩固了资产阶级的统治地位，但是政权实际上落到了代表金融资产阶级利益的七月王朝手中。1848 年二月革命按其性质是一次由资产阶级领导的，广大人民群众特别是工人群众参加的资产阶级民主革命。在这次革命中，人民群众特别是工人阶级起了先锋队和主力军的作用。他们用街垒战的手段不仅推翻了七月王朝的统治，而且迫使资产阶级宣布成立共和国。这次革命虽然只能完成推翻金融贵族统治、建立资产阶级共和国、为资本主义进一步发展扫清道路的历史任务，然而广大人民群众的参加却是这次革命取得胜利的保证。可是，和 1830 年革命一样，这次革命的成果同样被资产阶级窃取，在革命中浴血街垒的无产阶级被排除在政权之外，并在接着发生的六月巴黎起义中遭到血腥的镇压。

最后，资本主义制度比起封建专制制度来虽然是一个历史的进步，然而资本主义制度依然是一个残酷的人剥削人的制度。尽管 1789 年的法国大革命打着"自由、平等、博爱"的旗号，但在存在着阶级对抗和阶级剥削的社会里，这些动听的口号只能是一句空话。布朗基就曾揭露道：

> 当人们缺少面包的时候，就没有自由。当富豪并列在贫困旁边制造丑事的时候，就没有平等。当女工领着自己饥饿的孩子沿着豪华的宅第乞怜的时候，就没有博爱。①

必须看到，资本主义制度确立的过程，同时是一个严酷激烈的阶级斗争的过程。如果说，在这一过程的早期主要是资产阶级依靠广大人民群众反对封建阶级斗争的话，那么随着斗争的进展，资产阶级和无产阶级之间

---

① 《布朗基文选》，皇甫庆莲译，商务印书馆，1989，第 46 页。

的斗争就日益突出，逐渐上升为主要矛盾。马克思指出："1830年的革命把政权从地主手里夺来交给了资本家，也就是从离工人阶级较远的敌人手里夺来转交给了工人阶级的更为直接的敌人。"① 而1848年的六月起义已"是现代社会中两大对立阶级间的第一次伟大战斗"。② 到了1871年的巴黎公社，则是无产阶级建立政权的最初尝试了。这就说明，我们在考察19世纪法国历史发展的内容时，不能只看到资本主义制度确立的一面，同时必须看到工人阶级作为独立的力量登上历史舞台、反抗资产阶级的压迫和剥削、与之进行搏斗并尝试建立自己政权的伟大创举的一面；不能只看到资本主义发展的历史进步性的一面，同时必须看到这种制度本身固有的痼疾及其历史过渡性，从而肯定批判这种制度并为建立美好的理想社会所进行的理论研究和斗争实践。自然，我们并不否认在19世纪的法国，资本主义制度的确立和资本主义发展有其历史必然性，但是我们绝不能只抽象地肯定这一点，并简单地以此作为天平去衡量当时的历史人物。只看到历史过程的必然性和必要性是远远不够的，必须要弄清这一过程在每个具体阶段上的阶级对抗形式，必须要看到这一过程是由各个对抗阶级的斗争形成的，否则就会滑入客观主义的泥潭。关于客观主义和唯物主义的区别，列宁有过深刻的论述。他指出：

> 客观主义者谈论现有历史过程的必然性；唯物主义者则是确切地肯定现有社会经济形态和它所产生的对抗关系。客观主义者证明现有一系列事实的必然性时，总是不自觉站到为这些事实做辩护的立场上；唯物主义者则是揭露阶级矛盾，从而确定自己的立场。客观主义者谈论"不可克服的历史趋势"；唯物主义者则是谈论那个"支配"当前经济制度、造成其他阶级的某种反抗形式的阶级。可见一方面，唯物主义者运用自己的客观主义比客观主义者更彻底，更深刻，更全面。他不仅指出过程的必然性，并且阐明正是什么样的社会经济形态提供这一过程的内容，正是什么样的阶级决定这种必然性。例如现在，唯物主义者不会满足于肯定"不可克服的历史趋势"，而会指出存在着一定的阶级，这些阶级决定着当前制度的内容，使得生产者不

---

① 《马克思恩格斯选集》第2卷，人民出版社，1972，第372~373页。
② 《马克思恩格斯选集》第1卷，人民出版社，1972，第415页。

自己起来斗争就不可能有出路。另一方面，唯物主义本身包含有所谓党性，要求在对事变做任何估计时都必须直率而公开地站到一定社会集团的立场上。①

划清了辩证唯物主义和狭隘客观主义的界限，我们就有可能在肯定法国 19 世纪资本主义发展是"不可克服的历史趋势"的同时，对布朗基这位批判和反对资产阶级统治、代表生产者进行斗争的英勇战士的历史地位做出科学的判断。

二

在阶级社会中，推动社会前进的动力是阶级斗争，构成社会发展过程的主要是各个对抗阶级的矛盾和斗争。这点在 19 世纪处于激烈动荡的历史转折时期的法国表现得尤其明显。具体到布朗基，在当时法国错综复杂的阶级对抗、阶级矛盾和阶级斗争中，他是代表哪一个阶级的呢？他的斗争目标又是什么呢？可以说，从参加斗争的初期开始，布朗基就自觉地站在广大受压迫的工人和其他劳动人民一边，对资产阶级革命和随之逐步建立起来的资本主义制度未能改变社会上贫富悬殊的状况十分不满。这一方面同他受法国空想社会主义思想家圣西门和傅立叶著作中对资本主义的尖锐批判的影响有关，特别是受富有战斗精神的法国空想共产主义者巴贝夫的思想影响有关；另一方面更因为他在七月革命的街垒战中直接接触工人和其他劳动人民，因而能深切理解他们对革命后建立的七月王朝的失望心情。从此，他自觉地把自己看成无产阶级的代表。1832 年，在布朗基因所谓"15 人案件"被捕而受审时，他骄傲地回答法官说，他的职业是"无产者"，并且答辩说："我受控告是因为我曾向法国三千万和我一样的无产者说，他们有生活的权利。"② 这句话表明了布朗基自觉选择的阶级立场，而且综观他的一生，他的确是坚定地为无产阶级的利益而斗争的，堪称一位法国无产阶级革命运动的著名活动家。然而，同时必须指出，布朗基的这句话又表明他对无产阶级没有科学的认识，实际上把当时人数很少的无

---

① 《列宁全集》第 1 卷，人民出版社，1955，第 378~379 页。
② 《布朗基文选》，第 1 页。

产者和三十万穷人混为一谈。不过这种认识上的模糊，不能责怪布朗基，这"是和不成熟的资本主义生产状况、不成熟的阶级状况相适应的"。① 因此，布朗基代表的主要是法国早期的工人阶级，当时大工业还为数不多，带有小生产特点的手工工人还占据多数。与这种情况相适应，法国工人运动也还处于早期不成熟的阶段。作为法国早期工人运动的重要活动家，布朗基身上不可避免地带有弱点和局限性。他虽然坚定地信仰共产主义的前途，声称"文明的最高峰必然是共产社会"②，并深信未来的理想社会是一个没有私有制、没有特权和贫困，文化极高、完全平等的社会，但他不懂得科学社会主义理论，不明白私有制产生的原因、资本主义雇佣劳动的本质和社会发展规律，因而他的共产主义理论只能是空想的，他甚至认为，"共产主义是普及教育的必然产物，而且也只能从普及教育产生共产主义"。③ 布朗基虽然和马克思是同时代人，根据一些学者的研究，布朗基曾经阅读过马克思的少量著作，并大加赞赏，④ 但他并不是一个马克思主义者。他的历史观未能摆脱唯心主义的羁绊，比如夸大普及教育的作用，宣称"正义是社会机体的酵母"⑤ 等；他的经济观点则是混乱的，在这方面建树甚少。布朗基虽然真诚地为无产阶级的事业奋斗终生，但缺乏对无产阶级的科学概念，也不懂得无产阶级的历史使命。他虽然对无产阶级和广大劳动人民充满深切的同情，并且坚决主张和身体力行用暴力推翻现存的剥削阶级政权，但他不懂得建立无产阶级政党的必要，而是采用密谋策略；他虽然主张在革命胜利后要建立劳动人民的政权，但实际上这种专政只能是少数革命家的专政而不是无产阶级专政。

布朗基的所有这些弱点和局限性确实都是存在的。但是如果我们不做具体分析，单独抽出这些方面，那就很容易过多地否定布朗基，更谈不上对他的历史地位做出正确的判断了。我们必须牢记："当分析任何一个社会问题时，马克思主义理论的绝对要求，就是要把问题提到一定的历史范

---

① 《马克思恩格斯选集》第3卷，人民出版社，1972，第299页。
② 《布朗基文选》，第92页。
③ 《布朗基文选》，第85页。
④ 法国研究布朗基的专家莫里斯·多曼热认为，布朗基阅读过马克思的《哲学的贫困》，并赞赏不已，并且还读过1872年《资本论》的法文本。参见莫里斯·多曼热《奥古斯特·布朗基的政治思想和社会思想》，巴黎，1957，第376、390页。
⑤ 《布朗基文选》，第125页。

围之内。"① 对布朗基做历史评价也必须遵循这条原则。如前所述，布朗基所处的时期，正是法国资本主义制度通过曲折反复逐渐稳固确立的时期，同时也是工人阶级和资产阶级矛盾和斗争日益明朗和激烈的时期。纵观这个时期，法国的工人阶级虽然完成了 1848 年六月起义和 1871 年巴黎公社的壮举，从而在整个欧洲起了先锋作用，然而，总体来说，工人运动还不够成熟，这主要表现为马克思主义还没有在工人运动中占据统治地位，它还只"不过是当时无数社会主义派别和思潮之一而已"②，还未能和工人运动的实践相结合。领导巴黎公社的布朗基派和蒲鲁东派都不是马克思主义者。法国第一个工人阶级政党工人党是在 1879 年 10 月成立的，而法国的社会党则是在 20 世纪初才建立的。再从布朗基本人来看，他的政治观点是在 19 世纪三四十年代形成的。30 年代，他先后参加和组织了密谋组织"人民之友社""家族社""四季社"，并于 1839 年 5 月 12 日发动了只有"四季社"社员参加的失败的起义。参加 1848 年二月革命是布朗基政治活动的顶峰。1848 年之后，他有二十多年的时间是在监狱里度过的，很少有机会参加革命实践。普法战争爆发后，他曾回到巴黎参加斗争，但在巴黎公社前夕就又被捕。因而，可以有条件地说，作为一个"实干家"，布朗基的主要革命活动是在 1848 年革命前后。

弄清楚布朗基活动的具体历史条件，我们就可以明白，他的弱点和局限性正是与当时法国工人运动的水平相适应的，是当时工人运动还不成熟的一种自然反映。我们不能脱离当时的历史条件和历史要求来苛求布朗基，而只能从这些条件和要求出发，把他和同时代的其他活动家相比，看他为满足当时的历史要求、推动历史发展做了些什么，提供了什么新的东西。只有这样，我们才能对布朗基的历史地位做出适当的合乎实际的评价，对他的弱点和局限性也才会有符合客观的历史的分析。

毫无疑问，能够科学地阐明无产阶级的历史使命、指明无产阶级的斗争策略和反映无产阶级根本利益的唯有马克思主义。可是在布朗基所生活的法国，马克思主义还没有形成为一支政治力量，更没有在工人运动中占统治地位，这样的历史条件还未具备。当时存在着形形色色的社会主义和共产主义流派，除布朗基以外，有圣西门主义者、傅立叶主义者，有空想

---

① 《列宁选集》第 2 卷，第 512 页。
② 《列宁选集》第 2 卷，第 437 页。

共产主义者，如卡贝和德萨米，有小资产阶级社会主义者，如路易·勃朗和蒲鲁东主义等。在当时的情况下，在这些众多的流派和活动家中，最能反映工人群众利益，和马克思主义更为接近的是谁呢？是布朗基！正因为这样，布朗基本人得到马克思的高度赞扬。马克思明确无误地把布朗基看成法国无产阶级政党的领袖。他声称，"布朗基及其同道者"是"无产阶级政党的真正领袖们"[1]，是"革命无产阶级"的代表[2]，布朗基领导的是"真正无产阶级政党"。[3] 他还在一封信中表示他一向认为布朗基是"法国无产阶级政党的头脑和心脏"，还说自己比任何人都更关心布朗基的命运。[4] 的确，马克思始终十分关心布朗基。1879年6月，也就是在布朗基去世前一年多，当时这位74岁高龄的革命家刚刚获得特赦释放，结束了他最后一次监禁，马克思的女婿拉法格给他写信，邀请他到伦敦去休息一段时间。信中提到："始终以极大的关切注视您的全部政治经历的马克思希望有幸同您结识。"[5] 马克思对布朗基不仅是热情关怀和高度评价，他还同恩格斯一起，直接采取行动，支持和帮助布朗基。例如，他们两人曾为布朗基1851年寄自监狱的《二月革命三周年献词》撰写前言，还把献词译成英文和德文；1861年，马克思还为抗议法国第二帝国政府无理逮捕布朗基而四处写信，筹款出版小册子，等等。马克思和恩格斯对布朗基的弱点和局限性是看得十分清楚的，尽管如此，他们却对布朗基采取这种关怀、肯定、支持的态度。原因很简单，因为他们充分看到布朗基在当时法国的工人运动中所起的积极作用；充分认识到，在当时法国的具体历史条件下，布朗基及其信从者是法国工人运动中最接近科学社会主义的派别。[6] 不能脱离历史条件，不切实际地要求当时还不可能具备的东西，而只能在当时的历史条件下，支持和肯定现实中存在的最先进的东西，哪怕它本身还不成熟。马克思和恩格斯对布朗基的支持就是从这种正确的立场出发的。他们深深懂得，对布朗基的肯定，实际上就是对当时法国工人运动已经达到和可能达到的水平的肯定；对布朗基的支持也就是对运动本身的肯

---

[1] 《马克思恩格斯选集》第1卷，第610页。
[2] 《马克思恩格斯选集》第1卷，第439页。
[3] 《马克思恩格斯选集》第1卷，第439页。
[4] 《马克思恩格斯全集》第30卷，第612页。
[5] 转引自莫里斯·多曼热《奥古斯特·布朗基的政治思想和社会思想》，巴黎，1957，第396页。
[6] 参见巴赫《第一国际》第1卷，三联书店，1982，第260页。

定。当然，对布朗基的弱点和局限性，马克思和恩格斯都是严肃批评的，他们不容许把科学社会主义和布朗基主义混为一谈。他们在原则问题上从不含糊，但这并不影响他们对布朗基采取爱护和帮助的态度①，因为他们对布朗基的支持和肯定，是从当时法国工人运动的实际水平出发的。他们支持运动中的积极因素，通过这种支持教育工人群众的方式，以提高运动的水平。马克思主义创始人对布朗基的这种态度使我们能更清楚地看清布朗基的历史地位。

　　下面需要简略地说明一下，布朗基在法国当时的历史条件下何以是最能反映无产阶级利益并且最接近科学社会主义的活动家？其根据是什么？对于这点，主要不应从布朗基对他面临的许多现实问题的看法去分析，虽然他在一些具体问题上的看法（比如对 1848 年二月革命后形势的分析）同马克思的看法很接近，②而是应从布朗基同当时法国社会主义流派相比所具有的根本性的特点去分析。

　　第一，布朗基比起当时法国其他社会主义派别都更清楚地看到了无产阶级和资产阶级利益的对立，明确地强调无产阶级在政治上必须与资产阶级划清界限，必须成为独立的力量。尽管当时布朗基还不可能对无产阶级有科学的概念，更不可能了解无产阶级的历史使命，但他已明确地认识到无产阶级和资产阶级的根本对立，这就使他对资产阶级的统治（包括共和国的形式）的实质有比较清晰的认识，不受表面现象的迷惑，同时又为使无产阶级成为一支独立的力量而做出种种努力。在这点上，布朗基明显地比当时其他社会主义流派高出一头。主张依靠资产阶级国家的帮助，通过创办"社会工场"来实现社会改革的路易·勃朗以及代表小资产阶级利益主张社会改良的蒲鲁东，比起布朗基来，自然难以望其项背。就是圣西门和傅立叶的门徒也是差之甚远。法国学者莫里斯·多曼热曾拿布朗基同傅立叶主义者维·孔西得朗在 1848 年二月革命中的表现做过比较，指出："孔西得朗和布朗基之间有着天渊之别。"③ 恩格斯指出，在 19 世纪中期，所谓社会主义者，一方面是指已经变成纯粹宗派的空想社会主义流派，另

---

① 例如，第一国际成立后，马克思曾通过拉法格影响布朗基，争取他和他的信从者加入国际。
② 参见拙文《马克思论 1848 年革命中的布朗基》，载《国际共运史研究资料》1984 年第 11 辑。
③ 参见沃尔金等《论空想社会主义》下卷，商务印书馆，1982，第 149 页。

一方面是指在毫不伤及资本和利润的前提下企图医治社会的庸医。他得出结论说:"在 1847 年,社会主义是资产阶级的运动,而共产主义则是工人阶级的运动。"① 布朗基正是属于后者,只是他还不可能达到科学地理解资本主义和共产主义的地步。他是当时空想共产主义的杰出代表。

自然,法国当时的空想共产主义者并不是只有布朗基一人,还有卡贝、德萨米等,但是布朗基比起他们来,却另有高出一筹之处。这就牵涉同第一个特点密切相连的另一个特点。布朗基从来没有把自己的精力花在构筑社会改造的具体方案和未来社会的理想模式上。这并不是说他对人类社会的过去和未来没有明确的系统的看法,也不是说他对人类的共产主义的未来没有坚定信念。可贵之处正在于,他把对共产主义的信念和具体的斗争实践密切地结合了起来。他从不侈谈共产主义社会的蓝图,而只是在斗争过程中才提出具体的社会政治纲领。也可以说,他活动的重点并不是在描绘未来构筑理想社会的模型上,而是在制定保证革命胜利发展的政治措施和斗争步骤上。这一点不仅使他与被称为"和平的空想共产主义者"的卡贝有明显的区别,而且比空想共产主义中的革命派德萨米也更为突出。可以说,在法国空想共产主义革命派中,布朗基是最杰出的代表。至于同形形色色的崇尚空论的小资产阶级的社会主义流派相比,同在 1848 年革命风暴中叛卖无产阶级利益的路易·勃朗相比,两者不啻有天渊之别,由此布朗基的革命实践精神和对共产主义的忠诚坚贞也就显得十分难能可贵了。

布朗基总是把社会主义的实现同无产阶级的革命斗争联系起来。他明确地宣布:"社会主义就是革命,革命也就是社会主义。""社会主义是带电的火花,它照耀并激励着人民群众。人民群众只有在这些学说的鼓舞下才会行动起来,才能燃烧起来"。② 对于任何反对革命的说教,对于助长无产阶级对资产阶级的幻想和妨碍无产阶级意识到自己同资产阶级对立的企图,布朗基都痛加驳斥。例如,他批评卡贝"恰恰错误地把未来的合理理想和贩卖次货的空想家毫无根据的幻想混为一谈",怒斥"向革命宣了战"的圣西门主义者、傅立叶主义者和实证主义者"这三个派别竞卖膏药,只在咒骂革命这一点上完全一致"。布朗基明确宣称,"共产主义是社会发展

---

① 《马克思恩格斯选集》第 1 卷,第 236~237 页。
② 《布朗基文选》,第 59 页。

的必然产物","共产主义者从来就是民主主义最勇敢的先锋队,而追求空想者却在所有反动政府面前竞相献媚,用侮辱共和国来乞求政府的恩赐,这一明显的事实就足够说明二者的区别了","共产主义是根本,是革命的精髓"。①

对布朗基这种不尚空谈,把社会主义和革命联系起来的实践精神,马克思十分赞赏。他称布朗基为"革命共产主义的高尚蒙难者",并且在《1818年至1850年的法兰西阶级斗争》这部名著中,在揭露"空论的社会主义"的同时指出:"无产阶级就愈益团结在革命的社会主义周围,团结在被资产阶级用布朗基来命名的共产主义周围。"②

我们知道,马克思恩格斯从来认为,共产主义不仅是一种学说,而且首先是一种运动。他们总是把共产主义的实现同无产阶级的阶级斗争紧密联系起来。在《共产党宣言》里,他们明确宣布,共产党人的"目的只有用暴力推翻全部现存的社会制度才能达到"。③ 拿布朗基来说,尽管他对共产主义和无产阶级斗争的认识还都是不科学的,但他在把共产主义作为一种学说和一种运动之间的关系上,比起当时其他的空想共产主义派别来,更接近于马克思主义。

三

为了进一步说明布朗基的历史地位和所起的历史作用,有必要结合一些具体问题做些分析。第一个问题是布朗基的密谋策略。毫无疑问,密谋策略是错误的,也是不可能成功的。问题是,具体结合到布朗基,还需要进一步分析一下。布朗基组织密谋性质的社团("家族社""四季社")主要是在七月王朝时期(19世纪三四十年代)。他发动的一次典型的密谋暴动是1839年5月12日起义。另外,1870年的拉-维叶特事件说明,1848年革命后密谋策略对布朗基仍有影响。这些都是清楚的事实。需要分析的是,对布朗基的密谋策略应该怎样理解。按照过去一般的理解,所谓密谋就是不要群众,只依靠少数知识分子发动没有任何基础的暴动,或者把密谋理解成少数人搞的恐怖活动,就像俄国民意党人搞的那样。这样的理解

---

① 《布朗基文选》,第93页。
② 《马克思恩格斯选集》第1卷,第479页。
③ 《马克思恩格斯选集》第1卷,第285页。

至少联系到布朗基来说是简单化了的。布朗基并不是任何时候都不要群众，更不是不问客观条件在任何对候都主张起义。如果说，在 1839 年 5 月 12 日，布朗基的确错误地估计形势，在不存在革命形势的情况下，贸然发动得不到群众响应的少数人的起义而终遭失败的话，那么在过了 9 年以后，在 1848 年 2 月 25 日，也就是二月革命胜利后的第二天，他赶回革命的巴黎，面对 500 名待他回去领导他们立即起义推翻资产阶级临时政府的群众发表演说。出乎与会群众的意外，布朗基反对立即举行起义。他指出，"我们要善于再等待一些日子"，"我们要像昔日的雅各宾党人那样用革命的手段把人民组织起来"，"我们需要的是广大的人民群众、起义的郊区和一次新的 8 月 10 日"。① 苏联学者莫尔恰诺夫关于这个问题做了如下的分析：在完全没有合法活动的条件下，布朗基把密谋看成唯一的斗争手段。要么是密谋策略，要么是无所事事，别无其他选择。只要出现合法斗争的可能，布朗基就立即寻找其他的斗争方法。但是这样的时间对布朗基又有多少呢？1848 年革命爆发后的两个半月、1870 年在被围困的巴黎的两个月以及最后一次从监禁获释后的一年略多一些时间，当时布朗基已是一个龙钟老人了。② 这当然不是说，布朗基采用密谋策略完全是迫于形势，同他本身认识上的局限没有丝毫关系。布朗基所处的历史条件、工人运动本身的不成熟、手工业工人占多数的状况决定了他世界观上的局限性，同时也决定了他实践活动的必定失败。布朗基的密谋策略其要害在于他不能正确地估价群众，表面上看他总是过高地估计群众对起义的准备程度，认为人民群众天生地做好了斗争的准备，只待有人发出号召就可揭竿而起，实际上是把群众看成被动的。他不懂得革命需要有阶段性的发展过程，群众的斗争和有效的领导需要有机结合。列宁曾经概括地叙述过在起义的问题上，马克思主义与布朗基主义的区别。③ 毫无疑问，在这个问题上，布朗基达不到马克思主义的高度，把布朗基主义和马克思主义混同显然是错误的，但是也应该指出，布朗基的局限是由他所处的历史条件决定的。

还有一个问题，密谋策略能不能概括布朗基的全部策略思想，在策略

---

① 《布朗基文选》，第 39 页。8 月 10 日指的是 1792 年 8 月 10 日巴黎发生的推翻君主制的人民起义。
② 参见莫尔恰诺夫《奥古斯特·布朗基》，莫斯科，1984，第 412 页。
③ 参见《列宁选集》第 3 卷，第 277~278 页。

问题上布朗基比起前人来有哪些贡献？如前所述，布朗基作为一个"实干家"①、实践家，主要精力不是放在理想社会方案的构筑上，而是放在革命斗争实践上。这不是个简单的活动范围不同的问题，而是导致布朗基在实践领域做出了贡献，那就是他在当时的革命者中第一个把起义当作一件事业来干，认为起义者要取得胜利，必须认真组织。在他之前，革命者都把革命看成一种突然爆发，是人民愤怒蓄积而成的火山受到外来的作用而突然爆发，就像干柴遇到火星一样就会熊熊燃烧起来，因此不需要组织。布朗基却不是这样，他认真总结历次起义的经验教训，尤其是 1848 年 6 月起义的教训，深感组织起义的重要性。1868 年，布朗基在《有关武装起义的指示》中详细地谈了这个问题。他强调指出："重要的是无论付出什么代价也要组织起来。不要再搞这些混乱、孤立、分散、盲目行动、毫无纪律、没有一点集体思想、各自一方、完全根据自己意愿办事的起义！"② 布朗基还特别指出，不要因 1830 年七月革命和 1848 年二月革命取得胜利而得出错误的结论，误以为"在 1830 年，只要人民奋起，就足以推翻一个政权"。布朗基指出，1830 年的事"只能有这么一次"，而"二月的胜利不过是侥幸而已"。③ 且不说 1830 年革命产生的仍然是君主制的反革命的政权，而且政府已经取得了教训。总之，布朗基强调起义需要组织，起义是一门艺术，这在当时来说是历史的进步。诚然，在法国大革命中，雅各宾派在组织革命方面也做过尝试。然而，雅各宾派虽然是法国大革命中激进的派别，但毕竟代表的是中小资产阶级，而不是工人阶级。因此，布朗基是法国早期工人运动中最早探索如何组织革命起义的人。列宁在《马克思主义和起义》一文中，针对当时的情况，着重强调马克思主义和布朗基主义的区别，指出："竟有人因为马克思主义者像对待艺术那样对待起义而诬蔑他们是布朗基主义！"混淆马克思主义和布朗基主义自然是错误的，但这也正说明布朗基是把起义当作艺术的。而且列宁强调的是"马克思把这个问题说得最肯定、最准确、最无可争辩"，④ 也就是说，布朗基在这些

---

① 恩格斯语，参见《马克思恩格斯选集》第 2 卷，第 588 页。
② 《布朗基文选》，第 153 页。
③ 《布朗基文选》，第 147 页。
④ 《列宁选集》第 3 卷，第 277 页。顺便指出，列宁在十月革命前夕强调要与布朗基主义划清界限是完全正确的，因为到 19 世纪结束时，布朗基主义基本上已只具有历史意义而没有实际的价值了。

问题上没有马克思阐述得那样肯定、准确，这是布朗基的不足。但是他第一个提出这个问题，尽管还不成熟、还不准确，其历史功绩却是应该肯定的。

布朗基的功绩不仅在于第一个认真地对待起义的组织。他的着眼点比这要更广泛，由于他的活动重点放在制定向理想社会过渡的政治措施和斗争策略上，因而他关心的不仅仅是起义的组织。他的重要的政治思想和策略思想是：无产阶级必须要独立于资产阶级成为一支独立的力量进行活动，因此他致力于制定和寻找无产阶级建立独立组织的方法和执行独立的策略的途径以及建立自己政权的办法。这是工人阶级解放运动发展过程中头等重要的问题，工人阶级必须要有自己独立的组织，执行独立的策略，并为建立自己的政权奋斗，这样才能完成自己的历史使命。自然这个问题从理论上和在实践中都需要经过长期的斗争才能逐渐解决。布朗基离正确解决这个问题还相差甚远。他不仅对无产阶级缺乏科学的认识（他把所有劳动人民都看成无产阶级），而且对建立无产阶级政党、制定无产阶级正确的策略以及无产阶级专政的实质都缺乏起码的认识。然而历史辩证法告诉我们，事物的发展总是从量变逐渐开始的，而且合理的先进的成分出现时往往与错误的成分同时并存，马克思主义者不应拿今天的标准去苛求前人，而要细心地发掘前人走出的哪怕只是微小的前进步伐。布朗基的贡献恰恰在于他开始着手去解决无产阶级独立性（包括独立组织和独立策略）这个重要问题，尽管他无力去正确解决这个问题。

还应指出一点，布朗基之所以能对无产阶级独立性问题如此注意，是同他把共产主义与革命密切联系在一起有关的。巴贝夫之后，布朗基是法国早期工人运动中把这个问题阐述得最明确的人。他不仅强调政治革命，而且强调社会革命。在他看来，共产主义和政治是不可分的，政治是指革命的政治，共产主义就是社会主义改造。政治必须服从于社会改造的任务，也就是说，社会革命比政治革命更为重要。而要实现社会革命，实现共产主义的社会改造，就必须推翻资产阶级，实现无产阶级的要求，这样自然必须首先实现无产阶级的独立性。尽管布朗基的共产主义是空想的，但他的上述思想同样应该给以历史的肯定。

下面还需要再谈一个问题，那就是恩格斯在1874年对布朗基的评价。恩格斯在当时指出：

> 布朗基主要是一个政治活动家；他只是在感情上，即在同情人民的痛苦这一点上，才是一个社会主义者，但是他既没有社会主义的理论，也没有关于改造社会的确定的实际的方案。①

恩格斯的这个评价是长期被引用的，但在学术界也引起一些不同的看法。分歧在于布朗基是不是只是感情上的社会主义者，只是同情人民的痛苦，而没有理论。法国学者莫里斯·多曼热是明确不同意这个看法的。他甚至认为，马克思也不会同意恩格斯的这个看法。他举出1879年马克思的两位女婿沙尔·龙格和拉法格的文章和信作为例证，认为这两个文件中对布朗基作为社会主义先驱和旗手的赞扬也反映了马克思的观点，而且还举出巴黎公社失败后在伦敦经常和马克思来往的爱德华·瓦扬（布朗基的忠实信从者）的一篇报告为证。在这篇报告中说马克思把布朗基看成"法国人中最彻底的社会主义者和最革命的人"。② 但这些毕竟只是间接的例证，不能成为定论。多曼热还认为恩格斯之所以对布朗朗基做出这样的评价，可能是因为他没有读过布朗基的著作。自然，布朗基生前由于缺乏出版条件，因而许多著作只是手稿，恩格斯不可能全部看过。对布朗基一生的研究是后来许多专家从事的工作。顺便说一句，多曼热作为法国研究布朗基的著名学者对布朗基似乎有些偏爱。在布朗基和马克思的关系上，他总是十分强调前者对后者的影响以及两者的共同点。例如，他说："在马克思的身上，深深地打上了布朗基主义的印记。"③ 当然，布朗基和马克思的关系是值得研究的，但过分强调布朗基的影响却是值得商榷的。

现在回到恩格斯的评价上来。我们觉得，对恩格斯的评价的理解不能绝对化，但是他的总的精神还是对的。从现在掌握的布朗基的众多的著作、文稿、演说来看，不能简单地认为布朗基作为一个社会主义者，仅仅停留在对人民痛苦的同情上，没有一点儿理论。但是同时必须指出，布朗基在理论上的确比较弱，总的来说没有超越巴贝夫的空想共产主义的界限。作为一个"实干家"，他的主要精力也不在理论方面。因此，如果强调他是感情上的社会主义者，那也未尝不可。

如果说，布朗基在世时，他的理论思想就是他本人的薄弱方面，而且

---

① 《马克思恩格斯选集》第2卷，第588页。
② 莫里斯·多曼热：《奥古斯特·布朗基的政治思想和社会思想》，第396页。
③ 莫里斯·多曼热：《奥古斯特·布朗基的政治思想和社会思想》，第398页。

随着时间的推移这种理论愈益失去其意义的话,那么在现代作为整个流派的布朗基主义早已只具有历史意义了。然而,在布朗基身上却有一种永恒的有价值的东西,即便在今天它依然熠熠生辉。这就是他的异乎寻常的革命坚定性,他的无比坚强、百折不挠的毅力,钢铁般的意志和坚韧不拔的斗争精神。这样的品格在任何时代,在任何正义的崇高事业中都是需要的。在人类历史上,具有这样品格的人永远会受到人们的敬佩。像布朗基这样一生经历磨难,为了自己的信念,经受过常人难以想象的种种苦难的人本来就不多,而能战胜各种巨大的困难,就像经过烈火淬炼的钢铁一样越炼越坚强的人为数就更少了。布朗基就是其中十分突出的一个。他罕见的坚强意志和斗争精神赢得了一代代革命者的颂扬。马克思就十分推崇布朗基的这种精神。多曼热写道:

> 据我判断,马克思之所以喜欢布朗基,主要因为布朗基是斗争精神的化身,或者更为正确地说,是无产阶级政治斗争的化身。①

布朗基英勇斗争的一生正是他这种非凡的品格和精神的写照。这是他身上最闪光、最珍贵的东西。有鉴于此,本书着重刻画布朗基的生平,力求从对他活动的叙述中挖掘出他所具有的这些闪光的品质。

(原是《失败的胜利者——布朗基传》一书的"绪论",曹特金著,山东大学出版社,1991)

---

① 莫里斯·多曼热:《奥古斯特·布朗基的政治思想和社会思想》,第 399 页。

《失败的胜利者——布朗基传》结尾

1881年1月1日晚上9时13分，奥古斯特·布朗基，法国人民的忠实儿子终于停止了呼吸，享年76岁。

1月5日，举行了布朗基的葬礼。布朗基的儿子走在棺木的后面，旁边是安都昂夫人和弟弟热罗姆。葬礼是简朴的，一辆普通的灵车载着棺木；但同时又是十分隆重的，因为有20万人参加。不仅有革命者，而且还有许多普通老百姓。在布朗基活着的时候，他们没有跟着他走，现在却走在他的棺木后面，他们为失去这位坚强的斗士而叹息。著名的巴黎公社女活动家路易丝·米歇尔在墓地发表悼词。她深情地颂扬了布朗基的一生，她还说，不能前来参加葬礼的有已被枪决的3万名公社战士。在墓地发表演说的还有许多人。布朗基被葬于拉雪兹神父公墓的中央，和"五月流血周"中最后战死的一批公社战士同葬在一座公墓内。

1885年，在布朗基的坟墓上矗起了一座铜像，底座上有一行字："用人民的捐款建立。"这是巴黎公社社员、雕塑家茹尔·达鲁的杰作。达鲁塑造了一个躺着的布朗基的形象，更确切些说，这是一个面带痛苦的濒临死亡的蒙难者的形象，使人想起在街垒战中英勇倒下的战士。铜像具有巨大的悲剧力量，蕴含艺术家更深的构思：这是一个"失败的胜利者"的形象。

人们习惯于看到的英雄的形象是威风凛凛的、高大威武的，这样的英雄永远不会失败，永远不会犯错误，也永远不会动摇犹豫。这样的英雄如果有的话，那么绝不是布朗基，这样的形象也绝不能用来塑造布朗基。

布朗基的一生是严酷的、悲惨的。在他复杂的一生中，他经历过两个拿破仑帝国、两个王朝、两个共和国和三次革命，然而可以说只有童年时代和与艾米丽娅在冉西居住的两年里，他才多少有过短暂的普通人的幸福生活。在其余的时间里，他大部分是在监狱的铁窗下、在流放中、在极度的贫困中度过的，还曾两次被判处死刑。

除了肉体上的折磨外，他还受到无数精神上的打击。多少诽谤污蔑、多少造谣中伤，严重伤害着他的敏感的心灵。一个热忱的爱国者竟然被诬蔑为普鲁士的奸细！一个同暴虐统治进行英勇战斗并为此蒙受巨大苦难的战士却被诬为向警察告密的叛徒和奸细！一个热爱人类的殉难者却被诬为嗜血成性的恶魔！还有比这更卑劣、更难以忍受的吗？况且，攻击布朗基的人，不仅来自敌对阵营，也来自革命者队伍内部。

布朗基犯过许多错误，遭到过一次又一次的失败，无论是在1830年、1848年或者1870年，在硝烟弥漫的街垒战中，还是在竞选场上，他都从未尝过最后的胜利果实；然而，归根结底，他却是一个胜利者，一个"失败的胜利者"。

他的胜利，在于他的理想，他要消灭人间不平、消灭罪恶、建立平等社会的理想。尽管这个理想是模糊的、不够科学的，却反映了千百万普通民众的愿望。

他的胜利，在于他的精神，他的坚定不移、毫不动摇的精神。不论是敌人的威逼利诱，还是恶语中伤，不论是长期监禁的种种摧残，还是长期与世隔绝的坟墓般的监禁生活，都无法折服这个不屈的坚强汉子，都无法摧垮他的精神！

他的胜利，在于他的信念，他对社会共和国的信念、对革命的信念。这种信念赋予他无穷的力量。事实上，当敌人向他施以多种疯狂的迫害的时候，表现出来的正是敌人的虚弱的实质！当梯也尔不愿用他去交换巴黎公社扣押的人质的时候，所反映出来的正是敌人对他的惧怕！当敌人施尽各种手段，软硬兼施，都无法使他屈服的时候，真正的胜利者正是这个瘦弱的"永久的囚徒"——布朗基！

布朗基

路易·奥古斯特·布朗基（Louis Auguste Blanqui，1805~1881），法国早期工人运动的重要活动家，空想共产主义的杰出代表。他的一生可以用他自己说过的一句话来概括，那就是："一个革命者的天职，就是不断地斗争，不顾一切地斗争，一直斗争到死为止。"布朗基正是这样一个坚定的革命者。他先后经历过三次革命（1830年革命、1848年革命、1871年巴黎公社），曾两次被判处死刑（后均改为无期徒刑），一生中有37年在监狱中度过。马克思、恩格斯称他为"法国无产阶级政党的头脑和心脏""革命共产主义的高尚的蒙难者"。列宁也称他是"无可怀疑的革命家和社会主义的热烈拥护者"。但是，布朗基的依靠少数人搞密谋暴动的理论和策略却是错误的，曾经受到无产阶级革命导师的严厉批评。

1805年2月1日，布朗基出生在尼斯附近的一个小城镇里。父亲参加过1789年的法国大革命。母亲对儿子很有影响，一生支持儿子的革命活动，曾以60岁和75岁的高龄两次冒风险为布朗基筹划越狱事宜。

1824年，19岁的布朗基以优异的成绩在巴黎的一所中学毕业。

次年，考入巴黎大学攻读法律和医学。两年后，革命风暴使他中断了学业。1827年，布朗基积极参加了巴黎工人和大学生反对国王查理十世的街垒战。他英勇战斗，三次受伤，经历了最初的战斗洗礼。这次起义失败之后，布朗基伤愈就到国外旅行。

1829年8月，布朗基回到巴黎，在圣西门主义者彼埃尔·勒鲁主办的《地球报》当速记员，开始接触圣西门和傅立叶的著作，对其中批判资本主义的部分最为注意，但却不赞同这些空想家关于通过和平途径达到未来理想社会的主张。

对布朗基一生的思想发展具有决定性影响的是巴贝夫的空想共产主义。他阅读了巴贝夫的好友邦纳罗蒂写的《为平等而密谋》一书，并结识了作者。巴贝夫及其追随者认为，只有通过暴力才能消灭财产私有制，建立人人平等的社会,历史就是贵族和平民、富人和穷人之间的斗争,1789～1794 年的法国大革命没有改变社会上贫富悬殊的状况,必须进行一次新的革命,而要推翻现存政治制度,革命者就必须建立严密的组织,执行严格的纪律。这些思想成了布朗基终生恪守并为之奋斗的坚强信念。

1830 年爆发了七月革命,复辟的波旁王朝终于被人民群众所推翻。当起义群众刚刚拿起武器的时候,布朗基便离开了《地球报》,毅然投身于街垒战。他对人说:"至于我,我要拿起枪来,戴上三色帽徽。"作为街垒战的参加者,布朗基能深切地理解法国工人和其他劳动人民对革命后建立的君主立宪制七月王朝的失望心情。他认定革命并未结束,需要有一批不畏艰险的人把它继续下去。为此目的,布朗基加入了七月革命后出现的许多秘密社团中最早的一个——"人民之友社",后来成为该社的"左翼"领导人之一。

"人民之友社"的成员很复杂,以布朗基等人为首的"左翼",由于出版反映工人生活状况的《人民之友社告人民书》等通俗性小册子,影响越来越大。1831 年,布朗基在一次演说中说:"我们不能让七月革命变成一个骗局。帝制时期留下来的建筑必须全部加以摧毁。"七月王朝对"人民之友社"的活动感到不安,于是在 1832 年 1 月制造借口逮捕了布朗基等 15 人。这就是所谓的"15 人案件"。在法庭上,当法官问到布朗基的职业时,他骄傲地回答说:"无产者。"这个回答使全庭为之震动。布朗基因此以"危害社会治安罪"被判处一年徒刑。

出狱后,布朗基在宣传推翻七月王朝的同时,致力于组织秘密团体。按照他的想法,这种秘密团体必须有严格的组织纪律,其重要任务是制造武器弹药,准备起义。1835 年,在布朗基的积极参与下成立了"家族社"。次年 3 月由于有人告密,组织被破坏,布朗基等人被逮捕,并被判处两年监禁。1837 年,布朗基逢大赦获释。同年,布朗基又建立了一个新的秘密团体:"四季社"。参加"四季社"的主要是工人。这个组织十分严密,入社的人不仅要经过审查,而且还要逐个举行宣誓授刀仪式。授刀是表示宣誓人如果对组织不忠诚就将受到被杀死的惩罚。里昂等工业城市中也有"四季社"的成员。布朗基、巴尔贝斯和贝尔纳三人组成了"四季社"的秘密领导核心。他们决定在 1839 年 5 月 12 日起义,因为当时法国政局动荡:内阁总理辞职后,新内阁尚未组成,下议院也被解散;而 12 日这天巴黎预定要举行赛马。布朗基等人认为这是一个好时机。那天,500 多名

"四季社"社员攻占了市政厅,但由于缺乏群众的了解和支持,在同国王路易·菲利浦派来的军队激战之后不得不退往圣马丁街,很快就被镇压下去了。同年10月14日,布朗基在逃往瑞士途中不幸被捕,被判处死刑,后改为无期徒刑。直到1848年,二月革命才把他从监狱中解救出来。

二月革命推翻了七月王朝,成立了法兰西第二共和国。但革命后成立的临时政府主要由右翼资产阶级共和派组成,它日益明显地暴露出敌视无产阶级的面目。

2月25日,布朗基回到巴黎,当天晚上就参加了一次讨论如何对待临时政府的政治集会。大多数发言人主张立即采取行动推翻临时政府。但布朗基却冷静地分析了形势,说明这样做为时尚早,目前最重要的任务是运用人民在二月革命中所夺得的民主权利来组织革命队伍,通过俱乐部的活动来争取群众,"左翼"共和派和工人团体应该不断向临时政府施加压力,迫使它切实保障并扩大人民的民主权利。就在这天晚上,布朗基组织了"中央共和社"俱乐部,其后即以它为据点进行活动,着重宣传延期举行制宪议会选举的思想。这是因为,布朗基以他多年的政治经验敏锐地觉察到,资产阶级急于进行选举,是想乘人民还缺乏组织的时候,通过选举篡夺全部政权。一旦目的达到,法国人民又将陷于无权的地位。

但到4月23日,还是举行了制宪议会的选举。新政府里连一个工人代表都没有。紧接着,颁布了禁止集会请愿的法令,否决了巴黎工人提出的设立劳动部的要求。为了抗议新政府的对内对外政策,5月15日巴黎许多革命俱乐部的群众冲进了制宪议会,要求实行社会改革,要求支援波兰起义,而布朗基并不是这次示威运动的倡导者,他甚至试图阻止他的俱乐部成员参加进去。他分析了力量对比,认为这次示威很有可能失败,给革命人民带来损失。马克思、恩格斯高度评价布朗基在1848年革命中的政治活动,认为他代表了当时法国最革命的力量。马克思写的《路易·波拿巴的雾月十八日》在谈到5月15日事件时和布朗基持同样的见解。5月15日示威被驱散后,新政府逮捕了许多这次示威的领导人,革命的力量受到削弱。布朗基也于5月26日被捕,致使他不能参加一个月后爆发的巴黎六月工人起义。

1849年4月,布朗基被判处10年徒刑。他先后被监禁在三四个监狱里。每到一处,他都组织难友起来斗争,也策划过越狱。1851年2月,布朗基在狱中写了一篇题为"人民要警惕"的献词,寄给在伦敦的法国流亡者，作为对二月革命三周年的纪念。献词痛斥了路易·勃朗等小资产阶级"社会主义者"在1848年革命中出卖工人利益的叛徒行径。马克思、恩格斯很重视这篇献词，认为它总结了前一阶段法国的阶级斗争，把它译成了德文和英文，并为它加上了前言。马克思、恩格斯所领导的"共产主义者同盟"和布朗基的追随者建立了经常性联系。科学社会主义的奠基人还很关心布朗基在狱中的斗争，通过各种渠道予以支持。

布朗基几次策划越狱，都没有成功。直到1859年8月才因大赦而获释。出狱后，他奔走于巴黎、伦敦之间，继续从事革命活动。反动的路易·波拿巴政府害怕布朗基再次组织暴动，竟然在毫无罪证的情况下于1861年6月又判了他四年徒刑，把他投入监狱。这个蛮横无理的判决引起了法国和欧洲进步舆论的抗议。

1865年，当布朗基刑期已满而政府又无意释放他时，他从监狱医院逃走了。越过国境后，布朗基通过报纸发表了一封公开信，揭露了路易·波拿巴政府司法部门的专横和黑暗。

在布鲁塞尔流亡期间，布朗基写了许多文章，论及武装起义的战术，也谈到了革命胜利后少数人专政的问题。另外，他通过各种渠道同国内的革命力量联系，建立一个政治派别。布朗基派最终形成于第二帝国末年，最初的成员大多是年青的大学生和知识分子，后来逐渐在工人中有了相当大的影响。到普法战争爆发前，布朗基派已拥有2500名成员，成为反对第二帝国斗争中不容忽视的一支力量。

普法战争爆发后，路易·波拿巴的统治愈加不稳。法国工人和小资产者对这场王朝战争尤其不满。布朗基派认为这是推翻第二帝国的好时机。1870年8月12日，布朗基秘密回到巴黎。两天后就发动了进攻拉·维莱特消防队兵营的暴动，企图从那里夺得武器后去占领市政厅。但这次暴动又没有成功。

9月2日，连同10万法军被围困在色当要塞的路易·波拿巴向普鲁士投降。消息传到巴黎，群情激愤。第二帝国的丧钟终于敲响了。9月4日，帝国被推翻。法兰西第三共和国宣告成立，由"国防政府"执掌政权。

共和国成立后的第三天，布朗基就创办了报纸《祖国在危急中》，又建立了同名的俱乐部。起初，他也同法国大多数革命者一样，对刚建立的共和国抱有幻想，没有认清"国防政府"的反动本质，因而号召人民有条件地去支持它。但半月以后，布朗基就在《祖国在危急中》上发表揭露

"国防政府"的时评,愤怒地指出:"临时政府不过是帝国的拙劣的翻板","临时政府害怕革命胜过害怕普鲁士,戒备巴黎胜过戒备威廉。它无时无事不对人民表示怀疑和敌对"。

10月27日,巴赞元帅率17万法军在麦茨投降。成立了一个多月的"国防政府"的卖国实质已为愈来愈多的法国人所认识。10月31日,布朗基派发动了旨在推翻"国防政府",建立公社的起义。布朗基和弗路朗斯先后随起义的国民自卫军营队进入市政厅,并被推举为临时权力机构的成员。但起义队伍由于缺乏统一领导,经过十几个小时的较量,市政厅又重新落到政府军的手中。第二天,"国防政府"逮捕了弗路朗斯。布朗基则被缺席判处死刑,他不得不再度藏匿起来。

次年1月22日,巴黎人民又一次起义,遭到了"国防政府"的镇压。2月12日,布朗基心情沉重地离开了巴黎,临走前发表了《最后一言》,总结了他在《祖国在危急中》报上阐述过的思想,控诉了政府的叛卖行径。不久,布朗基病倒在南方的侄女家。3月17日——巴黎公社革命爆发的前一天,布朗基被梯也尔政府逮捕。

3月18日,巴黎公社革命获得了胜利。布朗基虽然未能参加革命,而且仍在被关押之中,但巴黎人民对这位坚强的革命家表示了极大的尊敬。3月26日选举公社委员时,巴黎市内20个区无一例外地推举布朗基为候选人。28日,公社正式成立,布朗基在第十八、第二十两个工人区同时当选为公社委员。在公社委员会的第一次会议上,他又被提名为名誉主席。巴黎各革命俱乐部纷纷集会,要求立即释放他。巴黎公社正式向梯也尔政府提出,用公社俘虏的巴黎大主教达尔布阿和其他73名重要人质交换布朗基一人。谈判延续了一个多月,终未成功,因为正如马克思指出的,梯也尔知道:"放走布朗基就是给公社一个首脑"。梯也尔自己也承认:"把布朗基还给起义者无异于派整整一个军团去帮助叛乱者。"谈判失败后,公社仍拨出5万法郎作为帮助布朗基越狱之用,但计划没有成功。

巴黎公社虽然只存在了72天,然而,布朗基派和公社里的其他派别一起,为公社事业所做出的贡献,却永留人间。

巴黎公社失败后,凡尔赛第四军事法庭对布朗基进行审讯,罪名是参加了10月31日的起义和对公社应负"道义"上的责任。1872年2月,布朗基被判处流放。由于医务委员会认为他的身体经不起长途跋涉,因此改为终身监禁。布朗基被关入潮湿、黑暗的单人囚房。1879年4月的议会选举中，波尔多市把布朗基选为议会议员。虽然这次选举被当局宣告无效，但第三共和国政府迫于全国范围内要求释放布朗基的广泛运动，不得不于 1879 年 6 月 10 日赦免了他。从 1871 年 3 月入狱算起，布朗基这次坐牢时间竟达 8 年零 3 个月之久。出狱后，布朗基回到巴黎，这位 74 岁的革命老人，不顾年迈体弱，仍然走遍全国，在公众集会上发表演说，呼吁释放公社战士。1880 年 11 月，他主编出版了报纸《不要上帝，不要老爷》，宣传工人阶级的解放。

1880 年 12 月 27 日，布朗基出席了巴黎的一次工人集会，在会上发表了他最后一次演说。他热情洋溢地歌颂了象征着工人阶级事业的红旗，反对象征资产阶级共和国的三色旗。会后深夜回家，突患中风，在 1881 年 1 月 1 日与世长辞。布朗基逝世的消息震动了法国。1 月 5 日，有近 20 万人为他送葬。其中有不少大赦归来的公社战士和欧洲知名的革命者。

综观布朗基的一生，他那百折不回的坚强意志和为革命事业英勇献身的崇高精神，将永远为人民所敬仰。然而，布朗基虽然自以为信仰共产主义，却既不能从历史唯物主义的高度去看待国家，又不能科学地去认识无产阶级的历史使命。他所主张建立的革命专政不是无产阶级专政，而是少数"优秀分子"的专政。他所实行的密谋策略更是不可取的。因而，布朗基只能是一个空想共产主义者。

（原载《外国历史名人传·近代部分》中册，1982）

瓦尔兰

路易·欧仁·瓦尔兰（Louis Eugéne Varlin，1839～1871），法国杰出的工人领袖，第一国际巴黎支部联合会的组织者和领导者，巴黎公社最卓越的活动家。

瓦尔兰于1839年10月5日出生在法国外省一个农业工人的家庭里。家境的贫困迫使他不得不在13岁时便中断了学业，来到巴黎谋生。他被送到装订作坊去当学徒，几年中饱尝了老板的剥削和凌辱。年轻的瓦尔兰聪敏过人，勤奋好学，很快就成为一名熟练的装订工人。他有出色的手艺，那些专为宫廷装订书籍的作坊常常雇用他。22～23岁时，他像有些熟练工人那样，开始把订货拿回家来做。瓦尔兰酷爱读书，把全部工余时间都消磨在巴黎的图书馆里。为了取得知识，他在21岁时还进入夜校学习，以优异的成绩于次年毕业。瓦尔兰性格坚强，为人正直，生活俭朴。

瓦尔兰很早就参加了工人运动。他刚满18岁的时候，正值1857年世界性经济危机波及法国。资本家千方百计地降低工人本来就很微薄的工资，大批地解雇工人。为了反抗来自资产阶级的压迫，工人们团结起来进行斗争。瓦尔兰所在的巴黎装订行业，这时正酝酿把分散的"储金互助会"联合起来，组成"装订工人协会"。瓦尔兰被选入"装订工人协会"的筹建机构，做了大量的工作。

1862年，瓦尔兰被巴黎装订工人推选为赴伦敦参观第三届世界工业博览会的代表。这次博览会打开了瓦尔兰的眼界。在英国，他特别注意职工联合会的活动。他清楚地看到，同英国工人相比，法国工人的工作条件和政治权利更差，而这又是同法国没有独立的工人组织分不开的。回国以后，瓦尔兰和其他工人代表在各个行业的工人集会上介绍了英国工联的情况，同时提出了废止专门对付工人的《霞不列法》①，允许工人结社，成立

---

① 《霞不列法》是法国大革命第一时期（大资产阶级掌握政权时期）颁布的一项禁止工人罢工、结社、集会的法律，因法律制定者而得名。

由企业主和工人共同组成的机构来调解劳资纠纷等一系列要求。

从此以后,瓦尔兰便以更充沛的热情投入了工人运动。这个时候,在思想上,他是法国工人运动中极为流行的蒲鲁东主义的信徒。不过,他并没有全盘接受蒲鲁东的学说。蒲鲁东反对工人举行罢工,不赞成工人从事政治斗争,反对妇女的社会解放。在这些问题上,瓦尔兰持有不同的观点,并且按照自己的观点来领导工人运动。

1864年8月,瓦尔兰领导了巴黎装订工人的又一次罢工。罢工坚持了将近一个月,迫使大多数雇主做出让步,同意将装订工人的工作时间从12小时减为11小时,还提高了计时工资。罢工期间,瓦尔兰负责募集捐款来维持罢工工人及其家属的生活。这是一项十分艰巨的工作,直接关系到罢工的成败。瓦尔兰不辞劳苦,出色地完成了任务。工人们十分称赞瓦尔兰埋头苦干的作风和廉洁无私的品德,特地在罢工胜利后送给他一只银表,并在表上镌字留念:"送给瓦尔兰——以表示装订工人的谢意。"瓦尔兰十分珍爱这只表,即使在1871年流血周他惨遭杀害时,还把表带在身边。

法国工人积极参加了国际工人协会(即"第一国际",以下简称国际)的筹建活动。瓦尔兰是国际巴黎支部最早的会员之一。由于在巴黎工人中有着广泛的联系,他在扩大国际的组织方面起了很大的作用。1865年4月,瓦尔兰被选为国际巴黎支部委员会的成员。他曾先后参加了国际工人协会召开的伦敦代表会议(1865)、日内瓦代表大会(1866)和巴塞尔代表大会(1869)。在国际工人协会总委员会同蒲鲁东主义者的频繁争论当中,他在一些重要问题上逐渐接受了总委员会的观点。其中最重要的是关于所有制问题和工人阶级与政治斗争问题的观点。在洛桑代表大会(1867)上,与会代表讨论了工人阶级的社会解放与政治解放之间的关系,通过了以下的决议:没有工人的政治解放就不可能实现他们的社会解放;而政治自由则是工人阶级在争取自身解放斗争中的必要条件。1867年和1868年分别在洛桑和布鲁塞尔召开的两次代表大会上,讨论并通过了关于铁路、运河、电报等交通与电信工具,以及矿山、土地不应私人占有,应归集体所有的决议。瓦尔兰虽然因故未能参加这两次代表大会,但他是赞成大会的决议的。这两次大会巩固了"左翼"蒲鲁东主义者的地位,也给了瓦尔兰很大的影响。从此,以瓦尔兰为首的"左翼"蒲鲁东主义者逐渐掌握了国际法国各地支部的领导权。

在国内问题上,两派蒲鲁东主义者也存在分歧。瓦尔兰和他的同志们不顾右翼蒲鲁东主义者托仑等人的反对，主张积极投入反对第二帝国的政治斗争中去，全力支持各地的罢工运动，发展工会组织。由于瓦尔兰的积极活动，国际巴黎支部的工作有了进一步的发展。国际在群众中的影响扩大了，更多的工人加入了国际。

随着国际各支部的活动加强了战斗性，第二帝国政府加紧迫害国际。1867 年底，法国政府当局开始逮捕国际巴黎支部的领导人，并于次年 3 月和 5 月连续两次对国际巴黎支部领导人开庭审判。瓦尔兰是第二次审讯中的主要被告，罪名是声援日内瓦建筑工人大罢工。瓦尔兰在法庭上发表了辩护演说。他详尽地描绘了资本主义制度下工人阶级的苦难生活，谴责资产阶级使用暴力来对待工人群众。瓦尔兰的法庭演说是一篇捍卫工人阶级利益的檄文，在社会上引起了强烈的反响。

审讯结束后，法庭判处瓦尔兰 3 个月监禁，外加 100 法郎罚款。瓦尔兰被关入当时政治犯集中的巴黎圣彼拉日监狱。监狱是革命者的学校。瓦尔兰在那里接触到许多革命者。他们时常在一起谈论第二帝国的腐败统治，谈论法国工人阶级应把争取经济上的解放同推翻第二帝国的斗争结合起来，这给了瓦尔兰许多教益，使他进一步摆脱蒲鲁东主义的羁绊。

出狱后，瓦尔兰立即投身沸腾的政治斗争中去。当时法国正面临着 6 年一次的立法团选举。瓦尔兰主张，在 1869 年进行的议员选举中，工人阶级应当单独提出自己的候选人，并且发表竞选纲领。国际会员中有不少人认为，工人应当抵制选举。瓦尔兰耐心地说服他们，指出参加选举是为了表明工人阶级有自己独立的利益，通过发表竞选纲领来宣传社会主义学说。他在写给卢昂市的石印工人、"左翼"蒲鲁东主义者奥布里的信中说："我们同形形色色的资产阶级共和派在竞选舞台上进行斗争，目的在于强调人民和资产阶级的决裂。" 1869 年 5 月，瓦尔兰等 20 名工人活动家发表了一篇 "巴黎工人小组选举纲领"。它不同于资产阶级共和派的竞选纲领，除了提出废除常备军，教会和国家分离，进行司法改革，实行免费的义务教育，不受限制的结社、集会、出版自由等要求之外，还要求实行银行、运河、铁路、矿山、交通通信工具国有化。这分明是受国际洛桑、布鲁塞尔代表大会影响的结果。

瓦尔兰一向重视工会工作。他在一篇文章中写道："最重要的是把工人组织起来。"为了更充分地发挥工会组织的力量，瓦尔兰认为需要把自 1867 年以来先后按区和市成立的装订工人协会、石印工人协会、铸工协会、建筑工人协会等联合起来。他以装订工人协会主席的身份积极促进联合。1869年11月19日，在瓦尔兰的倡议下，二十多个工人团体的代表通过了成立联合会的决议。1870年1月1日，巴黎工人协会联合会正式成立，瓦尔兰当选为联合会的主席。在他领导下，联合会从一成立就同国际工人协会建立了密切的联系。

瓦尔兰在联合国际巴黎各支部的工作中也起了很大的作用。由于受到第二帝国法律的限制，国际在法国的支部很分散。仅巴黎一地，1870年4月前就有25个支部。瓦尔兰主张把国际的支部联合起来，以更积极地投入推翻第二帝国的斗争中去。他说："目前法国的形势不允许国际派对政治袖手旁观。"在1870年4月3日写给奥布里的信中，瓦尔兰讲得更加明确："你应该懂得，如果不消灭旧的政治国家，我们不可能实现任何社会改革。"经过瓦尔兰等人的努力，国际巴黎支部联合会终于在1870年4月18日成立了。

由于瓦尔兰在各个方面开展了卓有成效的工作，到帝国末年，他已成为全法国知名的工人领袖和国际在法国各地组织的深孚众望的负责人。瓦尔兰以他杰出的组织才能和谦恭朴实的品德在法国工人中赢得了很高的声望。国际工人协会总委员会对瓦尔兰的工作给以很高的评价。拉法格在1870年4月20日致马克思的信中，称赞瓦尔兰是法国社会主义者中最有影响的人物。

陷入深重危机的第二帝国政府又对国际在法国的组织进行了新的迫害，逮捕了几十名国际会员，并于1870年6月开始了第三次审讯。瓦尔兰由于事先从一位律师那里得到了消息，设法逃到了国外。在流亡瑞士期间，瓦尔兰十分关注法国的政治局势。9月4日，法国发生了推翻第二帝国的革命，但是政权却被大资产阶级和帝制派篡夺了。瓦尔兰闻讯立即赶回巴黎，当天就投入紧张的革命活动之中。他参加了筹建巴黎人民的革命组织——20区共和中央委员会，加入了9月4日以后扩建的国民自卫军，并当选为第一九三营的营长。他还协助国际工人协会总委员会派来的赛拉叶，重新组织因普法战争而陷于涣散状态的国际巴黎支部联合会。瓦尔兰非常重视国民自卫军这支人民武装，他极力主张国际会员参加到国民自卫军中去，以加强国际对这支武装的影响。

1871年3月15日，国民自卫军中央委员会经选举诞生。瓦尔兰被选为中央委员会成员。3天之后，爆发了3月18日革命。瓦尔兰带领自己的营队同蒙马特尔区的国民自卫军一起占领了旺多姆广场。国民自卫军中央委员会掌握了巴黎的局势之后,瓦尔兰和其他几名委员曾经主张出击凡尔赛,可惜他们的意见没有被采纳。3月26日选举公社委员时,瓦尔兰在3个区同时当选。巴黎公社期间,瓦尔兰担任过多种职务:财政委员会委员、财政代表、粮食委员会委员、粮秣军需总监、军事委员会委员、军事代表。流血周开始前,瓦尔兰所负责的多是财政和物资供应工作。他是工作最繁重的公社委员之一。他在极为困难的条件下终日为公社的事业操劳:制订城市预算,供应巴黎这个被围困的城市一百多万人的粮食,发放国民自卫军的军饷,等等。

瓦尔兰有一种对工人阶级事业无比忠诚的献身精神。只要关系到工人阶级利益的事情,他都竭尽全力去完成。瓦尔兰又是公社中威信最高的委员之一,被公认为廉洁奉公的模范。他经手大批款项,从来不为自己谋一点儿私利。瓦尔兰十分注意为公社节约开支,不容忍任何贪污和浪费的现象。有一次,有一个公社委员在过去的帝国服装店定做了一套价格高昂的服装,把账单送到军需部请求付款,遭到瓦尔兰的严词拒绝。他这位军需总监毫不客气地在账单上写下了"公社没有钱购置贵重的服装"的字样。瓦尔兰自己一生都过着俭朴的生活,衣衫破旧,吃最便宜的伙食,甚至经常饿着肚子为公众的事业奔忙。瓦尔兰的弱点主要是理论上没有完全摆脱蒲鲁东主义的影响(尤其是在国家和信贷的问题上),导致他在对待法兰西银行的态度上犯了错误,没有没收它,从而给公社带来了损失。①

5月21日,凡尔赛军队进入巴黎市区,巴黎人民进行了英勇的公社保卫战。瓦尔兰带领第六军团参加巷战。从流血周开始一直打到最后一个街垒陷落,瓦尔兰从未离开过前沿阵地。5月25日,公社军事代表德勒克吕兹在战略要冲沙托·得奥广场牺牲之后,瓦尔兰被任命为军事代表,在极其艰苦的条件下指挥作战。最后两天,公社的剩余兵力主要集中在巴黎东部两个工人区。瓦尔兰忠于职守,同朗维埃等公社委员组织了最后的抵抗。

5月28日下午,在参加了最后一个街垒的战斗之后,饥饿、疲惫的瓦尔兰在街上被过路的一个牧师认出,旋即被凡尔赛士兵捆绑住双手,拖着

---

① 在法兰西银行问题上,主要错误应由公社派驻银行的代表、右翼蒲鲁东主义者贝累负责。茹尔德和瓦尔兰作为财政委员会委员,当然也有责任。

在市区走了几个小时。在行走中瓦尔兰的头伤了，一只眼球掉了出来，身上血肉模糊。但是，遍体鳞伤的瓦尔兰仍然保持着革命者的崇高气节。当刽子手最后把枪口对准他的时候，他用尽全身力气呼喊"公社万岁！"的口号。在连中两弹之后，他还用手支撑起身体，想再次呼喊这一口号。这时第三颗子弹残酷地夺去了他年轻的生命。瓦尔兰牺牲时年仅32岁。他以自己的鲜血为法国工人阶级英勇斗争的史册增添了夺目的光彩！

（原载《外国历史名人传·近代部分》中册，1982）

《关键的十年》[*]

——序言：火的记忆

〔哈〕努尔苏丹·纳扎尔巴耶夫 著 曹特金 译

一束束耀眼的白色火花从浓密的烟尘中蹿出，像向四周喷射的焰火一样。我习惯地用铁钎打开炼铁炉的出铁口。突然，太阳光透过密集而滚动的云层射到我的身上。这种液态的金属从自己的出铁口挣脱出来，像一股金白色的铁流，沿着排铁槽急速地向前流去，溅射出闪亮的喷泉般的火星。被烤热的空气直接扑到我的脸上。热浪是如此之大，以致在这种时候眼睛里会有意无意地流出眼泪，短时间内会因空气不足而感到呼吸困难。

还在不久以前，也就在30年以前，我作为一个新手站在燃烧着熊熊烈火和金属的大炼铁炉前，或者在震耳欲聋的轧钢机旁工作。一种不可克服的强烈愿望支配着我：要挣脱出去，到广漠的大草原的使人精神焕发的新鲜空气中去，去重新感受针茅的香味和黄昏前大平原迷人的寂静。特别不能忘怀的是每一个新手都会有的某种恐惧感：当你意识到，你离上千度的炽热的金属洪流只有几米远；你的一个不小心的动作和每个复杂的冶金过程都会有的不可预测的技术失误都会消除这个距离。

对比和比喻并不总是合适的，通常是主观的……但是，类比终究会甚至无意识地支配我们：火的性质和力量在任何时候和任何地方都是一样的，不管这是熔炼金属的高炉或转炉，还是另一种属性的火——人的激情的破坏性地爆发。这种激情，当不能控制和支配它们时，就会变成破坏和灾难。

只要最严格地和完全地遵守复杂的技术过程的所有环节，就可以保障炼铁炉的安全。可惜，在人和群体的相互关系中，却不存在可以消除破坏

---

[*] 《关键的十年》一书由哈萨克斯坦总统纳扎尔巴耶夫所著，由笔者与李巍岷、康春林合译，2004年5月由民族出版社出版。这里的"序言·火的记忆"是我译的。——译者注。

性后果的足够严格的规则。

伟大的哈萨克思想家阿拜（Абай）曾经说过："仇恨不是对真理的捍卫，而是忌妒，或者就是不会在和谐中生活。"很难说在我们地球上发生的那些政治的和社会的问题的真正原因中，在多大程度上存在有忌妒的因素。但有一点是肯定无疑的：在不同程度上激化的或爆发的许多冲突和矛盾，其基础都离不开起码的"不会在和谐中生活"。如果确切些说，就是不会保证和谐，以及没有足够的自信去保证和平妥协。不会和不自信的正是那些当事人。

在当代史上，有的是紧密的日程表。过去长达几个世纪和几十年的事，现在只在一瞬间。国家的首脑们和总统们每天见面，而在过去即使相邻国家的统治者们也从不相见，或者只在下述情况下相见，即这种相见意味着某种统治或某个国家的开始或结束。今天，新的国家和联盟几乎每个月都有诞生，而它们要获得最终的形式和结构也不需要多年。

种种现象，不论是股票指数的狂跌，还是地区性的重大事件，在全球以如此快的速度到处闪现，以至于可以说，现在已到了承认人类有一个统一的中央神经系统的时候了。正像哲学家们说的，今天我们在空间上可以得到我们在时间上失去的东西。事件和过程的万花筒是以如此令人头晕目眩的速度变换着，以致我们根本没有时间去仔细地观察和思考各个地区和社会的个别细节。

形象地说，世界的和世界秩序的景象变换得如此之快，以致艺术家和鉴别专家来不及给它们涂上政治学的和社会学的色彩。而为了扩大这个调色板，就不得不使用新的婉转语和新词。在这些新词中，最重要的和最常见的是全球主义和国际恐怖主义。

对一些人来说，全球主义是新的"巴比伦"。它使各民族更加分离，并在自己的废墟上把建筑师和工程师们埋葬掉。对另一些人来说，全球化是某种统一的场理论。它可以把所有力量联合起来，并顾及这些力量所反映的各种社会的社会文化利益和各种国家共同体的利益。

对全球化的反对者来说，这至多不过是一些老现象的新称呼：新殖民主义、新西方化、新现代化。

全球化的支持者列举了重要的论据和有说服力的证据，证明正是全球化促进了以前落后地区的科学技术的和社会的重大进步。

每个人都有自己的系统证据和自己的一套论据。但真理通常只在中间的某个地方。全球化确实把一些民族赶进"石器时代",而用自己的生命力和持续的繁荣使另一些民族富裕起来。

至于全球化是积极地还是消极地进入我们的生活,这不仅取决于我们自己,而且取决于我们对和谐与安宁的自觉的和本能的愿望。许多方面,如果不是全部,是取决于其他的,不可觉察的因素——文化潜力、历史传统、经济状况、资源基础……个人的或民族的对世界的感受和理解。这些感受和理解并不是所有时候都符合逻辑的或建立在建设性的基础上的。

这也牵涉到所谓的国际恐怖主义、极端主义和分裂主义。它们急切地和生硬地闯入我们的日常生活和国际用语。

恐怖主义、分裂主义和极端主义的最极端的表现是:世界共同体肌体上的慢性病。这些病是由政治的、社会的和经济的不公正染上的。不能说,这种病的地缘政治症状比社会症状多。不能说,它的经济起因大于公民不满或政治抗议行动。或者说,它的情况多少有所不同。在这里,什么都不是主要的。

恐怖主义、分裂主义、极端主义就是战争。就像在任何战争中一样,我们作为反恐怖主义联盟的成员和抱有善良愿望的国家,也不得不应用武器。但不消除下述现象就不可能消除恐怖主义:富裕世界和贫穷世界之间的灾难性的深渊;一方面是和平宣言,另一方面又是武器供应;地球上数百万人的不可救药的依附性和因此而获得巨额钱财的可能性;损害许多民族和国家的地缘政治的野心和私利。

但是武器,即便是最有杀伤性的武器,在这里也无济于事。我们在反对恐怖主义斗争的烟尘中,在把一些国家和民族赶进"石器时代"的时候,我们只能经常地使"恐怖主义"这个概念流行起来,却不能使它消失。

只有懂得"国际恐怖主义"不是孤立的现象,而只是冰山的浮出水面的可见的一角,只有这样,我们才能不只是简单地割去那些在社会缺陷和经济缺陷的沃土上长出的恐怖主义毒芽,而且铲除它们产生和生长的可能性本身。

我们在正当的激愤的爆发中,在向自己做出与国际恐怖主义与地区恐怖主义进行不妥协的战争的誓言时,还要清醒地和清楚地回答下述明确提出的问题:"我们实际上应该与谁,甚至与什么进行斗争,以及我们应该怎样根除这个世界性的'灾祸'?"

只有在客观地和正确地回答了这个问题之后,我们才会忘记这些可怕的词——"恐怖主义""极端主义""分裂主义"。

现在人类已经感受和意识到危险,可以在贫富之间的断裂的道路上,在"爱好和平"的富国和"侵略的"穷国的断裂的道路上,做出不只是具体的步骤。在所有方面,只要无一例外地给所有国家带来死亡和破坏,就都要这样。

这样就不由自主地产生了一个问题:为在全世界缓和与恐怖主义、极端主义和分裂主义有关的紧张局势,走出第一步的代价是多少?为此采取非常人所能忍受的力量的集中和过分的努力是必需的吗?

只举一个虽非最有说服力的却是很明显的例子。

十年前,我在联合国大会上向联合国成员国提出了一个从实质和精神来说都是简要的建议:让我们共同努力,迈出善意的一步,从所有国家的军事预算中拿出1%,为了解决危机地区和发展中国家的问题。

这样做,可以缓解矛盾,并可能避免一系列产生中的矛盾和危机状态。在当时,全球化的急速步伐与和平的"极端的"不稳定都说明了正在来临的风暴及其表现和后果。但正像哈萨克人所说的:"当听到危机的脚步声时人就装聋作哑,当出现危机的阴影时——人就变成瞎子。"

关于有益的相互妥协的呼吁无人听从。

是不是这个建议提的不是时候?有可能。

是不是这个建议提得毫无根据?看来,不是。

大家被苏联极权制度的崩溃弄得十分不安,又被下述希望所迷惑,即人类可能在自由主义原则下实现全球团结。大家都感到,达到这一点已经没有障碍,并天真地认为什么都会水到渠成。干什么还要焦躁不安,既然现在所有国家都会减少武装,因为对武装已经没有这样急迫的需求,像过去在两个"大兄弟"合作时期那样。

十年过去了,正像我们喜欢讲的那样:世界改变了。"……在这个论坛上,我想重复整整十年前在联合国大会上提出的自己的建议——关于所有国家削减军事预算百分之一用于发展最贫穷的国家。"——这些话我在不久前又说了——在2002年9月,即2001年9月悲剧之后约一年,在约翰内斯堡的萨米特说的。

在确定世界的变化时,我们应该指出并表明,变化的究竟是什么?遗憾的是,在对美国的悲剧发生前后的事件进行准确的跟踪和把此时的世界状况进行对比后，我们清楚看到的是：什么也没有变，或者几乎什么也没有变。

一方面，这样的事实有利于说明世界的变化，如阿富汗塔利班体制的更换和世界各国反恐活动的加强。但恐怖主义根本不因塔利班的倒台而被根除。

不难发现，在人类历史上，像这样规模的事件几乎是每年都有发生的，至少是非常之多的。但在这些事件之后，谁也不能断定世界发生了我们今天所理解的那种全球性的变化。

更甚于此……

地球上的困苦与贫穷减少了吗？没有！

治疗精神病的药物和它们的应用减少了吗？没有！

宗教的侵略性和主流宗教信仰之间的不容忍减少了吗？没有！如此等等……没有！没有！还是没有！

主要的恐怖组织基地（Аль－Каида）至今仍然存在。我们并不确切知道"第一号国际恐怖分子"乌萨姆·本·拉登是死是活，但正像在 2001 年 9 月 11 日之前那样，他的看不见的存在到处可以感觉到。

这点在细节上都可以感觉出来。据说，主要的航空公司在服务顾客时又开始提供金属刀叉。航空乘客又重新大量增加，而无数的安全措施已无法监控，更谈不上保证飞行时的绝对安全。危险过去了，人们仿佛重又盲目乐观了。

生活并未停止不前。今天有迹象表明，在那惊慌的岁月中支配我们的预见性、有意识的相互理解和信任的氛围，又重新让位给疏忽大意、不理解和不信任。

为了战胜危险，就不应该忘记和逃避它。必须向它迎面走去，用集体的力量与它斗争；必须丢弃地缘政治的利己打算、宗教间的偏见和政治野心。尤其是，如果这些是我们地球的慢性病，就更应如此，因为它们会发展成恐怖主义，而且经常是它的最为特殊的侵略形式。

我们宣告：为了全面的安全，强者的权利应该为国际的集体权利所替代。在形式上，我们可以说，国家间的关系基本上遵循的是国际法。在很多情况下，事实也是如此。诉诸国际法成了许多国家的传统的以及"和平的"武器。国际法的威信是很高的。它也由国际法诞生、自我确定和地球上绝大多数国家的无条件承认的明白无误的历史所证实。

1648 年，被多年的残酷战争弄得疲惫不堪和被隔绝的欧洲渴望和平，但不只是脆弱的、不稳定的和平。欧洲要求可以成为制止新的战争和冲突的有效手段的重大保证和建设性措施。最终，交战国在位于威斯特伐利亚的蒙斯特的哥特式教堂和奥斯那布留克的市政厅签署了久待的和约。宗教的利益让位于国家的利益。这样就诞生了威斯特伐利亚和约。它使欧洲得以生存下去，并提供了未来的安全。和约的基础是"主权"和"民族利益"这些新概念。

新的世界秩序诞生了取代不可避免的封建的和宗教的内讧式战争，出现了建立在自治权和主权基础上的国家间的和平协议。由威斯特伐利亚和约奠定的新体制发展成为一种改革。它最终会向世界提供一个进步的和目的坚定的联合起来的欧洲。除了个别的例外，建立在威斯特伐利亚和约基础上的欧洲安全体制证明了自己的正确，最后的崩溃是由于第一次世界大战。

1919 年，建立在 1648 年条约上的欧洲安全体制在拿破仑征战危机后，在第一次世界大战结束时完全寿终正寝了。边界的不可侵犯原则和主权的不可动摇性已经不能保证和平，也不能或多或少地成为防止战争的真正手段。需要更加有力的和可靠的保证，以使世界大战的烽火不再燃起。更甚于此，有一种新的危险——共产主义的威胁在向欧洲接近。苏维埃俄国原则上不承认以边界的不可破坏和民族利益为基础的欧洲的世界秩序。苏俄公开宣传不承认边界和主权的世界革命。6 月 28 日，在凡尔赛，在法国国王们的府邸，协约国各国和德国签署了协议。它以所谓有关战后世界结构的凡尔赛体制的形式确定了地缘政治游戏的新规则。其中，凡尔赛向世界提供了一种新发明——"和平保证人"概念。现在，和平不应建立在过去的民族主权的原则上，而是在和平的集体保证人面前担心出现潜在的侵略者。这个保证人就是协约国。

根据这个和平新体制组织者的想法，只有使可能的战争策划者感到害怕才能保证和平。凡尔赛世界体制的第一个裂口是苏维埃俄国打开的。它成功地与协约国对立，并发展成强大的苏联，继续宣传世界革命思想。凡尔赛世界受到的最后打击来自德国的复仇主义和法西斯主义。它们导致了欧洲和其他地区地图的改变。凡尔赛安全体制受到的如此惨重的失败也导致了"欧洲中心主义"在国际关系中地位的下降，取而代之的是"美国中心主义"……

1945 年的雅尔塔建立了长期的地缘政治势力均衡，到 1991 年才崩溃……

2001 年。所谓的"不对称的"战争震惊了世界。战争发生在没有正规军的、超地域的组织和具有一切国家属性的世界强国之间。基地组织与美国之间。一种新的地缘政治势力——国际恐怖主义以最骇人听闻的和最残酷的方式宣告了自己的存在。地球上的人们第一次感觉到这种敌人：他带来死亡和破坏，而从事这种罪恶的事业可以无所顾忌；他不承认国际法，国家边界不会阻止他或使他谨慎些，他不怕"和平的保证人"，不管这些人有多强大。恐怖主义这个恶魔到处存在，并到处对它的敌人进行背信弃义的打击。但如此公开和如此大规模的却从未有过。美国甚至在与拥有很高军事潜力和训练有素的军队的伊拉克的战争中，在"沙漠风暴"期间，损失的人员也比在与单个的超地域的基地组织（尽管是国际范围的）的战争中要少得多。

国际恐怖主义沉重地打击了至今存在过的和还存在的全球性的和地区性的安全体制。而尚未从第一次震荡中恢复过来的世界，至今还没有相应的安全体制和新的世界秩序的构建来应对新的威胁。

不管怎样，不论是全球的或地区的安全，并没有增多或减少。就像在第一次世界大战后，安全并没有增多。就像在第二次世界大战后安全并没有减少；就像在两大体系"冷战"对抗消失后安全并没有增多；就像在 2001 年 9 月 11 日"不对称战争"后安全并没有减少。如果要说世界秩序体制的变化，那么应该指出，对全球的、地区的和国家的安全的威胁不仅没有减少，而且有了新的性质和不同的规模。在稳定与不稳定之间，在组织性和混乱之间，地缘政治矛盾已经完全不同了，并且具有新的特质。

但我们还要再一次十分明确地指出，国际恐怖主义、极端主义和分裂主义至多只是人类那些隐蔽的病症的表面现象。这种病不是那种可以单个治疗的疾病，而是需要对所有国家和共同体进行集体会诊的。更甚于此，它要求一些国家做出一定的牺牲，要求另一些国家的善意与和解。只有在富裕的和贫困的世界之间达成双边妥协的情况下，只有在过度的生产考虑自然的因素（严重受害的自然已起而"反抗"并影响到所有方面）的情况下，只有在采取集体努力以消除侵略和武装冲突的真正原因的情况下，我们才可以谈全球化的积极作用和消除一切形式的恐怖主义。

今天一种时髦的说法是把里海和中亚说成"第二个巴尔干"。而且，几乎已把这说成事实。但我认为，这里不需要把形势戏剧化，或者追求廉价的轰动效应。

让我们看一看中亚地区国家独立后短暂的历史发展。虽然在"庆祝主权的游行"之后这段时间充满混乱，虽然在国际方面缺乏调解事端的实践经验，但我们在这里看到一系列令人难忘的例子。它们表明，国家和社会为了稳定与和平所做的外交工作极大地促进和提高了这个地区的安全。

中亚调解事端的潜力是很大的，足以使事端不会走向极端。虽然有不少危机局势，但我们完全有权断言，我们民族占优势的是热爱和平的意愿和没有侵略本性。甚至在爆发了内战的塔吉克斯坦，自发势力只有用社会条约——社会内部的和平调解过程来克制。这也涉及如此复杂和敏感的问题，如独联体国家间的边界问题。这些问题在苏联解体后好像被凸显了出来。事实终归是事实。在世界许多地区，正是这个边界问题导致了悲惨的结局。这方面的例子很多很多。在哈萨克斯坦，划定边界的过程完全是和平的，是以正式的程序和外交谈判为基础的。

哈萨克斯坦——独联体不多的国家之一和中亚的国家之一，她并没有经历内战的灾祸或社会无序的混乱。我们并没有遭遇恐怖势力、极端主义和分裂主义。我们没有遭遇和碰到在获得国家独立后的不安定时期所预示的所有灾难。

我们所有的问题，无论是内部的还是外部的，我们都用完全和平的和非暴力的途径解决。我们十分清楚地意识到，国家之间永远可以找到接触点，如果她们是在条约的和信任的基础上建立彼此的关系的话。如果"枪炮的语言"真是政策的继续的话，那么这就意味着，最初的政策本身的构造是不完善的，并且是建立在非理性的原则上的。如果政策的基础是对和平和调解事端的真诚愿望，那么它的结果必然也与开始时的愿望一致。

对这点的无可争议的证据是：哈萨克斯坦多年来为和平解决冲突所做的努力和在阿拉木图举行的第一届亚洲相互行动和信任会议最高委员会。这个会议已成为我们地区最大的调解事端的论坛。它联合了亚欧国家。

我们民族反对侵略意愿的最近一个证据是哈萨克斯坦与乌兹别克斯坦之间边界划定条约的签订。要知道，还在不久前，世界媒体和地区媒体还在大谈这个带有极其危险的冲突性的"障碍物"。这种危险可导致国家间的对立。这种情况并未发生。冲突完全是由和平的途径解决的。而且正是通过这个途径才解除了在里海地区和中亚地区国家间的这个并非最后的

"障碍物"。我希望,将来只用这种途径来解除国家间和社会间所剩下的所有欲望和冲突。我们地区许多领导人之间的这种宽容的态度对处理许多有争议的问题和冲突局势是有代表性的。

毫无疑问,我有足够的根据来怀疑"第二个巴尔干"理论的正确性。这里不存在自我安慰和凭空臆想。

对我们地区安全和国家安全的威胁很多。它们的性质没有变化。但我像过去一样认为,只有建立在相互妥协和信任基础上的调解事端的政策才能够在继续巩固和平秩序的事业中成为发生作用的和有效的手段。

哈萨克斯坦这些年来就一直处于这种和平秩序中,今后也会这样。

(努尔苏丹·纳扎尔巴耶夫,哈萨克斯坦总统)

第二部分

俄国学者对共产国际的新研究

一般情况

在说正题之前,有必要十分简要地把俄国史学界的一般情况和对共产国际的一般研究状况叙说一下。

众所周知,从20世纪90年代初苏联解体之后,俄国的史学研究有了很大的变化。如果说,在90年代上半叶,由于刚解体后带来的政治、经济、社会的震动尚未过去,史学界因而呈现出更多的浮躁、激情、混乱、缺乏深思熟虑,甚至狂热的话,那么在之后的十年时间内,这些现象就少了许多,已有更多的职业历史学家从事认真的研究,对许多问题的思考也多了起来。对我们来说,要注意的首先是职业历史学家的研究。

那么,这时的俄国历史学界有哪些特点值得注意呢?

第一,观点的多样化。众所周知,在苏联时期,史学界对多数问题的观点大多是统一的,即使有不同意见也难成气候。可是现在的情况是,对许许多多问题尤其是重大问题的观点大多是各式各样,很难有一致的观点。基本上是各种观点都能找到,因此很难说哪一种观点是占上风的,是代表性的。俄国科学院圣彼得堡历史研究所研究员、著名历史学家鲍里斯·尼古拉耶维奇·米罗诺夫在上次访华时就反复向我们强调这点。

第二,重视史料和新史料的开放。俄国的历史学一向有重视史料的传统,即使在苏联时期,对职业历史学家来说,也依然是尽量坚持这一传统。苏联解体后,俄国的历史学家自然意识到要对许多历史问题进行重新研究,要推翻苏联时期对许多历史问题的歪曲、掩盖,但此时已与戈尔巴乔夫时期号召"填补空白点"时的匆忙、草率、为政治服务的做法不同,而是需要从掌握史料做起，要在史料的基础上经过认真研究来纠正过去的曲解，对历史提出合理的解释。许多档案的解密和公布、新档案的开放为此提供了良好的条件。就拿共产国际来说，从 90 年代末起，俄国科学院世界历史研究所就陆续公布了许多很有分量的原始资料，如《共产国际与世界革命思想》《共产国际与第二次世界大战》《共产国际与拉丁美洲》《共产国际与反法西斯主义》《共产国际与西班牙内战》《共产国际与非洲》等。当然，没有公布的史料还有很多。此外，还有依据大量史料完成的专著，如 Н. Л. 马马耶娃著的《共产国际与中国国民党（1919—1929）》、М. 潘捷列耶夫著的《共产国际的特派员》等。

第三，一些在苏联时期热门的题目，此时相对来说不再受到重视，如国际共产主义运动史、阶级斗争史、工人运动史等，共产国际似乎也在其中。但是，这只是相对的。这些题目只是不像过去那样被人为地抬到特别重要的位置，对它们的研究依然在有兴趣的学者中间正常地进行。更要注意的一点是，这些题目在过去同样有许多地方被歪曲、被夸大，同样需要拨乱反正，因此同样会有人去研究。此外，在这些过去吃香的题目中，同样有许多被掩盖的人和事，因而也需要去根据史料加以重新研究。如共产国际中，斯大林的作用被抬高，而像季诺维也夫、布哈林、拉狄克、托洛茨基等人的作用则被抹杀，这是完全不符合事实的。

世界革命思想与季诺维也夫

近年俄国学者在关于共产国际的研究中揭示了许多新的问题，提供了许多新的资料，使我们对共产国际的实际情况有了许多新的了解。但是由于时间的关系，这里只能举两个例子来加以说明。

第一个问题，简要地讲一下关于世界革命的思想。这个问题过去也曾谈到，但比较笼统含糊。现在则公布了许多新的资料。这里只能略谈几点。

世界革命思想的根源很早就有，可追溯到西方启蒙运动的人文主义传统、欧美 17～18 世纪的大革命、各国劳动人民在争取社会解放和民族解放斗争中的国际团结。第一、第二国际的活动可以说是它的初步体现。但这些只能看作世界革命思想的根源。实际上"世界革命"概念是从国际社会民主主义的理论和实践中产生的，而它的形成是在 19 世纪与 20 世纪之交。此时，出现了"世界政治""世界经济""世界战争"等概念。而 1917～

1919 年在俄国、德国、奥匈帝国发生的革命被许多人认为是世界革命或国际革命的开端。共产国际就是在这种革命高涨的形势下成立的（1919 年 3 月），它被看作"世界革命的司令部"。

这里有一点很重要。十月革命胜利后，几乎所有的布尔什维克领导人以及欧洲的许多革命者都认为，只有接着发生世界革命，至少是欧洲革命，俄国革命才会胜利；俄国革命是世界革命的开始。鉴于世界革命在当时对俄国革命的生命攸关的重要地位，俄国的领导人普遍对欧洲的革命形势估计得过分乐观，听不进比较客观的不同意见，并且不惜采取任何措施去推动、加速，甚至输出、制造革命。

大量新资料的公布使人们第一次有可能了解莫斯科是如何在资金、人员、武器、宣传、声援等方面支持外国支部的，是如何组织国外的秘密军事活动的，以及联共内部有关国际革命的进度、规模、战略策略、阶段行动等，又是如何展开激烈争论的。

以资金为例，应该说，用资金资助外国革命者不是始自共产国际。第一次世界大战前，德国社会民主党就资助过俄国工人运动的所有派别：孟什维克、布尔什维克、社会革命党。但是共产国际和联共的资助规模却是空前的。下面举些例子，1919 年 1 月 5 日和 10 日，匈牙利共产党领导人贝拉·库恩两次给列宁写信，要求"立即寄钱"，因为"我们迫切需要"。1919 年 2 月 4 日，德国共产党领导人约吉希思（梯什卡）写信给列宁，要求详告送钱情况，如什么币制等。1919 年 3 月 26 日，共产国际执行委员会会议听取季诺维也夫报告并记录在案，其中谈到俄共中央决定拨出 100 万卢布给共产国际以资助外国用。1919 年 8 月 28 日，时任共产国际执委会秘书的别尔辛在给季诺维也夫的信中说，他已与列宁谈过资助问题，认为 500 万太少，需要加到 2000 万法郎。在分配上，德国的斯巴达克派要多给（几百万），因为他们早就提出要求了。

这些资金全是由苏俄承担的。直至 1943 年共产国际解散，俄共/联共都在供养和资助共产国际各国支部和在俄国的旨在开展各地区各大洲共产党工作的外国中心。对各国支部的财政拨款采取有计划地进行的方式。例如，从 1919 年 8 月 18 日，由共产国际执委会秘书别尔辛等签字的执委会财务支出账目的"秘密款项"中可以看出下列数额。

7 月 5 日　　拨款给　英国　　500000（五十万）　卢布

7月5日	拨款给	法国	300000（三十万）	卢布
7月5日	拨款给	荷兰	200000（二十万）	卢布
7月21日	拨款给	高加索	200000（二十万）	卢布
7月	拨款给	巴尔干	1000000（一千万）	卢布
5月29日	拨款给	意大利	300000（三十万）	卢布
5月30日	拨款给	德国	300500（三十万零五百）	卢布
8月14日	拨款给	匈牙利	21000（二万一千）	卢布
7月	拨款给	奥地利	305000（三十万五千）	卢布
8月	拨款给	美国	297000（二十九万七千）	卢布
共计			3423500①（三百四十二万三千五百）	卢布

对外国支部的拨款，如果是用于准备武装斗争、大的罢工行动、大选和其他的群众性举措的，数额就会大大增加。拨款的相当大部分用于军事工作，如购买武器弹药、组织武装小分队等。譬如，为了准备1923年秋季德国的武装暴动，特别建立了专门的基金，计有40万美元之多。不过，其中的大部分与预算规定的不同，不是用在武器上，而是用在日常的党务开支上。德共1924年的预算就大大地减缩了。

对外国支部的资助甚至在1921～1922年可怕的饥荒年代都没有停止，可见"世界革命"思想的影响是何等严重。

除了财政支持以外，对外国革命和支部的帮助还有许多别的形式，其中需要提到的是直接干预。如新资料表明，在1919年3月匈牙利建立苏维埃共和国期间，贝拉·库恩曾两次要求苏俄武装支援：一次是要求苏俄出兵进攻加利西亚，"因为这是我们的生死存亡问题"；另一次是要求苏俄进攻比萨拉比亚以阻止罗马尼亚人对匈牙利的进攻，因为"我们已无地可退了"。

法国-比利时对鲁尔地区的占领，国内的总罢工导致库诺政府的倒台。德共在8月成立了准备起义的中央军事组织部（对外叫图书馆）。这些消息传到苏俄，使被世界革命思想冲昏头脑的俄共领导们欣喜若狂。季诺维也夫起草了《未来的德国革命和俄共的任务》的提纲，9月23日被俄

---

① 其中，3223500（三百二十二万三千五百）卢布是具同等价值的贵重品，200000（二十万）卢布是现金，是拨给高加索的。

共（布）中央特别全会通过。会上成立了"政治局国际形势委员会"，俄共和共产国际的所有高层领导全部参加，包括季诺维也夫、斯大林、托洛茨基、加米涅夫、拉狄克、契切林、捷尔任斯基、皮达科夫、索科尔尼科夫。政治局主观地指定德国十一月革命五周年的那天——1923 年 11 月 9 日为起义开始的时间，还决定通过红色工会国际支持德国工人 100 万金马克并宣布开始筹款。具有讽刺意味的是，确定起义的那天正好是希特勒在慕尼黑发动啤酒店暴动的同一天。当然，这纯粹是偶然的巧合。

俄共中央派了拉狄克、皮达科夫、施米特和已在德国的克列斯京斯基四人为特派员赴德。他们很快就大权在握。但是即使拉狄克等人在给俄共政治局和共产国际执委会的报告中也对德国工人是否准备决战表示忧虑。德国的"十月革命"没有成功。过去的说法是德国的工人阶级在 1923 年遭到了严重的失败。新资料表明，实际上除了汉堡的部分工人外，德国的工人基本上没有参加起义。今天的俄国学者把这次事件说成"没有发生的'德国十月革命'"。实际上，遭到严重失败的应该是世界革命思想，是在这种思想指导下的由莫斯科指挥的"由上""由外"制造的"革命"。可是，当时的俄共和共产国际的领导并没有意识到这点。德共的领导人和拉狄克成了对德国起义失败负责的替罪羊。

第二个问题，就是季诺维也夫。过去的共产国际史往往只讲一部分领导人，而对不少实际上在共产国际中起了重要作用的领导人却闭口不提。季诺维也夫就是其中之一。新资料弥补了这点。

大量的新资料帮助俄国学者可以更客观更全面地了解共产国际。一般说来，共产国际的道路是曲折的，演变是复杂的。不能简单地全盘否定或肯定。俄国学者一般不同意目前国际上的保守主义者、自由主义者、社会民主党人和若干民族主义思想家全盘否定共产国际的做法。一般的看法是，共产主义运动史包括共产国际是世界现代史的不可分割的一部分。它的出现与当时的历史是分不开的。新的资料使学者们能更清楚、更全面地了解共产国际的历史，从而有助于我们更好地了解世界现代史。

譬如，新资料表明，共产国际的政策有个演变的过程。大体说来，从 1919 年成立到 1929 年，共产国际执行委员会还是一个集体领导机构，尽管俄共/联共的代表团在其中占据着主导的地位，但是共产国际的许多支部在执委会都有代表。在俄共/联共中，除列宁外，在共产国际中起作用的还有托洛茨基、季诺维也夫、布哈林、拉狄克等。他们的集体努力推动着工作的进展。只是在1929年以后，共产国际才逐渐沦为联共的工具，特别是它对外政策的工具。而在联共中，此时斯大林已然大权在握。

下面简要地介绍季诺维也夫其人及其在共产国际中的作用。

为什么要选季诺维也夫来说呢？因为季诺维也夫是列宁的坚定战友和支持者，1919～1926年，他一直是共产国际执委会主席，1907年起成为俄共中央委员，1921年起是俄共中央政治局委员，是俄共、苏俄和共产国际的重要领导人。对这样的重要历史人物闭口不提或者一笔抹杀，是很难全面客观了解共产国际和俄共的历史的。可是，从1936年季诺维也夫成为"大清洗"的牺牲者以来，他的名字或者是从历史著作中消失了，或者被描绘得如恶魔一般。1988年他与其他"大清洗"的牺牲者被恢复名誉以后，情况有了好转。可是紧接着的苏联解体和90年代俄国国内价值观和政治氛围的剧变，使学界和公众极大地减少了对他和许多类似人物的兴趣。近些年来情况才有了变化，学界的研究渐趋正常。

限于篇幅，这里只能简单地对季诺维也夫这个布尔什维克的重要人物做些介绍。他的全名是格里戈里·叶甫谢耶维奇·季诺维也夫。季诺维也夫是他的党内别名，他原姓拉多梅西尔斯基，1883年生于乌克兰的伊丽莎白格勒市的一个小企业主家庭。这个城市在20世纪20年代曾更名为季诺维也夫斯克，后来又更名为基洛夫斯克。从1903年结识列宁起，季诺维也夫在绝大多数情况下都支持列宁的立场，成为他的战友。如俄共二大后，他站到布尔什维克一边；1905年革命失败后，与列宁一起反对"召回派"和"取消派"；第一次世界大战爆发后，他支持列宁反对国际社会民主党中的社会沙文主义和中派主义，他和列宁合写了著名的小册子《社会主义与战争》；他与列宁一起构成齐梅尔瓦尔德组织中的"左翼"；在1917夏天的俄共六大上，他与列宁、托洛茨基、加米涅夫成为中央委员会选举中得票最多的四人；十月革命前，他与列宁一起隐藏在彼得格勒近郊的拉兹里夫；革命胜利后，他没有支持以布哈林为代表的"左派共产党人"，在《布列斯特和约》问题上他支持列宁；在1921年十大关于工会问题的争论和《关于党内统一的决议》上，他也支持列宁等。季诺维也夫有两次反对列宁：一次是十月革命前，他与加米涅夫不同意武装起义的方针和日期；另一次是起义胜利后，他支持恢复与孟什维克和社会革命党人对话，并退出了布尔什维克党，后因对话失败，他又回到党和国家的岗位。

季诺维也夫在共产国际中的威信是很高的，但总的来说，他的立场、观点、思想和当时共产国际的多数领导人一样，是偏"左"的，如同样为世界革命思想冲昏头脑，同样听不进不同的意见，同样对外国支部指手画脚，等等。这些与当时的历史条件有关，也同他本人的过失有关，因为牵涉的事件很多，限于篇幅这里就不再细谈了。

共产国际的成立

关于共产国际的成立问题，国内外已有不少研究。随着新档案资料的开放和新研究成果的出现，这个问题得到了更深的发掘和阐释。本文拟本着"略人所详，详人所略"的原则，就有关的若干问题进行论述。

共产国际成立的背景和前提

关于共产国际成立的背景和前提，是有关的各种著作和教材谈得很多的问题，其中首先强调的是第一次世界大战的爆发促使第二国际破产，并引起国际工人运动和社会主义运动发生深刻变化的问题。譬如，英国历史学家卡尔就认为，共产国际的"前史"是从第一次世界大战对第二国际的影响开始的。[①] 在大多数交战国中，几乎所有社会主义政党的领导人都背叛了国际主义原则，投票支持本国资产阶级政府的军事拨款，如德国、法国、英国、比利时、奥匈帝国等国的社会主义者。这种"爱国主义的"行为实际上是公开支持本国的统治阶级，帮助它们进行帝国主义战争。交战国的社会主义政党由于支持各自的政府，就使自己分别处于敌对的阵营里。"冰冻三尺，非一日之寒。"第一次世界大战爆发后，"爱国主义情绪"席卷所有欧洲强国，在社会主义者中间也大为蔓延。当时他们面临着两种选择：要么离开公开的群众工作，转入地下，从而保证对原则的忠诚；要么屈从于笼罩着社会的爱国主义情绪。大多数欧洲的社会主义政党选择了第二条路。这与第二国际中长期存在的右派思潮有一定的关系。众所周知，第二国际内部始终存在着左、中、右三派，以爱德华·伯恩斯坦为代表的右派一直否认马克思的"工人无祖国"的思想，而鼓吹即使在资本主

---

① 参见 E. H. Carr, *The Bolshevik Revolution*, *1917 – 1923*, Vol. 3. Harmondsworth, 1966, p. 567.

义国家里也要推行"无产阶级的爱国主义"思想。

然而,并不是欧洲所有的社会主义者都支持战争。在多数政党里,出现了内部的分裂。左派少数派坚决反对战争。他们称自己为"国际主义者",人数不多,但是态度坚决。1914年7月31日,塞尔维亚社会党人首先在议会中投票反对军事拨款,受到列宁高度赞扬。1914年8月8日,布尔什维克议员在第四届国家杜马里也投票反对军事拨款。德国社会民主党议会党团在1914年8月4日的国会投票中支持了军事拨款,作为左派的卡尔·李卜克内西犯了错误。在罗莎·卢森堡、弗兰茨·梅林、恩斯特·迈耶尔、威廉·皮克、克拉拉·蔡特金等左派的批评下,李卜克内西坚定了立场,并于1914年12月2日在国会第二次表决预算时毅然投票反对军事拨款。李卜克内西首次公开反对战争,成为德国国会唯一这样做的代表。不久,李卜克内西与弗兰茨·梅林和罗莎·卢森堡一起给英国《劳动领导报》(*Labor Leader*)写信,谴责第二国际领袖的背叛行为。

反战的左派在当时欧洲的社会主义者中只是少数。他们真诚地支持第二国际斯图加特代表大会(1907)的反战决议①,并且在第二国际内部批评多数派。虽然受到政府的镇压,但是不少国家的左派在战时还是在组织上得到了巩固,并逐渐向建立自己的政党努力。如1915年夏,德国左派出版杂志《国际》(*Die Internationale*),标志着德国社会民主党国际派的成立。李卜克内西写的传单的标题就是"主要的敌人在自己国内"。然而,应该看到,左派在当时不仅是少数,而且他们在有关理论和措施等问题上并不是一致的。譬如,列宁和卢森堡之间就存在着分歧。

还有一点,第二国际内部虽然一直存在着左、中、右三派,但是直到1914年,始终没有人提出应该建立一个新的组织来取代第二国际。而在第一次世界大战爆发后,随着第二国际的破产,这个问题就被提了出来。1914年秋,列宁就提出了建立一个清除了"机会主义垃圾"的共产国际的要求。大致情况是这样的:1914年9月初,列宁来到瑞士伯尔尼。他提出了自己关于战争的论纲,并与当地的其他布尔什维克进行讨论。列宁强调指出,第二国际多数领袖对社会主义的背叛标志着第二国际在思想上的破产。经过讨论,列宁对论纲做了修改,第一次公开提出要建立一个新的第

---

① 斯图加特代表大会的这个决议最初是由奥古斯特·倍倍尔起草的,后由卢森堡、马尔托夫、列宁做了补充。

三国际。

在这个方向上前进的一步是 1915 年 9 月 5~8 日在瑞士齐美尔瓦尔得举行的国际社会党人代表会议。这次会议共有欧洲 12 个国家的 37 位代表和 1 位观察员参加，其中有来自 7 个国家的 8 位代表是坚持国际主义立场的左派，其余 29 位代表以中派即考茨基派为主。左派在会议上表达了自己的观点。如李卜克内西在致辞中宣称"要国内战争，不要国内和平"，并号召实现无产阶级的国际团结，反对虚假的民族的和虚假的爱国的"阶级和谐"；号召进行争取和平和社会主义革命的阶级斗争。李卜克内西也认为，在旧的废墟上，在更牢固的基础上建立新的国际。① 总的来说，齐美尔瓦尔得左派虽然只是少数，他们提出的决议草案虽然也被否决，但是会议通过的宣言还是吸取了左派坚持的一些思想，如强调开展革命斗争的必要性，谴责"保卫祖国"的思想等。显然，这次会议和齐美尔瓦尔得联盟只是妥协和折中的产物，但是列宁认为，这是"走向第三国际的第一步，朝着同机会主义分裂的方向走的畏缩而又不彻底的一步"。②

齐美尔瓦尔得派只是欧洲社会主义者中的少数，而在这个少数中还有一个少数，即左派。他们不仅批判"社会爱国主义者"的行为，而且要求解散第二国际，并建立一个队伍纯洁的新的世界性组织。但是他们这个要求并没有得到齐美尔瓦尔得派多数的赞同，虽也有少数人支持列宁建立第三国际的观点，如托洛茨基③和荷兰社会主义者、诗人赫尔曼·戈尔特。④

1916 年 1 月 1 日，德国的国际派在柏林举行的全德左派社会民主党代表会议上正式成立。⑤ 国际派决定秘密地发行《斯巴达克派通信》，并通过了由卢森堡起草，由李卜克内西、梅林、蔡特金协助的纲领性文件《国际派提纲》。提纲宣布：社会主义的重要的目的是建立新的社会主义国际。文件还第一次提出，新国际应该成为国际无产阶级阶级组织有效力的中

---

① L. Liebknecht, "An die Zimmerwalder Konferenz," *Gesammelte Reden und Schriften*, Bd. Ⅶ, Berlin, 1996, S. 305 – 307.
② 《列宁文稿》第 6 卷，第 230 页。
③ I. Deutscher, *The Prophet Armed*. p. 217.
④ Gorter, *Der Imperialismus, der Weltkrieg und die Sozialdemokratie*. S. 146 – 147, Kapitel Ⅺ. 该书荷兰文第一版出版于 1914 年 10 月。
⑤ 1914 年第一次世界大战爆发不久，由卡尔·李卜克内西、罗莎·卢森堡、弗兰克·梅林、克拉拉·蔡特金、U. 马尔赫列夫斯基、L. 约季赫斯（特什卡）组成"国际小组"。1915 年 4 月，卢森堡、梅林出版了杂志《国际》(*Die Internationale*)，只出了 1 期。

心，可以决定各国支部主要的策略方向，而各国支部应该执行它的决定。①《国际派提纲》最早出现在 1916 年 2 月 29 日出版的伯尔尼国际社会党委员会《公报》第 3 期上，收在《德国同志们的建议》一文中。

1916 年 4 月，第二次齐美尔瓦尔得代表会议在瑞士昆塔尔举行，共有来自德国、法国、俄国、意大利、塞尔维亚、波兰、葡萄牙、瑞士 8 个国家的 41 名代表出席，其中左派有 10 名，31 名为中派和右派。比起第一次会议来，左派的人数略有增加，在有些问题上还可以得到更多人的支持，但是左派依旧只是少数。这次会议上争论的一个主要问题是对待第二国际的领导机构——国际社会党执行局的态度问题。战争爆发以后，国际社会党执行局一直没有召开过会议。现在的问题是：为建立新的第三国际而努力，还是号召工人恢复旧的第二国际呢？由于受中派多数派的阻挠，会议通过的是一个妥协折中的决议。

这次会议之后，列宁主张应该与齐美尔瓦尔得组织"断绝关系"，立即从中撤出，但是 1917 年 4 月布尔什维克的代表会议没有接受列宁的建议。不过，列宁坚持布尔什维克不出席定于 1917 年 9 月在瑞典斯德哥尔摩举行的第三次齐美尔瓦尔得代表会议的主张却被接纳。② 这次代表会议没有一位布尔什维克的领导人出席。他们的注意力更多地已被俄国国内迅速发展的革命形势所吸引。对共产国际的创建来说，这次代表会议没有起多大的作用。

俄国十月革命的胜利极大地鼓舞了布尔什维克。他们极力地鼓动俄国的工农承担起拯救欧洲的使命，以使欧洲摆脱大战的苦难。"像俄国那样干起来！"的口号，在饱受战争折磨的欧洲劳动人民中间具有巨大的号召力。俄国的榜样已成为团结国际工人运动中革命阵营的主要因素。在这样的背景下，布尔什维克的领导人一度对尽快建立共产国际充满期待。

1917 年 11 月 7 日，彼得格勒工兵代表苏维埃通过决议，表示相信，"西欧国家的无产阶级将帮助我们把社会主义事业进行到完全的和持久的胜利"。③ 1918 年 1 月 7 日，一部分在莫斯科的被俘的德国社会民主党人向

---

① 参见《共产国际与世界革命观念（文献集）》（俄文），莫斯科，1998，第 77 页。
② 参见 А. Ю. 瓦特林《共产国际：观念、决议、命运》（俄文），莫斯科，2009，第 15 页。
③ 转引自《列宁全集》（俄文版），第 35 卷，第 5 页。

东线的德国士兵发出呼吁，甚至把这些士兵称作"第三国际的成员"。① 1918 年 1 月 30 日，全俄工兵代表苏维埃中央执行委员会（ВЦИК）通过决议，决定派遣代表团出国，其使命是准备召开欧洲社会主义左派代表的国际会议。参加会议的代表的条件是：承认苏维埃政权，承认展开反对交战国双方帝国主义斗争的必要性。② 俄共的 А. М. 柯伦泰和 Я. А. 别尔辛，左派社会革命党的 М. А. 纳塔森和 А. М. 乌斯丁诺夫进入了代表团。会议还决定在斯德哥尔摩建立一个情报中心，以加强与左派社会党人个别团体的联系。2 月中旬，代表团起程，但是所乘轮船在芬兰海岸的浅滩搁浅，在几乎被捕的情况下，四位代表只能返回彼得格勒。③ 1918 年 1 月，在彼得格勒举行了国际会议，来自瑞典、丹麦、英国、巴尔干、波兰、阿美尼亚、美国的社会党人参加了会议，斯大林代表俄国出席。显然，在 1918 年初，列宁和布尔什维克认为，苏维埃政权已相当巩固，可以在国际上开展革命活动。一位当时在俄国的美国记者威廉姆斯写道，1 月的群众大会和事件是"第三国际的前奏曲，国际之所以没有成立，是由于布列斯特 - 里托夫斯克危机和外国干涉"。④

首先使革命形势逆转并威胁苏维埃政权生存的是德军的进攻。列宁对与德单独媾和的态度是有变化的。1917 年夏天，列宁持坚决反对的立场，指出："单独媾和是愚蠢，因为它不解决根本问题，即与资本家和地主斗争的问题。"⑤ 革命胜利后，德军仍占领着俄国西北部大片土地，对苏维埃政权的生存构成严重威胁。1917 年 11 ~ 12 月，苏俄代表团在布列斯特 - 里托夫斯克与德国进行了谈判。当时只达成了短时的停战协定，没有签订和约。显然列宁和布尔什维克还没有下定决心。后来，季诺维也夫总结道："显然，我们应在 11 月签订和约……维也纳和柏林的罢工冲昏了我们的头脑，使我们坐失了时机。"⑥

1918 年初，鉴于形势的恶化，列宁转而坚决主张不惜任何代价立即与

---

① Lager, *Front oder Heimat. Deutsche Kriegsgefangene in Sowjetrussland 1917 bis 1920*. 2 Bde. München u. a., 1914. Bd. 1. S. 27.
② 《消息报》（俄文）1918 年 1 月 6 日。
③ А. М. 柯伦泰：《自传纲要》，载《无产阶级革命》（俄文）1922 年第 3 期，第 300 页。
④ 阿尔贝尔特·P. 威廉姆斯：《革命旅程》（俄文），圣彼得堡，2007，俄文版，第 239 页。
⑤ 《列宁全集》（俄文版）第 32 卷，第 31 页。
⑥ 《俄共（布）中央委员会记录，1917 年 8 月 ~1918 年 2 月》，莫斯科，1959，俄文版，第 203 页。

德国签订和约。这里涉及的原则是，从世界革命的利益出发，应该如何做：是首先保卫和巩固俄国的苏维埃政权，还是发动革命战争推动德国革命的爆发，甚至不惜牺牲俄国的苏维埃政权？党内以 Н. И. 布哈林、К. Б. 拉狄克、Г. Л. 皮达可夫、奥波科夫－洛莫夫、乌里茨基等人为代表的"左派共产主义者"坚决反对签订和约，指责列宁夸大了国内因素，牺牲了国际利益。列宁反驳了布哈林，指出："由于德国革命的意义大于俄国革命，因此为了它的胜利甚至可以牺牲俄国革命。但是问题的实质是：德国革命还没有发动，而我们这儿已是新生的婴儿，如果不签订和约，我们就会死亡。"列宁也不同意斯大林的说法。斯大林在反对"左派共产党人"时认为，革命运动在西方还不是事实，有的只是一种潜在的可能，而我们不能重视潜在的可能。列宁回答说，西方虽然还没有革命，但是有群众运动，对此是不能不重视的。经过与"左派共产党人"的艰苦斗争，在德军直逼彼得格勒的严重形势下，列宁立即签约的主张终于被大多数中央委员接受。1918 年 3 月 3 日，《布列斯特和约》终于签订。①

德国革命者是如何看待《布列斯特和约》的呢？卢森堡在监狱，李卜克内西在流放地，都无法应承德国革命何时发生。他们把布尔什维克对德国军国主义的让步看作俄国革命的悲剧，认为德国工人群众的起义才是悲剧的解决，而这种起义也是以国际革命手段结束各国屠杀的信号。② 很快，俄国的"左派共产党人"承认列宁是对的。

《布列斯特和约》签订的事实表明，布尔什维克不得不把保卫祖国的原则放得高于国际主义原则。对此应该如何估价呢？是否意味着布尔什维克放弃或者减缓了推进世界革命的努力呢？一位西方学者认为，布列斯特－里托夫斯克宣告了一种崭新的政策的诞生，"它不显著地却是坚决地把布尔什维克从为世界革命事业斗争的方向转向保存苏维埃国家的方向"。③ 然而，事实并非如此简单。在列宁和布尔什维克看来，事情并不是截然对立、非此即彼的。俄国革命的胜利成果与它们的向西扩展是相辅相

---

① 《布列斯特和约》使苏俄丧失近 100 万平方公里土地，约 4600 万人口。1918 年 11 月 11 日，德国战败投降，11 月 13 日，苏维埃政府宣布废除《布列斯特和约》。
② 罗莎·卢森堡：《俄国的悲剧》，载《论社会主义和俄国革命·文章、讲演、书信选集》，莫斯科，1991，第 306 页。
③ R. K. Debo. *Revolution and Survival: The Foreign Policy of Soviet Russia, 1917－1918*. Liverpool, 1979. p. 420.

成的，是互有联系的两大战略，因为苏维埃政权的灭亡必然会给世界革命事业以致命的打击。另一位西方学者、苏俄历史专家 E. H. 卡尔认为，和约签订的结果是实行了这样一种对外政策，它"在同样的程度上，既为了世界革命的斗争，又为了苏维埃共和国的国家安全"。① 这样看问题或许更全面些。

《布列斯特和约》的签订给苏维埃俄国带来一个重要的实际结果，那就是在柏林建立了一个全权代表处。这是苏俄当时通向欧洲的"唯一的"窗口。它可以同时起到三种作用，发挥三种功能，即外交的功能、宣传的功能和协调欧洲左派力量的功能。这三种功能在当时都是重要的。从外交功能来说，根据和约，俄德的外交代表处首先要做的是遣返战俘回国。对苏俄代表处来说，就是要把在俄国的德国及其盟国战俘遣送回国。在当时的情况下，这可不是一件简单的战俘回国的问题，而是推动革命的事情，因为在俄国的战俘回国后就成了各自国家建立共产党的主要后备干部。全俄工兵代表苏维埃中央执行委员会军事处于1918年1月底专门成立了战俘事务局。据当时的局长 И. И. 乌里扬诺夫后来回忆，事务局的主要任务不是派送战俘回国，而是用布尔什维主义的精神教育他们。② 1918 年 4 月 14～15 日，在战俘事务局的支持下，在莫斯科举行了战俘代表会议。一些持国际主义立场的战俘甚至企图提出建立"国际共产党"的思想，只是由于德国外交部的抗议才作罢。1918 年 5 月，在俄共（布）中央委员会之下成立了外国团体联合会，吸收在俄国曾是战俘的同情布尔什维克的团体参加，主席是匈牙利人库恩·贝拉。参加的有匈牙利的、德国的（出版《世界革命报》[Weltrevolution]）、捷克斯洛伐克的、南斯拉夫的团体，稍后又有法国、意大利、英国、美国的团体。除战俘外，也有侨民参加。这个联合会对被遣返的战俘做了许多工作，各个团体在占领区军队中也积极地开展工作。

从宣传的功能来说，苏俄代表处本身的出现就具有宣传的性质。1918 年 5 月 1 日，代表处大楼挂起了红旗。这件事引起了数千人围观。当然这只是表面的现象。但是，代表处却起了很好的情报收集作用。代表处负责人 A. A. 越飞写给列宁和外交人民委员部的报告和信件提供了各种信息，

---

① E. H. Carr. The Bolshevik Revolution. 1917 – 1923, Vol. 3. Harmondsworth, 1966. pp. 67 – 68.
② И. И. 乌里扬诺夫：《十月革命与战俘》，载《无产阶级革命》（俄文）1929 年第 7 期，第 99 页。

其中相当部分现已公布。① 从与欧洲左派的联系来说，苏俄代表处甚至成了德国不少左派社会党人的避难所。卡尔·考茨基也曾到代表处来探望过。

1918年11月，德国政府制造借口与苏维埃俄国断绝了外交关系，苏俄代表处也被撤销。几天之后，霍亨索伦王朝覆灭。

1918年在欧洲是个风雷激荡的一年，也是风云变幻的一年。在十月革命的影响下，在布尔什维克的鼓吹下，特别是在多年欧战烽火的煎熬下，共产主义的思想有了流传，不少国家成立了共产党，虽然人数和力量都不大，但是一叶知秋，这无疑是一种重要的变化。1918年下半年，共产党在芬兰、荷兰、匈牙利、波兰、奥地利、德国建立起来。一些国家的工人政党逐渐采取了革命的国际主义立场，如保加利亚的社会民主工党（紧密派）、瑞典"左翼"社会民主党、挪威工党、希腊社会民主工党、塞尔维亚-克罗地亚-斯洛文尼亚社会民主党等。此外，1918～1919年，在英国、法国、丹麦、意大利、罗马尼亚等国还出现了共产主义小组，甚至在欧洲以外的地区和国家，如美国、加拿大、巴西、中国、朝鲜、澳大利亚、南非联邦等，也出现了共产主义的团体。不过，应该看到，当时除了俄共和1918年12月底成立的德共以外，其他的共产党都是人数很少的，德共也只是联合了革命的先锋人士，而奥地利共产党只是知识分子的团体。

然而，对1918年来说，最重要的大事还是战争。在1918年的上半年，战事还在继续，并不存在帝国主义战争转变为无产阶级革命的现实可能性。因而，尽管布尔什维克始终坚持世界革命的信念并焦急地期待，但是在当时的现实情况下，建立新的国际的实践步骤问题并未提上日程。不仅如此，布尔什维克在欧洲的革命影响也不像他们自己想象得那么大。如洞悉欧洲实际的齐美尔瓦尔得联盟秘书安·巴拉巴诺娃（А. Б. Балабанова）曾回忆说，列宁过高地估计了共产主义对国外工人运动的影响，她对此很感惊讶。② 又如，雅·米·斯维尔德洛夫在1918年9月28日召开了一次会议，决定举办一次国际会议，邀请支持布尔什维克的所有国外有影响的社

---

① D. Wulff. "A. A. Joffe und die russische Aussenpolitik 1918", *Berliner Jahrbuch für osteuropäische Geschichte*. Bd. 1. Teil 1. Mai 1918; Bd. 2. Teil 2. Mai–Juni 1918; Bd. 3. Teil 3. Juli 1918.
② А. 巴拉巴诺娃：《我的一生——斗争：一位俄国女社会党人的回忆（1897—1938）》（俄文），莫斯科，2007，第197页。

会党参加，并计划在俄共（布）成立中央境外工作局。结果，战局的变化使计划成为泡影。

1918年9月底，德国及其盟国在战场上的败绩已日趋明显。直到此时，欧洲的革命形势才显露出来。在这之前，只有芬兰爆发了革命。芬兰革命带有无产阶级的与和平过渡的性质。1918年1月28日，芬兰左派社会民主党人曼纳、西罗拉、库西宁参加革命政府，掌控了西南工业地区。资产阶级政府逃到北部。革命政府执政至5月，其间苏俄同意芬兰独立，两国还签订了友好条约。4月时，德国的军队就赶来支援芬兰白卫军，内战爆发，芬兰红军被镇压，革命失败。列宁和布尔什维克原先对芬兰革命的和平民主性质抱有期待。它的失败似乎给布尔什维克留下了"民主不是好东西"的错误教训。芬兰共产党人曾从这次革命的失败中错误地做了总结，并劝其他国家的同志"把民主这一有害的障碍从行动纲领中剔除"。①

从1918年9月开始，欧洲出现了一系列变化：保加利亚军队中发生武装起义；民族解放运动在捷克、斯洛伐克、波兰、西乌克兰、罗马尼亚等地迅速高涨；奥匈帝国瓦解，哈布斯堡统治垮台，涌现出许多新的国家——奥地利、匈牙利、捷克斯洛伐克、波兰、塞尔维亚－克罗地亚－斯洛文尼亚王国（1929年以后为南斯拉夫）。局势的飞速发展，使布尔什维克除了继续关注国内的内战和饥饿外，还得更多地注意国外政策问题。保加利亚在1918年9月退出同盟国明确地预示了战局的走向。由于刚刚签订屈辱的《布列斯特和约》，布尔什维克自然十分关注战争的前景和德国的命运。

然而，这时的布尔什维克方面也有了变化，主要是其主要领导人列宁病情加重。1918年9月25日，列宁迁入莫斯科郊外的哥尔克庄园养病。列宁吸取党内围绕签订《布列斯特和约》问题展开激烈争论的教训，在1918年夏天得以建立起重大问题由他相对负责的垂直的工作制度，即所有的信息渠道都要通到他那里，而重要的问题需要他最后批准。但是执行起来却不无困难：一是当时列宁实际能掌握的信息主要来自莫斯科的报纸；二是他本人的病情。他往往很难及时处理来自四面八方的各种事务，而当他因病不得不暂时离开工作的时候，他的战友之间就会发生争执，如斯大林和托洛茨基之间关于察里津战线的冲突。而对外政策问题很快也成为党

---

① O. B. 库西宁：《芬兰革命》，载《芬兰革命文集》（俄文），莫斯科，1920，第15～16页。

内分歧的一个重要方面。

布尔什维克在当时的变局下在对外政策问题上面临的最大分歧是：如何对待交战双方，采取什么方针？一种比较谨慎的态度是保持与协约国的联系，在德国完全战败前先与协约国妥协以求修改《布列斯特和约》。持这种态度的主要是外交人民委员部和外交工作者，在中央领导中主要是Л. Б. 加米涅夫。如越飞给列宁写信建议俄国参加总结第一次世界大战的和平会议，指出："如果您能设想出别的办法，即我们可以不以革命的（或革命化的）身份，而以国家的身份出现，那么我可以不坚持我的建议。"又说："您是否过分迷恋于德国革命的临近，而对其他的事情估计不足？"① 不过，在当时德国革命气氛逐渐浓厚的情况下，持这种态度的人往往不受欢迎。如外交人民委员 Г. В. 契切林发言支持谨慎的方针，付出的代价是在战友和同伴中丧失威信。他在 1930 年总结道："我在政治上曾经是多么无能为力，我在政治局发言支持某一种观点往往很快会成为相反的一种（不革命的）观点的根据。"② 另一种态度比较激进，不与协约国实现任何妥协，指望德国爆发革命，从而改变形势。

对德国革命形势的发展也有不同的估计。开始时，越飞来自柏林的报告和莫斯科报纸的评论对德国革命的前景起初都取十分谨慎的态度。如拉狄克（笔名维阿托，Viator）在《消息报》上写道："历史从未见过，在没有重大的人民运动的情况下，统治阶级会让出任何一点实际的政权。而目前德国就没有这样的人民运动。"③ 然而，当保加利亚退出战争的消息传到莫斯科时，各种评论的调子立即变了。如《真理报》的社论强调，同盟国瓦解后，德国和奥地利的革命就是不可避免的。德国的工人阶级会与苏维埃俄国结盟，开始革命的战争，击败协约国的军队不在话下。④ 这种空想与布尔什维克刚夺得政权后的想法是一样的，只是把点燃世界革命的火星由俄国移到了德国。

列宁的明确的回答是在 1918 年 10 月 1 日做出的。这一天德国首相赫

---

① 俄罗斯联邦档案，库 04，目 13，案 990，页 14，转引自 А. Ю. 瓦特林《共产国际：观念、决议、命运》（俄文），第 27 页。
② 《契切林最后的工作札记："言者对行者的专政"》，载《史料》（俄文）1995 年第 6 期，第 100 页。
③ 维阿托：《处在十字路口的德国》，载《消息报》（俄文）1918 年 9 月 27 日。
④ 参见《世界性的转折》，载《真理报》（俄文）1918 年 9 月 29 日。

尔特林下台。这不仅标志着德国战败已经临近,而且表明德国在政治上也已敲响丧钟。在这种形势下,列宁形成的概念是与交战双方保持等距离,不必使用任何的外交策略或手段,不必与协约国妥协,而要寻找新盟友,那就是德国人民。而俄国派往欧洲的使节的报告也助长了这种情绪。一向持谨慎态度的苏俄驻伯尔尼全权代表扬·别尔辛在10月2日给列宁写信说:"沉闷的状态结束了。战争进入了新的阶段……现在比任何时候都需要为世界革命工作。我们必须预防帝国主义分子的阴谋,我们必须立即发动革命,在任何有可能的地方。"① 列宁立即行动起来。10月1日,他用了两个小时说服拉狄克同意他的观点并积极付诸行动。同一天,他又给斯维尔德洛夫和托洛茨基写纸条,指出:"我们对德国的事态发展已经落后了,强调我们至死也要帮助德国工人推进已经开始的德国革命。"②

列宁的便条里没有谈到修订《布列斯特和约》的问题,也未提与德国谈判的事,似乎把外交人民委员部撇在了一边。方针的变化甚至没有通知契切林。在便条中,列宁谈到了宣传和实施方面的两个具体问题:粮食和军队。粮食储备不仅是为了本国人民,而且为了德国工人;军队的任务是计划在春天建立300万红军,以便收复目前还被德军占领的广大东欧地区。至于协约国是否会同意这么做,是否会引起武装冲突,都是需要认真考虑的问题。

对布尔什维克来说,这次的设想有多少空想的成分和多大的风险?有一点似乎是明确的,即德国的革命必须由德国人自己开始。拉狄克不无幽默地解释列宁的这一思想说:"我们看待德国就像看待一个怀着革命的母亲。如果德国没有威逼我们,我们在她没有生下孩子以前就不能举枪反对她。"③

列宁在便条中还提出一个要求,请派一辆小车来哥尔克接他去莫斯科,去参加全俄工兵代表苏维埃中央执行委员会、莫斯科苏维埃和工人组织的联席会议,然而小车并未派来。10月3日,联席会议上宣读了列宁的信,拉狄克做了主要报告。会议接受了列宁的主要观点:德国政府的危机意味着革命的开始,但是在德国无产阶级夺取政权之前,俄国要保持中

---

① 《俄罗斯 - 瑞士:1813~1955》(文献资料)(俄文),莫斯科,1995,第221~222页。
② 《列宁全集》(俄文)第50卷,第185~186页。
③ 俄国国立社会政治史档案,库495,目157,案3,页10,转引自 A. IO. 瓦特林《共产国际:观念、决议、命运》(俄文),第30页。

立。苏维埃俄国不能用破坏《布列斯特和约》的办法帮助德国帝国主义，因为这意味着倒向协约国。会议通过决议，强调目前的变化是历史性的，如同布尔什维克去年（1917）十月夺权前的时光。

10月4日，莫斯科充满了革命气氛，到处是讨论"战争与世界布尔什维主义"的群众会议，联席会议的决议记录及其评论在报上公布了出来，中央各报加紧宣传。《真理报》发文指出：

> 就像过去革命司令部在斯莫尔尼宫里开会一样，现在欧洲革命先锋队的司令部在大剧院里开会。这个司令部是要与武装到牙齿的国际帝国主义开战，是为了实现十月革命的同样的理想，只不过是在世界范围内。①

拉狄克兴奋地第一次不用笔名在报上发表文章，幸灾乐祸地说："布列斯特的胜利者现在面临自己的布列斯特了。"②

10月14日，列宁回到莫斯科。他除了处理国内战争、党内分歧这些重大的繁忙事务外，还十分关注世界革命形势。他要求伯尔尼和柏林的全权代表处立即给他寄来外国报纸的剪报。他已发现苏维埃的报纸和外交渠道信息的巨大差异。如1918年10月20日的《真理报》报道说，10月7日德共斯巴达克派在爱尔福特举行会议，并被看成德国共产党的成立。实际上，这次会议是在10月12日举行的，会议资料是通过外交途径到达莫斯科的。更重要的是，包括越飞等从柏林来的报告，所讲的情况并不像莫斯科期待的那样。德国的左派社会党人更关心的是尽快结束战争，而不是准备武装起义。德国工人也是如此。

摆在布尔什维克面前的问题是：战争结束以前，如何对待交战双方？譬如，德国会不会单独与英国媾和？德军会不会进入乌克兰的北部黑海区，取代在那里的英法军队？布尔什维克政权至今的态度是不与英国或德国单独谈判，如今为了防止英德勾结，需不需要有所改变呢？当越飞向领袖提出这个问题时，列宁在10月18日的回信中明确地表示，像过去导致《布列斯特和约》那样的单方面让步和类似的"外交手段"是绝不可以再

---

① Н. 奥辛斯基：《一切都准备好了》，载《真理报》（俄文）1918年10月4日。
② 拉狄克：《德国帝国主义的覆灭》，载《消息报》（俄文）1918年10月4日。

做了。1918年2月与德国谈判是为了赢得时间，现在已经没有这种可能了。"这就是说，别无选择了。让我们全力加速德国的革命，我们别无选择"。① 值得注意的是，列宁这里的最后一句话，俄国的出版人在公布这封信时往往将之删除。可能这句话把列宁内心想推动德国革命的决心表露得十分清楚。而布尔什维克领袖的这个决心应是共产国际成立的最主要的前提，因为任何革命都需要有司令部，而世界革命就需要有一个世界革命的司令部。共产国际应运而生只是时间的问题。

共产国际第一届代表大会前夜

1918年11月11日，随着停战协定的签字，历时四年多的第一次世界大战宣告结束，以德国为首的同盟国宣告失败。随着炮火的熄灭，欧洲和世界的形势有了很大的变化。这对列宁和布尔什维克酝酿已久的建立新的第三国际的计划来说，有些什么影响呢？时机是否已经成熟了呢？早已被宣布"破产"的第二国际毫无"复苏"的迹象，交战国的社会党人多数陷入敌对阵营，少数坚持国际主义立场的左派还未成立独立的政党。新的国际在战后的新形势下如何诞生呢？

首先，这取决于欧洲革命的发展。的确，同盟国的战败在德国和奥匈帝国引发了革命。1918年11月3日，基尔海军的兵变导致革命爆发。11月7日，斯巴达克派与独立社会民主党等组织举行联席会议，决定号召柏林工人在11月11日发动起义，结果，11月9日，威廉二世被迫退位，出逃到荷兰，霍亨索伦王朝垮台。奥匈帝国发生了类似的历史事件。1918年10月，奥匈帝国战败，民族民主革命随之遍及全国，哈布斯堡王朝被摧毁。君主制在这两个国家的覆灭导致在柏林和维也纳宣布成立了民主性的和社会主义性的共和国。然而，革命后德国社会党内的派系争斗激烈，全国局势混乱，下一步会怎么发展引人关注。

看看布尔什维克在莫斯科是如何看待和期待中欧的革命的？在他们看来，中欧的革命会如何发展呢？应该说，由于信息的封锁，莫斯科要及时获得有关中欧事态的发展是有很大困难的。但是，布尔什维克十分关注中

---

① 俄国国立社会政治史档案，库2，目1，案7265，页1，转引自А. Ю. 瓦特林《共产国际：观念、决议、命运》（俄文），第35页。

欧事态的发展。尽管他们收到的信息很多对德国革命的前途并不乐观（如苏俄驻斯德哥尔摩全权代表沃罗夫斯基的电报），但是他们的革命热情丝毫未减。布尔什维克党的领导者们把德国革命的发展定为从民主革命向社会革命的过渡，而社会革命必然会按照"世界布尔什维主义"的版本演出。11月13日，全俄工兵代表苏维埃中央执行委员会讨论废除《布列斯特和约》问题的会议闭会时，斯维尔德洛夫发出号召："请允许我向你们建议：发扬我们俄国革命的国际性质。如果我们目前还不能成为全世界的中央执行委员会（无疑我们正在走向这样的委员会）的委员，那么我们现在已经可以把许多外国同志列入我们的队伍。"① 全俄工兵代表苏维埃中央执行委员会已把下列左派社会党人选为荣誉委员：来自德国的卡尔·李卜克内西、奥地利的弗里德里希·阿德勒、英国的约翰·马克林和美国的马丁·德布斯。1918年除夕之夜，德国共产党成立。卡尔·李卜克内西和罗莎·卢森堡成为党的领袖。列宁对此十分高兴，指出："当'斯巴达克联盟'改名为德国共产党时，真正无产阶级的、真正革命的第三国际即共产国际就在事实上成立了。"② 然而，这毕竟只是一种比喻，真正要建立世界革命的国际组织还有待于德国革命的胜利。

欧战的结束帮助苏俄推进革命的另一因素是，被德国占领的原来属于俄罗斯帝国的广大西部地区获得解放。红军取代德国军队，进入了这些地区。在苏俄的影响下，从第聂伯河到波罗的海的广大地区，出现了不少苏维埃共和国。1918年12月，爱沙尼亚、拉脱维亚和立陶宛成立了苏维埃国家。12月24日，全俄工兵代表苏维埃中央执行委员会承认它们独立。1919年1月，白俄罗斯建立苏维埃政权。乌克兰的情况比较复杂。苏维埃政权先在东部建立，然后向西进军，1月3日攻占哈尔科夫，2月5日攻占基辅。如何保持这些国家与苏维埃俄国的友好关系，是布尔什维克领袖们必须思考的迫切的问题。共产国际的建立在这方面可否起到良好的作用呢？季诺维也夫就曾明确提出："共产国际也是苏维埃共和国的国际联盟。"③ 也就是说，共产国际不仅是世界性的政党，而且是国家联盟。

列宁下决心采取行动实际筹建共产国际是在1918年12月下旬。有两

---

① 《全俄工兵代表苏维埃中央执行委员会会议》（续），载《真理报》（俄文）1918年11月15日。
② 《列宁全集》（俄文）第37卷，第455页。
③ 季诺维也夫：《共产国际》，载《真理报》（俄文）1919年3月2日。

件事促使他下了这个决心：第一件事是英国工党在第一次世界大战西线停战协议签订后仅仅几周就决定于 1919 年初在瑞士洛桑举行国际社会党代表会议。① 这显然与第一次世界大战的结束极大地方便各国代表出国参加国际会议有关。然而，这样的便利不仅会提供给企图恢复第二国际的代表，对于需要赴莫斯科参加建立第三国际的代表来说也是同样的。总之，英国工党的创意惊醒了列宁，使他决定要加快步伐。第二件事是列宁收到的德国柏林《红旗报》（Die Rote Fahne）和奥地利维也纳的《起床号》（Der Weckruf）上刊载的两篇专栏文章。列宁读后十分兴奋，认为当地表现出来的政治倾向是十分明显的。他在 12 月 23 日完成的文章中写道："我们热烈欢迎这两张报纸。它们证明了第三国际的生命力和成长。"② 12 月 24 日，列宁审定了俄共（布）中央的宣言，号召欧洲各种革命力量拒绝参加洛桑会议，因为这是以社会主义为名义的工人阶级的敌人的会议。宣言号召共产党人紧密团结起来，顺利推进世界革命的发展，并认清当前最危险的敌人是黄色国际。宣言所指的欧洲革命力量包括 15 个政党和团体。次日，宣言就公开发表了。

12 月 25 日，德国斯巴达克联盟中央委员爱德华·富克斯（Edward Fuchs）抵达莫斯科。26 日，列宁在克里姆林宫会见富克斯，后者递交了罗莎·卢森堡的便函和刚出版的小册子《斯巴达克联盟要求什么？》（Was will der Spartakusbund?）。富克斯通报了德国的情况。简言之，到 12 月底，事情已经清楚：德国临时政府已可控制全国，但是它并不依靠工人组织，而是依靠军队和官僚机构。左派企图改变政府态度的努力没有成功，德共尽管批评政府，却留在政府里不走。斯巴达克联盟是德共中的少数，人数不多。12 月 19 日，全德苏维埃代表大会通过决议，决定举行全民大选，选出的国民会议将掌握所有政权。列宁意识到，德国不是处于像俄国 1917 年十月革命前那样的形势。这不是他期望的结果。

列宁并不放弃成立共产国际的设想，并想利用富克斯的来访，把这个信息带给西方的同志们。他写信给外交人民委员契切林，谈关于筹备成立共产国际的国际代表大会的设想。列宁建议加快召开国际社会党代表会议，以建立第三国际。他说，"（会议）可在柏林开（公开地），或在荷兰

---

① 参见 J. Braunthal. Geschichte der Internationale. Bd. 2. Berlin, Bonn, 1974. S. 168。
② 《列宁全集》（俄文）第 37 卷，第 388 页。

开（秘密地）"，譬如，在1919年2月1日，"可以布尔什维主义的理论和实践"以及 Was will der Spartakusbund? 作为第三国际纲领的基础。建议只邀请那些准备与社会－爱国主义决裂的政党和团体，那些"主张目前举行社会主义革命和无产阶级专政"，原则上主张苏维埃政权类型的政党和团体。[①] 契切林对此比较犹豫。但是他不直接反对，而是提出若干问题：第一，富克斯有没有合法身份，能不能代表斯巴达克联盟？如果他没有这个身份，那么在邀请宣言上是否只有布尔什维克一家签名了？第二，列宁提出共产国际成立的基础是与持爱国主义立场的社会党人划清界限。契切林的问题是：这个条件目前是否成熟？他主张再等一等，因为各国左、右派社会党人的分野过程尚未结束，不少人最近五年的变化还看不清楚。第三，第三国际成立后，是建立统一的领导中心，还是采取会面商谈或派特使出境的办法？最后，契切林认为，苏维埃政权类型并不是任何国家无产阶级革命胜利后唯一可取的形式。只有取这种态度才可以使未来的国际敞开大门，吸收国际社会主义运动各种派别，包括左派社会革命党人、工团主义者、英国加入工党的社会党人。看来，契切林这位外交人民委员在共产国际成立问题上也是主张对待外国的战友要更多地采用"外交"方法，要提供给他们更多的机会和时间。

然而，列宁并不满意契切林完全从"外交工作"的角度看待和处理问题的方法，认为不能再等待了，必须抓紧时间，必须努力在全球推广俄国的经验。列宁需要从自己的战友中挑选一人主抓第三国际的筹建工作。谁比较合适呢？作为外交人民委员，契切林负责会议、联系等具体工作是没有问题的，但是全面贯彻列宁的有关设想显然是不行的。有两个合适的人可供列宁选择，那就是托洛茨基和布哈林。一般研究著作认为，两人中列宁最后选择了托洛茨基，因为《关于召开共产国际第一届代表大会的宣言》是托洛茨基起草的。[②] 托洛茨基后来又把这个宣言收入他的13卷本的选集，这就更加强了这种看法。然而，这个宣言的原件的发现解开了这个

---

① 《列宁全集》（俄文）第50卷，第227~228页。
② 参见《共产国际与世界革命观念（文献集）》，莫斯科，1998，第88页注1。该注认为，这篇宣言是托洛茨基根据列宁1918年12月底的建议起草，并由列宁做了不少修改和补充。布哈林和契切林参加了宣言的修订工作。1919年1月在莫斯科举行的部分共产党和左派社会党代表会议通过了这个宣言，1月24日，《真理报》《消息报》等报纸公布了这个宣言。

谜。这个文件的作者是布哈林。① 布哈林在宣言中贯彻了列宁的主要思想：资本主义已陷入危机，唯一的出路是无产阶级建立政权，为了镇压剥削阶级的反抗和通向共产主义，必须建立"苏维埃式的组织"。欧洲共产党人在工人运动中的策略也很明确：与右派分子坚决斗争，瓦解"中派"，争取其普通成员，任何"支持无产阶级专政和苏维埃政权观点的人"都应团结，包括工团主义者。

筹备会议的具体工作由外交人民委员部承担。首先是共产国际成立大会的邀请对象，从15个组织开始，几经变化，最后定为39个。关于会议召开日期引起了争执。列宁主张尽快召开会议和公布宣言，但是多数人不同意，认为应该在了解德国共产党的态度后再做决定。这样，德共的态度就很关键。

列宁委托契切林用密件方式把宣言寄发给德共。何时到达不得而知，比较可信的是，当1919年1月17日富克斯回到柏林时，新建立的德国共产党的领导人已经知道宣言内容。可是，当时正值斯巴达克派发动柏林起义并遭受镇压。这样的形势应该对德共领导对宣言的态度产生影响。1月9~10日，罗莎·卢森堡在与胡果·艾伯来因（Hugo Eberlein，即马克斯·阿尔伯特）谈话时强调，她认为当前成立共产国际太匆忙了。此外，她还主张出席莫斯科的代表应从她在德国的战友中挑选一个。据艾伯来因回忆，卢森堡是建议他去莫斯科的。② 虽然，几天以后，即1919年1月15日，李卜克内西和卢森堡惨遭杀害，但是德共对宣言的态度未变。列奥·约季赫斯依旧认为，现时建立新的国际为时太早。卢森堡和德共所以持反对立即成立共产国际的态度，其原因从卢森堡于狱中写的《俄国革命札记》中可以看出。卢森堡对布尔什维克夺取政权的历史创举评价很高，认为它为世界无产阶级树立了榜样。但是她明确不同意布尔什维克关于民主问题的立场。她认为，布尔什维克把民主和专政对立起来是背离了真正的社会主义政策的，而布尔什维克错误的原因是俄国革命所处的脱离欧洲的特殊的条件。问题在于，布尔什维克把特殊条件下的策略作为社会主义策

---

① 俄国国立社会政治史档案，库2，目1，案8094，页16，转引自А. Ю. 瓦特林《共产国际：观念、决议、命运》（俄文），第45页。
② 参见 Г. 艾伯来因《共产国际的成立与斯巴达克联盟》，载《真理报》（俄文）1929年3月3日。

略的榜样推荐给国际无产阶级，而这是危险的。①

还在富克斯逗留在莫斯科时，拉狄克就奉命秘密潜入柏林。他的使命是推动斯巴达克联盟早日成为独立的党，并推进德国革命。拉狄克对促进国际成立也很积极。他在1月24日写给列宁、契切林和斯维尔德洛夫的信中写道："关于共产国际问题，这里的态度很悲观，虽然此地的人在原则上同意我们。他们不想在近期在组织上做些什么。只要我说服他们在宣言上签名，我会立即用西欧所有的语言把它公布。我不认为，代表大会有可能在已定地点和时间召开。"② 2月12日，拉狄克被捕。这阻碍了他计划的实施。宣言后来只是在不来梅的报纸《共产党人》上公布，而在宣言上签名的只有斯巴达克派，德共并不同意签名。可见德共对成立新国际的态度并无改变。

不久，欧洲的革命形势有了根本的变化。柏林和维也纳的武装斗争都以失败告终。柏林一月起义的被镇压和随后巴伐利亚苏维埃共和国在5月的失败，标志着德国十一月革命的结束。苏维埃俄国和布尔什维克极为期待的德国革命的失利，使新的共产国际的成立出现了变局。过去期待在德国革命胜利后，在欧洲革命的高潮中建立共产国际，这似乎是顺理成章的事，如今是在革命退潮的情况下，还能不能成立共产国际这样的组织呢？又应该进行哪些准备工作，如何才能成功地建立呢？在这个问题上，支持列宁的国外的战友、著名的国际工人运动活动家本来就不多，罗莎·卢森堡和卡尔·李卜克内西的被害极大地削弱了德国社会主义运动的力量。这意味着布尔什维克失去了国外主要的同盟者，从而也会使新成立的国际失去许多国际性。从另一种意义上说，由于德共和斯巴达克派的意义的削弱，新国际的成立可以不必像过去那样顾忌他们的态度。

形势的变化在一定意义上造就了苏维埃俄国，使她成为可以进行世界革命的唯一的基地和堡垒，成为可能推进世界革命的唯一的领导者。在这种情况下，布尔什维克的领导人很容易把俄国自己的政治经验绝对化，把它的意义普遍化；同时，对处于弱势的国外的同志则更容易看到他们的短处和缺点，从而不把他们看成平等的伙伴，而是小兄弟。

列宁实际上已面临一种两难抉择：或者无限期推迟新国际的成立，或

---

① 参见罗莎·卢森堡《论社会主义和俄国革命·文章、演讲、书信选集》（俄文），莫斯科，1991，第327~332页。
② 《共产国际与世界革命观念（文献集）》（俄文），莫斯科，1998，第93页。

者不顾一切地加快这个过程，即使这个新的世界革命总司令部的成立是在遥远的俄国，而且即使没有多少有影响的外国社会党参加，也在所不顾。列宁选择了后者。1月20日，列宁在全俄工会代表大会上致辞，强调共产国际实际上已经成立。① 剩下的只是要在形式上加以合法化。

此后几天，列宁在克里姆林宫召集若干外国共产党人开会，讨论前述布哈林起草的宣言。据会议参加者约翰·法因贝格回忆，列宁在会上宣读了这份宣言，并说已有一些欧洲共产党在宣言上签名。② 所有会议的参加者都同意宣言。1月22日，宣言在莫斯科通过无线电向外广播，1月24日，在《真理报》上公布。宣言取名《致共产国际第一次代表大会书》。宣言建议在当前新的革命形势下召开革命的无产阶级政党的代表大会，并作为共产国际的第一次代表大会。宣言提出了共产国际的目标和策略，并具体邀请39个政党、团体和流派参加成立大会，其中第一个是斯巴达克联盟（德国），第二个是俄国共产党（布尔什维克），第三个是德国的奥地利共产党，等等。在宣言上签名的有8个政党，分别是：俄共中央（列宁、托洛茨基）、波兰共产主义工人党国外局、匈牙利共产党国外局、德国-奥地利共产党国外局、拉脱维亚共产党俄罗斯局、芬兰共产党中央、巴尔干革命社会民主联盟、亚美尼亚争取社会主义工人党。③

宣言的公布表明筹建共产国际、召开成立大会的实际步骤已经实现。这一步迈出就无法后退了。那么，为什么在德国柏林起义失败之后，欧洲革命形势已然逆转的情况下，列宁和布尔什维克还要坚持尽快成立新的共产国际呢？他们如此着急的原因究竟何在？这里有很重要的一点，那就是战后欧洲各国的工人十分向往恢复国际间的联合和统一，而第二国际的领导人已利用这种情绪准备恢复第二国际。因此，在布尔什维克看来，抢在他们之前成立新的共产国际就应是迫在眉睫的事了。

社会党人还是走在前面。1919年2月3~10日，恢复第二国际的代表大会在瑞士伯尔尼举行。欧洲有些社会党拒绝参加这次会议，但是到会的仍有来自26个国家的102位代表。会议讨论的中心是对苏维埃俄国发生的事件进行评估。会上的争论和分歧十分尖锐。法国和比利时社会党人提出

---

① 参见《列宁全集》（俄文）第37卷，第447~448页。
② 约翰·法因贝格：《列宁会见记》，载《回忆列宁：外国同时代人的回忆》（俄文），莫斯科，1979，第204页。
③ 参见《共产国际与世界革命观念（文献集）》（俄文），莫斯科，1998，第83~88页。

的决议草案直接谴责布尔什维克，瑞典社会党人的决议提案比较缓和，只谴责布尔什维克的专政道路。最后，代表大会通过的是缓和的决议，采取了某种等待的策略。

在代表大会上，原劳动解放社（俄国第一个马克思主义小组）成员帕维尔·阿克雪里罗得作为俄国社会民主工党（孟什维克）国外中央委员会代表，谴责布尔什维主义"客观上是反革命的制度"，但他并不否认苏维埃的作用，认为苏维埃是工人阶级的战斗组织，不过反对把它们变成党的专政机关。阿克雪里罗得还明确指出，他们反对布尔什维克，但不主张用暴力，不主张组织骚乱和武装起义，而是主张在无产阶级和全体居民中进行有力的宣传，用民主的观念来争取无产阶级。①

对俄国发生的事件的讨论和评估并不限于伯尔尼会议，自十月革命以来这已成为整个欧洲社会主义运动的争论的中心问题。这种争论不仅表现为对事件本身不同观点的交锋，而且上升到理论层面的较量，例如列宁与考茨基的争论。② 争论的中心之一是民主问题。考茨基认为，社会主义与民主是不可分的，广泛的政治民主与生产的社会组织是同样需要的。民主是多数的统治，同时要保护少数。多数是要变化的。只有官僚主义的绝对统治才力图使自己长命百岁，同时用暴力镇压任何反对力量。③ 在考茨基看来，布尔什维克政权把民主原则和专政原则对立了起来，而布尔什维克的专政最后必然会导致官僚主义的蜕化。对此，列宁做了反驳，指出：考茨基谈的是"纯粹的民主"，而实际存在的只有"资产阶级民主"或"无产阶级民主"，而后者比前者要民主无数倍，因为苏维埃是劳动人民自己的直接的组织，使被压迫阶级有可能管理国家。无产阶级专政则是用革命暴力反对被打倒的资产阶级所必需的手段。列宁还宣称，布尔什维主义是"世界性的"。④

围绕俄国革命发生的争论标志着欧洲社会主义运动和工人运动中历史性的分裂更为加深。改良派和革命派的裂痕进一步扩大。从此，必须用暴

---

① 俄国国立社会政治史档案，库480，目1，案1，页86，转引自 A. Ю. 瓦特林《共产国际：观念、决议、命运》（俄文），第51页。
② 1918年8月，考茨基出版了《无产阶级专政》一书，对俄国革命提出否定的评价和质疑，10月，列宁枪伤初愈，就发表了以"无产阶级革命与叛徒考茨基"为题的论文和著作，予以反击。
③ 参见考茨基《无产阶级专政》（俄文），叶卡捷林诺斯拉夫，1919，第18页。
④ 参见《列宁全集》（俄文）第28卷，第292~293页。

力摧毁资本主义国家机器、必须坚持暴力革命的信条成为横在两派中间的鸿沟。随着形势的发展和欧洲革命的低落，两派之间的对立逐渐越出理论分歧的层面，而日益与实际行动联系在一起。在以布尔什维克为代表的革命派眼里，社会民主党人已成为推行资产阶政策的阶级敌人，而如何使欧洲的工人阶级革命化，逐渐摆脱社会民主党人改良主义的羁绊，便成为摆在革命派面前的主要问题，也是后来成立的共产国际的主要任务。应该看到，在这个过程中，革命派的立场和观点都出现了简单化和绝对化的倾向。

布尔什维克党对待立宪会议的态度或许可以说明这点。布尔什维克原先是支持立宪会议的。二月革命至十月革命期间，布尔什维克多次批评临时政府拖延召开立宪会议，在十月革命胜利后的 10 月 27 日（旧历），人民委员会确定立宪会议将在预定的 11 月 12 日举行。然而，立宪会议的选举结果，虽然客观上是当时俄国政治力量对比的反映，但是对布尔什维克并不有利。在总共选出的 715 名代表中，社会革命党代表有 370 名，布尔什维克有 175 名，左派社会革命党有 40 名，孟什维克有 15 名，立宪民主党（人民自由党）有 17 名，另有一些小党派民族组织的代表。布尔什维克认为，这样的选举结果不符合把政权交给苏维埃的计划，曾多次试图改变立宪会议代表的构成，如逮捕立宪会议筹备委员会中的立宪民主党和社会革命党成员等，但是显然未达到目的。1918 年 1 月 5 日，立宪会议开幕，布尔什维克的代表大大少于立宪民主党和左派社会革命党的代表。1 月 6 日，全俄中央执行委员会宣布解散立宪会议。1 月 10 日，全俄苏维埃第三次代表大会开幕，取代了立宪会议的职能。布尔什维克的这个行动，不仅使他们在民主问题上拉大了与欧洲其他的工人运动流派的距离，甚至遭到了罗莎·卢森堡的批评。她在牺牲后才发表的《俄国革命札记》中，称布尔什维克对立宪会议立场的变化是"令人迷惑不解的转变"。[①]

列宁和布尔什维克党的党内民主原则是"民主集中制"。作为一种原则，布尔什维克的"民主集中制"的产生和发展是有一个过程的。1903 年，布尔什维克在党的二大形成以后，由于沙皇的专制统治，列宁主张党内只能实行由铁的纪律维持的"集中制"。不过，按照列宁的解释，这种

---

① 罗莎·卢森堡：《论俄国革命·书信集》，贵州人民出版社，2001，第 22 页。

"集中制"不是"官僚的"集中制,而是"民主的"集中制。[①] 1906年4月,俄国社会民主工党第四届代表大会在党章中第一次列入了"民主集中制"原则,但是在实践中并没有完全实现,到十月革命胜利后,由于国内战争的爆发和外国武装干涉,全国成为"军营",更没有条件实行"民主集中制"。国内战争结束,国家转入和平建设以后,列宁也尝试实行民主制,晚年病中更是思考这个问题,但是这时已经没有时间解决了。列宁之后,苏联"集中制"的发展就十分严重了。这是共产国际诞生的重要背景,对它的活动有根深蒂固的影响。

共产国际成立大会

1月24日公布的宣言《致共产国际第一次代表大会书》,就是成立大会的邀请函。邀请既已发出,就等着成立大会揭幕了。

1919年冬春,苏维埃俄国的局势有所好转。在国内战争的各条战线上,红军大多取得了胜利,战线得以推进。这为国际会议的召开提供了有利条件。会议代表的选择和邀请工作由外交人民委员部承担,外交人民委员契切林还亲自给被邀代表打电话。然而,代表们要从国外或新成立的苏维埃国家越过协约国对苏俄的封锁顺利到达莫斯科却非易事。如拉脱维亚地方共产党领导人彼得·斯图契卡就回电说,没有一个负责人可以去莫斯科。苏维埃乌克兰的领导人赫里斯季安·拉科夫斯基克服种种困难只在莫斯科待了一天(3月4日),在会上他代表巴尔干社会民主党联盟。时在维尔纽斯的越飞用了各种办法竭力帮助波兰、立陶宛、爱沙尼亚和白俄罗斯的共产党人去莫斯科。然而,多数外国代表无法穿越封锁,到达不了会议地点。如匈牙利人鲁达什·拉斯科和孔·加博只到了德国就被阻挡。而德国共产党的代表尤金·列维尼在东普鲁士被捕,奥地利共产党代表卡尔·施坦哈特虽然到了莫斯科,但是一路艰险,路上整整花了17天。法国人安利·基博及其夫人直到会议闭幕前的几个小时才到达莫斯科,等等。

列宁委托副外交人民委员 И. Л. 洛伦茨在克里姆林宫安排到达的外国同志,为他们提供良好的食宿条件。后来,挪威人艾米尔·斯坦格、瑞士

[①] 参见郑异凡《列宁是怎样认识与发展党内的民主思想的?》,载陆南泉等主编《苏联真相:对100个重要问题的思考》,新华出版社,2010,第162页。

人弗兰茨·普拉滕和芬兰代表团等住在了这里。但是克里姆林宫住不了所有代表,一部分代表住进了苏维埃广场的德累斯顿饭店。

会议文件的准备工作也在积极地进行。会议的纲领委任布哈林起草,宣言则由托洛茨基的秘书处负责。列宁的报告都由他自己准备。会议遇到的难题是各种外语的翻译问题,翻译人才十分不够。斯大林原本与这次大会没有关系,直到大会开幕的 3 月 2 日才插手进来。他以俄共(布)中央书记的名义为俄国代表团要了 8 个名额,其中包括给自己的一个。同时,他又以民族事务人民委员的名义把当时正在莫斯科的或在他的部里工作的"东方民族"的 8 名代表派往大会。

1919 年 3 月 1 日,部分代表举行了预备会议。德共代表 H. 艾伯来因(H. Eberlein)出席会议。此前,他在与列宁会面时就表述了德共的立场。德共认为,目前立即成立共产国际的条件和时机还不成熟。据艾伯来因回忆,列宁听到他的意见后感到有些惊讶,但表示不出所料。[①] 在预备会议上,艾伯来因的立场遭到与会者的反对,但是艾伯来因顶住压力,坚持不变。列宁为了避免冲突,决定做出让步。最后,会议取得一个折中的结果:这次大会不作为共产国际的成立大会,而是一次国际共产主义者的代表会议,但是要为未来的组织拟定纲领、选出执行局和呼吁兄弟党参加。

这次预备会议选出的资格审查委员会会后立即投入工作。代表分为有表决权的和只有发言权的两类。专程来莫斯科参加大会或与所在国的共产主义组织有直接联系的代表属于前一类,在俄国的侨民团体的代表和齐美尔瓦尔得运动的代表属于后一类。根据所在国的影响的大小,代表团拥有的票数不等,分为 5 票、3 票和 1 票三种。拥有 5 票的代表团有俄国、德国、美国、意大利(意大利没有代表参加大会)和法国。总的来说,参加这次大会的共有 34 位有表决权的代表,18 位有发言权的代表。这些代表来自 21 个国家的 35 个共产主义组织,其中只有 19 个组织有表决权。[②] 中国列席大会的代表是当时在苏维埃俄国的华工代表刘绍周(刘泽荣)和张永奎。

1919 年 3 月 2 日 17 时 10 分,共产国际第一届代表大会在莫斯科克里

[①] 参见 H. Eberlein. "Die Gründung der Komintern und der Spartakusbind", *Die Komministische Internationale*. 1929,Nr. 9/10/11. S. 678.

[②] 参见《共产国际第一次代表大会(1919 年 3 月)》(俄文),莫斯科,1933,第 248~249 页。

姆林宫原沙俄参政院米特罗凡大厅开幕。大厅的墙上挂了马克思、恩格斯、梅林、饶勒斯和蔡特金的相片,还有镶上黑框的已牺牲的革命者卡尔·李卜克内西、卢森堡、沃洛达尔斯基和乌里茨基的相片。坐在后排座位上的是大会的客人——俄共(布)莫斯科组织的约50位积极分子。大厅里气温很低,代表们只能裹着大衣。在这些几乎冻僵的来宾中,只有9人是从境外来的,其余42人都是代表苏俄的。

列宁在宣布大会开幕时指出:

> 我们的会议具有伟大的世界历史意义。它证明了所有资产阶级民主幻想的破灭。现在不仅在俄国,而且在欧洲最发达的资本主义国家,如德国,内战已成事实。①

大会听取了有关各国共产党和组织的工作报告,接着讨论由布哈林和艾伯来因起草的未来组织的纲领。

奥地利的代表卡尔·施坦哈特(Karl Steinhardt)从维也纳出发,克服一路艰辛于3月3日赶到莫斯科。列宁与他会面,介绍了德共反对成立共产国际的立场,并建议他在下次会议上发言,支持立即成立共产国际。②在3月4日晚举行的会议上,施坦哈特的发言很有煽动性,产生了不小的影响。在这晚的会上,会议执行主席普拉滕还宣读了奥地利共产党、匈牙利共产党、瑞典左派社会民主党和巴尔干革命社会民主联盟代表提出的要求立即成立第三国际的声明。这样,预备会议上达成的折中决议就被破坏了。德共代表艾伯来因郑重地表明了德共的立场:原则上不反对成立国际,但是不能急着成立,因为只有少数几个国家存在真正的共产党,西欧多数国家都不存在。因此,大会目前只能制定纲领,向全世界的工人提出现实的目的和任务,然后由工人来决定是否准备成立国际。③ 然而,艾伯来因没能说服大会多数代表。反对者强调,宣布成立新的国际将会决定性地推动社会主义运动中"左翼"力量的团结。季诺维也夫以俄共(布)代表团名义表示反对德共的建议。施坦哈特则强调,在目前欧洲内战和混乱

---

① 参见《共产国际第一次代表大会(1919年3月)》(俄文),第3页。
② 参见《列宁年表》(俄文)第6卷,第572页。
③ 参见 Ed. J. Riddell, *Founding the Communist International. Proceedings and Documents of the First Congress: March 1919*, New York, 1987. pp. 113 – 114, 169。

的情况下，再也找不到像现在这样聚集的机会了。芬兰、法国、英国、瑞士等国的代表也都同意立即成立第三国际。最后，在唱名投票中，只有德国共产党一票弃权，其他代表都公开赞成。艾伯来因表示回德国后会努力贯彻大会决议，使德国早日加入第三国际。

共产国际的成立被许多代表看成未来的世界政府的样板，是苏维埃无产阶级共和国的世界联盟。苏维埃俄国则被看成世界无产阶级革命的基地和堡垒。一时，革命的浪漫的热情充满大会，对欧洲当时的现实情况和相应的实际措施则缺乏讨论。3月5日，莫斯科的报纸一反前几天很少报道大会消息的态度，大力宣扬新成立的国际组织。各报不仅大量刊登大会代表和客人的热情洋溢的祝语和庆祝世界历史新时代的开启，而且以通栏大标题欢呼第三国际的成立："第三共产国际万岁！"（《真理报》）"共产国际万岁！第三国际第一次代表大会万岁！"（《消息报》）

自3月4日起，这次大会作为共产国际的成立大会继续进行。德共代表艾伯来因虽然对成立大会投了弃权票，但仍然进入了成立大会的主席团，并与布哈林一起准备大会的行动纲领。这个行动纲领在3月4日的大会上宣读，在获得大会通过后于3月6日在《真理报》上发布。行动纲领明确提出，世界帝国主义大战导致了新时代的诞生，即资本主义瓦解的时代和无产阶级的共产主义革命时代。由此，夺取政权就成了首要任务。夺取政权就要打碎旧的资产阶级的国家机器，用苏维埃政权取代资产阶级的议会；而达此目的的最好途径是群众性的斗争手段，直至公开战斗。并要与右翼社会民主党人和中派决裂。①

列宁《论资产阶级民主和无产阶级专政》的提纲和报告是成立大会的重要文献。此外，托洛茨基起草的《共产国际致全世界无产者的宣言》也被通过。宣言强调了它自身与马克思、恩格斯起草的《共产党宣言》的继承关系，并强调指出：

> 共产党从来不人为地发动国内战争，只是在内战由于不可避免的必然性发生后，尽量缩短它的进程，减少它的牺牲人数，并首先保证无产阶级的胜利。②

---

① 参见《共产国际与世界革命观念（文献集）》（俄文），莫斯科，1998，第102~104页。
② 参见《共产国际与世界革命观念（文献集）》（俄文），莫斯科，1998，第110页。

在 3 月 4 日的大会上,根据几位齐美尔瓦尔得派的建议,正式解散了齐美尔瓦尔得组织。在以后的会议上,大会通过了一系列决议,包括取消齐美尔瓦尔得组织、《对各"社会主义"政党和伯尔尼会议的态度》《国际形势和协约国的政策》《无产阶级妇女在争取社会主义斗争中必须共同合作》《关于白色恐怖》《共产国际告全世界工人书》《告各国工人和士兵书》等。最后一次会议在 3 月 6 日举行,仍由瑞士人普拉滕主持。由于法国人安利·基博夫妇刚刚抵达,会议的闭幕推迟了。

3 月 6 日,在莫斯科大剧院举行了隆重的庆祝大会,由莫斯科苏维埃主席 Л. Б. 加米涅夫主持。列宁发表了热情洋溢的讲话。他说了句不同寻常的话:"在世界上我们的朋友比我们想象的要多。"① 出席成立大会的代表们的发言引起了热烈的欢呼和掌声。次日(3 月 7 日)被宣布为庆祝日。6 日中午,在红场举行了盛大的庆祝游行,成立大会的代表们都参加了。同一天,在莫斯科各区举行了工人们的庆祝集会,这个浪潮很快波及全国。3 月 6 日晚,莫斯科的各种庆祝活动继续举行。

在共产国际的组织方面,成立大会并没有通过章程和规则,但是大会决定成立一个执行委员会。按规定,这个共产国际执行委员会(ИККИ)应由苏俄、德国、奥地利、匈牙利、巴尔干革命社会民主联盟、瑞士和斯堪的纳维亚七国共产党各派一名代表组成,而实际上在执行委员会中,俄国布尔什维克占多数。这种情况在当时也算情有可原,因为一方面是布尔什维克的威信高,另一方面是外国共产党还比较弱,加上进出莫斯科交通不便,因而对共产国际的日常领导只有依靠俄共(布)了。成立大会之后,列宁、季诺维也夫、托洛茨基立即说明,俄共的统治地位是暂时的,一旦欧洲爆发革命,一旦"国际苏维埃共和国"宣告成立,共产国际的司令部就从莫斯科搬到柏林、巴黎或其他欧洲国家的首都去。然而,很可惜,这种乐观主义的想象始终没有实现,而卢森堡的预言却完全成为事实。

共产国际执行委员会选出了常任的五人执行局。这五人是列宁、季诺维也夫、托洛茨基、拉科夫斯基和普拉滕。格里戈里·季诺维也夫被任命为第一主席,尼古拉·布哈林和卡尔·拉狄克,有时还有托洛茨基受命进行帮助。安热利卡·巴拉巴诺娃和扬·别尔津被定为书记。这套结构表面

---

① 《消息报》(俄文)1919 年 3 月 7 日。

上看似民主，与第二国际奠定的传统似无二致，实际上却不然。共产国际整个听命于布尔什维克，外国代表只是摆设的特色很快就表露出来。例如，根据安热利卡·巴拉巴诺娃的回忆，她在3月6日已准备回乌克兰，托洛茨基突然找到她说："除了您外还有谁能当国际的书记？"托洛茨基随即领巴拉巴诺娃去见列宁。巴拉巴诺娃表示不同意，认为如果另找人，对新国际书记开展合法的、广泛的工作应更为有利。列宁回答说，应遵守党的纪律，并请求巴拉巴诺娃服从中央委员会的决议。① 巴拉巴诺娃立刻就明白了，她的任命是由俄共（布）中央，而不是还在进行的成立大会的会议决定的。而她之所以被选中，显然是为了显示新国际与第二国际"左翼"的继承性。3月9日，苏维埃报纸发表了巴拉巴诺娃被任命为第三国际书记的消息。她在民族饭店的房间暂作为开会场所。俄共（布）中央委派瓦茨拉夫·沃罗夫斯基去帮她工作。

季诺维也夫之成为共产国际领袖，也是列宁及其亲近战友内定的结果，只是至今还不清楚列宁是与哪些人商定的。只知道，季诺维也夫从彼得格勒回到莫斯科参加了3月17日中央委员会第一次讨论共产国际的会议。他的任命和领导作用在会议的决议中得到承认。决议指出，国际局以季诺维也夫为首，与布哈林一起，被委任负责确定这一组织未来活动的基本方向。

3月18日，俄共（布）第八届代表大会召开。列宁邀请共产国际第一次代表大会的代表列席大会主席团，但实际上只有雅克·萨杜尔一人出席，其余代表都已散开。季诺维也夫在大会上做了布尔什维克党与共产国际关系的报告。他向大会代表报告说，现在，不仅第三国际的成立大会已经举行，而且已经组成了经常性的执行机构。他不顾事实地说，全世界工人的精华人物和欧洲有代表性的人物都到了大会。共产国际的执行局一致选出俄共（布）推荐的我党代表为主席，② 也就是他季诺维也夫本人。季诺维也夫的话并不能瞒过大会的代表。许多人都清楚实际的情况。在讨论时，第一个发言人就指出，关于共产国际的构造，季诺维也夫什么具体的情况也没有说。譬如说，"世界无产阶级的军队"将会如何组成就不清楚。它应该像任何一支军队那样，一方面应下辖军、师、团……另一方面又应

---

① 参见A. 巴拉巴诺娃《一位齐美尔瓦尔得派的个人回忆》（俄文），莫斯科－彼得格勒，1925，第193～194页。

② 参见《俄共（布）第八届代表大会》（俄文），第137页。

分为炮兵、步兵、骑兵……①为了不让季诺维也夫过分尴尬,也为了不使代表们的质疑继续发展,会议的讨论在第一人发言后就中止了。这种情况在布尔什维克执政初年还是不多见的。

3月25日,俄共(布)中央开会,季诺维也夫在会上报告了共产国际临时执行机构——国际局的任务和权限。中央会议以简短的决议的形式肯定了季诺维也夫的角色。国际局把外交人民委员部和全俄工兵代表苏维埃中央执行委员会苏维埃宣传局的宣传职能拿了过来。关于共产国际的经费和干部问题,3月25日的中央会议也通过了相关决议。3月26日,季诺维也夫给组织分配处写信,要求分给经费和汽车,并要求合适的办公地点。当天,俄共(布)中央委员就讨论共产国际事项进行了第一次工作会晤,讨论并解决了有关的实际问题。首先是从民族人民委员部把德籍俄国人克林格调到共产国际主管共产国际执行委员会事务。其次是经费问题。3月29日,俄共组织局曾同意向共产国际拨款100万卢布,到5月7日已扩大到300万卢布,后又加到1000万卢布。除了这两个问题外,这次会晤还决定编辑出版《共产国际》杂志。杂志的第一期在5月初出版。此外,从这次会晤的记录中还可看出,当时已成立了共产国际执行委员会彼得格勒分部,这是由季诺维也夫的秘书处组成的。5月,共产国际的机关搬入钱币巷原糖厂主 С. П. 别尔格的私邸办公,开始约有一年时间与别的机构挤在一起办公,但是到1920年5月21日,共产国际就把另两个机构挤走了,而很快钱币巷也就更名为第三国际街。

然而,在办公地点问题上,共产国际看似很强大,实际上却并不如此。这特别表现在它的代表性和独立性上。从代表性上说,很长时间内在共产国际机关里没有真正的外国党的代表。勉强可以看作外国共产党代表的是直到1919年6月才来的鲁德尼亚斯基。第一个真正取得本党授权的外国代表是波兰人尤利安·马尔赫列夫斯基。他到1919年8月底才来报到。而执行委员会有外国共产党代表参加的正规的会议直到1919年12月才开始举行。而外国代表的权利并没有得到实现。例如,参加过共产国际第一次代表大会的奥地利共产党代表卡尔·施坦哈特,以执行委员会委员的身份回到莫斯科后不久就惊讶地发现,他的签名在许多已完成的宣言和其他文件上出现,而他事先对其内容一无所知。

---

① 参见《俄共(布)第八届代表大会》(俄文),第139页。

可惜，这种独立性的丧失不仅表现在外国共产党代表个人的身上，实际上执行委员会自身也是没有独立性的。这个委员会不仅是"俄国的组织"（季诺维也夫语），而且是俄共党组织的组成部分。执委会的决议，哪怕只是关于很小的具体问题的决定，都要通过俄共（布）中央。身在钱币巷的克林格事无巨细都要请示身在老广场的俄共（布）中央秘书叶琳娜·斯塔索娃。

客观地说，共产国际的所谓"布尔什维克化"是有个过程的。列宁时期的共产国际还存在一定程度的多元性，还注意开展公开的讨论。欧洲许多共产党还有着自身的特点。到20世纪20年代中期，这些共产党中有的还保留有社会民主主义或者无政府－工团主义的观点。当时"布尔什维克化"的概念尚未明确成形。这些与列宁本人的民主作风有关。列宁去世以后，情况逐渐发生变化，到斯大林时期就完全不同了。

有两位英国学者在分析列宁时期的共产国际的布尔什维克化问题时总结了五对矛盾，对我们思考这个问题或有帮助。这五对矛盾如下：第一对矛盾是"共产主义的多元性"与"布尔什维主义的集中性"的矛盾，其表现是共产国际初期争论和通过决议程序的相对公开性，逐渐被俄共（布）中央政治局和布尔什维克在共产国际执委会的代表团幕后操作所取代。第二对矛盾是列宁的考虑"民族特点"的愿望与共产国际许多决议的明显的"俄国"特性有矛盾，更与俄共固执的证明布尔什维克作为组织上和思想上的典范的意愿相矛盾。第三对矛盾是组织与工人和中间阶级紧密相连的群众性共产党的任务与围绕教条不断发生的争论和铁的纪律的矛盾。这些争论和纪律甚至吓退了那些坚定的共产党人，并且阻碍真正群众性政党的建立。第四对矛盾是社会民主主义工人建立统一战线的企图与布尔什维克不断地抹黑"欧洲孟什维克"的宣传的矛盾。如果一味地揭露社会党工人的领袖是"叛徒"，那就不能期望这些工人能在共产主义旗帜下步调一致地前进。布尔什维克显然低估了社会民主党对大多数工人的吸引力。第五对矛盾也是最重要的，即1921年后共产国际对世界革命的迷恋开始与苏维埃国家的民族利益发生矛盾。在莫斯科，人们开始害怕各国共产党的进攻行为可能会损害苏俄与西方国家的关系，而这反过来又会威胁苏俄的生存。①

---

① 参见凯文·麦克德莫特（Kevin McDermott）、杰里米·阿格纽（Jeremy Agnew）《共产国际：从列宁到斯大林的国际共产主义史》（俄文），莫斯科，2000，第55~56页。

虽然共产国际是在匆忙和矛盾中诞生的，但是它的成立依然具有重要的历史意义。它是在俄国十月革命后欧洲革命高潮中为适应社会主义工人运动发展的新形势而出现的。它从理论上总结了俄国无产阶级和欧洲其他国家无产阶级斗争的历史经验，继承和发展了第一国际和第二国际的革命传统。列宁指出：

> 第一国际奠定了国际无产阶级争取社会主义斗争的基础。第二国际是给工人运动在许多国家的广大发展准备基础的时代。第三国际承受了第二国际的工作成果，清除了它的机会主义的、社会沙文主义的、资产阶级和小资产阶级的脏东西，并已开始实现无产阶级专政。[1]

不仅如此，共产国际还开始帮助欧美工人阶级与殖民地、附属国的劳动人民联合起来。

---

[1] 《列宁全集》（俄文）第29卷，第274~275页。

共产国际与世界革命观念

一 世界革命观念的由来和演变

谈到共产国际，不能回避的一个问题是它与世界革命的关系。历来，共产国际被称为"世界革命的司令部"，可见两者之间的密切关系。实际上这是一个相当复杂的问题。"世界革命"既是一种有着相当历史的观念，又是一个口号，更是共产国际努力予以实现的实践活动。本文将结合历史实际叙述和分析共产国际的世界革命观念和实践及其演变的过程，重点在共产国际的成立初期。

世界革命的观念并不是一成不变的，而是随着历史的发展而具有一个演进的过程。它的根源可以追溯到启蒙运动的人文主义传统、17~18世纪欧美革命的历史传统，特别是各国劳动人民争取社会解放和民族解放的国际团结的传统。这些传统的影响表现在：这种观念开始时是人文主义性质的，它的目的是拯救人类文明使之免于灭亡，并为全世界开启社会主义的、国际性的美好前景，而这就需要各国的劳动人民联合起来共同努力。马克思主义诞生后，它的创始人更是强调各国工人阶级的团结。马克思强调指出："忽视在各国工人间应当存在的兄弟团结，忽视那应该鼓励他们在解放斗争中坚定地并肩作战的兄弟团结，就会使他们受到惩罚——使他们分散的努力遭到共同的失败。"[①] 第一国际和第二国际的活动在某种程度上正是这种观念的体现。然而，当时还没有明确"世界革命"的概念。具体的"世界革命"概念是在19世纪和20世纪之交从国际社会民主党人的理论和实践中产生的。当时开始普遍出现"世界政治""世界经济"和稍后的"世界大战"的概念。这样才有了明确的"世界的"概念。在这样的

---

① 《马克思恩格斯选集》第2卷，人民出版社，1972，第134页。

氛围下，对劳动人民国际团结的范围的理解也就逐渐地扩大了，就需要从"世界的"角度来考察革命，并以此冠名，尽管对"世界"的理解还比较模糊，还有待深化。譬如，当时的"世界革命"主要还只包括西方的主要国家，所以有时也用"国际革命"的概念。例如，1917～1919年在俄国、德国、奥匈帝国发生的革命就被看作"世界革命"的开端，至少是"国际革命"的开始。

众所周知，共产国际的发起者和组织者是俄国共产党，而俄共（布）的主要领导人是列宁。因而，探讨"世界革命"观念问题就离不开对俄共领导人特别是列宁的思想的研究。虽然人们对列宁是否有世界革命观念也存在有一定的分歧，但是从文献看，认为列宁有这一观念的大多是有分量的学术性著作，而反对这一看法的只是一些政论性的文章。[①] 更重要的是要看历史实际。从事实看，列宁确实是有"世界革命"观念的，而且随着历史进程的发展有个演进过程。因此，共产国际的世界革命观念与列宁确实是分不开的。一般认为，列宁对世界革命观念的理解是共产国际建立的思想基础。曾是俄共和共产国际的领导人之一的季诺维也夫说过："了解列宁——这就是了解通向世界革命的胜利之路。"[②]

诚然，列宁从自己的革命生涯开始，就与欧洲许多工人运动活动家一样，坚信马克思主义的下述原理：资本主义必然灭亡并被共产主义所取代，无产阶级作为旧制度的掘墓人必然会在世界范围内取得政权，而剥削阶级的反抗必然会在内战的进程中被摧毁。然而，这种信念很长时间内基本上还只是停留在信仰、理想、前景展望的阶段，与在现实中实现还相去甚远；因此，如何实践的问题还远未提上日程，哪怕是十分笼统、十分模糊的设想都不可能有。

第一次世界大战的爆发及其给欧洲工人运动带来的巨大冲击使形势发生了很大的变化。战争分裂了欧洲各国社会民主党人的队伍，破坏了工人和劳动人民的国际团结，也引起了人们对马克思主义若干观念的思考，促使人们从理论上进行新的探索。欧洲一些交战大国的社会民主党人违背第二国际反战和国际团结的号召，公开背叛国际的事业，站在本国统治阶级

---

① 参见 А. Ю. Ватлин, *Коминтерн: первые десять лет*（瓦特林：《共产国际的最初十年》），莫斯科，1993，第6页。
② Г. Е. Зиновьев. *Ленинизм. Введение в изучение ленинизма*（季诺维耶夫：《列宁主义·研究列宁主义导论》），列宁格勒，1925，第2页。

的一边，支持帝国主义战争。不论是协约国还是同盟国的社会主义者都放弃了原则，站到了战争的一边。这与"工人无祖国"的马克思主义的口号是相违背的。

列宁和俄国布尔什维克党则坚持了战前所有社会主义者都支持的第二国际斯图加特大会（1907）和巴塞尔大会（1912）所通过的关于可能爆发世界大战的决议精神，即要利用战争造成的形势推翻现存制度，由无产阶级夺取政权。在欧洲大国的社会党人沦为机会主义者的时候，列宁明确响亮地喊出："打倒优柔善感的和愚蠢的'无论如何要和平'的呻吟！高举内战的旗帜！"① 列宁看到了这次大战是欧洲的大战，而交战双方基本上是势均力敌的，因而必然是一场旷日持久的和血腥的战争。列宁不同意对待战争的和平主义的和中派的立场。他强调："战争对群众造成的极度灾难，必然会引起革命情绪和革命运动，而它们应该归结为内战的口号。"②

需要强调指出的是，列宁这时力主的内战已经不是仅指局限于某一国家内的阶级战争，而是世界无产阶级革命在当时应采取的形式。也就是说，列宁在这次大战爆发之初就提出的"要把帝国主义战争变成国内战争"的号召，这里的国内战争还只是指一国之内的国内战争，是推翻国内旧政权，由无产阶级夺取政权；而现在，列宁所指的国内战争的范围扩大了，是指实现世界革命的途径。由此可见，在第一次世界大战爆发后的形势下，列宁的世界革命观念已经具体化、现实化了。列宁后来在共产国际（即第三国际）成立后说："第三国际现在面临的任务，是组织无阶阶级的力量向各国的资本主义政府发起革命进攻，发动反对各国资产阶级的国内战争，夺取政权，争取社会主义的胜利！"③ 从他1915年至1916年的许多著作中可以看出，列宁已经相信：世界革命正在临近。不过，他当时认为，这个过程尚不包括俄国在内。他只承认这个过程对俄国革命的资产阶级民主主义运动有促进作用，在西方则是对社会主义运动有促进作用。④也就是说，当时列宁还认为，只有西方存在实现社会主义革命的可能，在俄国还只是资产阶级民主主义革命。

列宁的"世界革命"观念是他的"社会主义革命理论"的组成部分。

---

① 《列宁全集》（В. И. Ленин, Полн. собр. соч.），Т. 26, С. 41。
② 《列宁全集》（В. И. Ленин, Полн. собр. соч.），Т. 26, С. 163。
③ 《列宁全集》第21卷，第23页。
④ В. И. Ленин, Полн. собр. соч., Т. 26, С. 288。

作为马克思主义者,列宁自然承继了马克思关于社会发展和革命的基本理论,但是在不同的时代和不同的社会环境中成长的列宁,会有许多新的阐释、新的重点和新的发展。众所周知,马克思对资本主义社会做了深入、系统的研究,对资本主义经济的内核和实质有透彻的剖析。他的无产阶级革命的观点是建立在此基础上的。马克思认为,只有在客观物质条件成熟的时候,在广大人民首先是雇佣工人的相应物质条件成熟的情况下,无产阶级革命才有可能到来。革命是社会的成果,需要有一个成熟的过程。

在沙皇的统治下,在流放地、侨居国,即在不合法的地下状态下生活和斗争的列宁,面对国内的社会动荡和大战引起的急剧冲突场景,列宁的侧重点定会有所不同。他强调的是主观因素。具体说来,列宁强调,通过群众的积极行动、通过建立有效的组织和政党可以加速客观进程的成熟和激进的变化。这里,群众、阶级、政党、领袖的自觉活动起着重要的作用。这样就涉及列宁提出的"一国胜利论"。按照马克思、恩格斯的分析,无产阶级革命只有在客观物质条件成熟的时候才有可能发生,而资本主义是带有世界性的,因而只有在至少若干个最发达的资本主义国家的客观物质条件具备时,无产阶级革命才有可能发生和取得胜利。马克思、恩格斯认为:"共产主义革命将不仅是一个国家的革命,而且将在一切文明国家,即至少英国、美国、法国、德国同时发生。"① 列宁在不同的时代背景下,得出了不同的观点。1915年,他在《论欧洲联邦口号》一文中,在强调资本主义发展在经济上和政治上的不平衡性后,指出"社会主义可能首先在少数甚至在单独一个资本主义国家内获得胜利"。② 稍后,在《无产阶级革命的军事纲领》一文中,列宁更明确指出:"社会主义不能在所有国家内同时获得胜利。它将首先在一个或者几个国家内获得胜利,而其余国家在一段时间内将仍然是资产阶级的或资产阶级以前的国家。"③ 那么,最容易爆发革命的是哪些国家呢?依列宁的看法,应该是帝国主义体系中那些最薄弱的环节。

在某个单独的国家取得无产阶级革命的胜利后,应该怎么办呢?毫无疑问,一国的胜利只是世界革命的开始。有资料表明,列宁有过明确的表述:

---

① 《马克思恩格斯全集》第1卷,人民出版社,1956,第221页。
② 《列宁全集》第26卷,人民出版社,1990,第366、367页。
③ 《列宁全集》第28卷,人民出版社,1990,第88页。

这个国家取得胜利的无产阶级，在剥夺资本家和组织社会主义生产之后，应该起而反对余下的资本主义世界，把其他国家的被压迫阶级吸引过来，发动他们起来反对资本家，在必要的时候不惜采取武力反对剥削阶级和他们的国家。①

而历史的发展表明，这个首先取得革命胜利的国家正是俄国。这样，1917 年初在俄国爆发的革命不仅把列宁及其战友送回了他们的祖国，而且把他们推到了历史的前沿，使他们有可能把自己的世界革命观念付诸实施。

俄国 1917 年二月革命爆发后，列宁就认为，革命并不局限于俄国，这并不只是"俄国革命的第一阶段"，因为欧洲无产阶级首先是德国无产阶级，已是"俄国和世界无产阶级革命最可靠的同盟者"。② 在十月革命夺取政权前夕，布尔什维克中间已经弥漫了"世界革命的发生不可避免"的信念，而俄国无产阶级的使命是点燃欧洲的革命火焰。列宁相信，欧洲的工人不会对俄国同志们的命运漠不关心。"我们相信西方的革命。我们知道，它是不可避免的，当然，不能按人为的意图定制它。""我们不能颁布法令，制造革命，但是我们可以促进它的发生。我们可以组织战壕里的士兵联欢，可以帮助西方人民开始不可战胜的社会主义革命。"③

十月革命胜利后，布尔什维克极力强调这次革命的"世界性"。他们不认为这只是局限于俄国的"地方性"革命事件，而是世界革命的开始。他们不停地向俄国的工农宣传，他们负有把欧洲从战争的灾难中拯救出来的神圣使命。1917 年 10 月 25 日（旧历），彼得格勒工兵代表苏维埃通过决议，表示相信"西欧国家的无产阶级会帮助我们把社会主义事业进行到完全的和牢固的胜利。"④

还在革命胜利前，列宁在回到俄国后就在《四月提纲》中提出要建立新的第三国际，声称这是世界革命的需要。列宁认为，与卢森堡等国际主义革命者一起筹备建立第三国际（共产国际）是当前迫切的任务，但是俄

---

① PCXNDHN, f. 508, Op. 1, d. 11, 转引自瓦特林《共产国际的最初十年》，第 10 页。
② 《列宁全集》第 31 卷，第 93 页。（俄文）
③ 《列宁全集》第 35 卷，第 5 页。（俄文）
④ 引自《列宁全集》第 35 卷，第 5 页。（俄文）

国和欧洲实际状况的发展并不像想象中那么顺利。共产国际的最后成立还需要差不多两年的时间。

共产国际是在欧洲的革命高潮中诞生的。它作为团结许多国家革命力量的中心，被赋予的神圣目的就是要积极行动，实现从资本主义到社会主义的过渡这一伟大目标。因此也可以广义地说，世界革命的时代从此开始了。众多新发现和公布的共产国际档案资料表明，莫斯科的确向外国共产党提供了多种形式的帮助：经费、人力、武器、宣传等。[①] 同时应该指出，共产国际的世界革命观念及其行动经历了复杂的演变过程，并不是一条平坦的直道。

在这条曲折的道路上，我们可以看到，从共产国际初年革命浪漫主义到对俄国形势和国际状况的更为实际的评估；从共产党人与社会民主党人的对立到统一战线策略；从输出革命到"一国社会主义"理论；从"革命突击"的幻想到致命的"社会法西斯主义"概念，再到"人民战线"观念；从苏德秘密协定造成的局面到反法西斯战争，从德国进攻苏联到反希特勒同盟等。这条道路是复杂多变的，但是掩盖不了的重要事实是：充分暴露了世界革命观念和一国建设社会主义的初始思想逐步变质的过程，以及在共产国际、俄共和其他支部内部有关革命规模、共产党人行动的战略和策略、手段和方法的演变。

更为重要的是，共产国际政策的演化过程既表明了它初始的总概念的深化和具体化，也反映了在适应对实现其初始构想越来越不利的内外条件的过程中，它许多重要的初始概念的实质性内容被冲毁了，而必须在世界范围内建立社会主义的革命思想被曲解了，被歪曲了，甚至被丑化了。

二 "用刺刀"开道

1918年11月11日，德国宣布停战，签署停战协定，第一次世界大战结束。接着，哈布斯堡王朝被奥匈帝国各族人民推翻，若干民族独立国家建立：奥地利共和国（1918年11月12日），匈牙利独立政府（1918年11月16日）[②]，斯洛文尼亚－克罗地亚－塞尔维亚国家（即南斯拉夫，1918

[①] 参见《共产国际与世界革命观念（文献集）》（俄文），莫斯科，1998。
[②] 1919年8月1日，匈牙利苏维埃共和国被颠覆后，匈牙利恢复了帝制。

年 11 月 29 日），从德、俄分离出去的波兰领土建立波兰国家（1918 年 11 月），捷克斯洛伐克共和国（1918 年 11 月 14 日）等。历时四年的第一次世界大战的战争岁月的煎熬，战争的破坏和给欧洲许多国家经济带来的严重困难，社会的动荡和政治的变化，促使这些国家群众运动和革命思潮的增长和发展。一个显明的例子是不少国家共产党的建立，如匈牙利共产党（1918 年 11 月 20 日）、波兰共产党（1918 年 12 月 16 日）、德国共产党（1918 年除夕）、保加利亚共产党（1919 年 5 月）、英国共产党（1920 年 7 月 31 日至 8 月 1 日）、意大利共产主义派（1920 年 11 月）、法国共产党（1920 年 12 月 25～30 日）等。

在共产国际成立（1919 年 3 月）前后，欧洲出现了革命高潮。最突出的是 1918 年 11 月在奥地利 - 匈牙利和德国发生的革命，但是革命的结果却令人失望：上台的是对苏维埃俄国和社会主义不支持的右派社会民主党人，而随后成立的德国共产党和奥地利共产党都是人数不多、影响不大的组织。1919 年 1 月，柏林发生的杀害李卜克内西和卢森堡的事件标志着德国革命的失败。然而，革命并没有从此销声匿迹，在共产国际成立大会期间，欧洲的革命又重新出现发展的迹象。1919 年春天，德国又出现了武装斗争，4 月成立了巴伐利亚苏维埃共和国，同年 3 月 21 日，匈牙利也出现了苏维埃共和国。

1919 年 1 月，波兰共产党人为了组织和支持波兰的工人起义，并为了在西线保卫苏维埃俄国，决定成立波兰革命军事委员会。它与波兰共产主义工人党取得联系，并支持后者在波兰的军事工作，还帮助在那里建立红军。同年 2 月，保加利亚共产党人中央局决定在南方即在叶卡捷林斯拉夫建立一个活动中心。活动中心的各项工作旨在瓦解驻扎在巴尔干和苏维埃战线的同盟国军队。

当时欧洲的革命运动和组织，共产国际的各支部的活动得到了俄共（布）和共产国际的支持，主要是物质的和财务的支援。总的说来，苏维埃俄国和共产国际这方面的支援规模是相当大的。应该指出，有关物质支援的重要决定主要不是由共产国际，而是由俄共中央政治局做出的。实际上，共产国际成立后，真正的决策机构一直是俄共中央政治局、组织局或书记处。

有一点需要说明，由强大的工人党从物质上支援较弱的"兄弟党"是原先早就有的社会民主党的传统。譬如，在第一次世界大战前，德国社会民主党就一直向俄国工人运动的所有派别（孟什维克、布尔什维克、社会革命党）拨款。共产国际只是继承了这一传统。下面来看看共产国际对世界革命进行物质支援的具体例证。例如，早在1919年1月初，时任匈牙利苏维埃共和国人民委员的贝拉·库恩就多次给列宁写信，要求尽快寄钱，因为要出版许多宣传品，出版俄国已出版的书籍（如《国家与革命》），还要出版报纸，如《红色军人报》（Vörös Katona）等。① 资料证明，除了物质援助和钱款外，匈牙利人还要求苏俄出兵支援。1919年7月，在匈牙利苏维埃共和国岌岌可危时，贝拉·库恩又多次给列宁写信，要求红军向加利西亚和比萨拉比亚进攻，阻止罗马尼亚和捷克军队进入匈牙利。② 贝拉·库恩写道："这对我们是生死存亡的问题。"③ 又如，时为德国"国际派"和德共领导人之一的乔吉切斯（Jogiches），外号"特什卡"（Tyzka），于1919年2月4日给列宁写信，不仅强调急需资金，而且详细说明应用什么方法汇款和转交。他希望列宁有仔细的书面资料，说明有多少外币、期票、支票、现金，如何通过苏俄在斯德哥尔摩的财务代理转交，或通过瑞典人转交，或等德共代表到莫斯科时面交。特什卡还说明，最近几天内，德国政府就会禁止德国银行兑换俄国钱币。只有瑞士和丹麦可以兑换并通过银行转到德国，因而如有外币（任何一种）通过瑞士，是可行的，等等。④

有不少资料可以说明当时共产国际对各国共产主义组织的支持及其规模。譬如，1919年8月28日，时为共产国际执行委员会书记的扬·别尔辛给当时的共产国际执行委员会主席季诺维也夫写信说，他已与列宁商议过，认为500万法郎太少，应把拨款增至2000万法郎（约合100万英镑）。能不能筹到这么多还不能肯定。别尔辛还指出，应该告知瑞典共产党的卡尔·霍格伦德，他们应把约一半收到的款项用作储备金，而把其余的钱立即分配给西欧和美洲的共产党和左派社会党，而且要立即分出很大数额的钱（几百万卢布）给德国"斯巴达克派"，因为他们很早就提出要求了。⑤

---

① 参见《共产国际与世界革命观念（文献集）》（俄文），莫斯科，1998，第78~83页。
② 匈牙利苏维埃政权的建立引起了帝国主义的惊慌。协约国在和谈失败后，开始了武装干涉匈牙利的行动，法国、罗马尼亚、捷克斯洛伐克、南斯拉夫都派了军队参加。
③ 参见《共产国际与世界革命观念（文献集）》（俄文），第140页。
④ 参见《共产国际与世界革命观念（文献集）》（俄文），第98~100页。
⑤ 参见《共产国际与世界革命观念（文献集）》（俄文），第125~126页。

我们再看看共产国际执委会书记别尔辛、管理员克林格尔和会计弗里什联名出具的有关秘密资助境外的账单（1919 年 8 月 18 日），如下：

日期	国家	金额	
7 月 5 日	英国	500000	
7 月 5 日	法国	300000	
7 月 5 日	荷兰	200000	
6 月 21 日	高加索	200000	（现款）
7 月	巴尔干	1000000	
5 月 29 日	意大利	300000	
5 月 30 日	德国	300500	
8 月 14 日	匈牙利	21000	
7 月	奥地利	305000	
8 月	美国	297000	
合计		3423500	（卢布）

其中，贵重物品折合 3223500 卢布，200000 卢布现款。①

有关共产国际这类资助境外共产主义组织的资料还有很多很多，再譬如 1919 年 4 月 14 日，共产国际执委会的执行局会议决定授权共产国际有权资助境外共产主义政党并负责分配资金。② 又如，1919 年 8 月 18 日，克林格尔写信给时为布尔什维克党中央书记的叶·德·斯塔索娃说，需要包装用的皮革，以便把贵重物品主要是钻石包装起来。③ 1920 年 1 月 21 日，共产国际执委会决议拨给新成立的乌克兰支部 500 万卢布。④

以上列举的例子只是很少的一点，不过由此可以看出共产国际的国际性援助的巨大规模之一斑。在这里，我们不可能把共产国际向各国支部或共产主义组织的拨款和其他资助都罗列出来。概括起来，大体上可以看出，共产国际的资助有几种形式：一是现金，主要是金卢布，也有纸卢布；二是各种外币（瑞典克朗、奥地利克朗、德国马克、芬兰马克、英国英镑、法国法郎等）和各种货币，除了现金外，也有用支票、期票的；三是贵重物

---

① 参见《共产国际与世界革命观念（文献集）》（俄文），第 150~151 页。
② 参见《共产国际与世界革命观念（文献集）》（俄文），第 123 页。
③ 参见《共产国际与世界革命观念（文献集）》（俄文），第 153 页。
④ 参见《共产国际与世界革命观念（文献集）》（俄文），第 157 页。

品、珍宝，主要是钻石，贵重物品都可变卖成货币。各种受惠组织有了资金就可以做许多事，包括购买武器、准备起义。下面也举些例子。

1920年3月26日，南斯拉夫社会主义工人党执委会给共产国际执行局写信，表示已收到钻石，准备派人到维也纳把这些钻石换成印刷报纸用的纸张。①

那么，共产国际执委会的资金是从哪里来的呢？我们看下面两则账单，就可知主要来自俄共（布），另从其他国家也有收入。

1919年8月18日，别尔辛、克林格尔和弗里什联名记载的1919年8月15日收到的来自俄共（布）中央的资金如下：

4月23日	150000 卢布	
4月23日	470000 卢布	
4月29日	480000 卢布	
5月12日	500000 卢布	
5月16日	1000000 卢布	
6月11日	1000000 卢布	
6月28日	500000 卢布	
7月	1000000 卢布	
7月	40000 卢布	贵重物品折合 1000000 卢布
8月	1000000 卢布	贵重物品折合 305000 卢布
合计 6140000 卢布		1305000 卢布
总计 7445000 卢布②		

1919年8月18日，别尔辛、克林格尔和弗里什联名记载的通过国家银行专员加涅茨斯同志收到的现款和贵重物品账目如下。

5月26日通过时为共产国际执委会在柏林的出版社负责人赖希收到：

贵重物品折合　　　　300000③

---

① 参见《共产国际与世界革命观念（文献集）》（俄文），第179页。
② 参见《共产国际与世界革命观念（文献集）》（俄文），第151~152页。
③ 此项未注明款项币种，疑为卢布。此外，应该指出，这些贵重物品是俄肃反委员会机构从"人民敌人"那里没收来的。

瑞典克朗	5000
奥地利克朗	50000
德国马克	70000
芬兰马克	45500
钞票	150000①

5月27日通过时在共产国际在柏林的西欧书记处从事地下工作的尼·马·柳巴尔斯基收到：

贵重物品折合	300000
瑞典克朗	3000
德国马克	15200
芬兰马克	31800

5月27日通过时为共产国际执委会彼得格勒分会工作人员的阿·雅·坎托罗维奇收到：

贵重物品折合	100000
德国马克	40000

合计　贵重物品折合	1600500
瑞典克朗	8000
奥地利克朗	50000
德国马克	125200
芬兰马克	77300
钞票	150000 ②

又如，1920年12月16日时任俄罗斯联邦财政人民委员的尼·尼·克列斯京斯基，在俄共（布）中央组织局会议的第79号记录中表明，应共

---

① 此项未注明款项币种，疑为卢布。
② 参见《共产国际与世界革命观念（文献集）》（俄文），第151页。

产国际的请求，批准从中央的贵重物品库存中拨出价值达1500万纸卢布的物品给共产国际，后者要求的数额是500万黄金。[①] 有关共产国际这类资助境外共产主义组织的资料还有很多很多，这里就不再多举了。

总之，俄共和共产国际在战后如此积极地支援欧洲许多国家的革命运动，表明他们是把共产国际看作"世界革命的司令部"，为了"革命的利益"，努力推动革命形势的发展，促使他们期盼的"世界革命"的到来。然而，客观的条件并不如他们想象的那样乐观。在欧洲，从战争向和平的过渡在各地是不平衡的。虽然经济的一定程度的复苏在某些地方引起了革命的武装发动，但是后来中欧若干革命中心的被镇压、东欧和东南欧一系列民族国家的出现、凡尔赛和约体制的建立和对苏维埃俄国包围的形成等因素，使革命活动在1919年末就有所减弱。

正像大海的波涛时起时伏一样，欧洲的革命风浪并未停息。共产国际的活动家深信，欧洲群众的革命热情在1920年会后又开始上升。欧洲几个大国的社会民主党明显地"左转"和对共产国际关系的加强都能说明这一点。特别是1920年3月，德国所谓的"卡普暴动"遭到各派工人团结一致的反对而遭到失败的事实更能说明问题。所谓"卡普暴动"，是指大地主卡普勾结鲁登道夫将军和吕特维茨等人为首的保皇派和军国分子在3月13～17日所发动的政变，最终为无产阶级发动的总罢工所粉碎。3月15日，共产国际执委会主席季诺维也夫为粉碎这次暴动给德国和全世界工人发出公开信，明确号召德国工人："武装起来！""建立苏维埃！""在共产党人和不是口头上而是事实上支持他们的人的旗帜下，准备发动总进攻！"[②] 公开信还指出："正是现在，德国革命重又开始自己的上升发展道路"，并高呼："德国和全世界的无产阶级革命和苏维埃政权万岁！"[③]

1919年8月匈牙利革命的失败，使共产国际的领导们得出了需要加强革命化的结论，并促使共产国际政策的"转向"。他们认为，中欧和西欧革命失败的原因主要是工人阶级组织上的薄弱，因此需要建立布尔什维克化的中央集权性质的政党。或者说，为了"世界革命"的胜利，共产国际及其所属支部都要成为真正的"世界性政党"。它的组织原则要向布尔什维克学习，以保证再版"十月革命"的胜利。1920年4月，列宁在专为共

---

① 参见《共产国际与世界革命观念（文献集）》（俄文），第220页。
② 参见《共产国际与世界革命观念（文献集）》（俄文），第161页。
③ 参见《共产国际与世界革命观念（文献集）》（俄文），第162页。

产国际二大写的名著《共产主义运动中的"左派"幼稚病》中指出:

> 现在我们已经有相当丰富的国际经验,它十分明确地说明,我国革命的某些基本特点具有国际意义,而不仅仅具有地方性的、一国特殊的、俄国一国的意义。……我所说的国际意义是指我国所发生过的事件具有国际性,或者说,这些事件具有在国际范围内重演的历史必然性……俄国无产阶级专政的胜利经验明显地……表明,无产阶级实行无条件的集中制和极严格的纪律,是它战胜资产阶级的基本条件之一。①

列宁和布尔什维克党的其他领导人此时都主张共产国际调整方针,不必像过去那样谨慎和过多顾虑,认为世界无产阶级应该展开直接夺取政权的坚决斗争。例如,1920年7月,列宁用密码致电斯大林,指出:"共产国际的状况很好。季诺维也夫、布哈林,还有我都认为,应该立即鼓励意大利发动革命。我个人的意见是:为此应该促使匈牙利苏维埃化,而且可能还有捷克和罗马尼亚。应该认真地考虑这点。"② 斯大林对这样的提议不应感到意外,因为在此前,他在给列宁的信中已经提到"未来的苏维埃德国、波兰、匈牙利、芬兰"。③

此外,在此时与俄共中央的一些来往电文中还讨论了立陶宛、亚美尼亚、格鲁吉亚"苏维埃化"的问题。④

在1920年7~8月举行的共产国际第二届代表大会上,革命的"左"的情绪也占了上风。列宁同意对上届代表大会通过的关于共产国际基本任务的决议做些修改。原来的提法是"共产党目前的任务不是加速革命,而是加强无产阶级的准备工作",而现在改为"目前的任务是加速革命,但不要人为地、没有充分准备地制造革命"。⑤ 当然,事实上,这种人为的、主观制造的、输出的革命不在少数。

---

① 《列宁全集》第31卷,人民出版社,1958,第1、6页。
② 《共产国际与世界革命观念(文献集)》(俄文),第186页。
③ 《共产国际与世界革命观念(文献集)》(俄文),第183页。
④ 参见《共产国际与世界革命观念(文献集)》(俄文),第187页。
⑤ 参见《国际工人运动·历史和理论问题》(俄文)第4卷,莫斯科,1980,第376~377页。

我们对共产国际的世界革命观念这个问题应该怎么看呢？从原则上说，革命是不能输出的，是不能人为制造的。事实上，当时在欧洲也没有和不可能发生"世界革命"。不过，作为一个具体的历史事件和过程，这个问题还是值得我们认真研究，了解更多的实际情况的。只有这样才能更准确地做出评判，更深刻地总结经验教训。

"列宁近卫军"与共产国际（1919～1929）

〔俄〕季·巴·雅希莫维奇 著　曹特金 译

研究共产国际的活动和历史是与思考悲剧性的 20 世纪的特点和影响密切相关的事情。从 1919 年成立到 1943 年解散，包括自解散以来与国际共产主义运动命运相联系的一切，共产国际，包括它的组织机构和理论纲领方针，以及它在 20 世纪上半叶的社会运动的发展中所起的作用，至今仍然是尖锐的思想政治争论的题目。有关共产国际的各种各样的见解到目前为止依旧纷繁复杂。它的死敌和分属各种政治思想流派的反对者（保守党人、自由党人、社会民主党人、民族主义思想家）都倾向于给予共产国际的全部活动一个全盘否定的评价，包括它初建时的意图到共产国际发展各个阶段的实际活动在内。

这类充满反共产主义和反布尔什维主义的评价之所以占了上风，与近几十年来国际社会舆论的许多事件有关。至于说到当代俄罗斯的历史文献，那么，近 15 年来在其中就有关共产国际、列宁主义、俄国的革命进程等问题提出了非常不同的观点——从公开否定的到批判的或者依旧肯定的观点。重新审视共产国际的作用在很大程度上是（20 世纪）80 年代与 90 年代之交共产主义制度在一系列国家，特别是在苏联遭到失败而引起的，但不仅仅局限于这一个原因。时间改变了许多国家当今这一代人的道德价值观念，使他们对革命运动的积极性产生怀疑，尤其是对伴随着革命运动而来的社会动荡和破坏性的剧变产生怀疑。不仅如此，在 20 世纪 90 年代至 21 世纪初，共产主义和与之相联系的一切现象往往都被评价为极权主义的最坏的变种，是社会进步和人文进步的障碍，使本已十分悲剧性的现代世界历史的进程更加复杂。

俄罗斯学者注意广泛搜集资料的长处，有助于重新认识布尔什维主义和共产主义的起源、演变以及这些主义在俄罗斯的现实生活乃至世界历史中所起的作用。对形形色色的政治党派的活动、俄罗斯活动家的工作情况的关注比以前加强了,在被关注的活动家中,有些人的作用,在苏联时代由于严格的新闻检查制度和意识形态方面的障碍,不是被忽略了,就是被篡改了。学术界明显地加深了对俄国诸多政治党派形成和发挥职能的规律和特点的认识,也加深了对具有现代化进程滞后和跳跃式发展特点的俄罗斯,以及其多党制和一党制命运的认识。俄国社会民主党运动的许多活动家的政治面貌得以恢复,特别是孟什维克。这在很大程度上有助于克服过去的教规、陈规陋习,还有凭空想象的不切合实际的评价,从而得以对俄国革命进程的复杂性有一个较为充分的估计,而俄国革命进程对共产主义现象的形成起了很大的作用,共产主义是现代史不可分割的一部分。[1] 对有关俄共(布)中央-联共(布)中央政治局和共产国际领导机关在它存在的不同阶段相互关系问题的研究近些年来占据了愈来愈重要的地位。有新的资料说明这个国际组织陷入官僚化过程的最初阶段,还有说明它后来变成了斯大林方针路线和苏联外交政策的工具。[2]

近些年来出版的专题研究世界革命构想,共产国际与法西斯主义的斗争,共产国际在巴尔干、拉丁美洲、西班牙、中国等国家和地区的文献集和科研著作,为研究共产国际多方面的历史的"空白点"和有争议的问题做出了重要的贡献。

所有这些都让人们有可能重新来认识共产国际创始人和第一代共产党人所关注的要解决的任务,其规模、乌托邦色彩,甚至是奢望的东西。只要把他们操劳所得的实际成果和现实做一对比,就可以十分清楚地认识到战后前十年和整个战后时期条件有多么复杂。这一时期的重大的特点是经历那个折磨人的,为克服第一次世界大战后果的过程,还有那些因战争而引起的巨大的政治和社会的变化。工人阶级日益高涨的激进主义情绪(其

---

[1] 《新经济政策的俄国》,俄罗斯政治百科全书出版社,2003;《20 世纪欧洲的极权主义:意识形态、运动、制度及其克服的历史》,莫斯科,1996;С. В. 秋秋金、В. Е. 舍洛哈耶夫:《马克思主义者与俄国革命》,莫斯科,1996;И. Х. 乌里洛夫、Ю. О. 马尔托夫:《政治家与史学家》,莫斯科,1997;И. Х. 乌里洛夫、Ю. О. 马尔托夫:《俄国社会民主党:布尔什维克领导,1912—1927》,莫斯科,1996;《俄共(布)。20 年代的党内斗争。文献与资料》,1923,莫斯科:俄罗斯政治百科全书出版社,2004;《俄共(布)-联共(布)中央政治局和共产国际,1919—1943》(文献集),俄罗斯政治百科全书出版社,2004,等等。

[2] 《共产国际与世界革命观念(文献集)》,莫斯科,1998;《共产国际与拉丁美洲。文献集》莫斯科,1998;《共产国际反法西斯(文献集)》,莫斯科,1999;《共产国际与西班牙内战(文献集)》,莫斯科,2001,等等。

表现便是布尔什维主义和共产主义)加强了社会政治力量的分野。在这样的条件下,共产国际在1919~1929年的建立和发挥作用,都是在苏俄革命变革的强大影响之下进行的,同样,也是在俄共(布)—联共(布)拥有无可争辩的领导权和布尔什维克党在领导"左翼"激进团体中形成的超凡地位的情况下进行的。

列宁和他的战友们的威信与声望都特别高。他们在布尔什维克夺取政权的过程中,在保证国内战争取胜和在同数量众多的武装干涉军队的战斗中,在组建新型国家和政治制度的过程中都起了主导作用。对于布尔什维克党的领导成员,愈来愈多地使用"列宁的""布尔什维克近卫军"等概念,特别是自列宁患病和逝世之后,更是这样。比如,在俄共(布)第八届代表大会(1924)上,保加利亚共产党主席 B. 科拉罗夫以共产国际和国际无产阶级的名义表达了"对成功地组织了这一钢铁般的共产党(指共产国际——译者注)的革命的布尔什维克近卫军的坚定的信任……"① 而从俄共(布)的活动家这一方面来说,特别是在国内战争取胜之后,为赞扬布尔什维克党不遗余力,称她为树立革命的马克思列宁主义旗帜和转向无产阶级革命新纪元的功臣。一篇题为"铁的革命队伍"的文章被收入一个有特色标题的理论作品的文集——《进攻》中,布哈林写道,"革命胜利的历史奇迹和俄国无产阶级执政"是由一系列因素决定的。他强调,历史给了俄国工人阶级不同寻常的取得胜利的有利条件:"被战争弄得摇摇欲坠的妖魔式的俄国专制制度机器,软弱的资产阶级,它还来不及为自己磨好锋利的帝国主义的獠牙……强大的自发的农民阶层……带着对地主的疯狂的仇恨和对已经浸透农民汗水的土地的不可遏制的渴望。"而所有这些都和"黎民百姓的劳动队伍"要推翻可恨的制度的决心相结合。不过,和以上这些条件同时存在的还有一个条件,就是"有一支奋不顾身的英雄的铁的革命队伍"——布尔什维克党,"一个在伟大的阶级搏斗历史上还没有过的党"。布哈林指出,这个党的特点是有一个领导把一批出色的人团结起来,"一批志同道合者,他们胸中燃烧着同样的革命热忱,同时在观点上又是完全一致的",这个党还有一批忠诚的组织者和普通党员,他们自己善于团结广大的无产阶级群众到自己的周围来。"我们的党可以引以为自豪的是,她造就了自己的统帅和红色战士,她从工人中造就了自己的行政管理人员

---

① 《俄共(布)第十三届代表大会(速记报告)》,莫斯科,1964,第24页。

来管理国家，她造就了文化战线和经济斗争战线的大批干部，使他们活跃在苏维埃国家这个巨大的实验室里。"①

然而，在这些令人感动的评价的背后，藏匿着党在 1917~1922 年所经历的相当复杂的变化（布哈林文章写作之时，正值十月革命五周年之际）。当时的情况，在我们看来，现在的研究工作无论是俄国的还是外国的，都从未将它考虑在内。事实上，党只是自 1917 年由于专制制度被推翻以后才公开的。从二月到十月短短的期限内，她从一个由党的组织和职业革命家组成的较狭小的圈子发展成一个依当时的眼光看是群众性的党，到 1917 年秋季共计有党员近 30 万人。有赖于两个政权并存时期的民主自由，布尔什维克党人花了不少力气来克服党内 1903~1917 年因复杂的政治生存条件而形成的派别情绪的羁绊。这一时期的标志是国内外力量的团结合作，侨居国外的一些派别和流派纷纷返回祖国，和在俄罗斯工作的党的活动家、党的组织者以及布尔什维克的新的追随者团结合作。所有这些人不同程度地支持和接受了列宁提议的以起义和布尔什维克的制度在 1917 年十月胜利为结局的行动纲领。党从反对派的角色转换到执政党地位则同样复杂，党原是最激进的反对派，与自由资本主义潮流以及孟什维克、社会革命党这些社会主义流派是对立的。在俄共（布）的政治活动中，也包括共产国际在内，存在着"革命浪漫主义""左派共产主义"思想体系的烙印，也偏爱用强力的方法来解决因世界大战而疲惫不堪的俄罗斯出现的十分复杂的社会问题和政治问题，对待国际问题也如法炮制。不能忽略的是，类似的意识形态上的绝对化在不小的程度上在共产国际和布尔什维主义的外国追随者中也存在。

共产国际前几届代表大会的决议带有俄共（布）所固有的思想体系和"军事共产主义"政策的鲜明印记，迷恋于世界革命的多种方案，以及与此具有共同点的外国共产党人在自己的国家重复运用起义、内战和无产阶级专政的方法的愿望这种鲜明印记。在国内的和外国的共产党人中享有盛誉的是重要的政治工具——工农红军。与此相应的是，在共产党人中托洛茨基享有几乎和列宁同样高的声誉和威望，前者长期领衔国家革命军事委员会并担任俄共（布）—联共（布）中央政治局委员直至 1926 年。自 1917 年的革命事件发生以来，布尔什维克领导层的著名活动家，诸如季诺

---

① 《Н. И. 布哈林选集》，莫斯科，1988，第 34~36 页。

维也夫、加米涅夫、斯大林、布哈林等人的威望也巩固了。

国内战争增强了党和布尔什维克领导层的真正国际主义成分。在党内和领导层中起了显著作用的，既有拥有多民族代表的优势的俄国共产党人，也有来自波罗的海沿岸国家、波兰、芬兰、乌克兰、犹太等共产党人。这种对俄国来说天然的多民族成分，赋予俄共（布）和俄国的共产主义制度国际主义性质，这种性质在那些年代是受到俄国国内和外国的布尔什维主义者高度重视的。除了俄国本身多民族的成分之外，吸收众多的战俘、外国的因故土被侵略而逃离他乡者，还有来自反动制度国家的政治侨民，这些都为增强俄共（布）和共产国际的国际主义起了不小的作用。所有这些都为确定一个概念提供了有利的土壤，即共产国际是统一的集中的国际组织，是世界无产阶级革命的司令部。它所采纳的组织原则应当是高度集中的，这样才能有捍卫布尔什维克领导和忠于布尔什维主义原则立场的外国共产党人。

共产国际第一届代表大会即成立大会（1919）的决议里强调指出，它的任务中有审视和归纳全世界劳动人民革命经验和建立积极可行的革命世界观的内容。在共产国际第二届代表大会（1920年7月19日至8月7日）上通过了共产国际章程。章程声明，共产国际的主要目的是"利用各种手段包括手持武器来为推翻国际资产阶级和建立世界苏维埃共和国而奋斗不息，后者是完全消灭国家的过渡阶段"。共产国际宣告苏维埃形式的无产阶级专政是把人类从资本主义、剥削、压迫劳动大众以及民族压迫中解放出来的唯一手段。①

章程规定，要建立统一的世界共产党。它的各个支部必须在新的国际组织和它的执行机构的积极协调和领导下团结一致地行动。

根据章程，共产国际的最高机构是所有加入的政党和组织都有代表的世界代表大会，而代表大会的领导机构则是共产国际执行委员会（ИККИ）。共产国际第三届到第六届代表大会上在改组的进程中成立了一些新的领导机构，如共产国际执委会主席团、共产国际执行委员会政治书记处、组织局以及其他机构。它们在相当大的程度上照搬俄共（布）—联共（布）复杂化的组织机构。② 布尔什维克采取积极措施来组成俄共

---

① 《共产国际第二届代表大会，1920年7—8月》，莫斯科，1934，第535页。
② Г. М. 阿季别尔科夫、Э. Н. 沙赫纳扎罗、К. К. 希里尼亚：《共产国际的组织机构》，莫斯科：俄罗斯百科全书出版社，1997。

（布）在共产国际及其领导机关里的代表团。从以共产国际和俄共（布）—联共（布）领导机构的档案为基础编成的新文献集中可以看到，俄共（布）——自1925年起在联共（布）中央政治局的作用急剧地提高了，特别在列宁卧病和逝世之后。在政治局的会议上曾仔细讨论如何准备和召开（共产国际的）代表大会和中央全会的问题，俄共（布）—联共（布）代表团在这些会上应如何行事，商讨和制定共产国际活动的最重要的政治和组织方面的决策。① 俄共（布）党的十三大（1924）的资料显示，在经党的领导核心研究的问题中，共产国际占了5%。②

截至1929年，共产国际执行委员会都是一个集体领导机构，共产国际许多支部有代表在内，但俄共（布）代表团有着明显的优势并起着主导作用。共产国际成立后的头几年中公认的领袖人物有：В. И. 列宁（他在1923年共产国际执行委员会第三次全会上经 Г. И. 季诺维也夫提议被授予"共产国际荣誉主席"称号）、Л. Д. 托洛茨基、Г. Е. 季诺维也夫、Н. И. 布哈林、К. Б. 拉狄克，等等。第一次代表大会后季诺维也夫成为共产国际执行委员会的主席，布哈林是他的副手，而拉狄克则是共产国际执行委员会成员。他们全都积极参与制定了共产国际的纲领性宗旨，论证了革命国际主义的原则，新型先锋队政党的原则，深入研究了"世界革命"的战略和向社会主义过渡的诸多问题。他们的集体努力创立了马克思主义的一种新的共产主义解释，而这正是被布尔什维主义的反对者视作对正统马克思主义的公然歪曲。这种新的解释的显著特点是论证革命理论和行动的革命实践相结合——这是与社会民主党对马克思主义的解释相对立的。

在研究1919~1929年某些公认的政治领袖人物在共产国际活动中的作用时，上述情况必须考虑进去。正如：季诺维也夫（1919~1926年在职）和布哈林（1926~1929年在职）在政治和理论方面的活动对共产国际乃至共产主义运动的战略策略的形成，施加了巨大的影响。分析他们在这个国际组织的日常工作和转折阶段中的作用，从当前已知的更新的文献资料的

---

① 《俄共(布) -联共（布）中央政治局与共产国际，1919—1943（文献集)》第51号，第185号，第210号文献，等等。
② 《俄共（布）第十三届代表大会（速记报告)》，第73页。据季诺维也夫的资料，自十二大至十三大期间俄共（布）中央政治局和所召开的全会共研究过3923个问题，其中绝大部分是研究经济问题、党的建设和苏维埃的建设问题，以及人民外交委员部的工作问题。领导层成员如此大的超负荷工作量使之有时转为形式主义的讨论。

角度出发，将提供深入考察共产国际历史中不同流派和倾向的相互作用的可能性。共产国际在它存在的前十年里受到俄国乃至世界的现实的严重影响。

1919～1923年的共产国际执行委员会主席 Г. Е. 季诺维也夫

季诺维也夫的政治自传充满沙俄时代和随后继1917年之后社会震撼时期职业革命家素有的诸多波折。他是布尔什维主义著名的和有威信的活动家之一，自1921年起便是俄共（布）中央政治局委员。他由于隶属于"新反对派"而自1926年起失去了在共产国际领导层中的主导地位，同样也失去了在国家和党的领导层中的地位，而到了1936年则成了斯大林镇压的牺牲品，直到1988年他和20世纪30年代遭审判的其他牺牲者一起被平反时为止。他的名字要么不出现在历史研究成果中，要么就成了"背叛变节"和"反党"的同义词。平反给予这位在苏俄以及共产国际建立共产主义制度并使之进化演变过程中起了突出作用的政治活动家应有的地位，使他从不存在的虚无状态实有恢复名誉。[1] 但是，这一进程在20世纪90年代被共产主义在苏联的崩溃和已进行改革的俄罗斯价值观的剧烈改变所打断。其实，考虑到资料范围比以前显著增多，以及对20年代研究范围的显著扩大，对季诺维也夫在共产国际活动的研究可以为研究这个组织机构的运作、共产国际战略策略与布尔什维主义，以及俄国共产主义制度的演变之间的相互关系，还有为研究共产国际活动家的革命精神的特点提供了条件。分析共产主义运动中所谓"领袖至上主义"的本质也是很有意义的。

格里戈里·叶夫谢也维奇·季诺维也夫（党内笔名）——拉多梅斯勒斯基1883年出生在乌克兰的伊利莎白城，20世纪20年代该城为了对他表示尊敬更名为季诺维也夫斯克，以后又改为基洛夫格勒。他是小企业主的儿子，从少年起就不得不兼顾做工和自学。他很早就踏上了从事政治活动的道路，自1901年起就将自己的命运和俄国社会民主工党连在了一起。他积极参加组织了俄罗斯帝国南方的经济罢工。自1902年起开始了他的国外流亡时期，其间常受党的委托去彼得堡和俄国南方。积极参加了在柏林、巴黎、伯尔尼和欧洲其他城市的国外社会民主小组的活动。1903年他结识

---

[1] 《俄罗斯，二十世纪，平反，真相所在（文献集）》（1980年代至1991年系列），第3卷，莫斯科，2004；《苏共中央公报（1989—1991年）》；《俄罗斯政治活动家，1917年，传记词典》，莫斯科，1993；Н. А. 瓦谢茨基：《灭亡。斯大林，托洛茨基，季诺维也夫：政治命运的片段》，莫斯科，1989。

了普列汉诺夫和列宁（乌里扬诺夫），在俄国社会民主工党第二届代表大会上出现分裂之后走上了布尔什维主义的道路。作为俄国社会民主工党第五届代表大会（1907年在伦敦召开）的代表，季诺维也夫被选为中央委员，并自这时起在20年之内积极参与了布尔什维克党领导层的活动。在1905年革命失败后开始的反动时期，他和列宁合作，同"召回派"和"取消派"进行了有力的论战。

季诺维也夫声明自己是列宁思想体系的布尔什维主义和革命战略的拥护者。他做党的组织工作，精力充沛地参与布尔什维主义的出版工作，在选举国家杜马时组织布尔什维克的大选活动。他还参加了第二国际1910年在哥本哈根召开的代表大会的工作，在1912年又参加了巴黎党代会。众所周知，这次党代会在克服俄国社会工党和布尔什维主义的危机方面起了重要作用。第一次世界大战前夕他以列宁亲密战友的身份和俄国社会民主工党在俄国的党组织中开展秘密工作。在引起第二国际乃至国际工人运动深刻危机的第一次世界大战的年代里，季诺维也夫作为列宁的志同道合者批驳了国际社会民主运动中的社会沙文主义和中派主义。他还同列宁合作写了小册子《社会主义与战争》，该书在论证布尔什维主义对战争的纲领性方针方面起了重大的作用。他和列宁一起在齐美尔瓦尔德联合里代表"左翼"，在那里季诺维也夫的（生活）道路和托洛茨基、布哈林，还有Ю. Л. 马尔托夫和其他俄国社会民主党人出现了交叉。1917年的二月革命结束了季诺维也夫长期侨居国外的生活，使他得以和其他的政治侨民一起通过第一次世界大战的前线返回祖国。

回到祖国之后正值俄罗斯政治景观改变之时，季诺维也夫积极地融入政治生活之中。他成了彼得格勒工人士兵代表苏维埃的成员和全俄工人士兵代表苏维埃中央执行委员会的成员。季诺维也夫表现出卓越的演说才能，这在具有大会狂热的条件下是很重要的，他还积极从事刊物工作和政治工作。在俄国社会民主工党（布）的四月党代会和1917年夏召开的党的六大上选举中央委员会时，季诺维也夫按所得代表票数成为和列宁、托洛茨基、加米涅夫一起的四巨头之一。在1917年七月危机的日子里，这一危机被孟什维克的报刊诠释为一次失败的布尔什维克国家政变，季诺维也夫尽最大努力阻拦参加聚会的拥护布尔什维主义的群众，要他们避免武装冲突，因为当时那样做注定会遭到失败。值得注意的是，他的这些努力并没有把他和其他布尔什维克从临时政府控告他们叛国这一处境中解救出来。他和列宁一起不得不转入不合法地位，隐藏在芬兰湾——正是此时俄国社会民主工党（布）第六届代表大会暂时拿下了"一切政权归苏维埃！"的口号。

季诺维也夫和加米涅夫在1917年准备十月革命的决定性日子里的立场广为人知，他们作为起义方针的反对者公布了起义的日期。由于这个反党的行为，他们被列宁称为叛徒工贼并被要求把他们开除出中央乃至开除党籍，但是，这一措施并未实施。还有一件事也广为人知，即在武装起义取得胜利以后，有一系列布尔什维克（他们之中也有季诺维也夫）示威性地退出党中央和政府。这一行动是想达到恢复同孟什维克和社会民主党人对话的目的，但目的未能达到，于是这一行动的参加者便又返回自己原来的党和国家的岗位上。从当今的观点来看，这件事可被理解为"温和的布尔什维克反对派"对抗俄共（布）危险的政治垄断地位。

这以后直到1922～1923年季诺维也夫没有再冒险去反对列宁的方针，也没有支持布哈林在其中起了积极作用的相当有影响的派别"'左'派共产主义者"，该派别在1918年苏俄和德国帝国主义缔结《布列斯特－里托夫和约》一事上持反对派立场。当任何一票都可以决定同"'左'派共产党人"斗争的结局时，季诺维也夫所持的立场就为克服布尔什维克党及其领导层在取得政权后前几个月就出现的几个严重危机之一中起到了重要作用。在1921年召开的党的十大上发生关于工会问题的尖锐争论时，季诺维也夫也站在与以前类似的拥护列宁的立场上。他是"论党的统一"决议的积极拥护者之一，该决议排除了在党内出现派别斗争的可能性。正是在十大上，他作为"工会与它在国家经济生活中的作用"问题的报告人，支持列宁，与主张维护国家对工会可严格控制的托洛茨基发生尖锐冲突，同时也与提出在苏维埃国家扩大工人民主问题的以 А. Г. 什利亚普尼科夫为首的"工人反对派"活动家有冲突。这些冲突，看起来，对季诺维也夫在1923～1924年的矛头指向托洛茨基和托洛茨基主义的全党大争论中的立场起了不小的作用。

列宁坚定的战友（指季诺维也夫——译者）的声誉因在1917年11月被任命为彼得格勒苏维埃主席和彼得格勒党组织首脑而得到巩固，更由于十月武装起义胜利有功而在党内占有特殊地位。1919年，季诺维也夫和俄共（布）的其他活动家一起积极参与了创建共产国际，并取得它的领导人的崇高地位——共产国际执行委员会主席。

在这一任命之后，季诺维也夫仍旧保留了彼得格勒苏维埃和党组织领导的位置。不能不注意到，这一岗位既是光荣的，同时又是难度很大的。在当今的研究工作中，人们深切关注彼得格勒无产阶级大众在国内战争条件下的艰难处境——迁都莫斯科、饥荒、失业，以及其他社会性灾难。彼得格勒有着相当可观的各界知识分子，有持孟什维克观点的工会活动家，这些人往往会造成城里局势极度不稳定。季诺维也夫作为彼得格勒党组织和地方人民委员苏维埃的领导人，对"红色恐怖""肃反行动"的代价直接负有责任，这给他的政治领袖声誉带来了负面影响。1921年的喀朗施达特叛乱起到了使该城（指彼得堡）更不稳定的特殊作用，在平定叛乱时季诺维也夫作为革命军事司令部的首长起了重要作用。① 季诺维也夫本人曾数次提请中央注意该城和劳动人民的艰难处境，要求中央机构给予支持以解决刻不容缓的社会问题。季诺维也夫因彼得格勒党组织事务和该城国民经济问题而繁忙，这不能不影响到他的工作制度且往往直接体现在他作为共产国际各方面活动的组织者的作用上。实际上，由于共产国际执行委员会主席的住地的关系，共产国际最高一级的领导班子配置既在莫斯科，又在彼得格勒。由于季诺维也夫的坚持，两届代表大会——第二届和第四届（1920、1922）——在"革命摇篮"圣彼得堡隆重召开，以便在莫斯科继续举行工作会议。

作为共产国际执行委员会主席，季诺维也夫连同布尔什维克的领导班子一起，在共产主义运动中对待社会民主党的极端否定态度和在共产国际确立集中制原则问题上起了不小的作用。正是他在得到列宁同意的情况下，为那些对共产国际的革命目标表示同情的社会主义和社会民主主义政党以及其他组织拟定了加入共产国际的大部分条件。这些条件的主要组成部分是要求年轻的政党必须同重建的以第二（维也纳）国际和第二半中派（伯尔尼）国际为形式的社会民主主义国际中心划清界限。正如上面所指出的，这些"加入共产国际的21个条件"成了中派社会民主流派和右翼社会民主主义流派，特别是对第二国际的领袖而言，成为进入共产国际的严重障碍。

季诺维也夫作为共产国际执行委员会主席，积极参加了在实践中落实

---

① 《彼得堡的工人和"无产阶级专政"》，圣彼得堡，2003；Д. А. 楚拉科夫：《革命，国家，工人的抗议，群众性工人发动在苏俄，形式，进程和性质（1917—1918年）》，莫斯科：俄罗斯政治百科全书出版社，2004。

这些条件的工作。他在《共产国际》杂志上组织了关于"二十一条"的讨论，这个杂志在季诺维也夫的直接领导之下且他本人积极参加撰稿，在彼得格勒出版发行。季诺维也夫和列宁、托洛茨基以及布尔什维克党的其他著名活动家一样，同许多"左翼"流派的代表人物，还有一些1919～1920年声明有加入共产国际愿望的政党的领导人，活跃地通信往来。季诺维也夫出席了1920年在海牙召开的德国独立社会民主党代表大会。他在那里发表热情洋溢的演说，揭示德国社会民主党政治领导的破产，号召用革命的方法来重组党的工作。在那里他遇到俄国社会民主工党中孟什维克派的著名领袖马尔托夫，后者在大会讲坛猛烈抨击布尔什维主义和它所建立的共产主义制度。

正如大家所知道的，在实践中运用"二十一条"使共产国际同欧洲许多社会民主党，还有那些正在形成的年轻的共产党之间的关系出现了悲剧性的、向带来严重政治损失方向发展的变化。如此便有了共产国际领导机关同德国"独立派"以及社会民主党之间持续性的冲突和公开的裂痕，同意大利社会党、同法国和捷克的社会主义者，都是如此。按照我们的看法，共产国际害怕传染上社会民主主义病毒，又对所谓中派主义党的"左倾"进展估计不足，以及强加于它们的最后通牒式的条件，所有这些都病态地既影响到欧洲的工人运动和社会民主运动，也影响到共产国际自己。这种情况妨碍了在两次大战期间如此必要任务的决定，即统一工人阶级的力量去同资本、各式各样的反动势力，特别是同法西斯主义做斗争。

同其他的布尔什维克领导人一样，季诺维也夫也未能避开预言改造世界革命大业近期成绩的诱惑。他在第一届代表大会上的预言就是如此，在第二届代表大会上，他又保证说，最近几年将决定欧洲劳动与资本斗争的结局。他很多刊载在《共产国际》杂志上的文章，还有以共产国际执委会名义向全世界劳动人民发出的号召，其中心思想都是如此。在1919年第一届代表大会之后，季诺维也夫就在《共产国际》杂志第一期写道："旧欧洲正以疯狂的速度向无产阶级革命疾驰而来。运动以如此令人头脑眩晕的快速度在进行，故而可以很有把握地说：一年以后……整个欧洲都将是共产主义的。而争取共产主义的斗争将移师美洲，也可能是亚洲或世界的其他地方。"[1]

---

[1] 《共产国际》1919年第1期，第38、40页。

有典型意义的是，他和托洛茨基、布哈林以及其他的布尔什维克领导人一样，也未能避免公开讲出在不同国家和地区实现革命意图的某些方案的情况。正如，季诺维也夫在共产国际第二届代表大会后发表的共产国际执委会宣言《致北美和南美的工人阶级》中，建议在西半球范围内实现建立在多方面策略基础上的大陆革命。宣言书建议"要把两个美洲的革命运动看成一个整体的运动"，因为统治这个半球的是美帝国主义。这里，无产阶级团结一致的正义思想被诠释为"宗主国"——美利坚合众国——的劳动人民同仿佛在第一次世界大战之后变成美帝国主义殖民地的拉丁美洲国家的劳动人民结成联盟。① 据推测，美国革命将采用武力形式并将负起在世界革命命运中起到决定性作用的使命。类似方案和前景的幻想性质，日后被马克思主义在西半球的艰难命运和共产主义政党在那里备受折磨的建立过程所证明。②

　　和"列宁近卫军"的其他代表人物一样，季诺维也夫把列宁不止一次讲述的关于殖民地和附属国的劳动人民有能力为反对帝国主义和在民族及社会的层面上更新世界的斗争中贡献重要力量的思想视为真理。比如，在"二十一条"里季诺维也夫提出如下命题，即每一个愿意归属第三国际的政党，有义务不是在口头上而是在事实上支持殖民地的所有解放运动，并协助从这些殖民地驱逐"本国的帝国主义者"。③ 和 Г. К. 奥尔忠尼启则、Е. Д. 斯塔索娃、Н. Н. 纳里曼诺夫、Х. Г. 苏丹－加利耶夫一起，Г. Е. 季诺维也夫是共产国际执委会 1920 年 9 月 1~8 日在巴库召开的东方民族第一次代表大会的主要组织者之一。正是在这里第一次喊出了"所有国家的无产阶级和被压迫民族，团结起来！"这个口号。这符合共产国际关于恢复和发展劳动人民的国际团结的方针，它是共产国际纲领性方针之一。1922 年在莫斯科组织了远东民族第一次代表大会。出席这次大会的有来自中国、朝鲜、蒙古、日本、布里亚吉亚、印度等国的共产党、民族革命组织和政党、工人联合会、社会组织。孙逸仙的战友代表国民党（中国）参加了大会。在大会上共产国际执委会的报告《国际局势与远东》由季诺维

---

① 《共产国际》1920 年第 15 期，第 3337~3380 页。
② 关于共产国际在西半球的活动见《共产国际与拉丁美洲》，莫斯科，1998；Н. П. 卡尔梅科夫《共产国际与拉丁美洲的共产主义运动》，载《共产国际史（文献史纲，1919—1943年）》，莫斯科，2002，第 386~402 页。
③ 《共产国际文献集（1919~1932 年）》，莫斯科，1933，第 102 页。

也夫宣读。共产国际东方部主任 Г. И. 萨法罗夫做了专门的报告《远东的殖民主义问题与争取民族解放的斗争》。两个报告都未能摆脱共产国际固有的关于阶级和革命辞藻的羁绊。与此同时，两个报告的内容包含了许多有关某些东方国家劳动人民状况的资料，包括中国在内。东方国家革命力量应组成统一的反帝国主义战线这一口号得以形成。大会通过的文件，其中决议《华盛顿会议的结果与远东局势》和宣言《致远东各民族人民》的主旨是号召积极对抗凡尔赛－华盛顿体系和国际帝国主义。

然而季诺维也夫的主要政治考察方向和共产国际的其他领导机构一样，是欧洲工人运动和共产主义运动。而在1919~1922年共产国际发展的列宁阶段期间，和稍后直到1926年——这一年担任着共产国际执委会首脑的季诺维也夫被逐离他的工作岗位。自1922年起，他经第四届代表大会选举成为共产国际执委会主席，季诺维也夫都集中注意力从组织和政治上巩固年轻的共产党。在这方面起了不小作用的是共产国际执委会的全会，它实际上执行了代表会议的作用；还有共产国际执委会主席团会议，以及中央机关发往共产国际各支部的数量很多的指示和通知。刚开始时，这些指示和通知通常是由季诺维也夫亲自签发的。稍后经俄共（布）建议，通常以共产国际执委会名义发出。

不管当初新国际的创办人心情多么舒畅，成立各国共产党的过程却显现出这是一件远比他们最初想象的复杂得多的事情。共产党通常是由"左翼"激进派别组成的，而后者则是在战后的年代里在社会民主党的范围内形成的。起初，无政府－工团主义者和西欧劳动人民的其他组织对共产国际表现出兴趣。与此同时，从一开始就有对社会民主党和它们控制下的工会在欧洲工人运动中的影响根深蒂固估计不足的问题。关于这一点，很久以后共产国际和俄共（布）中最讲求实际的活动家在20世纪20年代的相对稳定时期颇费周折地认识到了。自第一次世界大战结束之后，社会民主主义和"左翼"中派政党数目增加了，它们的选举机构也增加了。从1919年起，开始紧张地组建两个社会民主主义的国际中心：第一个中心是右翼中派主义取向的，其领导人从一开始就站在对俄国革命、布尔什维克、相应地对共产国际强烈否定的立场上；第二个中心是有比较"左"的取向的政党的国际联盟。它的领导人捍卫在右翼中派社会民主主义观念战后的发展变化同按布尔什维克榜样对资本主义采取革命抉择两者之间走"第三条道路"的必要性。结果到1923年之前存在两个国际——第二国际（维也纳），在其中起主导作用的是 СДПГ（德国社会民主党）和英国工党；还有第二半国际（伯尔尼），在它的队伍中有许多对大战前经典的社会民主主义的教规持批判立场的政党代表。在后一个国际里起显著作用的是 O. 鲍威尔、M. 阿德勒等人的奥地利理论家。他们尊重以革命的道路去争取社会主义，尽管他们并不认为这种道路是战后欧洲所实际需要的。共产党，尽管有共产国际几届代表大会的号召，无论是在战胜国，还是在战败国，都未能夺得决定性的阵地。这严重地限制了他们影响政治进程的可能性，而他们遭到的镇压往往迫使他们的活动不能合法化，对此他们是完全没有准备的。

在这种情况下，列宁在共产国际第三届和第四届代表大会上论证了必须从放慢欧洲国家革命发展进程的速度这一事实出发，寻找新的道路以巩固共产党在群众中的阵地。正是列宁看到共产国际必须转向寻求工人阶级的统一，甚至于以同第二国际和第二半国际的政党和领导人协同行动为代价都可以。按照列宁的意见，执行这一任务是和实施工人阶级统一策略相联系的，而这一策略的一个组成部分便是承认同社会民主党及其领导人对话的可能性。

在列宁所坚持的策略性转折中起了重要作用的，众所周知，是国内战争结束时所面临的共产主义制度的危机。它表现为1921年的喀琅施塔得叛乱、唐波夫农民起义和反对苏俄的其他形式的社会抗议行动，当时的苏俄正被饥荒、肃反委员会制度以及正在生长的党和国家机关的官僚主义折磨着。不能不注意到革命运动在一系列国家所遭到的惨败：1919~1921年在德国的革命运动、匈牙利苏维埃共和国和波罗的海国家苏维埃制度被颠覆、芬兰工人革命失败。1920年苏芬战争期间实施军事方式输出革命到中欧的企图灾难性地结束了。1921~1922年的饥荒是促成从"军事共产主义"方法过渡到"新经济政策"（НЭП）方法的补充因素。新经济政策的重要组成部分是利用市场和资本主义的方法来恢复被第一次世界大战和国内战争破坏的苏俄经济。

由于这些因素，莫斯科不能忽略中派主义的伯尔尼国际提出的关于恢复工人阶级统一行动的倡议。促成此事的重要动因是资本主义国家统治集团对劳动者经济权利和社会权利的进攻。1921年12月1日，俄共（布）中央政治局全会听取了季诺维也夫作的题为"关于共产国际对国际孟什维主义的策略"的报告。全会同意由季诺维也夫、拉狄克和布哈林提出的向共产国际所属的各国共产党建议：组织和第二国际工人的协同行动。至于确定协同行动的方式则建议根据不同国家的条件而定。关于策略方面的新事物，会议委托布哈林和拉狄克撰写论俄共（布）同孟什维克又斗争又结盟的经验。这个决议为共产国际和各国共产党制定工人统一战线政策奠定了基础。1921年12月4日，季诺维也夫在共产国际执委会会议上介绍俄共（布）的这一决议时强调，在工人运动内部要求一致行动的愿望在加强，应当加以"利用来为共产主义目的"服务。共产国际执委会的领导人没有忽略强调共产党人在运用新策略时会遭到从外部袭来的危险。附和他（指季诺维也夫——译者注）的布哈林原则上支持统一行动的思想，却把新的方针评价为主要是揭露社会民主党领导人的一种手段。布哈林更准确地说明自己的观点："目前，我们策略的导向是痛斥和攻击那个在工人生存的最重要的问题上叛卖了他们的政党。"① 不少反对工人统一战线策略的意见接二连三地来自新建立的共产党的代表，这些党不久前才被迫同改良主义倾向决裂。1922年1月，波兰共产党和意大利共产党的代表Γ. 瓦列茨基和А. 波尔迪加表达了对新事物的严重抗议。他们认为，同其他的国际建立联系将引起"慌乱和残酷的内部纷争"。②

1922年2月21日至3月4日举行的共产国际执委会第一次全会批准了共产国际同第二国际以及第二半国际举行谈判。共产国际执委会和全会的决议都强调，对所有国家的共产党来说，必须的条件是在执行新策略时保持绝对的自主性，而对进入同西方两个国际所属的政党有这样或那样形式的协议的每一个共产党来说，要保持完全的独立性。全会核准了共产国际出席即将在柏林召开的三个国际代表会晤的代表资格。柏林会晤的历史以及在会晤期间发生的共产国际代表和第二国际、第二半国际代表之间的热烈争论在苏俄20世纪80～90年代的一系列研究成果中得到广泛的阐述。对所有参加谈判人员的立场分析明显地扩展说明，其中包括共产国际代表团的立场，在那里，布哈林和拉狄克起了主要作用。会晤时进行了共产国际和第二国际各自有关政治方针的尖锐的意见交换。由于在原则问题和当前的问题上都有尖锐分歧，所以花费了不少力气才达成了关于在为争取劳动人民的权利、为保卫苏维埃共和国而斗争的口号下，劳动大众一致出动

---

① 《共产国际文献集（1919～1932年）》，第347页。
② 《共产国际文献集（1919～1932年）》，第63号文献注释，第109页。

的协议,并在筹备世界工人大会的问题上达成协议。

尽管进行了谈判,共产国际仍然拒绝改变对社会民主党及其领导人的政治评价,而第二国际和第二半国际则不愿意减弱对布尔什维克在苏俄实施共产主义制度破坏民主权利和自由的批评性指责。这就加强了谈判参加者相互的不信任,到最后,由于双方的过失,错过了恢复工人运动团结的机会。与此相应,在共产国际的政治词汇里保留了对社会民主党极力贬低的评价,对其领导人尤甚。持社会民主主义观点的理论家和政治家在揭露布尔什维主义方面也毫不让步。共产国际和社会民主党的"左翼"中派主义派别之间也未能建立起可能的建设性的合作关系。1923年,第二国际和第二半国际合并为统一的社会主义工人国际(РСИ)。

值得注意的是,共产国际执委会和俄共(布)坚决反对把工人统一战线策略推广到苏维埃共和国。共产国际执委会第一次全会否定了工人反对派领导人提交的请求支持在俄罗斯争取工人民主斗争的呼吁书("22人宣言")。在俄罗斯代表的坚持之下,全会的参加者谴责了工人反对派的领导人和参加者的派别政策并要求他们同俄共(布)一致行动。[①]

从1922年起,俄共(布)和共产国际的领导机关反对"国际孟什维主义"的争论尖锐化了,而自命为共产国际主要思想家的季诺维也夫在争论中做出了积极贡献。在国外侨居地活动的俄国社会民主工党和它在俄罗斯的不合法组织,号召为推翻布尔什维克制度公开斗争时首先指的就是季诺维也夫。[②] 在扩大对"孟什维主义"概念的范围时有许多针对它的形容词(直至指责它的反革命性),这种被扩大的概念也涉及社会主义工人国际和阿姆斯特丹工会国际。

共产国际与社会主义工人国际之间的严重分歧集中在下列问题上。排在第一位的是社会主义与民主的相互关系问题,相应的是,关于建立社会主义制度的方法;关于无产阶级专政、国内战争、工人阶级在夺取政权和掌握政权过程中革命暴力的合法性问题。正当共产国际和苏俄对凡尔赛国际关系体系抱有极其否定的态度时,社会主义工人国际的领导人却把使国际关系得到改善和预防战争冲突,以及实现战后世界经济的重组的希望同凡尔赛体系和国联联系起来。关于作为使世界得以社会复兴的方法的革命

---

① 《共产国际十年(决议与数字)》,莫斯科-列宁格勒,1929,第154~155页。
② 《孟什维克在1922~1924年》,莫斯科,2004。

同改革之间的关系问题是存在于他们之间有同等重要意义的矛盾。如果说共产国际和以前一样朝向世界革命目标的话，那么，社会主义工人国际则倾向于认为：在两次战争之间的时期应偏重于改良和议会的活动。对布尔什维克所强调的有关议会制度和资产阶级民主的批判，西欧的社会民主党则以热衷于立宪制、共和制度、公民的忠诚和民族的利益来与之抗衡。

争议的重要题目仍旧是"俄国问题"，即把1917年的十月理解为第一个胜利的无产阶级革命，以及在欧洲的条件下运用和传播布尔什维主义经验的可能性问题。社会民主党不无根据地把建立各国共产党理解为对欧洲工人运动的组织机构和统一的打击。在布尔什维主义同西方马克思主义的思想对峙中，K. 考茨基同列宁、托洛茨基、拉狄克、布哈林之间的争论起了特殊的作用。[1]

早在1922～1923年，工人统一战线方针就遭到来自俄共（布）和共产国际领导人本质上的改变。促成这一改变的是以下一系列情况：西方国家战后重建和资本主义稳定过程中的矛盾；苏维埃俄国由"军事共产主义"向新经济政策的艰难过渡；国际关系中的互相抵触的过程，尤其是在1922年的热那亚会议之后；在战胜国和战败国内的极度不稳定的政治和社会局势。以上几个方面再加上列宁卧病和自共产国际第四届代表大会以后他实际上脱离了积极的政治活动。相应的，俄共（布）布尔什维克领导层内的派别和力量的对比有很大程度的改变，在共产国际领导层内也是这样。

正如大家所知道的，共产国际和俄共（布）公认的领袖凭着难以置信的精神和意志的努力留下了一系列文章和草稿。它们负有减轻他的接班人在解决愈来愈复杂化的困难的国际和国内问题的责任。它们以列宁的"政治遗嘱"著名，而且至今既吸引着俄罗斯的也吸引着国外研究工作者的愈来愈大的兴趣。[2] 列宁所提出的，特别是在致联共（布）第十二届代表大会的信里，最重要的问题之一是：保持党的领导核心团结一致，以及巩固党在社会和国家中的地位。他最关心的是在小农国家的条件下党和无产阶级的领导问题。他写道：

---

[1] 参见 K. 考茨基《走入死胡同的布尔什维主义》，莫斯科，2002。

[2] 参见 Е. Г. 普里马克《过渡时期的政策。列宁的经验》，莫斯科，2004；В. А. 萨哈罗夫：《列宁的"政治遗嘱"：历史的现实与政治的神话》，莫斯科，2003；Н. Н. 雅可夫列夫：《斯大林：升迁之路》，莫斯科，2000；等等。

当前，党的无产阶级政策不是由它的全体成员决定的，而是由可以称为党的老近卫军的最单薄的那一层人的巨大无边际的威望决定的。一旦在这一层人中有不大的内部斗争，那么，它的威信即使不受到破坏，无论如何，都会被削弱到做出决定时不以它为转移。①

在向作为党的最高权力机关的党代表大会提出的一系列建议（传达到大会的只是一部分）中，列宁认为党的领导机关中必须补充工人阶级的代表，并且应加大他们在党的监察委员会中的作用。他也十分强调下面这点的重要性，即进入党的领导干部队伍的成员必须是有教养的人。他们"每言必信，无言不诚"。他们"不害怕为完成自己确立的严重任务所进行的任何斗争"。② 列宁认为，直接从车间来的、具有鲜明的阶级意识和个人优点的工人才能拥有这些品质。

列宁"政治遗嘱"的重要部分是对政治局委员优点和弱点的分析评价。政治局的作用在 20 世纪 20 年代显著地上升了。列宁认为，缘于"现任中央两个出色的领袖人物"——斯大林和托洛茨基的某些个人品质和两人经常发生冲突，党的领导有可能分裂。"政治遗嘱"里强调，斯大林在成为总书记后手中集中了无限的权力，而列宁表示怀疑，斯大林能否做到总是足够谨慎地运用这些权力。"从另一方面来说，托洛茨基同志正如他在反对中央的斗争中所证实的……出众之处不仅在于卓越的才能。从个人来说，他看来是当今中央最有才能的人，但也是过于自以为是和过于迷恋事情的纯行政事务方面的人。"接下来是对季诺维也夫和加米涅夫的批评性评定（参阅 1917 年武装起义前夕十月的插曲）。在确认布哈林和皮达可夫有不少理论上和政治上的缺点之后，列宁又指出他们拥有作为政治家的洞察力和非凡的才干。"布哈林不仅是党内最宝贵和最大的理论家，他也理所当然地是全党最喜爱的人……""皮达可夫——毫无疑问，是个具备杰出意志力和杰出才干的人，但过分热衷于行政手段和事情的行政方面……"

在对政治局的所有成员做出一定评价的同时，列宁认为对斯大林需要采取组织措施，想出办法将他从总书记位置上调开，并在这个位置上任命

---

① 《列宁全集》第 45 卷，第 23 页。
② 《列宁全集》第 45 卷，第 343～344、346～348 页。

一位"较为耐心、较为谦恭、较有礼貌、较能关心同志"的人来担任。①这一部分"政治遗嘱",正如大家所知道的,是在列宁逝世后由 H. K. 克鲁普斯卡娅交给季诺维也夫和加米涅夫的,目的是请这两位可信赖的人士将此事通报到当前的党的第十三届代表大会上去。然而,按照在联共(布)第十三届代表大会前夕形成的政治局委员"多数"(斯大林、季诺维也夫、加米涅夫、布哈林等,没有托洛茨基并反对他)商定的决定,知晓这一遗嘱的出席党的会议的党组织代表团必须严格保守机密,不得在公开报刊上发表。对列宁建议的措施,特别是关于想办法把斯大林从总书记位置上调开,大会代表们认为是不适宜的。在这件事里,斯大林在组建苏联时起了决定性作用,1924 年 1 月他在列宁逝世时宣誓忠于列宁的事业也起了不小的作用。从这时起总书记在党内的威望开始明显提高了。

然而,列宁曾对自己的战友有这样的批评性的意见这一事实本身,在他卧病和尤其是逝世之后使布尔什维克党和国家的领导继承人问题变得尖锐起来。托洛茨基、斯大林和季诺维也夫不无理由地希望成为列宁的接班人;布哈林作为知名理论家和苏维埃国家国际职能和社会主义建设事业的宣传家的威望急剧上升。追求功名的盘算也在其他的政治精英、军人、经济部门工作人员等的代表中产生。在这种情况下,季诺维也夫的威望在 1923~1924 年急剧上升了,不仅仅是由于他的共产国际执委会领导人、彼得格勒/列宁格勒党组织的首脑和联共(布)政治局成员的地位。在党的第十二届和第十三届代表大会上他被委托做中央委员会的政治报告。作为共产国际执委会主席,他在共产国际第一次至第五次全体会议上起了主导作用,在筹备和召开 1924 年的共产国际第五届代表大会中也起了主导作用。

不能不注意到这样一种情况,即布尔什维克党领导层的主要活动家,像季诺维也夫一样,同时也作为联共(布)代表团的成员进入了共产国际的领导机构。在联共(布)中央政治局范围内集体制定共产国际的纲领性政治性方针政策的做法也相应地保留了,甚至加强了。这给共产国际的执行机关和所召开的集体会议(包括一般大会和代表大会)的工作风格都留下了深刻的痕迹。在这种条件下,显而易见,对俄国代表团的立场的两种看法都可能是简单化的:一种认为俄国代表团的立场反映了苏俄的国家利益;另一种则正如当今一些怀有爱国主义的布尔什维主义的论敌素有的见

---

① 《列宁全集》第 45 卷,第 345~346 页。

解一样，怀疑俄国代表们藐视俄罗斯国家的民族利益并时刻准备将它贡献于世界革命进程。实际上，尤其是在共产国际发挥职能的前十年，联共（布）也在寻求如何把工作的两个方面——国内方面和国际方面结合起来。情况变得更复杂是因为，甚至在结束内战状态并开始着手和平的重建工作之时，布尔什维克的领导层不得不伤透脑筋地推测在破产的革命后俄罗斯的经济稳定和社会关系稳定的可能性，同时还要继续建造新型国家的构架。由此引来在一系列问题上的争论：民族问题、寻找工人阶级同农民之间关系的最佳形式、利用市场体系的方法和领导国家的经济部门，等等。

季诺维也夫身为俄共（布）中央政治局成员和共产国际执委会主席，这种地位迫使他必须在自己的政治和组织工作中同时结合共产国际的和党内工作的课题。因此在他所起草的共产国际执委会会议上的理论和政治报告中，在致共产国际各支部的指示中，在以共产国际名义发表的致全世界劳动人民的宣言中，都很容易看出他把对苏维埃国家政治的迫切任务的评述和对共产国际的首要任务，以及最重要的国际问题的评述混为一谈。

季诺维也夫政治地位的这种特点，决定了他在苏维埃国家生活和国际共产主义运动面临危机事件时，作为共产国际和联共（布）领导人的特殊的复杂性。有关世界革命的前景和其进展速度之间的关系问题自1921年起，愈来愈多地同共产主义制度是否能在保持国际上孤立的条件下成功地在俄国建设社会主义的问题混淆在一起。情况由于以下因素复杂化了：季诺维也夫因其素有的虚荣心和贪图功名，自列宁卧病时起便以共产国际领导人的身份争取集中苏维埃国家国际方面事务（的权力）于自己手中。与此同时，正在开始的外国在国际上承认俄罗斯苏维埃联邦社会主义共和国——苏维埃社会主义共和国联盟的进程，促成了以Г. В. 契切林为首的外交人民委员部（НКИД）政治声誉和影响的提高。在外交人民委员部内集中了许多有才干的外交家和组织者，他们有很高的文化程度，熟悉外国语言，以及欧洲的和东方的问题。还在1922年的热那亚会议上，以契切林为首的代表团，代表着俄罗斯苏维埃联邦社会主义共和国、乌克兰苏维埃共和国、外高加索苏维埃共和国的利益，原则上提出了必须实行关于大小民族一律平等的民主原则的国际法准则，废除许多东方国家对宗主国的殖民主义依附关系——所有这些都是和坚持必须在平等的原则上尊重其自主权和不干涉内政的条件下吸纳苏维埃国家到国际关系体系中来一起提出的。

共产国际组织局和以季诺维也夫为首的共产国际执委会同外交人民委

员部之间，在决策共产国际和苏维埃外交适用于不同国家和地区的政策的重要性时，相互之间常有冲突的原因就在于此。同样，不能不注意到这种情况，即直到 1925 年为止，在决策革命运动和民族解放运动的领导问题时革命军事委员会、全俄肃反委员会 - 国家政治部和其他出于自己的优先权感兴趣的机构都要积极加以干涉。共产国际第四届代表大会之后，共产国际组织部门（负责人——В. 米茨克维奇 - 卡普苏卡斯）属下成立了主管军队工作的常设委员会（Ф. 彼得洛夫）和常设的秘密委员会（М. 特里利谢尔）。这两个委员会也和 П. 翁佩负责的国际联络部一样，同国家政治部的机关保持着最紧密的联系。"秘密委员会在 1923 年初集中精力首先关注那些国内政治局势特别复杂的国家的共产党，它们是：意大利、德国、保加利亚、南斯拉夫、匈牙利、捷克斯洛伐克、立陶宛、拉脱维亚"。① 由于有价值的情报信息既归属俄共（布）中央支配，也归属季诺维也夫个人和他在共产国际执委会的亲密战友布哈林和拉狄克支配，所以这些情报信息在制定给相关国家共产党的指示过程中起了应有的作用。这些指示中大部分是号召他们准备好现实的条件去夺取政权，主要是以武装夺取的方式；同时要求积极运用工人统一战线策略以保证共产党和工人阶级在解决迫切的社会和民族问题时的领导权。到 1923 年在这方面起决定性作用的当数巴尔干，特别是保加利亚；还有德国，那里自 1923 年 1 月起国家的政治和社会危机迅猛发展，该危机将德国置于一个能否作为独立国家存在的境地。

近年来，一批研究人员十分关注巴尔干地区和它在共产国际的革命方案中的地位。在这些研究人员中，А. А. 乌卢尼扬运用地缘政治学的方法来分析研究共产国际的政治方针和活动，还有著名的保加利亚史和 20 世纪工人运动与社会主义运动史专家 Р. П. 格里申娜，她主编了两卷本档案资料选集，选集展开地描述了巴尔干各国共产党的活动和状况，巴尔干地区的政治形势，以及共产国际及其各级机关反映此形势的迫切问题特别是民族问题和农民问题所进行的活动。② 作者以大量的事实资料为基础揭示了巴尔干共产党联盟的作用，该联盟成立于 1920 年，并协调着保加利亚、希腊、罗马尼亚、塞尔维亚 - 克罗地亚 - 斯洛文尼亚王国（自 1929 年起易名为南斯

---

① 参见《共产国际史（文献史纲，1919～1943 年）》，莫斯科，2002，第 39 页。
② Ар. А. 乌鲁尼扬：《共产国际与地缘政治：巴尔干地界（1919～1938 年）》，莫斯科，1997；Р. П. 格里申娜主编《用世界革命的视角看巴尔干民族问题》，第 1 卷、第 2 卷，莫斯科，2002，2003。

拉夫）这几国共产党的活动。还在组成之时联盟就已声明忠于世界无产阶级革命的事业，表明了促成巴尔干革命胜利和创建巴尔干社会主义联邦苏维埃共和国，在争取巴尔干各民族的解放和联合的斗争中反对协约国的决心。与此同时，在巴尔干共产党联盟（БКФ）的纲领性文件中强调了忠于共产国际的方针。[①] 在该联盟的活动中共产国际的维也纳中心起了重要作用，后者负有协调中欧的共产党和巴尔干地区共产党的责任。

由于王国和国内统治集团所推行的严酷的恐怖主义制度，在多民族的南斯拉夫建立共产党的过程经历了许多困难。罗马尼亚共产党和希腊共产党不得不在民族主义和大国主义情绪发展的艰难条件下开展工作。在战败的保加利亚，那里协约国的监督机构在活动，并且部署了相当数量的白卫军势力，这些人是弗兰克尔和邓尼金在俄国南方被击败后来到此地的，故而工人运动和共产主义运动也遇到严重的障碍。

保加利亚共产党的领导人由于要服从来自莫斯科的指令，开展活动和选择策略决策时在很大程度上受到共产国际指令的束缚。共产国际对民族自决权直到分离的忠诚严重影响了共产党员活动的效率。民族问题的这种方针在巴尔干的环境下需要认真的具体分析，因为对所有巴尔干国家来说，国家统一都是十分尖锐的问题。

保加利亚共产党在巴尔干共产党联盟中处在主导地位，而保共的领导人——Г. М. 季米特洛夫、В. 科拉洛夫以及其他人则在共产国际执委会和共产国际维也纳中心处于重要位置，中欧和巴尔干地区的国家在后者的管辖之下。1923 年，保加利亚被两次危机所震撼，危机使国内政治局势尖锐化，从而引起共产国际领导机构对其日益增强的关注。1923 年 6 月 9 日，国内发生了国家政变，其结果是保加利亚农业人民同盟被剥夺了政权（А. 斯塔波里斯基于政变时被害），成立了以 А. 赞可夫为首的所谓人民协议政府。保加利亚共产党站到了中立的立场上，视此政变为"资产阶级的阶级内部斗争"。而由于赞可夫政府的统治以镇压工人运动和共产党为始端，所以，在莫斯科，人们对六月政变的评价不是白卫军式的，就是法西斯式的（在苏联史学史上它长期被归于此类）。正因为这样，持中立的立场便受到莫斯科的严厉谴责，而保加利亚问题则在 1923 年夏季召开的共产国际执委会第三次扩大全会上引起了愈来愈多的关注。实际上已经向保加利亚

[①] 参见《用世界革命的视角看巴尔干民族问题》第 1 卷，第 15~16 页。

共产党领导班子提出了筹备和举行以推翻赞可夫政府为目标的武装起义的任务；同时，已在仔细拟定关于为达到此目的利用同保加利亚农业人民同盟的"左"派、马其顿民族自治组织合作的建议。1923 年秋，实际上是在这些准备工作完成之前，参与准备的有秘密委员会和其他秘密组织，九月起义就被政府镇压共产党人这一挑衅行动激发起来了。起义持续了大约两周，但未具备全国性质。政府派出政府军和宪兵队到起义地区，对运动的参加者进行了残酷的镇压。其间被杀和被折磨的约有 15000 人，数千人被捕并被严刑拷打；共产党蒙受了沉重的损失，致使长时间未能恢复元气。季米特洛夫和一批战友得以越过国境线并不得不开始政治流亡者的生涯，因为他被缺席判处死刑。

尽管保加利亚事件的结局是悲惨的，但事件本身被乐观地说成肯定了共产国际关于巴尔干，尤其是关于保加利亚存在革命形势这种评价的错误。1923 年底和 1924 年均以此为准绳来相应地分析研究九月起义的教训和共产党活动的效率高低。巴尔干问题是巴尔干共产党联盟几次讨论的题目，也是共产国际执委会和俄共（布）中央政治局特别成立的巴尔干委员会一再讨论的题目。巴尔干委员会由 М. Н. 特里立谢尔、И. С. 温施利希特、Г. В. 契切林、В. П. 科拉罗夫、И. А. 皮亚特尼茨基组成，共产国际执委会派驻共产国际维也纳局的代表 В. П. 米留金积极参与。专门研究保加利亚问题的措施计有：由季诺维也夫、拉狄克、布哈林和其他人参加的 1924 年 2 月 6～14 日共产国际执委会主席团会议（莫斯科）；巴尔干委员会于 1924 年 2 月 14 日和 19 日做出的决定；共产国际第五届代表大会对保加利亚问题以及巴尔干和中欧的民族问题的分析研究；等等。在坚持保加利亚的危机有革命性尖锐化的可能并保留准备武装起义的方针的情况下，俄共（布）中央政治局于 1924 年 3 月 13 日做了个附带说明："保加利亚的革命运动应当只把希望绝对地寄托在国内的革命力量上：寄托在保加利亚的工人和农民身上。特别是保加利亚共产党应当注意到，苏联由于总的情况所致，最近一段时间不大可能给予保加利亚革命以武装力量（或者甚至军事佯攻）的帮助。"①

---

① 《用世界革命的视角看巴尔干民族问题》第 1 卷，第 120、124～126 号文献；《俄共（布）中央政治局会议记录》第 137 卷，第 238 页；关于保加利亚 1923 年事件，参见 Р. П. 格里申娜《从新材料的角度看保加利亚 1923 年九月起义》，载〔俄〕《近现代史》1996 年第 5～6 期。

20 年代在巴尔干所存在的复杂政治形势是受到一系列相互交织的不稳定因素制约所致,例如,毁于战乱且遭受协约国控制的国家在争取战后稳定方面有着许多困难;保守势力和军国主义势力在巴尔干国家活跃;与巴尔干相邻的地区国际事端不断发生。1922 年,法西斯制度得以在意大利取得政权,该政权对不止一个巴尔干国家抱有不小的侵略野心。当时造成大量流血的希腊-土耳其战争以希腊的惨败告终。所有国家都有边界问题的麻烦和少数民族提出的政治图谋。巴尔干和中欧地区不稳定的政治局势,使原本在 1921~1922 年初具轮廓的重新审视共产国际"左倾"激进纲领的方针复杂化了。发生在保加利亚和德国的事件促使布尔什维克的领导层又燃起了对革命运动新高潮的希望,从而使苏俄有可能摆脱在国际上孤立的处境。通货膨胀、失业、饥荒、政治局势不稳定促使劳动群众激进化,不论他们具有何种政治信仰。在一系列国家里,首先是德国、奥地利、波兰、保加利亚和其他国家,工人阶级起来捍卫战后的社会成果,抗议来自警方的镇压和保守势力以及军国主义势力的活动。然而,在欧洲的生活中特别令人不安的事件是法国于 1923 年 1 月占领了德国的鲁尔区,此事件有引起凡尔赛体系危机和国际局势新的复杂化的可能。

随着期待革命情绪的日益高涨和希冀欧洲的政治变革早日到来,共产国际在 1923 年所制定的政治方针也日益激进化,我们不妨标出其政治方针的几个主要阶段。在 1923 年 4 月 17~25 日举行的俄共(布)代表大会上,布哈林就俄罗斯代表团在共产国际执委会里的活动做了工作报告。他对共产国际内最大的几个党——法国党、德国党、捷克斯洛伐克党等的状况做了批评性的分析。与此同时,他为无产阶级革命斗争和世界民族解放运动描绘了一幅充满乐观主义的图景。代表大会的决议依据布哈林的工作报告赞许俄共(布)代表团在共产国际执委会的工作,并指出俄国党必须"在久经锻炼的第三国际领导下在兄弟党为争取共产主义的斗争中全力帮助它们"。[①]

1923 年 6 月 12~13 日,共产国际执委会第三次扩大全会召开。它遵照先前共产国际执委会全会的精神进行,着重分析研究一系列共产党的状况,其中有德国党、法国党、意大利党、保加利亚党,等等。这次全会第一次在共产国际第四届代表大会之后提出了关于法西斯危险的问题,并指

---

① 参见《俄共(布)第十二届代表大会(1923 年 4 月 17~25 日会议记录)》,莫斯科,1968,第 250~305、674 页。

出必须特别警惕走上政治舞台的反动势力和反动制度的活动。全会重申了对工人统一战线策略的忠诚的重要性。与此同时，它在发展原有方针的基础上提出了为建立工农政府而斗争的口号，从而动员共产党员去巩固他们在社会中的政治影响，并走上"为争取国内大多数的政治斗争这条康庄大道"。① 全会除对保加利亚共产党因其在赞可夫政变过程中居中立立场之事进行批评外，对德国共产党的状况也给予极大的关注，德国党内当时正处于极"左"派、温和派和右派（按共产国际的分类法）相互斗争之中。德国共产党中央关于加紧反对法西斯危险的斗争计划得到了来自共产国际领导人——季诺维也夫、布哈林、拉狄克的支持，并将1923年6月29日定为在德国的反法西斯日。共产国际执委会在致Г.布兰德勒和德共中央的其他领导人的私人信件以及在发布的正式文件中，都建议积极推行争取群众的方针，巩固有能力抵抗法西斯政变企图的战斗队，争取小资产阶级阶层的支持。经季诺维也夫和布哈林倡议，关于德国正在酝酿重大事件的问题提交到俄共（布）中央政治局。一封1923年7月31日致斯大林的信件中这样强调说："在德国，危机成熟得很快。德国革命的新篇章开始了。宏伟的任务将很快摆在我们面前。新经济政策有了新的前景……我们不得不做出具有世界历史意义决定的时刻快来到了。"②

对于季诺维也夫乐观主义的评价，斯大林采取了相当慎重的态度。斯大林于1922年在季诺维也夫和加米涅夫的支持下当选了俄共（布）的总书记，这一职务使他在政治局拥有重要的地位。在致季诺维也夫的回信中，斯大林写道，德国共产党员并没有俄国布尔什维克在争夺政权时的那些重要资源，特别是和平的口号、关于给农民土地的许诺，以及工人阶级绝大多数的支持。斯大林指出，"我认为，对德国人应当加以抑制，而不是鼓励"。③ 然而，德国的局势变得更加紧张起来。工人运动在国内许多个区都在增强。政治局在1923年8月22日举行的会议上得出结论，德国无产阶级正直接面临着争夺政权的决定性战斗，因而德国共产党、俄国共产党和共产国际应当根据这一基本事实行事。与此相联系，必不可少的第一位的任务是动员苏维埃共和国的武装力量，给德国工人以经济援助，如提供面包，在德国发生决定性事件时组织与德国相邻国家的劳动大众进行国

---

① 《俄共（布）－联共（布）中央政治局与共产国际》，第98号文献，第151页。
② 《俄共（布）－联共（布）中央政治局与共产国际》，第104号文献，第159页。
③ 《俄共（布）－联共（布）中央政治局与共产国际》，第107号文献，第163页。

际声援。① 德国问题成了俄共（布）中央九月全会的专门研究的题目，季诺维也夫在会上就按他评价为已经成熟的德国革命报告了一个展开的行动纲领。遵照政治局的建议季诺维也夫在共产国际执委会召开了有俄共（布）、德国党、法国党、捷克斯洛伐克党代表参加的秘密会议，讨论德国革命的准备工作。会议从1923年的9月21日开到10月5日，并且反映出对德国发生的事态有相当不一致的评价。譬如，德国共产党中央领导人Г.布兰德勒在报告中强调说，德国共产党在1923年危急的那几个月里似乎找到了"在西欧进行革命的形式，即从有组织的工人运动滋生出来的形式"。他指出，在德国，罢工的战斗证明了劳动群众的情绪改为转向有利于采取决定性行动，而且证明他们摆脱了社会民主党领袖的影响。Э.台尔曼持不同的观点，他认为不可过高估计全德范围内的局势和群众对武装斗争的准备程度。然而，1923年9月25日，Г.Е.季诺维也夫在一个大报告里说得比较乐观，他认为事态可能在最近成熟。他宣布，"我们可以赢得很多，而且如果投入所有的力量……就有战胜的绝对机会，不仅仅是指德国革命，而且是指世界革命的开始……我们的党作为共产国际的一个支部，准备贡献她所有的力量在这一时刻来帮助共产国际"。② 托洛茨基的见解也类似，他积极参加了争论。他号召加紧为决定性战斗做好军事技术和组织方面的准备工作，并建议确定组织革命的固定期限，因为"对于这个任务来说德国工人阶级完全成熟了"。决定性行动的期限定在11月9日。在随后的有俄共（布）、共产国际和外国支部知名活动家参加的协商阶段中，研究了关于给予德国革命的计划以宣传鼓动方面的支持，组织法国、捷克斯洛伐克和其他国家的共产党声援德国革命运动的大量建议，声援运动的目的是阻挠协约国可能采取的对革命无产阶级的干涉。季诺维也夫和政治局的其他领导人认为在事态进程中来自苏维埃国家的武力介入是完全可以的甚至是必要的。

季诺维也夫的著作《未来的德国革命与俄国共产党的任务》对评述精神第一性论者和共产国际执委会主席的立场有不小的意义。著作中强调说，德国共产党和共产国际并没有蓄意强行完成政变，但与此同时充分做好利用现实的可能性来导引德国无产阶级革命走向胜利的准备。著作中的

---

① 《俄共（布）－联共（布）中央政治局与共产国际》，第111号文献，第167页。
② 《俄共（布）－联共（布）中央政治局与共产国际》，第117号文献，第172～176页。

许多篇幅用来分析共产党员和工人阶级夺取政权以后掌握政权的可能性。特别指出，苏维埃德国从开始存在时起就可以指望同苏联建立紧密的互惠的联盟。"苏联以她的农业优势和德国以她的工业优势是最好不过的互相补充。苏维埃德国和苏联的联盟很快就成为强大的经济力量"。文中强调，德国的无产阶级革命将帮助苏维埃俄国在社会主义经济建设的决定性战线上彻底取胜，"从而为社会主义的经济形式在全欧洲取胜创造稳固的基础……"季诺维也夫预言："两个共和国依靠共同的力量在比较短的时间内能够建成那样的一个军事力量核心，它将保证两个共和国的独立不受国际帝国主义的任何侵犯。"季诺维也夫认为，提出为建立欧洲工农共和国联盟而斗争的口号是可以的。他强调说，无产阶级革命在德国的胜利将意味着布尔什维主义在空前规模内的重大成功。①

为实施俄共（布）中央政治局和共产国际执委会的行动纲领，俄共（布）多方开展了狂热的活动。拉狄克、Г. Л. 皮达科夫、В. В. 施密特作为共产国际的全权代表被紧急派往德国；苏联驻德国的使节 Н. Н. 克列斯京斯基被赋予类似的职能。同时，军事顾问、经济部门的工作人员和党务工作者、共产国际的知名外国活动家被合法或不合法地派往德国，建议对外贸易人民委员部为帮助德国劳动群众保障粮食储备以备发生革命和国际局势复杂化之需。依照财政资助外国共产党的实际应用拨出了补充款项给德国共产党，以供起义和各项组织措施之用。在这些活动的过程中，保加利亚的九月武装起义落到了次要地位，保加利亚的起义曾被共产国际的数次建议和保加利亚共产党员的不耐心，以及人们预见德国即将发生革命动荡而导致时间提前。

不但如此，对共产国际和共产国际执委会主席个人来说，由他倡议并详细制订的他认为已成熟的德国革命行动计划的失败，是一场严重的灾难。还在1923年10月，希望在全德国发动革命就很显然是幻想。萨克森和图林根存在的工人政府根本不是德国无产阶级得以集中革命力量的保证，也没有听到关于罢工和起义的号召。这给德国军国主义集团以机会派出政府军到萨克森和图林根并占领了那里的战略据点，迫使德国共产党的领导取消关于准备起义的指令。只在汉堡进行了武装起义的尝试，但汉堡在打了几天的街垒战之后也失败了。德国共产党内开始了持续不断的关于

---

① 《俄共（布）－联共（布）中央政治局与共产国际》，第117号文献，第172～176页。

失败原因和此事的罪魁祸首的争论。来自共产国际执委会驻德国的代表们的信息使得俄共（布）和共产国际的领导承认必须先推迟已计划好的武装发动，随后就完全承认此事是不现实的。在保加利亚和德国的双重失败因爱沙尼亚武装发动的失利和克拉科夫（波兰）起义以及共产国际及欧洲几个共产党行动失利而加重了损失。"德国的十月"以及保加利亚共产党的政治活动的教训在很长一段时间内都是共产国际内部政治斗争的主题，曾引起共产国际政治方针某种程度的危机。

正如随后的事实进程所揭示的，1923年的阶级搏斗和保加利亚、德国的武装发动都不是如季诺维也夫所预言的是新的革命高潮到来的前兆，而是战后危机的最后几场后卫战，战后危机是因第一次世界大战的结束和令人鼓舞的俄国革命的范例而加速到来的。这几场后卫战就像是为共产国际发挥职能的第一个十年作一个总结，并且是共产国际为痛苦地适应变化了的世界形势的一个序曲。

（季·巴·雅希莫维奇，苏联国际工人运动研究所研究人员）

革命低潮与共产国际的策略转变

国际共产主义运动史上已多次出现过革命高潮和低潮。无产阶级革命政党如何适应形势的变化，及时调整策略，是有不少经验教训可以总结的，很值得深入研究。本文仅就共产国际成立初期，当发端于第一次世界大战后期的革命潮流出现退落之势时，列宁领导共产国际如何转变策略的问题做一些分析，并试图从中总结一些经验教训。

共产国际是在 1919 年 3 月成立的。俄国十月革命的胜利和第一次世界大战的结束，在欧洲许多国家引发了革命高潮。1918 年 1 月，芬兰爆发无产阶级革命，罗马尼亚黑海各港口舰船上的船员举行起义；法国的罢工浪潮从 1 月延续到 5 月；6 月，奥地利爆发总罢工。这一年的高潮是德国十一月革命。在德国革命的影响下，荷兰、丹麦爆发大规模示威游行。1919 年，革命浪潮继续高涨，3 月爆发匈牙利革命，4 月德国巴伐利亚苏维埃共和国诞生，5 月法国、保加利亚、希腊有大规模的示威和罢工，6 月斯洛伐克苏维埃共和国成立……可惜，各国工人阶级的这些斗争，除了俄国十月革命取得胜利以外，其他都以失败而告终。

1920 年，形势已逐渐发生变化，革命高潮已在逐渐消退，然而这种消退不是一下子完成的，因为在 1920 年仍有一些国家的工人阶级进行了英勇的斗争，如德国工人反对卡普暴动的总罢工，意大利的夺取工厂运动，罗马尼亚和捷克斯洛伐克的总罢工，等等。甚至到了 1921 年，还有德国的三月发动、英国矿工罢工等阶级搏斗在继续进行。

革命形势从高潮转入低潮，对身临其境的革命者来说，重要的是如何冷静地估计这种形势的实际变化，并制定出合乎实际的策略。在 20 世纪 20 年代初，当时包括列宁在内的许多无产阶级革命家，对资本主义的衰亡和欧洲各国工人运动的发展都抱有十分乐观的看法。他们认为，资本主义经过第一次世界大战已面临全面崩溃的境地，无产阶级必须在世界范围内（至少是在欧洲范围内）发动进攻，夺取世界革命的胜利。只要历史主义地看待问题，就应该承认，当时产生这样一种世界革命的构想是毫不奇怪的。从客观上说，1917~1919 年，欧洲一些国家的确存在革命形势，无产阶级夺取政权的客观条件，在一定程度上是存在的。从理论上说，当时还不具备形成一国建设社会主义学说的条件。因此包括列宁在内的俄国革命家都把爆发世界革命（至少西欧革命）作为十月革命能够巩固下去的条件，这是不难理解的。例如，列宁在 1920 年写道：

> 三年前当我们提出关于俄国无产阶级革命的任务及其胜利的条件的问题时，我们总是明确地说，没有西欧无产阶级革命的支持，这个胜利就不可能巩固；只有从国际的观点出发才能正确估价我们的革命。为了取得巩固的胜利，我们必须使无产阶级革命在一切国家或者至少在几个主要的资本主义国家取得胜利。[1]

列宁当时有这样的认识是很自然的。

从 1920 年起，列宁就逐步认识到世界革命形势的变化，并意识到共产国际和俄国共产党需要相应地转变策略。他也是通过对一系列具体事件的认识逐步深化对问题的看法的。这样的事件不外乎两个方面：一方面同俄国国内的形势有关，另一方面同欧洲的革命形势有关。从俄国当时的国内形势来说，主要是要认识到战时共产主义后期（1919 年下半年以后）所采取的一些过激的措施是一个错误，已经超越了当时客观形势的需要。列宁到 1921 年初已经清楚地意识到这个错误，他在 3 月举行的俄共（布）第十次代表大会上，毅然提出新经济政策。列宁后来在总结战时共产主义时期的错误时明确指出：

> 当时在某种程度上由于军事任务突然压来，由于共和国在帝国主义战争结束时似乎已经陷于绝境，由于这一些和其他一些情况，我们犯了错误；决定直接过渡到共产主义的生产和分配……不能说我们就是这么明确具体地给自己描绘了这样的计划，但是我们差不多就是根据这种精神行事的。不幸这是事实。我说不幸，是因为经过一段不很长的试验我们终于确信，这种构想是错误的，是同我们以前关于从资

---

[1] 《列宁全集》第 40 卷，人民出版社，1986，第 22 页。

本主义到社会主义的过渡的论述相抵触的。①

差不多也在同时，列宁也明确地认识到 1920 年 7~8 月红军进军华沙是个错误。他在 1921 年 3 月俄共（布）十大上指出："我们在进攻时推进得太快了，几乎打进华沙，这无疑是犯了错误"，"但事实是：在对波战争中，我们犯了一定的错误"。② 我们只要把列宁的这个讲话同他 1920 年 9 月俄共（布）第九次代表大会上关于进军华沙的讲话加以对比，就可以看出他思想上的飞跃。在第九次党代会上，他还是强调进军华沙虽然失利却仍具有重大的意义，并没有认识到这个行动本身是个错误。③

到了 1920 年深秋，除了俄国国内的事态外，列宁对当时欧洲革命形势的看法也起了变化。由于欧洲一系列革命的失败，列宁重新审视自己对欧洲革命形势的估计，并且开始重新考虑原先的世界革命构想。1920 年 11 月，列宁已经认识到，世界革命并"没有轻易地、迅速地、直接地实现"，但"即使全世界的社会主义革命推迟爆发，无产阶级政权和苏维埃共和国也能够存在下去"。④ 1921 年 3 月，列宁在俄共（布）十大上说，"三年来，我们已经逐渐懂得：寄希望于国际革命，并不是指望它在一定期限内爆发，现在发展的速度正在不断加快，到春天可能会引起革命，但也可能不引起"，"但是不管怎样，如果我们据此断定欧洲在短期内会用扎实的无产阶级革命来援助我们，那简直是疯了"。⑤ 同年 7 月，列宁进一步指出："我们预言过的国际革命正在向前发展。但是，这种前进运动并不是我们所期望的那种直线运动。"⑥ 在同一报告里，列宁还指出，根据国际形势的变化，根据苏俄和资本主义世界之间出现了不稳定的形势，无产阶级政党"现在必须在先进的资本主义国家里为革命扎扎实实地进行准备，并深入研究它的具体发展情况"，对俄国来说，则应"使我们的策略同历史的这种曲折发展相适应"。⑦

由以上不难看出，冷静地清醒地去认识客观革命形势的实际变化，是

---

① 《列宁全集》第 42 卷，人民出版社，1986，第 182 页。
② 《列宁全集》第 41 卷，人民出版社，1986，第 7、8 页。
③ 参见《列宁全集》第 39 卷，人民出版社，1986，第 277~278 页。
④ 《列宁全集》第 40 卷，人民出版社，1986，第 22 页。
⑤ 《列宁全集》第 41 卷，人民出版社，1986，第 15、14 页。
⑥ 《列宁全集》第 42 卷，人民出版社，1986，第 40 页。
⑦ 《列宁全集》第 42 卷，人民出版社，1986，第 41 页。

调整、转变策略的必要前提。

在革命低潮到来时应该采取怎样的相应策略呢？正如对革命形势转变的认识需要一个过程一样，策略上的相应调整同样需要一个过程。这种调整绝不是一帆风顺的，必然会受到队伍内部来自"左"和右两方面的阻挠。具体到 20 年代初的情况来说，来自"左"的阻力尤其大。因此，策略转变的过程同时也就是一个不断克服种种阻力、反对"左"右倾倾向的斗争过程。

从 20 年代初的情况来看，革命转入低潮以后，如何改变原先制定的革命高潮时期的进攻策略呢？一个中心问题是争取群众的问题。列宁在 1920 年 4 月写的《共产主义运动中的"左派"幼稚病》一书中，在批评一些共产党人的"左倾"宗派主义和冒险主义错误时，就强调"哪里有群众，就一定到哪里去工作"①，并且强调"单靠先锋队是不能胜利的。当整个阶级，当广大群众还没有采取直接支持先锋队的立场，或者还没有对先锋队采取至少是善意的中立并且完全不会去支持先锋队的敌人时，叫先锋队独自去进行决战，那就不仅是愚蠢，而且是犯罪"。② 因而，各国共产党当前的任务就是要善于把广大的（现在大半还是酣睡、消沉、因循守旧而没有醒悟的）群众引导到正确立场上来。③

列宁在《共产主义运动中的"左派"幼稚病》一书中的策略思想为德国共产党率先在实践中加以运用了。1920 年 12 月，德国共产党和德国独立社会民主党"左"派合并为德国统一共产党。1921 年 1 月 8 日，德国统一共产党发表了致德国四个工会组织和五个工人政党的公开信。公开信号召德国所有无产阶级组织为工人和非无产阶级群众的迫切需求而展开联合斗争，来反对日益猖獗的反动势力和资本的进攻。德共的公开信在革命形势由高潮转入低潮时适应形势调整策略，意义重大。然而，公开信不仅遭到德国社会民主党等党派领袖的拒绝，而且遭到德共内部"左"派的反对。"左派"否认革命低潮的到来，依旧坚持原先的"进攻理论"。不仅如此，连当时共产国际的一些领导人也未能意识到形势的变化，对公开信加以非议。季诺维也夫责备《公开信》的策略是行不通的；布哈林甚至认为《公开信》是一种"不革命的行为"。

列宁坚决支持公开信。他认为"公开信是堪称楷模的政治行动"，"说

---

① 《列宁全集》第 39 卷，人民出版社，1986，第 33 页。
② 《列宁全集》第 39 卷，人民出版社，1986，第 72 页。
③ 参见《列宁全集》第 31 卷，人民出版社，1958，第 75 页。

它堪称楷模,是因为它是采取切实办法争取工人阶级大多数的第一个行动"。① 1921 年 6 月,列宁在对共产国际《关于策略问题的提纲》草案所提的意见中强调:

> 无论在什么地方都必须采取公开信的策略。这一点要讲得直截了当,清楚明确,因为对公开信的动摇是最有害、最可耻的,也是最流行的。用不着隐瞒。凡是不懂得必须遵循公开信策略的人,都要在共产国际第三次代表大会闭幕后至迟一个月开除出共产国际。②

列宁所以把问题提得如此尖锐,就因为公开信反映了争取群众大多数的正确的策略思想。

列宁对拉狄克起草的共产国际策略提纲表示不满,也是从这点出发的。拉狄克把提纲第 1 条"问题的范围"中原来写的"争取工人阶级的大多数(拥护共产主义原则)"改为"争取工人阶级的有社会决定意义的部分",列宁对此十分不满,指出这是"在论述共产国际关于争取工人阶级拥护共产主义原则的总任务的第 1 条中,削弱必须争取工人阶级的大多数的原理","真是荒唐至极"。③ 列宁把这条原则看成共产国际必须遵循的策略基础。他强调指出:"共产国际必须把策略建立在这样的基础上:始终不渝地、有步骤地争取工人阶级的大多数,首先是在旧工会内部。这样,无论事态怎样变化,我们都肯定能够取得胜利。"④ 列宁还针对当时各国共产党的情况指出:

> 共产党在任何地方都还没有争取到(工人阶级的)大多数,不仅是组织的领导,连共产主义原则都还没有得到这个大多数的拥护。而这是一切的基础。"削弱"这个唯一合理的策略的基础,是一种罪恶的轻率行为。⑤

---

① 《列宁全集》第 42 卷,人民出版社,1986,第 29 页。
② 《列宁全集》第 42 卷,人民出版社,1986,第 13 页。
③ 《列宁全集》第 42 卷,人民出版社,1986,11~12 页。
④ 《列宁全集》第 42 卷,人民出版社,1986,第 13 页。
⑤ 《列宁全集》第 42 卷,人民出版社,1986,第 12 页。

"争取群众的大多数"，列宁的这一重要策略思想，在这里得到了淋漓尽致的阐述。列宁把这看成唯一合理的策略的基础，是根本性的原理，是共产国际立于不败之地的保证。诚然，列宁在这里强调的是争取工人阶级的大多数，这是因为当时各国共产党处于初创时期，在工人中影响还不大。但从列宁的思想看，实际上可以理解为争取群众大多数。列宁在共产国际二大的一次讲话中指出：

> "群众"这个概念是随着斗争性质的变化而变化的。在斗争初期，只要有几千真正革命的工人就可以说是群众了……当革命的准备已经很充分时，"群众"这个概念就不同了，这时，几千个人已经不能说是群众了……"群众"这个概念发生了变化，它指的是大多数，并且不单单是工人的大多数，而且是所有被剥削者的大多数；革命者只能作这种理解，其他任何含义都是不可理解的。①

经过长时间的讨论，共产国际三大通过了论策略问题的提纲，确立了争取工人阶级大多数的方针，提出了"到群众中去"的口号。

如何才能争取群众大多数呢？除了要在思想上真正认识其重要性以外，还必须采取相应的策略步骤。当然这里也很难列出一个统一的单子，这需要根据各个国家、各个时期不同的情况而决定采取何种步骤。20年代列宁的共产国际的经验很值得我们借鉴。其中主要的一点是根据实际情况制定策略，也就是说首先要弄清楚当时西欧工人阶级的特点，针对这些特点采取实际步骤才可能奏效。

20年代初，西欧的工人阶级有哪些特点呢？简单说来有三点：第一，西欧这些发达或较发达的资本主义国家，工人群众是有组织的，他们大都处在各种工会、工团等各种组织内，而不是无组织的群众；第二，由于历史的原因，西欧国家的大多数劳动群众在思想、心理、政治和组织各方面同社会民主党有着千丝万缕的联系，革命的工人组织和其他工人组织的影响泾渭分明，而当时共产党在劳动群众中的影响还不大；第三，当革命转入低潮时，反动势力和资产阶级对劳动人民的进攻是全面的，并不是只涉及工人群众中较先进的那一部分。

---

① 《列宁全集》第42卷，人民出版社，1986，第34~35页。

针对以上情况，列宁和共产国际当时采取的争取群众大多数的策略主要是工人统一战线策略。关于共产国际采取工人统一战线策略的过程、其间的斗争、后果等问题，国内外已经发表许多著作论述，这里只需简单提一下。在德共公开信中早已经包含了统一战线的策略思想。共产国际三大确立了工人统一战线策略的前提。但并未最终完成这一策略的制定工作。1921年12月，根据列宁起草的俄共（布）中央政治局的决议，季诺维也夫向共产国际执委会提出了关于工人统一战线的提纲，这就是有名的"十二月提纲"。经过多次讨论，1922年2月底3月初，共产国际执委会第一次扩大全会通过了"十二月提纲"。这标志着共产国际三大开始的策略转变已完成，但在实际贯彻中依旧阻力很大。共产国际四大（1922年11月5日至12月5日）围绕工人统一战线策略问题继续展开激烈的争论（如建立工人政府问题），这既说明并非所有的共产党人，包括共产国际的领导人在内，都已懂得这一策略的重大意义，也说明一项正确策略的实施是何等的艰巨。

列宁和共产国际在为确立工人统一战线策略的斗争中，给我们提出了几个值得充分注意的问题。

第一，无产阶级革命斗争形势由高潮转入低潮后，革命政党要想立住脚，必须到群众中去，争取群众的大多数，千方百计扩大自己的队伍，争取同盟军，团结一切可以团结的力量。列宁把能否接受这个指导思想提高到共产国际生死存亡的原则上来，对那些不转变思想的人指出："不能这样下去了！应该作坚决的斗争！要不共产国际就完了。"① 而要争取群众，很重要的一点是，要关心和帮助解决与群众切身利益密切相关的各种问题，让群众从实际中感受到谁是他们利益的真正代表者。共产国际三大通过的《论策略》提纲强调指出："凡是工人群众的处境日益艰难的地方，共产党就必须试行采取一切办法，引导群众为自己的利益而斗争。"② 这就是说，应该在工人最关切、最紧迫的实际问题方面采取共同行动，并在此基础上，团结广泛的工人群众。

第二，要争取大多数，就必须要参加各种群众组织去做工作，哪怕是反动的组织也不应排除在外。但是这还不够，还要同各种工人组织、工人

---

① 《列宁全集》第42卷，人民出版社，1986，第30页。
② 〔匈〕库恩·贝拉编《共产国际文件汇编》第1册，中国人民大学编译室译，三联书店，1965，第274页。

政党建立联系，建立统一战线。列宁强调："统一战线策略的目的和意义在于吸收愈来愈广泛的工人群众参加反对资本的斗争，甚至对第二国际和第二半国际的领袖们也不妨再三发出呼吁，建议共同进行这种斗争。"① 当然，列宁并不认为，这种统一战线的建立完全是无条件的，譬如列宁以俄国为例，说明当俄国无产阶级已经建立本阶级的代表机关（苏维埃），并且已经推翻资产阶级的政治统治的时候，统一战线的策略就不能要求向孟什维克和社会革命党人发出呼吁，因为他们反对苏维埃政权。② 可是在当时的欧洲其他国家这种情况并不存在。相反，存在的是急躁情绪，是"左"派幼稚病，有这种情绪的人，不愿改变原来的策略，依旧把打击中派作为主要任务。殊不知打击中派的事，在共产国际二大上已经做过了，再继续打击下去就过头了。列宁在共产国际第三次代表大会上谈到这一点时说得好："我们不但谴责了中派，而且还把他们驱逐出党了。现在我们应当来反对我们认为同样危险的另一个方面。"③ 总之，在革命转入低潮的情况下，建立统一战线主要应通过群众自己的斗争，但同时要同各种工人组织和其他群众组织建立统一战线。当然，这不是无原则的，应该注意保护无产阶级政党的独立性。

第三，在斗争的方法上应注意多样性，要善于运用各种方法，把策略的原则性和灵活性巧妙地结合起来，必要的时候，要做出一定的妥协和让步。列宁在当时就强调指出："我们现在唯一的战略是要进一步壮大力量，因此就要变得更聪明些，更明智些，'更机会主义些'，而且我们应当把这一点告诉群众。"④ 列宁这里使用"更机会主义些"含义是很多的，实际上包含对非无产阶级社会主义思潮做出必要的妥协的意思。

第四，要坚持既反"左"又反右的两条战线斗争。一方面，结合20年代初的实际情况看，当时国际共产主义运动内部的主要阻力来自"左"的方面。"左"的势力在当时是十分强大的，不仅在共产国际三大和四大上，而且在各支部实际的工作中都有明显的表现。另一方面，右的危险也同样存在。且不说当时第二国际、第二半国际这些领袖们大都从右的立场出发，反对建立工人统一战线，而且在共产主义运动内部也有放弃原则、

---

① 《列宁全集》第43卷，人民出版社，1987，第128页。
② 参见《列宁全集》第43卷，人民出版社，1987，第128页。
③ 《列宁全集》第42卷，人民出版社，1986，第36页。
④ 《列宁全集》第42卷，人民出版社，1986，第62页。

一味妥协的危险。当然它在当时比起"左"的阻力来，要小一些。

最后还要指出一点，共产国际在当时转变策略，建立工人统一战线是不彻底的。而且，在以后的实际贯彻中并不顺利，到了五大，这一策略就停止执行了。这里的原因很多，一方面，由于当时客观形势很复杂，不容易很快就认识清楚；另一方面，革命政党领导人的思想认识的转变绝非一朝一夕就能完成，这需要经过实践反复的检验，才能一步步接近真理。不幸的是，无产阶级革命导师列宁的过早逝世，使得他没有足够的时间和实践，用来检验、修改和发展关于工人统一战线的策略思想，这无疑是国际共产主义运动的一大损失。

今天，回过头来总结过去的历史，对于我们认真地总结过去的历史经验和教训，无疑具有重要的意义。

（原载《国际共运史研究》1992 年第 2 期）

布哈林与共产国际（1919～1929）
共产国际最初十年活动的总结

〔俄〕季·巴·雅希莫维奇 著　曹特金 译

  自1926年12月起，布哈林成为共产国际的领袖，取代了过去担任此职务的季诺维也夫。到1929年他被指控为右倾并被排挤出党、国家和共产国际的领导层之前，布哈林达到了自己政治活动和理论活动生涯的顶峰时期，并且有意对自己在参与形成和发展革命马克思主义、俄国的共产主义制度和共产国际的战略策略方面的活动做个总结。此时他已积累了不少生活经验，而这些生活经验来自不断增多的生动的社会现实和他自20年代以来在党和共产国际中所担任的高官地位。为此，下面就谈谈这位布尔什维克近卫军中有才华的卓越的代表的政治生平中的几个主要阶段。布哈林体现了他所属的那英雄一代的优点和不足之处。

  布哈林1888年出生于莫斯科一个教师之家，很早就投入积极的社会政治活动中。他的少年时代恰逢1905年革命的高潮时期，而这在不小的程度上注定了他对社会经济问题产生兴趣，也注定了他在审视俄国和世界范围内已成熟的社会进程时采取积极的接近现实的立场。在读完中学后，他进入莫斯科大学法律系经济专业。他的大学生涯正值他积极参加莫斯科布尔什维克组织活动的时期。1907～1908年，他是莫斯科一个区的宣传员和组织者，1908年，他已被增聘进入布尔什维克组织莫斯科委员会。由于参与组织发动大学生的工作，引起了政治密探对他的注意。经历了三次被捕之后，他被流放到俄罗斯北部。布哈林从该地逃脱并由此开始游历世界。他一个接着一个地变换着国家，也变换着身份，他一会儿是社会民主党人，一会儿是组织者，一会儿是新闻记者，并由此奠定了他文学理论活动的基础。在有些国家（德国、奥地利、英国、瑞士、挪威、美国、日本），布哈林被迫以政治侨民身份居留，并在其中的一些国家遭到逮捕，蒙受牢狱之苦。在大战前和大战期间的数年里，布哈林参加了一些布尔什维克的和其他"左翼"的出版物的工作，还同许多革命的和反战的青年组织共过事。早在那时他就表现出对世界经济和世界政治的新趋势以及帝国主义时期出现的罕见现象的特殊兴趣，由此促成了他和列宁之间创造性的交往和辩论。1917年以前，他同列宁的比较重要的分歧有以下几个问题：布哈林对民族因素在新时代所起的作用认识不足；对帝国主义所固有的矛盾做出独特的诠释；坚信为了过渡到社会主义和保障工人阶级在社会上的领导作用必须摧毁资本主义建立的国家体制。

在迂回地途经日本、远东和西伯利亚于1917年返回祖国后，布哈林在俄国社会民主工党（布）第六届代表大会上被选为中央委员，并直至1934年都是中央委员会成员（党的第十七届代表大会后为中央候补委员）。1919～1924年为政治局候补委员，自1924年6月至1929年11月为俄共（布）—联共（布）中央政治局委员。布哈林是国事会议和民主会议里布尔什维克党团的成员，同孟什维克和社会革命党人进行过顽强的斗争，在准备莫斯科的布尔什维克起义中起了重要作用。他主编了起义机关报《莫斯科军事革命委员会消息报》。在立宪会议解散前布哈林以议员的身份代表布尔什维克党团发表了长篇纲领性演说。1918～1929年，布哈林是党中央机关报《真理报》的常任主编（曾短期中断），在培养马克思主义理论工作者和宣传干部方面起了不小的作用。

布哈林是超过900种作品的作者（其中有译著和再版著作），其中包括理论性和政治性的著作、报刊文章和共产国际的出版物。

正如上面所提到的，自共产国际成立起到1929年被排除出共产国际的工作之外时止，布哈林一直同共产国际休戚与共，并有理由被称为共产国际的理论家和政治领导人之一。作为共产国际执委会主席季诺维也夫的副手，布哈林曾多年在俄共（布）—联共（布）党代表大会上报告该党驻共产国际代表团在共产国际范围内的活动。他积极参加了为召开共产国际第一届至第六届代表大会和共产国际执委会第一次至第九次全会的筹备工作。在所有这些极重要的代表大会上，布哈林曾多次就纲领性的、政治方面的和组织方面的问题做报告，积极参与起草决议，争论有关共产国际不同支部（德国、意大利、法国、挪威、日本等支部）的状况。在后期数年的活动中作为政治书记处领导人，他对共产国际活动的东方问题予以显著的关注，尤其是对中国革命。

布哈林在共产国际的活动可以分为三个阶段，这也正和他的政治观点和理论观点演变的几个重要时期相一致。首先是列宁阶段——1919~1923年，这一阶段的特点是，布哈林在忠于列宁的方针路线的同时，在俄共（布）和共产国际的理论及实践活动的许多重要问题上坚持"'左'派共产主义"的原则立场。

这一阶段，布哈林这位忠于共产主义事业、忠于社会主义建设和无产阶级国际主义事业的党的活动家，在一定程度上却违背了正统的布尔什维主义，尽管后来他承认，作为党员和共产国际的一员这样做是不允许的。[①] 无论是传记作者，还是在共产国际的战略策略或者在苏联的社会主义建设问题上与布哈林有分歧的政治上的论敌，都没有忘记一个事实，即作为党中央委员的布哈林在数年的时间里是"'左'派共产主义"公认的代表人物之一。布哈林长期以来未能摆脱对世界的认知方面的局限，不时流露出某些政治上的偏爱，甚至到了已经相当有意识地审视自己对"'左'派愚蠢主义"（列宁的评价）的态度的时候，都是如此。和他的名字相联系的是1918年在党内形成并积极行动的一个派别"'左'派共产主义者"的活动。前"左"派共产主义者（他们自称如此）Г. 皮亚塔科夫、Ин. 斯图科夫、К. Б. 拉狄克、В. 雅科夫列夫、В. М. 斯米尔诺夫、Евг. 普列奥布拉任斯基等人于1923年12月20日在俄共（布）全党争论热潮中公布的一封集体信件里写道：

> "左"派共产主义者这个派别确实存在过，这个派别为改变党的内外政策斗争过，对外政策如布列斯特和约，对内政策尤其是指经济政策问题。关于《布列斯特和约》问题，正如大家所知，在中央委员会里的情况是这样的，就是反对《布列斯特和约》的人是多数。列宁同志在中央委员会的会议上威胁说，假如中央委员会通过反对缔结《布列斯特和约》的决议，他就将辞去人民委员会主席和中央委员的职务。当事情进展到最后投票的时候，一部分《布列斯特和约》的反对派弃权了，结果是《布列斯特和约》的拥护者在中央委员会通过了决议——签订《布列斯特和约》。中央委员会做出决议后党内的派别

[①] 关于布哈林作为共产国际理论家和领导人以及政治活动家的作用，参见《布哈林与共产国际》，莫斯科，1989；А. Ю. 瓦特林《共产国际：最初的十年》，莫斯科，1989；М. 库恩《布哈林。他的朋友和敌人》，莫斯科，1992；А. В. 舒宾《领袖人物与阴谋家们》，莫斯科，2004。

斗争仍在继续，再说有一部分反对布列斯特（和约）的委员已退出中央委员会。①

布哈林在"'左'派共产主义者"中起了显著的作用，并同他们中的许多人有友好的关系，如曾在莫斯科社会民主党组织合作过的 Н. Н. 奥辛斯基、А. С. 布勃诺夫、Г. И. 洛莫夫 - 奥波科夫、斯米尔诺夫，曾一起度过侨民岁月的 Г. Л. 皮达可夫、拉狄克，和其他曾共同为莫斯科的苏维埃政权奋斗过和共同经历过"左"派社会革命党人叛乱以及国内战争的同志。只是到了1918年的夏末，多数"'左'派共产主义者"才解散了他们的派别组织。对布哈林而言尤其悲哀的是，他积极参与了反托洛茨基主义的斗争，而他的战友和朋友是声明赞同托洛茨基主义观点的。

在当今俄罗斯的历史学界，正在围绕关于《布列斯特和约》本身（包括与此相关的列宁的立场）和来自"'左'派共产主义者"（包括布哈林）对此和约的坚决反抗，还有托洛茨基的口号"既不要战争也不要和平"，这些问题的合理性及其危害性后果等，进行着激烈的争论。我们不去推敲年轻的苏维埃政权所经历的最悲惨的这一页的细节，与此相关的伟大的欧亚大陆国家的命运，我们仅仅指出围绕布哈林作为"'左'派共产主义者"的作用的这场争论的几个方面。它们在很大程度上决定了他在国内战争、武装干涉年代和共产国际成立时的理论上及政治上的原则立场。正如大家所知道的，列宁在评价布哈林和他的志同道合者抵制签订《布列斯特和约》的后果，进而评价"'左'派共产主义者"派别在1918年的活动时写道："……新的条件（指在布列斯特第一轮谈判协议破裂之后——作者注）比坏的、难以忍受的、屈辱的布列斯特条件还要坏，还要难以忍受，还要屈辱，在此面对伟大俄罗斯苏维埃共和国有罪的是我们的痛苦——'左派分子'布哈林、洛莫夫、乌里茨基和他们一伙。"

Ю. В. 叶米里扬诺夫毫无保留地支持这一观点，他写了一本内容翔实却有争议的有关布哈林的书，该书于1989年在布哈林刚得以平反后的新氛围里出版。作者关注布哈林和其他"左派共产主义者"在理论上及政治上所犯错误给千百万人所带来的灾难性后果。为此，叶米里扬诺夫在戈尔巴

---

① А. В. 克瓦申金，О. В. 赫列夫纽克等编纂《布尔什维克领导层。1912～1927年的书信》，莫斯科，1996，第177号文献，第290～291页。

乔夫改革结束时发表了不仅仅是对布哈林,而且是对布尔什维克领导整体的相当严重的批评。按照他的评价,布尔什维克领导人做出的外行的决策和他们对抽象教条的忠诚造成了拖延国内战争和延误反抗外国侵略斗争的胜利这样的对人民和国家十分沉痛的代价。[1] 与此相关的是,他是国内学者中第一批在"公开性"的年代提出关于革命的代价、关于革命的极端主义以及对世界革命的盲目信任的危害性,为了世界革命的胜利坚信不疑的共产党人认定牺牲本民族的利益是可以的这样一个沉重的问题。这个题目在当今关于布尔什维主义、关于共产国际、关于革命的和后革命的俄罗斯的研究工作中有了进一步的发展。

斯·科恩在他的内容丰富而且有争议的著作里,对布哈林和其他"左派共产主义者"的原则立场的其他方面给予了关注。他的著作的观点在学术界被经常引用。这部著作的优点在于对布哈林的理论著作、大量的政论作品以及由他撰写的党务的-政治的文献所持的深思熟虑的态度。科恩强调:在有关《布列斯特和约》的争论中,布哈林倾向于强调俄国革命的命运与世界革命前景的直接关联。1918年3月,布哈林在俄共(布)第七届紧急代表大会的讲台上宣布了自己的信念:"俄国革命要么会被国际革命所拯救,要么就被国际资本所扼杀……国际革命——只有它——才能拯救我们。"[2] 正是在此期间,布哈林根据布尔什维主义和国际反动势力将进行不可避免的搏斗的推理,论证了为世界革命必须建立能够抵御必将形成的反对苏俄的帝国主义联合阵线的国际革命阵线。布哈林彻底的国际主义和在共产国际的范围内巩固国际团结的号召由此而来。作为共产国际的领导人,布哈林直到生命的最后时刻对此都深信不疑。由此而来的还有:布哈林长期对苏俄共和国同国际资本和平共处的思想感到不满,把国内战争理想化为无产阶级政权取胜的必不可少的条件,指望革命战争和输出革命能解决问题。这种信念在很大程度上决定了他对社会民主党的不妥协态度,而社会民主党的理论家指责布尔什维克的国内战争方针、无产阶级专政以及一党制和它所引发的后果,也对布哈林的态度起了作用。

自共产国际1919年诞生时起直到1929年被逐出其队伍,布哈林积极

---

[1] Ю. В. 叶米里扬诺夫:《布哈林印象:革命·历史·人物》,莫斯科,1989,第180~199页。
[2] 《俄共(布)第七届紧急代表大会(1918年3月,速记记录)》,莫斯科,1962,第24、31页。

参与了制定和实施这个国际革命组织的纲领性方针政策。受列宁的委托，他担负起论证共产国际行动纲领的任务，第一届代表大会确认了此纲领性文件。和德国共产党的代表 Γ. 埃伯莱茵合作并由布哈林制定的纲领性文件实际上是共产国际纲领的原始草案。在这个纲领性文件和向代表大会与会者介绍它的内容的报告里，布哈林倾诉了他十分珍爱的关于人类历史开辟了新时代以及无产阶级政权有能力在社会主义的基础上实现社会改造的思想。在论证共产党人的国际主义原则时，布哈林说：

　　……我们这里只能提出那种不仅仅是对某一个国家有意义的，而且是对所有第三国际代表的国家都有意义的原理。从另一方面说，在这个纲领性文件里应当有（共产主义——作者注）运动已有所发展的那些国家的经验，特别是俄国共产主义工人运动的丰富经验。[1]

布哈林当时坚持一种思想，即"资本主义的关系"由于受到第一次世界大战及其后果的破坏"不可能继续发展"了。[2] 由此，他也在形成"资本主义总危机"这一概念问题上起了促进作用——这个概念是世界革命理论的基础的教条之一。与此同时，他附带声明说，共产党人的任务"不是去强行加快历史的发展，而是先去组织我们的力量和利用包括资本主义议会的组织，以便以后组织起来时，可以全力奔向最后的战斗"。[3] 共产国际纲领的这些原理和列宁、托洛茨基以及积极参与建立共产国际的俄共（布）其他主要活动家的纲领性发言是一致的。

不能不注意到一个情况，即布哈林在俄共（布）的第八届党代表大会上积极参与了俄共（布）党纲的制定和讨论。这个党纲通过后一直沿用至1961年。第八届党代表大会是在1919年3月召开的，在共产国际一大举行后不久。正如大家所知道的，这个党纲把巩固无产阶级专政和社会主义建设定为党在从资本主义过渡到社会主义这一进程中的最重要的任务。正是在这个时候他和季诺维也夫一起被选入党的最高权威性机构——俄共（布）中央委员会政治局，起初是候补委员，随后自1924年起即为政治局委员。布哈林在党和国家艰苦的岁月里所撰写的作品《共产主义 ABC》

---

[1] 《共产国际第一届代表大会（1919年3月）》，莫斯科，1933，第75页。
[2] 《共产国际第一届代表大会（1919年3月）》，第81页。
[3] 《共产国际第一届代表大会（1919年3月）》，第84页。

（和 Евг. 普列奥布拉任斯基合著）、《历史唯物主义理论：马克思主义社会学的普及读本》和《过渡时期的经济》（这本书，据匈牙利历史学家 M. 库恩证实，是献给列宁五十寿辰的作品），给他带来了理论家和杰出的党的活动家的相当的知名度。在这位布尔什维克领导层中按年龄最为年轻的活动家的上述著作里，不乏政治上激进主义的表露，这不是布哈林一人所固有的，而是整整一代共产党人所固有的，正是由于他们的努力国家才得以改造。与此同时，这些著作已经为一些空想的观点和思想奠定了基础，而且它们在布哈林随后的著作中得到了发挥，同样，在共产国际的纲领性文件和政治性文献中，特别是在第六届代表大会所通过的共产国际纲领中也得到了发挥。

作为理论家和革命的政治家，布哈林深深地为自己的国家和欧洲乃至全世界在第一次世界大战和 1917 年十月革命后所进入的过渡时期所震撼。布哈林认为，旧的资本主义体系不可能再恢复，他嘲笑考茨基，说考茨基第一次世界大战前"等待灾难，而灾难'未成熟'，大战期间等待和平，大战后则警告人们要反对社会主义，因为灾难枯竭了"。布哈林承认，"无产阶级革命不可避免地伴随着生产力的极为严重的下降，因为从未有过一次革命如此大规模地和如此深刻地用新的方式去摧毁旧的（生产）关系以及它们的上层建筑"。他强调说：正是因为社会主义是从旧世界的废墟之上生长起来的，所以社会主义"不得不去建设。现有的物质的和人力的资源仅仅是发展的一个出发点，它使人领悟到整个大时代"（关于这个论题，列宁曾赞同地加以评注："非常正确"）。① 布哈林在这里论证了工人阶级作为历史的主体登上历史舞台的思想，而这一思想对于他和整个一代布尔什维克都是十分珍贵的。正是工人阶级在手握政权和建立无产阶级专政之后，"不可避免地应当成为作为生产的组织者出现的一种力量"。他强调，而在解决这一问题时，"在无产阶级的有组织的倾向与农民的商品－无政府主义倾向之间存在的或多或少公开的斗争"（列宁纠正写道："应当写成：在无产阶级的社会主义倾向与农民的商品－资本主义倾向之间"）②，将使问题复杂化。有鉴于此，布哈林还在 1920 年就将工人阶级与代表一些不同类型经济的农民之间的相互关系问题定为新经济政策年代的主要问题

---

① 参见《列宁文集》第 11 卷，莫斯科－列宁格勒，1929，第 361、373 页。
② 《列宁文集》第 11 卷，第 368 页。

之一。在布哈林当时的"军事共产主义"概念看来，农民体现了因商品的无序和肆无忌惮地投机倒把而加强了市场的自发性。与许多战友一样，布哈林所有的"军事共产主义"时期的议论都有这种含义。这些议论是有关无产阶级专政的本质和方式的，是认为可以对阶级敌人和政治敌人或者农民，甚至工人阶级的某些阶层采取超经济的各种强制性措施的。在专门论述从资本主义向社会主义的过渡时期"超经济"强制的章节里，有一条无疑可证明"军事共产主义"的全部极端性和非常性质的很有重要意义的公理："无产阶级强制的所有形式，自枪毙始至劳动义务制，是用资本主义时代人的原料来打造共产主义人类的方法，不管这听起来多么难以置信……无产阶级专政在初始时表现为资本主义世界最引人注目的分裂，在建立起某种均势以后，开始重新集合人类。"当连党内的战友都认为"布哈林的苦役和枪毙"的理论论证很危险时，布哈林辩称说，革命的暴力将为未来的发展扫清道路。不仅如此，他还断言，说强制性和镇压的因素起的作用越大，越说明工人阶级中非纯粹的无产阶级成分如不自觉分子或半自觉分子的比例越大。① 还在这个时候，布哈林就形成了列宁的党在苏维埃政权初年所素有的信念，即党要成为社会和国家的领导力量，起到广大群众的教育者和组织者的作用。布哈林接受俄共（布）第十届代表大会关于禁止派别斗争、保持党的生活集中方式的著名决议，认为它是完全合理的。在前面所提到的著作《革命的钢铁大军》（1922）里，他提出了自己关于党的构想，即在党的主要司令部里应有一批经过严格挑选的领袖人物在合作共事。他们具备应有的水平、绝对的团结和统一的意志，同时，还有一批忠于党的、善于实施党的指示的党的主要干部。所以，作为阶级和群众的政党，党应当把这些干部团结在自己的周围，教育他们，把他们组织起来。②

布哈林在共产国际活动的第二个阶段，应是 1923~1926 年。这阶段他经受了列宁患病，随后逝世的考验，他和列宁有着密切的创作上的联系和私人交往。从 Б. И. 尼古拉也夫斯基的回忆录中我们得知，布哈林在 1936 年出访巴黎时曾告诉他，布哈林所撰写的有关工农联盟问题和新经济政策在稳定社会的政治和社会状况所起的作用问题的一系列著作，是对与病中

---

① 布哈林：《革命的钢铁大军》，载《布哈林选集》，莫斯科，1988，第 34~37 页。
② 布哈林：《革命的钢铁大军》，载《布哈林选集》，第 248 页。

的列宁几次交谈所引出的思想进行的创造性加工。正如大家所知，布哈林在被逐出共产国际之前所发表的著作《列宁的政治遗嘱》里提出，必须向党的和知识界的积极分子系统地讲述列宁最后著作的思想，号召忠于这些思想的主要方向。有意思的是，在1924~1926年开展的关于列宁主义的争论中，布哈林强调必须以创造性的态度来对待列宁主义，反对教条主义地理解处于不断运动中的列宁的政治思想。他尤其反对把列宁的政治指示与具体的历史背景、文章的上下文割裂开来。他强调，不恰当地运用列宁的思想很容易造成对列宁思想原意的歪曲。

与许多经历过革命及国内战争锻炼的党内年青一代的代表人物一样，布哈林颇费周折地领悟到新经济政策的思想是为了保证克服执政者同群众之间关系的危机，首先是同农民之间的危机，领悟到党的新方针政策所特有的准许资本主义经营方式和市场机制运行。正是在这个时候，他开始重新考虑对农民所使用的强制性措施是否妥当。他强调，不能背离列宁的方针政策，不能用铁扫帚把农民赶进公社。在党开始与托洛茨基争论以及与其他反对派组织的代表们争论的关键阶段，布哈林明确地站在党的领导的一边，并且很快进入一个思想统一的窄小的圈子——俄共（布）中央政治局成员中，从而大大地加强了斯大林、季诺维也夫和加米涅夫与托洛茨基主义斗争的阵地。与此同时，他在不赞同托洛茨基对党的领导层的攻击的情况下，认为到一定的时候可以为了党组织的磐石般的团结与反对派达成妥协。在政治局委员和中央监察委员会成员谈判后通过了著名的关于党的建设的决议。布哈林和托洛茨基都是这个决议的编制者，而党的建设是朝着党的生活民主化的目标前进的。中央政治局和中央监察委员会的决议指出："新经济政策在解除了对生产力增长的束缚的同时，证明了自己是从资本主义向社会主义漫长过渡这条道路上的一个必要的阶段。"与此同时，决议承认，由于同时存在一些很不相同的经济形式，所以，受此制约，出现了一些不良倾向和客观矛盾。与此相连的是承认党的团结有所削弱、有失去总的社会主义建设前景和世界革命前景的危险，以及党的机关存在官僚主义等事实。① 但是，由于托洛茨基在达成协议之后随即向党的基层组织呼吁，尖锐批评党内的官僚主义制度和领导层的政治方针路线，因而没有给出时间来实施协商一致的结果，自1923年12月起争论进入了激烈的

---

① M. 库恩：《布哈林。他的朋友和敌人》，莫斯科，1992，第145~146页。

阶段。布哈林作为《真理报》的主编是这场争论的积极参与者，同时，《真理报》公布了领导层和各反对派的代表们辩论的材料。1923年底，《真理报》连续几期刊登了布哈林的批判性很强的文章《打倒派性》。该文随后出版了单行本并且在同托洛茨基主义的辩论中起了显著的作用。在党的第十三届代表大会上以及共产国际的第五次代表大会上，布哈林都持同样的立场。他提出，必须在共产国际内部开展反对右的危险的斗争，而这斗争一直延续至1926年召开的共产国际执行委员会第六次全会为止。这样一来，和季诺维也夫一样，布哈林起到了向"左"扭转共产国际政治方针的参与者的作用。

然而，国内正在开展的在新经济政策基础上为建设性工作的积极方针而斗争的逻辑规律，在促使布哈林克服"左倾"宗派主义情绪方面起了不小的作用。关于这一点，他写于1924～1926年的文章论述的一系列理论和政治问题可以证明，这是以克服共产国际内一系列极端"左倾"宗派主义为前提的。不能不看到某些问题的连续性，这些问题布哈林开始感兴趣是在第二阶段即共产国际在向资本主义稳定时期过渡的转折阶段，稍后在1927～1928年，他以共产国际领导人的身份参与制作了"阶级反对阶级"的战略。这时已是斯大林核准的共产国际发展的所谓第三阶段。

在共产国际转折的阶段（1924～1926），布哈林越来越积极地参加与斯大林愈来愈密切的合作，为制定联共（布）的新方针（"一国建设社会主义"）而努力。布哈林认为，在共产国际重要的会议——于1926～1928年召开的共产国际执行委员会第六次至第九次全会以及1928年举行的共产国际第六届代表大会上捍卫这一新方针是他的义务。这些年，布哈林承担了特别高强度的理论、政治活动和大量的组织工作，同时从事政论文写作。他在俄共（布）—联共（布）第十三届至第十五届代表大会的工作中起了显著的作用，是大会重要纲领性文件以及国际问题、政治问题、党的组织问题决议的撰稿人。在这个阶段他成了俄共（布）—联共（布）与共产国际的执行机关的联系纽带，目的是在1926年以后能够实际上领导一个新的机构——共产国际执行委员会的政治书记处。

当代的研究工作者非常关注联共（布）中央委员会政治局和布哈林个人对20年代下半叶几次大的阶级行动的看法，如1926年英国总罢工以及与这次总罢工有密切联系的英俄委员会的历史（这是全苏工会中央理事会同阿姆斯特丹工会国际和英国工联合作共事的组织），1927年的维也纳起义，以及开始具有越来越大规模的中国革命等。

当代的研究工作者不无根据地注意到下述事实，即撤换共产国际的领导人，事实上并没有给共产国际的中央机关及其支部——外国的共产党——的相互关系带来根本变化。莫斯科变换各种理由依旧指引各国共产党以继续揭露社会民主党和共产党内部的右翼和极"左"倾向为任务；对共产国际的各支部的中央机关简要地表达了关于激化阶级斗争、罢工政治化、准备好一批能够及时实施过渡到武装方式夺取政权的军事组织的干部[1]的指令。与此同时，布哈林从共产国际执行委员会第五次全会时起便成了热衷于捍卫共产国际机关和各支部（各国党）范围内的民主化的人士。在共产国际执委会第七次全会的结束语中，他引导与会同志去促进党内民主的开展，指出这是共产党员能否有效工作的条件。

成熟的布哈林在理论与政治方面创作的特点是，努力捍卫列宁有关共产主义的解释并以此与批评者及论敌相抗衡，与此同时他也希望在考虑变化了的条件的基础上去创造性地丰富列宁的学说。稍后，当布哈林在1929年回顾大战后几年的局势时，他把当时的局势比喻为激烈沸腾的火山熔岩。他指出，"革命的事业，她的狂热的辩证法在事件急剧的一往无前的进程中展开，跳跃着并经历着阶级重组的万花筒式的千变万化的历史画面的不寻常的更替……理论思维好不容易才跟得上历史的这种奔跑"。[2]

20年代中叶显现的那些人们感觉到的政治问题和事件，使布哈林赢得了马克思主义领域的理论家和政治家的知名度。首先，他的功绩是尝试指出过渡时期的特点和规律。这个过渡时期是世界大战和革命的震撼所开创的，同时又是被在俄国的社会试验的经验以及资本主义体系的重大结构性重组所复杂化了的。由此，他力图动态地去看待民族的和世界的进程，看到它的冲突性，考虑到其中包含的几种可能性。按照常规，布哈林和共产国际的其他理论家都会不无根据地归咎于对经济决定论的信赖。但是，与此同时，不能不强调布哈林政治创造精神的另外一个特点。作为一个坚定的革命者，他认为决定冲突纷呈局势的进程和结果的，在很大程度上是各

---

[1] 参见 A. Ю. 瓦特林《共产国际：最初的十年》，莫斯科，1993；《新经济政策时期的俄罗斯》，莫斯科，2003，第11章；《共产国际史（1919—1943年·文献要览）》，莫斯科，2002等著作。

[2] 布哈林：《十月革命的纲领》，载《布哈林选集》，第439~440页。

阶级各政党以及各种规模的政治结构的力量对比所致。因而，在他的政治性著作中，对局势的分析占到了很大的比重。这类分析使人得以最大限度地考虑政治斗争的现实条件，同时全面地考虑各共产党的和共产国际的任务。布哈林理论研究的中心始终是世界革命构想及其自战后两年的革命岁月起直到1929～1933年的世界经济危机前夕的变种。他是将世界革命构想同新型国家在苏维埃俄罗斯确立的过程以及向社会主义过渡的阶段密切联系在一起审视的。与此相联系的是，他总是在大量具体材料的基础上分析工人阶级是世界历史的主要创造者，有能力起到推动社会进步的作用，有能力成为单个国家和全世界社会力量广阔阵线的领导者。

生逢那个时代，布哈林在艰苦的两次世界大战之间的时期不能不注意到强力因素在政治发展中的作用。"军事共产主义"时代留给了他和"列宁的钢铁大军"的其他代表们不小的烙印：国内战争的经验，不仅是在俄罗斯，而且在欧洲也存在阶级斗争的残酷性，对革命运动参加者采用的恐怖活动的野蛮方式等。尽管如此，尤其是从苏维埃俄罗斯向恢复和重建时期过渡之时起，他是共产国际的理论家中开始思考保障达成社会协议的第一人。他认为，各国共产党不仅在争取政权的过程中，而且在建设社会主义的进程中有能力成为这个协议的组织者。然而，由于政治进程和社会进程的不够完善，加上忠于某些很难改变的教条（而共产国际正是在它们的基础之上建立的，如相信阶级斗争的不可调和性且容易演变为内战，不同意接受资产阶级民主，以及关于资产阶级在资本主义总危机时代日趋衰落的论点，对社会民主党和对整个改良主义的否定态度，不信任"小资产阶级群众"的政治选择，等等），布哈林的理论探索领域受到了限制。重要的是，布哈林善于将理论探索引入现实的政治行动的轨道中来的这种政治家的本领也受到了限制。

作为1923～1926年党内大争论的参加者，布哈林并不赞同托洛茨基和随后季诺维也夫和米涅夫所持有的关于没有世界革命的胜利不可能在一个国家建设社会主义的信念。在说明处于文明程度落后条件之下的俄罗斯的大规模社会主义规划所面临的客观困难时，布哈林认为克服困难的重要条件是保护好党在国家和社会中的领导作用，因为只有党有能力以其意志和理智的激情引导广大群众走上创建社会主义文明的道路。在他20年代后半叶撰写的著作里，如《走向社会主义之路与工农联盟》《俄罗斯知识分子的命运》《列宁主义和无产阶级革命的建设时期》等，充满了有关代表着工人阶级革命先锋队的党和无产阶级大众之间关系的思考，以及关于保障工人阶级对俄国社会非无产阶级阶层的领导权的方法问题。他把工人阶级能与农民合作看作工人阶级成为领导者的使命。"把数量愈来愈多的非党农民吸引到苏维埃的工作中来，并且帮助他们在这种工作中接受再教育，逐渐成长，改造自己的本性以获得国家管理事业所必需的技能……工人阶级这样就开始逐渐地抹去自己与农民中先进阶层之间的界限。"[1]

在布哈林看来，农民问题既要从俄国的角度，也要真正从世界的角度去审视。因此，在1925年3～6月召开的共产国际执行委员会第五次全会上，他就农民问题发言时提出了一个详细的提纲。在提纲里讲述了他对不同历史阶段的农业—农民问题的见解：在工人阶级争取政权斗争的过程中的农民问题，夺得政权后和在20年代稳定时期的具体条件下的农民问题。他强调说，由于"农民组成地球上居民的巨大多数，因此为争取农民而斗争的问题就成了从无产阶级为争取政权的角度出发的中心政治问题之一，同时也从巩固这个政权以及巩固它的经济基础的角度出发的中心政治问题之一被提出来了。这样的问题，就像殖民地问题一样，事情的实质就在于世界的城市同世界的农村之间的相互关系问题，世界的农村处在三重压迫之下——封建的土地所有制、资本主义的剥削和民族的不平等"。[2] 众所周知，关于"世界城市"和"世界农村"的冲突与相互关系的论点经稍作改变在60～70年代被用作反殖民主义和争取独立斗争的进程中的武器，也包括被欧洲的"左翼"激进集团和第三世界的知名政治活动家用于反殖民主义和争取独立的武器。布哈林在发挥农民问题的全球范围的重要性这一观点时，分析了农民在发达的资本主义国家、殖民地和半殖民地以及苏联的条件下的不同构成。他得出结论：工人阶级和农民结盟的问题是复杂的，而要解决这个问题的必备条件是，共产党要认真地研究本国和本地区农业问题的本质和特点。他强调说："从农民完全可见的实际利益和直接利益出发，无产阶级可以把农民吸引到自己这边来。"他认为，殖民地的农村政策存在着特别多的问题，那里封建主义的土地所有制同农民缺少土地并存，过重的苛捐杂税以及战争的威胁都严重影响着农民的生活。"来自外国资本的补充剥削和民族压迫使这一切更复杂化了。因此共产党的任务是

---

[1] 布哈林：《走向社会主义之路与工农联盟》（1925年），载布哈林《走向社会主义之路》，莫斯科，1990，第69页。

[2] 参见《共产国际十年：决议和数字》，莫斯科-列宁格勒，1929，第192页。

向这一切展开斗争"。①

全面地提出工人阶级的领导权和工农联盟的前景问题，使布哈林得以直接接触民族—殖民主义问题，更何况20年代在世界体系外围的社会运动提供了丰富的实际材料，再者，宗主国的殖民政策也有了不少变化。

追随着列宁关于东方劳动群众有着巨大的革命潜力的评价，布哈林在几届俄共（布）—联共（布）的代表大会（第十二届、第十三届、第十五届）和共产国际执委会的全会上指出了帝国主义的殖民主义体系的危机在加剧。例如，他在俄共（布）第十二届党代表大会上关于共产国际执委会活动的报告中说："如果我们对发生在东方的事态做个总的评定，我们就会看到，整个东方，和其他的殖民地一样，以最坚定的方式被吸引到总的革命斗争轨道上来了。"② 在1927年的联共（布）第十五届代表大会上，布哈林历数着那些大的事件，如叙利亚的起义、埃及的运动、摩洛哥的起义、印度尼西亚的大规模起义和中国革命，它们都证明了在稳定时期的环境下殖民地问题的尖锐性。稍后，这使他得以在1928年召开的共产国际第六次代表大会上认定："自第五届代表大会以来的几年里，我们的运动开展得更广泛更深入了。'共产主义'这个词，共产主义运动的组织原则，列宁主义的明白又准确的词句第一次渗透宽广的地域，到达新的大陆，面向新的民族，面向工人阶级新的阶层。"③ 在这次大会上，布哈林确定地说：

> 如果我们过去提出殖民主义问题时是一种笼统的、很一般性的、缺乏仔细分析的问题的话，如果过去我们只能是最一般地最大概地勾画我们在殖民地的战略策略蓝图的话，那么，中国革命的事件首先具体地比较详细地提出了一系列问题，既有战略方面的，也有策略方面的问题。而关注这一真正伟大的经验乃是我们大会的任务。④

自然，并非在具体分析这一经验时所提出的观点都经受住了时间的考

---

① 《共产国际十年：决议和数字》，第195页。
② 《俄共（布）第十二届代表大会·速记记录（1923年4月7—25日）》，莫斯科，1923，第241页。
③ 《共产国际第六次代表大会（速记记录）》，第一分册《国际形势与共产国际的任务》，莫斯科-列宁格勒，1929，第27页。
④ 《共产国际第六次代表大会（速记记录）》，第五分册《关于苏联和联共（布）的报告·最后的工作》，莫斯科-列宁格勒，1929，第143~144页。

验，然而，布哈林思考的总方向是把发展民族—殖民地问题理论看成共产国际理论宝库的重要组成部分。

对布哈林和联共（布）的其他主要活动家来说，1925～1927年的中国革命以及中国20世纪二三十年代之交时民族的和社会运动的进一步发展成为上述问题的中心。这里，不可能比较详细地阐述共产国际和俄共（布）－联共（布）的中国问题政策，尽管这方面的政策在上述机构的理论、政治和组织活动中都起到了重要的作用。布哈林作为联共（布）中央政治局成员、中国（问题）委员会的成员［该委员会自1925年起就努力尽可能地协调联共（布）、共产国际执委会、外交人民委员会和军事部门的行动］，作为《真理报》的主编，一直十分关注中国事件。中国事件在1925～1927年具有真正的世界意义。布哈林在文章里，在共产国际执委会全会的发言里，还有专门论述中国革命的大量文件里，都必定强调东方政治局势中的新事物，而这是关系到地球几乎1/4居民的事。他和联共（布）的其他领导人一样，也必须"开垦处女地"，去思考中国社会结构的特点，以及饱受外国资本、封建制度和军阀机构强烈影响的中国经济的发展。他强调工人运动在这个国家发展的复杂性，因为她的工人阶级不仅是有高度技能而又结构极不发达的，而且在有着四亿人口的国家里人数也勉强才达到五百万。布哈林作为共产国际的领导人，他的功绩在于努力保证声援为公民的尊严和民族独立而奋起斗争的中国劳动大众的运动。他对1925～1927年爆发的大规模的罢工事件给予特别关注，做出了评述，尽管不少罢工遭受了惨重失败，并且伴有惨重的人员牺牲和苦难。

由于这里没有可能揭示布哈林和共产国际在制定共产国际有关中国的战略中所起作用的各个方面，我们拟转向那些有争议的问题和研究工作的创新之处。这些创新是因为最近几十年来在俄罗斯和中国广泛的出版成果和俄罗斯研究工作者掌握了新的档案资料。多卷本文献集《联共（布）、共产国际与中国民族革命运动》（第1、2、3卷）的参加者为深入研究其中的"共产国际与中国革命"题目做出了重要的贡献，同样做出了重大贡献的有中国共产党历史的研究工作者们，特别是 A. M. 格里戈里耶夫，还有研究共产国际与国民党关系的专家 Н. Л. 马马耶娃等人。在他们出版于20世纪90年代至21世纪初的著作里，对共产国际和联共（布）关于中国事件的作用问题，改变了过去看问题片面的评价；揭示了这些强大的机构为一个正经历着巨大的转换过程的大国制定受局势变动影响很大的政治路线有多么复杂。有一个情况也起了不小的作用,正是在 1925~1927 年中国革命时,联共(布)党内的争论走到了死胡同,而共产国际为中国所制定的政治路线曾多次大幅度改变。

布哈林处于这个斗争当中,因为季诺维也夫 1925~1926 年作为"新反对派"活跃的领导人之一,声明拥护托洛茨基,从本质上重新审视自己过去对托洛茨基某些观点的评价,特别是对中国事件的评价。所以,从共产国际执委会第五次至第六次全会时起,在这个执行机关和联共(布)的领导部门的范围内,每一个有关中国的决议都是经过战斗才能通过的,并且伴随关于共产主义运动的哪一个任务应优先安排和中国革命处在何种阶段等问题的激烈争论。

从 1925 年起,联共(布)中央政治局和它的中国问题委员会为自己提出了一个新任务:从思想理论上来重新思考中国革命的战略以及与此相适应的她的政治活动。共产国际照旧从正统的阶级立场去看待民族革命,并由此努力把积极支持国民党,指望它有可能在行动上接受民主的和社会的方针政策,同时又支持中国共产党人去执行旨在扩大革命的群众基础和社会优势的独立方针,想把这两者结合起来。在莫斯科看来,这样就能达到把中国的国家利益、政治利益和世界观的需要都结合起来的目的,同时顾及国际环境的协调。

由于苏维埃国家关心中国的反帝政治进程并参与其发展,苏联在国民党和共产党开展活动时都给予了有力的支援。现已知悉的联共(布)中央政治局中国问题委员会的资料为我们提供了一个多少比较准确的概念,尤其是有关苏联给予国民党的国民革命军和其他民族力量的军事援助规模的概念。例如,1925 年初为给冯玉祥的军队建立军校(冯玉祥是中国北部几大集团的领导人之一)曾拨款 100 万卢布。在 1925 年秋向中国提供了价值为 460 万卢布的武器,而在 1925~1926 的年度预算中计划提供的数额达到 1100 万卢布。为中国南方的武汉政府拨出了大批款项,在为国民党及国民革命军准备党务和军事干部、为设在莫斯科的以孙逸仙命名的中国劳动人民大学和在苏联的军事院校所开展的工作都花费不少;不少拨款用于中国共产党和不公开的党支部的费用。据格里戈里耶夫判断,这些支出的总额同在恢复和重建时期的苏联发展整个工业部门的费用不相上下。①

---

① A. M. 格里戈里耶夫:《联共(布)和共产国际的中国政策》,载《共产国际的历史(1919—1943 年)》,第 303 页。

布哈林在制定共产国际对中国事件的战略策略时是表现出独立性的,这个问题值得进一步探讨。因为事情是这样的,1924~1925年以来,斯大林就积极地控制了中国问题,而这不可能不对共产国际各级机构重新确定方向产生影响。另一个需要进一步弄清楚的问题是,无休止地来自"托洛茨基—季诺维也夫反对派"领导人的关于中国问题的争论,对联共(布)和共产国际的各级领导机关的中国问题政策影响程度如何?对制定中国问题政策表现出明显积极性的是拉狄克。虽然他自共产国际第五次代表大会以后就被排除在共产国际的直接活动之外,但拉狄克却一直到1927年为止都担任中国劳动人民共产主义大学的校长(KYTK)。他在那里讲课,讲述中国的历史、中国20年代的共产主义运动和民族解放运动。拉狄克是反对派活动家中第一个自1927年春起就表达了对正在增长的国民党同中国共产党之间的危机焦虑不安的人。他指责斯大林-布哈林的中国问题政策对国民党内的反动势力明显估计不足,并且遏制中国为了阶级的和社会的利益而开展的群众性人民运动。1927年对作为共产国际领导人的布哈林来说有一定程度的考验,因为在共产国际执委会第七次全会上,在他的积极参与下,共产国际实施了往革命民主方向改组国民党的转向。

在共产国际第七次全会上通过的关于中国问题的专门决议中,可以找到布哈林本人思想的反映。他认为,1925~1927年革命的结果第一次继苏维埃俄罗斯之后在中国建立了有反帝倾向的有国家组织性的政权。他这里指的是中国南方的国民党政府,该政府在经历了1926年的胜利的北伐之后显著地扩大了自己的活动范围。决议强调说,中国革命由于其外部环境和其反军阀性质已经成为世界革命的一部分。决议强调了革命的特点是半殖民地的、反帝国主义的,在解决土地革命的同时可完成吸收工人阶级作为头等政治力量的任务。决议还预言大资产阶级、军阀势力随着革命的发展会脱离革命。决议表达了这样的愿望,即有赖于中国共产党的努力希望最终能实现国家过渡到非资本主义发展的轨道上去的前景。①

中国问题研究工作者 Н. Л. 马马耶娃强调,实际上在1925~1927年革命的过程中,国民党与共产国际、国民党与联共(布)对革命的看法并不一致。每一方都指望在革命进程中实现一己的意图。对国民党来说主要的

---

① 《世界革命的道路。共产国际执委会第七次扩大全会(速记记录)》,莫斯科-列宁格勒,1927,第1卷,第90页;第2卷,第245页。

任务是实现国家的统一、巩固民族独立和实现现代化。在国民党的主要活动家看来，这并不排除与帝国主义列强妥协的可能性。与此同时，国民党的右翼对共产国际要巩固（中国）共产党人在国家的、政党的和军事的各级机构中的地位，以及实现不同于孙中山思想体系的另一种类型发展道路的意图，表现出不小的关切。至于说到共产国际和联共（布）中央政治局，他们所执行的政策是相当不确定的和自相矛盾的。一方面，对巩固国民党的地位赋予重大意义，希望他们能够加强反帝潜力。另一方面，在给予中国共产党领导的秘密指令中又建议他们巩固自己在国民党范围内的领导权。这明显是不现实的，因为共产党的力量不够大，她仅仅实施了初始的步骤，在国内建立了以工会、农民组织、自卫队等形式的群众性基地而已。①

当代的研究工作者认为，完全有理由指责斯大林－布哈林双头统治是给中国共产党制定了人为的过激的政治方针，与此相联系的是过分吹捧国民党的反帝政策，甚至当后者开始明显转向保守的方针时，都是如此。这种评价在相当的程度上与托洛茨基、季诺维也夫和拉狄克的批评性指责相仿。他们是利用一切的可能性来批评共产国际和联共（布）的领导对中国也采取了右倾机会主义的做法，跟他们对待欧洲的党的做法一样。日益激烈的争论的结果导致采取激进的措施来损害反对派的威信，直至把反对派的领导人和他们的许多亲密战友开除出党，托洛茨基和季诺维也夫则被排除在党的负责职务之外。在党的极为重要的会议上，特别是在联共（布）第十五届代表大会、共产国际执委会第八次和第九次全会以及共产国际第六次代表大会上，在镇压反对派（当时称为公民绞刑）的问题上，布哈林负有相当重要的责任。

至于说到中国，在共产国际执委会第八次和第九次全会上通过了决议，指责中国共产党的领导犯有右倾机会主义，因为与国民党合作，并且因为保持开始时对整个国民党的、后来对其"左翼"的忠顺态度。当代的研究工作者根据新的档案材料确认，中国共产党的领导因为事态的客观进程和来自莫斯科的自相矛盾的指令而陷入了混乱之中。事情到了领导层出现盲动主义、"左倾"宗派主义行动的地步，引起了许多新的人员的牺牲。布哈林在共产国际第六届代表大会上提到许多无名英雄为了革命的理想在

---

① Н. Л. 马马耶娃：《共产国际与国民党（1919—1929年）》，莫斯科，1999，第3部分，特别是第281、296、325~341页。

忘我的斗争中献出了生命，不是没有缘故的。无论如何，目前需要继续研究布哈林在中国这个大国处于由革命转向新的社会斗争的重要关头对该国事件的积极参与的肯定方面和否定方面。

如果说在 20 年代上半叶布哈林的理论的和社会政治的兴趣集中于欧洲和美国的工人运动的命运与世界经济和政治的若干主要中心的话，那么，到 20 年代下半叶他愈来愈被发生在太平洋和远东地区的事件和进程以及美、英、日帝国主义在其中所起的作用所吸引。共产国际执委会的一份文献令人很感兴趣。这份文献是在布哈林的领导和他的积极参与下准备的，以《1927 年布哈林的"日本提纲"》的名称为人所知。提纲中的分析显示了布哈林作为一个理论家和政治家所具有的出众的智力，和像在日本这样一个独特的国家以马克思主义原理来建立共产主义运动的政策、战略和策略的能力。这个提纲是在共产国际的日本书记处范围内制定的，是因为日本的共产主义运动遭到深刻的危机。日本的共产主义运动经受了山川集团的取消主义和理论家福本极"左"方针的影响。后者建议日本共产党（КПЯ）建成一个小的、精英式的职业革命家的组织，该组织将有能力把日本仿佛已经成熟的革命危机引导至胜利的结局。1927 年 7 月 15 日，布哈林在共产国际执行委员会主席团的会议上做了报告。根据这个报告的主要论点形成并通过了提纲。该提纲对日本共产党的形成过程有着重大的推动作用。对研究共产国际史的历史学家来说，布哈林对日本资本主义和帝国主义命运的认识，对日本国家政权本质的认识，以及对该国发展革命运动可能性的认识有着重要的意义。报告和提纲都证明布哈林相信，在有些国家继 1918~1923 年革命高潮之后而至的资本主义的稳定时期带有深刻和长期的性质。布哈林认为，日本帝国主义无论是在战争年代，还是在战后，都没有经历过涣散的局面，尽管中国革命事件以及与美国追求在太平洋地区的霸权而日益激烈的竞争对日本都不是没有影响的。布哈林强调，由于日本帝国主义的存在，世界在亚洲大陆就有了顶级的帝国主义势力。它有着侵略的本性，拥有优越的外交和强大的物质条件。"任何情况下都不能说日本帝国主义已经面临崩溃了。因为缺乏说明此论点的主观阶级因素"。按照共产国际内通常对（某些国家）客观革命局势的分析和主观前提条件的比较，布哈林认为，尽管日本的资本主义发展很快，但工人阶级和其他阶层的劳动群众的觉悟程度依旧是低的，并且所有阶层的居民都受到日本爱国主义精神的强大影响。"无论是日本的无产阶级，还是农民，都没有革命的传统或者斗争经验。只是现在才在广大群众中播撒政治意识……"①

非常具有象征性的是，布哈林在确定日本的国家政权性质时，倾向于认为是两个阶级——大土地所有者和现代大资产阶级的联盟在统治这个国家，而这个君主国带有资本主义的性质。与此相联系的是，布哈林认为，日本未来的革命不会重复俄国 1905 年革命的模式，而更接近于 1917 年二月革命的类型，连同后者所素有的从资产阶级民主革命到社会革命的倾向性在内。② 这个提纲的革新角度决定了它的不寻常的命运。30 年代初，以民族问题理论家角色进行活动的 O. B. 库西宁和 Г. 萨法罗夫，批判了关于日本资本主义的巩固性的原理和关于必须对之加以民主改造的问题。然而，才过了几年，"布哈林的日本提纲"就被用作日本共产党纲领方针的新版本。③ 研究工作者认为，布哈林的日本提纲是 40～50 年代一些国家共产党在人民民主革命中运用过的战略的先声。

布哈林在共产国际的重要理论活动的一个方面是积极参与制定共产国际的纲领，此项工作直到 1928 年才得以完成。它的开端是 1922 年召开的共产国际第四次代表大会。当时组成了第一个纲领委员会，并且确定了布哈林制定的纲领的第一批条例。

国内战争的结束和俄共（布）的政治路线转移到新经济政策的轨道表明，重新回到制定完整的共产国际纲领已是迫切的需要。在 1922 年 7 月召开的共产国际执行委员会第二次全会上，做出了在即将召开的第四次代表大会上审查共产国际纲领的决议，组成了一个 33 人的委员会来准备纲领草案。委员会的成员中有一些外国共产党的活动家，但在委员会的工作中负有主导作用的是布哈林。在共产国际档案库里藏有第一个纲领委员会 1922 年 7 月 28 日会议的资料，当代的共产国际史的研究者之一——A. Ю. 瓦特林④对此资料做了分析。从中可以显现出：关于怎样制定纲领性文件存在有两种不同的角度：依照拉狄克的意见（拉狄克这几年进入了共产国际负责领导干部的三人团，即季诺维也夫、布哈林和拉狄克），在共产国际纲

---

① Ю. B. 格里戈里耶夫：《1927 年布哈林的"日本提纲"》，载《布哈林与共产国际》，莫斯科，1989，第 148 页。

② Ю. B. 格里戈里耶夫：《1927 年布哈林的"日本提纲"》，载《布哈林与共产国际》，第 151 页。

③ Ю. B. 格里戈里耶夫：《1927 年布哈林的"日本提纲"》，载《布哈林与共产国际》，第 156～157 页。

④ 参见 A. Ю. 瓦特林《共产国际内关于纲领的争论》，载《历史问题》1999 年第 4～5 期。

领中应当形成和反映过渡时期对共产党员的具体要求。在这些要求里，他首先指的是工人统一战线策略，他本人在这几年和以后一直是这一策略的坚决拥护者。和他相反的是，布哈林认为，策略性问题总的来说不应当在纲领里标示，纲领应当概括共产党员的最大目标和他们的世界观的原则，也要从理论上去评价新过渡时期。布哈林在大会前费了不小的力气完成了纲领的草案，其中有关于无产阶级专政时期的很长的章节，也讲到这一时期的经济和政治措施。与之平行提出另一纲领草案的还有德国共产党员的代表 Б. 塔尔海默和保加利亚共产党的代表卡巴克奇也夫。在第四届代表大会上，因大会的代表和俄共（布）领导的代表都对纲领的性质和结构持有不同的看法，对纲领的讨论变得复杂化起来。在这里，第一次使用了由俄共（布）中央委员建立的"五人"机制来达成妥协折中的决议，以减轻有影响的多数大会代表的"左翼"宗派主义倾向的对抗。正是因为这样，俄共（布）"五人"领导中的四个成员反对布哈林，并做出了关于强调必须在纲领中根据这个或那个国家的特点写上局部的和过渡时期的要求[①]的决定。1923 年，在共产国际执行委员会第三次扩大全会上组成了新的纲领委员会。这次由 14 人组成。新委员会在共产国际召开第五届代表大会之前，举行过 9 次会议，就重大理论问题听过一系列报告。但这却显露出在诠释这些问题时存在重大分歧，所以纲领成稿的问题便一直推迟到代表大会召开之时。在第五届代表大会的全体大会上，布哈林利用做纲领问题报告和自己起草的纲领草案时批评 Г. 布兰德勒和 А. 塔尔海默犯了"右的错误"，还指责拉狄克支持德国共产党的右倾方针。布哈林把新经济政策作为报告的中心。按照他的意见，工人阶级夺得政权后确立社会主义经济的方式应当在"市场竞争的基础上"进行，是一种新的有特色的阶级斗争方式。布哈林利用俄共（布）是共产国际主导政党的威信坚持说，他写的纲领草案在 1922～1924 年已经被公认为随后争论的正式基础。除了布哈林、拉狄克和俄共（布）的其他活动家外，参与争论纲领问题的还有捷克斯洛伐克共产党的代表们、德国共产党的理论家们以及共产国际的其他知名活动家。然而，紧接着第五届代表大会之后在俄共（布）-联共（布）内和在共产国际自身出现派系斗争尖锐的时期，使得在很长一段时间内延误了

[①] А. Ю. 瓦特林：《共产国际内关于纲领的争论》，载《历史问题》1999 年第 4～5 期，第 100 页。

制定完善的纲领草案和正式通过它的时机。只是到了共产国际第六届代表大会（这是布哈林作为共产国际政治书记处主要成员政治活动的尾声的一次大会）即将召开时，才得以采取有力的措施来制作和修订纲领草案。这个纲领随后在大会上得到批准。

在解决共产国际纲领问题时有一个情况起了重要的作用，即在共产国际执行委员会第六次至第八次扩大全会上，反对派在国内和在国际舞台上都被隔离了。在新的历史形势下从根本上改变了对纲领委员会的成员及其工作阶段的处理方法。1928 年 1 月 12 日，联共（布）中央政治局做出决定，在党内建立一个以斯大林、А. И. 李可夫、В. М. 莫洛托夫、Е. С. 瓦尔加、布哈林为成员的共产国际纲领委员会。一个月以后，共产国际执行委员会第九次全会授权上述联共（布）代表团成员提交纲领的新草案。在加工此纲领时，布哈林与来自红色教授学院和政治书记处机关的支持者以及助手参加了。

1928 年 4 月 3 日，布哈林将纲领草案发给联共（布）的纲领委员会成员莫洛托夫、李可夫、斯大林，同时说明，在这个实际上是新的草案里他考虑了斯大林提出的几乎所有的建议和纠正之处。① 现在，人们开始了解那些斯大林认为需要讲出的有关纲领的想法了。斯大林也认为有必要重新写作纲领，因为已有的纲领草案当时是在第五届代表大会的基础上通过的，从共产国际当前需求的观点来看不能认为是令人满意的。他建议纲领从分析世界资本主义体系的帝国主义发展阶段写起，"**从世界资本主义正在发展的危机角度去进行这种分析**（黑体为作者所加）……很清楚，只要苏维埃体系存在，和世界资本主义体系一起发展，这一危机就会存在并且继续发展，尽管资本主义有局部的稳定"。他建议纲领应当专门有一节写世界共产主义经济体系（这被斯大林评价为解决资本主义世界经济体系矛盾和两难抉择的有效办法）。他建议在揭示过渡时期的本质和规律性时，要集中关注无产阶级专政的苏维埃形式等问题，"军事共产主义"问题、新经济政策问题，还有作为一个单独阶段的社会主义建设问题。按照斯大林的建议，在纲领的最后的版本里，所有的国家分成了三种类型——帝国主义类型、殖民地类型和苏维埃类型。纲领强调并充分地介绍苏联的政

---

① 参见《俄共（布）和联共（布）中央政治局和共产国际，1919—1943 年（文献集）》，第 100 页。

治、经济及其世界意义的必要性。①

布哈林撰写的纲领草案文本由于严重的编辑方面的改动，并根据斯大林的意见做出了修正，结果纲领的作者被确定为布哈林和斯大林。5月25日这个草案得以通过；5月27日的《真理报》和1928年6月1日出版的第22期《共产国际》杂志刊登了这个纲领草案。自此时起，在苏联和外国的共产主义出版物上就开始了关于共产国际纲领的讨论。刚刚被摧毁的反对派活动家对讨论纲领这一事实也很关心。季诺维也夫准备了意见书（《只是为自己准备的》）。他认为，纲领里有许多值得争论、未经充分考虑和错误的地方。他认为，纲领把新经济政策理想化了，关于可以把新经济政策运用于国际范围（资本主义世界经济的各个中心，殖民地半殖民地和经济落后的国家）的观点是不对的。他还认为把运用于国家之间关系的"共处"概念写入纲领也是不适宜的。在季诺维也夫看来，总的来说，这个草案被"右倾机会主义"污染了，而"阶级反对阶级"的新方针应当实际地排挤右派和加强"左"派的阵地。季诺维也夫并没有将这些意见交给官方机构，但是保存在他的私人档案里了。② 此时已处于流放地的托洛茨基则表现不同。他给代表大会寄出长信《下一步是什么?》，而这实质上是一篇包含尖锐批判内容的反纲领草案报告。他认为，布哈林-斯大林的纲领其主要缺陷首先在于论证了"民族社会主义"的和反动的乌托邦的"一国社会主义理论"。他认为这一理论的缺陷在于假想的苏联有可以孤立于世界经济和政治而生存的可能性。托洛茨基认定，这种理论不可避免地导向低估本该克服的困难，以及过高估计所取得的成就，因为按照斯大林所宣布的，社会主义在国内似乎已实现9/10。桀骜不驯的托洛茨基写道："假如考虑到这些成就是在什么样的条件下取得的，以及由过去所继承的是低水平的文化，则可说苏联无产阶级的成就是巨大的。但是，这些成就在社会主义理想的天平里是个极小的数目……我们现在，就我们的经济水平、按照我们日常生活条件和文化条件来讲，是比接近社会主义社会更接

---

① 《俄共（布）和联共（布）中央政治局和共产国际，1919—1943年（文献集）》，第515~516页。1928年3月24日斯大林致布哈林、李可夫、莫洛托夫关于共产国际纲领方案的信。
② 《俄共（布）-联共（布）中央政治局和共产国际，1919—1943年（文献集）》第217号文献的注释，第535页。

近资本主义，并且还是落后的不文明的资本主义。"①

联共（布）中央和中央监察委员会的七月全会成了讨论纲领草案和准备共产国际代表大会的重要阶段。对布哈林而言，此次会议是在非常复杂的环境里举行的。在摧毁托洛茨基－季诺维也夫反对派的第十五届党代表大会之后，斯大林和他的圈子在党内和国内采用了激进的对内政策，对共产国际的方针也是如此。在粮食储备和城市及国内居民的供给方面的许多困难，造成一些反对农民的非常措施的执行，从而加速了新经济政策的危机，而新经济政策是和布哈林的政治命运密切相关的，对他的志同道合者也是这样。在布哈林和斯大林之间的冲突具有十分尖锐的形式，关于这一点，布哈林在见到加米涅夫时毫不迟疑地告知了他，而后者曾是他不久前的不可调和的论敌。有关这次见面的详情因加米涅夫的笔记而为人所知，不仅于此，托洛茨基的传单也公布了加米涅夫的笔记，随后又被登载在国外的孟什维克机关报《社会主义公报》上。在秘密见面的过程中，布哈林使对话者得悉在党的领导机关里变得更加复杂化的形势。布哈林承认：

> 斯大林的路线对整个革命是有害的。跟这条路线走我们可能会完蛋。我们同斯大林之间的分歧比以往我们和你们之间的所有分歧要大许多倍。我同斯大林已经几个星期不说话了。这是个无原则的阴谋家，对他来说，一切都得服从于保存自己的政权。他修改理论是为了在某个时刻除掉某一个人……他现在做出让步是为了要我们的命。我们明白这一点，但是，他这么耍手段，是为了要把我们描绘成分裂主义分子……逼我们开始争论——为这可以把我们害苦了。中央委员会害怕争论。②

后来，这次见面成了中央监察委员会分析的对象，并为指责布哈林破坏党的道德规范和政治上的两面派手腕提供了依据。

尤其意味深长的是，七月全会除了讨论工业化政策和农业集体化政策之外，分出前三天来讨论共产国际的纲领草案和即将召开的第六次代表大会的会议事宜。提供有关七月全会的工作以及主宰那里的气氛的重要资料

---

① 托洛茨基：《列宁后的共产国际：伟大的失败组织者》，莫斯科，1993，第65、76、96、108、113页。
② М. 库恩：《布哈林。他的朋友和敌人》，莫斯科，1992，第253～255、256页。

来源，是一本刊登包括这次全会速记记录和1928~1929年举行的其他几次全会速记记录的出版物，题为"新经济政策是怎样被破坏的？"。布哈林坚持说，正是他在报告里讲述了纲领草案的主要原理和那些他素有的与变化了的国际形势相关联的理论政治创新。斯大林就纲领草案问题做了一个很长的发言，实际上是确定了争论的范围。尤其是，他坚决地驳斥了关于纲领有多余的"强制推行俄罗斯化"问题的观点，以及过于夸大的关注苏联社会主义建设问题的观点。他提请与会者重点关注资本主义总危机的存在和资本主义稳定的动摇性，强调反对社会民主党及其"左翼"的重要性，因为这是共产主义运动发展的条件。① 全会通过决议，指出会上"俄罗斯问题"的报告人——Д. З. 曼努尔斯基和 Б. 瓦尔加应当把主要注意力集中于总结联共（布）和共产国际同托洛茨基反对派的斗争上，不必深入分析党内斗争的实质，而党内斗争在联共（布）的第十五届党代表大会之后更加剧了。瓦尔加，作为经济问题的报告人，则应当集中注意力在分析苏联经济发展的总路线上，把它与"阶级斗争问题以及托洛茨基反对派对此的偏离"② 相联系。此前，1928年7月16日，俄国代表团决定将布哈林的提纲作为共产国际代表大会的中心问题之一，即"国际形势与共产国际的任务"的基础，而不是通过这个提纲，这意味着以后必将对它进行修改。

共产国际第六次代表大会继续推行共产国际执行委员会第六次至第八次全会开始的工作。这次代表大会的工作自1928年7月17日延续至1928年9月1日，它的日程相当多样化。代表大会的工作因一个情况而极端复杂化，这就是此时斯大林和他的圈子又对联共（布）和共产国际的政治方针做出了别出心裁的修正。过去几年处于某种优势地位的方针是保持和深化新经济政策，被以偏向激进的加紧工业化和农业集体化道路的方针政策所替代。实际上，拿来用作收缩新经济政策的武器就是先前被激烈批判过的"左"派共产主义反对派的想法，即害怕在苏维埃国家植入与社会主义前景背道而驰的私人资本主义秩序。布哈林关于保持及巩固工人阶级和农民的联盟，关于密切关注文化建设并因而密切关注作为文化价值体现者的知识分子等思想被看作不合时宜的。无论是斯大林，还是团结在他周围

---

① 《新经济政策是怎么被破坏的？》，《联共（布）中央全会速记记录，1928—1929年》，第2卷，《联共（布）中央全会（1928年6月），第1—5次会议》。
② 《俄共（布）-联共（布）中央政治局和共产国际，1919—1943年（文献集）》第320号文献，第538页。

的联共（布）中央，都不可能听不到存在于党组织内的工作人员和普通群众中对耐普曼①和富裕农民让步的不满的声音。粮食收购的危机和工业中心粮食供应的困难在令政治方针朝激进化方向发展上起了重要作用，而斯大林是这方针的代言人。

共产国际代表大会召开前夕，斯大林圈子的人在联共（布）代表团内部开始了反布哈林的进攻。为此，他们对布哈林撰写的"论国际形势与共产国际的任务"提纲做出了多处重大的修正。在斯大林拥护者的压力下通过了加强批评右翼倾向的建议，而这时已经笼罩着指责布哈林本人和托姆斯基、李可夫犯右倾机会主义错误的气氛。存在于联共（布）中央政治局内的分歧使共产国际第六次代表大会的准备工作和纲领的完成严重地复杂化了。许多当今出版的著作中引用的布哈林于1928年6月1～2日致斯大林的信中的一段话的确看起来很具悲剧性。布哈林给自己的那位无所不能的论敌写道：

> 我告诉过你，我不准备也不想打架。我知道得太清楚了，打架可能意味着什么，何况是在我们国家和党处于那样艰难的环境之下。我请求你现在考虑一点：让代表大会得以安静地举行；不要再制造不顺利的事；不要营造搬弄是非的气氛……代表大会一结束……我去哪里都可以，我已经准备好了，不需要打架，不需要任何吵闹和争斗。②

实际上，布哈林以此表明，他不准备利用代表大会的讲坛来同自己的众论敌算账。结果在第六次代表大会期间，由进入俄国代表团的联共（布）中央政治局主要成员签名的特别声明，驳斥了关于领导层内部存在严重分歧的意见。强调所有在文件上签字的人——其中有斯大林、布哈林、莫洛托夫、李可夫、托姆斯基等——都保持对同一条政治路线的忠诚；一切以他们的分歧来搬弄是非的行为都被驳斥为政治上有害的，有损

---

① 耐普曼指俄国新经济政策时期出现的资本主义分子。新经济政策是俄共（布）第十次全国代表大会通过。于1921年3月21日颁布的一项政策法令。法令减轻了农民负担，恢复商品关系，促进经济发展，但同时不少资本主义分子乘机作乱。

② 《俄共（布）－联共（布）中央政治局和共产国际，1919—1943年（文献集）》第320号文献的注释，第539页。

于共产党员名誉的。这份声明是布哈林本人坚持的结果。①

关于纲领问题的争论延续到了纲领委员会。讨论过程中占有重要地位的问题有：如何评价社会民主党及其"左翼"、如何评价法西斯主义，以及资本主义世界政治发展的前景和社会主义建设。在纲领委员会的会议期间，布哈林不顾共产国际和联共（布）政治局的路线已出现明显的"左倾"变化，认为需要就一些最尖锐的问题表明自己的原则立场。布哈林自然仍旧对社会民主党持有强烈否定的评价，不过他也反对把社会民主党的政策等同于法西斯主义。布哈林坚决谴责斯大林的拥护者洛米纳泽关于社会主义建设进程中阶级斗争激化的论点，看出其中有军事共产主义实践复活的危险倾向，还有对新经济政策信誉的损害。不仅于此，布哈林还怀疑在较高度发达的国家能否运用军事共产主义方式，他认为在那里可以实行原则上不同的政策。②

在研究共产国际的著述中有不少讲到共产国际执行委员会第八次、第九次全会和共产国际第六次代表大会所做决议的宗派主义错误。当代一些研究工作者对布哈林领导时期的共产国际政治路线的主要指责集中在以下的问题上：对社会民主党总起来说的批判态度，尤其是对其"左"派批判尤甚；过高估计资本主义总危机的尖锐性；关于社会法西斯主义的论点，这个论点使30年代工人阶级与法西斯和战争危险斗争的联合行动严重复杂化。布哈林的名字似乎是从组织上同共产国际政治路线向"左"转的概念以及"阶级反对阶级"的策略相联系的。然而众所周知的是，布哈林早在1928～1929年就成了联共（布）内和共产国际内的一面右倾的旗帜，以至于在30年代他被认定犯有叛变共产主义的罪过并把他当成人民的敌人。对这位共产国际的非形式上的领导人活动中的"左"的倾向和右的倾向之间的矛盾，至今似乎仍旧被置于研究这一有影响的国际组织之外。但是，这一矛盾值得特别关注，因为正是布哈林，作为共产国际纲领的主要创作者，把自己的名字写进了共产主义的历史，成为新的几代为共产主义理想奋斗的战士的独特的一种信仰的象征。

法西斯主义问题是共产国际第六次代表大会期间很受纲领委员会关注

---

① 《俄共（布）－联共（布）中央政治局和共产国际，1919—1943年（文献集）》，第540～541页。
② А. Ю. 瓦特林：《共产国际内关于纲领的争论》，载《历史问题》1999年第4～5期，第107页。

的诸多问题之一。在《共产国际反对法西斯主义》这本文献集里，引用了布哈林1928年8月7日在纲领委员会第六次会议上关于法西斯主义问题的发言摘录。这个发言真正改变了对第六届代表大会的决议和纲领中规定的关于社会法西斯主义的论点以及在新的政治形势下法西斯主义和社会民主党相似同种的观点的评价。布哈林思考良多，首先是在国家垄断资本主义条件下资产阶级的政治统治方式。他素来受到某种程度的决定论的影响，因而加深了他对议会主义和资产阶级民主的尖锐批判态度……他在几位与会者的抗议声中说出关于议会主义和资产阶级民主已经破产的思想。实际上他似乎预见到了资产阶级民主制度的崩溃在30年代已经成熟。与此同时，他也很注意那些决定法西斯主义得以演变为新的统治方式的诸多因素。他指出，对资本主义的不信任、战争的后果、触动小资产阶级和劳动群众的危机过程都是法西斯专政连同它所带来的那些反资本主义的"叮当响的小玩意儿"产生的基础。他坚决反对把"法西斯主义"的概念扩大化的企图，而这种企图当前在共产主义术语中愈演愈烈。但是，这并不妨碍他有以下看法，即如果出现新的先决条件，法西斯主义可能会成为普遍现象。在提到法西斯主义和社会民主党的相互关系时，他确定它们之间有某种相近之处，但是认为"如果把像ППС（波兰社会党）这样的社会民主党和法西斯主义一起都扔到同一个锅里，把它等同于法西斯主义，那就错了"。①

布哈林关于资本主义具有稳定和现代化的可能性的思考富有远见。当然，他未能预计到冲击世界的1929~1933年危机。当然，他在一定程度上向斯大林关于资本主义总危机发展第三阶段的论点及由此稳定时期危机将加深的论点发起过挑战。正是这一点给了斯大林和斯大林主义者手里一张日后诋毁布哈林的王牌，说他过高估计资本主义体系的力量，不相信俄国无产阶级和社会主义的革命能量。从纲领的经过修饰的词句里准确无误地透露出以下思想，即由于资本主义的合理化、使用新技术、农业部门的工业化等，资本主义现已拥有了新的资源。在讲这个问题时主要的依据来自美利坚合众国，此时美国刚刚经历了因第一次大战而加速，因欧洲国家在20年代衰弱而出现的前所未有的经济高潮。

1928年8月14日，共产国际第六次代表大会整体上批准了纲领草案，并请纲领委员会最后为纲领定稿。在加入几节新的内容和具体评价之后，

---

① 《共产国际反对法西斯主义（文献集）》，莫斯科，1999，第208~212页。

纲领委员会于 8 月 25 日前结束了此项工作。纲领于第六次代表大会闭幕的当天，1928 年 9 月 1 日，经大会代表一致通过，尽管后来它并没有起到它该有的作用。这在很大程度上是受到一些因素制约的结果：纲领的篇幅太大；对新的历史进程做出教条主义的评价；自 1929 年以来在世界范围内，共产国际、联共（布）范围内政治斗争的尖锐化；世界经济危机时期的开始；法西斯主义的进攻以及从根本上改变共产主义运动和共产国际本身的"自上而下的斯大林式革命"。尽管如此，共产国际纲领的出现这一事实是当时的具有重大意义的事件。它就好比汇总了在布尔什维克基础上的国际共产主义运动的初始立场，实现了作为资本主义对立面的社会主义建设的社会实验的苏俄共产党的经验。所以，斯大林在代表大会闭幕后，在镇压自己的同盟者与反对者、杰出的理论家和政治家布哈林时，急于巩固自己的共产国际纲领作者的地位，就不是偶然的了。1929 年 12 月，庆祝斯大林五十寿辰的庆典是以尊崇他为国际共产主义运动公认的领袖来庆贺的。而布哈林的名字则自 30 年代起实际上就从布尔什维克的历史、俄国社会主义和共产国际的历史中消失了。

在 1928 年 12 月 19 日共产国际执行委员会主席团的会议上，斯大林总结了共产国际同右派的斗争。按照他的评价，右派用社会民主主义的思想垃圾来毒害党的空气，并且系统地破坏了党的纪律最起码的基础，其时调和派分子则助长了右派的声势。斯大林警告说，目前右派在联共（布）内"尚未定型，尚未成为团体或派别，尚未发生一起破坏或者不执行联共（布）中央决议的事端"。但是，他警告说："假如右派转向派别斗争的立场并进而破坏联共（布）中央的决议，我们将会像 1927 年对待托洛茨基分子一样来对待他们。"①

现实证明了这些可怕的预言。还在 1927～1929 年就开始了广泛地镇压托洛茨基、季诺维也夫、加米涅夫和其他"反对派分子"的浪潮。他们中的有些人被免除了党和国家的崇高职位到流放地去，或者安排经济部门职务和教育工作。托洛茨基于 1927 年被流放到阿拉木图，1929 年则因反苏活动被驱逐出境。自 1929 年起同样的命运起先是落到了布哈林的志同道合者们的头上，随后就落到了他本人的头上。他被撤掉了共产国际执行委员会成员、联共（布）中央政治局成员、《真理报》主编的职务。与此同

① 《共产国际十年：决议和数字》，莫斯科－列宁格勒，1929，第 339～340 页。

时，他在党内的崇高威信使人不能不承认他是个出类拔萃的理论家。他于1929年当选为苏联科学院院士。随后他发表了组织管理、科学与文化的发展问题的重要的研究著作。1934年他得以出访巴黎，并在那里参加了文化界活动家的世界反法西斯大会。尽管斯大林和布哈林之间存在持续尖锐化的政治上和个人之间的冲突，布哈林仍被吸收到起草1936年的苏联宪法草案的工作中。但是，无论是国家的还是党的问题，他都再没有积极参与。

众所周知，共产国际第六次代表大会在听取了布哈林的报告和开展了争论之后通过了共产国际的纲领、关于国际形势和共产国际任务的决议、关于与帝国主义战争危险斗争的措施的决议、关于在殖民地半殖民地国家开展革命运动的决议。同时，在代表大会上也分析了一系列共产党的状况，如德国党、波兰党、捷克斯洛伐克党和其他党等。但仔细分析和争论的目标仍是中国问题和中国共产党的政策。1928年9月3日，在共产国际执行委员会会议上选出了共产国际执行委员会主席团，然后又选出了政治书记处。布哈林进入了新的班子，但是，作为布哈林的监督者，这个班子充实了莫洛托夫、Д. 曼努依尔斯基以及斯大林圈子的其他代表人物。

刚刚过了一个星期，莫洛托夫就在致斯大林的一封信里，建议对共产国际执行委员会实施清洗，以摆脱统治那里的机会主义气氛。① 自第六次代表大会以来，共产国际执行委员会也开始把不合心意者以他们忠于右翼机会主义倾向为借口清除出共产国际的许多支部的领导机构。受到特别大的打击的是德国党、意大利党、波兰党、捷克斯洛伐克党等国家党的领导班子。被指责犯有右倾机会主义错误的有 Ж. 埃姆贝尔－德罗、A. 塔斯卡，部分人认为还有 K. 蔡特金和其他人。1928年12月19日，共产国际执行委员会主席团会议在把所谓"右派"和"调和派"清除出共产国际方面起了重要作用。积极参与会议工作的斯大林宣称再不能忍受这种"秩序"了，"右派用社会民主主义的思想垃圾毒害我们的空气并且系统地破坏党的纪律的最起码的基础，而调和派却助长了右派的气焰"。② 共产国际执行委员会里的一些外国委员和有些支部的领导成员，对这种与某种倾向

---

① 《共产国际十年：决议和数字》，第333条注释，第555页。
② 《斯大林文集》第11卷，莫斯科，1949，第302页。

做斗争的方法以及给政治上的反对派扣帽子的做法进行了反抗，但未能成功。这样一来，朝着在共产国际范围内培植国际组织领导机关和支部之间相互关系的追求个人威望的高度集中的和官僚主义的方式这样一条道路迈出了重要的一步，在领导机关和外国共产党内20年代成长起来的党的积极分子之间的关系也是如此。服从来自莫斯科的指令，机械地追随来自中央、地方上的共产国际执行委员会代表和地区书记处的代表、特委的代表等的命令性指示的这种风气，在20年代末至30年代初共产国际演变的斯大林新阶段占了上风。

对有些学者来说，布哈林和托洛茨基作为列宁的战友，就像是"共产主义、布尔什维主义的富有成效的多样性的象征，是用暴力和恐怖活动消灭这种多样性的斯大林主义对此问题所持态度的象征"。[1] 应当强调的是，与托洛茨基之间的激烈思想斗争妨碍了布哈林去看清楚党和国家机关官僚主义化的危险。布哈林说："关于官僚主义堕落的理论完全建立在社会民主主义的设想基础之上。"只是到了1928年，布哈林才认识到官僚主义问题是使工人阶级疏远政权的问题，然而，此时他本人已经被排挤出政权的杠杆之外。[2] 作为马克思主义理论家，布哈林的功劳是制定了新经济政策的观点体系，评述了世界革命进程的特点，分析了有关苏维埃国家的外交政策的诸多问题。

* * *

共产国际内"左翼"激进主义倾向和政治领导方式在20年代造成的后果十分悲惨。到20年代末，有27个共产党被迫在不公开的环境下进行活动。一批共产党，特别是斯堪的纳维亚国家的、美国的和英国的，在大多数殖民地和半殖民地国家的共产党其实就是人数很少的由党的工作人员组成的组织，它们在财务和政治上都是依靠莫斯科和苏维埃国家的。一些力图配合激烈斗争路线的共产党，遭到了沉重的打击。对准备不够而遭受失败的起义所实施的镇压力度，反弹到整个工人运动使之受到打击。与此相关的是，在国外的劳动大众对苏维埃现实的兴趣日益提高的情况下，共

---

[1] 《共产国际十年：决议和数字》，第187页。
[2] 《共产国际十年：决议和数字》，第188页。

产主义运动的意义受到了损害。

共产国际发挥职能的前十年的最后里程碑是共产国际执行委员会的第十次全会，它是在所有被卷入 1923～1929 年尖锐的政治争论的人物都缺席的情况下举行的。

局势在 1934 年 C. M. 基洛夫被害后发生了根本变化，斯大林利用了这一事件。经他和国家政治保安总局机关的认可，开始了对国家和社会主义命运十分不幸的血腥镇压的时期，波及许多党务和国务活动家、工农红军指挥员、学者和文化活动家、国民经济部门的负责人，还有许许多多普普通通的公民。然而，他们中许多人在斯大林的司法机关开始镇压这个自 20 年代末起无所不能的党和人民的领袖过去的战友和论敌之前，表现出一定的软弱。他们在联共（布）第十七次代表大会（社会主义胜利者的大会）上赞颂列宁事业继承者的英明，并表示对自己过去的错误和怀疑深感悔恨。重返政治活动的愿望在类似的行为里起了不小的作用。

1919～1929 年这十年成了在布尔什维主义基础上共产主义这个社会政治新现象的重要里程碑。共产主义所素有的许多特点在布尔什维主义的"左翼"激进主义思想体系基础上的国际舞台曾多次再现。布尔什维主义忠于马克思主义在 20 世纪的革命诠释，它和第二国际的社会民主主义遗产是相对立的。共产主义按其布尔什维主义的解释来说，是坚持必须实现马克思主义的基本原理——进行反对资本主义制度的斗争，在它的基础上建立新的共产主义的文明，视工人阶级为按其社会地位是最有能力完成消灭私有财产制度和一切社会压迫及民族压迫的方式任务的一种社会力量。由此而来的是对新型政党的忠诚，这种新型政党只部分地从社会民主党那里借鉴了无产阶级大众组织的群众形式。和社会主义政党及社会民主主义政党相对立的是，布尔什维主义带来了关于纲领性原理一致的政治路线和民主集中制的论点，而后者在不小的程度上凭借共产国际变成了官僚主义的、机关作风的集中制，使共产主义运动在制定新的纲领性方针政策时丧失了广泛开展政治争论和群众积极参与的可能性。

在成立时把自己设想成联合苏俄共产党人和其他国家"左翼"工人运动及社会主义运动力量的中心的共产国际，到 20 年代中叶已经在相当大的程度上失去了有力地提供发达的资本主义国家工人阶级革命经验的作用。相应的，对俄共（布）—联共（布）的政治家和理论家们来说，有一种诱惑力增强了，这就是在看待许多事情时，都把俄国革命的特殊经验看成夺权斗争和巩固政权方法的标准。

共产国际的领导机关以徒劳无功的努力为世界革命而加强阶级斗争的做法，往往使其所属支部陷入过早出动对阶级斗争的尖锐程度评价过高，对夺取政权的前提条件估计过早的处境。由此一连串的惨重失败伴随着对付共产党领导人和党员，针对大规模的阶级发动的血腥镇压和司法审讯便也接踵而至了。这些情况严重削弱了此前好不容易才建立起来的欧洲的各国共产党，尤其是处于资本主义世界外围的半殖民地和殖民地国家的共产党，那里的政治自由和公民自由水平要低得多。

过去的十年暴露出作为新革命中心的共产国际的参加者和工作人员的共产主义世界观里存在着不少奇谈怪论与矛盾。无条件的国际主义被置于共产主义运动组织者几乎是最优先的价值的地位，偏爱革命的斗争方式也一样是他们所强调的。共产主义运动的集体中心的所有参加者以不同的形式表达了对世界革命、对国际无产阶级革命、对欧洲联邦或苏维埃共和国国际联盟的忠诚。

与"左翼"的、极"左"的、右翼的倾向做斗争，还有与所谓"调和分子"做斗争决定了共产国际政治路线的不彻底性，从而使共产国际下属支部的领导机构迷失方向，也削弱了莫斯科所宣传的争取群众方针的效果。1927~1929年，在斗争反对派的基础上在联共（布）和一系列外国共产党的范围内，共产国际活动的一个新的"左倾"宗派主义的转折的条件已经成熟。这指的是"阶级反对阶级"战略，要求各国共产党必须拒绝与任何非共产主义的政治组织及派别合作，不管是工会，还是社会民主主义组织，或者是类似国民党那样的民族主义党派和运动。导致运用这一对共产主义运动和工人运动极其有害的战略是，共产国际所素有的政治词汇和宣传演说中把资产阶级民主、社会民主主义和法西斯主义等同起来，这起了重要的作用。布哈林在共产国际执行委员会第九次全会上的发言，发展了关于社会民主主义是法西斯主义的较温和的一翼的论点，比以前走得更远。他把"左"派社会民主党说成最危险的法西斯影响的传播者。这样一来，连原本已经带有宗派主义色彩的对工人阶级统一战线的评价——即认为工人阶级统一战线是揭露社会主义工人国际的社会-叛国领导人的重要工具——也被拒绝承认了。由于遵从"阶级反对阶级"策略的这种认识，共产国际的中央机关未能及时地看清法西斯主义在欧洲进攻的规模，以至于1933年1月纳粹在德国上台执政的悲剧令德国与欧洲的共产党人和工人阶级猝不及防。直到 1934 年以前，无论是德共还是共产国际都认为社会主义革命和法西斯主义二者必择其一，而这时正是捍卫民主的成果和自由能够并且应当成为团结工人阶级的基础的时候。对自第一次世界大战结束以来显著增多的宪法规定的民主制度的重要性估计不足，以及用赞颂工人阶级专政来偷换共产主义的民主主义和人文主义的原则，使苏维埃国家、欧洲的劳动群众，而归根结底使全人类付出沉重的代价。

共产国际对法西斯主义这个新的社会现象所持的自相矛盾态度，违背了共产国际宣传工具所常说的要对国际团结忠诚的原则。何况早在 1920 年共产国际第二次代表大会上表达过共产国际要从宣传鼓动的发展阶段前进到在现实生活中实施共产主义原则的阶段的愿望，在很大的程度上并未实现。只有在经历了德国的悲剧以后，共产国际和社会主义工人国际才双双看清了一致行动的价值，致使这种一致行动得以在一段时间内在某些国家实现，如西班牙和法国。然而，共产党人和社会民主党人相互之间的成见此后仍旧存在，显示出在捍卫对马克思主义的共产主义的、革命的解释的人们与在一系列重要原则性问题上偏离正统马克思主义的经典准则的改良主义流派之间的鸿沟有多么深。

（季·巴·雅希莫维奇，苏联国际工人运动研究所研究人员）

季诺维也夫与共产国际（1923 年底至 1926 年）"季诺维也夫时代"的终结

〔俄〕季·巴·雅希莫维奇 著　曹特金 译

1918～1923 年，战后政治危机的结束伴随着一系列众所周知的事件的发生。这些事件表明，共产国际和世界共产主义运动开始进入一个新的阶段。1924 年春，共产国际已届五周年，它在致各国共产党、全体劳动大众和被压迫者的宣言书中强调说，在过去的五年里"历史的火车头以飓风般的速度飞驰"。在这几年里，共产国际实际上证明了，它是把无产阶级专政变为现实的倡导者，是"注定要消灭地球上资本主义奴役制的劳动大军"的司令部。它还强调要坚信引起世界历史和劳动大众命运的巨大全球性历史转折的事业是不可战胜的。①

在题为《共产国际的第一个五年》的文章里，季诺维也夫展开了他在纪念性呼吁书中的主要思想：他在肯定这个组织的具有世界历史意义的功绩的同时，也表达了一些有个性的认识，而这些认识在危机时刻可以促使季诺维也夫对 1918～1923 年迅猛发展的事件出现时，共产国际所采取的政治方针做出修正，对其经验和教训进行反思。例如，共产国际执委会主席承认，现实情况并没有证明共产国际创建者当初的愿望是对的。他们的愿望是"世界革命以快得多的速度进行，而现实并非如此"。季诺维也夫指出，同样错误的是指望各国共产党能很快地成立，特别是在比俄罗斯发达的欧洲国家里。"在实践中各国共产党的诞生是一件复杂得多，有时是折磨人的事，不管怎么样，是比我们当年建立共产国际时所想象的费时得多的事"。季诺维也夫提请人们注意一个事实，即尽管各国的条件千差万别，出身于第二国际核心的共产党不同程度地带有社会民主主义遗产的烙印。这就滋生了右的倾向，妨碍共产党去继承布尔什维主义的原则。与此同

---

① 参见《共产国际的第一个五年》，莫斯科，1924，第 3、4 页。

时，共产党由于在工人阶级中处于少数，有脱离群众的倾向，"看不见工人阶级广大的后卫部队和中间阶层，看不见无产阶级的厚重的步兵师"。"单薄的一群先锋队尝试着举起力不胜任的重量，反而可能受到内伤。"他们患有革命急躁症，该症导致"左"的和极左的危险频频发生。季诺维也夫指出："共产国际不得不顾及不一般的多样性……为了带领那些尚未巩固的党避过所有暗中窥视它们的或'左'或右的危险，走上宽广的道路，她必须把方向盘时而往一个方向转，时而往另一个方向转。"共产国际内有些党在这五年里所遭遇的许多"危机"便由此而来。① 季诺维也夫写到，原先拟定的无产阶级革命的前进路线也受到某些改变。原先寄托于德国、奥地利和中欧、东南欧其他国家的工人阶级很快胜利的希望未能实现。与此同时，他认为新的革命事件率先在东南欧的农业国发生，然后才在中欧和西欧国家发生，是可能的。照他看来，应对东方国家，特别是中国的革命斗争前景寄予厚望。文章中重又响起乐观的预言，说到了共产国际成立十周年时，"国际无产阶级"必将在共产主义至少在一系列大国取得胜利的情况下来进行庆祝。②

然而，现实情况对布尔什维主义、共产主义，连同共产国际本身的命运来说，与革命后俄罗斯的命运一样，是要复杂得多，悲惨得多的。第三国际发挥职能五年以来的总结是相当矛盾的。大战后前几年毋庸置疑的新事物是，1917 年的十月革命给无产阶级大众以强大的朝向激进化的推动力，并促使他们在发达国家的斗争中把加强工人阶级在社会中作用的问题提上了日程，直到提出夺取政权和为社会主义而斗争的问题。共产国际在把形形色色的"左翼"和"左翼"激进的流派、运动、组织集合到革命马克思主义的旗帜下来的同时，促使国际工人运动所有力量的注意力都专注于第一次世界大战的悲惨经验和战后历史发展阶段所衍生的、新的理论和政治问题。讨论的这些问题是欧洲、美洲和其他各洲的无论是社会民主主义政党、自由主义政党还是保守主义政党都不能回避的。

然而事实上，俄共（布）尽管拥有夺取政权的经验和赢得了国内战争的胜利，却没有足够的理论上的、政治上的、组织上的和物质上的资源，来有效地发挥作为工人运动新的国际中心的作用。已公布的档案资料证

---

① 《共产国际的第一个五年》，第 23、27、29、31 页。
② 《共产国际的第一个五年》，第 51 页。

明，共产国际是以多么不可想象的努力在一个被战争和破坏性的社会剧变所折磨的国家里得以举行了几次代表大会，并保证了同那样一些政党和运动的接触，这些政党往往是在非法状态下进行活动并且由于下述种种原因和苏维埃俄国是相隔绝的。这些原因是：国内战争的战线，外国的武装干涉活动，还有同苏维埃俄国接壤的中欧和东南欧国家的"卫生防疫警戒线"的阻隔。这样，到20世纪20年代中叶共产国际也未能完成建成有稳定的有威信的领导层同时又有发达的地方党组织网络的群众性的共产党的任务。共产党之所以在对群众的影响程度方面明显地落后于有良好梯队组织的社会民主党和阿姆斯特丹工会国际，原因就在于此。

大多数年轻的共产党群众基础薄弱，导致供养党的机关、出版期刊和宣传资料、举行重大活动等所需的资金经常亏空。在这种情况下俄共（布）—联共（布）直至1943年共产国际解散前，都在负担供养共产国际在莫斯科和彼得格勒的组织机构，还要供养为数更多的旨在保持各地区、各大洲共产党的协调工作的外国中心。与此同时，实行了有计划地对各国支部进行财政拨款，其数额因准备武装斗争、大的罢工行动、大选和其他的群众性举措而大大增加。不少部分的资金用于军事工作——购买武器弹药、组织武装小分队，等等。例如，为了准备1923年秋季德国的武装暴动曾经建立了专门的基金，总计有400000美元之多，其中的大部分，一反预算所提出的，不是用在武器上，而是用在日常党务的支出上。不过，德共1924年的预算则被大大缩减了。①

在共产国际执委会领导下工作的以 И. А. 皮亚尼茨基为首的预算委员会为共产国际和她下属的群众组织（工会国际、青年团国际、农民国际、运动员国际，等等）按其任务所需的花费制订了支出预算计划。该委员会的职责是关注共产国际支出的合理性及其会计制度的执行情况。对共产国际各国支部也是在相同条件下实行财政资助的。这种资助甚至在可怕的饥荒年代1921~1922年都没有停止，而在随后的岁月中随着国家财政状况的稳定而显著地增多了。共产国际的机构在继续扩充。据契切林证实，1928~1929年外交人民委员部让出了大量的人员编制提供给共产国际及其分支机构，根据1925年的预算，财务支出的总额为4180450金卢布——对

---

① 参见《俄共（布）中央－联共（布）中央政治局与共产国际，1919—1943年（文献集）》第121号文献的注释，第207页；第152号文献及注释，第261页。

一个花费了很大力气来解决恢复国民经济问题又要同失业以及相当部分居民的贫困做斗争的国家来说，这真是巨大的数字。①

莫斯科通过不公开的渠道来实施对各国共产党的资助，但这对外国的特工机关和社会舆论来说从来就不是秘密。它被布尔什维主义和苏联的敌人广泛地利用来损害各国共产党、共产国际和苏维埃国家对外政治方针的声誉，不无依据地指控它们干涉资本主义国家的内政并从事颠覆活动。与此相关的一些大的外交事端和冲突情势，使苏维埃国家在执行已确定的加入世界政治与经济体系任务的过程复杂化了。例如，在1923年发生了"赫尔松最后通牒"事件，内容是建议苏维埃国家不要干涉大不列颠帝国的事务，从而在相当程度上使英苏关系的正常化进程复杂化了。1924年底同一届英国政府在议会大选进行到白热化阶段时公布了所谓的"季诺维也夫信件"，内有致英国共产党在英国的国土上进行颠覆性和其他破坏性活动的全面指示。至今也未能在共产国际的档案中发现"季诺维也夫信件"，而由共产国际执行委员会主席在1924年3月26日签署的《有关英国共产党的情况以及其近期内任务的备忘录》内，则未见以上被指控的指示。②伴随着共产国际对拟议中的1923年底德国革命的支持，发生了不少外交上的麻烦事；巴尔干国家、波兰和其他国家的政府也不止一次对共产国际所派出的政委的活动提出抗议。而1924~1926年这段国际上外交承认苏联的时间不能不加深苏联外交所维护的和平共处政策同依旧遵循世界革命路线的共产国际革命意图之间的矛盾。对此，研究共产国际和研究苏联外交的俄罗斯学者予以了特别的关注。

对共产国际理论和政治方针构成严重挑战的是资本主义适应战后复杂条件的能力，以及在共产国际文献中被称之为稳定时段的到来。1929~1933年的稳定阶段具有相当自相矛盾的现象、倾向和后果。共产国际的理论家，特别是季诺维也夫和布哈林，随后是斯大林，在历数稳定阶段所具有的特点时，指出了在一系列国家资本主义发展的极端不平衡性，以及它们很不相同的政治稳定程度。稳定阶段所固有的矛盾如下：有战胜国之间的尖锐矛盾，有战胜国和战败国之间的矛盾、宗主国和殖民地之间的矛

---

① 参见《俄共（布）中央－联共（布）中央政治局与共产国际，1919—1943年（文献集）》第169号文献及注释，第286页。
② 参见 Я.С. 德拉布金《世界革命思想及其变形》，载《共产国际历史1919—1943年文献集》，莫斯科，2002，第44页。

盾，最后，还有资本主义世界与苏维埃国家之间的矛盾。他们也指出了在凡尔赛—华盛顿总体系中某些国家存在的政治、经济和社会的危机经常与稳定阶段相互更迭的现象。从资本主义命运的观点来说，最顺利发展的国家是美利坚合众国、斯堪的纳维亚以及某些中立国（如瑞士）等。无论是当时的研究工作者还是现今的学者都认定，没有提到过这些国家的无产阶级具有倾向于革命斗争方法和社会主义价值观，以及准备吸取布尔什维主义的经验教训的表现。与此同时，社会民主党的理论家和西方国家研究社会民主主义和工人运动命运的学者后来都认为，20世纪20年代（在战后危机结束之后）是社会主义工人国际实施改良主义民主战略的最有效率的时期，尽管效率的程度相当有限。① 这种认识特别是对社会主义工人国际的主要领导人和理论家而言，因为他们面对法西斯和新的世界大战，再次经历了悲剧和世界社会民主主义的又一次危机。②

共产国际的革命方针同社会主义工人国际的改良主义战略之间的对立由于以下情况更加复杂化了。这就是，20世纪20年代和更晚一些时候，资本主义国家的政治生活中出现了杂乱的统治方式，也有专横的制度的新变种、法西斯或准法西斯制度。"群众性民主"这种具有两次大战之间社会生活特征的产生，迫使资本主义国家的统治阶级寻找比较灵活的统治方式，企图使劳动群众的积极性失去活力，尤其是使蕴藏在相当一部分劳动大众中的反对资本主义的情绪低落。有关20年代自相矛盾的政治进程，费雷（Ф. Фюре）在一本专门撰写两次大战之间共产主义和社会主义命运的著作里有过公正的叙述。③

在稳定的环境里，共产国际领导人首先是布尔什维克党的领导人热衷于革命辞藻和把斗争的革命手段绝对化的缺点明显地表现了出来。他们在客观条件已经发生变化的情况下仍遵循共产国际创立时期所宣告的对资本主义实行"直接进攻"的方针。然而，要想摆脱热衷于革命战略的羁绊看来相当不简单，甚至在顾及稳定阶段初始时在德国、保加利亚以及其他国家强行推行革命的负面教训之后，仍是如此。不仅如此，俄共（布）—联

---

① L'Internazionale operaia e socialista tra le due guerra. Annali Feltrinelli, 1983/1984. Milano, 1985. p. 66.
② L'Internazionale operaia e socialista tra le due guerra. Annali Feltrinelli, 1983/1984. Milano, 1985.
③ 参见费雷（Ф. Фюре）《乌托邦的终结……》，莫斯科，1992。

共（布）的领导，相应地，共产国际执委会和共产国际的其他机构正是在1923～1924年相交时甚至直到1926年还实施新的"左倾"宗派主义转向，从而巩固了其1923年政治方针的消极面。

对共产国际执委会和它的公认的领导人季诺维也夫来说，如何认识"德国的十月革命"失败的教训，以及论证德国共产党在对德国进而对中欧进行革命改造的大规模计划失败后如何修正其政治方针，是一个严酷的政治考验。早在1923年11月，德国问题以及共产国际的政策问题在俄共（布）中央政治局几乎占据了中心位置，更何况对所发生的事件如何评价的问题，已经既在俄共（布）领导中也在德共中央引起了尖锐的争议。关于这些争论的丰富资料反映在一批当代有关德国、共产国际和布尔什维克领导层的研究成果里，同样，在为数不少的档案文献集里也保存了下来。例如，Л. Г. 巴比琴科在他所写的内容丰富的著作（该书运用了共产国际、德共中央和俄共政治局的鲜为人知的档案文献）中强调指出，对莫斯科而言，拒绝曾经广为宣传的胜利在望的德国革命方案有多么困难，对德国为达到建立无产阶级政权的目的而重新回到武装起义战略的可能性持乐观主义的估计又延续了多么长的时间。

这场兼有背对背和面对面的争论有一个特点，即把德国无产阶级"失败"的错误和责任转嫁到德国共产党的领导和德国社会民主党特别是其"左翼"的叛卖政策头上。在这场争论中起了消极作用的是当时正日益增强的俄共（布）领导层同托洛茨基和其他与他接近的反对派活动家之间的论战。这些反对派活动家有的支持民主集中派的立场，有的拥护工人民主派或是其他批评党的官方方针政策人士的主张。托洛茨基在德国事件的过程中站在积极的革命立场上，他认为"拒绝迅速地革命解决的前景"是有害的。正如巴比琴科所指出的，托洛茨基当时有一种想法，就是依靠德国无产阶级先锋队的积极性，即使在德国大多数无产阶级采取半消极的态度，革命也有可能取得胜利。他急忙把这种想法在11月10日的信里告知了皮达可夫。[①]

因此，托洛茨基严厉地批评了季诺维也夫和俄共政治局给德国共产党发的指令的第一批草案，认为这些草案制造了危险的不确定性，从而会使拥护党的领导层的怀有革命情怀的人士和劳动大众迷失方向。与此相应的

---

① 费雷：《乌托邦的终结……》，第142页。

是，托洛茨基愈加激烈地批评共产国际执委会及其领导人，说他们把革命领导的职责偷换成发指示和官僚主义地发出各种命令。不仅如此，托洛茨基还倾向于给季诺维也夫和政治局的其他领导人加上右倾的罪名。托洛茨基和拉狄克早在12月底就指责共产国际执委会把责任转嫁到德国共产党员的头上，指责共产国际执委会企图在没有德共领导人参与的情况下分析德国事件的经验和教训。他们激烈地批评共产国际素有粗暴干涉外国支部事务和建立领导机构的方法。在此需指出的是，无论是拉狄克还是皮达可夫，1923年10～11月在德国逗留期间都是在这个问题上犯了错误的。皮达可夫承认，他们以德共中央的右翼、"左派"和多数派之间当时存在尖锐分歧为由，承担了德共中央的角色。

在这种情况下俄共（布）—联共（布）的领导利用了托洛茨基和拉狄克的批评行动（这些批评已告知外国的支部，首先是德国支部，还有莫斯科的一批党组织），来指责"托洛茨基主义"的捍卫者们破坏党的团结、宗派主义和危害共产国际坚如磐石的领导权。这些罪名在共产国际执委会主席团的一月全会、俄共（布）中央的一月全会和随后召开的俄共（布）第十三届代表大会（也就是列宁逝世后的第一次代表大会）上被广泛使用。自1923年12月以来，在党的报刊上、党的基层组织和俄共（布）领导机关全力展开的这场争论，传达到了共产国际的机关和各个支部。托洛茨基被指责把孟什维克和社会民主党的观点带入争论之中，尽管这完全不符合托洛茨基的本性——他是议会主义和社会民主主义的狂热的反对者，主张用激进的方法去解决国内的和世界的社会问题。然而，为了说明上述指责的正确性，广泛地使用了托洛茨基的立场与来自西方社会民主党领导人的日益增强的针对共产主义制度的论战，以及与俄国社会民主工党的孟什维克组织、社会革命党人、白俄代表人物的论战立场表面的相似之处。所有这些组织都利用了新经济政策时期俄罗斯的危机进程来证明共产主义制度注定要失败，以及该制度彻底退化为热月政变的变种的不可避免性。它们对革命后的俄国保持一党制、持续迫害在苏联从事深层地下活动的社会主义反动派，对侵害新经济政策时期的资产阶级分子、农民和工人大众的政治权利和各种自由，持极端否定的态度。成为社会主义工人国际公认的一员的俄国社会民主工党（孟什维克）国外支部向该国际的领导施加强大压力，建议它断绝同俄共（布）及红色工会国际的联系，拒绝任何形式上的合作，直到国家政治保安局停止对苏维埃国家境内孟什维克的派别和组织的迫害时为止。正是因为托洛茨基、拉狄克和其他的"左翼"反对派对党中央的官方路线所进行的抨击相似，就使联共（布）中央有可能把托洛茨基主义评定为修正主义思想流派的一个变种，是反映小资产阶级群众的利益，却用"左"的词句来掩盖其社会民主主义实质。在共产国际执委会主席团一月全会和俄共（布）中央一月全会上，德国失败的主要责任人已经被首先认定为拉狄克、Г. 布兰德勒和Э. 塔尔海姆——德国共产党的领导人；同时，也提出了关于在新的条件下不可能照过去的方式实施工人统一战线策略的问题，也就意味着否定了借助同社会民主党领导人的接触（即所谓"自上层"）和同社会民主党群众的广泛联系（即所谓"自下层"）相结合来实施工人阶级统一战线策略的可能性。自此时起，季诺维也夫个人就与布哈林以及俄共（布）中央和政治局在此问题上完全一致了，而统一战线策略则被诠释为一种宣传手段，以及批判、揭露社会民主党是反对资本主义斗争和社会解放事业的主要敌人的手段。不仅如此，还要求将批判的主要火力用于反对"左翼"社会民主党人。由于季诺维也夫、斯大林、布哈林的努力，社会民主党被定义为社会法西斯主义。这一术语直到20世纪30年代中期还起到了致命的破坏作用，封闭了共产党人和社会民主党人合作共同抗击法西斯主义的道路。法西斯主义随后得以继意大利之后在欧洲的其他国家积聚力量。

相应地，有些问题以新的力度凸显出来了：一方面，是关系到俄罗斯社会主义建设前景的问题；而另一方面，则是世界革命的命运问题。列宁和布尔什维克党把世界革命的前途与在全球范围内资本主义向社会主义过渡的任务能否胜利完成联系在一起。由此便产生了围绕着以下问题的极端尖锐的争论，即新经济政策的俄罗斯的政治发展问题，以及在缺少革命形势条件下共产国际如何制定新政治方针的问题。形势还由于在1923~1924年俄共（布）的领导司令部的团结出现了危机而更加复杂化了。此时的司令部由极为有限的小圈子组成，即进入党中央监察委员会和俄共（布）中央政治局的人士。这些年里在政治局内形成了政治局成员的"三驾马车"，他们是斯大林、季诺维也夫和加米诺夫。他们将制定国家的内外方针政策和制定共产国际的行动方针的全部责任都抓到自己手里，以同托洛茨基相抗衡，而托洛茨基则被认为是来自列宁的有可能的继承人之一。

1924年1月，1917年十月革命、共产党和共产国际公认的领袖列宁逝世。当代研究工作者一致认同，布尔什维克党的一个重要的具有凝聚力的中心也随他而去了。这个中心曾善于以革命和社会主义的目的与任务团结当时成分驳杂的党员群众,更重要的是团结布尔什维克党的领导班子成员。有关公认领袖的继承者问题使布尔什维克党的领导层严重地相互疏远,而由此又使在新形势下修正共产国际的政治方针和苏俄的新经济政策策略这些问题复杂化了。此外,列宁的逝世引起了相反的效应——使信仰社会主义和革命遗产的群众更加团结。由俄共(布)领导所宣布的列宁关于参加党的号召取得了出乎意料的效果。在许多工人集会上,预备党员被从工人阶级中推举出来,在应征的 20 万名党员中相当大的部分是三四十岁的骨干工人。这就使党的领导层有可能在俄共(布)第十三届代表大会上批驳托洛茨基和其他反对派小组及流派关于党的制度官僚主义化,以及领导脱离党内群众等指责。就连托洛茨基在大会发言时也不得不承认,这一新的事实是不能不考虑的。

因革命运动退潮的新情况,以及俄共(布)党内斗争所引起的在共产国际范围内的矛盾,于 1924 年 6 月 17 日至 7 月 8 日在莫斯科召开的共产国际第五届代表大会上演变成了广泛的争论。出席大会的有来自 50 个共产党和工人党以及 10 个国际组织的 504 位代表。和往常一样,这次也提出了范围广泛的有关国际局势和共产国际的总任务问题;也展开了对国际组织中主要支部状况的分析;还尝试过总结共产国际 5 年来的发展以及战后 20 世纪 20 年代危机的经验和教训。形势的愈加严峻是因为,在共产国际代表大会召开前不久举行了俄共(布)第十三届代表大会——列宁去世后的第一次代表大会,这次大会引发了已往党内争论的又一次新爆发。前次争论还是在 1923 年,在联共(布)中央政治局成员、俄罗斯联邦(苏联)革命军事委员会常任领导人托洛茨基领导下开始的。这场争论的中心是:在已成熟的世界革命放慢速度的情况下苏联的社会主义建设方法和前景问题;列宁退出政治舞台后所形成的党的制度成了猛烈攻击的目标,同时成为攻击目标的还有共产国际的战略策略的某些重要方面。在托洛茨基、拉狄克以及他们支持者的一系列的发言录音和文献资料中,党内的领袖至上主义以及导致党和国家蜕化变质的官僚主义化受到严厉的批判,在国家的经济、政治、社会生活中实际的民主受到限制这类现象受到了尖锐的批评。联共(布)的领导和共产国际力图使论战的热度降低,但是没有奏效。不但如此,共产国际代表大会的讲坛被反对派利用来向其同伴传播论战的主要内容,不顾党的第十三届和第十四届代表大会以及党代会上的决议，而且争论双方在会上都表示把争论搬到共产国际是危险的。

季诺维也夫作为共产国际执委会主席和联共（布）中央政治局内所形成的围绕斯大林的多数中忠诚的一员，处境十分复杂。在共产国际代表大会召开之前不久，他不得不着手研究苏联共产党的以及共产国际本身的重要战略问题。与吸取1923年革命斗争的教训相反，季诺维也夫在他本人、共产国际执委会和联共（布）中央所坚持的对待共产国际各支部的"左倾"宗派主义方针政策问题上，未做任何自我批评。他和布哈林依旧把批判的主要火力对准社会民主党。例如，在1924年1月召开的共产国际执委会主席团会议上，季诺维也夫宣布社会民主党为"法西斯的一翼"，并提出关于共产党人的主要敌人是"左翼"社会民主党的论点。在继续执行列宁在世时提出的重新审视工人统一战线实际构想方针的同时，季诺维也夫提出同社会民主党的领导机关协商不合适的问题，至于同社会主义工人国际、阿姆斯特丹工会国际就更不用说了。按照他的见解，工人统一战线应当"从下层"进行，同时向持有社会民主主义观点的群众发出呼吁；更为危险的是关于共产党人在西方社会民主运动中的主要敌人不是它的右翼，而是左派社会民主党人这一论断。由此而来的是对共产国际执委会内部"右派"的尖锐批判，首先是针对拉狄克，批判他们准备同社会民主党合作；同时强调各国共产党必须保持对革命目标的忠诚，并继续运用革命的活动方式。

季诺维也夫在共产国际代表大会的决议案里所提出的思想，是和他在自己所写的有关列宁主义的著作中的基本观点一脉相承的，即列宁主义是新的历史时期的马克思主义，而且"在当今的形势下除了马克思主义以外不可能有革命的马克思主义"。[①] 这些观点斯大林和布哈林也发表过。季诺维也夫把列宁主义阐述为产生于俄罗斯环境下的具有民族特色的学说。对这一论断的批评尝试遭到了坚决的反击。与此相应的是，列宁理论和俄共（布）理论的国际性质得到了强调。列宁逝世以后，季诺维也夫、加米涅夫、布哈林、托洛茨基和斯大林都在同样程度上追求成为列宁的忠实学生、战友和列宁主义的诠释者的角色。代表大会没有回避有关稳定时期的本质和资本主义危机的灾难性质的偏激观点，继续强调这些观点的合理性。它们仍旧在联共（布）党内和新建的共产党内流行。大会承认世界革

[①] 参见《共产国际文献集》，第479页。

命和革命危机成熟进程的速度减缓了，不过，仍旧强调不可避免有新的阶级搏斗激化的可能性存在。共产国际第五届代表大会的决议强调，必须把共产党建成坚强的堡垒，抵御群众和领导人出现动摇。它将加强党的建设，使其拥有"无产阶级先锋队最优秀分子，增多人数，握紧无产阶级革命的正统旗帜，从而……团结成为这样的无产阶级的核心，它将在任何条件下和所有的条件下都为组织无产阶级革命做好准备"。① 大会建议在布尔什维克化的纲领性文件中写上要创造性地运用俄共（布）在三次俄国革命中的经验，以及共产国际其他拥有成功进行阶级斗争事例的支部的经验。② 和往常一样，这次也加了附带说明，即布尔什维克化必须在考虑各国的具体情况和条件下进行。

在共产国际第五届代表大会上，斯大林参与制定共产国际的政治方针和参与对共产国际的领导已有重要表现。早在此前的1923年，他就和俄共（布）政治局以及党中央的成员一起为准备在德国的"革命进攻"起过作用。与此同时，在随后的同托洛茨基主义不断斗争的环境下，斯大林往往运用仲裁人的政策来对付共产国际执委会内"'左翼'宗派主义"的拥护者和比较温和的"右派"观点拥护者之间的对峙。他起初以加强季诺维也夫—布哈林在共产国际执委会内的联盟以抗衡"右"的危险和托洛茨基主义为其方针。他表示同意列宁逝世后于1924年一二月间在共产国际的政治方针中占优势的革新。在第五届代表大会上，他经季诺维也夫的提议在俄共（布）驻共产国际的代表团的领导班子中占据了重要位置，进入大会的重要的制定纲领性文件的政治委员会中，并领导波兰问题委员会。到代表大会结束前，斯大林已经成了共产国际执委会主席团成员，并在此基础上积极参与了准备和召开共产国际执委会的全会（就其意义而言相当于代表大会）的工作，然后便是共产国际第六届代表大会的工作。

看看那些早年揭示斯大林对共产国际的作用以及他和俄共（布）的相互关系的政治文献，是有意义的。例如，1924年7月3日在共产国际波兰问题委员会上，斯大林不放过同波兰共产党领导班子算账的机会，因为波共在1923年底至1924年上半年的德国危机和"俄国问题"时支持了共产国际和俄共（布）的反对势力与流派。事情是这样的：波兰共产党中央委

---

① 有关此问题，参见《国际工人运动·历史与理论问题》第5卷，莫斯科，1981，第128～129页。
② 参见《共产国际文献集》，第477页。

员会在有关德国事件的教训和在如何对待托洛茨基主义的问题争论得热火朝天时，发出了一封致共产国际执行委员会主席团和俄共（布）中央政治局的信。信中指责共产国际执行委员会延误了德国事件的总结工作，致使共产党人不得不自己担风险去弄清楚德国 10 月事件的许多复杂问题。波兰共产党领导认为，莫斯科把所犯错误全部归罪于德国党的领导这一论点是没有说服力的。"我们完全没有减轻德共中央责任的想法，只不过是想说，这责任至少有一部分应该由共产国际执行委员会承担，因为……莫斯科所制订的总的革命战役计划是建立在……事后才清楚是不正确的信息基础上的。"共产国际执行委员会被指责为在对德国革命形势的成熟程度、党的影响力和群众的战斗力进行分析时采取了不负责任的态度。共产国际被认定应当为共产国际执委会不正确的组织策略负责，该策略总是随机应变，人员频繁调换，经常做出带有折中性质的决议。信中表达了对共产国际执委会自德国革命计划失败后拒绝一切过渡性口号的做法完全无法认同。在国际范围内做出这样的总结对华沙来说是相当危险的。最后，波兰共产党的领导班子表示了对俄共（布）内部日益增强的两派对立的深切关注，波共强调这种对立将会导致党的危机。"我们不能设想下述可能性的出现，即托洛茨基同志处于俄共和共产国际的领袖行列之外……我们看到所有心存不满者聚集成群的危险，看到所有左的和右的'反对派'聚集的危险，看到影响到共产国际的统一以及它自身存在的巨大危险。"①

斯大林不满足于共产国际执委会于 1924 年 1 月寄往波兰的批评性复函。他认为有必要在共产国际第五届代表大会上再次讨论波共领导人的修正主义罪行。他认为首先是波共领导人对俄共（布）内部争论的方法和作用的评价错误。他强调"俄共（布）内的不同意见以及总起来说俄共（布）的命运不可能不对其他国家革命运动的命运有直接关系"。他指责波共的领导人，说他们在俄共（布）内部斗争的第一阶段就明确地支持了反对派。接着，他认为在德国党内的冲突中在革命的多数派和修正主义的少数派之间（指布兰德勒—塔尔海默集团）波兰领导人更偏向于支持布兰德勒。最后，他强调不破坏反对派领导人的威信就不可能击溃其错误。这点对了解斯大林以后处理反对派的政策是特别重要的。斯大林的确也附带说

---

① 《俄共（布）－联共（布）中央政治局与共产国际，1919—1943 年（文献集）》第 136 号文献的附录，第 240~243 页。

明，在同修正主义的派别论战时如无特别的需要就不必采用外科手段。他同时还明确地表明，波兰共产党有能力在即将召开的党代表大会或党代会上自己重建中央委员会。他赞成从有本国革命斗争经验的工人中提拔新的领导人，认为工人往往比起许多缺乏必需的革命鉴别力的知识分子来，是好得多的领导人。① 斯大林的这一立场随后被他广泛地运用于联共（布）和共产国际，因而在复杂化了的政治形势下不能不使领导者的智力水平有所降低。

由上可见，为什么季诺维也夫－斯大林，在布哈林和共产国际执委会内外国代表和其他领导人的支持下，在第五届代表大会期间总可以损害布兰德勒—塔尔海默和支持他们的拉狄克的威信。季诺维也夫、斯大林等人在大会期间和随后的德国共产党内围绕领导危机斗争的各阶段都支持鲁特·菲舍—马斯洛夫集团，完全不顾拉狄克、布兰德勒和克拉拉·蔡特金在大会期间和会后向他们提出的严正的警告。在菲舍—马斯洛夫集团统治期间，德国党遭受了许多磨难，如领导强加于党（尤其是对持不同观点者）的集中制度、中断了为争取工会统一运动的斗争、加强了对社会民主党人特别是其"左翼"的尖锐批判，削弱了德共在国内的社会地位。只是在 1925~1926 年由于鲁特·菲舍尔—马斯洛夫集团失败的方针政策产生了明显后果之后，共产国际执行委员会和俄共（布）中央政治局才实施了新的"外科"手术，排除了上述德共的领导人并倚重出身工人阶级的 Э. 台尔曼和他的志同道合者。有一个因素在这里起了作用，这就是"极左派"成了托洛茨基反对派在德国和欧洲的喉舌。作为抗击托洛茨基主义的、"右的"和"极左"倾向的拥护者的手段，共产国际执委会对法国共产党、捷克斯洛伐克共产党、南斯拉夫共产党以及欧洲和美洲的许多党采用了类似的清除党的领导机关的手术。这不能不给党的组织发展工作和有威信的领导人的形成制造了困难。

季诺维也夫是积极支持这些反对"右的"和"极左"倾向的行动的。他在清理党的政治路线的斗争中运用了布尔什维克党的经验和列宁主义的传统，因而在思想体系方面做出了重要的贡献。不能不注意到的是，季诺维也夫在组织问题上表现出对布尔什维克同召回派和取消派在第一次世界大战前斗争方法的偏爱。他依据自己侨居国外时同俄国社会民主工党内各

---

① 参见斯大林《论波兰共产党》，载《斯大林全集》第 6 卷，第 265~272 页。

种倾向做斗争的经验，认为年轻的共产党不应当害怕镇压和不合法的环境。在俄共（布）第十四届代表大会上发言时，他正面评价了下述事实，即共产国际内的将近一半的年轻共产党经受住了非法活动环境的考验，但他并未对欧洲的工人组织和政党的发展道路的特殊性予以考虑。它们还在战前就为使自己的组织和政党的活动合法化进行了艰苦的斗争，而这是俄国布尔什维克党在1917年以前未曾达到的。

季诺维也夫遵循共产国际第五届代表大会和执委会第五、第六次全会确定的关于巩固共产党的思想理论潜力和促进各国党布尔什维克化的方针，同俄共（布）—联共（布）的领导班子一起为在俄罗斯和国外组建党校和其他学习机构的网络以培训党的宣传干部、组织干部、领导人的工作中起了不小的作用。20年代中期，许多国家建立了党校，其中有意大利、中国等国家。

在苏维埃国家建立的第一批党校中，有西方少数民族共产主义大学。这座大学由当时斯大林负责的民族人民委员部倡议于1921年年底成立。在那里，与苏俄欧洲部分非俄罗斯居民代表一起学习的有政治侨民或由欧洲国家共产党（包括波兰、南斯拉夫、罗马尼亚等国）派出的学员。他们之中有И. Б. 铁托。也正是此时，俄共（布）中央政治局做出决议，要由民族人民委员部组织东方问题培训班，很快被冠名为东方劳动人民共产主义大学（КУТВ）。到20年代中期，又以斯大林的名字命名。紧接着在1925年由共产国际倡议，中国劳动人民大学在莫斯科成立，并积极活动至1930年，稍后被称为中国劳动人民共产主义大学（КУТК）。根据共产国际执委会宣传鼓动部负责人Б. 库恩的倡议，1926年成立了各领导人的培训班，这些领导人应有能力按列宁主义–布尔什维克方式来评价当今时代和分析本国的局势，并且能够把俄国革命的经验应用于本国的环境中去。自1928年起培训班开始称作国际列宁学校。①

被当代的研究人员（如A. B. 舒宾）称为"文献争论"的政治论战已

---

① 参见《共产国际：经验、传统、教训·共产国际70周年学术研讨会文献集》，莫斯科，1989，第115~120页。

进入高潮。这指的是 1924~1925 年活跃起来的有关考察布尔什维克党的历史、1905 年革命和 1917 年革命的历史，以及如何诠释列宁主义的论战。这一时期的主要论战者首先是托洛茨基本人。他是个多产的理论家、俄国革命进程的史料研究家和思想家（至 20 世纪 20 年代中期他已经写了 20 卷文集）。尽管存在说他不是布尔什维克甚至是反列宁分子的有损害他声誉的传言，但他依然称自己是俄国革命和 1917 年十月革命公认的领导人。起初，他在受到来自俄共（布）领导的官方的人身攻击时努力克制自己，但后来终于不能忍受来自"三驾马车"（斯大林、季诺维也夫和加米涅夫）的指责和布哈林的积极帮腔，于是在《1917 年的十月》一书的序言里提起从一个革命者的视角来看季诺维也夫和加米涅夫在对待准备就绪的武装起义上的可疑立场问题。另外，季诺维也夫在出版的数量方面也不落后，刚进入 1926 年就完成了 16 卷的文集，以追求自己是列宁主义—布尔什维主义的主要理论家和思想家的资格。1924~1925 年，他出版了《列宁主义》和《时代的哲学》。在这些著作里他对大战前和国内战争武装干涉时期布尔什维克党的经验大加赞颂，对列宁逝世后新经济政策的思想体系和实践表示怀疑。这样他实际上成了理解布尔什维主义经验的阻碍，既不会解决俄共（布）也不会解决共产国际所遇到的理论上和政治上的新问题。

加米涅夫和季诺维也夫不原谅托洛茨基对他们从武装起义和社会主义革命的方针退缩的指责。从这时起，原本在党的第十三届代表大会上宣布结束的争论又以新的活力重新开始了。站在加米涅夫和季诺维也夫一边的有以斯大林为首的政治局大多数和已经成为有威望的领导人的布哈林。正是从此时起，这场争论就变成不仅是政治方面的，而且也是历史方面的争论了。托洛茨基在大战前时期反对列宁和布尔什维主义的所有罪孽，在《布列斯特和约》时期反对列宁的争论，工会问题的争论和 1922~1923 年党的建设问题，全都归咎于托洛茨基。类似的方法后来用于与反对派、与右的、"左"的倾向的斗争，随后也用于反对以季诺维也夫和加米涅夫的"新反对派"，然后又用于反对布哈林—李可夫—托姆斯基的"右倾"。捍卫列宁主义的斗争原本是为了强调建设新型布尔什维克政党及党的一致性，有其合理性，却在这种情况下变成了某种用以对付不同观点的宗教裁判所。这为在俄共（布）—联共（布）和共产国际内滋长集中制的官僚主义倾向创造了先决条件。

只是在 1925 年三四月召开的共产国际第五次扩大全会上，共产国际才在官方的文献里承认资本主义稳定这一事实（在第五届代表大会上是说民主和平主义时代来到了，这是指欧洲和世界的政治景观有了变化），而在1926年召开的第六次全会上，季诺维也夫就已经急忙强调稳定时期行将结束，预言革命运动的新高潮即将到来。

在共产国际执委会第五次全会上，季诺维也夫在提出共产国际的一般的问题和分析共产国际的任务时，贯穿着布尔什维克化的观念和改进对干部的马克思列宁主义教育的精神。全会的主要议题是季诺维也夫的报告《国际前景与各国共产党的布尔什维克化》。他分列出农民运动、民族运动和工人运动作为主要的革命因素。他建议各国共产党特别关注工人阶级与农民的联盟，也要特别注意用马克思主义的方法去解决民族问题。全会承认革命进程的速度变慢了，但指出这不等于说共产主义运动不需要克服组织上、政治上和策略上的缺点了。审议一系列共产党的状况，包括巴尔干地区共产党的状况，在全会上占了特殊的位置。与以往的立场不同的是，共产国际领导指出，目前出现了几种复杂的关系，即客观意义上的革命局势与直接的革命局势以及直接的革命三者之间的相互关系。正如在第五届代表大会上一样，共产国际执委会主席在这次全会上也强调，在新条件下世界革命的路线变得复杂了。他指出，世界革命可以经由英国，也可以经由远东，也可以经由巴尔干，也可以经由东南欧向前推进。他承认，与托洛茨基的争论，过去和现在都是在争论：在世界革命发展趋缓的时期共产国际的策略应当是怎么样的，而不是争论世界革命问题本身。①

1925年12月召开的俄共（布）第十四届代表大会的决议，成了俄共（布）随后也成了共产国际新一轮党内争论的内容。在这届代表大会上，斯大林作为苏联建设社会主义方针的理论家起了中心作用，并开辟了一个有关国家发展前景以及党和组织工作在相关方面的任务的争论题目。斯大林在报告里承认世界上的革命运动存在暂时低潮时期，承认国际矛盾激化。与此同时，他强调说，正是苏联在解决最复

---

① 参见《透过世界革命的多棱镜看巴尔干半岛的民族问题。19世纪20年代初期至中期俄罗斯中央档案馆文献》文集，第2卷，莫斯科，2003，第226号文献，第455~457页。《俄共（布）第十四届代表会议关于共产国际和俄共（布）就共产国际执委会第五次扩大全会相关任务所作出的决议》。

杂的难题。为了证明"掌握了政权的工人阶级能够不仅摧毁旧世界，也能建设社会主义"，他指出，"为社会主义因素在我国战胜资本主义因素而斗争。我们的建设和斗争按其意义来说也是国际性的，因为我们的国家是世界革命的基地，因为我们的国家是开展国际革命运动的主要推动力"。① 应该看到，把苏联革命改造的国内部分和国外部分联系起来是合乎规律的，在当时的历史条件下是完全合理的。斯大林提出了国民经济发展领域——工业、农业的艰巨任务。他强调俄共（布）必须"全力做到使我国在经济上独立，经济要建立在国内市场上"，并防止俄国变成世界资本主义体系的附庸。②

尽管在政治局成员之间事先有过一致的意见，政治局还是未能避免所谓"新反对派"的思想家——季诺维也夫和加米涅夫在大会上发言。"新反对派"依仗列宁格勒党组织的支持和它的领导人依旧是共产国际执委会的首脑。季诺维也夫第一次就革命后的历史做有关一般政治问题和党内问题的反报告，其主要观点从根本上同总书记政治报告的主要思想大相径庭。季诺维也夫在报告里企图对新经济政策的命运和苏联社会主义建设的前景提出疑问。他一反以往认为"在一国"建设社会主义是不可能的这种同托洛茨基精神一致的否定评价，不得不顾及第十四届党代表会议的决议，并且承认说，新经济政策时期国家经济的全速发展证明了"我们的确在我国建设社会主义。我们争论的只是：在一个国家内是否可能彻底建成社会主义并巩固社会主义制度"。同时，他还指出了一个拥有大量农业人口的农民国家实现这个纲领的许多困难。他认为世界革命的延缓是一个负面因素，因为这使俄国注定受到孤立。季诺维也夫和加米涅夫都在大会上严厉批判布哈林和布哈林学派，说他们背离列宁主义，因为他们维护工人阶级和农民的联盟并号召同农民群众合作，毫不考虑他们将给社会主义建设的利益带来危险。不仅如此，加米涅夫和季诺维也夫都在大会的讲坛上尖锐地揭露在国内和党内愈演愈烈的官僚主义制度，认为造成这种状况应当由总书记和他周围的圈子来负责任。加米涅夫在列宁格勒党组织成员赞同的即兴插话鼓舞下，敢于直接猛烈抨击斯大林，他指望从代表大会的代

---

① 《斯大林文集》第7卷，第286、295页。
② 《斯大林文集》第7卷，第286、295页。

表中寻找到支持来完成列宁遗嘱中重要的一项内容,即把斯大林因其粗暴和缺乏耐心从总书记位置上撤掉。加米涅夫说:"我们反对制造'领袖',我们反对实际上把持着政策和组织权利的书记处站到了政治机关之上……我个人认为,我们的总书记不是能够在自己周围团聚起一个布尔什维克司令部的那个人……正因为我曾不止一次地与斯大林同志本人谈及这一点,正因为我不止一次地与一些同志们——列宁主义者谈及此事,所以我在大会上也讲这个问题。我相信斯大林同志不能完成布尔什维克司令部统一者的角色。"① 然而,这个声明遭到大会代表的愤怒抗议。代表们用暴风雨般的掌声来表示拥护党的领袖。斯大林觉察到获得大会支持的重要性。这种支持实际上是宣布不同意已经传达到党内积极分子的关于指责他不适合担任领袖的列宁遗嘱内容,而这正是他的要害所在,正因为如此,斯大林此时可以对"新反对派"的活动家表现出宽宏大量。在结束语中,他指责反对派把紊乱的情绪和无组织状态带入党的队伍。他同时又强调说:"我们反对清除出党的政策。但是这并不意味着,可以允许对领袖人物不受惩罚地任意欺凌和骑在他们头上,不会有什么央求。党希望团结一致,如果加米诺夫和季诺维也夫愿意,党就和他们达成一致,如果他们不愿意,没有他们党照样能团结一致。"② 遵照这一政策,代表大会严厉指责了反对派的纲领以及列宁格勒代表团和它的领导人在大会上的行为。不过,季诺维也夫仍保留了政治局成员(的身份),而加米涅夫则被降为候补委员。

代表大会上未实现的反对派哗变带来的直接后果是,一些知名的党的活动家被派到列宁格勒,向那里的党组织讲解俄共(布)十四大的决议。在题为"布尔什维克领导层在1912—1929年"的文集里有许多描述派往列宁格勒的党代表团活动的文献。代表团利用了列宁格勒一些主要企业的工人团体的处于剧变状态的情绪来反对季诺维也夫本人和他的拥护者。文集的内容还有党的知名成员对这一场新爆发的党内论战的评价,即为分裂的危险感到不安,因为担忧对有不同意见者实行镇压所采取的方式而惊慌,对季诺维也夫和加米涅夫政治观点的不彻底性感到愤怒,因为他们两人从托洛茨基主义最不可调和的论敌实际上变成了托洛茨基的志同道合者。代表大会在致列宁格勒党组织的呼吁书里表达了这样的信心:作为党

---

① 《俄共(布)第十四届代表大会速记记录》。
② 《俄共(布)第十四届代表大会速记记录》,第390页。

的先锋组织，列宁格勒的党组织一定能够改正列宁格勒代表团所犯下的错误。与此同时，呼吁书还明确提醒说，对代表大会的决议不能争论，这样做是不应该的也是不被允许的。大会选出了基洛夫来代替季诺维也夫担任列宁格勒党组织的领导人。这样一来，把季诺维也夫的拥护者清除出列宁格勒党组织这一吃力不讨好的工作就落到了基洛夫的头上。季诺维也夫因而也失去了使他能够在党中央政治局成员中感到自信的那个重要碉堡。同时，拒绝承认"新反对派"在俄共（布）第十四届党代表大会上的错误这一事实，也使季诺维也夫继续留在共产国际的领导岗位上成了问题。

季诺维也夫本人在 1926 年 1 月 1 日的俄共（布）中央全会上递交了两份书面声明，请求"即便不是形式上但实际上解除"他在共产国际的工作。全会未接受这两份声明。1926 年 1 月 20 日，季诺维也夫向俄共（布）中央书记处发出一封致政治局成员的信，在信里他表示准备尽其所能来实施共产国际内部的统一领导，但与此同时他强调，这一任务应当由政治局的所有成员共同合力来完成。斯大林和他的拥护者［他们在俄共（布）中央占多数］在不接受季诺维也夫正式辞职的同时，开始严格控制他的每一个行动，并且利用种种口实来破坏"列宁的志同道合者大军"① 中的一员（指季诺维也夫）的威信。

反对共产国际执行委员会主席的一个行动是，俄共（布）中央委员会1926 年 1 月 14 日致共产国际各支部的一封关于第十四届党代表大会决议的通报信。通报信指出，兄弟党对（俄共）党内的论战感兴趣不是偶然的，因为关系到影响苏联的和工人运动、共产主义运动命运的带有根本性的问题。

> 我们之间的分歧是在经济迅猛发展和我国面临极端复杂的任务的情况下发生的。外国的同志们应该清楚地知道：在无产阶级专政的条件下，我们不仅仅是完全改变了看待当前政治的视角（因为我们利用所夺得的政权去搞社会主义建设，而他们只是为争取政权去开展革命斗争），还有，所有的具体任务都极度地复杂化了。党的每一句话、党的每一个决定都是事业的需要。领导胜利的无产阶级的党只能也只

---

① 《俄共（布）-联共（布）中央政治局与共产国际，1919—1943 年（文献集）》第 209 号文献的注释，第 346 页。

应当这样来行动。①

看来,(共产国际)在这篇呼吁书里是第一次承认执政的共产党的战略应不同于资本主义国家的共产党。它们面临着建立新型政党的不寻常的任务,即在 20 世纪 20 年代中叶开始称为"共产党",以示与社会民主党和社会主义组织相对立,同时还要在不同于俄国 1917 年的条件下夺取政权。呼吁书阐述了代表大会决议关于全党统一到建设社会主义社会和社会主义经济的目标上来的基本论点,并特别强调,完成这些十分复杂的任务的重要条件是同不相信社会主义建设事业会在苏联成功的思想进行斗争。呼吁书阐明了党对不同经济成分所采取的政策的特点,指责"害怕中农"或对富农采取最有效的斗争措施评价不足等倾向。呼吁书强调俄共(布)(此次代表大会之后改称"联共")决心积极地促进共产国际沿着马克思主义的方向发展,同时强调代表大会决定:内部问题的论战已结束,也不希望把论战转移到共产国际的队伍中去。

的确,1926 年春召开的共产国际执行委员会第六次全会表现了委员们善于妥协的能力。政治局和这次全会的文件都在俄共(布)在共产国际的代表团范围内未经争论地通过了。在此范围内只有对资本主义国家稳定时期和它何时结束等问题的解释有一些含含糊糊的不同看法,它们出自季诺维也夫和布哈林的发言。季诺维也夫把注意力放在资本主义稳定时期的固有矛盾上,预言资本主义国家的革命运动高潮不可避免。他主张必须集中力量同右的倾向斗争。布哈林则着重指出资本主义已逐渐适应新形势的显著迹象,提请注意在年轻的共产党中反对"极左"倾向的必要性。他确认,由于共产国际第五届代表大会的决议,各国党内的力量对比已有变化,优势不在右翼,因而他认为主要危险首先是"左"和"极左"的错误。不过,他做了附带说明:在一些共产党内同右派的斗争应当继续进行。

这次全会沿袭了前几次全会和代表大会的做法,仔细地研究了在不少共产党内的危机,特别是德国党、法国党和几个巴尔干国家的党,还有美国共产党和英国共产党党内的形势。这次全会是向德国党的"极左派"开

---

① 《俄共(布)-联共(布)中央政治局与共产国际,1919—1943 年(文献集)》第 209 号文献,第 342~345 页。

展斗争的重要阶段。1926年3月8日，在全会的德国委员会召开的会议上，布哈林和斯大林做了长篇讲话。布哈林在批判以 P. 菲舍尔—A. 马斯洛夫集团为代表的德国"极左派"时，着重批驳了他们的论点，即所谓共产国际和俄共（布）已经"向右滑行"，并且为了苏联的国家利益，为了苏联同资本主义国家缔结经济方面的协议，背离了战斗的阶级路线。在讨论的过程中，德国代表团的一些成员，其中包括台尔曼发言支持俄共（布）领导人的立场，坚持同"极左"的危险做斗争。随后根据布哈林和曼努伊尔斯基的倡议，采取了新的步骤去摧毁德共领导人的阵地，因为他们给俄共（布）贯彻其政治方针造成了极大的不便。有关这方面的许多有趣的文献资料在文献集《联共（布）－俄共（布）中央政治局与共产国际，1919~1943年（文献集）》里可以找到。这些文献资料也部分地证明了一个情况：自1926年春至共产国际执行委员会第七次全会召开（1926年12月），在共产国际范围内和在政治局内形成了斯大林—布哈林的双巨头统治。

有重要意义的是，斯大林在1926年4月30日以"新反对派"在共产国际的活动为由向俄共（布）中央委员会成员发出一份声明。声明提出，季诺维也夫作为共产国际执行委员会主席有违背对俄共（布）领导机关的忠诚的行为。斯大林强调说，政治局对季诺维也夫做出了一定的让步，以便"减轻他的工作和不给予他声明辞职的借口"。斯大林抱怨说，他同一些外国代表团的代表接触后发现，这些代表团的某些成员显然受到俄共（布）反对派的很大影响。在斯大林看来，关于这一点，是有证明的，例如有关俄共（布）对富农的态度问题，以及针对俄共（布）所谓的采取逐步消灭共产国际的方针进行的批评性指责问题。斯大林对此表示很愤慨，而季诺维也夫把这些谈话看成侵犯了他这个共产国际命运独裁的主宰者的特权。斯大林狠狠地说："看样子，季诺维也夫同志忘记了，我们大家都反对独裁的领导和无论什么人的独裁意图，甚至即使这些同志担任着共产国际执行委员会主席等高级职位。只不过不明白，在这种情况下像俄共（布）在共产国际内的代表团这样一个机构为什么还要存在？"接下来斯大林就反对派提出的一系列问题和季诺维也夫进行辩论，包括指责把党的专政等同于工人阶级专政、党的官僚主义化危险和党脱离工人群众，等等。声明最后表达了这样一种思虑，即在季诺维也夫的这种方针指导下，共产国际的机关面临着变成一个"善于"组织宣传反对派观点的中心的危险。①

在1926年5月15日致斯大林、曼努伊尔斯基和俄共（布）其他活动家的复信中，季诺维也夫写道："我同斯大林同志、曼努伊尔斯基同志的分歧不在于是否需要同'极左'倾向做斗争，而在于是否需要对右的倾向给予这样的反击……我过去为反对有人企图向右扭转共产国际的路线从而背离列宁主义而奋斗，今后也将永远这样做。并不是斯大林同志和曼努伊尔斯基同志教导我必须同极左倾向做斗争的。早在17年以前我就进行过反对极左倾向的斗争了……也就是说，在斯大林同志开始追求得到布尔什维主义的理论家的身份之前15年就这样做了。"②

当时的形势不能不引起季诺维也夫的严重不安，加上一系列国际事件要求共产国际执行委员会采取明确的立场。在俄共（布）领导层、共产国际执行委员会和共产国际各支部引起激烈争论的问题有：1926年5月英国的总罢工和有关此事件的总结和教训；如何看待英－俄委员会开展的活动（英国工会组织领导人和全苏工会中央理事会在英－俄委员会里都派有代表）；在中国发生的革命进程发展以及中国共产党和国民党之间关系复杂化的一些新事件。季诺维也夫此前倾向于声明联共（布）－俄共（布）领导层在共产国际方面不存在原则性的分歧，现在却愈来愈频繁地摆出一副批评家的架势，批评俄共（布）的新方针。在他看来，这个方针孕育着右的倾向。1926年春，开始形成所谓的托洛茨基－季诺维也夫反对派联盟。往日狂热的论敌在这个联盟的范围内找到了共同的语言——一方是托洛茨基和他的拥护者；另一方是在此之前在为托洛茨基主义概念的形成并对之进行批判方面做出过不小贡献的季诺维也夫和加米涅夫。

新联盟的参加者先在1926年的俄共（布）中央委员会和中央监察委员会的四月全会上，继而在七月全会上认为必须声明他们在有关

---

① 引自 Р. П. 格里申娜主编《透过世界革命的多棱镜看巴尔干半岛的民族问题。19世纪20年代初期至中期俄罗斯中央档案馆文献》文集，第2卷，莫斯科，2003，第619~621页。
② Р. П. 格里申娜主编《透过世界革命的多棱镜看巴尔干半岛的民族问题。19世纪20年代初期至中期俄罗斯中央档案馆文献》文集，第2卷，第621页。

苏联社会主义建设和经济建设的最重要的问题上观点一致，包括党内问题和共产国际在新的国际环境下的任务。因而，在针对俄共（布）中央委员会和中央监察委员会七月全会的声明里，新反对派的领导人，其中有季诺维也夫、托洛茨基、加米涅夫、Н. К. 克鲁普斯卡娅、Г. Л. 皮达科夫和其他人，着重表达了不能接受工人国家和党的机关目前存在的官僚主义畸形现象。声明中的部分论点是1923年反对派所提出批评意见的重复和深化。这些论点中包括指责政治局和中央监察委员会采取派别斗争手段的错误，尽管他们在党内是"多数"，也不应当这样做。这里指的是七人团的活动，这七个人是：斯大林、布哈林、Н. И. 李可夫、М. П. 托姆斯基、В. В. 古比雪夫和其他两人。声明把下列问题归咎于七人团，诸如破坏了党发挥职能的工作方法、推行党的机关强制作风、藐视根据1923年党的决议所做出的贯彻实施党内民主的允诺。与此同时，反对派还指责党的内政和外交方针渐渐滑落到背离党的阶级路线。声明强调，尤其是俄共（布）向诸如社会民主党和阿姆斯特丹工会国际这样的改良主义的领导人做出的让步，使得在劳动群众兄弟般团结基础上的世界革命运动的发展在新的条件下受到了威胁。声明的参与者注意到英国1926年总罢工的失败，以及在孤立的环境下继续坚持和资本家艰苦斗争的矿工的利益被背叛的事实。他们公开宣称，英国的妥协派领袖们"在总罢工的时候如此卑鄙地背叛了自己的工人之后，现在又正在进行对煤矿工人罢工的叛卖，到了有战争危险的时刻，将更可耻地出卖英国工人阶级，从而出卖苏联与和平事业。应当大声宣布，托马斯们、麦克唐纳们、佩尔谢里们在阻止帝国主义侵略方面能力低下，正如策里特里们、达恩们和克伦斯基们没有能力阻止帝国主义大屠杀一样。日益成长的和壮大的红军和我国以及世界人民之间牢不可破的联系，是苏联国防和维护世界和平的有利条件"。[①] 声明同时提出了遵照阶级立场纠正对外政策路线的任务。"应当抛弃所有那些令人怀疑的理论新说法，即似乎社会主义建设在我国的胜利不是同欧洲以及世界无产阶级为夺取政权的斗争进程密切相关的……在每一个地段的每一支队伍都应当尽全力去行动，不要等待他人的推动。我国社会主义的胜利将同欧洲和世界无产阶级

[①] 《托洛茨基档案·共产主义反对派在苏联（1923—1927年）》第2卷，第18~19页。

革命以及东方反对帝国主义桎梏的斗争紧密相连。共产国际的问题，有关它的政策方向，有关它的内部制度也照样和我们党的制度密切相关，因为我们党已经是和将来都是共产国际的领导。我们党的每一个举动不可避免地都会传播到共产国际的其他党那里，因而更有必要真正布尔什维克式地审查我们的外交路线。"①

托洛茨基对共产国际活动的现实问题方面的观点在一封致政治局的信中有所发展。由于其素有的作风，他早在1926年3月就认为有必要就英国煤炭工业临近的冲突问题致函政治局。他写道："英国正进入一个极度动荡的历史时期。"因此，及时地利用已成熟的可能性就更为重要，因而不能让英国共产党和共产国际再次错过革命形势，就像德国党1923年那样。他建议促成"'左翼'行动方针"，动员他们反对叛变和妥协行为，不允许在援助矿工的问题上有任何的含糊。② 季诺维也夫也发表了类似的意见。他在总罢工结束之后提出了全苏工会中央理事会退出英俄委员会的问题。英俄委员会是一个联络苏联工会和英国工会组织——工会总委员会的机构。使这个提议更具挑衅性的因素是，季诺维也夫本人正是当初促成这两大工会中心进行协商并成立英俄委员会（АРК）的积极拥护者。当时，布哈林和斯大林在莫洛托夫、托姆斯基以及政治局、共产国际执委会和工会国际其他成员的支持下，认为保留这一机构是重要的，因为它是与在欧洲和世界政治上占有显要位置的英国工会组织打交道的渠道。按照联共（布）中央政治局和共产国际执委会活动家的评价，共产国际执委会主席放弃斗争的要求是存在意见分歧和对他反复无常的政治立场不信任的新表现，因为他在1923～1926年的短短几年间已经好几次改变自己的观点。

第二个重要的刺激就是联共（布）和共产国际执委会有影响的新成员所制定的中国问题政策。中国问题政策早在1923～1925年在季诺维也夫本人的参与下就制定和实施了，而季诺维也夫现在认为必须改变有关中国共产党同国民党有合作的可能性的观点。

自1926年夏季起，在托洛茨基和拉狄克（众所周知，拉狄克在共产国际内的工作是被季诺维也夫本人强行开除的）的随声附和下，共产国际

---

① 《托洛茨基档案·共产主义反对派在苏联（1923—1927年）》第2卷，第19页。
② 《联共（布）-俄共（布）中央政治局和共产国际，1919—1943年（文献集）》第214号文献的注释，第351页。

执委会主席季诺维也夫公开主张全苏工会中央理事会和英国工会领导人断绝关系，主张中国共产党和苏联停止同国民党的合作，主张共产国际执行"左"倾的激进的策略方针。

反对派的领导人引用第十四届党代表大会的决议（指关于建议共产国际执委会在共产国际的日常生活中和各个支部中贯彻实施民主集中制和党内民主的原则），指责联共（布）的领导层说，这个决定和许多其他决定一样，都只是停留在纸上。他们认为，这远非偶然。"只有在我们自己党内具备正常的制度的时候，才有可能以正常的政治的和组织的途径去解决共产国际所面临的尖锐的问题"，新反对派在针对1926年联共（布）中央监察委员会七月全会发表的声明中写道，"机械地解决有争议的问题只会更加削弱各共产党之间的团结和它们之间的紧密联系。在共产国际方面我们需要坚决地转到列宁指出的并且他在世时已证明是正确的道路上去"。

需要指出，季诺维也夫关于必须回到列宁的共产国际路线上去的言论，是口是心非的。因为正是他以共产国际主席的身份坚持推行各国共产党的布尔什维克化的方针。与此相应的是，他不遗余力地实施这一方针。不仅如此，当初正是季诺维也夫作为俄共（布）中央政治局委员亲自倡导了反托洛茨基主义的斗争。现在他又一本正经地承认说："1923年反对派的主要核心（季诺维也夫成为该反对派的坚定反对者是在1924~1925年——作者注）曾正确地警告过，存在偏离无产阶级路线和对机关制度的威胁性增强的危险。"

同样，当年对季诺维也夫本人和他所推行的领导共产国际的"公文式"作风持十分否定评价的托洛茨基的拥护者们，如今也利用季诺维也夫来激烈批评联共（布）领导有关共产国际的方针政策。1926年重点批评的问题首先是当年5月份英国的总罢工失败之后全苏工会中央理事会和英国工联总委员会的合作关系；以及1925~1927年革命期间俄共（布）和共产国际的中国政策。和这些攻击一起成了批判目标的是"在一国建设社会主义"的构想，它被认为是站不住脚的和仿佛是同世界革命方针相矛盾的。而共产主义反对派，正如他们自诩的，摆出一副战士的姿态来纠正联共（布）-俄共（布）的阶级路线和国际路线，"为了党和共产国际的无产阶级路线"。反对派的所有领导人都断然驳回来自联共（布）领导和共产国际执行机关对他们的指责，即指责他们是反布尔什维主义的反对派，是搞派别活动，要他们对破坏党和共产国际坚如磐石的团结负责。1926年

9月，托洛茨基在准备宣传"布尔什维克—列宁主义者的观点和行动纲领"的《问题与答复》一文里，指出区分联共（布）和共产国际内部两个派别的界标："谁在维护资本主义长期稳定的方针？斯大林一派。谁为形势的革命发展方针而战？反对派。谁在坚持同罪恶的妄图消灭革命运动的人妥协的方针？主张保留英俄委员会的一派。谁动员党和共产国际的公众舆论来反对妥协路线？反对派。"

此时已经很清楚，联共（布）的党内斗争与共产国际领导机关和各支部内部的政治分歧是相互影响的，从而使矛盾更加激化。新解密的共产国际和联共（布）中央政治局的档案文献展示了来自国外的共产国际执委会委员、共产国际书记处书记和外国共产党领导人的意见渐变过程。对联共（布）党内争论表现出特殊兴趣的往往是保加利亚共产党和巴尔干共产党联盟的领导人，特别是B.科拉洛夫和Г.季米特洛夫。早在1924年12月召开的巴尔干共产党联盟主席团会议上就曾因托洛茨基那篇轰动一时的文章《十月的教训》（其中有指责加米涅夫和季诺维也夫暗中破坏十月武装起义方针的内容）而专门通过了一项决议。主席团会议指出：托洛茨基同志"用自己的行动来为重新引起已经在俄共第十三届代表大会上结束的争论制造借口，这样做目前是不合时宜和有害的，无论是对俄共还是对共产国际整体来说，都是如此；《十月的教训》一文图谋破坏共产国际的基本的布尔什维克路线，并且是在坚定不移地贯彻执行这一路线完全必要的时刻这样做"。① 决议认为，托洛茨基不顾共产国际对1923年九月起义的正面评价而对该起义持否定态度是十分错误的，应当被视作持有害的孟什维克立场。而托洛茨基的文章，按照巴尔干共产党联盟主席团的看法，是会引起破坏各国共产党和群众对俄共以及共产国际现任领导的信任的（这里首先是指季诺维也夫和加米涅夫——作者注）。主席团确认自己忠于共产国际第五届代表大会的布尔什维克路线，并表达了将引导所有巴尔干地区的共产党遵循对"托洛茨基事件"的这种认识来行动的意愿。

更有意思的是，1926年，当联共（布）领导层内在有关共产国际的问题上愈演愈烈的矛盾十分明显的时候，巴尔干共产党联盟的领导人非常迅速地对季诺维也夫的活动做出了重新评价。其中，当时和科拉洛夫一起在

---

① 《透过世界革命的多棱镜看巴尔干半岛的民族问题·19世纪20年代初期至中期俄罗斯中央档案馆文献》文集，第2卷，文献第140件，第280页。

巴尔干共产党联盟（БКФ）、共产国际维也纳中心以及共产国际执委会担任领导职务的季米特洛夫在致曼努伊尔斯基的私人信件里表达了严重的不安，为因俄国同志们激起的而传播到欧洲共产党的政治争论而忧虑。他强调说，就他在柏林和维也纳所见所闻的基础上，他形成了一个信念，就是"需要紧急动员共产国际的所有力量来捍卫联共（布）的和共产国际的团结一致，以及尽可能快地和尽可能彻底地消灭俄国反对派客观上的反动的作用"。季米特洛夫认定，德国共产党内的露特·菲舍尔—马斯洛夫及其战友的"疯狂的毁坏运动"就是俄国反对派的回声，因为他们大量地使用俄国反对派的论据和行动纲领。季米特洛夫强调，至于俄国反对派的首领是共产国际的主席这一情况，对欧洲的党员群众有着巨大的影响。"俄国反对派正在成为整个共产国际的严重的病患。允许这一病患发展下去和进一步传播将是致命的错误……只能动用党的外科手术方法了。不管有多么难受，都不得不把联共（布）的和共产国际其他支部的腐烂部分及时切除，以免传染到整个机体。在有危险的传染病时，切除是挽救的办法。"按照季米特洛夫的意见，共产国际的主要力量应当集中在反击俄国反对派上。他建议立刻召开共产国际执行委员会会议，并在这次会上取消季诺维也夫的"主席封号"，因为此封号现在只会在共产国际所有的支部充当用心险恶的反对派分子手中的武器。由此可见，季米特洛夫认为同俄国反对派做斗争必须在国际范围内开展。①

A. 葛兰西在一系列书信里表示了他对出现在联共（布）和共产国际范围内的党内争论的不同观点。众所周知，他为组建意大利共产党起了重要的作用。不仅如此，他为西方马克思主义的发展做出了重大的贡献，并继续为改造发达资本主义国家以形成共产主义模式的任务而努力。葛兰西对20世纪政治理论的贡献得到了世界的承认。自1922年6月起，在一年半的时间里，葛兰西作为意大利共产党在共产国际执委会的代表住在莫斯科，这使他有可能结识共产国际的活动家和熟悉共产国际的组织机构。随后在共产国际维也纳中心的工作经验也丰富了他对中欧和巴尔干地区的共产主义运动和工人运动的状况的认识。由于当选为意大利国会议员，葛兰西得以在1924年5月回到法西斯统治下的意大利，当时意大利正经历着严重的危机。

---

① 参见季米特洛夫1926年9月17日致共产国际执委会书记 Д. З. 曼努伊尔斯基的信，载《透过世界革命的多棱镜看巴尔干半岛的民族问题·19世纪20年代初期至中期俄罗斯中央档案馆文献》文集，第2卷，文献第140件，第631~633页。

1924年8月，葛兰西当选为意大利共产党总书记并积极着手制定新的政治方针，新方针在一系列问题上是针对与托洛茨基的观点相似的前意共领导人A.波尔迪加的。这几年葛兰西一直密切关注着俄共（布）—联共（布）政治争论的进程，指出托洛茨基—季诺维也夫问题会引起直接的后果。他认为意大利共产党必须发表自己对联共（布）日益激烈的党内争论的看法。

葛兰西在1926年被捕前不久曾受意共中央政治局的委托写了一封致联共（布）中央委员会的信，信中表达了对形成于联共（布）中央的两巨头（即斯大林—布哈林——作者注）立场的支持。葛兰西写道，意大利共产党人和意大利所有有觉悟的工人一样，一直在密切关注联共（布）内的争论，并相信联共（布）团结的声誉不会因此受到损害。葛兰西接下去写道："但是现在……我们已经失去了过去的自信，我们苦恼地为此而担忧，我们觉得，由于联合起来的反对派目前的状况和联共（布）内争论的尖锐性，需要兄弟党的干涉。"在表达了对联共（布）的信任和希望它能正确地理解意大利共产党人的立场之后，葛兰西继续写道："同志们，在最近9年世界革命的进程中，你们是所有国家革命力量的组织的和鼓励的因素。你们所起的作用，从深度和广度来说，是人类历史上无可比拟的。但是，今天你们毁坏着你们亲手创造的事业，你们使受到列宁鼓舞的苏联共产党所争取到的领导作用衰落甚至有变成零的危险。我们觉得，围绕俄国问题的剧烈的斗争逼得你们迷失了俄国问题原有的国际意义。"葛兰西表达了一种担忧，即这一斗争可能会对苏联的局势和革命运动的局势产生致命的影响。他提出论据说：

>……托洛茨基、季诺维也夫、加米涅夫同志极大地促进了我们的革命教育工作，不止一次严厉地和坚决地纠正了我们，他们属于我们的老师之列。我们特别向他们呼吁，因为他们是对现存状况需负最多责任的人。但是，我们希望能够相信，联共（布）中央的大多数并不准备滥用自己的胜利，而且准备避免采取极端的措施……保持自己统一的党所犯的错误行为所造成的损失是容易纠正的；而分裂，或者处在分裂边缘状态所造成的损失则会导致灾难性的、不可纠正的后果。[1]

---

[1] A. Gramsci, *Scritti politici*, Roma, 1980, t. Ⅲ., pp. 232 – 238. 对这封信进行分析并使它为俄国（当时是苏联）的学术界所知的功劳属于 И. Д. 米特尔曼。参见她的著作《布哈林，联共（布）的党内斗争和意大利共产党（1926年）》，第163~164页。

葛兰西以意共中央的名义发出这份文件,他托陶利亚蒂(艾尔科利)把它告知共产国际执委会和联共(布)中央。根据意大利和俄国学者所应用的间接资料得知,陶利亚蒂选择了不把这封信公开的做法,但他告知了共产国际和联共(布)的不少负责人,包括布哈林和曼努伊尔斯基。

应该指出,正是葛兰西在共产国际活动家中首先注意到西方国家的工人运动和共产主义运动的发展与苏维埃俄国具有不同的特点。在一系列有关革命高涨时期和20世纪20年代的作品中,他注意到:意大利以及其他西欧国家的工人阶级在战后革命危机时期,"不能具有自我意识,即明白自己历史使命的意识";阶级斗争本应该走向自己的辩证的结局——建立工人国家,却相反地分裂成了许多细小的破坏性的举动和行动。① 而这点反过来又妨碍工人阶级去完成对农民群众和小资产阶级的领导;这恰恰发生在这类居民在战时获得的社会经验已使他们走上了社会生活的舞台的时候。与共产国际中那些企图把法西斯主义与社会民主党等量齐观的领导人不同,葛兰西比其他人更早强调了法西斯主义的危险性。他依据墨索里尼制度的悲剧性经验写道:"法西斯主义以其镇压性的管理方法极大地阻止了,甚至是完全消除了资本主义总危机政治表现的可能性……"② 葛兰西高度评价了十月革命在世界阶级斗争进程中的贡献,强调指出,由于十月革命,首先针对资本主义根基的革命行动具有了新的品质,也就是说,革命行动由曾是"危机的和消极的""变成了建设性的现实主义"。③ 同时,在苏联热烈展开关于社会主义建设战略的争论时,葛兰西提出了下述看法:"现在,在1917年的十月革命9年以后,不仅是布尔什维克夺取政权这一事实可以使西方群众革命化(因为这一事实已被注意并产生了影响),而且在今天,关于无产阶级一旦掌握政权就可以建设社会主义的信念(如果它存在的话)会在意识形态上和政治上发生作用。"④ 不能不指出葛兰西这个论断在今天的现实性:因为今天,有人对斯大林积极参与制定的苏联向建设社会主义过渡的政策是1917年十月革命开始的革命改造的自然发展的这一概念提出了疑问。

---

① 《葛兰西选集》,莫斯科,1980,第106页。
② 《葛兰西选集》,第160页。
③ 《葛兰西选集》,第50页。
④ *2000 pagine di Gramsci*. Milano, 1964, Vol. II, p. 487.

季诺维也夫在共产国际执委会主席位置上的结束阶段的标志是一个十分矛盾的进程：既在共产国际的领导层面上有所反映，也在一些国家的支部里有所表现。1924~1926年，在国际政治中出现了一些新的趋势。1924年，通过了道威斯计划（指1923~1924年美国人道威斯所制订的德国战后赔款计划——译者注）。这个计划的目的是缓解1923年陷入绝境的德国赔款问题。20年代初的危机过程被一定的经济增长所取代，德国国内的社会氛围有了明显的改变。相应地，在德国很快发生无产阶级革命的希望也随之消失。1925年1月，斯大林在分析德国共产党的任务时承认，采取迂回策略的时候到了，因为直接革命形势已不存在。英国共产党的问题成了新的尖锐问题，因为在20年代以麦克唐纳为首的工党在社会主义工人国际中的影响极大地增长了。相应地，共产国际领导机构给英国共产党人发出了新的指令，这些指令是考虑到工人运动中力量对比的根本变化的。当1926年总罢工进程中已可明显看出英共无力完成任务时，莫斯科对英共领导的政治路线发出了十分尖锐的批评意见。波兰的局势也十分复杂。波兰共产党实际上并未从组织混乱和不同流派的宗派斗争中摆脱出来。使情况复杂化的是：根据共产国际五大和第五—第六次中央全会的提议，中欧和巴尔干国家，包括波兰的共产党人应该积极为争取少数民族的权利而斗争。当然，这个号召对多民族国家是合适的。但是，不能不考虑到这样一个情况，即这些国家中的多数是在第一次世界大战后才建立民族国家的。而这点促进了民族主义情绪的发展。20年代整个地区处于不安定的冲突区域，发生了不少危机。1926年波兰皮尔苏茨基的政变就是这种政治不稳定的表现。就像因1923年斯坦博利斯基政府被推翻而引起的保加利亚共产党的危机一样，波兰共产党人好久未能找到回应皮尔苏茨基政变的恰当办法。结果是，共产国际执委会1926年8月7日给波兰共产党发出公开信。其中指出，在波兰近年来十分猖獗的反动势力和波共不断遭遇的严重后果，为波兰共产主义运动制造了巨大的困难。波共不得不遇到工农落后阶层中尚未消失的民族主义偏见，国家复杂的国际形势和阻碍波共巩固群众基础的其他严重障碍。公开信同时指出，支持皮尔苏茨基政变的企图和波共不善于与皮尔苏茨基的支持者抗衡，是严重的错误。对皮尔苏茨基专政的评价应被视同法西斯主义的，在这种情况下，把皮尔苏茨基当作革命民主主义的代表加以支持是无法律依据的。后来，这些评估又受到批评，并被重新审定。但是，在当时的情况下，这导致了波共及其领导的持续了几年的新危机。南斯拉夫、保加利亚、罗马尼亚的共产党也遭到了严重的损失。它们越来越多地受到反动派的严重打击。

20世纪20年代因能否推行工人统一战线和用什么样的方法推行等问题引起了尖锐的斗争。共产国际第五届代表大会以后,与其说特别强调和社会民主党的合作,不如说特别注重为工人运动和工会运动的团结做斗争。对此,英俄委员会也是负有重任的。围绕这个委员会的工作重点问题,联共(布)的领导和反对派展开了激烈的政治斗争。贯彻执行布尔什维克化方针的进程也是困难重重。这一方针的一个组成部分是号召按生产单位建立共产党员的基层组织——而这对通常工人政党多数都是按地区组织分组的欧洲国家来说,是件新鲜事。企业的政治活动遭到来自政府和企业主组织的日益增强的阻挠,而改良主义的工会领导人又往往支持他们。对什么是布尔什维克化,无论是在当时,还是现在都有着不同的解释和评价。从一个方面说,经常把它等同于将欧洲共产主义运动俄罗斯化;从另一方面说,由于运用这一策略在一系列国家共产党人得以在某些工业区巩固了阵地并且巩固了他们的群众基础。然而争取群众的问题始终处在共产国际的领导机关的工作日程之上,因为即使这样也未能达到吸引大多数劳动群众到共产党方面来的愿望。不过,这几年和从前一样,联共(布)通过共产国际积极开展了从物资上帮助罢工工人的活动,包括英国矿工在内;并且倡导用国际团结的各种形式来帮助被反动势力镇压的牺牲者;以及和各国共产党建立了双边和多边的联系。

自1926年夏季始,联共(布)中央,尤其是斯大林越来越多地得出这样的结论:应当让季诺维也夫从共产国际执行委员会主席的岗位上撤下。使他们相当担心的是,由于季诺维也夫多年掌握同外国共产党的联系,同时在共产国际机关里又有自己的拥护者,他有可能变共产国际的各支部和整个组织为反对派的喉舌。1925~1926年,莫洛托夫、曼努伊尔斯基和其他一些新的政治活动家越来越积极地被吸收参加到共产国际的活动中来。季诺维也夫执笔的关于英国罢工教训的提纲也因莫洛托夫的倡议而报废了。建议由布哈林来重新撰写和审定该提纲。布哈林在有季诺维也夫出席的情况下主持了共产国际执行委员会的会议。这次会议通过了重写的提纲并决定将其付诸实施,提纲里有写给英国共产党的一些带有冒进性质的建议。在联共(布)第十五届党代表会议上,《国际形势和共产国际的任务》的报告是布哈林做的,报告对反对派持批判态度。第十五届党代会和联共（布）中央委员会、中央监察委员会十月全会认为，必须提出解除季诺维也夫所担任的共产国际执行委员会主席职务的问题。有特殊意义的是，邀请了17个主导的共产党的代表来出席为解决这个问题召开的全会会议。同时开始筹备共产国际执行委员会第七次全会，这次全会的重任主要由布哈林承担。

党的领导层对共产国际执行委员会全会的筹备工作赋予特殊的意义，因为全会要讨论的问题除了共产国际执委会主席问题外，还有对联共（布）内的"新反对派"采取何种态度的问题。有关这个问题的报告是斯大林准备的。他已经在联共（布）第十五届党代表会议上做了类似的报告，那次党代表会议通过了谴责反对派集团活动的决议。共产国际执委会全会的日程通常是要和联共（布）的总书记商定的。这里有一封筹备全会期间斯大林写给布哈林的信。斯大林从索契写信说："我想，你所制订的关于共产国际执委会扩大全会的计划，俄国问题的提出，等等，都是完全正确的。再过一个半星期我就回来，我们一起来推动这庞然大物。我们特别要谈论内部问题。我知道，你已经累得要命了……不过很快我就会到你那里去，我们在一起完全能胜任。"有关托洛茨基—季诺维也夫反对派的问题，斯大林写了下面的一些话，很明显是对收信人对此问题的想法和感受做出的回应：

> 的确如此，就是说反对派集团在进行绝望的（和"昧良心的"，最好托洛茨基这样说）斗争。不过我们会摧毁它的，真的，会摧毁它的，并在此基础上教育新的领导干部。你还要什么？真见鬼，难道这还不够吗？我们并不是处在党内不存在危险的反对派的时候。在社会主义建设的过程中我们耕遍了、翻腾了社会生活的许多层面，摧毁了旧世界，这是从来没有过的，比十月革命时要更甚。我们在培育新人，在推开和抛弃年老的和过时的人，——怎么会没有反对派呢！①

执委会全会召开前，季诺维也夫就准备好了有关他辞职的声明文本。与此同时，围绕季诺维也夫和其他反对派成员在全会上的发言问题展开了

---

① 《俄共（布）－联共（布）中央政治局与共产国际》第246号文献以及编纂者在引用档案材料所做出的按语。

尖锐的斗争。联共（布）驻共产国际代表团（布哈林、李可夫、斯大林、莫洛托夫、洛佐夫斯基、曼努伊尔斯基、皮亚特尼茨基）曾试图不安排季诺维也夫在全会上发言，因为这样一来很可能会出现不服联共（布）决议而上诉共产国际执委会的局面，而且"不可能不推动派别斗争继续发展"。①

其实，这场争论扩散到共产国际的范围的关键阶段是由于共产国际执委会第七次扩大全会的议事日程和工作进程。这次全会的速记记录有一个意味深长的标题——"世界革命的道路"。联共（布）中央政治局不让事情发展到反对派的领导人在全会的讲坛上发言的愿望落空了。不少参与全会工作的代表团和共产国际支部的代表甚至不考虑拒绝安排共产国际前主席和联共（布）知名活动家在全会上发言的问题。结果是，在会上，季诺维也夫、托洛茨基和加米涅夫都按照事先准备好的讲稿做了报告。他们发言的主要思想都归结为一个论题，即苏联社会主义建设的进程和后果同世界革命的发展紧密相关。这实际上是对刚刚召开过的联共（布）第十五届党代表会议的新一轮进攻，在那次党代会上反对派没有得到与会代表的有力支持，因而被迫承认了针对他们的批评性指责。不能不指出，批评联共（布）政治方针的反对派的发言把马克思主义的观点按大小排列，引证马克思、恩格斯、列宁的理论遗产；在他们的提纲里占据很大比例的是强调全球性的相互关系，而这种相互关系又排除了苏联孤立地向相反方向发展的可能性，还有，就是确认在国际上孤立的条件下建设社会主义所伴随而来的严重困难。曼努伊尔斯基不放过机会讽刺反对派的领导人，说他们的发言风格故意复杂化。他强调说，全会的参加者是一些为"世界社会革命做粗活的工人"。在全会工作期间，和联共（布）政治方针的反对者相抗衡的是整整一代的杰出人物，他们或许是理论家，或许是追求得到理论家地位的人。他们之中有斯大林、布哈林、M. П. 托姆斯基、曼努伊尔斯基等人。不出所料，全会以大多数否决了反对派对联共（布）领导放弃马克思主义的责难，并且足以令人信服地宣布了谴责反对派的立场。

1926年11~12月举行的共产国际执委会第七次扩大全会完成了联共（布）中央决议所引导的共产国际领导层的转折，这一转折是反对派在联共（布）第十五届党代表会议上失败之后又一次不可避免的失败。在这次全会上，布哈林第一次主持会议，其实他早自1926年8月起就肩负着履行

---

① 《俄共（布）-联共（布）中央政治局与共产国际》第252号文献的注释，第416页。

共产国际执委会领导人职责的重任。他在全会上的报告以十月革命的性质和社会主义建设有可能在苏联取得胜利为论据，同时也分析了世界革命进程的新倾向。全会就斯大林的报告《联共（布）的党内问题》专门通过了一个很长的决议，目的是从政治上毁灭托洛茨基、季诺维也夫和加米涅夫反对派，在共产国际范围内破坏其声誉，视其为"社会民主主义倾向"。这样一来，便为镇压托洛茨基主义的拥护者大开了绿灯。季诺维也夫本人失去了共产国际主席的位置并被排斥在外，不得参与其工作。这样，季诺维也夫的政治生涯中的重要时期，即和共产国际从初创时起相联系的时期便完结了。然而，无论是季诺维也夫，还是托洛茨基在共产国际执委会第七次全会之后都仍然继续同联共（布）和共产国际的领导班子争论不休。

（季·巴·雅希莫维奇，苏联国际工人运动研究所研究人员）

共产国际与反法西斯运动

一 法西斯运动初起与共产国际的密切关注

从法西斯主义作为一种社会思潮在欧洲泛滥尤其是法西斯政府在意大利上台时起,共产国际就对它有过评价。共产国际对法西斯主义的认识,可以分为共产国际五大召开之前和之后两个阶段。

1921~1924年6月共产国际五大召开之前,这一时期法西斯运动的主要事件有两个:一是1922年10月墨索里尼在意大利上台执政;二是1923年6月保加利亚法西斯发动军事政变推翻以农民联盟为首的亚·斯丹鲍里斯基合法政府。这一时期共产国际召开了三大和四大。三大提出了"到群众中去!"的口号,因为列宁认识到大战结束后的革命高潮已经过去,需要建立工人统一战线,以团结持各种不同政治态度的工人群众;四大提出了建立工人政府(或工农政府)的口号,虽然对此口号的含义看法上有分歧,但说明在政权模式上已不是清一色的苏维埃政权了,加上此时的领导机构内,俄共(布)虽然占据重要位置并有重大影响,但共产国际内部还是允许存在不同意见的争论。在代表大会上尤其如此。

法西斯组织在欧洲的出现引起了列宁的注意,他曾于1921年向苏俄驻意全权代表沃罗夫斯基(В. В. Воровский)询问有关事宜。后者在9月25日的信中在重点介绍意大利社会党"左派"同共产国际的关系时,也谈到了法西斯组织在意大利兴起的一些情况和分析。他认为这是一些"资产阶级的战斗组织",由工厂主子弟和地主以及带有民族主义情绪的青年学生、形形色色的战后冒险分子甚至刑事犯组成。政府偷偷地支持他们,并且让地方上的警察机构给他们提供活动自由。政府指望利用他们来达到威胁共产党人、拉拢社会党人来共事的目的[指佐利蒂(Zolitti)和博诺米(Bonomi)政府]。沃罗夫斯基在信中提到了1921年8月3日意大利社会党同法西斯组织缔结的《和解协议》，指出这是社会党领导人对工人阶级的背叛。列宁还曾同出席共产国际三大的意共代表们讲，工人阶级在同法西斯做斗争时应捍卫民主权利并为此寻求同盟军。共产党和工人运动都应当有退却的准备。

共产国际还通过设在柏林的研究机构瓦尔加局了解意大利法西斯组织的性质。法西斯运动初起时，共产国际内不少人虽然看到了它公开搞恐怖活动的一面，但对它的群众性十分重视，认为也有可能资产阶级最终驾驭不了运动，运动也许会朝着反对资产阶级的方向发展。季诺维也夫在共产国际四大第三次会议上，在谈到意大利事件时，说法西斯政变是对资产阶级民主的沉重打击[1]，指出意大利政变不是孤立的现象，法西斯分子掌握政权"也会在德国或许在整个中欧发生"[2]，而这"也必然会使我们党处于非法状态"。但是，季诺维也夫认为，尽管如此，这"绝不意味着世界革命的沉寂。相反，这个时期将是革命的过程。这个过程将不是直线地进行的……我们在意大利看到的情形是反革命。而它的前景将是形势的尖锐化，无产阶级革命在这个国家里成熟起来。其他国家的情况也是这样"[3]。由于受世界革命构想思潮的影响，也因为对法西斯运动了解不深，过高地估计了被裹挟到运动中的小资产阶级的觉悟，共产国际的活动家们竟然一度设想法西斯运动的上层将很快会被内部的革命力量所推翻。比如，在1923年6月召开的执委会扩大全会所通过的决议里，我们读到了这样的句子："……被上述矛盾所制约的法西斯主义的意识形态的破产已经是事实，这种破产是以法西斯主义的纲领和它的履行形式完全不协调为表象的。即便军事组织和全方位的恐怖活动的存在可以在一段不确定的时间里延缓矛盾的冲突从而掩盖意识形态的破产。最终，那些矛盾将浸透军事力量并炸毁法西斯主义。"[4] 还有的共产国际活动家把法西斯主义的出现看作资本主义发展的一个阶段，和资本主义的其他阶段大同小异，同样是资本对劳动的进攻。意大利共产党领导人波尔迪加认为，法西斯主义是整个资产阶级的一种政策，他不去区分资产阶级议会民主和法西斯主义的不同，因而也

---

[1] 季诺维也夫：《论共产国际》，中央编译局编译，人民出版社，1988，第266页。
[2] 季诺维也夫：《论共产国际》，第267页。
[3] 季诺维也夫：《论共产国际》，第267页。
[4] Расширенный пленум исполнительново комитета Коммуническово интернационала（12—23 июня 1923 года），Москва，1923，c. 298.

就谈不到建立反法西斯统一战线的问题。① 和波尔迪加犯同样错误的还有保加利亚共产党中央委员会。这个委员会在保加利亚1923年6月发生法西斯军事政变推翻了以斯丹鲍利斯基为首的合法政府时，竟发表声明说：保加利亚共产党保持中立，既不支持新政权，也不支持原政府。理由是这场政变是城市资产阶级同农村资产阶级之间的武装冲突。甚至在共产国际执委会向保加利亚工人和农民发出号召书，号召他们起来反对法西斯政权，同时批评了保共中央的立场之后，仍然坚持中立态度（保共中央曾于7月上旬召开会议，拒绝了共产国际执委会对它的批评）。②

还是在1923年，共产国际的派出机构，位于柏林的国际经济统计所负责人E.瓦尔加就向共产国际执委会报告了德国的法西斯组织活动状况，并且估计到当时众多的纳粹组织以后会联合起来夺取政权。执委会在研究反法西斯斗争时是和工人统一战线一起考察的，当意大利的无政府工团主义者发起"人民勇士"运动以抵抗法西斯政权并希望得到其他工人团体的支援，而以波尔迪加为首的意共中央置之不理时，执委会曾予以批评。布哈林在会上发言说："党在人民勇士一事上犯了错误，这本来是一个我们团结更多群众的大好机会。不能用该运动的领导人是带有冒险情绪的激进资产阶级分子作为理由来为采取这种错误做法辩解……"③

这一时期共产国际继续关注法西斯运动的发展，在1923年的执委会第三次扩大全会上，蔡特金就此问题做了长篇发言。全会以她的发言为基础就法西斯主义的危险通过了相应的决议。决议分析了法西斯主义产生的根源，指出群众对革命失败感到失望彷徨，而资产阶级为打击工农大众收买法西斯分子，因为"资产阶级国家那部陈旧的、所谓非政治的机器已不能保证资产阶级足够的安全"。④ 决议指出"法西斯主义已经逐渐成为反革命手中的一股危险的力量了"⑤。决议号召各国工人组织起来，不仅要从武装上（把17岁以上的青年吸收到工厂自卫队里来）要自卫，以对付法西斯

---

① Коммунистический Интернационал, 1922, No. 20, c. 5341 – 5342.
② 参见《共产国际大事记》，第186页。
③ 俄罗斯现代史文献保存与研究中心档案（РЦХИДНИ），第495卷，第1宗，第41件，第30～31页。
④ Расширенный пленум исполнительногокомитета Коммунистического интернационала （12—23 июня 1923 года），М. 1923，с. 297.
⑤ Расширенный пленум исполнительногокомитета Коммунистического интернационала （12—23 июня 1923 года），М. 1923，с. 297.

分子的暴行，还要在政治上把它击败，教育工人"认识到法西斯运动所具有的敌对的阶级性"，同时鉴于"法西斯力量已在国际范围内组织起来，因此有必要在国际范围内组织工人的反法西斯斗争。为达到此目的，必须设立一个国际工人委员会。它除了交流经验外，还要组织国际行动，目前首先是反对意大利法西斯的国际行动"。① 值得注意的是，在这一决议里，强调了要团结所有工人投入反法西斯斗争，无论他们属于哪个党派都一律欢迎。更没有指责社会党人为法西斯分子的帮凶，而是贯彻了工人统一战线的精神。该决议的第二部分第四条写道："为争取立即释放被逮捕的共产党人、社会党人和非党工人而斗争。"② 这点和第五届代表大会以后的提法是不同的。

总的说来，共产国际对法西斯运动的出现是关注的，并且也较早对其反动的性质有所分析，从而号召各国党起来同法西斯势力做斗争。由于法西斯运动的兴起正值共产国际召开三大之后，所以共产国际执委会正确地把反法西斯斗争同建立工人统一战线结合起来。在共产国际第四届代表大会通过的策略提纲中，专门有一个题目是"国际法西斯主义"。提纲指示"各国共产党的首要任务之一，就是组织对国际法西斯主义的反击，领导整个工人阶级对法西斯匪帮进行斗争，并在这方面大力应用统一战线的策略……"③ 对犯了宗派主义错误，不团结工人运动中的其他派别（如社会民主党）和农民一起反法西斯的有些共产党，共产国际执委会都予以批评。半个世纪后，当历史学家回顾这段历史的时候，也指出共产国际最早提醒世界人民有关警惕法西斯主义的危险并发出与之斗争的号召。

二 "孪生子说"干扰了反法西斯统一战线

自1923年年底以来，在共产国际内部，围绕如何认识法西斯主义、法西斯主义的实质等问题出现了不少议论。分析这些议论的新特点，就是不再着重提法西斯运动中的内部矛盾，也不再去探讨被裹挟进法西斯运动中

---

① *Расширенный пленум исполнительногокомитета Коммунистического интернационала (12—23 июня 1923 года)*, М. 1923, с. 299, 300.

② *Расширенный пленум исполнительногокомитета Коммунистического интернационала (12—23 июня 1923 года)*, М. 1923, с. 300.

③ 珍妮·德格拉斯选编《共产国际文件（1919–1922年）》第1卷，第541页。

的社会成分,只简单地把法西斯主义看成资产阶级对付无产阶级的一种手段,并且是专门对付即将到来的无产阶级革命的一种手段。这样一来,反法西斯的重任只能由主张立即发动无产阶级革命的共产国际和各国共产党单独承担,也就谈不到团结其他力量了。在这场斗争中列宁提出并经共产国际三大、四大形成决议的工人统一战线策略也就失去意义了。

这个变化突出地反映在共产国际第五届代表大会的发言和决议上。五大于 1924 年 6 月 17 日至 7 月 8 日在莫斯科召开,来自 49 个共产党和 10 个群众组织的 504 名代表出席了大会,代表着全世界 130 万名共产党人,其中约有一半是俄共(布)党员。共产国际执行委员会主席团主席季诺维也夫在执委会的工作报告中谈到法西斯主义时将它和社会民主党相提并论。他说,由于存在革命形势,欧洲资本主义各国政局普遍不稳,资产阶级需要新的统治手段,而法西斯党和社会民主党就被用来实行统治。"社会民主党成了资产阶级的第三党","资产阶级在欧洲不得不时而抓住法西斯党不放,时而抓住社会民主党不放。法西斯党人是资产阶级的右手,社会民主党人是资产阶级的左手。当前形势的新颖之处就在于此"。[1] 在此次大会上做关于法西斯问题报告的波尔迪加说:"我们认定法西斯主义是反社会主义的运动,因而是反无产阶级的运动。"波尔迪加甚至说过,所有比共产党右的运动都是法西斯运动。[2] 德国共产党代表热麦勒在发言中说:"意大利和德国的法西斯主义是为对付无产阶级起义而兴起的反动势力。""法西斯主义是资产阶级手中的武器和工具,用以反对革命的无产阶级"。[3]

五大也就法西斯主义问题通过了专门的决议,决议提出:"随着资本主义社会的日趋瓦解,所有的资产阶级政党,特别是社会民主党,都具有了或多或少的法西斯性质。这些政党动用了法西斯手段来打击无产阶级并从而破坏了那个社会的秩序而保全这种社会秩序原本是他们的使命。法西斯主义和社会民主党是大资本家专政所使用的同一种武器的两个刀刃。社会民主党因而任何时候都不可能成为无产阶级在反法西斯斗争中的可靠同盟军。"[4] 在共产国际第五次代表大会上,称社会民主党为社会法西斯主

---

[1] Коминтерн против фашизма, Документы. М., 1999, с. 134.
[2] Коминтерн против фашизма, Документы. М., 1999, с. 137.
[3] Коминтерн против фашизма, Документы. М., 1999, с. 139.
[4] Коммунистический Интернационал в документах, Москва, 1933, с. 448.

义，把法西斯党和社会民主党比作孪生子等言论十分盛行，并且得到了最高领导层的首肯。比如，斯大林在五大闭幕后不久发表的一篇文章中写道，社会民主党人和法西斯分子"谁也不反对谁，他们是互相补充的。他们不是对立面，而是孪生子。法西斯主义是战后帝国主义危机中产生的这两个主要组织的未定型的政治联盟，它是蓄意同无产阶级革命做斗争的"。①

这是一个不小的变化。尽管共产国际自成立以来同社会民主党之间一直互有成见，但是，在反对资本的进攻、保卫劳动者的利益等方面还是有共同语言的，1922年还曾为讨论联合召开国际工人代表大会问题一起开会。共产国际第三、第四届代表大会所制定的工人统一战线策略也要求团结工人阶级大多数，上述五大的决议和发言明显违背这一策略。发生这种变化的原因有以下几个方面。一个是对资本主义世界进入了相对稳定时期缺乏认识。经过战后几年的调整，许多资本主义国家的国民经济得以恢复和发展，失业率降低。在饱受战争蹂躏并经历了战后革命浪潮的国家，如德国、意大利、奥地利、匈牙利、保加利亚、芬兰等，资产阶级得以恢复统治。在受战乱影响较少的国家和地区，政局则更趋于稳定。总之，资本主义制度表现出继续发展的能力。经济的增长带动了工会运动的发展，社会民主党又更加活跃起来。1923年5月，第二半国际和第二国际在汉堡召开合并大会，成立了统一的社会主义工人国际。这个国际组织拥有35个成员国，共有600万名党员，影响着2500万名选民，其成员国英国、德国、瑞典、丹麦、比利时等在政府和议会中有席位，是参政党。社会主义工人国际还对在22个国家中拥有2300多万名会员的阿姆斯特丹工会国际有着较大的影响。面对变化了的形势，共产国际和许多国家共产党的领导人未能及时调整自己的认识。不少人继续受世界革命构想思潮的影响，认为资本主义制度的末日很快就会来到，目前的稳定局面是虚假的。欧洲当前正处于两个革命高潮之间。由于错误地估计形势，他们就不可能清醒地总结发生于1923年的几件大事，如保加利亚1923年6月法西斯政变和9月反法西斯武装起义、德国的10月发动、波兰的11月总罢工和起义。这几次起义均以失败告终，原因是敌我力量对比悬殊、得不到群众的支持。而《共产国际执行委员会关于1923年10月德国事件的声明》却认定1923年的三次起义"标志着国际运动史中一个新纪元的开始"，意思是说一个新

---

① 《斯大林全集》第6卷，第282~283页。

的革命高潮正在到来。因此，共产党的首要任务是立即夺取政权，而不是退却和防御资产阶级的进攻。本着这一错误决断，搞盲动起义的人大受表彰，而实事求是地分析形势，负责任地做出推迟起义的决定的德共领导人布兰德勒则被视为在关键时刻向资产阶级投降，随后被开除出德共中央。

需要特别指出的是，并不是所有的共产国际活动家都同意上述对形势的分析，更不同意对德国1923年10月事件时的德共领导人布兰德勒的处理。共产国际执行委员会主席团成员蔡特金发言说，在10月事件时推迟发动起义，不是犯了机会主义错误，而是因为他们"清醒和痛苦地意识到，共产党处境、布兰德勒孤立，无产阶级大众没有跟着她走……"①《共产国际执行委员会关于1923年10月德国事件的声明》提交表决时，蔡特金和拉狄克投了反对票，布兰德勒、皮克等三人弃权。蔡特金还对季诺维也夫歪曲工人统一战线策略提出批评。她用许多具体事例来说明坚持和社会民主党建立统一战线的重要性，介绍了德国社会民主党在本国工人运动中的影响。她不同意把统一战线策略说成是向群众进行宣传鼓动的手段，她认为这是团结工人群众大多数的有力武器，而团结对工人斗争来说是取得胜利的重要因素。蔡特金说：

有一点我们是很清楚的：统一战线意味着所有无产者的战斗团结，不论属于什么党派和工会，不分有组织无组织；意味着组成一个整体的奋起反抗资本的经济、政治统治的工人——无产者的战斗团队。②

蔡特金还指出季诺维也夫对工农政府的解释是错误的，工农政府不是无产阶级专政的同义词，而是在走向无产阶级专政道路上的一种过渡政权，即在恩格斯所预见到的可能出现的某种历史状态下的一种政权，这种历史状态就是当"资产阶级已经无力掌握政权，而无产阶级又还来不及联合和成熟到可以夺取政权的程度"。③

---

① *Пятый всемирный конгресс Коммунистического Интернацианала*, 17 июня – 8 июля 1924 г., стенографический отчёт, Часть первая, М. – Л., 1925, с. 307.
② *Пятый всемирный конгресс Коммунистического Интернацианала*, 17 июня – 8 июля 1924 г., стенографический отчёт, Часть первая, М. – Л., 1925, с. 322.
③ *Пятый всемирный конгресс Коммунистического Интернацианала*, 17 июня – 8 июля 1924 г., стенографический отчёт, Часть первая, М. – Л., 1925, с. 323.

产生这种变化的另一个原因是俄共（布）激烈的党内斗争所造成的影响。自 1923 年春以来，俄共（布）的党内斗争愈演愈烈。围绕政策的争论和集团间的争权夺利交织在一起，以斯大林、季诺维也夫、加米涅夫（人称三巨头）为首的集团逐渐得势，攻击托洛茨基为首的反对派。由于此时列宁病重不能视事，因而党内斗争在很大程度上是为了争夺接班人的位置。德国 1923 年 10 月事件和德共中央在这一事件中的决策，是俄共（布）党内争论的焦点之一。在 1923 年 12 月 27 日的俄共（布）中央政治局的会议上，季诺维也夫和布哈林指责拉狄克支持德共中央领导人布兰德勒在起义问题上的决策，是机会主义的表现。托洛茨基不同意他们对拉狄克的指责，他认为布兰德勒的决策是正确的，是以德国当时的形势为依据做出的。托洛茨基和拉狄克还指出，不能将德国十月起义失败的责任全部算到德共中央的名下，共产国际执行委员会和俄共（布）中央也有责任。把追究德国十月事件的失败责任和俄共（布）的党内斗争纠缠在一起，不仅无助于德国问题的解决，而且对共产国际的策略路线产生了极恶劣的影响。同时，也大大降低了共产国际执委会的威信。

俄共（布）的党内斗争对共产国际的工作造成很大影响还有一个原因，这就是共产国际五大提出要求各国共产党布尔什维克化的任务。尽管大会通过的《策略问题》提纲上写着"这一口号绝不应理解为把俄国布尔什维克党的全部经验机械地应用到所有其他各政党去"[①]，并且为各国党的布尔什维克化规定了五条标准[②]，但是，由于俄国代表团在共产国际执委会中的特殊地位，俄共（布）实际上愈来愈多地扮演着老子党的角色。更何况俄共（布）党内斗争的关键人物几乎全是共产国际的重要领军人物，如季诺维也夫（共产国际主席）、托洛茨基（共产国际执委会俄国代表团候补委员）、斯大林（从五大起任共产国际执委会俄国代表团成员）、布哈林（共产国际执委会俄国代表团成员）、拉狄克（五大前一直是共产国际执委会俄国代表团成员）等。实际上，自俄共（布）党内斗争开始以来，在波共、德共、法共党内都有强烈反响，波共中央曾于 1923 年 12 月致信共产国际执委会主席团和俄共（布）中央。信中除表达对德国十月事件的

---

① *Пятый всемирный конгресс Коммунистического Интернационала*，17 июня – 8 июля 1924 года，стенографический отчёт，М. 1925，с. 47.

② *Пятый всемирный конгресс Коммунистического Интернационала*，17 июня – 8 июля 1924 года，стенографический отчёт，М. 1925，с. 47 – 48.

看法外，特别谈到担心俄共（布）党内的分歧会超出具体争论问题的范围并造成对俄共（布）和共产国际的负面影响。至于对反对派首领托洛茨基，波共中央则明确表示，鉴于他的功绩和威望，不应该被排除在俄国和共产国际的领导人行列之外。

由于对形势的错误估计，加上存在严重的宗派情绪，共产国际第五届代表大会做出的关于《法西斯主义》的决议有许多不足之处。但是，尽管如此，在实际操作中往往要顾及实际情况和群众的愿望来做出决断。例如，1924年6月，意大利因社会党领导人马泰奥蒂被法西斯当局枪杀而出现强烈的反法西斯浪潮，意大利共产党、意大利社会党以及一些资产阶级反对党纷纷退出议会，建立了阿芬丁联盟。共产国际执委会对此事件予以密切关注。在9月24日《致意大利共产党中央委员会》的信中提出，应成立工农反法西斯委员会，其领导机构除共产党人外，还应吸收最高纲领派、单一派和无党派的工人、农民、改良主义工会的代表参加，然后，如果可能的话，也可吸收法西斯工会的反对派代表参加。为了团结群众，工农反法西斯委员会的行动纲领中不仅要有反法西斯的条款，还要有反映工人、农民、小资产者、士兵切身利益的要求，如工作日、工资、集会自由，等等。[①] 共产国际执委会也不同意意共领导人之一的波尔迪加在反法西斯问题上的宗派主义策略，支持在意大利坚持和群众一起开展反法西斯斗争的意共领导人葛兰西的方针。20年代中后期，资本主义世界相对稳定，各国的社会民主党似乎也对法西斯危险放松了警惕，有人甚至认为"法西斯主义正在消亡"。[②] 与此不同的是，共产国际内部对法西斯主义的发展趋势、法西斯的实质等问题继续关注，并形成讨论。有人注意到东南欧和波罗的海沿岸的一些国家建立了独裁政权，认为这种政权实质上和法西斯政权相差无几，进而得出结论：所有的资本主义国家都要法西斯化，法西斯化是资本主义发展的一个必经阶段。这些同志把资产阶级政府的所有举措都称为法西斯活动，也有不少同志不同意这种观点，指出在资本主义国家里也有许多政治势力主张继续实行议会制度，不能说法西斯化是资本主义社会的一个必经阶段。时任共产国际执委会委员的陶里亚蒂撰文指

---

① *Пятый всемирный конгресс Коммунистического Интернационала*, 17 июня – 8 июля, стенографический отчёт, часть Ⅱ, М. – Л., с. 168; *История Фашизма в западной Европе*, М., 1978, c. 396.

② *Die Gesellschaft*, B., 1925, No. 8, S. 17.

出，不能不加区分地把所有的反动势力都称为法西斯。他认为，不能单纯地把法西斯主义看成资产阶级用来击溃工人运动的"工具"，而要把它视作一种具有一定独立性的政权。法西斯国家是依靠一种特殊的、有严格等级制度的组织机构建立起来的政权，这种政权要消灭所有其他的组织，包括社会改良组织和资产阶级议会组织。① 关于法西斯化是不是资本主义的必经阶段的争论一直延续到共产国际第六届代表大会，会前，波兰共产党内曾有激烈的争论。主张法西斯化是资本主义发展的普遍规律的一方占了上风，他们还得到了共产国际执行委员会部分委员的支持，包括自共产国际五大进入执委会并在其中发挥主导作用的斯大林在内。1927 年 5 月 22 日至 8 月 9 日，波兰共产党在莫斯科召开了第四次代表大会。大会总结了波共在皮尔苏茨基政变问题上的错误，同时也就法西斯主义问题展开争论并做出决议。决议强调，法西斯主义的产生首先是由帝国主义时代的社会政治趋势决定的。② 法西斯专政是和垄断资本统治相适应的政权形式。

  第六届代表大会表明共产国际政策与策略的进一步"左"倾。1928 年 7 月 17 日至 9 月 1 日，共产国际在莫斯科召开第六届代表大会。57 个共产党和组织的 532 名代表出席了大会。大会日程很多，共有 14 项。除了共产国际执委会、青年共产国际执委会、国际监察委员会这三家的工作报告以外，还有关于共产国际纲领、共产国际章程的报告，关于帝国主义战争危险的报告，关于开展国际反战运动的报告，关于殖民地和半殖民地国家革命运动的报告，关于苏联和联共（布）党内情况的报告。此外，还有关于申诉的问题：被开除出联共（布）的列·托洛茨基、季·萨普龙诺夫等人的申诉，被开除出德国共产党的露·费舍和阿·马斯洛夫的申诉，被开除出法国共产党的修·日罗等人的申诉，被开除出荷兰共产党的怀恩科普集团的申诉。还涉及关于古巴、朝鲜等 8 个国家共产党加入共产国际的问题，听取资格审察委员会的报告，选举。在这次大会上，斯大林、布哈林、蔡特金、库西宁、洛佐夫斯基、苏兆征、瞿秋白等人当选为主席团委员。大会成立了 5 个专题委员会和 2 个小组委员会，即共产国际纲领委员会、国际形势与任务提纲委员会、战争危险问题委员会、共产国际章程委员会、民族国家和殖民地国家革命运动提纲委员会、印度小组委员会、黑人小组

---

① *Коммнистический Интернационал*，1928，No. 27/28，с. 11 – 18。
② *Комтерн против фашизма*（документы），1999，с. 197。

委员会。大会开了 46 天，共举行过 46 次全体会议，是共产国际历史上会议规模最大、开会时间最长、会议议程安排最多的一次大会。

从上次代表大会结束到 1928 年这 4 年里，无论是国际形势，还是共产国际内部，都发生了不小的变化。德国赔偿问题在帝国主义国家相互关系中占有突出的地位。1923 年的鲁尔危机使德国经济陷于混乱，工农大众急剧"左倾"，爆发了 1923 年的革命运动；法西斯势力乘机抬头挑起事端。英国和美国害怕德国经济衰退会引起整个资本主义世界经济的混乱，同时导致各国革命运动再次高涨，从而威胁到它们自己的利益，因此都采取"扶德抑法"的方针。1924 年 8 月，伦敦会议通过的道威斯计划规定，为了稳定和恢复德国的经济，由美国和英国贷款给德国，并且暂不确定德国赔款总额和支付年限，要求德国在计划生效的第一年赔偿 10 亿马克，以后逐年增加。伦敦会议同时还通过了一个决议案，规定对德国制裁必须得到赔款委员会的一致同意，法国和比利时的占领军必须在一年之内从德国撤退完毕等条款。这些条款剥夺了法国的制裁权，严重打击了法国的欧洲霸权政策。与此同时，美国和英国的矛盾也显现出来。道威斯计划表面上是为解决德国向战胜国赔款问题而通过的一项计划，而实际上它是帝国主义国家，尤其是美国为恢复德国经济并使其依赖于美国垄断组织的一项计划。道威斯计划是美国向德国大量输出资本扶植德国军国主义的开端，也是美国插手欧洲事务的重要步骤，美国企图通过道威斯计划的实施来削弱英国和法国对欧洲的影响。帝国主义国家扶植德国军国主义势力还有一个目的，就是离间德国和苏联的关系，指望德国有朝一日会充当反对苏联的急先锋。1925 年洛加诺公约的签订，使德国摆脱了战败国的地位，和法、英、意等强国平起平坐。1926 年，德国更加入了国联，并成为 5 个常任会员国之一。

共产国际第六届代表大会召开之前，苏联正经历着国内严重的粮食收购危机，国际关系方面也面临许多困难。曾经担任共产国际执委会主席多年的季诺维也夫因党内斗争受挫，于 1926 年 11 月被解除此职。接替他出任共产国际政治书记处书记（1926 年 11 月取消了共产国际主席一职）的布哈林当时的处境也很微妙，虽然仍然有着联共（布）中央政治局委员的头衔，却因为在一系列重大理论问题和政策上和斯大林有分歧，所以自 1928 年春天起就被视为未点名的右倾机会主义的领军人物。由布哈林出面在六大全体大会上宣读的《国际形势与共产国际任务提纲》和原稿有约 20

处的改动。原稿是由布哈林主持起草并签署的，联共（布）代表团认为其含有机会主义观点，修改后的提纲和原稿有重大出入。斯大林也认为"实际上等于提出了一个关于国际形势的新提纲"。① 布哈林和时任联共（布）中央总书记、共产国际联共（布）代表团成员的斯大林的意见分歧，大致有以下几个方面。

在苏联国内政策方面，布哈林认为造成粮食收购危机的原因是国民经济比例失调，农业生产落后，农产品的比价不合理。这是国家计划领导失误的后果。他对斯大林过分强调优先发展重工业持有异议，认为国民经济应该有计划按比例发展。斯大林不同意从国家计划领导方面去寻找粮食收购危机的原因，认为绝对不允许减缓发展重工业的速度，如果这样做，就是把苏联"变成世界资本主义经济体系的附庸"。② 在向共产国际六大提交的报告《国际形势和共产国际的任务》中，他们在关于资本主义稳定的性质、如何同社会民主党斗争、如何在共产国际和各国共产党内部反右倾和反对右倾调和派等问题上都有重大分歧。布哈林从资本主义世界技术进步的因素、资本主义垄断组织的发展，国家资本主义的发展趋势及其政治意义、世界经济所发生的结构变化等方面进行分析，得出结论：

> 不应当把资本主义和资本主义体系的总危机设想成这样：资本主义几乎在一切国家或者在大多数国家都正在垮台。情况并不是如此。资本主义的危机在于：由于从前直接战争时期和战后时期的结果，现在整个世界经济中发生了根本的结构变化，这些变化必然会千百倍地加剧资本主义体系的一切矛盾而最终导致资本主义体系的灭亡。③

在对待社会民主党的策略方面，布哈林不同意将社会民主党和法西斯党混为一谈。在"孪生子说"盛行的环境下，布哈林在共产国际六大的纲领委员会上发言指出："把像波兰社会党这样的社会民主党和法西斯党放到一个锅里煮，视它等同于法西斯党，将是错误的。为什么？因为它们的阶级基础不同。"针对关于上述两党的社会基础有某种接近的言论，布哈

---

① 《斯大林全集》第12卷，人民出版社，1955，第19页。
② 《斯大林全集》第11卷，第80页。
③ 布哈林：《国际形势和共产国际的任务》（摘录），《布哈林文选》，人民出版社，1983，第376页。

林说："……这个过程远未完成，由此可以得出不同的结论，包括策略上的结论。在抗击反动势力的战斗中有时我们可以呼吁社会民主党的工人（来支援），有时甚至可以向社会民主党的基层支部发出呼吁。但至于涉及法西斯组织，那就是另一回事情了。这里面有着人所共知的区别。"[1]

上述这些观点都是和斯大林不同的。但是，经过共产国际联共（布）代表团修改的报告里，这些观点都不可能有，代之以"社会民主党从含羞带愧地维护资本主义进而成为资本主义的积极支持者"，"社会民主党正式拥护的阶级合作理论同法西斯主义的理论有很多相符之处"[2] 这样的看法。特别是重点打击社会民主党"左翼"的提法，是斯大林很重视的，布哈林完全没有涉及。至于在共产国际和各国共产党内部反右倾的问题，布哈林的报告原稿也不符合斯大林的要求，因为那里面只提反托洛茨基派的斗争，并没有提右倾是共产国际和各国党内部的主要危险，也未提到反对右倾的调和态度问题。可以设想当年布哈林的处境，他虽然被安排出面主持第六届代表大会的工作，但已经被排除出共产国际的实际领导层之外。对于这一点，布哈林心里是十分清楚的。现已公布了他在大会开幕前一个半月写给斯大林的一封信。信中写道：

> 我向你声明过，我不准备打架，也不想这样做。我知道得很清楚打架意味着什么，更不要说是在我们国家和我们党目前所处的艰难条件下。我请求你现在考虑一件事：为平静地举行大会提供机会，不要再制造出裂痕；不要制造出流言蜚语满天飞的氛围……一开完大会，我就做好准备，上哪儿去都可以，不用打什么架，不要有任何吵闹，也不要有任何斗争。[3]

然而，布哈林这个起码的要求都未得到满足，据同情布哈林处境的美国共产党代表洛夫斯顿回忆，在共产国际第六届代表大会期间，实际上有两个大会在举行，一个是形式上的大会，另一个是在走廊开的大会，而后

---

[1] 布哈林：《在纲领委员会第 6 次会议上的发言》，引自 Коминтерн против фашизма, Москва, 1999, c. 212。
[2] 《共产国际第六次代表大会关于国际形势与共产国际任务的提纲》（节录），引自珍妮·德格拉斯选编《共产国际文件》第 2 卷，第 632 页。
[3] 布哈林：《社会主义的理论问题与实践》，莫斯科，1989 年俄文版，第 299 页。

一个会实际上是由斯大林领导的。①

第六届代表大会提出了"第三时期"理论，并要求各国党按照这个理论去制定工作方针和策略。然而，应该指出的是，"第三时期"论是在片面估计世界形势的基础上提出的错误理论，是经不起实践的检验的。所谓"第三时期"理论，是把第一次世界大战以后的十年分成了三个时期。第一个时期是战后的革命高潮时期，欧洲、亚洲、拉丁美洲的一些国家都不同程度地爆发了革命运动，俄国十月革命取得了历史性的胜利，不少国家成立了共产党。世界革命的司令部——共产国际建立。1923年德国十月发动的失败是第一时期结束的标志。第二时期是革命运动遭受重创（特别是在欧洲），资本主义体系逐渐恢复元气，逐步形成局部稳定局面；而苏联经过艰苦奋斗恢复了国民经济并开始建设社会主义的时期。第三时期是在六大召开之前不久才开始的。也就是说，是从1928年开始的。这是资本主义总危机急剧发展、帝国主义国家之间的矛盾空前激化的时期。资本主义世界的暂时稳定局面很快就会结束，将爆发一系列战争，包括"帝国主义国家之间的帝国主义战争；帝国主义国家反对苏联的战争；反对帝国主义的民族解放战争；帝国主义的干涉战争和巨大的阶级斗争"。② 由于狭小的市场同日益增长的生产力之间的矛盾十分尖锐，无法调和，资本主义体系已经面临全面崩溃，一个新的革命高潮即将到来。

共产国际第六届代表大会根据"第三时期"理论制定了工作方针和策略。规定新时期共产主义运动的主要国际任务是"制止日益临近的帝国主义战争，保卫苏联，反对干涉和瓜分中国，保卫中国革命和殖民地起义"。为保障任务的完成，必须采取打击社会民主党，特别是打击其"左翼"的策略。因为"社会民主党的左派领袖是共产主义和无产阶级专政最危险的敌人"。③

"第三时期"理论在国际共产主义运动中造成了很大的混乱。这一理论忽视和贬低争取和捍卫民主权利的斗争，片面地把"无产阶级专政"作为当前的中心任务，要求各国党贯彻执行，使许多国家共产党遭受重大损失。这也直接影响到反法西斯斗争的策略。"第三时期"理论在分析国际

---

① А. Ватлин, *Коминтерн: первые десять лет*, 1993, с. 102.
② 《共产国际第六次代表大会关于国际形势与共产国际任务的提纲》（节录），引自珍妮·德格拉斯选编《共产国际文件》第2卷，第629页。
③ 贝拉·库恩编《共产国际文件汇编》第3册，第13页。

形势和即将爆发的帝国主义战争的根源时，片面地强调英、美帝国主义之间的矛盾，对法西斯主义的威胁不够重视，对在意大利、德国、日本等国家日益活跃的法西斯运动同资产阶级民主制度之间的矛盾缺乏认识。共产国际虽然很早就号召各国工人阶级反对法西斯主义，但到20年代末期并未真正认识到它是导致未来战争爆发的主要危险。在争取反法西斯斗争的同盟军方面，"第三时期"理论由于把在工人群众中具有影响的社会民主党视作新时期"共产主义和无产阶级专政最危险的敌人"，所以十分脱离群众，实际上亦加深了无产阶级队伍的分裂。

现存的一些文献反映了共产国际内当时在法西斯问题上的混乱认识。有一个例子很能说明问题。六大召开期间，纲领委员会收到了一份政治报告和建议书，题目是"法西斯主义与资本主义国家的法西斯化问题"。作者是两名波兰共产党党员，他们认为共产国际的纲领草案"没有指出现代资本主义的帝国主义性质和这种性质对国家形式的影响；以及所谓议会制危机这种现象和法西斯主义的发生之间的相互关系"。[①] 他们批评纲领草案没有从时代的高度去认识法西斯主义，没有指出法西斯主义是和垄断资本主义相适应的政权形式，没有看到资产阶级议会制面临的危机，没有觉察到资本主义国家普遍法西斯化的趋势。作者还特别提到，有的国家尽管表面上保留了资本主义议会制，骨子里还是法西斯政权。作者还附上了对纲领草案有关法西斯主义部分的修改稿。除此之外，作者还用了不小的篇幅批评陶里亚蒂发表在《共产国际》杂志上的一篇文章《论法西斯问题》。陶里亚蒂在文章中反对把所有的反动形态都称作法西斯主义。陶里亚蒂认为，不是到处都可能发生法西斯政变的，只有在具备一定的经济和政治前提，具备一定的形势才有可能。这份政治报告的作者批评陶里亚蒂的上述观点是否定资本主义国家的法西斯化趋势，是很错误的。这份政治报告说明"第三时期"理论给反法西斯斗争带来很坏的影响。

三 1929~1933年：在"第三时期"理论影响下开展反法西斯斗争

在这五年中，共产国际的工作方针和斗争策略仍然深受"第三时期"

[①] *Коминтерн против фашизма*, Москва, 1999, с. 196.

理论的影响。但是，国际形势已经发生变化，自 1929 年开始长达四年的世界经济危机严重影响了几乎所有资本主义国家的经济和政治生活。各国垄断资本主义集团为维护其统治，想方设法寻找摆脱危机的出路。一些国家（如美国、英国、瑞典等）通过运用政府的力量来干预和调节工业、农业、金融等重要部门的经济活动，实行某些增加就业的措施，政治上仍旧实行议会民主制度。另一些国家（如德国、日本）则走上了法西斯道路，对外疯狂侵略扩张，对内实行专制独裁统治。而意大利是 20 年代就被法西斯篡夺了政权的国家。同时，欧洲、亚洲、北美和拉丁美洲、非洲都有法西斯组织在猖狂活动。面对世界性的法西斯主义新浪潮，共产国际十分关注，执委会多次进行专题研究，并向各国党发出指示。还在 1930 年 1 月，共产国际执委会就重组反法西斯委员会问题通知各国党，说明共产国际六大成立的反法西斯委员会在 1929 年柏林国际反法西斯代表大会召开之后工作任务不明确，经研究后决定重组。新组成的委员会应进行以下工作："a. 专门研究关于资本主义国家所进行的反动变革的性质和形式，为共产国际各支部交流经验提供帮助……；b. 从意识形态方面准备发动一场在国际范围内的反法西斯和社会法西斯的运动；c. 保障同柏林反法西斯委员会执行局的联系并监督其工作……"[1] 该通知指出，"六大期间，关于法西斯主义以及如何与之做斗争的问题尚未得到足够的阐述"，而是只从意大利一个国家的角度去研究法西斯主义。[2]

1930～1931 年，共产国际执委会向各国党频频发出指示，要求各支部加强宣传工作，动员群众抵制法西斯主义的进攻。比起第六届代表大会及其以后的一段时期，共产国际的领导机关对反法西斯斗争给予了更多的关注。这本来是件可喜的事，但由于深受"第三时期"理论的禁锢，各国党在工作中遇到很大困难，付出巨大努力后收效甚微。众所周知，要成功地动员群众，必须有让群众信服的理由。然而，共产国际动员群众投入反法西斯斗争的依据却很难让人信服。例如，在 1931 年 3 月 25 日至 4 月 13 日举行的执委会第 11 次全会上讨论的两项主要议题中的一些观点就令人难以接受。这两项主要议题是：世界经济危机和共产国际各国支部的任务；对苏联军事干涉的危险日增。关于第一项议题的决议中写道："反法西斯主

---

[1] *Коминтерн против фашизма*, Москва, 1999, с. 227.
[2] *Коминтерн против фашизма*, Москва, 1999, с. 226.

义的成功斗争，要求各共产党在自下而上的统一战线的基础上，动员群众去反对一切形式的资产阶级专政……斗争还要求迅速、果敢地改正错误。这些错误主要产生于一种自由主义观念，认为法西斯主义同资产阶级民主之间，资产阶级专政的议会形式和公开法西斯形式之间有根本区别；这些观念是共产党内社会民主主义影响的反映。"① 连普通老百姓都知道资产阶级议会民主制和法西斯政权不同，在议会民主制的国家里，工人可以建立自己的民主团体，有结社、集会、言论等自由，尽管这些民主权利常常受到侵犯。共产党人从来是重视争取和捍卫民主权利的。法西斯政权的出现是人类历史的大倒退。试问，如果资产阶级议会民主制和法西斯政权没有区别，那么，共产国际又为何要动员群众去同法西斯势力做斗争呢？为说明这一错误理论所带来的严重后果，可以看德共1931年8月在由德国纳粹党倡议的、反对普鲁士的社会民主党政府的公民投票中的表现。德共中央起初决定反对这一倡议并抵制公民投票，但最终在共产国际的干预下做出了相反的决定，参加了公民投票，客观上助长了纳粹的气焰，影响了工人阶级的团结，造成了很坏的影响。再者，自第五届代表大会始，至第七届代表大会召开前夕，在论及反法西斯斗争时，必然要提反对社会民主党。上面提到的执委会第11次全会也不例外。在法西斯势力日益猖獗、帝国主义战争临近之时，该次全会竟把"揭露社会民主主义和第二国际，使工人群众摆脱他们的影响，孤立和战胜社会民主主义"当作"各共产党当前的最紧急任务"。这样，怎能团结大多数来开展反法西斯斗争呢？更有甚者，1931年11月，当德国社会民主党提出要和德共建立统一战线共同反法西斯的时候，居然遭到德共的拒绝。所谓社会法西斯主义的提法极其荒谬，极不科学，只会在反法西斯阵营中引起思想混乱。还有，关于"保卫苏联"，执委会第11次全会在分析资本主义总危机及其发展前景时认为，帝国主义国家必然会通过发动一场针对苏联的干涉战争来寻求摆脱危机的出路。为此，全会做出决议，要求各国党动员群众保卫苏联。

在帝国主义的一片反苏叫嚣声中，共产国际执委会（首先是联共代表团）考虑苏联的安全是可以理解的。但是，这一口号的提出说明共产国际对什么是未来战争的主要危险把握不准。由于共产国际无视法西斯主义和资产阶级议会民主制之间的差异与矛盾，所以也认识不到法西斯主义是威

---

① 珍妮·德格拉斯选编《共产国际文件（1929—1943年）》，第196页。

胁世界和平的主要危险。由此也可看出共产国际对法西斯主义的认识不够深刻。同时，各国的国情不同，各国党本应根据本国的国情来制定方针政策，共产国际提出保卫苏联的要求，并以此作为是否革命的标准，实在是有摆"老子党"威风之嫌。

尽管许多国家的共产党通过反法西斯斗争的实践突破了执委会的束缚，但上述共产国际对法西斯主义和对社会民主主义的认识一直延续到1933年希特勒在德国上台执政。一个突出的例子是对待社会主义工人国际建议的态度。此建议由7个"左翼"社会民主党发起。德国法西斯政变得逞后不久，有7个"左翼"社会民主党联名发表公开信呼吁社会主义工人国际和共产国际一起举行会议，共同商讨反法西斯斗争大计。迫于群众的压力，社会主义工人国际执行局于1933年2月19日发表告世界工人宣言书。其中有"在公开和真诚地商讨的基础上"同共产国际进行有关反法西斯行动的谈判这一项内容。[1] 这本是促进工人运动团结的大好机会，然而，共产国际却认为是应该对希特勒上台负主要责任的社会民主党有所求，在执行委员会开会时大谈应如何利用当前社会民主党的困境来争取工人群众。被委托起草回信的贝拉·库恩写下了这样的句子："由第二国际诸党提议缔结的'互不侵犯条约'实际上意味着拒绝向资产阶级进攻。和阶级敌人的同盟者缔约就是和阶级敌人缔约。"[2] 由斯大林过目后并经过执委会主席团讨论的复信与此已经不同，有同意各国共产党和本国社会民主党进行谈判的内容，但不是在两个国际级别上的谈判。同意在此期间双方不要互相攻击。

在德国法西斯政变得逞之后，欧洲国家的共产党更主动地团结群众投入反法西斯运动。在社会主义工人国际执行局和共产国际执委会先后拒绝在各国党际之间进行谈判后，捷克共产党、法国共产党和英国共产党的领袖都代表全党向共产国际建议举行两个国际间的谈判，执委会经汇报斯大林后否决了这一建议。1933年8月，在社会主义工人国际执行局召开的巴黎会议期间，当右翼社会民主党人再次反对与共产党人建立统一战线时，"左翼"立即予以反击。法国、意大利、奥地利的"左翼"社会民主党人提议和共产国际一起举行国际讨论会，研究反法西斯的问题。德国的局势

---

[1] *International Information*, 1933, No. 8. pp. 78，79.
[2] Российский центр хранения и изучения документов новейшей историй, 档案第495卷，第18宗，第963件，第135页。

受到越来越多的关注。季米特洛夫等共产党人被德国当局诬陷逮捕在许多国家引起反法西斯浪潮。1933 年 7 月 26 日，共产国际执委会政治书记处书记、俄国人 E. 皮亚特尼茨基致函斯大林和莫洛托夫，转达英国共产党总书记波立特关于召开主席团扩大会议讨论德国形势等问题的建议（经政治书记处曼努伊尔斯基等人研究同意此建议），同时提议于 1934 年内举行共产国际第七届代表大会。①

几个月以后，1933 年 11 月 28 日至 12 月 12 日，共产国际执委会在莫斯科召开第十三次全会。这是希特勒在德国上台执政后共产国际召开的第一次执委会全会，主要议题很自然是如何团结国际无产阶级来反对法西斯主义，反对帝国主义和战争。全会明确指出，德国的法西斯政府是欧洲的主要战争煽动者。全会号召各国共产党动员广大劳动群众起来制止战争，同时批判了认为不可能阻止帝国主义战争到来的观点。指出无产阶级通过斗争是有可能推迟和制止战争的。执委会政治书记处书记曼努伊尔斯基和陶里亚蒂等在发言中都提出：战胜法西斯之后不一定要实行无产阶级专政。全会为法西斯主义下了一个定义：法西斯主义是"金融资本中最反动、最沙文主义和最帝国主义集团的赤裸裸的恐怖专政"。② 这个定义的重要性在于不再把法西斯和整个资产阶级等同起来，而是区别其中最反动的集团。这样来界定法西斯主义符合实际，同时也有利于反法西斯斗争的开展。以上的观点说明，共产国际的活动家对国际形势的认识有了新的提高。但是，应该说此时他们对法西斯主义将给人类带来的灾难还是认识不足。同时，在对待社会民主党的问题上仍然坚持错误的方针。在需要团结无产阶级大众共同抗击法西斯势力的严重关头，全会竟在决议上写下"社会民主党也在公开的法西斯专政国家里继续扮演资产阶级主要社会支柱的角色"。③

四　共产国际寻求新策略

严峻的斗争现实促使共产国际和各国共产党重新审视以前的方针和策

---

① 参见俄罗斯现代史文献保存与研究中心所藏档案，第 495 全宗，第 19 卷，第 248 件，第 50～51 页。
② XIII Пленум ИККИ: стенографический отчёт，Москва，1934，c. 589.
③ 珍妮·德格拉斯选编《共产国际文件（1929～1943 年）》，第 372 页。

略。大家都清楚，当前的主要任务是联合一切可以团结的力量去和法西斯抗争，拯救世界和平。反思长期以来同在工人队伍中具有相当影响的社会民主党的关系，的确是一个大障碍。要克服这一障碍固然存在许多困难，因为社会民主党领导层也阻挠基层同共产党合作；但是，首要的问题是转变观念。在这方面，1934年欧洲一些国家的斗争实践和季米特洛夫进入共产国际领导层起了很好的作用。

1934年2月初，"火十字团"等法国法西斯团体和右翼组织一起，利用斯塔维斯基财政丑闻攻击几天前刚刚上台的"左翼"激进党人达拉第受命组阁的政府。反动势力决定于2月6日举行大示威，因为这一天新内阁要在众议院通过信任投票。2月6日，法西斯组织和其他右翼团体从不同集合地点向众议院所在地波旁宫进攻，保卫波旁宫的警察部队开枪反击，双方都有伤亡。尽管达拉第政府于当晚在议会投票中获得了信任票，但在议会内外右翼势力的夹击之下也不得不于2月7日宣布辞职。当晚，以杜迈格为首的右翼政府组成。事态的发展引起共产党、社会党以及其他"左翼"党派和"左翼"力量的深切关注。进步力量纷纷要求团结起来保卫民主制度，挫败法西斯组织的阴谋。2月9日，法共组织了反法西斯和反资产阶级政府的示威游行，并在事先号召共产党人、社会党人、工会会员和一切劳动群众加入到游行队伍中来。游行队伍在"打倒法西斯！"的口号声中同警察发生冲突，政府下令对示威群众开了枪。这是多少年来难得见到的联合行动，它的影响是巨大的。第二天，法国共产党发表声明：

> 在共产党领导之下，巴黎的无产阶级已经在巴黎的街道上举行了英勇的示威。成千上万的社会党工人参加了这次示威。联合起来了的工人阶级就这样表明了，它正在有力地反对法西斯主义……①

2月12日，在法国总工会和法国统一总工会的号召下巴黎爆发了声势浩大的总罢工。工人涌上街头，高呼"统一行动！统一行动！"举行示威，法国社会党领袖莱昂·勃鲁姆、保罗·富尔等同法共领导人马塞尔·加香、雅克·杜克洛都和罢工工人一起走在游行队伍里。他们还发表了热情

---

① 莫里斯·多列士：《今日法国和人民阵线》，伦敦1936年版，第159页。转引自齐世荣主编《世界通史资料选辑》现代部分第二分册，第27页。

的讲话，"我们团结起来以后，在这里集会，为的是保卫共和国"，"反法西斯斗争的口号，必须成为唯一的口号！"[①] 同一天，除巴黎外，法国还有不少城市举行了游行示威，共产党和社会党的基层组织联合起来反击法西斯的进攻。法西斯势力妄图在法国夺取政权的阴谋被挫败了。这是在任何国家都还没有出现过的情况，意义重大。

除了法共的经验外，西班牙共产党也在同法西斯势力斗争中逐渐认识到加强和社会党以及无政府工团主义者合作的重要性。意大利共产党尽管处于白色恐怖状态下，也在1933年3月向所有反法西斯的组织发出联合行动的呼吁。1934年8月，意大利共产党和意大利社会党达成了在反法西斯和为工人利益斗争一致行动的协议。

在各国党摸索新的工作方针的时候，共产国际的领导核心也在酝酿转变战略策略。反法西斯英雄、莱比锡审判的胜利者季米特洛夫的到来给这项工作带来了新的活力。自1934年2月27日被苏联政府派飞机接到莫斯科以后，季米特洛夫便利用斯大林接见的机会，提出他对反法西斯统一战线现状的看法。之后，作为共产国际的领导，他对反对法西斯主义的斗争起了重要的作用。

[①] 雅克·杜克洛：《回忆录》第1卷，莫斯科1974年俄文版，第172页。转引自齐世荣主编《世界通史资料选辑》现代部分第二分册，第35页。

共产国际的秘密·密码通信

〔俄〕弗·叶·费尔索夫 著　曹特金 摘译

译者按：《共产国际的秘密·密码通信》（Секреты Коммунистического Интернационала Шифропереписка）一书是苏/俄学者弗里德里赫·叶戈罗维奇·菲尔索夫（Фридрих Егорович Фирсов）于2011年在莫斯科出版的。菲尔索夫是著名的共产国际史专家，对此课题的研究超过50年，发表了许多影响较大的有关著作，在不少国家有译本出版。自1994年起，他迁往美国居住。为写作《共产国际的秘密·密码通信》一书，菲尔索夫掌握了许多罕见的和新发现的史料和史实。书中特别注重研究了共产国际领导与苏联情报侦查机关的密切合作情况。作者破译了共产国际与各国共产党之间的通信密码，从而帮助揭开了许多秘密。由于全书篇幅过大，牵涉具体事件和问题过多，这里只能把全书的前言和结论以及第五章《代码之谜》摘译出来，以飨读者。

此书作者特别注明：
　　献给我妻子
　　莉达·费尔索娃

前　言

有关共产国际档案馆和我在那儿工作的情况简介

一开始先引用几份电报。第一份是1936年10月29日发自莫斯科的：

急电。巴黎。致莫里斯。尽一切可能主要把恩格斯的著作寄到意大利去，在罗马那儿一本也没有。书商告诉我们，没有恩格斯，马克思的著作就不能流通。发电报告诉这儿结果。鲁道夫。①

11月21日，也从莫斯科发出：

> 急电。巴黎。致多列士。勃拉乌德通知说，已准备好寄出10本马克思著作，15本恩格斯著作，但是意大利的代表带的钱不够。尽一切可能通过梅丁解决。鲁道夫。②

11月29日——新的急件：

> 巴黎。致克列曼、多列士。多使点劲，通过梅丁让意大利在美国的代表给钱购买马克思、恩格斯（的著作）。鲁道夫。③

同一天收到了来自西班牙的回复：

> 致鲁道夫。请通知勃劳乌德（原件拼错——本书作者注）。我们已通知意大利在华盛顿的代表，让他尽快谈妥购书的事……10本马克思著作和15本恩格斯著作……④

这些电报与意大利的图书市场有什么关系吗？在书店里没有马克思和恩格斯的著作？是对在美国购买对墨索里尼的意大利如此需要的图书的关注？自然，不是的。在这些通信里说的根本不是意大利和她在美国的代表，而是说共和制的西班牙和她在美国的大使。至于说到马克思和恩格斯的著作，指的也完全是别的东西。那是什么呢？对这个问题下面这封通信

---

① 俄罗斯国立社会-政治史档案馆，Ф.495. Оп.184. Д.6. 特档，1936年发往巴黎。Л. 19. 莫里斯——莫里斯·多列士——法国共产党总书记。鲁道夫——共产国际执行委员会书记德米特里·马努伊尔斯基的假名。
② 俄罗斯国立社会-政治史档案馆，Ф.495. Оп.184. Д.6. 特档，1936年发往巴黎。Л.41. 艾尔·勃拉乌德——美国共产党总书记。梅丁——共产国际在西班牙的代表维多利奥·科多维利的假名。
③ 俄罗斯国立社会-政治史档案馆，Ф.495. Оп.184. Л.53（25/245）. 克列曼——共产国际在法国的代表艾森·弗里德的假名。
④ 俄罗斯国立社会-政治史档案馆，Ф.495. Оп.184. Д.13，特档，1936年来自西班牙。Л. 33 об.（23/185, 186）。

做了回答。这封信是 11 月 19 日共产国际代表从纽约发给莫斯科的。这位代表是专门派去为了协助美国共产党领导对共和制的西班牙进行帮助的。这封通信写道:"我能搞到 10 架两引擎的重型轰炸机和 15 架现代的高速歼击机。李。"① 因此,10 本马克思著作——即 10 架轰炸机,而 15 本恩格斯著作——即 15 架歼击机。真正如此机智地利用马克思主义创始人名字的那些人,正是称自己是他们忠实的追随者的人。

这不多的几件密码电报②只是共产国际执行委员会与各国共产党的大批密码通信中的极小部分,这大批密码通信保存在共产国际档案库中。

收集在一起的 1933~1943 年③的密码电报有 764 件,其中包括共产国际与 30 多个国家的通信。它们都被收入共产国际执行委员会档案库(495 库,фоид 495)184 宗(опись № 184),保存在俄罗斯国立社会-政治史档案馆。

如果说共产国际档案库的文件多年来收藏在苏共中央马列主义研究所中央党务档案馆,是保密的,研究人员几乎是无法借阅的,那么,关于密码通信资料的存在根本就无人知道。只有档案馆自己的工作人员知道。尽管本书作者④在这研究所工作了 30 多年,但是只是到 1992 年初才知道这些资料的存在。而且作为研究所的研究人员,为了完成计划中的任务,共产国际的文件是应该提供给他的。

档案馆里工作的规章是很严格的。研究人员自己不能查看目录和预订

---

① 俄罗斯国立社会-政治史档案馆,Ф. 495. On. 184. Д. 15,特档,1936 年来自纽约。Л. 9. 李,约翰·彼得森的另一假名——预定为共产国际执行委员会书记处联络部的工作人员列奥纳多·阿斯诺斯的假名也叫约翰·彼得森。
② 格奥尔基·季米特洛夫(1935~1943 年共产国际执行委员会总书记)一般用这个名称来称呼共产国际执行委员会书记处发出和收到的急电。
③ 共产国际执行委员会在这时期之前的通信未立专门的目录。其中极大部分列入彼亚特尼茨基书记处的案宗(俄罗斯国立社会-政治史档案馆。Ф. 495. On. 19)。
④ 本书作者在那些年有关共产国际史的印刷作品存在着当时苏联历史学共有的那些缺陷,其中包括共产国际史的研究。过去的事件和事实完全只能从苏共的意识形态观点去看,不允许有别的解释和分析,脱离这个立场不可避免地至少导致禁止从事职业活动。只是到 20 世纪 80 年代下半期,死板的方针才开始弱化,出现了突破规定框框的研究作品。1987 年,本书作者得以发表论文《论 1921~1924 年的统一战线问题》(载《苏共历史问题》1987 年第 10 期,第 113~127 页),此文写于 1963 年。已成为必须遵守的准则的教条培养了不止一代的苏联人,对它的克服是一个复杂的、各自不同的痛苦过程。其中决定性的是现存体制的发展和尖锐化的危机以及 1991 年 8 月的崩溃。对本书作者来说,从意识形态桎梏下解放出来,起了不小作用的是积累起来的有关共产国际史的档案资料的知识。

想看的文献。他根本看不到目录。这是档案部门的工作人员的事，他为研究人员挑选资料。这个工作人员要完全对他的领导负责，要保证含有任何不利于苏共的利益而且不宜公开的信息的文献不会落到研究人员手中。从档案文献中做的摘录必须交给档案馆工作人员检查。在检查者看来，所有危险的或以某种方式会"有害于党"的内容都要从这摘录中删除。结果往往是，研究人员拿回他的本子时，会发现其中有很多地方被浓浓地涂抹了，或被一刀剪掉了。如果摘录是摘自托洛茨基①、季诺维也夫②、布哈林③和其他"人民的敌人"的文献，那么，检查者肯定会有怀疑。本书作者不得不因此向反对我做这样的摘录的档案馆领导多次进行解释。托词是：这些人在不同的阶段在第三国际的创建和活动中起过领导作用，但都没有用，而有关资料就从笔记本中消失了。写有摘录的这些笔记本被认为是危险的文献。它们不交给研究人员，而转交给他的领导。有时，而且总是突然地，档案馆代表会来检查，这些笔记本保管得怎么样。过了一段时间后，它们就必须归还给档案馆，并在那里销毁。因此不得不设想出各种巧计，有时是相当危险的妙计，以便把那些对工作必需的资料拿到手并保留下来。

1991 年 8 月事件后，原中央党务档案馆成了国立的，并更名为俄罗斯保存和研究现代史文件中心。④ 此时，许多过去不向读者开放的档案资料，包括共产国际文件，对研究人员开放了。在俄罗斯保存和研究现代史文件

---

① 列夫·托洛茨基（真姓是布朗施坦因），从 1879 年开始参加俄罗斯的社会民主主义运动，从 1917 年起成为俄国社会民主党（布尔什维克）党员。十月革命后，担任外交人民委员、共和国革命军事委员会主席、军事和海军人民委员。1920 年成为共产国际执行委员会候补委员，1922～1927 年是共产国际执行委员会委员。1923 年起领导左派反对派。1927 年被开除出联共，1929 年被驱逐出苏联，1940 年 8 月 20 日在墨西哥被内务人民委员部的间谍刺伤致死。
② 格奥尔格·季诺维也夫（真姓是拉多梅利斯基），从 1901 年起成为俄国社会民主党（布尔什维克）党员，1907 年起成为其中央委员，1912～1927 年为党中央委员，1919～1921 年为政治局候补委员，1921～1926 年为政治局委员，1919～1926 年为共产国际执行委员会主席。1927 年被开除出联共，后来不止一次被恢复党籍又被开除。1936 年 8 月 25 日被枪毙。
③ 尼古拉·布哈林，从 1906 起成为俄国社会民主党（布尔什维克）党员，1917 年起为布尔什维克党中央委员，1922 年起为政治局候补委员，1924～1929 年为政治局委员。1919～1929 年为共产国际执行委员会委员，1920～1929 年为共产国际执行委员会主席团成员，1926～1929 年为共产国际执行委员会政治书记处成员。1937 年 2 月被开除出联共并被捕。1938 年 3 月 15 日被枪毙。
④ 这个档案馆现在的名称是俄罗斯国立社会 - 政治史档案馆，是在很久以后才改的。

中心的机构中，建立了筹备出版文献的分部，其中包括出版共产主义和工人运动文件室。本书作者被任命为这个室的主任。除我以外，还有其他几位共产国际史专家也被邀参加工作。

这个室利用过去保密的资料着手准备出版有关共产国际史的不同文件集。应该指出，共产国际文献部的许多工作人员努力寻找供出版的文件，有些人甚至参加到这一出版工作中去。

为了与耶鲁大学出版社合作出版，我们准备了两本文件集：《格奥尔格·季米特洛夫致斯大林信件集》①和《共产国际与斯大林的清洗》。本书作者是这两本文件集的主编。此外，每本文件集为了在美国出版须要配一位主编。第一本文件集的出版工作是现已去世的亚历山大·达林做的，书已出版。② 第二本文件集的出版出现了严重的问题。该集的美国主编威廉·查斯教授在使用了本书作者写的前言和俄方做的注释后，转而按自己的想法办了。这就导致俄方主编不得不拒绝参加此书的出版。这本书就成了查斯的书了。③

出版文件室还准备了其他的文献出版。其中之一是与德国研究人员彼尔哈尔德·巴耶尔梁合作准备出版俄共中央与共产国际企图于1923年在德国发动革命的文件。文集题为《共产国际与未实现的德国革命》。它的俄文版本完成于1994年，但是2003年问世的是稍经巴耶尔梁加工过的版本。④ 在出版文件室的其他工作计划中还有共产国际反战政策的题目。为了收集这个题目的资料，才决定查看共产国际的密码通信，因此只在此时

---

① 为了编辑这本文件集，曾发现了200多封季米特洛夫写给斯大林的信。20世纪80年代初，为纪念季米特洛夫诞辰90周年，研究所计划出版一本文集。本书作者被交办写一篇论文《格奥尔格·季米特洛夫——共产国际执行委员会总书记》。对这篇论文来说，重要的是季米特洛夫与联共（布）中央的相互关系问题。于是向中央党务档案馆领导提出了提供一些有关季米特洛夫与联共（布）中央联系的资料，当时的中央党务档案馆领导回答说，这样的资料档案馆里没有。

② *Dimitrov and Stalin*：*1934 – 1943. Letters from the Soviet Archives* / ed. By Alexander Dallin and F. I. Firsov. Russian documents translated by Vadim A. Staklo. Yale University Press：New Haven and London. 2000.

③ Chase J. W. *Enemies Wittin the Gates*? *The Comintern and Stalinist Repression*, *1934 – 1939*. Russian document translated by Vadim. A. Staklo. New Haven and London：Yale University Press, 2001.

④ *Deutscher Oktober 1923. Ein Revolutionsplan und sein Schetern*/ Herausgeben von B. H. Bayerlein, L. G. Babicenko, F. I. Firsov und A. Vartin. übersetzungen aus dem Russischen von T. Timofeeva. Aufbau – Verlag：Berlin, 2003.

才知道有这些过去严格保密的资料的存在。

当时俄罗斯的研究人员和从许多国家到莫斯科的研究人员都可以得到这些资料。在那些日子,在档案馆的阅览室里,外国来的研究人员比俄罗斯的要多得多。俄罗斯研究人员不能来档案馆工作的原因很多,首先是经济状况。后来出版了不少利用共产国际的密码通信的出版物。①

浏览这个密码通信花了许多时间。从总体上说,这些资料可以建立有关共产国际下述方面的全面的概念:有关共产国际本身和它与各国共产党的经常联系,有关影响各国共产党活动的杠杆,有关这个史上独一无二的组织发挥职能的机制。当浏览文件和挑选供将来出版的文件的工作接近尾声时,却不得不停了下来。根据档案馆馆长的指令,这一宗(опись)的文件都停止外借,而必须立即入库收藏。

档案馆馆长基里尔·安德森向本书作者解释说,取代臭名昭著的苏联克格勃的联邦安全服务局下令再次关闭这些文件。这个决定的原因据说是因为这些文件顶部暗示发出地点和时间的密码有可能会有助于解开当代的秘密代码。这个理由是十分荒谬的,因为共产国际使用的代码系统早就被英国的反侦查机关破译了。所谓的 Mask – materials,即破译的共产国际与各国共产党的通信内容,早已被用电子信息手段传布开了,这就十分清楚地证明这个理由的毫无根据。但不管怎样,共产国际的密码通信重又对研究人员实行封闭。

但是过了些时间人们了解到,这些文件不仅可以向某些外国研究人员提供,而且甚至允许他们复印,虽然不包括密码纸的顶部。在这之后,本书作者得到了档案馆管理部门的同意,在除寄往耶鲁大学出版社俄方准备的文件集的已收入文献外,还把以后准备出版的收集到的共产国际与美国共产党的密码通信寄了去。档案馆正式把这些文件的复印件寄了去,但不包括密码纸的顶部。其中的一部分被哈尔维·克莱尔教授和约翰·海森博士用于他们的文件集《美国共产主义的苏联世界》② 中。

---

① 其中应提到瓦阿克的共产国际企图在 1935 年在巴西发动革命的书(Waack W. Camaradas. Nos arquivos de Moscou. A história secreta da revoluçãp brasiliewra de 1935. *Companhia Das Letras*;São Paulo,1993),还有现已过世的安妮·克里捷尔和斯蒂芬·库尔图阿写的《尤金·弗里特传》(Krigel A., Courtois S. Eugen Fried. Le grand secret du PCF. éditions du Seul;Paris,1997)。

② Klehr H., Haynes J. E., Anderson K. M. *The Soviet World of American Communism*. New Haven and London:Yale University Press,1988.

至于共产国际密码通信的资料，它们终究已可在学术界流通，尽管是有限制的。系列文件集《联共（布）、共产国际和中国》① 的出版证明了这点，还有《莫斯科－巴黎－柏林·共产国际的密码电报（1938－1941年）》。② 在这本文件集编辑过程中，有没有出现这样的缺陷，即文件还是由档案馆工作人员为研究人员挑选的，或者更有可能的是，编辑者事先得到指令：有些问题的文件是不能公布的，关于这点本书作者不知道。但是有一个事实是显然的，即至少有一个问题——共产国际与苏联侦查机关的联系——在这本文件集里完全没有。这种联系的存在是可以根据密码通信的文件在本书中说明的。

今天不能说，共产国际史的研究者在档案馆中还会遇到文件完全封闭的情况，就像过去发生过的那样。相反，广为宣告的是允许进入共产国际档案馆。还宣告说，通过电子信息手段可以从这个档案馆获得几百万页的文件。这也是事实。③ 但是，还有一些对研究确实十分重要的卷宗（опись）不再向研究人员开放，如彼亚特尼茨基卷宗（Ф.495，оп.19）、季米特洛夫书记处卷宗（Ф.495，оп.73、74）、马努伊尔斯基卷宗（Ф.495，оп.10а）。这些卷宗的资料又被封闭了，而它们对于了解共产国际在实际上是怎样的却是关键性的。此外，共产国际档案馆的有些卷宗从来没有向研究人员开放过。这首先是有关共产国际执行委员会干部局、各国共产党的干部委员会和共产国际执行委员会国际联络局的资料，被列入保密卷宗的资料和其他一些资料。

看起来这只是小事：与档案馆里其余的大量的文献相比，从信息大潮里取缔的只是很小的一部分。但是不能运用这些文件，共产国际的历史就会是不完整的和被歪曲了的。

---

① 《联共（布）、共产国际和中国》第4卷《联共（布）、共产国际和中国的苏维埃运动，1931－1937年》（上、下两部），编辑委员会：М. Л. 季塔连柯、М. 列特涅（此两人为这项工作的领导人）、К. М. 安德森、В. И. 格鲁宁、А. М. 格里戈里耶夫、И. 克留格尔、Р. 费尔贝尔、К. В. 谢委列夫，莫斯科：俄罗斯政治百科全书，2003。

② Bayerlein K. B., Narinski M., Studer B., Wolikow S. *Moscou－Paris－Berlin. Télégramme chiffrés du Komintern*（1939－1941）. "Tallander": Paris, 2003.

③ 在互联网上开设了网站 www.Komintern-online.ru，使用者可通过它获得共产国际档案馆的许多文件。

代码之谜

在共产国际的通信中，给发往不同国家和来自各个国家的信件，采用了最为不同的保密方法和手段。大部分情报是以电报的形式发送的，表现为一组数字的组合，只有在知道解读这组数字的线索的情况下，才能破译它们。这些信件本身是分成几部分发送的，经常是一个密码电报分成几组数字，每一组有自己的编号。这个编号记在电文中，同时标上它的第一个数字和记号"Спец. No. No"或"Сп. NoNo"（即"专件 NoNo"）。为了破译和解读密件，发信人和收信人都要用同一本书。过些时候这些书就要换成别的书。有没有可能确定（哪怕是部分地确定）共产国际通过无线电发出的指示、指令、查询和委托令的形式？我们试着从档案馆保存的文件原件中寻找这个问题的答案，在这些原件中留有文件转变成电报的痕迹。

让我们看个例子。1942年5月14日，季米特洛夫给马诺尔和拉因发了指示，其中谴责了招募国际纵队前成员参加英美侦查机关的事。请看这个文件及密码译员做的记号是怎样的。

We consider as a political mistake the permission to Wollf
49504   41918   16518   01815   25360
to recruit people for English and American Intelligence.
30429   43607   41901
This makes it possible for the Intelligence to penetrate into
                                    41053   70384   63434
the American and other Communist Parties.   We   suggest to
12671   55440   33298   49072   31776   19240
discuss seriously the most   reasonable measures and forms
            49506   01562   27211   37256
for ceasing this recruiting and all   kind   of
09248   71619   00077   32046   70229
connections with the   above   mentioned Intelligence.
         00064   01730   59374   26305

Warn about it also the Spanish and Italian comrades. ①

在这件不算长的文件中五位数的数字记号在 30 个词上标出。

1940 年 7 月 25 日，共产国际执行委员会书记处通知英共领导有关德共发出谴责强加给法国的所谓 Compiegne 和约的问题，该和约预示着德军将占领法国的大部分领土。这个文件是在莫斯科起草的，季米特洛夫参与其事②，但是它是作为呼吁书秘密发往德国的。这个密码电报及密码译员做的记号是这样的。

    20262   11127 12575

German Comparty publish inside Country declaration on last events. Declaration condemns sharply diktat od Compiegne and emphasizes solidarity German working class with French and

  34403

other people oppressed by German imperialism. German people called to struggle against own imperialist rulers, for ending

  34058

war for peace without annexions, on basis selfdetermination and free agreement of people. Policy Soviet Union of peace and liberation is shown as example. Please have position of German communists made known in suitable form, in your country. Sekretariat③.

在这个文件中，五位数的数字在 5 个词上标出。

这些例子说明，在共产国际与这些党的通信中，在某些密码电报中有数字记号。从 1938 年 11 月 4 日到 1943 年 3 月 29 日，发往美共的密码电

---

① 俄罗斯国立社会 – 政治史档案馆，Ф. 495. Оп. 184. Д. 5，1942 年发往纽约，Л. 24。
② 俄罗斯国立社会 – 政治史档案馆，Ф. 495. Оп. 18. Д. 1322，Л. 99 – 103。
③ 俄罗斯国立社会 – 政治史档案馆，Ф. 495. Оп. 184. Д. 15，1940 年发往伦敦，Л. 22，рук. 俄语译文如下："德国共产党在国内散发了一份宣言，与最近的事件有关。宣言严厉地谴责了 Compiegne 条约，并强调德国工人阶级与受德国帝国主义压迫的法国的和其他国家的人民的团结。宣言号召德国人民进行反对本国帝国主义统治者的斗争，把战争转变为没有兼并的和平，在人民自治和自愿的基础上。要指出苏联和平和解放政策的榜样。做出一切努力，使德共的立场能以合适的方式在国内为人所知。书记处。"

报共找到 55 件；从 1940 年 12 月 1 日到 1942 年 9 月 26 日，发往英共的文件共找到 11 件；从 1938 年 9 月到 1943 年 8 月 4 日，发往法共的文件共找到 37 件。有可能在档案馆里这类文件还有很多。文件上的记号表明，文本是如何保密的。

数字记号出现在不同文件的同一个词上面，收信地址又是一样的，这种情况很多。在与美共的通信中，在 against 这个词上，同样的数字记号出现在 14 个文件中，它就是 01245。在 15 个密件中，在 people 和 peoples 的词上是同样的数字记号，即 41918。在 11 个文件中，war 和 wars 词的上面都是 70188。这些重复说明，在破译时用的都是同一本书（或表格）。同样的数字记号的重复发现共有 99 次。

但是也遇到有不一致的时候。譬如，有的词两次用的是 31580，两次用了 37256，而有一次用 37260。has 有两次用的是 21477，有一次用了 21417。have 用了 21514 和 21515。French 一词在 4 个文件中用 19715，而有一次却用 21423。因为 France 一词两次都用 19423，可以想象着这次是笔误。不过，France 这词在一个文件中被标作 19427。must 一词在不同的密码电报中数字记号是不一样的——33504，35303，有两次是 33503。

这些记号不是总能看清的，有时它们被磨损了，有时被涂抹了。在词上的数字记号共确定了 324 个。在一些急件中，总共只有一二个数字记号，而在另一些文件中又有很多。一般来说，这些记号往往在文件的最初几个段落里。

发往美国的密码电报里的词上的数字记号，与发往英国的密件里的情况有异，虽然是同一个词，数字记号却不同。这在比较共产国际执行委员会书记处 1940 年 4 月 8 日因五一节活动发给这两国的同一指令的最初几段时就可看得很清楚。在发往美共的电报中第一段如下所示。

31580　21477　17830　　　　　　18829
This　　first　　of　　May　　has　　extraordinary　　important　　as　　first
　　25643　18577　11005　70188　33777　　11825
international　fighting　　day　　since　　war.　Necessary demonstrate
　　　　　　　　　　72227　07850
International　solidarity　of　working　class　and　to　strike　blow
01245
against imperialist war – mongers and anti – Soviet baiters as well as

their lakeys in the ranks of the social – chauvinist second International……①

在这同一指令发往英国的密件中，数字记号却是不一样的：

18467　　31863　　　　　　　　　　　　　　03505
This　first　of　May　has　extraordinary　important　as
　　　25172　　　12318　　　30656
first　international　fighting　day　since　war.　Necessary
　　　　　　　　　　　　44904　　54155　　08713
demonstrate　international　solidarity　of　working　class　and　to
　　　　　02120　　　　　　　　　　　02912　　45115
strike　blow　against　capitalist　war-mongers　and　anti-Soviet
　　　　　53253　　48607
baiters　as　well　as　their　lakeys　in　the　ranks　of　the

44866　　　　42414
social　chauvinist　second　International……②

在第一封（美国的）文件中，在 of 一词上面标的数字是 17830，在第二封（英国的）——是 31863。相应地，在 international 一词上面分别标的数字是 25643 和 25172，在 day 一词上——11005 和 12318，在 Necessary 一词上——33777 和 30656，在 working 一词上——72227 和 54155，在 class 一词上——07850 和 08713。这证明，破译文件用的书（表格）在美国和英国是不同的。在发往英国的密码电报中总共发现 111 个数字记号。

在英国的密件中，也有对同一词的同样数字的重复使用现象。发现有

---

① 俄罗斯国立社会 - 政治史档案馆，Ф.495. Оп.184. Д.15，1940 年发往纽约，Л.35, рук. 俄语原文如下："五月一日作为战后第一个国际斗争日具有极其重要的意义。应该展示工人阶级的国际团结和给帝国主义战争贩子、反苏的教唆者及其来自社会沙文主义的第二国际的走狗以打击……"（《共产国际与第二次世界大战》第一部，第 323 页）

② 俄罗斯国立社会 - 政治史档案馆，Ф.495. Оп.184. Д.4，1940 年发往伦敦，Л.15, рук. 在这个文件中，与发往美国的不同，提到的是"资本主义战争贩子"。

24 次重复现象。相应地，在一些词上的记号是不同的：against（02120 和 02121），main（28212 和 28211），must（30354 和 30355）。然而，如果在第一批文件（美国的）和第三批（法国的）文件中，不管一个词是多数或少数所标数字没有不同（如 country 或 countries 都有同一个记号 10269，condition 或 conditions ——08990，movement 或 movements —— 33393，imperialist 或 imperialists—— 27724）；但是在第二批（英国的）就有不同了。Country 一词标的是五位数——11127，countries——是七位数 1112772，相应地，movement——30155，movements——3015561。但是五位数也不总是和名词的多数连在一起的：arms（03402），barbarians（04506），conditions（09961），forces（19104），means（28903），measures（28908），slogans（44356），workers（54154）这些词都用五位数做记号的。也遇到有用七位数来标单数词（everything——1675262）和多数词（parties——3376072），supporters——4730660）的情况。形容词 patriotic 的记号也是七位数——3396160。

在密码电报中出现七位数有另一方面的原因。在俄国的密码史中，常用数字－空格、密码符号，它们与公开文本上的符号是不相符的，但是可用来使破译复杂化。[①] 七位数的最后两个数字就是这样的"空格"，因为它们好似为文件用以保密文本用的那些数字创建了另一种形式。美国的、英国的和法国的密码的五位数是按数字的正常顺序出现的，是和词典中的词类按字母顺序排列相应的。而七位数的前五个数字也是这个正常的顺序。最后两个数字加入是为了阻碍文件的破译。例如，在英国密码电报中做了记号的那些按字母顺序的词，participation 的记号是 33702，parties——3376072，patriotic——3396160，peace——34058。处于同样的顺序中的还有下述的词：struggle——46707，supporters——4730660，tactics——47807。这样的例子还可以举出很多。

在法国的文本中共找到 159 个词标有记号。那些标有数字的词，是按字母排列的，基本上与数字的按数排列的顺序是相应的。同一词的记号相符的情况找到 15 次。同时，有时也发现有违背这个顺序的情况。例如，cents——08465，chantier——07601，clair——08452，club——08609。另一例子：comme——10519，communists——10654，communistes——1065472

---

① Соболева Т. А. Тайнопись в истории России（История криптографической службы России XVIII– начала XX в.）. М. : Международные отношеия，1994. c. 51.

（72 的数字在这里起着"空格"的作用），complot——09156，conclusion——10970，condition——09355。directives（1693466）一词的记号中也用了"空格"，因为 directive 记号是 16934，又如 toutes——3510541，相应地，tout 的密码记号是 35105。总的说来，有 21 个词发现有七位数的记号，但是其中只有三个词的单数与七位数的前五位重复。

与英国的和美国的文本相比，在法国的文本中，同一些词有着不同的记号的情况要多得多。contre 一词在 4 处标为 09904，但有两次标为 11664 和 13511。aussi 一词一次标为 03395，另一次标为 03923。相应地，français 一词，两次标的是——27263 和 24332，française 一词——24332 和 24333，France 一词——27267 和 49140，lutte 一词——23058 和 31253，même 一词——23870 和 32403，paix 一词——26105 和另有两次标为 36159。pays 一词，两次标为 26812 和 6 次标为 37260。politique 一词，两次标为 39323 和一次标为 2815352。

这种混乱的原因是：有些记号是标在 1939 年 9 月 1 日之前发出的密码电报中的，而另一些则是在这个日子以后发出的。由此可知，与法国的无线电联系，在战后使用了新的密码或者做了变形。这就可以解释，在保留选中的有数字记号的词的字母排列的情况下，可以出现对数字的正常顺序的破坏。在 9 月 1 日以后用的密码中，会应用特殊意义的数，但是词的字母排列和数字的正常顺序相适应的情况被保留了。

看来，在苏联参战后，代码的设置也有了改变。在发往美国的密码电报中，原有的体系基本上保存了下来。大部分数字记号与战前的记号一致。同时，某些词却有了包含 12 个或更多的数字：aggression——954176212243，communists——534515160326202，fascism——529125326257，enslaved——7606258963750，imperialism——230828463618（在 1940 年 6 月 5 日的密码电报中，imperialism 一词的记号是 23082），patriotic——679212492531，resolutely——176245860075824，socialist——624532432232。

不言而喻，为了解开这个问题，必须有共产国际运用的密码的信息[①]，但是我们还是可以设想，它们是建立在英语和法语的词的基础上的。密码

[①] 看来，那些用电子信息手段公布共产国际密码通信文件（1933～1937 年）并以 Mask - material 命名的人是掌握这些信息的。费金通知联共（布）中央国际局副局长亚历山大·帕钮什金说："我们奉告如下，据我们所知，英国人正积极进行无线电监察。目的是破获和破译无线电报……"（俄罗斯国立社会 - 政治史档案馆，Ф. 495. Оп. 128. Д. 732，Л. 61）。

电报设立的是五位数。而且,被设置记号的词是按字母顺序排列的,而这些记号又是按数字的正常顺序排列的。那些按字母顺序排列以最初的字母开始的词,就会有最初的数字。①

在与美共的通信中,第一个有数字记号的词是 about,它的记号是00064。下一个词是 above(00077)。在英语词典里,它们就是上下排列的,在它们中间只有 about 的衍生词。然而,两词的数字记号却相差 13。这意味着什么,我们不知道,但无论如何它不是与按字母排列的下一个词的数字记号的差距。

在 accusing（00614）一词与 achieved（00620）一词之间,在不同的词典中,差距是 9~50 个词,但它们的数字记号差距只有 6。Chili 和 China 两词之间,在词典中的差距是相当大的,而它们的数字记号的差距是 4 个数——07642 和 07646,China（07646）② 和 Chinese（076450）两词的情况也是如此。

在词典里,America 和 American 两词一般总是接着排的,它们的数字记号却分别是 01813 和 01815。在 camp 和 campaign 两词间没有空,它们的数字记号也相应的是这样——06459 和 06460。Independence（23949）和 independent（23950）两词也是如此。相似的情况还有 democracy,democrats（前面已指出,在美国的密码电报里名词的数字记号是没有多数与单数之别的）,democratic——11824,11825,11826；politics 和 political 两词——43340 和 43341；victorious 和 victory——69771 和 69772。Czechish 和 czechoslovakian 在词典里两词之间是有别的词的,但它们的数字记号却是相连的—— 10866 和 10867。

再继续下去,connect 和 connection 两词在韦氏词典里中间隔着 3 个词,但是它们的数字记号隔着 5 个数——09243 和 09248。同时,create 和 created 两词在词典里排在同一栏,而其数字记号却是相连的——10426 和 10427。但是也排在同一栏的 strengthen 和 strengthening 两词,其数字记号却相差 14 个数——62800 和 62814。struggle 和 struggling 两词的情况也是如此,其数字记号相差 2 个数——63008 和 63010。develop 和 development 在词典里相差只一个词,但其数字记号却相差 4 个数——12229 和 12233。

---

① 譬如,以 a、b、c 开始的词,就相应会有以 1、2、3 开始的数字。——译者注
② 原文如此,应为 076446。——译者注

Organization 和 organize 两词也是如此，其数字记号相差 3 个数——39770 和 39773。fight 和 fighting 两词也一样，其数字记号相差 3 个数，但是第二个数违反了数字的正常顺序，即比第一个数小了——18580 和 18577。很可能，这是密码译员的笔误，因为 18577 是 fifth 一词的数字记号。

everything 和 everywhere 在词典里是连接着的，但是其数字记号却相差 12 个数——16875 和 16887。force 和 forced 两词也是如此，在词典里是相连的，但其数字记号却相差 23 个数——19132 和 19155。相差 13 个数——48828 和 48841 也属于 reaction 和 reactionary，两词在词典中也是相接的。

在词典中，Spain 和 Spanish 两词中间有很大间隔，但其数字记号只相差 2 个数——59372 和 59374。词典中的字母顺序排列与数字记号的正常顺序不相符的还有下述的词：work、workers 和 working——72083、72083 和 72227。而 young 和 youth 却是同一个数字记号 72856。

日期和数字也有自己的数字记号。例如，数字 22——37174，数字 23——37175。没有资料可表明：姓和名是如何标代码的，也不知标点符号有没有专门的记号。也不清楚，书写的文本中词的次序与数字的排列是否相符，或者词的数字记号会不会相应地随着密码的线索而改变位置。

在第二批密码电报中，同一个记号 02606 可指两个词 America 和 American，但在 England 和 English 两词上却标着 16161 和 16162，尽管在词典里两词之间还有 Englander 一词。属于同样情况的还有 organizationally 和 organize，其记号是 32503 和 32504。German 和 Germany 两词的数字 20262 和 20263 是相连的，尽管在词典里这两词之间还有很大的间隔。同样地，worker 和 working 两词的数字记号也是相连的——54154 和 54155，在词典中两词之间还有好几个词。看来，这些间隔的词根本就没有收入供对照用的表格。

在第三批（法国的）密码电报中，可以看到，在词典中相连的两词 armée 和 armament，在数字记号中的差距是很大的——03151 和 03255。aussi 和 aussitôt 两词也是如此——03395 和 03361。这两词出现在战前的密码电报中，而且都违反了字母顺序与数字记号顺序。démocatie 和 démocatiques 两词的数字记号顺序——15355 和 15352——也被破坏了。Italie 和 italiens——49180 和 29667——也是如此。后一个例子是在同一文件①中。

---

① 俄罗斯国立社会 - 政治史档案馆，Ф. 495. Оп. 184. Д. 13，1943 年发往法国，Л. 13。1943 年 8 月 4 日发的密件。

Parti 和 participation 两词在词典中的顺序与数字记号顺序也不相符——36814 和 36805。bourgeois 和 bourgeoisie 在词典中只相隔一词，在数字记号顺序中却相差很大——06324 和 06352。

在结束对密码电报中的词与数字记号相互关系的综述时，可以得出以下结论：虽然在总体上这些记号的正常的数字顺序与字母的顺序是相符的，但是数字记号的准确的数值是随意确定的。当然，这个数值发信人和收信人（密码译员）都是知道的，但是并不存在某个词在词典中的位置与它在五位数表格中的顺序位置之间的固定的相符规则，由此增加了密码的保密性。在这些年的密件中，采用了密码的词的字母顺序与数字的正常顺序的方法，但同时其中会加入固定在代码表中的变动。

结　论

在结束有关共产国际密码通信的陈述时，本书作者首先想说明的是，书中运用的只是这部分文件中很小的一部分，不过我认为是最重要的部分。至于在共产国际机构中，这些文件被赋予怎样的意义，从叶莲娜·戈鲁别娃的话中就可以看出。此人在 1937~1942 年在曼努伊里尔斯基书记处工作过，1942~1943 年在季米特洛夫书记处工作过。她有一次向一个年轻的档案馆女保管员（此人被任命为这个组织的一组文件的保管员）说："如果突然发生火灾，那么最主要的，你首先要抢救的——就是共产国际执行委员会密码通信的卷宗。"事实的确如此，密码电报是共产国际档案馆最重要的组成部分，其中集中了那些可揭开共产国际执行委员会与各国共产党相互关系的秘密的资料。

对共产国际密码通信的分析证明，首先，它首先是经常性的，虽然它与不同国家共产党的通信的密度是不一样的。共产国际执行委员会联络部在不同国家设置了专门的点来实行联络。通信的基本内容包括：政治指令和执行这些指令的情况汇报，关于发生有国际意义或认为有国际意义的事件的信息，以及某国国内的情况和党内生活。共产国际执行委员会的指令调度了共产国际各支部的活动。这些指令不仅涉及具有根本性的一般政治意义的问题，而且经常决定要采取的具体实践步骤和行动。其次，必须履行的条件是，共产国际指令的秘密性必须保持。不履行或违背这些指令肯定会有十分不好的后果，对那些不服从严格的党的纪律的人更是如此。这并不意味着，共产国际支部在某个局部问题上，而经常是在重大问题上都不能按自己的考虑通过决议。但是每个党的活动的总的政治方向，并经过它的领导机构确定的，都应该与共产国际的基本方针一致，或获得共产国际的批准。这个情况使我们有理由确信，研究共产国际活动时期各国共产党的历史应该与这个组织的历史，与它对各国共产党的政策、意识形态、组织、内部生活的决定性影响紧密联系起来考察。

　　密码通信也表明，共产国际是如何精心地控制各国党对共同政治方针实现的情况、各共产党的出版物的内容和方向，以及它们的领导人员的发言的。密码通信也证明，甚至共产国际对各共产党的拨款也是一种特殊形式的控制。此外，资助的方式，对各党的领导人和代表拿到的钱是如何花的进行严格的检查，这些都促进了钱款投入的依赖性的增长，集中化和纪律性加强。这是一种"鞭子和蜜糖"政策的特殊应用。

　　共产国际领导不止一次地强调，它发给各党的指令是基于这个组织的总的思想—政治原则之上的，是考虑到国际的和内部政治因素的综合分析，考虑到不同国家的具体情况。了解了共产国际执行委员会的密码通信后，对上述说法就该做认真的改正。照例，共产国际执行委员会对指令和判断的改变，会解释为因形势的变化、新因素的出现、"深入分析的结果"等。但是同时精心地隐瞒了决定性的原因：共产国际执行委员会接到了来自克里姆林宫的新"建议"（指示）。"101号"，即斯大林（代码是 Москвина）的意见，首先决定的是发给各国共产党的命令的方向，还有曲折和变化。通过密码电报来执行斯大林的具体指示。斯大林把这些指示交给季米特洛夫，责成他采取必要的措施实现这些指示。共产国际领导人的立场是由联共（布）领导，即斯大林的方针决定的。对各国共产党领袖来说，这是公开的秘密。然而却是永远要遵守的"游戏规则"。

　　发给各国共产党的密码电报中的指令是与这些党所处的状况和它们企图解决的任务是相适应的。与此同时，许多指令具有共性，贯穿其中的红线是保卫和支持苏联的原则。正面地宣传苏联的外交和内政政策，坚定地灌输这样的思想，即斯大林是马克思－列宁事业的继承者、苏维埃国家的领导人，而苏联事实上体现了全世界劳动人民的愿望。这个国家的实际统治者被宣布为"国际无产阶级的领袖""世界被压迫人民的领袖"。文件证明，无条件支持苏维埃国家在共产国际政策中起了主要的作用。

　　密码电报使下述问题更加真相大白，正是共产国际在吸引各国共产党在斯大林体制下对自己制度的反对派的斗争中给予帮助,特别是与真假托洛茨基分子的斗争。这些人被宣布为"恐怖分子""法西斯走狗""间谍""反苏战争挑拨者"。密码电报令人信服地证明,共产国际在发给各国共产党的指令中,不仅是作为斯大林体制和从思想上以及政治上掩盖斯大林镇压自己敌人的路线的传声筒,而且直接用来为它未来的牺牲品提供范例。把波兰共产党的几位领导人叫到莫斯科,后又落入叶若夫的刑讯室——这种可耻的现象证明,共产国际在准备和实施大清洗中也出了自己的一份力。相应地,共产国际执行委员会机关的许多工作人员、共产国际和各国共产党的许多活动家也成了大清洗的牺牲品。

在把密码通信的资料与其他文件,特别是季米特洛夫的信件和他的日记相比较时,可以表明,斯大林把共产国际看成苏维埃国家对外政策的专门工具。在国际舞台上,共产国际被用作一种施压因素以支持苏联的外交活动。文件揭露了苏维埃国家某些策略的一定的真相。例如,在法国兴起人民阵线运动时,共产国际不允许共产党人在人民阵线在议会选举取得胜利后进入政府。在西班牙,人民阵线在议会选举取得胜利后,共产国际采取了同样的立场,甚至在这个国家内战爆发的最初几个月也是这个立场。采取这样的立场的理由没有解释,它是由斯大林的意见决定的。可以在这个问题上做各种各样的猜测,但事实是,共产国际只是在得到斯大林的同意后才改变了立场,而斯大林在以后还继续发出"建议"和指示,以决定共产国际在西班牙的路线。

斯大林所理解的苏维埃国家的外交政策利益决定性地影响着共产国际的路线。如果在20世纪30年代的下半期——这时是人民阵线政策,那么从1939年秋开始,与莫洛托夫-里宾特罗夫条约、欧洲战争的开始、季米特洛夫收到斯大林的直接指示有关,共产国际的政治路线发生了根本性的改变。在七大上宣布的为保卫民主,反对作为侵略的主要危险和根源的法西斯而斗争的方针和相应的人民阵线政策被抛弃了。斯大林指示共产国际和各国共产党调转斗争阵线反对西方民主国家。共产国际执行委员会在通知各国共产党的指示中指出,原先的反对法西斯主义斗争的策略在战争开始后已不再采用。这些指示在一些共产党的领导人中引起了混乱,甚至反抗,共产国际执行委员会不得不予以制止。各国共产党的混乱甚至产生了这样的幻想:德国共产党人有可能与纳粹分子在反对"英—法战争计划"的斗争中合作,法国共产党的代表还企图在1940年夏与德国占领当局谈判。

共产国际的密码电报是一种补充的史料，可进一步说明斯大林在世界大战第一阶段进程中的政治阴谋。他企图从与希特勒德国的友好关系中谋取利益。例如，这与吸引保加利亚加入苏联势力范围的企图有关，想怂恿保加利亚与苏联签订互助条约。为此目的，通过保加利亚共产党作为压力因素向社会舆论和该国统治集团施加压力。

由于德国侵略的扩大，德俄矛盾的增长，国际形势发生了变化，并促使在共产国际的指示中出现了新的评估和细微的变化。德国对苏联的进攻导致苏联政策的转变。和以前一样，斯大林的指示是决定性的。共产国际指示自己的支部奉行尽力帮助战争中的苏联。在当时情势下，这就是说要支持形成中的反希特勒的列强同盟，积极参加人民的反法西斯的解放斗争。各国共产党的政治路线受到了特别的关注，要建立广泛的解放阵线，共产党人在其中要起积极作用。

密码通信证明，在战争的条件下，在共产国际的指示中，意义越来越大的是要求在被德国占领地区收集军事—政治情报，组织特工间谍活动和开展游击运动。指示有关于收集德国和意大利军队、它们的调动和驻地、番号和人员编制、机场和军事—工业目标、居民对占领者的态度等的情报，兼有的目的是在占领者的后方制造混乱，组织游击战争，而其前景是准备人民起义。共产国际指示各国共产党建立专门的侦察机构。各国共产党和共产国际地下联络点收集到的侦察性的情报都转交给斯大林和军事侦察机构首长。密码电报证明，实际上在这些年，共产国际的职责之一是为苏联领导获取侦察资料，而在这个任务的完成中起了重要作用的是共产国际的联络点。在此意义上可以说，共产国际当时完成了苏联侦察机构之一的作用。可证明这个结论的是，季米特洛夫成了苏联很小的最高层成员之一，他们可收到军事侦察机构领导的专门报告。

共产国际从自己活动一开始就与苏联侦察机构紧密联系着，并千方百计地给予帮助，包括情报和人员。苏联侦察机构从自己方面向共产国际领导提供各种有关共产国际和各国共产党方面的情报。苏联侦察机构的代表有时还帮助共产国际和各国支部之间建立联系，并给各国共产党财政资助。

战时在共产国际和苏联政治的和军事的侦察机构领导之间的合作和协调已具有经常的性质。密码电报反映出这种相互关系的不同形式。共产国际执行委员会的无线电台站和联络点被用来作为在德国占领区进行中央与侦察网和侦察员们之间的联系渠道。在下述情况下这点就特别重要，即当因某种情况中央无法与情报负责人和小组取得联系时，那中介人的功能就由共产国际的机构完成。因此，共产国际的密码电报不仅对研究这个组织的历史有意义，而且也对研究苏联侦察机构的历史有意义。

共产国际作为一个国际共产主义组织，实际上是斯大林及其亲信为巩固自己的体制而运作的思想—政治机制的一个特殊的组成部分。当斯大林认为共产国际的继续存在已不适宜的时候，这个组织就被解散了。

（弗·叶·费尔索夫，苏联／俄罗斯历史学博士、教授，1994年起迁居美国）

共产国际解散前后

共产国际正式解散的时间是 1943 年 6 月 10 日，但解散这个世界共产主义运动中心的想法早在此前的三四年就在共产国际执委会工作人员中出现过。据同为共产国际执行委员会书记处书记的陶里亚蒂回忆：

> 我记得很清楚，大约在 1940 年年中，我从西班牙战争和巴黎的监狱回到莫斯科，曾有机会同季米特洛夫同志谈到这个问题。他当时具体地预见到了国际的解散。①

这次谈话之后不到一年，1941 年 4 月 20 日，斯大林就在联共（布）中央政治局大部分成员和季米特洛夫均在座时提出了解散共产国际的问题。这次谈话是在大剧院观看了塔吉克斯坦的文艺演出之后的政治局成员的晚宴上，在座的有莫洛托夫、加里宁、伏罗希洛夫、安德烈耶夫、米高扬、卡冈诺维奇、什维尔尼克、什切尔巴科夫、日丹诺夫、马林科夫以及季米特洛夫。斯大林先是讲了当天他接见日本外相松冈洋右时的谈话内容，然后，当大家轮到给季米特洛夫祝酒时，斯大林说，一些党"从共产国际季米特洛夫那里出来了。这并不是坏事"（这里指美国共产党申请退出共产国际的事）。他说："正相反，各国共产党应成为完全独立的党，而不是共产国际下面的支部。"这是使各国党得以成长为完全独立自主的共产党的必要条件，只有这样它们才能学会自己去解决所遇到的具体问题。斯大林比较了第一国际和共产国际后说："（第一）国际是马克思时期建立的，当时正期待着即将发生世界革命。共产国际是在列宁时期同样形势下建立的。"斯大林强调目前形势发生了变化：

---

① 《陶里亚蒂言论集》第 3 卷，世界知识出版社，1963，第 151 页。

当前，每个国家本国的任务突出了，然而，各国共产党作为从属于共产国际执行委员会的国际组织下面的支部这种状况是个障碍……在当前的条件下，各国共产党从属于共产国际使得资产阶级更易于迫害它们，使其更易于实现把共产党同本国群众隔绝起来的计划。①

据季米特洛夫记述，这次谈话后的第二天，他就找了陶里亚蒂和多列士，向他们提出讨论"在近期停止共产国际执行委员会作为各国共产党的上级领导机关的活动"，"……代之以情报和对各国共产党提供思想和政治援助的机构"。②

应该说，斯大林提出的解散共产国际的理由不无道理，各国共产党早就到了用科学社会主义结合本国国情来解决现实生活中不断提出的问题的时候了。任何一个国际革命中心都不可能有所在国的共产党了解该国国情。事实也说明，这种高度集中的组织形式有很多弊病，给许多国家的革命实践带来了损失。对此，共产国际领导机构的工作人员和各国共产党的活动家都深有体会。所以，每当得知联共（布）中央政治局有意于解散共产国际时，他们大多是赞同的。譬如前面提到的陶里亚蒂和多列士，当他们从季米特洛夫处了解到斯大林的意见以后，均表示"对问题的这一提法总起来说是正确的，它完全符合当代的国际工人运动形势"。③ 但是，如果我们结合当时的国际形势和共产国际下属的各国党的处境来看这一问题，疑问就产生了。众所周知，苏联为了避开战争的危险，在指望和英、法等欧洲强国建立集体安全体系的努力遭受失败以后，于1939年8月同德国签订了互不侵犯条约。一个星期以后，法西斯德国大举进攻波兰，第二次世界大战在欧洲全面爆发。面对这样重大的历史事件，共产国际的策略方针发生了难以想象的大逆转：丢弃了自七大以来高举的反法西斯旗帜，共产国际公开出版的刊物上和发往各国党的指令中再也不出现"法西斯主义"的字样；关于这场战争的性质，共产国际执委会在拟于当年9月下旬发往各国共产党的一份《战争和共产党人的任务》的指示纲要中写道："这不是一场法西斯主义同民主（制度）之间的战争，而是一场争夺世界霸权的战争，一场剥削者为了达到进一步奴役的目的对宗主国及其殖民地的工人

---

① 《季米特洛夫日记选编》，马细谱等译，广西师范大学出版社，2002，第134、135页。
② 《季米特洛夫日记选编》，第136页。
③ 《季米特洛夫日记选编》，第136页。

阶级和劳苦大众开展的战争。"① "目前欧洲的这场战争是两大帝国主义国家集团争夺优势地位的斗争的大胆的直接继续。与这些集团站在一起的国家，富国和次一等的国家，虽然不是全部，却直接加入了战争。"② "这两个国家集团之间的为重新瓜分世界而进行的斗争加重了和激化了整个资本主义体系的危机。"③ 该指示纲要还特别指责英国和法国，说 "英法帝国主义者进行这场战争，不仅是为了保住它们已经偷得的东西，而且是为了进一步掠夺和偷盗的机会。它们的斗争是为了要一个比凡尔赛条约更坏的条约，是为了把德国变成一个凡尔赛国家，使之为它们的帝国主义目的服务"。④ 对遭到突然袭击奋勇抵抗终因寡不敌众而亡国的波兰，则强调它的覆灭是它实行内外反动政策的报应，指出 "反动的波兰国家的覆灭"，是 "对波兰地主和资本家在战后实行的整个内外反革命政策的历史惩罚"。"波兰人民和国际无产阶级对恢复旧的多民族的资产阶级——地主的波兰国家不感兴趣，因为它的统治阶级的腐败和变节导致了国家的覆灭。波兰人民要保证自己的未来，不能靠压迫别的国家的人民，而是要与其他国家的工人一起，进行从资本主义奴役下得到解放的共同斗争。"⑤ 从这篇呈送斯大林过目的《指示纲要》中我们看到，在《苏德互不侵犯条约》缔结后的共产国际，对第二次世界大战的性质认识是多么荒谬，不仅是将法西斯主义国家和议会民主制国家混为一谈；更有甚者是颠倒黑白，为侵略者百般辩解，对被侵犯的国家则称之为 "反动国家"。尽管这个指示纲要最后没有发出，但包含其中的上述观点却在权威机关刊物《共产国际》上以共

---

① "The war and the tasks of Communists (Theses of the Executive Committee of the Comintern)" in *Dimitrov and Stalin*, *1934 – 1943*, *Letters from the Soviet Archives*, ed. by Alexander Dallin and F. I. Firsov, Yale University Press, 2000, p. 154.

② "The war and the tasks of Communists (Theses of the Executive Committee of the Comintern)" in *Dimitrov and Stalin*, *1934 – 1943*, *Letters from the Soviet Archives*, ed. by Alexander Dallin and F. I. Firsov, Yale University Press, 2000, p. 154.

③ "The war and the tasks of Communists (Theses of the Executive Committee of the Comintern)" in *Dimitrov and Stalin*, *1934 – 1943*, *Letters from the Soviet Archives*, ed. by Alexander Dallin and F. I. Firsov, Yale University Press, 2000, p. 155.

④ "The war and the tasks of Communists (Theses of the Executive Committee of the Comintern)" in *Dimitrov and Stalin*, *1934 – 1943*, *Letters from the Soviet Archives*, ed. by Alexander Dallin and F. I. Firsov, Yale University Press, 2000, p. 155.

⑤ "The war and the tasks of Communists (Theses of the Executive Committee of the Comintern)" in *Dimitrov and Stalin*, *1934 – 1943*, *Letters from the Soviet Archives*, ed. by Alexander Dallin and F. I. Firsov, Yale University Press, 2000, p. 156.

产国际执行委员会总书记季米特洛夫的名义发表了。这一时期共产国际的战略策略出现了令人费解的大转折。第七届代表大会制定的团结一切力量组成反法西斯的人民阵线的方针被抛弃了。社会民主党、民主派、激进派又成了工人阶级最凶恶的敌人。因发表文章谴责法西斯德国进攻波兰并支持本国政府向德国宣战的英国共产党总书记受到了共产国际的批评，不久便被解除了职务。因这一战略策略大转折而受到更大损失的是法国共产党。法共自20世纪30年代上半叶以来一直密切关注希特勒上台后在德国实施法西斯专政的发展趋势，敏锐地意识到法西斯主义是当前世界和平的最危险的敌人，对付这样的敌人必须团结全社会的爱好和平、民主的爱国人士共同奋斗。法共正是由于几年来坚持不懈的反法西斯宣传工作，才得以在法西斯组织于欧洲多处制造事端的1934年2月，联合了本国的社会民主党和其他民主力量成功地挫败了法国法西斯团体的一次夺权事件。共产国际执委会季米特洛夫等人正是总结了法、意等国有关人民阵线和其他国家反法西斯斗争的成功经验，才促成了共产国际第七届代表大会上的动员一切进步力量投入到反法西斯的伟大事业的正确战略策略转折。1939年8月，苏德互不侵犯协定的签订和随后共产国际执委会据此对各国党所下达的相关指令，对这样的一个国家的共产党无疑是一场大灾难。人民阵线瓦解、和社会党关系破裂、"人民阵线的同盟者都怀着轻蔑的心情离开了共产党；正直的知识分子也谴责苏联180度的大转变"。[①] 法共被宣布为非法，机关报被查封，大批共产党员被以所谓的叛国罪逮捕，造成无产阶级的队伍一度迷失方向。

斯大林于1941年4月提出的解散建议，经季米特洛夫和执委会的一些同志酝酿商讨后，已经开始做了一些筹备工作。据共产国际总书记季米特洛夫当年5月12日的日记，这一天他正同联共（布）中央政治局的日丹诺夫讨论如何从原则上来论证解散共产国际并终止共产国际执委会活动的问题。并且被告知"这项工作并不十分紧急，不应匆忙，而应认真地讨论和准备"。[②] 筹备工作由于不久后爆发的苏德战争而中断。战争爆发的当天一大早，季米特洛夫被召到克里姆林宫斯大林的办公室，在座的有莫洛托夫、伏罗希洛夫等几名中央政治局委员。在商讨了当前的几项工作之后，

[①] 《法国共产党史》第1卷，世界知识出版社，1965，第201页。
[②] 《季米特洛夫日记选编》，第143页。

也谈到了对共产国际的指示："目前，共产国际不应公开出面。各国党应就地开展保卫苏联的运动。不应提出社会主义革命问题。"季米特洛夫随即召开了共产国际执委会书记处扩大会议，就此问题做了阐述，并确定了各国共产党当前的任务。第二天，又根据此精神改组了共产国际的领导机构，成立了季米特洛夫、曼努伊尔斯基和爱尔科利（陶里亚蒂当时的化名）三人小组的常务领导班子。6月24日，共产国际执委会书记处会议研究了英国共产党的声明和瑞典共产党的声明并发出回电。两个声明都把法西斯德国进攻苏联说成资本主义同社会主义之间的战争。英共在声明里还就首相丘吉尔发表演说表示在苏德战争中援助苏联攻击了他，并要求用人民政府来代替丘吉尔政府。这两项表态都受到了共产国际的严肃批评，说英共此举"意味着为英国的亲法西斯反苏分子推波助澜"。瑞典共产党的声明则要求本国政府对所有参战国（自然也包括苏联在内）都保持中立，同样也受到了严肃的批评。虽然这些批评没有错，但是，共产国际执委会对这场战争的性质态度的陡然改变，确实令下属的各国党摸不着头脑。

苏德战争的爆发打断了解散共产国际的预定计划，斯大林再次提出这个问题已经是1943年的5月了。5月8日夜，季米特洛夫正在思考如何同共产国际前两天才成立的为加强和各国支部无线电联系的委员会讨论研究加大宣传当前战争进程胜利前景的问题时，突然接到电话要他和曼努伊尔斯基即刻到克里姆林宫，莫洛托夫正等着向他们传达斯大林的指示，即"在已形成的条件下，作为各国共产党领导中心的共产国际是各国共产党独立发展和执行其独特任务的障碍。要制定一个解散这个中心的文件"。①5月11日，校订过的共产国际执委会主席团关于解散共产国际决议的草案得到斯大林的肯定，斯大林和前往请示的季米特洛夫、曼努伊尔斯基讨论此草案在共产国际领导机构通过并逐级传达的步骤。决定：

  1. 草案在主席团会议上审核并作为向各支部的建议予以通过；2. 通知各支部并取得它们同意；3. 得到各支部同意后予以公布。②

---

① 《季米特洛夫日记选编》，第143页。
② 《季米特洛夫日记选编》，第355页。

1943年5月13日，召开了共产国际执委会的主席团会议，会议由季米特洛夫主持。出席会议的有：（1）执委会主席团成员：季米特洛夫、曼努依尔斯基、皮克、马帝、多列士、科卜连尼克、科拉罗夫；（2）执委会委员与候补委员：伊巴露丽、拉科西、乌布利希、什维尔玛、沃尔夫；（3）部分国家共产党的代表：罗马尼亚、南斯拉夫、芬兰。① 会议开始前季米特洛夫详细介绍了解散草案的主要内容，并强调呈现给大家的文件只是个草案，大家可以自由交换意见并指出需要修改之处，并且说明这是在讨论共产国际的真正解散，而不是形式上的解散。

5月13～19日，共产国际以共产国际的解散为议题的执委会主席团会议召开过三次，并且都是不公开的会议。第一次会议召开前，季米特洛夫收到斯大林的三点指示：

> 1. 这件事不要着急。把草案提出来供讨论，使共产国际执委会主席团的成员有可能思考两三天并做出修改。包括某些修改。2. 草案暂时请不要寄往国外。我们稍后会做出决定。3. 不要造成这种印象，仿佛我们简直是要把那些外国领导同志赶走。这些人将在报社工作。随后将办4种报纸（德文、俄文、意大利文和匈牙利文），同时，也可以建立一些单独是由德国人组成的反法西斯委员会，和其他。②

季米特洛夫对此十分重视，认真地贯彻执行。

在5月13日的执委会主席团会议上，与会者认真听取了总书记季米特洛夫所读的关于共产国际解散决议草案的全文，尽管他们提前已经读到了文本。每个人都发了言，都表态同意解散共产国际，但侧重面有些不同。多数同志认为，共产国际是个"过时的组织形式"，"已经成了各国共产党进一步成长的障碍"（伊巴露丽语）。多列士说："完全同意草案。我们共产党人……没能在一系列国家阻拦住法西斯上台。也未能阻止法西斯发动掠夺性的战争。陈旧的无产阶级国际联

---

① *Коминтерн и вторая мироовая война*, часть II, с. 353.
② *Комгнтерн и вторая мировая война*, частьII, с. 358.

合形式过时了。"多列士介绍了法国共产党为抵抗法西斯侵略军所开展的"民族阵线"政策,认为这比共产国际所组织的活动范围更广泛,更具有群众性。① 沃尔夫说:共产国际的解散有助于各国共产党的迅速成长,特别是英国共产党。"由于有这个决议,各国共产党面对本国工人阶级和人民的责任感加强了。"② 保加利亚共产党的老党员、共产国际执委会最早的委员之一克拉罗夫发言赞成共产国际解散的决定,他同时提出了对决议草案的修改意见,他不同意引用马克思建议解散第一国际的例子来证明解散共产国际的正确。"由于放弃第一国际是因巴黎公社失败而引起,所以(决议)应该指出目前的局势完全不同,是进步力量取得了胜利,而不是反动势力占了上风。"③ 还有些同志有过顾虑,担心现在解散共产国际会给敌对势力提供攻击的口实,会影响革命阵营的士气,担心少数国家的共产党还未成熟到具备独立完成所面临任务的能力。威廉·皮克发言袒露了自己的心理历程,他说昨天季米特洛夫给他看解散的决议草案时,刚开始他提出过是否有必要现在就解散共产国际。他觉得众所周知如今德国输掉了战争,德国国内正孕育着重大的震撼事件,这种时候来解散共产国际不合适。但接着皮克又说,经过对决议草案的仔细全面思考,他认为"它是绝对正确、明智和必需的"。④ 最后他提议希望得到来自经验比较丰富的苏联朋友在思想方面所给予德国党的帮助。因为不是每个国家的共产党都成熟到能独立应对复杂的局面。拉科西表示决议草案最好加上无产阶级的(国际)团结的理论依据,这样有利于帮助我们在国外的同志了解情况。拉科西接着建议,要及早考虑如何粉碎敌对势力利用共产国际解散之机所进行的反动宣传。对拉科西的担忧,有些与会同志表示了不同的看法。何塞·马蒂说:"有些同志担心,以为共产国际解散会降低共产党人的国际主义情怀。这是毫无根据的担忧。苏联的国际威望那么高,红军那么多的战斗和胜利——这才是国际主义情怀的真正基础。"⑤ 阔莆勒尼认为共产国际做出解散的决定政

---

① 《季米特洛夫日记选编》,第 354 页。
② 《季米特洛夫日记选编》,第 355 页。
③ 《季米特洛夫日记选编》,第 363 页。
④ 《季米特洛夫日记选编》,第 363 页。
⑤ 《季米特洛夫日记选编》,第 356~357 页。

治上是正确的，也是适时的。但是，这个决定要能真正带来好处，必须不是个半途而废的决定。必须明确这不是形式上的解散，而是真正的解散。①

季米特洛夫在总结13日的会议时指出，所有的与会者都发了言，一致赞同目前呈现给会议的有关共产国际解散的草案，也提出了一些修改和补充意见。为了让主席团的成员有时间充分考虑草案的内容和用文字表达准备提出的修改意见，建议下次主席团会议于17日召开。

在5月17日召开的执委会主席团第二次会议上，季米特洛夫逐段地再一次通读了草案原文。这次会议提出的问题比第一次会议要少一些，一共只有四处。其中匈牙利的拉科西委员对决议草案中把各国共产党由于所在国的历史发展道路、社会结构的组成、生产力发展水平、工人阶级的组织性和认识水平等方面的差异而各具特色等原因作为解散共产国际的理由表示不理解，他认为"这些都不是暂时存在的因素，而是永远起作用的因素，它们战争结束后还会存在"。他接着问道："这样一来我们不是自己把将来恢复工人阶级的国际联合的这种或那种形式的路堵死了吗？"② 不过，拉科西并没有对决议草案该条款的文字提出修改意见，只表示不大同意。拉科西提出的上述意见受到了科拉罗夫、多列士和伊巴露丽的反对。他们强调，拉科西提出要修正的是决议草案的一个主要观点，非常重要，不能去掉，因为重视不同国家的特点恰好是工人阶级联合组织开展工作的重要准则。科拉罗夫还说，真到了需要成立新的工人阶级国际联合组织的时候，一定能找到比共产国际更好的、更能在各种情况下都考虑到不同国家的特点和工人运动差异的形式。围绕此条款的讨论结束后，季米特洛夫做总结同意多数同志发表的意见。他强调战争结束后未必会产生对像共产国际这样高度集中的国际组织的需要。他认为，到了确实需要工人阶级的国际联合组织的时候，它必须是在注意到不同国家的地位特点和工人运动的差别上建立的。另一个对决议草案条款提出异议的委员是科拉罗夫，他重提第一次主席团会议上提出的关于共产国际的解散不要和马克思提议解散第一国际简单类比的意见，因为两者情况完全不同，简单类比可能会引起

---

① 《季米特洛夫日记选编》，第357页。
② История Коммунического Интернационала （1919 – 1943）. Документальные Очерки, Москва, 2002, c. 231.

某些人对共产国际解散缘由的疑虑，为此，科拉罗夫建议对决议草案的相关段落做更准确的阐述或补充。结果是，此建议未能通过，被否决了。提反对意见的首先是拉科西，他发言说："对我们的支持者而言，以马克思为例证就是最有说服力的理由。"之后没有人继续就该建议发表意见。最后又轮到季米特洛夫对该项建议的讨论做出小结，整个问题也就这样结束了。

第三部分

这个日子永远铭记在心间

——我参加了 60 年前的开国大典

60 年前的 10 月 1 日,我作为一名刚刚进入北京华北中学读初中三年级的学生,随老师和同学从西直门游行到了天安门广场,幸福地参加了开国大典。这是我一生中永远铭记的一天。

记得那天上午 8 时刚过,我们就整队出发了。出发前,校长简单扼要地讲了话,告知大家今天要去天安门参加重大活动,同学们要情绪饱满,遵守纪律。一路上,大家兴高采烈。老师和学生会干部们跑前跑后,交代着各种注意事项。同学们迈着轻快的步子,在游行的队伍里总也忍不住不时地小声交谈,猜测着下午大会的内容。从西直门经新街口、西四、西单再一直步行到天安门广场,这段路程对我这个跟随家人刚刚从香港乘船绕道来到解放区的刚满 14 岁的少年来说,的确不算短;但我和同学们一样,心中充满了喜悦,已经顾不得累和渴了。记得当年的天安门广场比现在的小得多。等我们的队伍到达时,广场上早已是人山人海,挤得满满的。我们学校的师生就站在现在人民英雄纪念碑前面的位置上,后面离我们不远处有一堵红墙。我们的两旁是其他中学的队伍。听说我们的前面是工人、农民、解放军和机关干部。下午 2 时许,传来了请大家肃静的口令。不久,开国大典正式开始。当我和同学们从广播中听到毛主席的声音,继而又听到礼炮齐鸣、高奏国歌时,都激动得拼命地鼓掌和高呼口号。"中华人民共和国中央人民政府成立了!"这句话表达了全国人民的心愿。每一个人的脸上都流露出内心的喜悦。每一个人都意识到,如今自己成了国家的主人翁。此时此刻,我作为一个归国小华侨,更有一种特殊的自豪感在心中激荡。每一个在海外居住过的中国人都懂得,祖国的强盛对华侨华人来说意味着什么。我回想起 6 岁那年随母亲去菲律宾时的情景。轮船刚刚驶进马尼拉港就停住了,上来了两个移民局的办事人员,检查船上乘客的护照和船票。他们在看了我母亲的护照后说:"你们是初次来菲律宾,现在还不能上岸,要等人来领。"我母亲和他们争辩,站在旁边的一位华侨妇女劝我母亲说:"你不要争了,没有用的。他们对第一次来菲律宾的华人都这样做,要等有人拿钱来赎你们才能上岸。"何等可恶!这就是当时尚未独立的国家——菲律宾政府对中国人所制定的政策!它对来自别的国家的入境者可不是这样的呀!我父亲当时奔波了两天,才筹到赎我们出"水牢"(当地华侨这样称呼我们上岸前歇息的地方)的那笔钱。

广场上,同学们欢呼雀跃。欢呼声中,我的思绪飞到了香港,飞到了朗园,飞到了我在那里的老师和同学们身边。三个月前,我还和他们学习、生活在一起。此时此刻,他们在做些什么呢?他们可曾知道,现时我正站在天安门广场上,亲身经历着新中国成立这一庄严的时刻?啊!我真想马上见到他们,和他们共同分享这一激动人心的时刻!

天安门城楼上,鲜艳的五星红旗在高高飘扬。望着那鲜红的旗帜,在这举国欢庆的时刻,我又想起了太平洋战争胜利前夕牺牲在菲律宾的林辉灿叔叔。林叔叔人很年轻,却是菲律宾民抗军华侨抗日支队的老队员,因工作关系常来我家,我那时是个八九岁的孩子,他经常将我举得高过头逗着我玩。1944 年,林叔叔在马尼拉为执行除奸任务而被日本宪兵逮捕,敌人逼他说出他所知道的一切,他忍受了长达数月的严刑拷打,始终没有吐出一个字,牺牲时年仅 23 岁。这是我童年最伤心的记忆。烈士的鲜血染红了五星红旗。在这个庄严的时刻,我深深地怀念那些为民族的解放,为新中国的诞生而献身的先烈!

60 年过去了,真是弹指一挥间。如今,我早已不再是那 14 岁的少年。但那个为世界历史翻开了崭新一页的日子,却永远铭记在我心间!

业绩永存　先烈不朽!

——缅怀菲律宾华支的英勇抗日英雄

今年是抗日战争胜利60周年，也是世界各国人民取得反法西斯战争胜利的60周年。全世界都在纪念这个有重大意义的事件，欢呼正义的力量、人民的力量战胜了侵略，战胜了法西斯的邪恶势力，打赢了这一场战争。我们菲律宾归国华侨联谊会今天举行座谈会，回忆抗战的历史，回忆华支在国际反法西斯斗争中的贡献，是很有意义的一件事。我很高兴能有机会在这样的一个会上发言，虽然太平洋战争爆发时我还很小，才6岁，在菲律宾从事抗日救亡工作中做不了什么事。但是，战争期间，我也从家里人和叔叔阿姨那里听到过一些华支英勇抗日的事迹，认识不少华支的战士。菲律宾沦陷期间，我也随华支的同志在中吕宋农村游击区生活过一段时间。

我还想说的是，华支的产生和发展不是孤立的。它是世界反法西斯斗争史的一个组成部分。继1937年"七七事变"日寇大举侵犯我国华北地区之后，中国人民的抗日斗争又掀起了一个新高潮，挫败了日本军国主义者迅速占领中国的野心，日本的侵华战争到翌年进入了相持阶段。在欧洲，德国继侵犯捷克斯洛伐克兼并奥地利之后，又于1939年9月进攻波兰，1940年攻入法国、荷兰等国，轰炸英伦三岛；1941年6月，撕毁苏德互不侵犯条约，突袭苏联。1940年9月，德、意、日这三个法西斯国家在柏林签订《三国同盟条约》，大有瓜分世界奴役各国人民之势。日本和美国争夺亚洲和太平洋霸权的斗争也日趋表面化。为了摆脱经济危机的沉重打击，也为了夺取东南亚丰富的石油资源和其他战略物资，日本军队于1941年12月8日凌晨突袭美军在夏威夷群岛的基地珍珠港，发动了太平洋战争。而菲律宾正是太平洋战争的主战场之一。华支是第二次世界大战中华侨在侨居国仅有的一支由中国人组成的抗日武装队伍。它成立于1942年2月，从最初的50多人发展到后来的700多人。在三年多的时间里，华支参加过大小战斗 260 多次，歼敌 2000 多人，缴获武器枪支 900 余支，是一支英勇善战的队伍，在菲律宾的华侨和当地民众中享有崇高的威望。直到现在，菲律宾人民和旅菲华侨都对华支的历史功绩始终铭记在心，永志不忘。

下面我想回忆几位华支的同志。

第一位是李炳祥同志。我是 1941 年 12 月 7 日跟随母亲余明登上从香港开往马尼拉的轮船的。事后才知道，这是太平洋战争爆发前从香港开出的最后一条轮船。在船上度过了一个晚上之后，翌日凌晨珍珠港事件就发生了。全船的人都很惊慌，虽然还不确切知道发生了什么，但大家都听到了猛烈的爆炸声。我还记得船长通过广播命令船员把全船的窗口都立即挂上黑窗帘，不让透出灯光，也禁止乘客到甲板上去。轮船继续航行。提心吊胆地到达马尼拉后，我母亲和我却未能立即上岸，说是要先交一笔钱。这样我们就在离岸不远的一座建在水上的房屋里住了两天，等到我父亲杜埃和李炳祥伯伯（华支的叔叔阿姨都称呼他"李大哥"）送钱来把我们赎出去。这时马尼拉已经遭遇空袭，我们上岸后就直接被接到李大伯家。后来我听叔叔阿姨说，李炳祥伯伯很年轻时就参加了革命，那时他从菲律宾回到上海读书。在大革命时期曾同党的一些领导同志一起工作，回到马尼拉后又和许立伯伯一同创建在菲律宾的革命组织。李大伯去世得很早，没有能看到改革开放后的今天。

第二位是李锦蓉姑姑，她是李炳祥伯伯的妹妹，许立同志的夫人，我从小就跟着她的侄女叫她"三姑姐"。大约是在 1942 年我 7 岁的时候，我跟随三姑姐在中吕宋的农村生活过一段时间，住在一个菲律宾中年妇女的家里。这位妇女是个革命同志，和李锦蓉同志很熟悉。她们经常在一起讨论一些事情。她家很穷，我记得经常吃饭时什么菜都没有，有时就摘两条香蕉送米饭下肚。李锦蓉姑姑有很强的革命责任感，对人热情诚恳，勇于坚持真理。我记得她在康生尚未揪出来以前就对我讲过：康生是坏人。

我还想和大家一起深切缅怀在日本投降前不到一年英勇牺牲的林辉灿叔叔。因为工作关系，林辉灿叔叔有一段时间经常到我们家来。他人很年轻，忠诚勇敢，担负着重要的任务。他是抗日反奸大同盟的。1944 年，当他再次准备去干掉一个大汉奸时，被敌人安排的眼线发现，不幸被捕，在狱中受尽了严刑折磨，却始终未吐露一个字。当后来父亲告诉我小林叔叔英勇就义的消息时，我感到十分难过，当时我已经 9 岁，懂得一些事情了。

今天，当我们欢庆反法西斯战争胜利 60 周年的时候，我们愈加缅怀为争取胜利而牺牲的 100 多位华支战士和千百万先烈。我们永远不会忘记，胜利是无数革命先烈用鲜血和生命换来的。

华支的英雄业绩永彪史册，华支先烈永垂不朽！

（2005 年 8 月 3 日在北京菲律宾归侨联谊会纪念反法西斯战争胜利 60 周年座谈会上的发言）

白首报人话当年

——在京原香港老报人聚会迎回归

5月5日，原香港《华商报》在京部分老同志与原《新华日报》《救亡日报》《群众》周刊和国际新闻社的老报人、老作家，假座民盟中央会议厅，聚会纪念创刊建社60周年，畅谈迎香港回归的喜悦心情，同时举行华商报史画册——《风雨故人情》首发式。出席聚会的有林默涵、林林、张楚琨、冯亦代、沈谱、丁聪等。

手足之情不会老

前来参加今天聚会的多数是白发苍苍的老人。岁月无情，当年这些为抗日战争出生入死，为新中国诞生奔走呼号的作家和报人，个个都是才华横溢的有功之臣，如今虽然已臻耄耋之年，但豪情不减当年，爱国爱港之心溢于言表。他们早些时候就接到华商报史学会联络组发来的通知，得知今天五个新闻单位的老报人要举行联谊活动迎接香港回归，都很兴奋。为这次聚会提供了场所的民盟中央委员金若年早早地安排布置好会议厅，和《群言》杂志的刘士昀一起热情地接待着来宾。84岁的林默涵刚刚参加完彭真同志的遗体告别活动，也风尘仆仆地策杖而来。老翻译家孙源行动不便，也由家人扶着赶到了。86岁的张楚琨身体倒是硬朗，步履稳健。《救亡日报》的女记者高汾、范长江夫人沈谱、国际新闻社的周静都来得很早，连贯的长女连洁来得更早。鲁明大声地向李普夫妇问好，诙谐地开着玩笑。大家多年来未见的原华商报发行部主任（1941年）赵晓恩也来了。到会的还有不少原华商报已故老同志的夫人和子女，如高天夫人宋黎野、夏衍的女儿沈宁、萨空了的女儿萨沄等。来宾一边签到，一边互致问候。华商报史学会的会员还利用这个机会交纳会费。华商报史学会赠送给每位来宾一枚香港回归纪念章。会议厅里洋溢着亲切感人的气氛。原国际新闻社经理计惜春的一句话道出了大家的心声。他说："我们老了，但是，手足之情不会老。"

愿相会于新世纪

开会了。华商报史学会副理事长裴默农主持会议。他说，亲如一家的五个单位的老报人这次聚会适逢香港回归前夕，意义尤为重大。他代表华商报史学会理事会，祝愿大家老当益壮、健康长寿，相会于新的世纪。林林、李普、计惜英、范敬宜、司徒丙鹤等老记者和老作家先后在会上发言。大家深切缅怀在周恩来同志的领导和廖承志同志的组织安排下，全报社上上下下不为名利、含辛茹苦、不怕牺牲、勤奋工作的难忘历史和精神风貌，追思为抗日和新中国的诞生而献出宝贵生命的战友。同时也为邓小平同志开创的改革开放新局面、为即将到来的香港回归而感到欢欣鼓舞。专程从香港来京参加这次聚会的原华商报记者司徒丙鹤在发言中说，我在香港做记者和侨务工作先后达25年之久，在和同志们共同奋斗的岁月里结下了血与火的炽热情谊，如今许多同志已经仙逝，在香港即将回归的今天，对他们的思念愈加深切。

曾荟萃新闻界英才

司徒丙鹤归纳了香港得以顺利回归的四大要素，他相信回归后的香港会更加繁荣。应邀参加会议的人民日报总编辑范敬宜发言说，他来开会前读过了材料，感到一种心灵的震撼。华商报等五个新闻单位集中了新闻界的雄才、英才和奇才，真可说是群星璀璨。这些人后来又成为新中国新闻战线的骨干。他们的斗争精神、办报艺术和做人的骨气为后人留下了学习的榜样。他们既是政治家，又是文化人，这两者在他们身上得到了完满的结合。

相邀留影依依惜别

一个多钟头的发言结束了，大家感到意犹未尽，但午餐的时间快到了。华商报史学会北京联络组组长黄明请大家在进餐前先到户外去照张合影。华商报女记者成幼殊跑前跑后热心地为大家取景拍照。集体照拍过了，大家又兴致勃勃地相邀合影。张楚琨和司徒丙鹤当年曾分别担任爱国侨领陈嘉庚和司徒美堂的秘书，又曾多年在全国侨联共事，这次相聚于香港回归的前夕，两位老朋友、"老香港"高兴地合影留念。

短暂的聚会结束了。老朋友们依依惜别。对这次聚会的记忆将永远留在与会者的心中。正是：

　　　　白首报人话当年
　　　　句句声声含深情
　　　　回归前夕话香岛
　　　　高风亮节赤子心

　　　　　　（原载香港《文汇报》1997年5月19日第A4版《中国新闻》之"本期特稿"）

回归钟引起的遐想

我的书桌上放着一座精致的回归钟。这是三个月前参加校庆五十周年盛宴时的抽奖奖品，我在培侨中学时的同窗好友陈孟瑶抽到了它，她特地赠送给我的。

回归钟每天都跳出一个数字，记录着香港回归祖国的日子。回归钟上标志日期的数字不断地闪动，表示着时光的流逝，也说明这个神圣的日子正在日益临近。我每天默视着回归钟，思绪随着钟上数字的跳动而闪动，许多往事涌向眼前，许多遐想油然而生。

我一家三代都在香港居住过。在香港的土地上留有我的祖辈和父辈的足迹，他们为香港的开发和发展流过汗，出过力。20世纪40年代初，我在香港上过小学，40年代末，又上过中学。虽然时间已经过去很久，我童年时的许多往事也已经淡忘，但我依旧忘不了当时我们在香港居住的简陋的住所，忘不了父辈日夜奔波的不安定的生活，忘不了我深夜独自等待父母回家的难熬的时刻。中华人民共和国成立后，我随父辈回到内地。大学毕业后一直留在北京工作。北京和香港虽然相隔几千里，当时的条件虽然不允许我再去香港，但我一直没有忘记香港，没有忘记我童年时成长的地方，没有忘记中学里教过我的老师，没有忘记同窗的好友。改革开放以后，我才有机会几次重新踏上香港的土地。故地重游，感慨万千。香港变了，香港发展了。这哪里是我记忆中儿时的香港！这么多高楼大厦，这么多现代设施。当我在香港繁华的街头漫步的时候，既为香港的腾飞而高兴，同时又感到有些不自在。因为香港还没有回归祖国，还在英帝国的统治之下。鸦片战争后英帝国通过"中英南京条约"强加给中国的民族耻辱还没有洗刷。然而时代毕竟已经变了。昔日不可一世的英帝国早已风光不再，而强大的新中国正满怀信心地迈步向前。邓小平"一国两制"的构想为香港顺利回归铺平了道路。1984年12月中英关于香港问题的联合声明的签订标志着香港已进入了过渡期。

1996 年 11 月，当我再次到香港参加母校培侨中学五十周年大庆的时候，我普遍地感受到香港人民为迎接回归的欣喜心情。香港正在迎接这个重大的历史时刻的到来。正如香港的繁荣离不开香港同胞的创造性劳动一样，香港的顺利回归、平稳过渡和继续繁荣昌盛也离不开香港同胞的努力。我感到十分自豪的是，我的母校培侨中学和香岛中学的老师们为香港的回归贡献了他们的智慧和努力。特别需要提到的是培侨中学的原校长、现校监吴康民。他当年教过我化学，1984 年以后一直担任基本法起草委员会的委员、港事顾问和推委会委员。而培侨中学和香岛中学的现校长曾钰成和杨耀忠则都是香港临时立法会的成员。我既为母校的贡献而骄傲，也深深地感谢母校对包括我在内的无数学子的培养。

我是从事世界史研究工作的。通过我的专业，我似乎更看清了香港回归这一重大事件在历史上的地位。以英帝国为代表的殖民主义者在 19 世纪末 20 世纪初是何等的横行一时，强加给许多不发达国家多少不平等条约。然而历史总是像大海一样不断地奔腾向前。大英帝国早已从殖民扩张走到殖民撤退，如今它即将放弃它的最后一块重要殖民地。香港的回归标志着一个崭新的开始。香港回归后，将在祖国的大家庭中，共同创造更加美好的明天，在未来的 21 世纪中发挥更大的作用。

桌上的回归钟又跳出了一个新的数字，距离香港回归的日子又近了一天。离香港回归的日子又近了一天。啊！香港！作为在你的怀抱里成长的我，期待着这一天的到来。在你回到祖国怀抱以后，我一定会再来看望你，再次在你的繁华的街道上自由自在地漫步，重游故地，重访旧友，并向教育我的老师们深深地鞠躬致意。

（原载香港培侨中学校刊，1997）

翰老教我学英文

今年的 3 月 13 日，一代宗师陈翰笙与世长辞，享年 108 岁。虽然对他卧病之事已有耳闻，但噩耗传来，心中仍久久不能平静。

陈翰笙是著名的经济学家和社会活动家，长期担任中国社会科学院顾问和该院世界历史研究所名誉所长。陈翰笙同时也是革命前辈，他一生追求真理，忠于人民，忠于革命，疾恶如仇，表现出了一个共产党员的高风亮节。陈翰笙还是一位教育家，他极其重视中等教育和幼儿教育，同时又很重视职业教育。他自己从 1924 年 27 岁在北京大学任教，直到 90 多岁还在自己家里开班，义务教授英语。除北京大学外，陈翰笙还曾在北京师范大学、北京女子师范大学、燕京大学、桂林师范大学和北京外交学院等多所学校任教，回国前曾先后在华盛顿州立大学、约翰·霍普金斯大学、宾夕法尼亚大学任教，可以说毕生和教书育人结下了不解之缘。

我是世界历史研究所的一名研究人员。有幸在 1986~1987 年一年多的时间里，成为翰老开设的英语班的学生。翰老鼓励我学好英语的事，还要从 1962 年他兼任世界历史研究室主任时说起。那时研究室只有十几个人，大多是从苏联和东欧国家留学毕业回国的年轻人。翰老当时在外交部国际关系研究所担任副所长，兼任世界历史研究室的主任，工作繁忙，每周只能来半天。翰老很关心大家的业务开展状况，第一次见面就逐个儿询问。当得知我在大学时的专业是欧美近现代史时，他便提出只有一门俄语是不够用的，问我学过英语没有。我回答说在小学和初中学过。翰老说："好，我现在考考你。"问了我两三个问题以后，翰老从上衣口袋里掏出两张戏票，递给我，说："这是两张《费加罗的婚礼》的戏票，你和你爱人去看，看完写一篇观后感给我，用英文，下个星期交给我。"看我面有难色，翰老又补了一句："一定要写。"

我 1986 年到翰老家去上英语课时，他已经 89 岁了，还教着两个班的英语课。我们那个班有八九个学生。我记得有清河制呢厂的两位副厂长，有中央电视台的编辑，还有学校的英语老师。春节到来时，两个班的学生约好一起为翰老祝寿。学生来自不同的工作岗位，只要是对英语有兴趣，翰老就欢迎，义务施教。翰老的教学方法很灵活，为了学生朝着会读、会听、会讲、会写的方向进步，他用了不少心思。翰老上课一般的程序是这样的，一上来每个学生先依次背诵一篇自选的课文，翰老仔细听过之后讲评：今天某位同学背诵得最好，文章选得好，发音准确，语调自然流畅，说明掌握了文章的内容，所以今天评他为第一名。有时翰老还要挑出文章中的佳句来分析讲解。上课程序的第二段是听一位同学念他翻译的文章，这篇文章是上一堂课翰老布置的作业。一般是几百字的文章，中译英，指定由他来完成的，同学们则轮流做主译。这是每一堂课的重点，花时间比较多。翰老通常是闭上眼睛仔细倾听，及时地纠正病句，并且请其他同学来尝试翻译同一句子，直到找出最佳方案为止。而最佳方案往往是翰老的方案，他的句子要在大家都动过一番脑筋之后才出台。翰老常常说："最怕的事体是，大家来学了半天，一开口还是中国式的英语。"他告诉我们，既然要学外语，就要学他们的语言表达方式。你们需要实践，就是要多读，多听，多讲，多写。上课程序的第三段是自由讨论，用英语。同学们有时候实在觉得表达困难，不经意间中文就脱口而出，这时翰老就会立刻制止。所以，只能改用英语，这时句子的错误就更多了，翰老都不放过，一一加以纠正。讨论的内容很广泛，我记得有一次翰老拿出一封国外来信，是他从前英文班的一个学生寄来的。这个学生现在美国一所名牌大学上学，来信问候翰老，问现在英语班都有哪些人参加。大家来了兴趣，忙问这是个什么人。翰老说他和你们一样，是到我这里来学英语的。学了几年，原来的基础不大好，但他很用功，进步很大。你们要是愿意，可以给他写一封信，用英文写。还有一次自由讨论的时候，翰老出了个题目让我先发言。当时正值菲律宾的马科斯政权垮台，反对派阿基诺夫人当选为总统。翰老点名说："曹特金，你到过菲律宾，你先说说吧。阿基诺夫人的政权基础稳固吗？"我结结巴巴地说了几句，翰老边改错句边引导讨论，他自己也谈他的看法。翰老引导的自由讨论很艺术，很自然，也很平等，总是直抒己见。他一直很关心国内外大事，表现了一个共产党员的高度责任感。

每逢上课，常常是三个小时很快就过去了，同学们往往谈兴正浓就要下课了。尽管意犹未尽，但大家都知道不能影响翰老的休息。更何况，他还有其他的事情。有两次，离下课还有十多分钟，他的老朋友爱泼斯坦就来了，翰老认真地说："对不起，我还有十几分钟才下课，请你等一等。"爱泼斯坦说："没关系，我知道。我等，我等。"

翰老待人真诚，而且他有一颗童心。他是以极大的热忱克服了许多的困难来坚持十多年义务开班教英语的。"文化大革命"中，他在干校患了严重的青光眼，又得不到及时和有效的治疗，1971年返京时视力已大受影响。但当他看到许多年轻人有的无学可上，有的无法开展科研工作时，便不顾自己70多岁的高龄，以病弱之身在家里办起了英语学习班，热心地义务教课。当时翰老的居住条件并不好，是东华门的一处平房，冬天很冷。有一年冬天，我去看望翰老，看到屋子里虽然生有炉子，但室温很低，冷得我赶忙把进门后脱下的外衣又穿上了。交谈中翰老告诉我，来参加英文班的人不少，但他不嫌人多，愿意帮助更多的人。他还对我说，如果有朋友或熟人愿意学英文的可以介绍给他，后来我得知，翰老对许多人都这样说过。翰老的学生不分职业，不分年龄，不分社会地位。在那个特殊的年代，还有一些所谓的"黑帮子女"，包括刘少奇、万里、王炳南等人的子女。翰老办班十几年，学生总共有三百多人。

1997年是翰老的百岁诞辰，中国社会科学院在人民大会堂举行了庆祝会。翰老在致答词时说，我年龄不小了，但我还可以做些事，还可以帮大家一点忙，比如帮助大家学英文，我愿意做点事。语言之真诚，令人动容！

敬爱的翰老，请安息吧！我们永远热爱您！

深切怀念亲爱的爸爸杜埃

我的爸爸杜埃因病逝世已经20年了。今年是他的百年诞辰。

爸爸原姓曹,出生于贫苦农民家庭,从小好学。17岁时只身从家乡大埔辗转来到省城广州,想进入大学读书,苦于没有门路和没有钱。生活就靠给报刊投稿赚些稿费。后来亏得有宗亲和老乡的资助才得以考上中山大学。

我是家中的长女。我出生时,爸爸刚从中山大学毕业,已经是中共地下党员了。我对爸爸最早的记忆是每天晚饭后他总是伏在桌子上写东西。这时我最喜欢做的事是蹬上小板凳趴在桌子上看他写字,趴着趴着就睡着了。

到我5岁的时候,爸爸和其他几位战友被八路军驻香港办事处的廖承志叔叔派往菲律宾做华侨工作。过了一年,我和妈妈也去了菲律宾。离开香港时,同船的本来有罗理实叔叔的妻子张阿姨和他们的儿子。但因为局势紧张,船票短缺,他们被挪到了下一条船上。结果,我们的船还没有到达马尼拉港,就发生了珍珠港事变,太平洋战争爆发了,他们的船也就走不成了。

日本兵占领马尼拉后不久,我们家就和一些华侨逃离菲律宾首都到了吕宋岛的农村。这时爸爸就不见了。我后来才知道,他和他的同志们一起正在筹备组织一支抗日的队伍——菲律宾民抗军华侨抗日支队。又过了一段时间,妈妈也不见了。我被交给了和蔼可亲的李锦蓉姑姑照料,住在菲律宾农民家里。后来我才知道,那一带农村是菲律宾民抗军的游击区。

第二次世界大战胜利后,爸爸还在菲律宾工作了两年多才回到香港。这时我已12岁了,刚刚考上中学。我知道,这段时间爸爸在《华商报》工作,上夜班,晚上忙于编发稿件,白天常要约见许多来访的朋友。

新中国成立后,我去北京读书,不和爸爸住在一起了,但我们经常通信。读高中时,假期我也常回广州。我知道,爸爸好不容易从香港回到刚解放的广州，先和同志们一起筹办《南方日报》，后被调到中共华南分局工作，再后来是广东省委。在我的心目中，爸爸是个心地善良、待人宽厚、乐于助人的好人。有些事在我的心中印象很深。譬如，改革开放后，爸爸在工作中接触到许多青年职工。他们之中有的人很有艺术潜能，却苦于没有学习的机会。当时"文革"结束不久，这类专业学校很少。爸爸在省文联兼职，便和市文联的华嘉、张绍杰等同志找到时任暨南大学副校长的罗戈东叔叔商量，可否筹办一所华南业余文艺大学，以招收有这方面才能的在职青年。学校在罗戈东叔叔筹备到经费后终于办成，下设好几个专业系，如文学系、美术系、演艺系、音乐系等，并培养出了一批又一批青年人才。学校请来许多专家学者给学员们授课，林默涵、刘白羽等著名作家都去讲过课，爸爸也去讲过。如今由于大家的努力，这所业余大学越办越好，规模已经扩大，并且有了新的校址。

爸爸是个勤奋工作的人。从青年时期起就不知疲倦地抽出时间写作。除了因为战争年代没有条件外，他这辈子一直坚持用工作以外的时间进行创作，直到癌症手术后的短短两个月里，还在口述小说《风雨太平洋》第三卷的最后几章。

亲爱的爸爸，你虽然已经离开我们20年了，但是你的音容笑貌一直在我眼前。你永远地，永远地活在我的心中。

（此文的写作得到长辈莫广智、廖遐龄的帮助，照片由杜友农弟提供，特此致谢）

（原载《羊城晚报》2014年4月5日）

汪士汉带着傻儿子下干校

汪士汉[①]于"文革"前不久担任我们世界历史研究所的副所长。初来时大家对他不甚了解，只知道他从近代史研究所调来，是个业务干部。所里的同志为此都很高兴，因为我们研究室终于升格为研究所了，终于有领导干部专门来主持工作了，而不像过去由兄弟所附带托管（在这里要真心感谢兄弟所的领导和同事们，你们对我们帮助很多），待遇不一样啦。

新所长上任后果然有新气象，过问研究室的人员配置，充实图书馆的外语力量。加紧落实曾在世界历史研究室兼任室主任的陈翰笙所主张的，努力争取从外地调来一批适合做外国历史研究工作的人员的事。还派了两位研究人员到第二外语学院去进修。当时恰逢分配来了几位应届的大学毕业生，汪士汉逐个儿找他们谈话，了解他们的专业和生活状况，安排工作。

正在大家对未来充满期待的时候，"四清"运动开始了。所里的同志除老弱病残外纷纷被派下乡，一批派往山东，另一批被派去了郊区房山。想搞点科研工作是不可能了。不久，"文革"开始了。学部（中国社科院的前身）被冠以"封资修大染缸"的恶名，大字报铺天盖地，"革命战斗队"林立，群众分成两派。研究所的负责人则是"走资本主义道路的当权派"，挨批挨斗。汪士汉虽来所不久，也不例外。我还记得所里批斗他时问他："什么出身？"他从容回答道："中农。"

工军宣队进驻学部一段时间后，我们奉命下放五七干校。我们被分配到河南息县，令大家意想不到的是，汪士汉竟带着他的呆傻儿子来干校了。虽然以前在所里和大家闲谈时汪士汉讲过，他有个傻儿子，造成孩子呆傻据医生说是因为他爱人怀孕时服用过多安眠药造成的。

---

① 汪士汉（1917年10月~2000年7月），1957年进入中国社会科学院近代史研究所工作。1964年调入世界历史研究所任副所长。1979年调入中国革命历史博物馆。

在儿子七岁时，汪士汉夫妇才领孩子去医院检查，被确诊为"先天性大脑发育不全"，是无法治愈的。当时大家对此只是耳闻，都没太在意。没想到竟在五七干校见到了。汪士汉说，他和妻子都下干校，没人照顾孩子，只能带在身边。

傻孩子有一个响亮的名字，叫汪思宁，取敬仰马克思列宁之意。来干校时已有十五六岁了。个子和同年龄的孩子差不多，不矮。面容也正常，不丑，就是白眼球多，显得不大正常。他虽然呆傻，喜欢搞笑做"恶作剧"，却心地善良，待人和善。奇怪的是，这样的一个傻孩子，听力倒很好，记忆力也不错，经常半懂不懂地开玩笑。譬如当年喇叭里经常放广播，有一些报章上的常用语出现次数较多，傻宁宁就记住了，有时拿出来用得很"到位"，令人忍俊不禁。有一次，熄灯时间到了（那时我们住在明港兵营），傻宁宁突然冒出一句"中国的赫鲁晓夫就睡在我身旁"，原来是同室的同事大家都睡上下铺，只有汪士汉带着宁宁睡在房间中间的双人床上。此言一出，一排的男生宿舍顿时哄堂大笑，一天的劳累和郁闷，一下子去掉大半。汪士汉是个慈祥的父亲，见儿子一句话把大家逗得那么乐，心里也很高兴。那时经常开批判会，傻宁宁虽然不需参加，但出于好奇也常站在窗外听着，听来听去地也记住了一些常用语，便拿来"活学活用"。他平常和陈启能接触比较多，陈启能有时给他买点糖果吃，他很高兴。劳动时他也老跟在陈身边。别人有时逗他玩，他就大叫："陈启能是我的黑后台！"大家哈哈大笑，傻宁宁很得意，他不明白"黑后台"是什么。

不过这个"黑后台"可不是好当的，差点酿成大祸。当年在干校我们连的劳动任务是烧石灰，分好几道工序：先要到山上去把大块石灰石打成适合烧窑的小石块；然后把石块装上架子车（一种简陋的两轮木把车），每辆车可装上千斤石块；由两三个人拉车下山，经常是一人在车前用肩套上拉车用的帆布带子往前用力拉车，架子车的后架上站一两个人，以保持车子平衡，并合力拉车下山；石块拉到山下后卸下石块装窑；装满一窑后由当地的师傅负责点火烧窑；石灰烧成后出窑。其中烧窑和出窑是技术性较强的活，同时也很累人。围绕着这两项工作的主要是一批人。另一批人主要是拉空车上山、打石头、拉石下山。应该说，最危险的是拉车下山的这道工序。因为山路坡陡不平，架子车装满石块后很重，很不好掌握。所以每辆架子车的后架上必须站一两个人以保持平衡，并且帮助掌握方向，和拉车者共同保证行车的安全。有一次，陈启能装好车后准备拉车下山，回头一看只有傻宁宁一个人笑嘻嘻地抢先站到了车的后架上，便问道："你行吗？中途可不能跳开啊！"宁宁答应了。据老陈后来讲，因与汪思宁相处久了，深知他的脾性：越是不让他做的事，他偏要做；越是要他注意不要做的事，他一定会做。因此，当天老陈拉着车和宁宁就在山上打石的平地上慢慢地往前走，同时斜眼看着宁宁的动静。果不其然，汪思宁很快就从架子车的后架上跳下地，并站在一旁拍手大笑。与此同时，架子车立即失去平衡。由于老陈事先有准备，用双手使劲压着车把，这样在架子车失去平衡时就往前倾倒，而不是后翻。在此同时，老陈仗着当时年轻，迅速挣脱套在肩上的架子车的帆布车套，一个鹞子翻身跳出车子。只听"砰"的一声，两根车把碰地后就断裂了，装满千斤石块的车子停在当地，避免了一场灾祸。傻宁宁不明白是怎么回事，觉得好玩，发出更大的笑声。

"林彪事件"以后半年左右，汪士汉和所里几个同志奉命调回学部协助情报中心搞学术著作的翻译。这样他就带着宁宁离开了五七干校。又过了半年，学部各所都接到中央的命令，撤离五七干校，返回北京。

时光流逝，转眼间来到了20世纪70年代末，此时汪士汉已经调离我们世界历史研究所好几年了，临走前没有开过欢送会。有幸的是，他调走后我却与他无意中见过几次。一次是我和陈启能到人民大会堂看文艺演出，进入大厅后偶遇汪士汉，多年不见，又是不期而遇，大家都很兴奋。他问我们的票是社科院发的吗？我回答说不是，是我母亲单位发的。他还想问别的一些有关我们所的情况，我也想问问宁宁的近况，无奈当时演出已快开始，我们和他都还没有对号入座，所以就匆匆分手了。

再次见到汪士汉已经是20世纪90年代初了，是在北京医院的候诊区。因为我和汪士汉都已挂完号同在走廊里候诊，所以这次时间比较充裕，交谈涉及的内容也比较多。他问我，所里的人员变动大吗？一起下五七干校的同志有调走的吗？你们现在都在做哪些课题？我感觉得到他是真心地关心我们研究所和研究所的同事，因为他的关怀之情溢于言表。

岁月流逝，汪士汉带着傻宁宁下五七干校的事已经过去四十多年了。现在，他和宁宁已经先后离开了人间，但他们那段在干校的时间，特别是他们身上体现出的普通人的天真和善意的美好愿望是我无法忘怀的。

记金重远留苏时期二三事：
法语学习与垦荒劳动

记得和金重远最后一次见面是在广州郊区的花都法国史研究会的一次年会上。那是2002年12月，虽然小组讨论编在同一组，在广州游船欣赏珠江夜景时又邻座，但由于年会的内容比较丰富，参会的人数也较多，我们却没有机会多做交谈，想不到这竟是一次诀别，现在回想起来甚感遗憾。

金重远是我大学时的同班同学，都学习欧美近现代史专业。当我从老同学郑异凡的电话里得知金重远遽然离世的消息时，真是不敢相信，心里十分悲伤。我们这些老同学虽然都年事已高，但至今有不少人依然活跃在各自的学术领域里，金重远更是这样；并且也从未听说他患有什么疾病，只知道这些年他写的书一本一本地出版，教书育人成绩斐然。法国政府授予他"棕榈教育骑士勋章"，俄罗斯总统普京授予他"圣彼得堡300周年荣誉勋章"，这绝非偶然。20世纪五六十年代我们先后在苏联列宁格勒大学（今俄罗斯圣彼得堡大学）历史系留学和进修的大学生、研究生及进修的教师有四五十名，但只有金重远一人获此殊荣，他当之无愧！

今天，在这个庄严的追思会上，我只想作为金重远的一个老同学，谈谈他大学时代的两件事。当年，金重远是个既用功又勤于动脑的学生。他很有语言天赋，而且也很会利用它来达到更好的学习效果。这里只举出他学习法语的例子。我们读到大学三年级的时候，功课特别紧。课目不仅多，还增加了专业选修课（спец - курс）和课堂讨论（семинар）。对外国学生来说，由于语言表达的障碍，专业选修课和课堂讨论困难较大，尤其是课堂讨论。因为专业选修课参加听课的学生不多，往往不到10人。课堂讨论则要求事先读完指定的参考书并针对相关题目准备发言。苏联同学没有语言障碍，但不一定都读了参考书，有时发言会漫无边际地说些题外话，很快就会被教师喊停。教师接着往往会叫起一名外国学生回答问题，而且经常是中国学生,因为知道他们是会读参考书的。到这个时候,我们中有些人往往会结结巴巴、词不达意。但教师一听内容是与指定的参考书有关的,便会满意地点点头,不去计较俄语语法是否出错了。金重远却不在这些人之列,他的俄语水平比许多人高。这既由于他在留苏前已在上海学过一年俄语,更由于他来苏后学习语言得法,进步很快,已达到相当熟练的程度。

课堂讨论是需要用很多时间来准备的。何况,好几门课都有课堂讨论,大家都感到时间不够用,偏偏在三年级时又增加了第二外语课,语种有英、法、德、西班牙、意大利语等,让同学们选修。我们年级有5个中国同学选了法语,金重远也在其中。系里请外语教研室为我们5人单独开了一个班。这本来是件令人高兴的事,但时间不够用的矛盾更突出了。因为自从增加了第二外语课,系里就有针对性地强调,外国学生必须保证第一外语——俄语的学习时间和质量,不得因学第二外语而缺席俄语课。而俄语课不但上课时间多,一周好几次,而且课下作业也多,要求很严,外国学生要上满三年的俄语课,考试成绩及格并要记入毕业文凭。而第二外语上课次数少,要求松,学生结业时能借助字典查阅一些资料就可以了,基本上是"哑巴外语"。第二外语不考试只测验,只记"通过"或"未通过",不影响毕业成绩。但是同学们都想多学一门外语,怎么解决时间难题呢?金重远就解决了这个矛盾。过了些日子,忽然有一天听说金重远向俄语老师提出请求提前进行俄语结业考试,经老师同意并获得系里准许后,不久便由系里根据考试成绩批准他俄语提前结业,但强调下不为例。很快,金重远的法语进度就超过了5人法语班,法语老师建议他以自学为主,老师可以抽时间对他进行指导,这个结果让同学们羡慕不已。

同时,金重远也不是一个只知读书不关心国内外大事的同学。记得那年读完大四放暑假,正值国内"大跃进",大炼钢铁,号召知识分子多到农村、工厂参加劳动锻炼。中国留学生读了《人民日报》《红旗》等报刊,个个热血沸腾,金重远也不例外。正好苏联在赫鲁晓夫当政后号召开垦荒地,种植小麦、玉米,这时已到了小麦收割的季节。由于苏联的劳动力不足,政府号召并组织大学生利用暑假前往垦荒地收割小麦。中国留学生得知后也想参加去垦荒区劳动,并且准备把劳动所得的报酬捐献给国家以支援国防建设。经请示留苏使馆并获得批准后,中国留学生就可根据本人身体状况和自愿原则参加到有组织的垦荒劳动中去。这样,列宁格勒大学历史系 1959 年、1960 年两届的中国留学生就组成了一个小分队，参加到由列宁格勒大学各系学生组成的劳动大军中。大家坐上由政府安排的闷罐火车，奔赴哈萨克（今哈萨克斯坦）东北部的科克切塔夫州（Кокчитавская область），路上走了六天六夜才到达目的地。顺便提一句，40 多年后的 2004 年 5 月，哈萨克斯坦总统纳扎尔巴耶夫访华，我作为总统著作中译本的作者受邀到哈萨克斯坦驻华使馆做客，在那里获悉该州目前已成为发达地区。当时，我们在一个国有农场安顿下来，过了两天就投入紧张的劳动中。从 1958 年 7 月初到 9 月初，我们足足干了两个月。我们的工作是站在康拜因机（联合收割机）上，协助康拜因机手处理割下来的已脱粒的麦秆。要每隔两三分钟就踩一次开关，让麦秆垛从康拜因机拉的大车框里自动落地。这活儿本来很简单，好像不需要什么技术。无奈康拜因机保养得不好，开关经常失灵，大车框门无法打开。这个时候就需要人跳进大车框，跳上麦秆垛用体重帮助打开大车框门，连人带麦秆垛一起落地。又因为机器不能停，第一个麦秆垛落地后，人就得马上爬起来追上康拜因机并爬上去，去整理下一个麦秆垛。这样一天下来同学们都累得够呛。金重远个头不高，人较灵活，我经常看到他从康拜因机上跳下去压麦秆垛，然后去追康拜因。这自然不像他学法语那样顺手，但他同样努力，精神同样可佩。

劳动过程中有一个情况使中国同学感到有些尴尬，就是中国同学的体力普遍比苏联同学差，特别是很多中国男同学甚至比不上苏联女同学。这使中国男同学有时很不好意思，而中国女同学也觉得脸上无光。不过，苏联同学倒是很友好，有时候开个玩笑就过去了。和我们编在一队劳动的是列宁格勒大学语言文学系一年级的同学，人数比我们多得多，而且女同学居多。对他（她）们来说我们已经是大哥、大姐了。

金重远的体格并不强壮，我记得他也和几个中国同学一样，有段时间拉肚子。因为苏联人没有烧开水喝的习惯。而荒地刚开垦几年，农户很少，还没有形成村落，也没有接通自来水。当地人喝的是去年下雪时储存的水，很不卫生。但是，喝生水是中国人最不习惯的一件事，金重远也是因此拉肚子的。但他始终"轻伤不下火线"，没有请过假。

转眼间到了 9 月初，荒地上的大片麦子还未收割完毕，垦荒区的劳动依旧热火朝天，学校却放完暑假已经开学了。我们这些准备升入五年级毕业班的中国同学经过讨论，决定向农场领导部门提出先行返校上课的要求，很快得到理解和批准。农场还为我们设酒宴饯行，农场会计为每人按劳动日算好了工资。场长在宴会上致辞感谢我们为农场付出的劳动。当得知我们准备把劳动所得全部通过使馆寄回祖国支援国防建设时，场长感动地说："孩子们，这可是数目不小的一笔钱啊！你们可以用它来为自己添置一床毛毯御寒，或者买几件新衣服穿。要知道，你们足足劳动了两个月啊！你们真让我太感动了。我祝福你们！"

  半个多世纪过去了，当年的种种情景依然历历在目。今天提起这些往事，总会想起活生生的金重远。我深信，他会永远活在我们大家的心中！

（原载《金重远先生纪念文集》，2013）

春意盎然　诗情常在

——访但丁故居

今年 2 月中旬的一天，一列墨绿色的特快列车把我们带到了春色已浓、群山环抱的历史名城佛罗伦萨。一踏进这座城市，我们就好像回到了欧洲中古时代。这里不仅风光秀丽、景色宜人，而且保留着中世纪城市的风貌，处处表明这里的确是名副其实的文艺复兴发祥地。我们怀着极大的兴趣参观了著名的乌菲齐美术馆和庇提宫，欣赏了达·芬奇、米开朗琪罗的传世佳作，访问了邦纳罗蒂家族的故居……那构思奇特的达·芬奇的手稿，那美和力的奇妙结晶的大卫塑像，那绮丽多姿的辛约里娅广场上的喷泉……这一切人间的瑰宝是多么令人神往！

然而，我们总觉得还有一个地方没有去，那就是伟大人物但丁的故居。但丁这个名字，中国人民是多么熟悉啊！这是个划时代的人物，恩格斯称他是"中世纪的最后一位诗人，同时又是新时代的最初一位诗人"。他的代表作《神曲》在我国早有译本，深受读者喜爱。前不久，我国著名作家巴金荣获 1982 年度的"但丁·阿里盖利国际奖"，又一次表明了中意两国深远的文化联系。因而，那天下午，当我们终于有机会前往瞻仰但丁故居时，欣喜之情油然而生。

但丁故居坐落在古佛罗伦萨的市中心，在一条狭窄的街道上，临近昔日的古市场，离 15 世纪建成的钟楼和当今的市政厅不远。这是一座不大的砖石结构的三层建筑物，每一层都设有一间展览室。我们来到楼下的展室，管理故居的一位老者得知我们来自北京，十分热情地请我们留下姓名。我们翻开那本厚厚的签名簿，发现这座外表简朴的纪念馆吸引了无数来自世界各地的客人。可见，但丁这位文艺复兴的先驱者，一直深受人们的敬仰。他不仅因无情鞭挞中世纪的黑暗而在人民之中赢得了崇高的声望，同时，他那充满坎坷经历的苦难生涯也引起了人们深深的同情。

但丁于 1265 年 5 月出生在佛罗伦萨一个小贵族的家庭里。但丁是他的名字的简称和昵称,他的名字完整的叫法应是杜兰丁。但丁出生时,家境已经败落。他6岁丧母,5年后父亲再娶,到18岁时父亲又弃世而去。这些都给年少的但丁平添了许多悲凉和孤寂。但丁在青少年时代曾拜佛罗伦萨的著名学者拉丁尼为师,学习拉丁文和古典文学。他特别喜欢诗歌,在这方面表现出卓越的才华;20多岁就发表了第一部诗集《新生》,以后在被放逐期间又写出长诗《神曲》。在故居第一层的展室里,我们见到了但丁诗作的手稿。这些由羊皮纸装订成的大本册子,由于年代久远,已经卷边,但字迹仍然十分清晰,诗句旁间或也有插图。展室的另一边展出了但丁的亲笔手迹,旁边挂着但丁的巨幅画像,画的是诗人浪迹四方,到处漂泊的情景。只见但丁双眉紧锁,目光深沉,仿佛正在为故乡和人民的命运担忧。

二楼的展室里,有一件展品引起了我们的注意。这是一张类似告示的招贴,上面密密麻麻地写满了字。热心的老者告诉我们,这是1302年3月佛罗伦萨法庭的一张判决书,其中但丁的名字底下画了一道线。原来,当时在佛罗伦萨的贵族派别中占统治地位的是格尔夫派。他们在战胜了另一派吉柏林派以后又因对教皇的态度不同发生内讧。主张维护佛罗伦萨独立和自治,愿意同包括商人和手工业者在内的、势力日益增大的市民阶层妥协的一派称为"白党";企图借助罗马教皇的势力来获取派系斗争的胜利,不惜以牺牲佛罗伦萨独立为代价的一派称为"黑党"。但丁是"白党"中的一个活跃人物。他也是七大行会之一的医药业行会的成员。1300年6~8月,他曾担任佛罗伦萨市的高级行政官。这一年,"白党"和"黑党"的纷争愈演愈烈,由于罗马教皇卜尼法斯八世的直接干预,"白党"遭到失败,但丁于1300年和1302年两次被当时为"黑党"所操纵的佛罗伦萨法庭缺席审判。

1302年3月的判决书就是针对"白党"15名成员的。判决书给但丁加上了贪污受贿、盗窃国库和反对教皇的罪名。当时但丁不在佛罗伦萨,法庭悍然缺席判决他死刑,并在判决书上写明要用火烧死。但丁的房屋和财产统统遭没收。这次判决对但丁是个沉重的打击,从此他被迫离开故土,流落天涯,再也没有回过他所眷恋的佛罗伦萨城。但丁虽然为此深感悲哀,但始终没有向恶势力屈服,在放逐期间,他到处讲学,在困苦的条件下坚持写作,给后世留下了不朽的诗作《神曲》和其他著述。在这些作品里,但丁勇敢地向神权政治挑战,明确地提出了政教分离的主张;他冲破了禁欲主义的藩篱，鼓励人们去掌握自己的命运；他摒弃封建的等级观念，热情地讴歌"人的高贵"。他写道："人的高贵并非来自他的祖先，而是取决于他的自身。"

在二层展室的一个角落里，挂着一张 1300 年的佛罗伦萨市区图。1300 年，正是但丁被深深地卷入故乡的政治旋涡的年代。从图上看，当时的佛罗伦萨城已是房舍鳞次栉比，十分繁华。美丽的阿尔诺河横贯城市东西。市中心位于河北，但河的南边也有了建筑群。沟通城市南北两部分已建有 4 座宽阔的桥梁。据史家记载，14 世纪上半叶时，佛罗伦萨已有十多万人口，是当时意大利工商业和金融业的主要中心，文化也很发达。全市共有毛织业、丝织业、银行业等 7 个大行会，这些行会的作坊和商号已带有早期资本主义经济的性质。正是佛罗伦萨经济中的新因素赋予了诗人《神曲》等作品以新意。

闭馆的时间快到了，我们只能匆匆地浏览了一下三楼的展室，这儿的展品不多。总的说来，但丁故居的展品不算丰富。这也许是诗人给后世留下的实物甚少的缘故吧。尽管如此，但丁的英名和诗篇与日月共存，并永远会在人们的心中唤起对美好春天的憧憬。

走出但丁故居，已是夕阳西下。我们沿着古老的街道漫步，想象着昔日古市场那种繁乱嘈杂的景象，就好比看到了但丁所处的那个倾轧纷争的人世社会。倔强地为自己也为后人开拓着前进道路的但丁的形象，这个被恩格斯誉为"无与伦比的完美的典型"，仿佛就在我们的眼前，耳畔响起了但丁的著名诗句：

走你的路，让人们去说吧！

（原载《外国史知识》1982 年第 7 期）

一座珍贵的资料库

——记荷兰国际社会史研究所

前年深秋,我有机会利用中国社会科学院同荷兰皇家科学院订立的协议,作为访问学者到神往已久的荷兰国际社会史研究所工作了一个月。

荷兰国际社会史研究所(lnternational Institute For Social History)是欧洲三大国际工人运动资料中心之一。另两个中心是莫斯科的原苏共中央党务档案馆和意大利米兰的费尔特里耐利基金会图书馆。后两个中心我都有幸在以前访问过,并查阅过资料。所以这次能到荷兰国际社会史研究所,了却了我多年的一个心愿。

与后两个中心相比,荷兰国际社会史研究所似乎更侧重于搜集和保存各国社会民主党的档案和资料。这可能与该所创办人的情况和研究所创立时的背景有关。

国际社会史研究所创建于1935年,创办人是荷兰学者阿姆斯特丹大学经济史教授帕斯特姆斯(N. W. Posthumus)。他是一位同情工人运动的知识分子,早有把经济史和工人运动史结合起来的想法。1932年,他将自己担任馆长的荷兰经济历史档案馆的图书馆部分扩大,以此为基础成立了经济史图书馆,同时也注意搜集社会史方面的图书资料,这便是国际社会史研究所的前身。到了1935年,帕斯特姆斯在财政上寻求到了荷兰中央劳工保险与储蓄银行经理、著名的犹太复国主义者里姆的援助,也争取到阿姆斯特丹市政府拨出一所房屋供使用。这样,国际社会史研究所便于是年11月宣告成立。此后不久,又在巴黎建立了分部,重点搜集国外工人组织和政党的档案资料。

20世纪30年代中期,随着法西斯势力在欧洲的蔓延,荷兰这个于1937年宣告中立的西欧小国日益成为许多国家社会民主党人的避难地。这给国际社会史研究所也带来了发展的契机,因为这些避难者对国际社会史研究所的工作很感兴趣,十分关注。有些人甚至加入了研究所的职工队伍,成为其工作的得力人员。如俄国社会民主党人鲍里斯·沙皮尔，在研究所创建不久就加入进去，专事搜集整理俄国社会民主党的档案资料，做了不少工作。

从创立之日起，国际社会史研究所就投入很大的力量，从受到法西斯势力威胁的国家抢救有关工人运动和社会主义运动的档案和资料。研究所利用各种途径，有时工作人员甚至冒着生命危险亲自到国外去进行这项工作。如研究所图书馆馆长安妮·阿塔玛·范·雪提玛女士就曾在德国吞并奥地利的时刻，冒险前往奥地利抢救出俄国无政府主义者巴枯宁和奥地利社会民主党著名活动家罗伯特·丹尼伯格的手稿和藏书，丹尼伯格当时已被纳粹政权逮捕。范·雪提玛女士事后回忆这段经历时说，当时战火尚未蔓延到荷兰，她是依靠荷兰驻奥地利大使的帮助拯救出这一批资料的。不过她并没有告诉大使这批资料的具体内容，只说是奉研究所之命在抢救一个图书馆。得到大使的同意后，她便和一个年轻女佣，把丹尼伯格的手稿和书籍装入购物袋搬到使馆，往返搬了50次之多。又在使馆将搬运来的书籍手稿打成行李包裹装上火车，利用大使的外交免检权，安全地将这批资料运回了阿姆斯特丹。也正是在这个时期，德国社会民主党收藏的档案资料得以转移到了荷兰国际社会史研究所。这一批档案资料非同一般，其中不仅有德国社会民主党的档案，还有马克思恩格斯的手稿、书信和相片。此外还有倍倍尔、贝克尔、海恩、黑斯、莫特列尔、伯恩斯坦、施鲁特尔、考茨基和威廉·李卜克内西等人的档案资料。这一时期搜集到的资料还包括俄国社会革命党以及阿克雪利罗得、波特列索夫等人的档案资料。托洛茨基在被驱逐出苏联以后也曾将一批他保存的档案资料交给荷兰国际社会史研究所巴黎分部保管。

法西斯德国于1940年5月不顾荷兰王国政府的反对，悍然出兵占领了荷兰。荷兰女王威廉明娜不得已逃亡英国，王国政府也同时迁往伦敦。在德军到来之前，国际社会史研究所想方设法把重要档案转移到安全的地方。这项工作由于资料的数量太多，时间又紧迫，付出了艰辛的努力。转移到英国的部分（包括马克思恩格斯的手稿）得以保存完好，而转移到法国的部分却在法国投降后被德军搜出并被大部分销毁。荷兰被德军占领后不久，国际社会史研究所即被查封，来不及转移的档案资料均被没收并运离荷兰。战后经过多方查找和交涉，这些资料才从国外陆续运回荷兰。国际社会史研究所的资深工作人员至今还记得1956年从波兰驶来两艘满载资料的轮船在阿姆斯特丹港靠岸和带给他们莫大欣喜的情景。

第二次世界大战结束后，研究所遇到了巨大的财政困难。中央劳工保险和储蓄银行已无力单独负担研究所的开支，经理里姆也已于1940年去世。为了获得进行全部藏书分类编目和其他科研工作所需的经费，研究所于20世纪60年代初接受了美国洛克菲勒基金会和福特基金会的资助，以补充荷兰方面所提供资金的不足。研究所的图书馆于20世纪70年代编辑出版了17卷的馆藏总目录，为研究社会主义史和工人运动史的学者提供了检索的便利。1955年，研究所出版了第一本文献集，是由考茨基的儿子主编的其父与恩格斯的通信集。同年，研究所的第一部专著问世。

国际社会史研究所的工作日益受到荷兰政府的重视。1979年1月，它成为荷兰皇家科学院的13个下属研究所之一，成了官方的学术机构。但是为了保持原学术机构的独立性，最早资助研究所创立的单位仍然作为馆藏档案图书资料的所有者存在。1989年，国际社会史研究所喜迁新址，设备更加先进，档案和收藏更为妥善。

今天，国际社会史研究所有一百多位工作人员。他们分属三个部门：行政管理部门、研究和出版部门、搜集和保管档案资料部门。在阿姆斯特丹逗留的一个月里，我几乎天天都到这个研究所去查阅档案资料，和这三个部门的工作人员都有过接触，对他们高超的工作水平、优良的服务态度留下了深刻的印象。

来到阿姆斯特丹的头一天，到机场来接我的便是研究所的外办主任艾泽尔曼女士。她是一位中年知识女性，一身兼任数职。除了如名片所印她负责研究所里的信息搜集工作之外，实际上还负责研究所的外事工作。国际社会史研究所知名度很高，来自世界各地的学者络绎不绝。艾泽尔曼女士掌握英、法、德、意、西五种语言，对各国学者应付自如，不需另配翻译。她倒是自己经常参加档案资料的翻译编纂工作。此外，她的家还是研究所委托开办的家庭旅社，为来访的学者和客人提供食宿。她要照顾住在家庭旅社的学者的日常生活，如为他（她）们买早餐的食品，还要去机场接送来访的学者。这么多工作集中在她一个人身上真是难以想象。然而，艾泽尔曼女士始终是应付得游刃有余，每天都以饱满的热情对待工作。我在家庭旅社居住的一个月里受到过她的许多照顾。

我这次到国际社会史研究所的任务是查阅课题所需的档案资料，同时也约见所内外的一些学者进行学术交流。第一天到研究所去查阅资料，接待我的是俄罗斯和东欧研究部主任范·罗森姆。他事先已经看过我发到研究所的有关我的考察计划和范围的传真，因而对我如何利用这一个月的时间查找需要复制的资料提了十分中肯的意见，并且很熟练地点出一些档案的卷宗编号。他告诉我，作为俄罗斯和东欧研究部的主任，他一年要去几次俄罗斯和东欧国家，有时是去参加学术会议，有时则是为了查找资料。他上周才从波兰回来，过一周准备去圣彼得堡。他介绍说，研究所经常举办国际学术研讨会，邀请国内外学者参加。研究所人员撰写的论文，可以在本所出版的刊物上发表。研究所出版的专著也不少。谈话结束之后，范·罗森姆带我到阅览室，把我介绍给资料员，并请他们协助我查找所需的资料。由于在此后的一个月里我几乎天天都到阅览室去查阅和复制资料，因而很快便和几位资料员成了朋友。她（他）们都是大学毕业生，不仅熟悉研究所的馆藏档案和资料，会熟练地操作电脑，而且能用两门以上的外语同来访者交谈。阅览室每周开放五天半，星期六开放到中午1时。读者所需的档案资料经调出后，如一天内查阅不完，可委托资料员保存在书橱里，不必入库，以便第二天再去查阅。阅览室备有多台复印机，读者可自行复印所需资料，也可委托资料员复印。阅览室向国内外读者开放。我在那里遇到过俄罗斯人、美国人、德国人、日本人、法国人等，当然更多的是荷兰人。我在那里结识了一位荷兰妇女，她取得硕士学位后曾到俄罗斯去进修过俄国史，现正在撰写一篇关于民粹派的论文，特地到国际社会史研究所来搜集资料。由于很多国家的学者在这里云集，而且川流不息，大家工作之余总有些交流，因而这里很自然地成了一个学术信息交流的场所。

在国际社会史研究所逗留的时间虽然不长，但感触良多。其中最深的感受是这个研究所工作人员的敬业精神。他们不辞劳苦地千方百计搜集和整理档案资料，甚至不惜冒着生命危险。他们深知这项工作的意义。他们默默无闻地做着各种工作，甘心为他人作嫁衣裳，使每个到过这个研究所的学者都会为这里十分方便良好的研究环境而赞叹不已。任何学术成果固然首先是本人刻苦钻研的结果，但毋庸讳言，良好方便的研究环境又是何等的重要。试想，如果没有充分的档案资料，如果不能方便地利用这些资料，对学术研究的妨碍将会如何之大，这是不言而喻的。因此，我赞叹荷兰国际社会史研究所这个每年吸引世界许多国家学者前来的良好方便的研究环境，我更钦佩这里的工作人员的敬业精神。

（原载《群言》1997年第11期）

库恩·贝拉是怎么死的？

库恩·贝拉是匈牙利共产党的创始人，是 1919 年匈牙利苏维埃共和国的缔造者，也是国际共产主义运动的著名活动家，曾担任共产国际执委会委员 16 年之久。

库恩·贝拉曾长期生活在苏联。他参加过十月革命的战斗，曾投身于保卫苏维埃政权的国内战争，担任过全俄中央执行委员会的主席团成员，多次出席过联共（布）的代表大会。库恩·贝拉是知名度很高的国际主义战士，在 20 世纪二三十年代，苏联的一些工厂、街道、广场、轮船曾以他的名字命名。

不幸的是，库恩·贝拉未能逃脱苏联 20 世纪三四十年代大清洗的厄运。几十年来，有关库恩·贝拉之死的具体情况一直不为人所知晓。官方连他被害的日期都未予透露，不少文章说库恩于 1939 年死于狱中，为他作传的库恩·贝拉妮也这样以为，直到 1939 年 11 月 30 日，库恩·贝拉还活着。[①]

最近，随着苏联重新审理 20 世纪三四十年代政治性案件过程的深入，围绕库恩·贝拉之死披露了新的材料。据苏联《苏共历史问题》杂志 1989 年第 3 期刊载，库恩 1937 年 6 月 28 日被捕后，于 1938 年 8 月 29 日受到苏联最高法院军事委员会的审讯。罪名是"在莫斯科组织反革命法西斯组织，该组织按照右派托洛茨基中心和人民公敌托洛茨基的指令进行了瓦解兄弟党和反对共产国际和联共（布）领导的活动，并准备在苏联推翻苏维埃政权"。法庭还指控库恩建立了一个小组，准备采用恐怖手段杀害党和苏联国家的领导人，同时指控库恩·贝拉"自 1916 年起充当德国间谍，自 1936 年起充当英国间谍"。法庭仅用了一天的时间来审理这一案件。根

[①] 参见〔匈〕库恩·贝拉妮《库恩·贝拉传》，人民出版社，1986，第 401 页。库恩·贝拉妮是摩恩·贝拉的妻子，死于 1974 年。

据俄罗斯联邦刑法第 58 条第 6 款、第 8 款、第 10 款和第 11 款，库恩·贝拉被判处死刑，并被剥夺全部财产。判决于当天执行。

1955 年苏联检察机关曾复查了库恩·贝拉案件，认为原有的罪名不能成立，并为库恩·贝拉恢复了名誉，但审讯过程和处决的日期未予公布。

（据《苏共历史问题》1989 年第 3 期）

（原载《史学理论》1989 年第 2 期）

当代俄国的劳工史研究

现今的俄国史学家习惯于把工运史称作劳工史（рабочая история）。这是有道理的，因为工运史只是劳工史的一部分。在苏联时期，劳工史在史学中是"显学"之一。苏联解体之后，它的地位一落千丈。有学者指出，在 20 世纪 90 年代，俄国劳工史的没落惨状是史无前例的。旁观者甚至会怀疑，俄国是否根本不存在工人阶级，或者这个阶级在历史上没有起过什么作用。

直到近年来，对俄国劳工史的研究才有所复兴，其原因大致有以下三个方面。第一，近来俄国工人阶级的政治积极性出乎人们意料地急速高涨。这自然与国内社会问题的尖锐化有关。这种状况自然会引起国内学术界的关注，俄国劳工史问题又被提上日程。第二，西方的影响。简单说来，西方对俄国劳工史的研究虽受到俄国不同信仰学者的影响，但到 20 世纪 80 年代和 90 年代上半期已经有了自己的理论和鲜明的特色，并受到不少劳工问题大家的影响，如 E. P. 汤普森、霍布斯鲍姆、查尔斯·梯利等。尤其重要的是，西方学者的研究与西方新史学的发展同步，运用了许多新的方法和提出了许多新的问题，如社会性别研究、历史文化研究、心态研究、日常生活史研究、微观分析、非正常行为研究、口语实践研究，等等。这些都是苏联时期的俄国劳工史研究所欠缺的。苏联解体后，西方史学大量涌入，俄国史学与西方史学频繁接触对俄国劳工史研究产生了影响。第三，俄国史学界本身的原因。苏联解体后，俄国的史学发生了巨大的变化，呈现出十分复杂的情况。史学队伍的缩小和老化，学术争论与政治斗争相混淆，理论方法论的混杂，年青一代对新知识的渴求，等等，无不说明这种复杂情况。但是，应该指出，对史学发展来说，也有若干积极的倾向，这些倾向有助于劳工史的复苏。首先，史学家的思想得到很大的解放，不少思想禁锢有了松动，过去许多研究的禁区被打破。这其中有不少就是与劳工史有关的。其次，许多新的档案被开放。其中除了执政党的档案外，还包括其他党派和组织的档案，如立宪民主党、孟什维克、社会革命党、无政府主义者，等等。而这些政党对俄国工人的影响问题过去是很少涉及的。最后，俄国学者的开放性还表现在与外国学者国际交流的极大增长，还有西方学术著作的不断出版方面。有意思的是，西方研究俄国劳工史的学者不愿意看到这个课题在俄国彻底消失，他们甚至不惜出资帮助。1993年荷兰社会史研究所以《社会史国际评论》（International Review of Social History）杂志增刊的形式出版的论文集《劳工史终结了吗？》（此书1996年译成俄语出版），讨论了劳工史研究的现状和出路，对俄国学者很有影响。还应指出，即使在劳工史衰落的时候，也还是有少数俄国学者坚持劳工史的研究。综合以上种种因素，劳工史的复苏就不是偶然的事了。

劳工史在当代俄国复苏后具有哪些特点呢？研究中可以看出哪些倾向呢？

第一，一个重大的变化是苏联时期占统治地位的劳工史概念有了新的阐释。苏联时期的劳工史研究有个发展过程。简言之，革命胜利以后直到20世纪20年代末，布尔什维克由于忙于巩固政权等原因无暇更多地顾及劳工史研究，因而对劳工史的研究主要仍由孟什维克和革命前的老学者进行。直到1929年的第一届马克思主义者—历史学家会议，情况才有了根本改变。波克罗夫斯基在大会上狠批了孟什维克观点。此后，在共产主义研究院内成立了"苏联无产阶级史研究中心"。这个时期出版了许多资料，包括高尔基创议的"工厂史"写作。当时在劳工史的研究中，还允许在学者间存在不同的观点。到20世纪30年代中期，情况则发生了变化。

这一时期劳工史概念可以简略地归结为"支持—反对"这样的公式，即不论是在革命前，还是在苏联时期，劳工都是支持布尔什维克的，而后者都是支持劳工在革命前反对沙皇、夺取胜利；在革命后支持提高劳工的生活水平、职业水平、文化水平，等等。反对的则是工人阶级中和政策中的各种错误倾向。因而许多学者都选择危险较少的革命前的劳工史研究。应该指出，在苏联时期，在大体上不违背《联共（布）党史》原理的前提下，也有一些资料和观点均有价值的著作，如 П. И. 梁申科、А. М. 潘克拉托娃、А. Г. 拉申、С. Г. 斯特鲁米林等人的著作。

然而，劳工们在苏联时期并不是在所有问题上都支持布尔什维克的。当代的俄国史学家甚至把苏联时期传统的"工人阶级的劳动积极性和社会政治积极性"的题目改为"工人的活跃性"（рабочй активизм）问题。这里的"活跃性"是专指积极的抗议形式、劳动冲突、罢工、骚乱和社会政治不满的其他表现形式。而且，这种"活跃性"并不专指革命前的俄国，而且包括革命后的苏联时期。这方面的著作有《苏维埃俄国的劳动冲突，1918－1929年》（莫斯科，1998）、《彼得堡的工人与"无产阶级专政"，1917年10月－1929年》（圣彼得堡，2000）、В. А. 科兹洛夫：《赫鲁晓夫和勃列日涅夫时期·苏联的群众性骚乱：1953年至80年代初》（诺沃西比尔斯克，1999）等。

第二，当代俄国劳工史研究者很注意扩大史料基础和方法论基础。从史料来说，不仅传统的史料，而且各种非传统的新史料不仅包括中央保管的史料，而且各地区、各城镇的史料都在尽力发掘。这就为扩大劳工史的研究方面创造了条件。从方法论的更新来说，各种史学的方法都在应用。此外，很注意结合应用其他学科的方法，如人口学、统计学、法学、社会学、计量方法和计算机分析方法等。莫斯科大学列奥尼特·约瑟福维奇·鲍罗德金教授领导的小组，用社会史方法研究19～20世纪之交的俄国劳工史取得令人瞩目的成就，就是一例。

这里要特别强调俄国当前劳工史研究中的微观方法和宏观方法的应用。有学者认为，近来在俄国史学中，微观方法和宏观方法的综合应用被看成劳工史研究中最重要和最复杂的任务。两者综合的可能性，如何综合等都是相当复杂的问题。为此，进行了许多讨论和研究尝试，但更多的是微观研究。微观史学研究有助于解决苏联时期的一个关键问题，即个人、社会和政权的相互关系问题。

第三，当代俄国的劳工史在研究内容上有很大的突破。有学者指出，研究的重点至少有以下几个方面。首先是把劳工史放在与"政权－社会"框架的相互关系中进行研究，例如工人与政党的关系。值得注意的是，不少著作的史料基础有了扩大：不仅引用传统的社会民主主义的报刊，而且引用过去很少用的自由主义的，甚至保守主义的报刊，如 Т. В. 博伊科的《俄国的工人和文化：20世纪初保守主义和自由主义报刊上的争论》（莫斯科，1997）、А. В. 波洛佐夫的《自由主义报纸（北方边区）中的工人问题》，载《19世纪下半叶到20世纪初俄国的资产阶级和工人》（伊万诺沃，1994）等。另一个问题是工人阶级的自治组织问题。过去，对革命前工人的这类组织完全是从不同政党在工人运动中进行斗争的角度来研究的。现在则把工人的自治组织看成工人的独立行动和独立经验，如 H. B. 米哈依洛夫的《彼得堡的失业工人委员会和工人，1906－1907 年》（莫斯科—圣彼得堡，1998）、Д. O. 丘拉科夫的《俄国革命和工人自治，1917 年》（莫斯科，1998）等。А. К. 伊萨耶夫的《当代俄国的经济民主：形成和发展问题》（莫斯科，2000）则涉及"当代俄国的工人自治问题"。

其次是重新认识工人阶级不同集团的面貌变化问题。例如研究俄国工人阶级的面貌存在国家从农业社会向工业社会过渡时期的演变问题。俄国的工人主要是从农民演变来的，农民过去的村社生活对工人的生活方式、劳动和行为特色都有很深的影响。过去的苏联史学把苏联的工业化和农业集体化的作用过分夸大，似乎农民都已变成了工人。有学者指出，农业集体化后有很多农民从集体农庄流入城市、工厂、工地，带来的不只是农民向工人的转变，还有另一面是工人和工人骨干被淹没在农村居民的海洋里，工人的面貌发生了变形。20 世纪 90 年代初时，已有不少著作提出，农民村社对工人、对城市环境有好的影响。那就是自治和劳动民主的传统对工人阶级的影响。日前，这种观点得到了更多学者的支持。他们没有把农民的影响看作工人阶级落后的原因，而是把村社因素看作俄国特色的现代化的表现。这个问题牵涉一个大问题，即俄国工人阶级的社会心理中传统性和现代性的关系问题。这也说明，要研究工人阶级不同集团的面貌变化问题，还需要从他们的心理、情绪、心态等方面着手，而这方面的研究正是当代俄国劳工史研究中新的内容。

最后是把工人阶级当作劳动关系的主体来进行研究。这里，除了前面提到的工人抗议的"活跃性"问题外，还有不少过去甚少研究的新问题。譬如，工人劳动的动力和劳动伦理问题。工人劳动的动力问题在西方研究很多。但在苏联时期很少研究这类问题。苏联的著作把苏联时期的劳动关系理想化，避而不谈与劳动条件、劳动生产率增长、劳动安全等方面有关的许多负面问题。试想，如果事实果真如此理想，又如何解释苏联解体前夕劳动关系的危机呢？劳动的动力问题涉及许多方面，如劳动伦理、劳动的刺激因素、国家的政策、劳动关系、各国的国情等问题。苏联工人的劳动动力和劳动伦理问题是需要结合苏联各个发展时期的具体情况进行研究的。不久前，俄国学者和荷兰学者共同进行了一个项目"俄国的工作动机：1861－2000 年"。这虽然是一个不小的项目，但是总的说来，这个问题在当代俄国还是研究得很不够的。有位俄国学者笼统地指出，如果说在

1917年革命前，俄国的劳动动力问题还与其他正在经历早期工业化阶段的国家的劳动刺激方法没有多大差别的话，那么，苏联时期可以看作在劳动关系领域进行经常的试验的时期。在苏联历史的各个阶段，可以看到不同的方法（物质刺激方法、呼吁劳动责任心和自觉、道德鼓励、强制和压迫方法）的各种奇异的结合。如第二次世界大战时的爱国主义到战后的强制手段，此后几十年国家劳动政策的摇摆，始终未能找到解决劳动力问题的方法。

总之，在当代俄国历史学中对劳工史兴趣的增长是无疑的。但是，这还是很初步的，还有许多的问题没有研究或者研究不够。例如，对俄国工人参加革命的问题、工人阶级地区集团、职业集团、性别—年龄集团的特点问题、所谓工人知识分子的性质和作用问题、工人阶级的群众性意识的结构问题及其传统性的稳固问题、俄国工人阶级的组成、数量和性质问题，等等。可以肯定的是，俄国劳工史作为史学的一部分必然会随着整个学科的发展而发展。

（原载《史学理论研究》2006年第2期）

关于美国工业革命的开始阶段

美国工业革命始于何时？这个问题在美国历史学家中间意见纷纭。有人认为始于 1790 年以后（C. P. 内特尔斯、方纳），有人认为在 1800 年左右（福斯特），有人认为在 19 世纪 20 年代（R. W. 福格尔），有人认为在 19 世纪 30 年代（D. C. 诺恩），有人认为在 19 世纪 40 年代（W. W. 罗斯托、R. E. 高尔曼、阿普蒂克等），有人认为在内战以后（L. M. 哈克）。这个问题在苏联学者中也有不同意见。叶菲莫夫、缅杰松、阿尔捷尔认为在 18 世纪末，鲍尔霍尔季诺夫认为在 1812～1815 年英美战争期间，科萨列夫倾向于 19 世纪 20 年代，萨哈罗娃则主张 19 世纪 50 年代。

苏联学者库利科娃在《历史问题》1981 年第 4 期上撰文认为，美国工业革命应始于 1808～1815 年。她首先指出，按照马克思、列宁的看法，工业革命的开始阶段有两大标志：一是工厂体制的建立；二是工业中使用蒸汽机。库利科娃接着运用了大量的官方报告和其他史料，按照这两大标志，来论证她的观点。她认为，在 1808～1815 年，工厂体制已在美国建立，主要是在棉纺业。棉纺业是当时最发达的工业。1815 年时，美国的棉纺工厂里已有约 10 万名工人。此外，棉纺厂还为手工业者和在手工织布作坊做工的工人提供棉纱。这样，他们的命运很自然地也就同棉纺厂机器生产的发展密切相关。最初出现的机器制造工厂基本上也按棉纺工业的订货生产。总之，棉农、商人、船主等人的收入都直接或间接地同棉纺工业有关。可见，棉纺业工厂在当时的经济作用是很大的。

库利科娃认为，在这段时间美国工业得以迅速发展有两个因素。一是 1807 年 12 月国会通过的禁止进出口法令大大打击了商业资产阶级，使资本从商业转向工业，促进了工业的迅猛发展。美国的工业革命也和英国一样，首先从棉纺业开始。1805 年全国有 5 个不大的棉纺厂，1807 年底又新建了 10 个。在禁止进出口法令通过后，新厂的建设速度加快，两年内就增加了 87 个工厂。机械化的程度也有了很大的提高。禁止进出口也推动了毛纺业的机械化，但速度要比棉纺业慢得多。在这期间，冶金业、机器制造业也有不同程度的发展。二是 1812 年 6 月美国对英宣战。国会因此拨出巨额款项来扩大武器和军队服装的生产。纺织、冶金、制铁、交通、造船等工业都得到了发展。据 1810 年的资料，当时五大基本工业（纺织、制铁、木材加工、制革和酒精）提供了美国全部工业产品的 75% 以上。据统计，1810 年在美国有 269 个棉纺厂、24 个毛纺厂、153 个熔化炉，等等。根据 1814 年的统计，美国的工业产品总值达 206 百万美元，这比 1809 年增长了 60% 以上。同时，机械化的程度也大大提高了。1808～1815 年，在棉纺工业部门机器已经完全取代了手工劳动。毛纺业的机械化水平也有所提高。从 1814 年开始，在织布业中也采用了机器。到 1815 年，工厂体制已牢固地在棉纺工业中确立。

库利科娃接着指出，至于第二个标志，即蒸汽动力在工业生产中的运用，在这段时间里美国还没有达到英国那样的规模。这主要是因为美国的新英格兰多山地区（最初的工厂都建于此）有丰富的水力资源。直到 1825 年以后，在这个地区才开始使用蒸汽动力。在其他地区蒸汽机的使用要早得多。如在费城，1810 年就已采用蒸汽机。1815～1816 年前，马里兰的棉纺厂、匹兹堡的造纸厂和辛辛那提的锯木厂和毛纺厂都已使用蒸汽动力。1818 年在工业企业中已有 50 台蒸汽机。在内河船舶和远洋轮船上使用的蒸汽机大约也是这个数目。她认为，当时蒸汽机的使用虽然不及英国那样广泛，但在美国工业革命的开始阶段，它已经不仅在工业中使用，而且在交通运输中也已使用了。在河运和海运方面的使用甚至早于英国。

库利科娃的结论是，棉纺工业中工厂体制的确立以及蒸汽动力在工业和水运方面的实际运用表明，美国的工业革命始于 1808～1815 年。在这以后，工业革命就逐渐成为美国经济发展的决定性因素。

（原载《世界历史》1981 年第 4 期）

知识的积累性和老年知识分子的作用

一

近些年来,国内外关于知识经济和知识社会言论和争议相当频繁。人们尽管并不在所有有关的问题上都已取得一致的意见,但在不少问题的看法上是相近的或相同的。这对我们观察和了解今天的社会及其以后的发展很有帮助,对我们理解老龄问题的重要性和老年知识分子的作用很有启发。

很多学者指出,在 21 世纪,知识经济将取代工业经济而兴起。这是世界在 21 世纪最大的变化,是每个国家、民族乃至个人都必须认真对待和思考的问题。知识经济带来的变化并不局限在经济领域的局部性的变化,而是人类经济、政治、文化、生活方式和思维方式等广泛领域的巨大变化。知识经济并不只是发达国家的事。发达国家已完成工业化,在此基础上发展知识经济确实是一个比较自然的演进过程。但这并不是说,没有完成工业化的发展中国家就不要去管知识经济,等工业化完成后再说。这是绝对错误的,因为这样就会贻误历史时机,永远落在发达国家后面,并为此付出沉重的代价。我们应该实行工业化、信息化、知识化并举的方针,迎头赶上发达国家,振兴中华。

知识经济(knowledge economy)和相关的概念,最早是在 1962 年提出的,但直到 1996 年"经济发展和合作组织"(Organization for Economic Co-operation and Development)出版局出版《以知识为基础的经济》一书,首次提出这种新型经济的观念、范围和指标体系以后,才在世界上引起轰动。这同自 20 世纪 60 年代至 90 年代世界上的发展变化,特别是与高科技的迅速发展有关。人们越来越认识到,发展经济主要不是靠体力劳动,而是靠脑力劳动的创新;越来越认识到知识创新的伟大力量和意义。在我国,《以知识为基础的经济》一书的中文本在 1997 年的出版，也引起了知识经济热。

那么，什么是知识经济呢？简言之，知识经济就是指在再生产的过程中，主要靠脑力劳动或体力劳动与脑力劳动相结合的新型劳动创造价值与财富的经济。从人类出现到工业经济时代，主要都是依靠体力劳动发展经济；而知识经济的发展动力则主要是脑力劳动和新型的劳动。这是一场最深刻的革命。随着这场革命的推进，资源、生产、分配、变换、消费都会发生质的变化，从而出现知识经济这种崭新的经济形态。有的学者指出，目前我国是在工业经济占主导的情况下发展知识经济成分，当这种经济占国内生产总值 50% 以上时，我国将进入知识经济时代。

经济是社会的基础。随着经济基础的变化，社会必然会相应地跟着变化。国内外不少学者认为，与知识经济相应地会出现"知识社会"或被称为"知识经济社会""知识价值社会"，等等。

二

我们不必在这里详细讨论知识经济或知识社会，这不是我们会议的主旨。我们只想强调指出一点，即知识经济的到来突出地向人们说明了知识的重要性，特别是这种重要性对今后社会的发展会越来越大，这是不可抗拒的时代的潮流。认识到这一点是十分重要的，也是不容易的。经历过"文化大革命"的中国人都不会忘记，在这场实际上是"大革文化命"的革命中，知识的遭遇是何等的悲惨。当时提出的口号"知识越多越反动""知识越多越愚蠢"，不仅使许许多多的文化人蒙受灾难，而且完全是违背历史发展潮流的。

今天，我们应该格外珍惜知识的价值和知识分子的可贵，应该充分认识到这是今天一个国家、民族兴亡成败的关键。我国有位学者说得好：

> 没有涌现科学家的民族，是不能自立自强的民族。涌现了科学家而不懂得珍惜和爱护科学家的民族，是行将蜕变矮化的民族。一个民族想要站在世界科学的最高峰，就必须拥有足够数量的科学家（包括自然科学家和社会科学家）。[①]

---

① 参见《光明日报》2001 年 2 月 19 日。

因此，我们就需要了解知识的特性和知识发展的内在规律，需要营造有利于大量科学家成长的良好环境，创造有利于出人才、出成果的内外条件。

关于知识的特性问题，在这里也不可能全面地论述。我们只想强调指出一点，即知识的积累性。我们现在常常强调知识的创新。这是正确的。尤其在今天，知识的发展日新月异，速度十分快。据德国学者尼古·施特尔在最近发表的题为"知识世界"的文章中说，现在每 5 年可以利用的知识就翻一番。不注重知识创新无疑是错误的。但必须看到，知识的创新离不开知识的积累，知识创新是一个继承和发展的过程，没有继承就没有发展，因为只有站在前人的肩膀上才能创新。知识的发展和创新还有一个特点，就是主要体现在科学家个人和科研团体的努力上，特别是科学家个人的努力，而这与知识的积累又是分不开的。因为正是需要通过科学家个人的长期积累才能广泛、系统、深入地掌握前人和同时代人的有关知识，从而在此基础上有所创新，这对自然科学和社会人文科学而言都是这样。在某种程度上可以说，社会人文科学，尤其是人文科学，科学家个人的积累更为重要。因为，对人文科学来说，主要的科研手段还是个人的大量阅读文献资料，这与自然科学，部分的社会科学，可以利用实验和先进的科学仪器有所不同。

我们可以用一个例子来说明个人长期积累对知识创新的重要性。据报载，1994 年 10 月，美国普林斯顿大学数学教授安德鲁·怀尔斯经过 30 多年的努力终于证明了困扰世人几百年的数学难题，证明了费马大定理。怀尔斯从 10 岁起就产生了要解决这一难题的梦想。从那以后就为实现这个目的不懈地努力，学习、奋斗了 30 多年，不仅具有了扎实的数学基础，了解了这一难题的来龙去脉，而且掌握了几百年来人们对它的研究及其成败得失，广泛吸收和潜心研究各种新的数学理论和方法，并综合地加以应用，经过一次次的失败和挫折，终于解决了这个 300 多年来没解决的难题。这就明显地告诉我们，没有知识的积累是不可能有知识的创新的。这里的积累既包括 300 多年来人们为解决这一难题所做的种种努力，更是指怀尔斯本人 30 多年的艰苦努力。没有他这 30 多年的积累，就绝不可能有新的突破。这是合乎知识发展的规律的。中科院院士邹承鲁指出：

现代科学的每一个重大进展都需要付出巨大的努力，需要长期工作的积累，有时是个人工作的积累，有时甚至是一个研究集体几代人长期工作的积累。①

这话很好地说明了知识积累的重要性。

三

说明了知识经济时代知识的重要性，了解了知识的积累性的特点，我们就不难说明老年知识分子的作用了。知识既然是需要长期积累的，而今天的知识量又是如此之大，加上知识的迅速发展，因此没有长年累月的不懈努力是很难有所作为的。可以这样说，花的功夫和时间越多，积累就越多，因此，一般说来，老年知识分子的积累总要比青年人多一些。如何更好地发挥老年知识分子的作用就是一个值得重视的问题。这是如何珍惜和爱护科学家的一个重要部分。

邹承鲁院士举了一个很有说服力的例子。他说，1999 年诺贝尔奖奖金获得者大多在 60 岁以上，3 位医学奖获得者全部在 70 岁以上。如果硬要这 3 位诺贝尔医学奖获得者在 60 岁退休，切断他们的研究工作，他们就不可能成为诺贝尔奖获得者了。邹院士指出，把领导干部的退休年龄限制推广到科学领域是十分有害的。

我们还可以从历史上举出许多例子，说明 60 岁以上的科学家和老年知识分子是可以大有作为的。这样说，丝毫没有要贬低青年人在科学研究和知识创新上的巨大作用。记得在 20 世纪 60 年代初，著名历史学家黎澍教授曾在《光明日报》撰文《让青春放出光辉》，列举了历史上无数名人在青年时代的光辉业绩。这是很正确的。现在我们也模仿黎澍教授的做法，列举一些历史上的名人在老年时的成就。

革命导师恩格斯 64 岁时写了名著《家庭、私有制和国家的起源》，66 岁时完成名著《路德维希·费尔巴哈和德国古典哲学的终结》，65 岁和 74 岁时分别整理出版了马克思的《资本论》第二卷和第三卷，在 74 岁高龄时还写了《法德农民问题》。毛泽东在 64 岁时发表了著名的《正确处理人

---

① 参见《光明日报》2001 年 1 月 15 日。

民内部矛盾》；邓小平在 74 岁后指导了中国的改革开放大业，到 88 岁高龄时还发表著名的"南方谈话"，指导了中国建立社会主义市场经济体制。

德国马克思主义哲学家和史学家梅林 64~65 岁时完成《中世纪末期以来的德国史》，72 岁时完成名著《马克思传》。

美国政治家富兰克林 72 岁时在美国独立战争中与英国谈判和约，77 岁时与英国正式签订和约，使美国从此独立。英国政治家、作家丘吉尔在晚年完成两部历史著作《第二次世界大战史》（6 卷，74~80 岁时出版）和《英语民族史》（4 卷，82~84 岁时出版）。法国政治家戴高乐在 68 岁和 75 岁时两次当选总统，在任期内为法国的发展做了不少工作，74 岁时法国与我国建交。

英国哲学家洛克 58 岁时完成名著《人类理解论》，61 岁时写了《教育漫谈》，63 岁时完成《基督教的合理性》。法国哲学家、小说家萨特 66 岁时完成四卷本的《福楼拜》。

法国小说家乔治·桑 69 岁时完成经久流传的《一位老奶奶的故事》。印度作家、诗人泰戈尔晚年依然作品不断。64 岁时创作剧本《摩克多塔拉》，65 岁时创作剧本《红夹竹桃》，68 时完成长篇小说《纠纷》和《最后的诗简》，70 岁时出版《俄罗斯书篇》和戏剧《时代的车轮》，71 岁时出版长篇小说《两姐妹》和诗集《再一次》，72 岁时出版长篇小说《花圃》和戏剧《纸牌王国》，73 岁时出版长篇小说《四章》，77 岁时出版诗集《边缘集》。俄罗斯作家列夫·托尔斯泰的名著《复活》是在他 61 岁至 71 岁时写成的。美国作家马克·吐温晚年的作品也不少，如《贞德传》（61 岁），中篇小说《败坏了德莱堡的人》（65 岁），故事《神秘的来客》（81 岁）等。法国作家、哲学家伏尔泰 62 岁时写完名著《风俗论》，64 岁时发表哲理小说《老实人》，70 岁时完成《哲学辞典》，71 岁时发表《历史哲学》。德国诗人、作家歌德从 76~82 岁完成名著《浮士德》的第二部。其他著作也很多，如在 65 岁以后几年内写的抒情诗和哲理诗收在《西东合集》（1819 年出版）里。这是作家晚年在诗歌领域内的丰硕成果。

奥地利作曲家小施特劳斯 60 岁时创作了歌剧《吉卜赛男爵》，63 岁时创作了《皇帝圆舞曲》。西班牙画家毕加索 60 岁后仍非常活跃，创作也很旺盛。63 岁加入法国共产党。65 岁创作《女人一花》和《生命的欢乐》，68 岁时为巴黎举行的世界和平大会创作《和平鸽》，70 岁时作《朝鲜的屠杀》，71 岁时作《战争与和平》，77 岁时为联合国教科文组织大厦画壁画，在 85~90 岁的高龄时创作了十分新颖的三组素描。

法国历史学家基佐在 85 岁时开始出版 5 卷本的《法国史，从远古至 1789 年》，直至他死后第二年（87 岁）时才出完。德国历史学家兰克 70 岁后致力于编纂 9 部 16 卷的《世界史》，在他 86 岁时开始出版。中国历史学家司马光在 65 岁时完成《资治通鉴》。

以上列举了历史上许多领域的名人在晚年做出的成就。这许多例子是很有说服力的，虽然或许略显烦琐，但如果没有较多的实际例子是不会显出足够的说服力的。看了这许多例子，不难明白，上述邹院士提出的不宜套用领导干部的退休年龄限制来应用于科学家和老年知识分子的建议是很有道理的。虽然历史不能假设，但我们不妨设想一下，如果上面列举的众多历史名人都在 60 岁时被一刀切了下去，并失去了必要的工作条件，那会造成多大的损失呀！

此外，我们从生理上、从科学上也能找到根据。过去，人们认为，人的神经元（亦称神经细胞）是不会增加的，随着人的年龄增长会越来越少。两年前，这种看法已被科学界否定了。事实证明，脑细胞是可增加的。也就是说，人的大脑神经系统会随着各种新知识和新经验的获得而增加越来越多的神经元。大脑不但不会退化，而且会随着年龄的增长而增加神经元的数量。委内瑞拉《画报》2001 年 2 月 11 日载文指出："事实上，很多著名科学家都是在 50 岁至 60 岁时才有重大发明的，而大部分作家的名著也是在 60 岁左右撰写的。"这个说法也许有些绝对，但不管怎样说，许多名家的确是在进入老年后仍有杰作完成的。上面列举的许多例子雄辩地证明了这点。自然，青年是人的精力旺盛期，青年人的作为是绝不应抹杀和低估的。总之，在大力扶植、培养、使用中青年学者的同时，注意用各种方式发挥老年知识分子的作用，使他们长年积累的知识不致轻易丢失，进而实行老中青相结合的做法，这在当前知识的重要性日益显现的时候，对国家民族的兴盛发展肯定是很有益处的。

（原载《"社会主义与老人问题"学术研讨会论文集》，华南师范大学编印，2001 年 8 月）

俄罗斯学者谈新欧亚主义

6月18日，应社科院世界历史所之邀，俄罗斯科学院东方学研究所研究员叶拉索夫（Б. С. Ерасов）来所做了题为"用文明的方法看新欧亚主义"的学术报告。

叶拉索夫是莫斯科大学历史系的兼职教授。他是按国家教委系统被聘请到首都师范大学来做一个学期的讲学的。这是他首次访问中国。

叶拉索夫一开讲就表示，他深感俄罗斯学者同中国学者之间的交流很不够，中国学者的著作在俄罗斯很难见到，他很希望有机会能同中国学者合作进行学术研究。叶拉索夫教授介绍说，目前，研究欧亚主义的方法主要是文明方法和形态学方法两种，两派争论激烈，但用文明方法来研究欧亚主义已占上风。俄罗斯科学院世界历史研究所定期出版《文明》杂志。该所成立了一个文明研究中心，有不少国家的学者参加，只可惜中心里至今尚未有中国学者。叶拉索夫教授前几年和美国学者合作成立了一个欧亚文明比较中心。去年有关欧亚文明的学术研讨会在日本举行，会后还用英、日两国文字出版了文集。叶拉索夫教授认为，现在该是在中国举办文明问题学术研讨会的时候了，希望在中国也能成立文明比较研究中心。

叶拉索夫说，研究文明，不仅涉及史学理论，还涉及文化学，诸如什么是文明，文明的起源问题，文明与东方的关系，等等。他今天着重讲"用文明的方法看新欧亚主义"。欧亚主义是当前俄罗斯史学界非常感兴趣的课题。已经出了不少书。这个课题得到了戈尔巴乔夫基金会的资助。就如何认识欧亚主义的问题，俄罗斯史学界召开了专门的圆桌会议。会上正反两个方面的意见都有。俄罗斯科学院远东问题研究所有几个文明研究中心，多数学者赞同欧亚主义的观点，所长季达连科写了一本书，名为《面向亚洲的俄罗斯》，此书他已带来中国。但是，世界经济研究所的多数人反对欧亚主义。美国、加拿大的研究所更是西方派占据主导地位，他们不赞成欧亚主义的观点。他作为《文明与文化年鉴》的主编，在此刊物上发表了 50 多篇文章，其中有 40 多篇是讲欧亚主义的，他赞同欧亚主义的观点。

叶拉索夫接着讲述了新欧亚主义的内容，讲它继承了 20 世纪二三十年代欧亚主义的哪些传统，以及新欧亚主义在当前俄罗斯学术界所处的地位。

叶拉索夫说，在当今的俄罗斯，学术界有四种派别。

第一种是欧洲学派。他们是亲西方的学者，认为俄罗斯是欧洲的一部分，否认俄罗斯同时也属于亚洲，拒绝接受东方的一切，认为亚洲阻碍了俄罗斯的发展。近几十年来，他们努力使俄罗斯重返欧洲，但随着改革的失败，这个目的并没有达到。这一派的观点受到西方的欢迎，在资金上也得到了西方的资助。

第二种是民族爱国主义学派。这一派认为俄罗斯是个特殊的国家，文化独特。俄罗斯既不能倒向西方，又不能倒向东方，它的独特文化只能植根于俄罗斯本土。

第三种是新欧亚主义学派。这一派既强调俄罗斯有其特殊性，又把它和东方联系起来。

第四种是"俄罗斯之谜"流派。这一派认为俄罗斯是个谜，用常人的智慧理解不了，俄罗斯人的思维也很特殊。在西方研究俄罗斯的学者中，倒是有人写书支持这个"谜"派。

叶拉索夫说，对西方人来说，觉得俄罗斯不好理解，是个谜，还说得过去。但对俄罗斯人来说，这个"谜"早就解开了。近年来出版了不少关于欧亚主义的著作，就很能说明问题。

当前在世界上有几种欧亚主义，有俄罗斯的欧亚主义，突厥的欧亚主义，还有东方的欧亚主义。

欧亚主义最早的著作发表在 20 世纪二三十年代。近年来，俄罗斯再版了早期欧亚主义的著作，出了几十本书，欧亚主义进入一个新的阶段，我们应该关注欧亚主义对 20 世纪末的俄罗斯造成的影响。

新欧亚主义继承了早期欧亚主义著作的传统，首先是继承了关于东西方是对立的思想。俄罗斯是个保留了自己特色的国家。俄罗斯社会是特殊的社会，既不像东方，也不像西方，但又吸收了东西方的文化。

新欧亚主义继承了欧亚主义的特色地缘政治学。从地缘政治学来看，俄罗斯处在欧亚大陆的北部，交通条件和气候不好，是大陆性地形。俄罗斯是大陆文明而非海洋文明，与大西洋主义不同。大陆性文明的特点是内部阻碍性较强。如中国的长城，既有防御外敌的一面，也有阻隔内部、造成封闭的一面。

施本格勒说俄罗斯最广的领域是俄罗斯人的精神。他把俄罗斯人的精神凸显出来，来解释俄罗斯在政治、经济方面的能量。

欧亚主义说俄罗斯有一个自然边界，从亚速海到大兴安岭，也到了美国的边境。一位美国学者曾说，俄罗斯人住在太平洋西岸，必须认识到俄罗斯所拥有的疆域对政治所起的作用。俄罗斯人的命运和如何保护好这块疆域是分不开的，如果没有辽阔的疆域，就只剩下一块中央地带——莫斯科了。

叶拉索夫认为，欧亚大陆一方面是民族和宗教团体的综合体；另一方面又是各民族的共生体。欧亚大陆分成许多地区，有许多地区文化，地区之间由于交通不便而联系不稳固，所以就需要外部力量把各地区联系起来。靠宗教的力量是不够的，无论是东正教、伊斯兰教还是佛教，在广阔的俄罗斯大地上都没有足够的力量来统一这些地区。只有国家才有这个力量。国家不仅是政治力量，也是文明的力量，起着团结各民族、沟通各地区文明的行政机构作用。这就是为什么欧亚主义和新欧亚主义都十分重视国家的原因。17世纪时俄罗斯为什么发生叛乱。同样，20世纪俄罗斯几次动荡，其原因都在于国家削弱了。

亲西方的买办权贵否定国家的作用，他们只要市场经济，以为只要建立了自由化的经济，俄罗斯就能统一起来，就能强大。地方上的权贵，也反对强有力的国家，他们主张联邦。

戈尔巴乔夫和叶利钦搞垮了苏联，使党涣散，使地区之间的矛盾激化导致武装冲突。

文明的方法是要考虑如何调整民族关系。欧亚主义注重研究意识形态和共同文化。社会主义和俄罗斯文化有很大作用，因为过去苏联的各加盟共和国的知识分子容易理解俄罗斯文化。他们都是在欧亚大陆上生活的。当然，也有竞争，想使自己民族的文化占主导地位。

布热津斯基对欧亚主义很关注，1997年10月24日在俄国《独立报》就此问题发表过文章。亨廷顿提出文明冲突的观点有待商榷。当今世界不是文明冲突，而是各种文明互相交流和补充。欧亚大陆是各种文化的交汇地。现在俄国人中亲西方的越来越少，尤其是北约同南联盟发生战争之后。许多知识分子想同东方接近,但关于东方,关于中国,传媒报道得很少,中国对他们来说,就像是宇宙间的黑洞。这种情况需要纠正。应该通过官方的和非官方的渠道多进行交流。叶拉索夫教授最后还说,他作为欧亚主义研究中心的代表和一个年鉴的主编,愿为两国之间的文化交流尽绵薄之力。

(原载《史学理论研究》1999年第4期)

齐赫文斯基谈当前苏联史学界的工作

1986年10月21日，在苏联科学院历史学部全体大会上，苏联科学院院士、主席团委员、历史学部院士秘书谢·列·齐赫文斯基总结了苏联史学界近年来的工作。

齐赫文斯基指出，苏共二十七大后，苏联史学界本着批评与自我批评的精神进行了工作改组。仅在1986年，就为此召开了多次会议。苏联科学院主席团做出了关于历史学部工作的决议，为改进今后的工作，提出了一系列重要的措施，如召开全苏历史学家大会，成立历史学家协会，出版历史学部各科学委员会的年鉴，出版普及性史学杂志，加强史学家之间的协作，扩大各研究所的出版能力等。同改组工作有关的一项重要措施是，对研究人员采用新的劳动报酬支付办法，同时对他们的水平进行评定。评定的结果是缩减了112名研究人员，其中12人是不称职的，28人转为学术顾问，其余的退休。目前，历史学部各研究所研究人员（不包括学术辅助人员）的结构是：总人数为1782人，其中实习研究员472人，助理研究员414人，副研究员570人，研究员184人，高级研究员11人，研究室、处主任131人。在评定工作中也出现了一些缺点，如在分配职务名额时存在平均主义现象，各研究所评定标准掌握不一，有时不是用科学的标准，而是形式主义和主观主义地去评定研究人员的水平，如过分注重所发表的成果的数量，而不够重视对成果的学术水平和应用价值的评定。有些单位在评定时对年轻研究人员和已到退休年龄的著名学者都照顾不够，等等。在总体评定工作时，还提到了博士培养工作有所削弱的问题，提出应当提高博士的退休金和为被迫退休但尚有研究能力的著名学者创造继续工作的良好条件等问题。

评定工作还暴露出平时工作中一些更为重要的缺点，其中首先是要创造一种健康的精神和心理气氛，创造一个智力高度紧张和求知探索的环境。这方面的工作进展很慢。至于说到五年计划中的研究课题，可以看到在研究全球性问题方面存在不少重大的空白，如人和社会，社会的发展，社会的矛盾（包括社会主义建设各阶段的社会矛盾），阶级斗争，新世界的建设，人对理想的向往，精神上的探索和失望，真理的获得和劳动创造的英雄主义，揭露关于人类社会发展的种种反科学的和反动的观点，科学技术的进步，历史上生产力和生产关系的辩证法，社会阶级关系和民族关系。此外，对一系列现实的问题也需要加深研究，这些问题是：民族—种族结构，社会形态发展的过渡时期，思想流派的类型化，目前的宗教政治化倾向，世界各族人民政治、生态、文化联系的历史，俄国文化，本国史上的几次重大转折，等等。以上所述的许多问题是苏联史学界完全或者是几乎没有研究的。相反，资产阶级历史学家却热心于研究这些问题，从他们的立场出发加以解释，甚至利用这些问题进行思想上的破坏活动。在本国史领域，需要研究政党史、教会史和社会思想发展中的各个流派的历史等。当前尤其迫切的任务是加强历史科学的理论战线，要研究史学的特殊的理论认识问题，如历史进程的规范和经验主义之间的相互关系问题，"社会经济形态"概念的内容等。

　　苏联史学对人的因素注意得很不够。造成这个缺点的原因是忘掉了客观与主观之间的联系的辩证性质。根据二十七大的精神，这个问题被作为迫切问题之一提了出来。重要的是在研究人的因素时将历史观点区分出来，也就是说要研究每一个时代的一般世界观概念，个人的精神根基是建立在这种概念的基础之上的。同样，阶级和社会集团的社会心理也建立在这种概念的基础之上。决定了的这种概念的价值观往往制约着人的行为路线。

　　必须在最短的时间内改变在培养高级宗教研究人才方面存在的落后状况。要提高历史著作的学术水平，要在课题、结论、科学论证上求新，要符合党和国家所提出任务的要求。一些现象应受到严厉的批评：许多历史事件被描述得缺乏特色，周期性地重写历史，重复过时的观点（如苏联史研究所出版的《发达社会主义：理论和历史问题》一书）等，要开展各种历史问题的争论。这类问题已有不少。1984年的历史学部执行局会议上，已向各研究所和杂志提出一份建议开展讨论的问题清单。亟须讨论的是苏维埃社会史的分期问题。关于伟大卫国战争各阶段的评价，也有很多争议。在讨论和开展批评方面还存在不少缺点。例如，有的书评是作者约写的或请名人签名的，或者甚至是作者自己写的。刊物的工作也有待改进。

1986年9月，历史学部执行局会议讨论了根据苏共二十七大精神改组刊物的进展情况，这次会议所通过的决议指出，刊物的工作现状还不能满足要求。对此会议指出了改进工作的建议。

现在已感到有必要全面而客观地来审查历史研究现存制度的各个方面。这种制度基本上是在几十年前形成的，现在已落后于生活。历史学部的综合性研究所（如东方学研究所、斯拉夫学和巴尔干学研究所）在一定程度上同历史学部的其他研究所所探讨的史学问题脱节。与此同时，下述情况又对历史学家的工作产生消极影响，即一些属于历史学科的研究所（自然科学和技术史研究所、远东研究所、国际工人运动研究所）又不隶属于历史学部。看来，历史科学本身的界限和它内部的分类都需要更精确地加以规定。这在高等学校证书委员会的形式主义的分类中就有反映。很遗憾，根据这种分类，地方史科学未被列入社会科学，而苏共党史却被列入其中。历史科学内部的分类也已陈旧，不能反映最新的发展趋势，不能推动一系列实用部门的发展。在分类时，应把"地方志学""博物馆学"（可能还有其他）列入历史学专业。此外，高校和研究所的内部和组织工作都有不少需要改进的地方。至于执行纪律方面的改组工作，效果还不明显，其相当一部分责任在于历史学部执行局及其机构没有很好地履行自己的监督职能。历史学家还遇到一些和部门本位主义有关的困难。其中最急迫需要解决的有两个：第一个困难是图书资料和档案的利用问题。在这方面，尽管发出了不少呼吁和号召，情况的改善仍很缓慢。在莫斯科，研究人员在图书馆工作的条件已大大地恶化。档案文献，统计资料的利用也亟待改善。考虑到当代社会科学的发展趋势，还应该建立全国性的用于历史研究的资料数据库，苏联史研究所和世界史研究所应运用电子计算机储存编年史和其他档案。第二个困难是历史学家出版学术成果的问题。科学出版社现行的手稿流通办法不能使研究工作者满意。出版社和历史学家双方都有不少需要改进的地方。至于说到需要历史学家和其他部门一起配合解决的问题，至少还可以提出两个。首先是干部问题。近年来研究人员队伍中老年学者的比例明显增大。与此同时，青年学者的专业水平却令人担忧。据1986年6月初的统计，历史学部各研究所的388名历史学博士中只有29人在50岁以下，166人在50~59岁，193人在60~70岁，甚至超过70岁，而在近1000名历史学副博士中，几乎有一半在50岁以上。学部委员的情况也是如此。院士的平均年龄是65岁，而通信院士是63岁。"稀有专业"的状况也恶化了。研究亚非国家历史的专家不足，研究经济史、历史人口学、文化史、宗教史和专门学科的专家极度缺乏。全国 68 所大学（包括莫斯科在内）一共只有 6 位博士研究古代史。中世纪史专家也多不了多少。研究各加盟共和国和地区史的专家的培养工作亟待加强，辅助学科和外语方面的历史学家的培养工作也是如此。

其次是需要历史学家和其他部门协同解决的是历史知识的宣传问题。近年来在这方面已采取了不少措施。1985 年出版了历史类科普杂志的试刊号，两次播放了历史学的电视专题节目，科学出版社也恢复了历史类科普著作的出版工作。还需要克服历史学家同其他作者之间的部门本位主义的障碍，加强他们同作家、电影工作者和记者之间创作上的合作关系。这样就不会重复 1985 年出现过的咄咄怪事了，当时作家 A. 尼基金在《新世界》杂志上发表文章，说《伊戈尔远征记》起源于保加利亚。专家们（历史学家和文学研究家）指出这种说法违反了史实，但由于《新世界》杂志广为人知，上述说法所造成的危害不是很快能消除的。

无论是历史科学在社会生活中作用的提高，还是苏联史学家在国外同行中提高威望的问题，都有赖于这次历史科学改组工作的进展和结局。总体来说，以上谈到的按照苏共二十七大精神根本改组历史学科各研究所和其他机构的工作，可归纳为两个方面：历史学家对社会需求应抱的态度和他们对自己所从事的职业的态度；以及建立历史学家同社会各界的牢固联系问题。

（编译自苏联《历史问题》1986 年第 12 期）
（原载《世界史研究动态》1987 年第 7 期）

……也有我洒的一滴血

——布哈林及其绝命书

〔苏联〕列夫·沃斯克列先斯著　曹特金译

我一直感到奇怪：是什么促使帕斯捷尔纳克①在发表于 1931 年的组诗《波涛》中写下这样几行：

你在近旁，社会主义的远方……你透过理论的烟雾抽吸，国家免遭流言蜚语中伤……
用生活兑换生活，
在我未遭还击的地方，
我的意义只在于我的付出，
而我知道多少就付出多少。

但当我后来知道这几行了不起的诗句是献给谁的时候，我实在是惊讶不已。帕斯捷尔纳克，一个非党员，按照普通的看法"不是自己人"，不顾"上面的愿望"没有给斯大林写过诗，却把自己的《波涛》献给另一位党的活动家和国务活动家、被称为彻头彻尾的政治家、1906 年的布尔什维克、1917 年 2 月后的中央委员、主要党报的主编、不同时期内担任政治局委员、苏联中央执行委员会委员、共产国际主席团委员的人。而当这位活动家的头上乌云密布的时候，鲍里斯·列奥尼多维奇②认为自己有责任向他拍封电报（另一说是写信），向他表达自己的同情、支持和对他清白无罪的坚信。在 20 世纪 30 年代公开寄发这样的信件是不容易的事。当然，这一举动可以说明许多，对帕斯捷尔纳克本人是这样，对他的收信人尼古

---

① 鲍·列·帕斯捷尔纳克（1890~1960），苏联作家、诗人，1958 年因长篇小说《日瓦戈医生》获诺贝尔文学奖，但由于受国内舆论反对，他拒绝接受这项奖金。——译者注

② 帕斯捷尔纳克的名字和父名。——译者注

拉·伊万诺维奇·布哈林也是这样。

好了，可诗人总归是诗人，感情用事的人。那么——列宁呢……让我们想一想在1922年短暂的12月的日子里，拨给他这个垂死的病人的每一分钟有多么宝贵，想一想在关于他的最亲近的战友和他的事业的继承人的政治遗嘱中，每一个经过仔细斟酌的、困难地口述的字有多么宝贵。看来，值得写的只应该是业务上的和政治上的评语，而不应有任何"感情色彩"，因为已顾不上这些。可是突然——是充满人情味的、热诚亲切的话语："布哈林不仅是党内最可贵的和最伟大的理论家，他也应当被认为是全党所喜欢的人物。"① 也在这里，一句又一句，也写了批评意见（这在下面还要谈到）。但终究是"党所喜欢的人物"。

在不久前庆祝十月革命70周年的日子里，在悲惨难忘的"右派托洛茨基反苏集团审判案"（1938年3月2～13日）过去半个世纪以后，米·谢·戈尔巴乔夫第一次在报告中谈到尼·布哈林在思想上粉碎托洛茨基主义中的重要作用，以及布哈林在20世纪20年代末的错误，这些错误他本人和他的支持者很快就都承认了。众所周知，中央政治局建立了全面审理有关斯大林时期滥用职权问题的新的和已知的事实和文件的委员会。毫无疑问，关于审判尼·布哈林的问题和为他在党内恢复名誉的问题都会被审理。谁也无法超前预料最终的裁决。②

但还有问题的另一面——对布哈林个人的看法。这看法既没有什么超前可言，也谈不到什么晚到：不论个人，还是人们对他的议论——正式议程以外的议论——都是这样。有什么好掩盖的——现在在谈论布哈林，过去也谈论过。

战争刚结束后，我不知在哪里弄到一本20世纪20年代《星火》杂志的合订本。当时的一张照片至今在我眼前：布哈林在一包烟卷上写下了他向围住他的少先队员们许下的诺言："我戒烟！"不管你愿意不愿意，关于这个人的印象形成了——哪怕这种印象是幼稚的，是天真的。我记起了我的父亲关于20世纪20年代，也就是他的青年时代讲的话：——在尼基茨卡娅大街，正好在动物博物馆对面，我在街上面对面地遇到了布哈林。他

---

① 《列宁全集》第36卷，中文第1版，第617页。
② 1988年2月4日，苏联最高法院已决定为布哈林平反，布哈林的党籍也已从1988年6月21日起正式恢复。1988年5月10日，苏联科学院主席团还决定恢复布哈林科学院院士称号。——译者注

穿着长筒靴子，工人的皮外套，敞开着未扣扣子。他走得很快，几乎是在跑：这位政治局委员、《真理报》主编匆忙地要去给莫斯科大学学生讲课。我当然紧跟着他。布哈林登上共产主义礼堂的舞台后，很快地脱下上衣，把它挂在椅子背上，然后走向讲坛。大学生们疯狂似地欢迎他……

许多年以后，我有幸认识了安娜·米哈伊洛芙娜·拉林娜，即尼·伊·布哈林的遗孀和他们的儿子——艺术家尤里·拉林。

在克日扎诺夫斯基大街离地铁"工会站"不远的这间房子里，你会产生一种奇怪的感觉。你听着安娜·米哈伊洛芙娜讲话——会感到时间缩短了，半个世纪以前的事件就像昨天的一样出现在眼前："……我从楼上下来——斯大林正在尼古拉·尼古拉耶维奇那儿做客，他们喝着茶……我要说，从外表上看，他们的关系是友好的。斯大林经常请他到自己的别墅去。他还坚持要我们从'大都会饭店'搬到克里姆林宫里去住……在我们隔壁的住宅里——隔着一层墙——住着奥尔忠尼启则。"

我看着墙上挂的布哈林的照片：高高凸起的前额，明亮的眼睛，真诚友善略带讥讽的目光，嘴唇上慈祥的皱纹。不知为什么他在我的想象中是一个体格魁梧高大、体态匀称的人，而实际上他却是一个个子不高、长着红褐色头发、像水银一样好动的人。他虽然占据了党和国家的高位，像当时说的，成为领袖之一，但他依然是一个平易近人的、富有朝气的、快活的、吸引人的和十分坦率直爽的人。

在对面的墙上——是两幅油画风景画，这是不知什么奇迹使之保存下来的布哈林的作品。

从他身上发出一种电流，用今天的话说，他创造一种生物场。谁进入这个生物场，都会无意中感受到他的作用。这就是又一种独特的心理因素。

请想象一下1920年的极其困难的春天。国家的经济瘫痪了，面临着可怕的饥饿的威胁。弗兰格尔①的军队不断施加着压力。恰恰就在这些日子（而最可能是这些夜晚），列宁钻研着布哈林刚刚出版的书《过渡时期经济学》（转换过程的一般理论，第一部），读完后，写了篇戏谑性的书评，有意带讽刺意味地模仿作者烦冗的文风。

---

① 彼·尼·弗兰格尔（1878～1928），十月革命后俄国内战中反苏维埃政权的军事活动的主要策划人之一，男爵，中将，1920年时在克里米亚任反对苏维埃政权的所谓俄军总司令官。——译者注

这在今天看来会觉得突然，同常见的列宁形象不相符合。这是怎么回事？！讽刺性地模仿？而且还在这种时候，完全不是开玩笑的时候？……列宁的书评发表了不止一次，可以找出来读，可是布哈林的书《过渡时期经济学》呢……也应该读一读。譬如说，我们现在习惯说建设社会主义。可是在当时的革命时期的政治词汇中，这样的说法是很刺耳的。当时流行的是另一种说法：引进、确立社会主义、社会主义的胜利。布哈林差不多是第一个，他懂得并且写道："社会主义需要去建设。现有的物质资源和个人资源只是发展的出发点，这种发展包括很长的一整个时代。""十分正确！"——列宁在书页边上写道。现在保存在马列主义研究院档案馆里的列宁个人所有的那一本书，在书页边上写满了各种评注。有时列宁同书的作者争论，有时更准确地补充作者，有时是："正确！""十分好！""很好！""正是这个字！""正是这样！""这一章很精彩！"

不，列宁在1920年极其紧张的几个月里，认为需要抽出时间来仔细阅读布哈林的书，这绝不是偶然的。在对《过渡时期经济学》文风上的缺陷嘲笑一阵之后，他突然改变了那种友好的讽刺模仿的口吻，十分严肃地指出："可以表示希望，这个不大的缺点在以后再版时会得到改正，新的版本对我们广大读者来说是多么需要……"

让我们回到在前面引证过的列宁《给代表大会的信》中对布哈林的批评："但是要把他的理论观点算作完全马克思主义的，那是很值得怀疑的，因为在他的理论观点里面有一种烦琐哲学的东西（他从来没有学过辩证法，并且我想，他从来不完全了解辩证法）。"[①] 事实上：如果把学习理解成学院里有计划的课程，他的确学得很少。1907年，他进入莫斯科大学法律系经济专业，当时他还是哈莫夫尼基的布尔什维克组织家、宣传鼓动家，一年半之后就同莫斯科市党委其他委员一起被捕。在四年"大学"期间——三次被捕，分别在苏舍夫监狱和布特尔监狱，被流放到奥涅加，后非法出境。

他的六年的流亡生活可以拍一部惊险电影。在奥地利被捕，关在军事要塞里。在英国被捕，后来又在瑞典被捕。被驱逐到挪威，偷渡到美洲，在美国各大城市巡回宣传。一听到沙皇被推翻的消息，布哈林就急着回国（经过日本，绕过地球），并成为（像《苏联大百科全书》第一版里写的

---

① 《列宁全集》第36卷，中文第1版，第617页。

那样)"十月革命的领导成员之一"。

但这只是布哈林的外部生活轮廓。还有另一面:在图书馆里的紧张工作,长时间的沉思。在维也纳,他听了柏姆-巴维克①这个(至今)公认的反马克思主义者鼻祖"本人"的课,为了以后用争论的武器与之交锋,就像同奥本海默②、司徒卢威③、图甘-巴拉诺夫斯基④交锋一样。同时——是反对托洛茨基分子的理论斗争、政治斗争和组织斗争,在国外布尔什维克报刊的工作,一本接着一本地发表学术著作。

是的,在这些著作里"一种烦琐哲学的东西"是有的。但请注意列宁在同一封《给代表大会的信》中给出的重要保留条件:对布哈林和皮达可夫的评语"只是就现时来说的",同时强调指出,是"假定这两个卓越而忠诚的工作者不去找机会来充实自己的知识并消除自己的片面性"(1922年12月25日)。⑤

而尼古拉·布哈林在1922年12月是几岁呢?10月10日他刚满34岁。在这之后他又写了许多文章和书,有反对托洛茨基分子争取彻底贯彻新经济政策的斗争,被选为科学院正式院士。在这之后——有在第一届作家代表大会上的著名演说,有他第一次提出来,后来成为常用的词组:"社会主义人道主义"。在这之后——有在起草所谓"斯大林宪法"委员会里的积极工作。

在1937年中央二月-三月全会前夕,他知道他的自由日子已经屈指可数。

——在感到没有希望在世时证明自己无罪以后,——安·拉林娜回忆道,——尼古拉·尼古拉耶维奇在被捕前写了一封绝命信。我们等待着搜查。害怕这封信在搜查时被发现,他委托我把它背熟。在深信我已牢记这封信以后,他把信的手稿销毁了。在被监禁和流放的所有岁月,我像念祷文似的不断重复这些话:

---

① 柏姆-巴维克(1851~1914),奥地利经济学家,论证边际效用论,企图推翻马克思主义的价值和剩余价值理论。——译者注
② 弗·奥本海默(1864~1943),德国社会学家。——译者注
③ 彼·伯·司徒卢威(1870~1944),俄国政治家。"合法马克思主义"代表人物之一,著有《俄国经济发展问题述评》(1894)。——译者注
④ 米·伊·图甘-巴拉诺夫斯基(1865~1919),俄国经济学家、历史学家,"合法马克思主义"代表人物之一。——译者注
⑤ 《列宁全集》第36卷,中文第1版,第618页。

我就要离开人世。我不在无产阶级的斧钺前低头,这把斧钺应该是无情的,但也应该是纯洁的。我感到自己在凶恶的机器面前无能为力,这部机器大约采用中世纪的方法,拥有巨大的力量,有组织地制造谣言,果断而坚定地行动。捷尔任斯基已离开人世。契卡①的优良传统已成为过去。当时革命思想指导着它的一切行动,证明对敌人的残忍是必要的,保卫国家不受各种反革命的侵害。因此,契卡的机构享有特殊的信任、特殊的荣誉、威信和尊重……

拉林娜重复这些话不知多少次了。可以把它用录音机录下来么,不知为什么又怕录音带会断。

……任何中央委员,任何党员……都可以被碾成齑粉,都可以被变成叛徒、恐怖分子、暗害分子、间谍。如果斯大林怀疑自己的话——那么证据也立即会有的。

乌云笼罩着党。我的丝毫无罪的头会牵连到成千上万无罪的人。因为需要制造一个组织,布哈林的组织,一个不仅在现在,在我和党之间已经七年毫无分歧的时候不存在的组织,就是在右派反对派时期也不存在的组织。我一点也不知道留京、乌格拉诺夫的秘密组织。我是同李可夫、托姆斯基一起公开说出自己的观点的。

从18岁起我就在党内,我生活的目的始终是争取工人阶级利益、争取社会主义胜利的斗争。这几天来,有一个神圣名称的《真理报》却刊登极其卑鄙的谎言,说我尼古拉·布哈林似乎要消灭十月革命的成果,复辟资本主义。这是闻所未闻的厚颜无耻的行为,这是谎言,其厚颜无耻的程度,其对人民不负责任的程度,只有下述谎言可以类比:"现已发现,尼古拉·罗曼诺夫②把自己的一生献给了反对资本主义和君主制度的斗争,献给了争取实现无产阶级革命的斗争。"

如果在建设社会主义的方法上,我不止一次犯过错误,但愿后代们对我的指责不要比弗拉基米尔·伊里奇·列宁的指责更严。我们是

---

① "全俄肃清反革命及怠工特别委员会"的简称,1917年12月根据列宁的倡议和人民委员会的决议设立。捷尔任斯基任主席。1922年2月改为国家政治保卫局。——译者注
② 指尼古拉二世,俄国最后一个沙皇。——译者注

沿着尚未开辟的道路第一次走向共同的目标。不同的时代,不同的风尚。当时在《真理报》上辟有《争论之页》专栏,大家争辩、寻觅途径、吵架又和好,继续共同前进。

我向你们,未来一代党的领导者们呼吁!你们的历史使命是有责任去解开一团可怕的各种罪行的乱麻。在这些可怕的日子里,这些罪行日益猖獗,像火焰一样燃烧,摧残着党。我向全体党员呼吁!在这些可能是我生命的最后几天里,我深信,历史的过滤器迟早必会把我头上的污秽清洗掉。我从来不是叛徒。如有可能我会毫不犹豫地用自己的生命来换取列宁的生命。我热爱基洛夫,也从未想做什么反对斯大林的事……

下面是印在记忆中的最后几行话:

同志们,你们要知道,在你们胜利地走向共产主义时高举的旗帜上,也有我洒的一滴血。

尼古拉·布哈林

他去出席中央全会了,但没有回家,永远也回不来了。这是 2 月 27 日。很快,安娜·米哈伊洛芙娜也被逮捕。尤拉①当时还不满周岁,被送往保育院。

1938 年 3 月 13 日,宣读了判决书。这是应该遭到控诉的判决之一。

(原文《同志们,你们要知道……》,原载苏联《莫斯科新闻》周报 1987 年第 49 期,1987 年 12 月 6 日)
(译文原载《苏联大清洗内幕》,社会科学文献出版社,1988)

---

① 尤里的爱称,此处指布哈林的儿子。——译者注

鲁祖塔克案件

〔苏联〕伊戈尔·东科夫　亚历山大·尼科诺夫 著　曹特金 摘译

扬·埃内斯托维奇·鲁祖塔克（1888～1938），争取十月革命胜利的积极战士，坚强的布尔什维克，著名国务活动家，在短暂的一生中为社会主义的建立和巩固做了许多工作，在党和人民中间留下美名。

扬出生于一个拉脱维亚雇农的家庭，当过一个富裕的田庄主的牧童，有两个冬天上过教堂附设的小学。16岁的扬同主人第一次发生冲突，就丢下工作，违背父亲的意愿跑了，既没有护照，也没有带钱。

里加①，冷淡地接待了这位年轻的反抗者——既没有工作，也没有熟人。在城市街道上流浪，偶然的临时工作：铺马路，帮助花匠干活，在剧院当装卸工人……生活很艰难，但渴望学习——一个天赋甚高的人的主要特性就这样表现了出来。

扬进入"奥托·埃尔贝"工厂的那一天，在很多方面决定了他的命运。1905年春天，布尔什维克办起了用拉脱维亚铅字印刷的印刷厂，发起了组织工会的最初的公开的运动。

扬·鲁祖塔克，作为年轻的鼓动员，参加了所有这些活动。他学会了发表演说、争论、散发传单。在这个复杂的思想纷乱的时期，他自觉而坚定地跟着列宁主义者走。

1907年1月，扬·鲁祖塔克受拉脱维亚区社会民主党中央的指派，恢复了被宪兵破坏的温达瓦的党组织，并出任它的领导人。警察怎么也无法捉住不论是积极的利比赫，或者是神秘的普姆普尔，而这两个正是扬·鲁祖塔克的化名。扬是一个优秀的秘密工作者，经常要冒生命危险。奸细引着宪兵追踪他的足迹。阿斯塔菲耶夫将军领导着这个捕获"最危险的政治

---

① 拉脱维亚首府。——译者注

犯"（指鲁祖塔克）的行动。

在被捕后，出色的秘密工作者使侦察员无法获得罪证。被告（指扬·鲁祖塔克——译者注）的未成年缩短了刑期：10年苦役。扬被从里加的中央监狱转移到布特尔基监狱，在那里迎接他的是这样一句话："从布特尔基出来的没有活人。"

然而，他出来了——在十年单独囚禁以后：二月革命解放了他。在布特尔基的"单独监禁"中，他学了三种外语。他渴望参加实际活动，从监狱出来后，接受的党的第一项任务是在莫斯科的纺织工人中开展工作。

1917年10月，扬为莫斯科的革命胜利积极战斗。很快他的活动就具有全国的性质。在年轻国家的最初岁月，扬·鲁祖塔克曾任莫斯科国民经济委员会主席、最高国民经济委员会主席团委员、中央纺织工会主席、苏联职工会中央理事会总书记、水路运输总管理局局长。

第一次同列宁见面是在1918年5月23日克里姆林宫里最高国民经济委员会主席团会议上。他们之间建立了十分亲切的业务关系。扬·鲁祖塔克有五年多的时间直接在弗拉基米尔·伊里奇·列宁的领导下工作，从他那儿接受指示、建议，向他学习如何解决国家政治问题。弗拉基米尔·伊里奇·列宁不止一次地和鲁祖塔克商量问题，和他交换便条和信件，当然，也常通电话，召他来克里姆林宫，送紧急函件给他，上面注有"鲁祖塔克同志收（列宁缄）""鲁祖塔克收""鲁祖塔克收：怎么办？"；在有些函件上又写有"鲁祖塔克同志亲启，机密（列宁缄）"。遗憾的是，许多这样的信件没有保存下来。列宁在解决重要问题时常问："同鲁祖塔克商量过没有？"还询问自己的秘书："我请鲁祖塔克用密码告诉我详情""能不能让鲁祖塔克快些来？"在扬·鲁祖塔克的复件上，列宁通常都写上"鲁祖塔克写来的"，并保存在最紧要的文件里。

鲁祖塔克的职务变换频繁，就像在万花筒里一样。他经常是同时在几个岗位上工作。弗拉基米尔·伊里奇·列宁对他无限信任，把他看成志同道合者、坚定的革命家和经验丰富的经济部门工作人员。每当任务要求由有组织性、有吸引群众的本领和自我牺牲精神的人去担任的时候，列宁就十分信任地委派扬·埃内斯托维奇去承担，其中包括一些业务性质的任务。1919年5月，任水路运输总管理局主席的扬·鲁祖塔克带着列宁的委任状去阿斯特拉罕，以便把必需的货物运出来，其中包括运载粮食的商队。

列宁的教育和信任，对扬·鲁祖塔克来说，是最好的帮助。而当时复杂的问题很多——在职工会的工作中，在最高国民经济委员会的机构里，在热那亚会议上，在中亚细亚的工作中，以及在扬·鲁祖塔克当俄共（布）中央书记时。

弗拉基米尔·伊里奇·列宁支持扬·鲁祖塔克提出的关于职工会生产任务的提纲，在工会问题争论炽烈进行的时候，列宁在一次讲话中指出："最后，我要告诉你们一件事，为了这件事，我昨天应当骂自己是个蠢人，这就是我忽略了鲁祖塔克同志的提纲……这才是一个好的纲领，它比托洛茨基同志经过多次思索之后所写的和布哈林同志根本没有经过思索就写出来的……要强过百倍。我们所有的多年来没有做过工会运动工作的中央委员，必须向鲁祖塔克同志学习……"

工会问题争论之后不久，扬·鲁祖塔克被选为苏联职工会中央理事会总书记。

1922年1月，中央委员会政治局根据列宁的建议把扬·鲁祖塔克列为参加热那亚国际会议的苏俄代表团成员。会上讨论了偿还战前沙皇政府债务的问题。列宁事先向代表团做了指示。会上发生了这样的情况：（外交）人民委员契切林从原定的方针退却，答应劳合-乔治[①]，在履行一定条件的情况下，过去在俄国拥有企业的所有者现在可以获得拥有企业的权利，或者可以得到赎金。在当地，在热那亚，关于这个问题没有取得一致意见。鲁祖塔克于是不得不求助于弗拉基米尔·伊里奇·列宁。列宁批示中央委员会政治局："我认为鲁祖塔克在4月22日电报里谈的意见是完全正确的。"根据列宁的口述，给热那亚发了回电："不要从中央委员会的指令退却。"

扬·鲁祖塔克为巩固苏维埃国家和各族人民友谊做出了重大贡献。他有好多年是在中亚细亚的几个共和国活动的。内战时期，他是以全俄中央执行委员会土耳其斯坦委员会代表的身份到那儿去的。1920年3月，扬·鲁祖塔克被任命为土耳其斯坦共和国人民委员会主席。

1922~1924年，扬·埃内斯托维奇·鲁祖塔克任俄共（布）中央中亚

[①] 劳合-乔治于1916~1922年任英国首相，当时率英国代表团出席热那亚会议。——译者注

局主席。在着手新工作时，扬·鲁祖塔克不止一次地同弗拉基米尔·伊里奇·列宁会见。例如，1922年9月23日，他同病后初愈的领袖谈了两个半小时。俄共（布）第十二届代表大会（1923）选择忠实的列宁主义分子扬·鲁祖塔克为俄共（布）中央书记，仍留在中亚细亚工作。

列宁的逝世使扬·埃内斯托维奇·鲁祖塔克十分震惊。他和伊里奇的其他最亲密的战友一起，抬着领袖的灵柩走向当时还是木制的陵墓。

1924年10月，扬·埃内斯托维奇·鲁祖塔克出任交通人民委员。在六年的工作中，他为发展苏联的运输业做了许多事，使全部车辆现代化，同时致力于发展水路运输……扬·鲁祖塔克积极参加了苏联国家经济政策的制定，参加了经济政策中具体问题的解决。直到1937年，他一直是人民委员会副主席，表现出大经济专家的才干。他领导了向工业提供长期贷款的政府委员会、人民委员会下属的苏联国民经济化学化委员会。他还十分注意加强科学与社会主义建设实践的联系。

扬·埃内斯托维奇·鲁祖塔克还多年担任联共（布）中央监察委员会主席，以及苏联工农检察院人民委员。党的十七大选举扬·鲁祖塔克为联共（布）中央委员会政治局候补委员。

正当扬·埃内斯托维奇·鲁祖塔克的创造力最旺盛的时候，他的生命突然悲惨地中断了。他总共只活了50岁……这一件事的发生从外表看来是突如其来的和阴险的。1937年5月24日，报上公布了党和政府领导人致北极征服者的贺电。扬·埃内斯托维奇·鲁祖塔克注意到，在电报的签名者中间竟没有他的名字！但这明明要他签字来着……难道又是记者弄错了？……什么"错误"也没有发生。最近一段时间，扬·鲁祖塔克几乎每天都要失去一些朋友和战友——被诋毁的和被撤职的、开除出党的同志。他力图为一些人说话，要求仔细搞清楚另一些人的"案件"，但作用不大。现在轮到他自己了……预感应验了。就在这个五月天，扬·埃内斯托维奇·鲁祖塔克在尼科利纳山的别墅被捕。指控是千篇一律的和毫无道理的："为德国进行间谍活动。"没有审讯，也没有侦查，谁也不要求做解释。没有任何对质，特别是同党的领导人的对质。可是要知道多少年来他就是同这些领导人齐心协力地一起工作的呀……一年多，充满了精神上和肉体上痛苦的一年多，他始终不承认自己的"罪行"。扬·鲁祖塔克坚决批驳了一切指控。1938年7月29日，扬·埃内斯托维奇·鲁祖塔克被枪决。

发生了什么事？现在，我们已经知道很多。

斯大林早就对扬·埃内斯托维奇·鲁祖塔克怀有敌意——不知是因为不能饶恕他对列宁的接近，还是因为不相信他个人的忠诚，或者是因为经常感到他是一种对立的力量，把他看成一个竞争对手，他（也就是斯大林）的行动和目的的反对者。一个危险的人物！列宁称鲁祖塔克是一个"最稳健的人"，"讲话声音不响，不那么引人入胜，不那么漂亮"。列宁从来是支持他的，总是倾听他的意见和建议，把最重要的使命交给他……斯大林记得，在他斯大林违反列宁的主意提出改组中央监察委员会—工农检察院的建议时遭到了扬·埃内斯托维奇的反对。斯大林明白，鲁祖塔克，这样一位列宁的忠实学生、诚实而又原则性强的人、在信念上和行动上少有地坚定的人，在列宁领导下工作过、接受过教育，这样的人对斯大林来说，在 20 世纪 30 年代中期形成的形势下是靠不住的……不仅仅是靠不住的，而且是危险的……鲁祖塔克——斯大林的又一个受害者。斯大林不能容忍卓越的、心胸开阔的、独立思考的和在人民中有威望的人。而主要的，是不能容忍那些忠于列宁主义的党内生活作风的人。

真是怪事——在国内社会主义胜利的背景下，弥漫的却是告密、秘密侦查和搜寻"暗害分子"的空气。斯大林恬不知耻地把采取镇压手段说成是肃清党内和国内"间谍、杀人犯、暗害分子"的需要，似乎苏维埃制度因此将无疑地得到巩固。斯大林在 1939 年 3 月联共（布）十八大上说："1937 年，判决枪毙了图哈切夫斯基、雅基尔、乌博列维奇和其他暴徒。随后，我们举行了苏联最高苏维埃的选举。选举中所有参加投票的人的 98.6% 是拥护苏维埃政权的。1938 年初，判决枪毙了罗津果里茨、李可夫、布哈林和其他暴徒。随后，我们举行了各加盟共和国最高苏维埃的选举。选举中所有参加投票的人的 99.4% 是拥护苏维埃政权的。试问这里有什么'瓦解'的迹象哪，为什么这个'瓦解'没有在选举结果中反映出来呢？"

这就是斯大林的算术。

1985 年四月全会后，苏共中央采取了生活民主化和公开性的方针。祖国的历史需要清除歪曲现象和"空白点"。应该让历史摆脱教条、烦琐议论和人为地神圣化的英雄的束缚。时间本身会引导人们去直率地、坦白地谈论党的事业，谈论苏维埃国家的艰难道路。我们即将迎接建国七十周年的光荣节日。

我们都是十月革命的儿女。重要的是，历史应该为今天服务，为创造未来服务。

扬·埃内斯托维奇·鲁祖塔克将活在人民的记忆中。他所具有的品质，正是我们希望在领导人和我们这一代的代表身上看到的。

    （原文《扬·鲁祖塔克》，原载苏联《星火》杂志 1987
   年第 36 期）

（译文原载《苏联大清洗内幕》，社会科学文献出版社，1988）

附录

永远的爱，无限的思念

——写给爱妻曹特金

陈启能

2015年8月30日，一个惊天噩耗突如其来。我的爱妻曹特金突发心源性猝死离开了我，离开了她无比眷恋的世界。

我不仅感到万分地悲痛，而且十分自责。她在发病时，我不在她身边，出去办事了，虽然是公事，但我离开时她已开始不舒服，我何以如此愚钝呢？

过去的一幕幕不由自主地在眼前浮现，痛彻心扉。我们自20世纪50年代在苏联列宁格勒大学历史系学习时相恋，1959年毕业回国后结婚，直至这次离别，整整过了一个甲子。其间我们始终相濡以沫，患难与共。我们一起度过美好的、平静温馨的日子，也经历过"文化大革命"、各种"阶级斗争运动"的艰难岁月，还有"四清""下放"等造成的两地分隔……但是我们的心始终在一起。

1959年的结婚照

是的，你是一个平凡的人，有着一颗平凡的心。你没有干过惊天动地的大事，不是叱咤风云的英雄。然而，你的价值正在于你的平凡，你的天然的、不变的、永恒的平凡。平凡绝不是平庸,更不是碌碌无为,而是融入你的血液的、纯粹的、善良的博大胸怀,从不做作、丝毫没有刻意矫揉造作的成分,这正是你的天性、爱心、善性、平常心的最自然的表现。

这种平凡是有价值的,因为你善良、爽朗、坦荡、快乐,值得永远纪念和学习。

你的20世纪50年代的三位中学老同学,一直以来保持着密切联系的三位老同学,这次在告别时,很好地描绘了你的性格:"记得曾是一群天真的嘻嘻哈哈的傻姑娘,而里面最快乐、最活泼、最不可或缺的就是你……少年时无邪的伙伴,后来一生一世的至交好友,你永远是快乐的。忧愁、悲哀、痛苦,这些词和你联系不到一起。有你在,即使不在身边,只要想起你,就觉得这个世界是快乐的……""美丽、单纯,是你灵魂的写照。邪恶和你无缘。你竟能带着这些品质穿越过这个动乱和污浊的世纪的时空,依然天真如往昔,单纯如孩童。你的灵魂是一颗真正的钻石,不易受到污染和损坏,你本应就是上天的仙女吧?你是属于天堂的。"说得多好呀!

在家中

说起你的爱心,是你的平凡胸怀的一个不可或缺的部分。这里既包括对祖国的爱,也包括对工作、家庭、子女和亲友的爱。就拿对家庭子女的爱来说。你对两位小孙女的挚爱,过去虽然也看得很清楚,却体味不到它真正的深度。读了你的日记才看到你对孙女的关爱和内心的关切。每周六，有时是周日，只要儿子和儿媳在北京，总会带我们去他们家或者饭店吃饭。到时总能见到孙女。大孙女是兔年（2011年）出生的，你叫她兔宝宝，看着她从小慢慢长大。你十分喜欢这个小宝贝，每次见面总是与她玩，逗她乐。从你的日记里，还可以看到你更细微的许多观察。如2013年2月5日，你写道：兔宝宝"和一个月前相比，真是突飞猛进，跑动自如，大人对她讲的话，她都能明白，还能做出回应。虽是不到一岁半的小小年纪，还算得上是很懂道理，不无理取闹。是个好孩子"。对马年（2014年）出生的小孙女，你叫她"小老二"，也是十分喜欢。你常说，小老二虽然还未长大，但是很聪明，很认人。她十分愿意与你接近。每次去，你都要在她房间里陪她很久。在你的放日记本的抽屉里，你用研究所的信封珍藏她的照片，上书"小老二照片"五字，还不时会拿出照片来欣赏。这次因她随姥姥去兰州老家。你很久未见到她，常念叨她，很希望见见她。虽然这已不再可能，但是在你的告别会上，两位孙女表达的心愿是："亲爱的奶奶，我们永远爱您！"你永远在她们的心中！

除了家人，你对朋友、同事，同样充满了发自内心的关爱。记得在1955年，我们还在苏联列宁格勒大学历史系二年级读书时，我们的同级中国同学徐仲达，曾与你在出国前的俄语专修学校学习时同班。当时他不幸患了严重的肝炎，已经生命垂危，正在列宁格勒的医院里治疗。我们大家虽然很着急，但是迫于繁重功课的压力，一点儿也没有办法。你却不同，一直在为他奔走。我记得很清楚。你曾拉着我好几次找当时也在列宁格勒进修的冯玉祥将军的女儿冯理达大夫想办法。冯理达大夫为人十分热心。她与徐仲达素不相识，与我们也是初次谋面，但是为了尽力挽救一位中国留学生的生命，她付出了很多。她亲自去苏方医院，联系苏方大夫，了解情况，商讨办法，特别令人难忘的是：一天晚上，她紧急约我们去著名的基洛夫歌舞剧院，在楼上的后排空位见面。冯大夫说，现在可能是最后的机会了。正巧我们党和国家领导人彭真率领的代表团在完成了在莫斯科的任务后短期访问列宁格勒，现正在剧院包厢里看戏。她问你愿不愿意与她一起去见见彭真的秘书反映徐仲达的情况，做最后向苏方提出要求帮助的努力。你毫不犹豫地就答应了。

徐仲达走了以后，你还配合校方为他在列宁格勒郊区选择了墓地，制作了墓碑。在留学期间，你多次陪苏联同学去祭扫他的墓地，献上鲜花。

更难能可贵的是，在 1959 年毕业回国后，由于中苏关系的变化，直到改革开放以后，你才有机会多次去俄罗斯。其中至少听你说过一次，你又陪俄罗斯同学去祭扫徐仲达的墓地，给他送上了鲜花，让这位长眠异国他乡的老同学再次感受到来自祖国同胞的关怀和爱心。在我们同班的 14 位中国同学中，只有你做到了。

又想起一个例子。你在 2013 年 2 月 27 日的日记里写道："今天上午早饭后看电视，想起了已故的同事、好友肖辉英。她热爱家乡蓉城，为人质朴真诚，不知为什么和我特别投缘。今天电视里说，蓉城是世界白天鹅的栖息地之一。它们从西伯利亚等地飞来越冬。春天到后就重新练习长途飞行，准备集队离去。不知肖辉英能否也在长年'越冬'后也飞回来和我们相聚？"

今天肖辉英虽然未能驾白天鹅回来，你却要驾鹤西去，与她相聚。这应是天意吧！

肖辉英是北京外国语大学毕业的，学的是德语。"文化大革命"前就到我们研究所工作。她的身体不好，不仅有肺部的疾病，而且有精神上的病症，其中一个表现就是发病时心里有话一定要找人倾诉，否则憋在心里可能憋出大的毛病。你很了解这种病，在所里，每次肖辉英发病的时候，她都会找你倾诉。你总是耐心地听她说，直到她缓解。有时她也找我倾诉，你总是嘱咐我，要我耐心地听她讲。其实，这是一件不容易的事。因为肖辉英这时的倾诉并不是真有什么事要讲，而只是情绪的发泄，一种病态的反应。不仅语无伦次，而且反反复复，往往一谈就是两三个小时。听的时候，听的人绝不能表现出丝毫的不耐烦，而且要与她呼应，面带微笑，表示有兴趣。你正是这样做的，因为我也听过她的倾诉，所以很了解你的苦衷和爱心。记得有一次可谓是极端的例子，那是在 1982 年我们研究所已经搬到东厂胡同以后，一天肖辉英又犯病了。她从上午就找你倾诉，到了中午，已经过去了两三个小时，她没有停止的意思，你要回家照顾儿子，只好叫我替代，并嘱咐我一定要听她讲完。我和肖辉英一起吃过午饭后又听她说，加上你以前的一段时间前后总共有五六个小时。在我印象里，你平时并不是一个很有耐心的人，但是在需要的时候你却能做得这么好。

1979 年底，我们家搬到崇文门西大街 3 号社科院宿舍楼居住。全楼住的基本上都是院内各所或各局的工作人员。我记得很清楚，楼里有两家邻居是别的研究单位的，常来找你帮忙。其中一位的任务是每个月要交一篇从俄语翻译过来的有关人文社会科学方面的动态或资料。可是她的俄语不好，每次都要找你校对和补充。实际上，你要花费相当多的时间为她的译文校对，很多情况下甚至是重译、改译。熟悉翻译的人都知道，有时候这比自己单独翻译这篇原文还要麻烦。这样有一两年的样子，直到后来这位邻居换了工种才算结束。另一位邻居俄语要好些。她的任务是翻译长篇的俄语学术论文。她显然是做了很大的努力，但是很多难句读不懂，因此每隔数月她就会把全篇的难点部分拿来请你帮忙。她虽然想尽量减少你的负担，想少拿些部分过来，实际上，她读不懂的部分是分散在全篇多处的，而论文又是统一的，如果好多地方不明白，又如何能读懂全文呢？因此你必须读完全文，才能帮她校对和改正，实际上，很多地方是需要重译的。这难度是相当大的，花费的时间自然也更多。这两件事占去你不少的精力和时间，占去你本来应该读书、研究或者休息的时间。但是你没有推脱，没有埋怨，而总是默默地付出。

你是一位学者，一位世界史研究者。这是你的本职工作。从你一生的工作看，可以肯定地说，你是一位平凡的，但是令人尊敬的、严肃的、有成就的科研工作者，一位坚持不懈的、踏实努力的、默默奉献的学者。你的学术工作与你的本性一样：于平凡中见精神，于勤奋中闪光辉。

先说你的语言，这是你的强项。语言对于从事世界史研究的学者来说，是不可或缺的工具。不真正掌握至少一门外语，对于一个世界史研究者来说，无异于一个没有工具的工匠，一个缺乏武器的士兵，岂不徒有虚名。

你是在北京上的中学，当时外语学的是俄语，在出国前的北京俄语专修学校上的也是高级班；到苏联后，对像我这样中学学的是英语的留学生来说，与苏联同学一起听课，是一点儿也听不懂的。我们当时叫全堂课都在"坐飞机"。后来，我在你和其他同学的启发下，每天除了大量看书外，就是尽量多地与苏联人谈话、交流。这样当二年级上第一次大课时，我惊喜地发现，我居然能全部听懂老师的讲课并记下笔记。这堂课还是以前从不知道的新课"西斯拉夫和南斯拉夫史"。可你告诉我，早在半年前你就能听懂课了，那也是对我们来说全新的"原始社会史"。

你在苏联二年级时选修了第二外语——法语。你对此很感兴趣，很愿意更好地掌握它。可惜的是，当时苏联大学对第二外语只要求能阅读，不要求听说写读全面掌握。你也就只能止步于此了。为此你一生都感到遗憾。但你还是在研究工作中尽量应用法语和英语资料。有趣的是，苏联解体后，有一次我们当时的一位苏联同学出访北京，和我们谈到当年苏联大学的外语教学只注重阅读，不注意全面掌握，实际上等于没有掌握，关键时刻都派不上用场，后果很不好。现在有关方面正在深刻反省，力图进行改变革新。

我到晚年的时候逐渐认识到一个问题，即人是有天赋的，很具体的天赋。但是自己对此却是不清楚的，很多情况下往往是把自己的爱好当成了天赋特长，实际上它们是不一样的，最多只是有关联而已。在很多情况下，一个人要真正认识到自己的天赋，往往是在过了大半辈子，甚至退休以后。这自然是很可惜的事。譬如我自己，从小喜欢文学和写作，以致在 1954 年申报留苏的学习志愿时，我把三个志愿都报成文学，好像是 19 世纪俄国文学、苏联文学和西方文学，总之是与文学有关。自然，实际上我也的确喜爱文学和写作，但我后来主要搞的是史学理论，并发现自己如果的确有些才能的话，也主要表现在理论抽象、概括和思考的能力上。这也是我年过半百以后才逐渐明白的。

你的天赋在语言方面，这样说还是笼统的。我后来发现，你的天赋主要表现在语言的识别能力和与此有关的语言记忆能力上。这样的例子很多。譬如你偶尔听到一个外乡人说话，并知道是什么地方的方言（譬如山东某地）后，以后只要听到同一地方的人说话，哪怕只有一句，你就能立刻判断出这是什么地方的方言，对外语同样如此。这是我绝对做不到的。20 世纪 80 年代初，你出访意大利。意大利语你以前从来没有接触过。你事先借了本意大利语的语法书，了解了它的基本的语法。到意大利后，你有法语、英语和俄语的参考，很快就可以勉强地用意大利语应付日常必需的交流。当然，这谈不上是掌握，但说明你对外语有很好的适应和使用能力。可惜的是，你没有更多的学习外语的机会，没有更多地发挥这方面才能的机会。

这种语言识别能力与语言记忆能力是有密切联系的。举个例子可以说明问题。1966 年"文化大革命"正式开始前，在我们所里发生了所谓的"三周大辩论"。发起方使用的"武器"主要是"出生论"。"三周大辩论"不让请假，日夜加班，火气很旺，不过都是嘴上功夫，这还只是"文革"之前的特色。你出生革命干部家庭，自然不是对象，但你同情那些所谓出身不好的"狗崽子"。在大辩论中你好几次站起来纠正对方引用这一边的人在大辩论前些天的发言，甚至很久以前的发言，对方把它们作为靶子进行攻击。你却能准确地指出攻击者所引用的话是不准确的，是与原文有出入的，而原文应该是这样的。然后你几乎与原文完全一致地引述了原话，对方也就哑口无言了。事后，不少人称赞你记性好。这种事先没有丝毫准备、随机从记忆库中抽调出所需的内容，与原话几乎没有差别，这不正是杰出的语言识别和记忆能力的真实表现和有力证据吗？此外，在这次"大辩论"中，你还表现出自己的正义感和勇气。你曾明确为一位受攻击的出身不好的同志辩护，坚持要全面理解和执行党的政策，强调要看"重在表现"。

自然，语言只是工具，要做好研究工作，首先要潜下心来，心无旁骛，长年累月，千方百计地刻苦钻研：用各种方法收集整理有用的资料，特别是档案资料，阅读思考排比摘录更多更好的有关图书，在掌握充分资料的基础上列出写作提纲并着手写作，在这过程中重要的是要在博采各家意见的前提下形成自己独有的观点。你在这些方面都做得很好，首先是在资料的收集和掌握上，可谓不辞劳苦，下尽功夫。譬如在 1990~1991 年访问苏联时，你并不是乘机游览苏联各地的名胜古迹，而是整天泡在档案馆和图书馆里，即便有苏联友人专门请你去诺夫格拉德等地也没有去，后来提及此事时也多少有些后悔。你常去的地方有列宁格勒的谢德林公共图书馆、列宁格勒大学图书馆、苏共中央马克思列宁主义研究院中央党务档案馆、莫斯科大学图书馆等。常常一去就是一天，中午随便找个地方填饱肚子。为了研究共产国际史，你还专门去过共产国际总部，参观了季米特洛夫的办公室。

在访苏期间，你利用各种机会约见苏联学者，进行深入访谈，包括不少有名的学者，如苏联科学院世界历史研究所所长、俄罗斯科学院院士亚·奥·丘巴里扬，苏联科学院院士齐赫文斯基，列宁格勒大学历史系主任、教授 B. 列甫年科夫，该校国际政治学院院长康·康·胡达列依，该校经济学教授列·施罗格拉特，该校历史系教授索博列夫等，以及共产国际史专家菲尔索夫、施里尼亚、契尔尼佐夫斯基等，其中与契尔尼佐夫斯基交谈了三次，一次是在他讲课后，另两次是应邀去他家里谈。

1991 年是巴黎公社起义 120 周年。莫斯科苏共中央社会科学院为此特地举办了"纪念巴黎公社 120 周年国际研讨会"，题目是"巴黎公社在当代"。除苏联学者外，还邀请了两位法国学者和三位中国学者，其中就有你。你的发言题目是"中国对巴黎公社的研究"，发言获得了与会学者的欢迎。不久前去世的苏联法国史著名专家孟夫列特的夫人也参加了会议，她听了你的发言后特地找到你，知道你相当了解孟夫列特后十分高兴，郑重地对你说，希望你能把孟夫列特最后出版的两卷本《法国史》译成汉语，并在中国出版。可是要在中国翻译和出版两卷本的巨著没有资助谈何容易，况且时间也是大问题，你只好婉言谢绝了。

除了苏联/俄罗斯外，你还去过欧洲其他国家的图书馆收集资料，其中主要是荷兰阿姆斯特丹的社会史研究所和意大利米兰的费尔特里内利图书馆。在这两地你收集了不少资料并会见了一些学者，如在意大利时，你单独一人去都灵会见一位学者。你还曾多次出访加拿大、德国等国，参加学术会议，并做了发言。此外，在我国台湾、香港地区也参加过会议并发言。

对于学者来说，除了各类学术活动外，重要的还是学术著作。老实说，你一生勤奋，退休后依然从事学术研究，成果总的来说是不少的，也相当有质量，可惜的是，由于种种原因，不少成果却未能面世。

从你已发表的众多成果看，有两个特点是很突出的。一是掌握尽可能多的资料，尤其是外语资料；二是尽可能在已有研究水平的基础上提出自己的观点。兹举两例。第一是你发表于《世界历史》第 4 期（1984）的《马克思与第一国际总委员会》一文。大家知道，马克思在第一国际总委员会里并不担任领导职务，但实际上起了领导作用。这点如何证明呢？光靠理论上的阐发是无力的，这需要大量的实证资料证明，尤其是总委员会的会议记录。这点你做到了，可见你花了多大的心血。第一国际史专家、北京大学国际政治系张汉清教授对你这篇论文评价说："作者阅读研究了大量的第一国际总委员会会议记录，综合概括，详细分析论证了马克思与第一国际总委员会的关系这一第一国际的重要问题，既说明了马克思在第一国际组织建设中所起的领导作用，又说明了总委员会所以能成为第一国际的领导机关、发挥巨大作用的三个重要方面的斗争实践和历史经验。"并指出这篇论文"文字流畅，材料丰富，立论中肯，观点正确"。张教授这个评价确是很中肯的。

再简单说说你的代表作《失败的胜利者——布朗基传》。布朗基是法国早期工人运动的重要活动家，被马克思和恩格斯誉为"法国无产阶级政党的头脑和心脏"。布朗基英勇而复杂的一生需要详细和具体地进行分析，对马克思和恩格斯的高度评价要结合实际资料认真而艰苦地加以研究和领会。布朗基由于时代的局限而犯下的密谋错误也要历史地、具体地分析。既不能抹杀或忽视他的这一错误，也不能不做全面的具体分析。过去相当长时期内，苏联学界对他的密谋错误强调得过分，对他英雄而又复杂的一生缺少充分的分析。国内学界也长期存在不同的评价。你在充分研究分析大量史料的基础上，对布朗基的各个方面和有关问题，进行了细致的剖析，提出了自己的独到见解。譬如，密谋策略。这自然是错误的，也是不能成功的。但这是当时法国早期工人运动还不成熟的一种反映。具体到布朗基，他组织密谋性质的秘密社团（"家族社""四季社"）主要是在七月王朝（19世纪三四十年代），他发动的一次典型的密谋暴动就是1839年5月12日的起义。另外，1870年的拉－维叶特事件说明在1848年革命后密谋策略对他仍有影响。但是，你接着做了仔细的分析，说明密谋策略不能概括为他的全部策略思想。他不像一般的密谋策略家那样任何时候都不要群众，任何时候都主张起义，如1848年二月革命后反对群众要求立即起义推翻资产阶级临时政府就是一例。布朗基首先是一位革命实干家，难能可贵的坚定的革命家。他的这种精神得到了马克思、恩格斯、列宁的高度肯定。他的功绩和经验都是从斗争的实践中提炼出来的，如列宁肯定布朗基把起义作为艺术对待。在书写这本著作时，你应用了大量俄语和汉语资料，也应用了法语和英语的资料，下了很大的功夫。

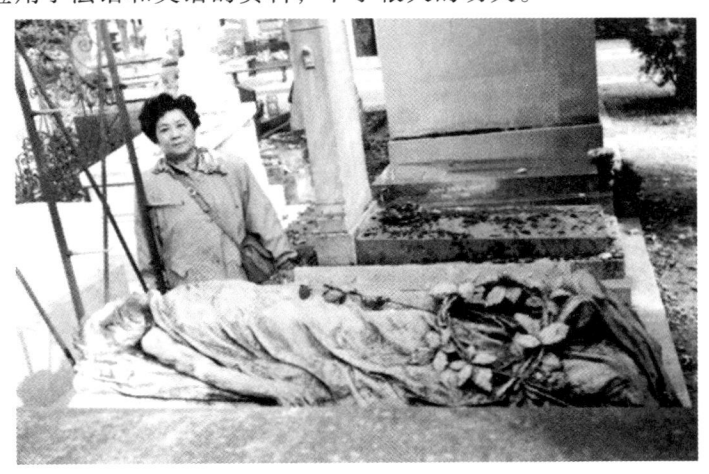

在法国巴黎谒见布朗基墓

平时看上去，你似乎有点大大咧咧，实际上你是很有奉献精神的，必要时也很有担当。譬如你俄语口语好，研究所里或研究室里有俄国外宾来访，经常叫你当翻译，你从不拒绝。有时对内容不熟悉的讲稿，需要事先读一下，就会在宾馆里看到深夜，有时是帮助别的同事到深夜，第二天一大早就去会场口译。这当然很累，但你从无怨言。有时是陪外宾去外地的学校访问，也是当翻译，也是很累的事，你也从不拒绝。

你的担当精神更值得提到。1972年初，当时我们社科院成员全部集中在河南明港某军营搞所谓的"清查'516'反革命阴谋集团运动"。我们研究所作为一个连，所有男女同事分住在三间教室，活动范围不能超出一个操场。这场运动已经造成了社科院十余人死亡，其中有留学外国毕业归来的人才，显然是个冤案。"9·13"林彪事件后，运动自然地停了下来，管制也放松了。于是你向工宣队请假两周探亲。工宣队批准了。本来你自然要去上海看望你日夜想念的儿子，但是因有特殊使命，你去了北京。到北京后你通过你中学的老同学见到了当时任周恩来总理秘书的刘西尧同志。你把你和我事先准备好的七八千字的关于学部"516"冤案的申诉材料交给他，请他转交周总理。你当着刘西尧的面介绍了简要情况。他听得很仔细，把你递交他的材料也翻了翻，并答应转交周总理。你圆满地完成了任务，我们都很高兴，因为自己尽了力。

从小事上也能看出你的担当。1975年唐山地震时，世界历史研究所的留苏研究生孙继志因肾病恶化，协和医院提出，要他出院。所里党支部委员会就开会研究这事。你作为党小组长也列席了会议。孙继志1959年从苏联回国后，因他老家两个儿子误食毒杏而双双毙命，他受到很大刺激从而得了精神病，具体的是慕女症，并因此得罪了一些女同志。在这次会上有些女同志就主张送他回老家。后来你发言说，送他回家等于送他去死。过去他的错误是他的病造成的，不是思想问题，现在还是要留他下来想办法送医院。会后，当时反对派的头头都对你说，想不到你能这样仗义执言。

有一位我们的老同事对我说，你一生对自己很有抱负，但是你总是把我作为中心，很多事都围绕着我做，帮助我成功。譬如，我出国开会，有时你身体不好也不阻止。平时在生活中、工作中，你都是默默地为家庭贡献，直至自己身体越来越差。你从未埋怨，从不叫苦。你的心是多么敞亮。我怎么回报你？

记得是在我们70多岁时，有一次在看完电视里放映的越剧电影《梁山伯与祝英台》，在看完梁祝化蝶，翩翩起舞后，你欣喜地说，他们一定是共同飞去天堂了。我表示同意，并补充说，但愿我们也能如此。如今，你已先行一步。那么，你就在天堂等着吧，我会来的。

等着我吧，我会来的！

（2015 年 9 月 25 日深夜）

（陈启能，中国社会科学院荣誉学部委员）

忆特金

张椿年

特金走了，给我留下无限的悲哀！

我和特金相识于1953年，那年我们同时进入北京俄语专修学校留苏预备部，分在同一个班学习俄语。在留苏预备部结业后，我们同赴苏联，同入列宁格勒大学历史系，在同一个年级学习历史。我们常在一起交谈学习中的或者生活中的一些问题。她看不惯留学生中某些不良的行为习惯。特金出身于干部家庭，为人热情，没有一点娇气，与同志关系融洽。她俄语说得好，有很多的苏联朋友，与多位苏联同学保持着终身的联系。1959年上半年，我担任留学生党支部的委员。一天，特金找我，说要求加入中国共产党，我竭力支持。我说，作为革命干部的儿女，应该踏着老一辈的足迹前进。党支部认为她对党有深厚的感情，接受了她的入党申请。在入党以后，她对自己的要求更严格了，始终注意将自己置身于群众之中。

1959年7月，我和一批同学完成学业后回国。我和启能被分配到中国科学院哲学社会科学部历史研究所工作，特金被分配到天津南开大学历史系执教。那时启能和特金已经结婚，一到星期日，我常常随启能到木樨地中共中央联络部宿舍去看望特金的妈妈。我称呼特金的妈妈为余妈妈，余妈妈是一位老革命，非常热情好客，只要我们来，她一定招待我们吃饭，饭前饭后总要天南地北地谈上一阵，真是亲如一家。记得1959年底，启能和特金举行婚礼时，我做司仪，来宾中有老一辈的、著名的马克思主义史学家侯外庐，我们习惯地称他为侯外老，还有中共中央联络部副部长许立、全国人大常委会副秘书长连贯、著名音乐家赵沨等。婚礼举行得十分温馨、热闹而又隆重。过后不久，余妈妈对我说，希望他们夫妻能调到一起，最好把特金调到历史研究所。这时，在历史研究所成立了世界史组。世界史组除进行课题研究外，它的一个重要任务是，筹建世界历史研究所，需要充实研究干部。我陪同余妈妈找到学部人事处处长张仲才同志，提出我们的要求。在仲才同志的关心下，特金于1962年2月来到了世界史组工作，和全组同志一起，参与世界历史所的筹建工作。

"文化大革命"后，1978年，我和启能筹建《世界历史》杂志，遇到发行难的问题，特金很关心刊物的进展，她让余妈妈帮助解决。余妈妈立刻为我们写了一封信给她的战友、邮电部副部长，介绍我和启能去找他。我们到邮电部时，正遇到他拖着行李箱去机场。这位领导同志十分平易近人，答应帮助我们，后来就在他的帮助下，《世界历史》终于能在全国发行了！其中有特金的一份努力。

为弥补在"文化大革命"中失去的宝贵时间，特金以饱满的精神投入科研工作中。她参加了《外国历史名人传》《外国历史大事集》等集体项目的写作，尤其对《巴黎公社史》，她倾注了自己的心力。此外，还发表了多篇的学术论文。我和特金在科研上的第一次合作，是在1989年。那年，苏联东欧发生剧变，社科院以江流副院长为首，组织力量，探讨苏联瓦解的原因。我从江流同志那里领取任务以后，与特金、黄立茀同志组成一个临时的课题组，对苏联剧变进行研究。我和特金都在苏联生活过，对苏联人民有很深的感情，一旦苏联社会物换星移，自然有很多的想法，很想了解个究竟，特金总能发表一些独到的见解。我们三人的合作十分愉快，最后完成一篇完整的内部报告，这虽是我们对苏联瓦解问题进行的一次初步的探讨，但在交江流同志审读后，他认为这是一篇有自己见解的成果。

到了退休年龄，特金办理了退休手续，我们虽然不能像她上班时那样经常见面，但我们时常通电话，相互关照注意身体健康。最近几年，我已感到，她说话的中气已不如以前那么足，明显地放慢了，甚至在说话中间还会停顿一下，但我认为，心脏不好的人，说话缓慢是一种正常的现象，并不感到意外。我记得，2012年秋，我和启能，还有她，应天津师大的邀请，参加侯建新同志主持的一个课题讨论。会后，会议组的同志领着我们参观市容和梁启超的故居。我们边看、边走、边谈，当时，特金的游兴十分浓厚，全身透着一股青春活力，谁能料到几年后，她会突然地离开我们。她走得这么快，这么急，可能她自己也没有意料到，她一定有许多许多的话没有来得及说，没有来得及交代。我知道她最关心的是家人的生活，尤其是启能的身体健康问题。可以告慰的是，她的孩子很孝顺，在孩子的照顾下，启能会坚强地生活下去；作为你们的朋友，我和启能也会比往日更好地相互关心。在这里，我要对特金说，你放心吧！

(张椿年，中国社会科学院荣誉学部委员)

怀念特金

郑异凡

2015年8月30日晚8点，启能来电话，以低沉的声音告诉我，特金在今天中午走了。这正如晴天霹雳那样震惊了我。一个月前，7月29日，她还给我发来电邮，问"你的大作不送一本？"她说的是我主编的《灰皮书——回忆与研究》一书，收到漓江出版社寄来的80本样书，在赠书名单里是有她的名字的。不过上次给她寄我写的苏联史第3卷《新经济政策的俄国》，因为地址问题邮局把书退回来了，为避免再出现诸如此类的事情，我多次打电话想核对一下邮寄地址，不知道为什么，电话一直没有人接听，所以书也没有能够寄出。不料，就这一个月的时间，她竟然走了，走得那么突然，那么急促，真让人难以接受！

事情是如此突然，我把噩耗告诉我们俄罗斯的同学，圣彼得堡大学教授列昂尼德和伊琳娜夫妇。列昂尼德在回信中竟把我老伴的名字写成特金，并且不敢把噩耗告诉身体衰弱的夫人。这对夫妇是我们的共同朋友，多次来过中国访问，经常有通信联系，不久前特金还把伊琳娜撰写的关于列宁格勒围城的回忆录翻译成中文，在《历史学家茶座》发表。列昂尼德的信不长，写得很有感情，兹援引如下：

亲爱的异凡和特金：

我们没想到会出现这样的不幸。简直惊呆了。特金的健康状况最近好像稳定下来了。我们觉得她一直在工作，虽然不像以往那么紧张。去年她还在中国的杂志上发表了伊琳娜关于战争年代的回忆录。

我怕告诉伊琳娜这个消息。她本人现在不能彻底明白她最亲近的中国女友走了。对她来说，这是非常大的损失，对我来说也是如此。我认识特金已将近30年，这些年来，我和伊琳娜一直同特金和启能保持联系。

生命还是太短了，并且非常严酷。望多加保重！

你们的伊琳娜和廖尼亚（列昂尼德的爱称）

亲爱的异凡和睿勤：

你们告知的特金的噩耗让我如此激动，以至于给你们的信中出了两点错误：一是本该写"亲爱的异凡和睿勤"，却写成了"亲爱的异凡和特金"；二是我忘记告知，阿廖沙（指他们的儿子）在上班，还不知道这个不幸的消息，不过他要知道的话一定会和我们一样感到震惊和悲痛的。

你们的伊琳娜和廖尼亚

廖尼亚为人一贯严谨，不论写文章、讲课、同我们的书信来往都没有出现过此类错误，由此可见噩耗对他震惊的程度！

特金是我们的老同学，1954年一同进入苏联列宁格勒大学历史系。我们学的专业不同，我学的是苏联史，她学的是法国史，好多课程不在一起上，不过课余的接触还是很多的，历史系的中国留学生也就十多个人！她是一个能歌善舞的姑娘，非常活跃。这次遗体告别仪式上没有播放哀乐，而是放她爱听爱唱的俄罗斯歌曲，让人想起当年的特金，感到她仍然活在我们中间——再没有比这更好的送别方式了！

20世纪50年代，赫鲁晓夫为解决苏联的粮食问题，为在牛奶面包生产上赶上和超过美国，在哈萨克斯坦草原开垦了大片荒地，种植小麦。垦荒地种粮食，播种比较简单，把土地翻耕后撒上种子即可，此后基本上靠天吃饭，最多施点化肥，但收割就需要投入大量人力，所以每到暑假，有大量的大学生去南方帮助收割小麦。

赴垦荒地乘坐的闷罐车

1958年夏，国内搞"大跃进"，提倡教育与劳动生产相结合，我们响应号召，和苏联同学一道去垦荒地帮赫鲁晓夫收割小麦。我们这一年级的女同学中就特金参加了，其他几个都因身体欠佳未去。我们坐运兵的闷罐车到了位于哈萨克斯坦的垦荒地，投入了小麦的收割劳动。特金的身体状况很好，和苏联同学一样跟着康拜因干活。晚上则往往围着篝火唱俄罗斯歌曲。中国学生的劳动受到当地国营农场领导的表扬。

垦荒地的劳动

1959年我们毕业回国，特金被分配到南开大学任教，不久因启能的原因调到中国科学院哲学社会科学学部（即今中国社会科学院前身）世界历史所工作。特金工作很努力，1991年出了专著《失败的胜利者——布朗基传》。布朗基是国际共运中一位颇有影响的革命家，为布朗基作传，是国内首创。

回国后，我和特金接触最多的一次是1980年4～5月出席在成都召开的国际共运史研讨会，会议由四川师范学院举办，我和特金应邀与会。我在会上就布哈林问题做了一个长篇发言，对长期遭到批判否定的布哈林的一系列理论主张，如所谓"阶级斗争熄灭论""发财吧"的口号、国民经济发展平衡论、国家问题上的"半无政府主义"等，提出不同的看法。我的发言得到特金的支持。回北京后，她向世界历史所领导做了汇报，不久，她代表《世界历史》杂志编辑部向我约稿，要我把会上所讲的内容整理成文。这样，《世界历史》杂志1981年第1期发表了我的《论布哈林的若干问题》。那时候像重评布哈林之类的文章都苦于没有合适的地方发表。特金起了穿针引线作用，一是促使我把发言写成文章；二是给文章提供了发表的地方，我从心底里感谢她。这篇文章的发表，引起了学术界的热烈争论，杂志的编辑非常高兴，多次向我提出，能否再给他们写一篇这样有影响、能引起争论的文章。

前几年我整理旧照片，发现有特金的照片，转发了几张给她。她非常高兴，告诉我，她的全部照片都在搬家中丢失了，希望再给她发一些。我

成都会议会后与特金一道游峨眉山

答应有时间扫描出来发给她。我一直忙着《苏联史》的写作和编辑，没有能够抽出时间来整理过去的照片兑现诺言，如今竟成了一笔无法偿还的债。

特金走了，祝美好的俄罗斯音乐伴她一路走好！

特金与同学耿睿勤、徐顺娟

（郑异凡，中央编译局研究员）

纪念曹特金 回忆二三事

汤重南

惊悉曹特金因为心脏病突然逝世，如五雷轰顶，一时呆呆的。给启能打了电话，9月5日冒雨到八宝山文德厅与她告别。多少往事涌上心头……

初见曹特[*]

1964年大学毕业后，我被分配到中国科学院哲学社会科学部世界史所，后又参加劳动实习，又接着搞"四清"。在学部四清工作队集中学习、培训时，我第一次见到了曹特金，那是在50多年前的山东烟台。我看到的是一位留着两个小辫子，圆圆脸，一说话就笑的大大方方的女队员，一见面就给我留下了很好的印象。当人们告诉我她名字的来历时，印象就更深刻了。因为她父母参加革命，敬仰国际共产主义运动的女革命家克拉拉·蔡特金，就将她的名字取为曹特金。同事们都亲切地称她为曹特。在那个年代，我从心底里崇拜、敬仰革命领袖和英雄人物——从马恩列斯到蔡特金等，所以也对她有了极其深刻、良好的印象。知道了她和她的爱人陈启能都是留学苏联的大学生时，则更加敬重他们，愿意与他们交往。因为要照顾将要分到不同村子的工作队工作从而会"两地分居"的情况，所以在培训时他们受到了当时工作队领导特殊的关照：住进单独的房间。培训后，我们学部工作队员都分在山东海阳县各农村，大家很快就全身心地投入了"四清"运动。我和启能在杨格庄工作队，曹特在七寨工作队。只有开全体大会时才能见到，有时也能说上几句话。当时是一个运动接着一个运动，"四清"后，又开始搞"文化大革命"了。我们几乎没有从事任何

---

[*] 对曹特金的爱称。

科学研究工作的时间。

"文化大革命"时期的深交

在"文化大革命"运动后期,学部到河南信阳地区的息县办干校、搞清查"516"。我们研究所的大多数同志共同经历了坎坷不平、难以想象的磨难,我更被作为顽固不化的"516"分子受到从严处理——戴帽子、销工资、监督劳改、遭受批斗,等等。因为启能、曹特和我三人,都是被揪出来的"516"分子,所以反而接触更多,更经常在一起走动。在最绝望的一段时期,我向曹特讲述了自杀解脱的想法,引起她的特别注意。她告诉我:她父亲杜埃是著名作家、广东省委宣传部副部长,"文化大革命"中曾经多次被假活埋、假枪毙,但是依然坚定地相信真理,活得很好。启能讲了在正确路线下,一定能够平反;安娜·路易斯·斯特朗的丈夫被斯大林处死了,但是她坚信社会主义好。自杀,是懦弱的表示,而且会给最后澄清问题留下遗憾……这些话确实使我从此彻底打消了这种危险的念头。这一幕幕的画面,历历在目。我是衷心地深深感激他们夫妇的:没有他们的启发、教诲,大概没有今天的我。感恩之心,永远是难以平静的。

终于迎来了"大快人心事"——科学的春天到来了:"516"问题得到平反,学部改名、扩大——中国社会科学院成立,全面恢复科研。大家拼命地在抢回已经浪费的时间;我开始重新拾起日本史研究。这时,才知道曹特金在研究国际共产主义运动的历史。

难忘的点滴往事

一是曹特的学术研究。在我们经历的"文化大革命"冲击结束后,开始了科研时期,曾经有留苏学历的人的优势比较凸显。他们成果多、质量高,很快就都评上了副研究员、研究员。这时的曹特,也用自己的刻苦努力和长期积累以及外语能力极强的优势,完成并出版了学术著作《失败的胜利者——布朗基传》。这部著作是我国学界至今唯一的全面、具体、深入研究布朗基的学术专著,书中应用了大量的外文文献。

二是曹特跟陈翰老学习英语。她对翰老极其尊重,充满感情,每每与我谈起他,总是十分自豪。我也请她介绍我的女儿到翰老家学习英语两年之久，我女儿说收获很大。

三是她访问苏联及思考其解体的因素，极有见地、很受重视。她接受某杂志记者访谈时，深入、具体、生动地讲述了她在苏联的所见所闻，深刻观察、解读了苏联解体前的若干先兆。

四是退而不休，还申报课题，努力完成。每次见到她，她都会告诉我，又完成了一部分写作。我为她的精神感动，也很惭愧，我已退休10年，却至今没有申报一项课题。

五是对待自己身体疾病总是十分乐观，笑对人生：心脏病，安放支架，等等，见面问及时，她总是轻松地笑笑，反而要我们放心，要我们保重……

啊，伊人西行，祝愿一路走好；也为我留下写不尽的回忆、怀念……

（2015年10月15日）

（汤重南，中国社会科学院世界历史研究所研究员）

送别好友特金

贺多芬　高慧英　于培筠

　　记得曾是一群天真的嘻嘻哈哈的傻姑娘，而里面最快乐、最活泼、最不可或缺的就是你……

　　少年时无邪的伙伴，后来一生一世的至交好友，你永远是快乐的。忧愁、悲哀、痛苦，这些词和你联系不到一起。有你在，即使不在身边，只要想起你，就觉得这个世界是快乐的……所以，怎么也不能相信你会第一个离开我们大家。你的离去，使我们觉得我们的天空骤然坍塌了一角。

　　美丽、单纯，是你灵魂的写照。邪恶和你无缘。你竟能带着这些品质穿越过这个动乱和污浊的世纪的时空，依然天真如往昔，单纯如孩童。你的灵魂是一颗真正的钻石，不易受到污染和损坏，你本应就是上天的仙女吧？你是属于天堂的。

　　现在你正在走向天堂。你从来是快乐的，所以我们不应用眼泪为你送别。今天，外面很反常地阴雨绵绵，也许，路途有点困难吧？不要紧的，我们的爱会一路陪伴你。

　　暂别了，特金，走好！

于 2015 年 9 月 5 日 14 时

（贺多芬、高慧英、于培筠，曹特金早年在北京师大女附中的同学、挚友）

图书在版编目(CIP)数据

曹特金文集 / 曹特金著. -- 北京：社会科学文献出版社, 2017.11
 ISBN 978 - 7 - 5201 - 0894 - 2

Ⅰ.①曹…　Ⅱ.①曹…　Ⅲ.①世界史 - 文集　Ⅳ.
①K107 - 53

中国版本图书馆 CIP 数据核字（2017）第 123793 号

曹特金文集

著　　　者 / 曹特金
出 版 人 / 谢寿光
项目统筹 / 宋月华　郭白歌
责任编辑 / 周志宽　郭白歌　肖世伟　孙连芹

出　　　版 / 社会科学文献出版社·人文分社（010）59367215
　　　　　　 地址：北京市北三环中路甲29号院华龙大厦　邮编：100029
　　　　　　 网址：www.ssap.com.cn
发　　　行 / 市场营销中心（010）59367081　59367018
印　　　装 / 三河市东方印刷有限公司

规　　　格 / 开　本：787mm × 1092mm　1/16
　　　　　　 印　张：36.5　插　页：2　字　数：591千字
版　　　次 / 2017年11月第1版　2017年11月第1次印刷
书　　　号 / ISBN 978 - 7 - 5201 - 0894 - 2
定　　　价 / 268.00元

本书如有印装质量问题，请与读者服务中心（010 - 59367028）联系

▲ 版权所有 翻印必究